医学神经生物学基础

（第二版）

阮怀珍　蔡文琴　主编

科学出版社
北　京

内 容 简 介

医学神经生物学基础(第二版)从细胞和分子水平系统阐述神经科学的基本概念、基本理论和最新进展。全书共12章,内容包括神经生物学的发展简史、研究方法,神经元和神经胶质细胞的结构与功能及中枢神经系统的组织结构,神经递质,神经元信号转导,神经营养因子,感知觉,神经系统对运动的调控,神经免疫内分泌调节,神经系统的高级功能,中枢神经系统的发育,神经损伤与再生,以及常见神经系统疾病的神经生物学基础等。

本书内容循序渐进,信息量较大,可作为基础医学、临床医学、药学及相关专业本科生的必修课、选修课教材,对从事临床和基础神经科学、生理学及生物学专业的研究生及教师也有参考价值。

图书在版编目(CIP)数据

医学神经生物学基础/阮怀珍,蔡文琴主编. —2版.
—北京:科学出版社,2012.
(高等医学院校教材)
ISBN 978-7-03-034962-0

Ⅰ.①医… Ⅱ.①阮… ②蔡… Ⅲ.①医学-神经生物学 Ⅳ.①R338

中国版本图书馆CIP数据核字(2012)第132818号

责任编辑:王国栋 席 慧 / 责任校对:林青梅
责任印制:阎 磊 / 封面设计:迷底书装

科学出版社 出版
北京东黄城根北街16号
邮政编码:100717
http://www.sciencep.com
北京市文林印务有限公司印刷
科学出版社发行 各地新华书店经销
*
2006年5月第 一 版 开本:787×1092 1/16
2012年6月第 二 版 印张:21
2012年6月第一次印刷 字数:541 000

定价: 45.00元

《医学神经生物学基础》(第二版)

编写人员名单

主　编　阮怀珍　蔡文琴

编　者(按姓氏汉语拼音排序)

蔡文琴　陈鹏慧　邓其跃
范晓棠　郭　强　胡志安
阮怀珍　熊　鹰　杨　萍
杨　忠　袁碧波　张吉强

前　言

神经生物学是近年来发展十分迅速的新兴的边缘学科，已成为生命科学中十分重要的前沿学科。神经生物学应用神经解剖学、神经生理学、神经化学和分子生物学等多学科现代技术，对神经系统进行了多层次综合研究。近代医学从解剖入手，逐步认识脑的结构和功能。随着科学的进步，在研究中不断积累对脑的认识。现在的神经生物学研究已经对脑的结构和功能做出了初步的描绘。组织细胞培养以及组织薄片方法，可使复杂的神经回路还原成简单的单元进行分析。膜片钳技术和重组 DNA 技术等，将使人们对神经信号发生、传递的基本单元——离子通道的结构、功能特性及运转方式的认识完全改观。突触部位发生的细胞和分子事件，如神经递质的合成、维持、释放，以及与相应受体的相互作用的研究进展令人瞩目。对困扰人们已久的若干神经系统疾病的基因定位已经成功，在分子水平对致病原因已进行了细致地分析。因此，将神经生物学作为医学专业学生必修课是十分必要的。我校(第三军医大学)于 1997 年成立了独立的神经生物学教研室，给研究生开设了神经生物学课程，并逐步将其纳入医疗系本科生的课程。2006 年编著出版了本科生神经生物学教材《医学神经生物学基础》。

在《医学神经生物学基础》6 年多的使用过程中，得到师生们的好评，但在这 6 年里，神经科学领域出现了许多新成果、新方法、新概念、新理论，迫切需要收入。因此，结合教学实践和卫生部 21 世纪教学改革的要求，对其进行了补充和修订。本书针对本科生教学内容过多与教学时数有限的矛盾，坚持少而精的原则，突出基础理论、基本知识，不盲目、片面地求新求多。力求既能较系统地介绍神经生物学的基础知识，又能适当反映本学科的最新进展。全书共 12 章，在保持第一版结构框架和特色的前提下，着重充实和改写了神经元信号转导、神经免疫内分泌调节、神经系统的高级功能、中枢神经系统发育和神经损伤与再生等内容。首先从神经元和神经胶质细胞、神经递质、神经元信号转导及神经营养因子 5 个方面较系统地介绍细胞和分子神经生物学中的有关内容和新进展，其次再以这些新进展为基础，按专题的形式从感知觉、躯体运动、神经免疫内分泌调节、认知和生物节律及发育 6 个方面择要介绍有关研究新进展，重点讨论各种生理、病理性行为的神经机制，旨在给本科生和研究生打好现代医学神经生物学基础。最后介绍神经损伤与再生、以及常见神经系统疾病的神经生物学基础。在编写中既注意到神经生物学的完整性，又突出了我校在中枢神经系统的发育与再生、学习和记忆以及痛觉的调制等研究领域的优势及部分研究成果，具有自身的特色。

本书的编委有从事神经生物学教学及研究多年的老专家，也有在神经生物学教研工作中崭露头角的中、青年科技工作者，由于知识水平的限制，疏漏和不当之处在所难免，敬请读者批评指正。

最后，衷心感谢全体编者的辛勤努力和通力合作，衷心感谢第三军医大学校领导、教务处及教保处对本书的出版所给予的支持。

阮怀珍

第三军医大学神经生物学教研室

2012 年 4 月 15 日

目　录

第一章 绪 论

第一节 概 述

一、神经科学与神经生物学的概念

神经科学是生命科学的重要支柱学科，也是生命科学发展最迅速的前沿学科。它是一门从生物医学、化学、物理学、心理学、数学和计算机科学等多学科的角度研究脑的构筑、演化和工作的边缘学科和综合学科。神经科学的研究目标是：认识脑，阐明认知、情感和意识等脑区的结构和功能，搞清脑的通信功能；保护脑，控制脑发育及老化的进程及神经、精神性疾病的康复和预防；创造脑，设计和开发仿脑型计算机和信息处理系统。它的重点在脑，所以也把神经科学称为脑科学(brain science)。

神经科学(neuroscience)可以分为基础神经科学和临床神经科学两大部分，前者侧重基础理论，后者以研究与神经系统有关的病症为主。

基础神经科学的主干是神经生物学(neurobiology)，它是一门从分子细胞和整体水平研究神经系统的结构、功能与发育等问题的综合性科学。自1966年美国哈佛大学成立了世界上第一个神经生物学系以来，这门仅有40多年历史的学科已取得了突飞猛进的发展。神经生物学的内容涉及神经解剖、生理、药理、病理、生物化学、细胞生物学及分子生物学等。其任务是研究神经系统内分子水平、细胞水平和系统水平的变化过程，以及这些过程的整合作用，直至最复杂的高级功能，如学习、记忆等。其最终目的在于了解人类神经系统的结构和功能，以及行为与心理活动的物质基础，为改善人类感觉与运动效率，提高对神经系统疾病的防治水平、增进健康服务。神经生物学进行的是跨学科的基本理论研究，它体现了多学科的互相联系和渗透。

基础神经科学中还有一门极为重要的计算神经科学(computational neuroscience)，它与神经生物学有密切关系，但其独立的研究方法和内容超出了生物医学范围，和电脑、人工智能及信息科学关系密切。

二、神经生物学的研究领域

神经生物学的主要研究领域包括神经生物化学、神经解剖学、神经生理学、细胞神经生物学、分子神经生物学、发育神经生物学、比较神经生物学、系统神经生物学、行为神经生物学等。神经生物学虽然包罗了基础神经科学的诸多学科，但是它并不是若干传统学科简单和机械的组合。神经生物学是在科学发展的进程中，在传统神经科学的基础之上成长和发展起来的一门新兴的综合性的边缘学科。

1) 分子神经生物学

分子神经生物学(molecular neurobiology)是神经系统研究的一个层次，是在分子水平研究与神经细胞或神经活动有关的化学物质。它着重研究神经系统内各种分子的结构、功能、种类、多样性和来源，如受体蛋白、离子通道蛋白和神经营养性物质等的结构与功能。神经系统遗传性疾病的基因定位和变异的研究等都属于分子神经生物学的研究范畴。

2）发育神经生物学

发育是最基本的生命现象。发育神经生物学(developmental neurobiology)主要研究神经细胞的发育过程，包括神经细胞谱系的追踪，神经元的发生、诱导、迁移、分化，轴突和树突的发育，突触的发生，神经网络的形成，神经系统的生长、发育、成熟、退变、老化，以及神经系统的可塑性等。在脑发育中，神经生物学要解决的问题颇多。例如，神经系统的区域化形成，不同种类的神经细胞和神经胶质细胞的产生，神经细胞的迁移，以及神经诱导、发育过程中的轴突到达靶组织的分子机制，神经系统中种类各异、数量庞大的神经元和胶质细胞是如何组构成一个完美的神经系统等。

3）细胞神经生物学

细胞神经生物学(neurocytology)在细胞或亚细胞水平上研究神经系统及其组成成分。如神经细胞骨架成分，线粒体等的结构和功能，细胞水平的各种信号调控，神经递质、调质，神经营养因子及各种细胞因子在神经系统的分布和作用机制，神经细胞凋亡的发生机理及基因调控等。

4）比较神经生物学

比较神经生物学(comparative neurobiology)从种系发生上研究神经系统从低级到高级的进化进程及进化规律。某些低等动物如线虫、海兔、乌贼、水蛭等，其神经元总数很少，神经系统组成较简单，是研究神经细胞迁移、突触形成、学习与记忆、各种神经化学物质对神经活动影响的良好实验动物。例如秀丽隐杆线虫(*Caenorhabditis* elegans)是细胞定数动物，成虫体细胞一共有1090个，其中103个注定要发生程序性细胞死亡(programmed cell death，PCD)，线虫虫体透明，在相差显微镜下，可利用核折光率的不同观察细胞凋亡的过程，PCD的基因调控机制最先也是从线虫研究突破的。

5）系统神经生物学

系统神经生物学(systematic neurobiology)以功能系统为研究对象的分支，如躯体运动系统，各种感觉系统，以及对内脏活动调控的肠神经系统(enteric nervous system)，心血管及免疫系统等的神经调控。

6）行为神经生物学

行为神经生物学(behavioural neurobiology)在活着的完整动物上，应用行为学或心理学方法研究神经系统的学习记忆、情感、睡眠与觉醒的机制，各种内外环境改变对动物行为的影响等。转基因动物及基因敲除(knock out)技术的应用，使基因功能和动物行为的研究得到了很大的进展。

以上只是就研究层次为主题的分支范围，但实际各学科领域间常有交叉和重叠，如神经系统发育的基因调控，是既包括发育神经生物学又包括分子神经生物学的多层次的研究，不能决然分开。

三、神经生物学的发展简史

上古时代，人们认为“心”为“思”之器官。直至17世纪Willis才把思维及人体主宰功能定位于大脑。古希腊的哲学家在描述精神和灵魂的概念时，认为思想依靠脑，最早述及脑的功能。中国古代医学也有“脑为诸髓之海”的描述。

尽管思维、意识、学习、记忆等脑的高级功能最容易引起人们的研究兴趣，但人类对脑的认识都是从最基本的结构与功能活动开始研究的。神经解剖的研究早在16世纪就开始了,1543年,Vesalius精确描述了人体神经系统的大体解剖结构。但是真正用科学方法来研究神经生理学则始于18世纪末。19世纪中后叶,关于神经的基本组织单位、先天的反射活动和后天建立起来的反射行为等已经成为生理学家感兴趣的问题。到20世纪,神经生理学获得了长足的发展,从结构、组织、生理、生化、胚胎、药理和病理等许多方面开展了大量研究。神经生理学这一名称遂扩大而被称为神经生物学。

1. 神经系统结构研究

19世纪末叶,在显微镜发明之后,解剖学家Golgi发明了选择性显示神经细胞的银染法,即使用至今的Golgi氏法。该法可在神经组织切片上显示出少量完整的神经细胞,包括其胞体与突起。生活在同一时代的西班牙神经组织学家Cajal用此法作了大量的系统观察,1891年确认神经系统由独立的边界清楚的细胞组成,这些细胞可有不同的类型并相互联系,但非胞质借突起相互通连的一大合体细胞。Cajal等的工作是对脑认识的一个非常重要的进展,初步确定了神经系统结构的细胞(即神经元)学说。神经元理论的建立取代了过去不是建立在细胞基础上的网络理论,为研究神经传导奠定了科学基础。

19世纪和20世纪交替之际,英国生理学家Sherrington在Cajal的基础上继续进行这方面的研究。他在1897年出版的生理学教科书中首次把神经细胞之间的连接点定名为"突触",这是继神经元学说之后,神经科学研究中的又一个重要里程碑,成为研究神经传递的一个重要概念。1910年,Sherrington进一步提出,由于有突触存在,神经脉冲不是随机地在神经细胞间传入、传出,而是通过突触的单向传导。经过许多人的工作,到20世纪初已经明确突触是有结构的。

20世纪20～50年代,电子显微镜的发明,极大地促进了人们对神经元和突触细微结构的认识,进一步支持并巩固了神经元学说。通过高倍电子显微镜的观察表明,突触前和后有两个分开的膜,分属突触前后两个神经元,中间的200Å间隙,称为突触间隙。这样的结构普遍存在于神经系统中。电镜观察还表明,突触前靠近膜处有突触小泡等其他结构。突触小泡后来被证明是神经递质储存的场所。

2. 神经兴奋的电传导

1791年,意大利解剖学家Galvani发现了生物电现象。19世纪有更多的生理学家从事电生理的研究,取得了测定神经电传导的速度、发现"全或无"定律等许多成果。20世纪有了示波器和电子放大器,特别是在30年代,英国生理学家Young以乌贼大神经纤维作为研究材料,对神经电传导的电阻、电位及其在刺激前后的变化等都进行了定量的测量。40年代,英国生理学家Hodgkin、Huxley和Katz进而研究Na^+、K^+与神经传导的关系,提出了神经元质膜的离子学说,建立了一套可兴奋膜理论。发现在静止状态时神经纤维膜为"钾膜",K^+可以通透,趋向于钾的平衡电位;在活动时则为"钠膜",对Na^+有极大的通透性,趋向于钠的平衡。因此动作电位的产生,本质上是"钾膜"转变为"钠膜",而且这种转变是可逆的。1957年Eccles用微电极技术对中枢神经元及突触传递的机制进行了研究,为阐明中枢神经系统的功能做出了突出的贡献。

3. 神经化学递质研究

1905年,英国生理学家Elyot发现用电刺激交感神经的结果同肾上腺素引起的反应类似,并认为这很可能是当电脉冲到达肌肉联结点时释放了肾上腺素。这项工作当时并未引起重视。

1921年，奥地利的Loewi用蛙心做实验，直接证明在心肌上的交感神经末梢和副交感神经末梢释放出两种不同的化学物质，一种使心跳减速，另一种使心跳加速。后来Loewi认为副交感神经对心肌的作用同乙酰胆碱类似。1926年，在英国生理学家Dale建议下，Loewi用毒扁豆碱抑制乙酰胆碱酶的活性，使乙酰胆碱能保持一定量，同时也观察到副交感神经作用加强和延长的效果。在此基础上神经末梢释放化学物质的概念逐步得到了建立。1932年前后，Dale又做了一系列的实验，取得了乙酰胆碱存在于内脏器官神经末梢的直接证据。此后，乙酰胆碱作为神经递质的研究扩大到横纹肌神经末梢，交感、副交感神经节和中枢神经系统中的某些神经细胞的末梢。这项开创性的研究为此后神经递质的研究打下了良好的基础。逐步证明神经递质是作用于受体的信使，将化学传递理论由神经肌肉接头扩大到神经接点——突触上。

1934～1935年美国生理学家Cannon等提取去甲肾上腺素，当时命名为"交感素"(sympathin)，到1946年瑞典生理学家Eule才证明其为去甲肾上腺素。1960年以来，对脑内递质开展了不少研究。除了上述已知的两种递质外，还发现了约30种不同的递质，各存在于一定的部位，各有不同的作用。它们有些是氨基酸，如甘氨酸、丙氨基丁酸等；有些是胺类，如儿茶酚胺类的多巴胺、去甲肾上腺素和肾上腺素等；还有些是多肽类。20世纪70年代脑啡肽的发现为神经系统内镇痛机制的研究开辟了新的前景。

4. 脑功能研究

英国生理学家Sherrington的工作是同"反射"活动联系在一起的。他于1893年从膝跳开始，研究感觉神经元、运动神经元，以及由一个或多个中间神经元连接起来共同协作所形成的反射弧。后来他提出抑制的概念，并认为抑制过程同兴奋过程同等重要。他还研究了不同类型的协调反射，以及大脑或小脑对脊髓反射中枢的影响。

俄国生理学家Pavlov在20世纪初建立起"条件反射"的概念，这是他长期以精巧瘘管技术对消化生理进行研究的结果。他证明条件反射是大脑活动的结果，可以由后天训练得来。他利用条件反射对大脑的兴奋与抑制做了大量研究，其结果不仅对生理研究而且对心理、精神以及教育等研究都有一定影响。把原来属于"心理"领域的脑的高级功能纳入神经生理学的研究范围。

19世纪有学者提出关于脑功能区的定位，即大脑主司感觉与思考，延髓为生命中枢，小脑主协调躯体运动。对人的大脑皮层功能区的研究，开始于19世纪对尸体解剖的观察，如失语症与额叶中央前回底部之前的损伤有关等。在人脑上用电刺激研究功能定位，开始于20世纪30年代。德国神经外科医生Foerster和加拿大神经生理学家Penfield进行外科手术时，在清醒的患者身上，用电刺激大脑的不同部位引起不同反应。根据这种结果绘制出人的大脑皮层功能区域图表明，感觉区集中在中央后回，运动区集中在中央前回，这些区域的每一处都同身体的一定部位相联系。

19世纪70年代，英国生理学家Caton用兔、猫和猴等40头动物作为实验对象，发现它们的大脑普遍存在着电的变化。进入20世纪后开始做脑电记录。1925年，德国精神病学家Berger用灵敏度高的电极插在他儿子的头上做脑电测定，发现有心理活动时(如注意等)脑电波发生变化。他还记录了脑损伤时的脑电图，为后者用于临床诊断奠定了基础。1929～1938年，他每年出一本《关于人的脑电图》，为从事这方面工作的人们提供了丰富的资料。神经元的综合电活动，虽然可以对癫痫或脑内重大病变提供信息，却不能揭示感知的过程。从20世纪50年代开始，脑电的研究向着探索与特定知觉有关的信号方向发展，开展了诱发电位的研究工作。英国的Dawson 于 50 年代初建立起世界上第一个记录瞬态诱发电位的装置。随后，由美国两位科学家将该机械装置全部加以电子化并同专用计算机相连。60 年代，又引入傅里叶(Pourier)分析仪，使研究工作取得新进展。到了 70 年代，对人的视觉、听觉、甚至婴儿的感觉都有了灵敏的检查指标，不仅在临床上得到广泛应用，也为进一步探索脑功能提供了条件。80 年代以后，正电子发射断层扫描技术和磁共振成像技术的应用，可以无损伤地研究活动状态下的脑，以了解脑在正常活动状态下的功能，也可用于脑疾病或损伤的诊断。

5. 神经系统感知研究

感觉系统能够快速地接受各种外界刺激，通过特异的传导通路进行信号的传递、分析和整合，产生认知和相应的行为。因此，感觉系统不仅是接受外界信息的关键环节，而且也是人和动物做出行为应答的重要基础。20 世纪在感觉生理学上最受重视、发展最快的是中枢神经系统对外界感觉的加工，在如何识别信号、如何形成感知方面已取得了一些阶段性成果。①神经网络上侧抑制的发现。出生在匈牙利的美国生理学家 Bekesy 发现，在视觉系统中有互相抑制的作用，有助于加强视觉中的反差效应。他还发现，在听觉系统中也存在侧抑制。这一作用原理已被应用于通信系统和工程技术系统的信号检测。②神经纤维的感受域。这是英国生理学 Adrian 在 1930 年前后提出的概念。他的实验发现许多感受器都会引起同一根神经纤维的反应，因此他把这一纤维所联系的许多感受器的区域称为感受域。③大脑皮层存在着“粒”状细胞群的“功能结构”。60～70 年代的研究初步表明，大脑有 10^9～10^{11} 个细胞，它们是有序的，在感知外界事物的信息加工过程中遵循一定的规则，而且各种感觉都有共同规律。

20 世纪 60 年代以后，各种新技术、新方法大量出现并迅速地应用到实际研究中去，如辣根过氧化物酶法、荧光染料等束路追踪技术和免疫组织化学技术、免疫电镜技术、放射免疫测定法、电子计算机显微图像分析技术、脱氧葡萄糖法及神经细胞的体外培养法等。70 年代以后，出现了显示神经细胞内 mRNA 的原位杂交法，DNA 重组技术，研究神经递质受体分布的定位法，研究神经元质膜离子通道的膜片钳技术等。特别是分子生物学的发展和分子生物学方法在脑研究中的应用，使许多神经系统结构和功能的研究进入了分子水平研究阶段。

20 世纪 90 年代神经生物学有了飞跃的发展，更新了许多传统的观念，对脑的结构和功能有了进一步深入的理解，对神经系统疾病的发病机理及防治更前进了一步。以发育神经生物学而言，除神经系统发育及再生的基因调控外，对胶质细胞的功能已赋予了新的内容。胚胎干细胞、神经干细胞以及嵌合体的建立，为神经细胞的发育、诱导、分化提供了新的研究手段，也为脑内移植等展示了光辉的前景。中枢神经的再生过去认为是不可能的，现在应用综合手段如胚胎组织脑内移植，应用抗抑制因子抗体和神经营养因子等都能不同程度地促进中枢神经系统的再生。这些为神经损伤，特别是脊髓截瘫的患者带来一丝曙光。虽然如此，解释、破译脑的奥秘并使之为人类健康服务，将是 21 世纪的重大课题，任重而道远。

第二节 常用神经生物学研究方法

神经生物学是一门典型的综合性学科，包含众多研究领域，且发展极快。多学科、多层次的研究是神经科学研究的一个显著特点，因而其所涉及的研究方法与手段也是纷繁复杂、包罗万象的，其中既包括了传统生物形态学科的研究方法，同时生物机能与代谢的研究手段也被广泛采用。近几年来，分子生物学技术正被引入这一领域，一些新近发展起来的新技术如计算机模拟网络，无创脑成像技术及单个活细胞分析技术等，也已显示了既往研究方法所不具有的优势。

一、形态学方法

（一）神经束路示踪法

1. 轴浆运输法

轴浆运输是神经细胞的特性之一，神经元有长短不等的轴突，需要从细胞体不断地将各种成分运输至轴突及其分枝以维持神经元代谢；在神经末梢释放的神经肽及合成经典递质的酶也需在胞体合成；影响细胞代谢的物质，如神经营养因子，从末梢逆向传送至胞体，这些运输现象称为轴浆运输(axoplasmic transport)。根据运输速度分快轴浆运输和慢轴浆运输。快轴浆运输又有顺行和逆行之分，快的顺行运输速度为50～500mm/d，快逆行运输速度为50～80mm/d。慢轴浆运输则全为顺行，速度约为5～8mm/d。中枢神经系统内轴浆运输的速度约为周围神经系统的一半。轴浆运输是个耗能的过程，其机制尚不完全清楚，研究显示微管(microtubule)在轴浆运输中起关键作用。树突也有类似的运输现象。

1）辣根过氧化物酶法

辣根过氧化物酶(horseradish peroxidase，HRP)法是应用最广泛的神经束路示踪法。HRP是一种含血红素基的植物糖蛋白，将其注入动物体内，可沿轴浆运输线路示踪神经束路。HRP在 H_2O_2 存在条件下，可催化外加联苯胺的氧化反应，反应产物具有特定颜色，如与二氨基联苯胺(DAB)反应呈黄色，与四甲基联苯胺(TMB)反应呈蓝黑色，从而可将标记神经元及其突起显现出来。HRP肌肉注射，可由肌肉神经末梢吸收，沿轴突逆行运至胞体，标记运动神经元及其树突；HRP神经元胞体区注射，可沿顺行轴浆运输至其传出纤维分布区。

HRP法具有许多优点：①方法简便，实验周期仅数天；②HRP细胞内注射，可显示神经元胞体、树突及轴突全貌，形态细节优于Golgi银染法；③DAB-HRP反应产物具有较高的电子密度，既适于光镜也适宜电镜观察；④HRP也可经神经纤维束内注射或经神经断端浸泡吸收。

HRP法的缺点主要有：①标记过路纤维，既有顺行轴浆运输标记，又有逆行轴浆运输标记，故解释实验结果应审慎；②有效注射范围较难确定，一般认为，中心深染而不能辨认其结构的区域为有效区，而其他可辨认结构的周边区为无效区。

2）植物凝集素和细菌毒素束路示踪法

示踪物是通过神经细胞膜上特定受体的介导而被胞饮吸收入神经元。菜豆凝集素(*Phaseolus vulgaris* leucoagglutinin，PHA-L)主要用于顺向追踪，其显示的纤维末梢形态非常细致，且基本没有过路纤维标记问题。麦芽凝集素(wheat germ agglutinin，WGA)除偶联成WGA-HRP外，也可单独使用，作顺、逆向传送标记。凝集素可用PHA-L抗体或WGA抗体的免疫组织化学法显示。霍乱毒素(cholera toxin，CTX)除形成CTX-HRP，也可单独使用，是一种很灵敏的顺、逆向示踪剂。但用霍乱毒素抗体的免疫组织化学法及凝集素组织化学示踪法，成本比HRP法高且步骤多。

3）放射自显影术

放射自显影术(autoradiography，ARG)应用于神经系统，研究神经元投射的径路示踪法称为放射自显影神经追踪法(autoradiographic nerve tracing method，ARNT)；也可用于研究神经元内的化学物质成分。ARG 可在光镜或电镜水平进行。

ARNT 法的原理也是根据轴浆运输的现象发展起来的，即将放射性同位素（如^{3}H、^{14}C）标记的氨基酸注入神经组织，它们被神经元胞体吸收后参与神经细胞的蛋白质合成，然后合成的物质随轴浆运输至末梢，借助放射性同位素发出的β射线使胶片或乳胶感光，经显影、定影后产生黑色的银粒，从而确定神经元的纤维投射区，ARNT 法一般都是顺行追踪，不存在过路纤维摄取干扰的问题。但若用放射性同位素标记神经递质或由神经元合成的蛋白质则仍可通过轴浆逆行运输。

4）病毒示踪技术

活的神经病毒也可用作束路追踪剂，尤其有利于跨突触的多级追踪（跨神经元追踪）。活病毒能在神经元中增殖，即使在第二级神经元中最初病毒数很少，经一定时间也可以有很强的标记，并可以顺次标出以下各级神经元。这是活病毒作追踪剂所独具的特点。病毒用免疫组织化学方法显示。

目前常用的有两种疱疹病毒（单纯疱疹病毒Ⅰ型及猪疱疹病毒，又称伪狂犬病毒）及弹状病毒，可作顺向或逆向追踪。两个方向均能跨突触标记。例如，将Ⅰ型单纯疱疹病毒注入小鼠舌下神经 3 天后，舌下神经核内可发现大量病毒。再经 3 天后，脑干内各终止于舌下神经核的核团均出现明显标记。

2. 变性法

变性法是利用神经元胞体受损或神经轴突离断后远侧轴突的变性，或轴突切断后细胞的反应，来研究神经纤维联系。

目前主要在两个方面利用神经纤维变性来进行束路研究：一是切断束路，或破坏起源核团后观察靶核区神经纤维及其末梢组织化学变化；另一种用途是微环路研究。

1）损毁方法

破坏方法有物理性、化学性两大类。物理性破坏的共同问题是选择性差，在损毁核团时路经此核团的纤维也被损。化学性破坏的特异性较强，主要有两类试剂：兴奋性氨基酸及单胺类神经毒。

（1）兴奋性氨基酸：用做化学损毁的兴奋性氨基酸有红藻酸（或称海人酸，kianic acid）及鹅膏蕈氨酸（ibotenic acid），它们在化学结构上均与谷氨酸有共同之处。兴奋性氨基酸神经毒剂仅损伤神经细胞而不破坏轴突，因此无过路纤维受损问题，这是其在束路研究中的主要优点。

（2）单胺类神经毒：可选择性地损毁儿茶酚胺或 5-HT 能神经元。6-羟多巴胺（6-hydroxydopamine，6-OHDA）能引起交感神经肾上腺素能末梢的急性选择性溃变。5，6-双羟色胺和 5，7-双羟色胺（dihydroxytryptamine，DHT）能选择性地破坏 5-HT 能神经元。现在，这些神经毒素已成为中枢和周围单胺神经元系统选择性损毁的有效手段。

2）银染被毁损的纤维束

这种方法使其与正常纤维束形成染色反差，可研究神经纤维束的行程。以 Nauta 和 Ryna 方法为代表，首先切断某个纤维束或毁损某个神经核团，造成退行性变。接着以银浸法染出变性纤维，基本步骤包括：①硝酸银浸染；②氨银液处理；③在还原液内将银盐还原。被浸染的变性纤维呈棕黑色，与正常纤维的尼氏染色（蓝色）形成对照，从而显示出变性纤维束的行程和分布区。Fink-Heimer 法也属银染法，主要显示溃变的神经纤维终末。

（二）免疫细胞化学技术

1. 基本原理

免疫细胞化学有时又称免疫组织化学，它是利用抗原与抗体结合的免疫学原理，用标记的抗体（或抗原）对细胞或组织内相应的抗原（或抗体）进行定性、定位及定量的检测，通过对标记物进行组织化学的呈色反应后，用显微镜在组织原位进行观察。凡是能作为抗原或半抗原的物质，如各种蛋白质、多肽、核酸、激素、磷脂、多糖、受体及病原体都可用相应的特异性抗体在组织或细胞水平用免疫细胞化学的手段检出和研究。

2. 分类

根据所用标记物的不同，免疫细胞化学技术可分为免疫荧光细胞化学技术、免疫酶标细胞化学技术、免疫金/银细胞化学技术、免疫铁蛋白技术、亲和免疫细胞化学技术以及免疫电镜技术等。而近年来在核酸分子原位杂交技术中采用生物素、地高辛等非放射性物质标记探针，再和相应的免疫细胞化学方法结合进行显色，已发展成为杂交免疫细胞化学技术。

3. 主要过程与步骤

免疫细胞和（或）组织化学技术的全过程主要包括：①抗原的提取和纯化；②免疫动物或进行细胞融合（单克隆抗体）；③抗体提取纯化和效价检测；④标记抗体；⑤细胞或组织切片标本制备；⑥免疫细胞化学反应和显色；⑦观察和记录结果。现在许多抗原特别是特异性抗体均有商品化供应，使用不同标记物的二抗和三抗试剂盒国内外亦有众多厂家生产，因此免疫细胞化学技术的过程已被大大简化，研究者需做的主要工作常常就是制备标本和免疫染色。标本制备过程中组织的固定与切片是两个主要环节。

（1）组织的固定。固定的目的是为了保持细胞与组织的原有形态结构，防止抗原丢失和组织自溶，因此最大限度地保存抗原和维持组织细胞形态是理想固定液的两条标准。目前尚没有适用于所有抗原的万能固定液，故需根据不同抗原并结合文献进行摸索选择。对脑组织而言，Zamboni's液、4%多聚甲醛等是较常使用的固定剂。中枢神经组织由于组织柔嫩、且难以快速取材，因此多对动物进行灌注固定，首先用温生理盐水通过主动脉插管冲洗尽血液，再用预冷固定液灌注，取出组织后再用相同固定液后固定12～24h。培养神经组织或细胞的固定较为简单，用温生理盐水或磷酸缓冲液轻洗后固定数十分钟即可，其中冷丙酮或丙酮与乙醇的混合液最为常用。

（2）组织切片。除细胞涂片或培养组织外，取材的神经组织常需进行组织切片以便染色，神经生物学的研究中由于细胞较大，同时为了便于神经纤维追踪，切片厚度常控制在20～30μm。常用的切片方法包括冰冻切片、石蜡切片、振动切片及超薄切片等。其中冰冻切片是最常用的方法，其主要优点是能较完好地保存抗原活性从而增加或确保抗原的检出率。冰冻切片中为了减少冰晶的形成，最好选择恒冷箱切片机进行，同时在切片前注意将组织置于20%～30%蔗糖溶液至组织下沉以减少组织含水量。用液氮对组织先进行速冻后再行切片染色常也能取得较好结果。

（3）免疫染色。免疫染色无疑是免疫细胞化学中最关键的步骤，一般染色程序主要包括：①用标记抗体与标本中抗原反应结合；②用磷酸盐缓冲液（PBS）洗去未结合成分；③直接观察结果(免疫荧光直接法),或显色后用普通光学显微镜观察(免疫酶直接法)。在此基础上发展出间接法、多层法与双标记法等方法。

同时在免疫染色过程中为了增加特异性染色,减少或消除非特异性染色,常常在特异性抗体(一抗)孵育前及孵育过程中加用 H_2O_2 预孵、动物血清封闭、蛋白酶消化及除垢剂(TritonX-100等)处理等步骤。最后需强调,免疫组织及细胞化学均须设置对照实验。

(三) 神经系统功能活动形态定位法

要全面了解神经系统,常需要将功能和形态研究相结合。现在一些方法能将形态定位与细胞功能活动结合起来,如脱氧葡萄糖法、c-fos 法、细胞色素氧化酶法,以及一氧化氮合酶法等。

1. 脱氧葡萄糖法

神经元活动时其能量代谢增加,而神经系统代谢供能主要依赖葡萄糖。当脑内存在 2-脱氧葡萄糖(2-deoxy-D-glucose,2DG)时,神经元常不加区别地将 2DG 与葡萄糖一起摄入细胞内,两者都是已糖激酶的底物。2DG 由于不能继续在神经元内被代谢而积聚。2DG 法利用此特点在 2DG 上标以同位素 ^{14}C,神经元内 ^{14}C 的堆积程度反映了神经元的活动水平。

在设置 CNS 某个功能系统活动增加的实验条件下,将 ^{14}C-2DG 注入动物血管内,因功能系统脑血流量较其他 CNS 部位增加得多,该系统脑区 ^{14}C-2DG 积聚即相对增多,用放射自显影技术可显示出 ^{14}C 浓度增加的脑区,由此可得到此功能系统的形态定位影像。

2. c-fos 法

c-fos 属于即早基因类(immediate-early genes)。在许多生理和病理条件刺激下,c-fos 都可表达增加,反映在此条件下 CNS 内兴奋区域,因此可将生理活动或病理条件与形态定位联系起来。c-fos 通过不同的第二信使,形成 fos mRNA,再翻译成 Fos 蛋白,后转位至神经细胞核,因此,c-fos 法显示的多为神经细胞核。

3. 细胞色素氧化酶法

细胞色素氧化酶是线粒体内提供细胞能量的重要酶。细胞色素氧化酶的水平与神经元能量需求密切相关,反映了神经元功能活动的相对水平。树突内线粒体多,因此细胞色素氧化酶活性也较高。与 2DG 法及 c-fos 法不同,此酶的变化比较缓慢,因此仅适用于慢性刺激实验。形态观察靠酶组织化学法进行显示。

4. 一氧化氮合酶法

还原型磷酸烟酰胺腺嘌呤二核苷酸,或还原型辅酶Ⅱ-黄递酶(reduced form of nicotinamide adenine dinucleotide phosphate-diaphorase),简称 NADPH-diaphorase 或 NADPH-d,是一种一氧化氮合酶(nitric oxidase synthase),对脑中产生 NADPH-d 的神经元可以进行特异性的组织化学标记。此法最早报道于 1983 年(Scherer-Singler 等),当时这种 NADPH-d 特异性神经组织化学法并未引起普遍关注。近几年一氧化氮(NO)的多种重要生理作用受到重视,此种组织化学技术随之广泛应用。例如,已知 NO 是 Hebb 突触的突触后神经元向突触前神经元释放的一种逆行性信使,与学习和记忆的长时程增强(LTP)现象有关。NADPH-d 阳性神经元对脑缺血及兴奋性神经毒素具有选择性拮抗作用。NADPH-d 阳性神经元在舞蹈病患者的纹状体中可选择性地免受损害等。NADPH-d 组化法很简便,用 NADPH 和氯化硝基四氮唑蓝(nitroblue tetrazoline chloride,NBT)与固定后的脑切片一起孵育,NADPH-d 阳性神经元可把 NBT 还原为不可溶的深蓝色甲臜(formazan)反应产物。NADPH-d 组化法和不同的神经递质及神经活性物质的免疫组织化学法可联合应用,标记共存神经元。并且 NADPH-d 标记可以呈现 Golgi 样的完整神经元形态。

(四) 神经组织培养技术

神经组织培养就是从机体中取出神经组织或细胞,模拟机体内生理条件在体外进行培养,使之生存和生长。1907 年 Harrison 用蛙的淋巴液在体外成功培养蛙胚神经管和肌肉组织,观察到神经突起由神经元长出,创立了在体外观察与研究活组织的方法,并以此支持了神经元学说。神经组织培养的技术有多种,研究者要根据不同的目的和要求选用。

1. 培养方法

1) 分离细胞的培养

这是较为常用的方法,首先将神经组织用物理或酶学的方法分离制成单细胞悬液,然后接种于合适的底物及培养液中,数小时后即可长出突起,这种培养物可维持数周甚至更长。

与其他组织细胞的分离培养过程相似,神经组织分散为单细胞悬液的过程也包括组织剪碎、蛋白酶消化、机械吹打、过筛等步骤。但神经细胞大多有突起,随着神经组织分散过程的进行,神经元突起会逐渐回缩。因而在对神经组织的分散处理过程中应尽量减少对神经元的损害,一般宜偏重于酶学缓慢处理,然后辅之以轻缓地吸管吹打。酶解慢而轻缓,对神经元损伤较小,吹打快而彻底,但会使神经元受到普遍损伤,吹打时一般以肉眼见组织块基本消失为限。将吹打后的悬液过一定孔径的筛网以滤去未分散的残余组织块。为使单个细胞通过,根据不同部位神经元大小的差异,一般使用孔径为 20～75μm 的筛网(100～300 目)。神经元是一类不易黏附和贴壁的细胞,近年来,一些学者创立了一种能加快神经元黏附过程的细胞悬液种植方法。该方法是先将少许细胞悬液种植在生长基质表面,待细胞贴壁 3～5h 后,再补加培养液。此时,几乎所有细胞都能贴壁,部分细胞甚至已发出细小突起。实践证明,该方法由于加快了细胞黏附、贴壁的速度,能明显提高神经元的体外存活率。

2) 器官、组织培养

器官培养是将神经组织切成小薄片,使器官的原基、器官的一部分或整个器官在体外存活,生长并基本保持其原有的结构与功能,如脊髓连同背根神经节的联合培养,在发育神经生物学中常采用的神经板、神经嵴与神经管培养等。

组织培养是将神经组织切成薄片(0.5～1.0mm),置于用胶原或层粘连蛋白包被的内有富含血清的培养液的器皿中。在合适的培养条件下,组织常可存活数月,但因片厚一般光学显微镜无法观察到神经细胞完整的突起。目前共聚焦扫描显微镜弥补了不足,利用它可观察到活组织厚片中的细胞分裂和迁移。现已发展了一种神经组织薄片(0.4mm),粘于血浆凝结包被的盖玻片上,然后置于培养管中,加入一定量的培养液,置于旋转培养器上,由于培养管的转动使组织片交替浸入培养液或暴露于空气中,经过两周培养,组织片变薄至 15μm 左右,可用光镜观察到各个细胞及其突起。

3）联合培养

通常将两种以上组织或细胞放在一起培养，以了解两者之间的相互作用。如突起的延伸、细胞迁移、DA神经元与纹状体组织、脊髓与骨骼肌、神经元与神经胶质细胞等。

4）传代培养

胶质细胞，尤其是胚胎胶质细胞可以传代，目前这种培养技术用于神经干细胞的增殖，已证实可传几十代，并表现出相当稳定的表型。

2. 神经组织培养的应用

自组织培养方法建立至今，由于方法与技术的不断改进和发展，特别是近20余年来商品化合成培养基的出现，CO_2恒温孵箱和超净工作台的普及使用，以及神经科学的日益受重视，神经组织培养在神经生物学领域得到了广泛应用。①神经组织培养可用来研究各种理化因素（如激素、生长因子、药物、毒物、温度等）对活细胞的直接影响，并容易观察记录；②组织培养与多种方法的联合应用，可研究某种因素对细胞增殖、分化、代谢、运动、分泌等影响与调节的动态过程，获得在体实验难以达到的研究目的。

培养的神经组织细胞作为一个易于操作的实验对象，除直接用相差显微镜观察外，几年来各种不同的技术方法正被广泛引入，如流式细胞技术，通过对培养细胞样本的免疫荧光或荧光染色，可测定细胞内特定蛋白、受体及核酸等成分的变化，并可对细胞进行细胞周期分析和分选，还能提供细胞众多的形态参数。与电生理方法、共聚焦显微镜及免疫细胞化学技术相结合，可了解细胞的功能状况。此外，就研究领域而言，神经组织培养在神经药理学实验中具有特有的优势，它避免了血脑屏障、代谢等因素的干扰，药物能直接作用于细胞，便于观察其效应及不良反应。

当然组织培养作为一种方法也存在一定的不足，其中最重要的一点就是尽管培养技术不断发展，培养组织或细胞与在体环境仍存在相当差异，这是研究者在观察与解释结果时必须牢记的。

3. 神经组织培养与其他组织培养的差异

神经系统无论在动物或人都是机体最复杂的结构，神经元是一种高度分化的细胞，形态上有胞体与突起之分，且在动物出生后很少分裂，因此神经组织培养特别是神经细胞的分离培养较其他组织细胞培养常需要较高的条件，培养方法也较为特殊。神经组织培养存活的标志是：在分离细胞培养的标本中，种植后24h内细胞贴壁，并逐渐生长出数十微米长的突起；器官培养的标本只要组织片薄，不漂浮，即是贴壁，而后有生长晕长出，组织片一般是存活的。培养组织或细胞的贴壁与培养的支持底物及培养基有一定关系，而影响神经细胞存活很关键的一点是所取组织的部位与动物的年龄。

神经元的体外培养一般取材于胚胎或新生动物的神经组织，根据不同研究目的，部位多取材于CNS的灰质组织或PNS的神经节。如有报道大脑皮层在小鼠一般以胚胎16～21天较好，大鼠则胚胎19天左右为最佳，而小脑神经元的培养大都取自临产或新生动物，该部位由于颗粒细胞在数量上占有绝对优势，因此是培养CNS单一神经元的一个理想的组织来源，纹状体细胞培养以10天左右的大鼠胚胎取材较为容易，存活率较高。

神经细胞的生长特性决定了只有当其接种在一定的底物（或称生长基质）上时才能获得良好的生长和分化，因此体外培养时一般不直接将神经细胞种植到玻璃或塑料表面，而是首先在容器或玻片表面黏附一层类似细胞外基质的生物大分子。在神经元的体外培养中常用的黏附底物有多聚赖氨酸、多聚鸟氨酸、鼠尾胶、层粘连蛋白等，其中多聚赖氨酸须使用相对分子质量大于7万者，常用浓度为0.1%，它能使神经元较快贴壁，但维持时间不长，鼠尾胶虽能较长时间维持神经元贴壁，但需自行制备，稳定性稍差。由于上述物质能帮助神经元的黏附贴壁，促进神经元突起的生长，因此对分离后的神经元而言，能否尽快黏附到生长底物上也是影响其存活的重要因素之一。

在神经组织的体外培养中常用的培养基有 Eagle's MEM、DMEM、F12 以及 1640 等，其中 Eagle's MEM 是适合于连续细胞系生长的经典培养基；DMEM 含有较高浓度的营养物质，有利于细胞分裂增殖；F12 则富含维生素和微量元素，有利于细胞分化。在进行神经元的体外分离培养时，现多数文献推荐使用 DMEM/F12(1∶1)作为基础培养基。

除基础培养基外，根据神经元的生长代谢特点，常还需加入一些补充成分以保证神经细胞在体外的良好生长。补充或需调整的成分包括：①葡萄糖，神经元能量代谢的一个基本特征是以葡萄糖作为主要能源物质，因此培养的神经元常需较高浓度的葡萄糖供给，通常完全培养基中葡萄糖的终浓度约为33mmol/L；②氯化钾，研究提示钾离子对神经元的存活与分化均能产生明显影响，氯化钾的补充剂量一般为20～30mmol/L(终浓度)；③有丝分裂抑制剂，常用的有阿糖胞苷和5-氟尿嘧啶，一般在培养2～3天后加入，主要用于抑制非神经细胞的过度增殖，终浓度一般在10^{-5}mol/L水平；④血清，除无血清培养外，神经元的体外培养常需加入一定剂量的血清，血清中含有调节细胞生长代谢的许多生物活性物质如激素、生长因子、转运蛋白及微量元素等，能有效刺激神经元的分化和突起生长，是体外培养中最有效的添加成分。虽然血清在化学成分上具有不确定性，但迄今仍广为使用，其中胎牛血清的作用又明显强于小牛血清。

二、生理学方法

(一) 行为学方法

近年来，许多新技术、新方法被用于神经生物学尤其是学习记忆领域的研究，但行为学方法依然是不可或缺的重要研究手段。目前被广泛采用的动物行为研究模式有以下3种。

1. 条件反射检查

1) 经典的条件反射

给狗吃食物会引起唾液分泌，这是非条件对照，如果每次给狗吃食物以前出现铃声，然后再给以食物，这样多次结合后，当铃声一出现，动物就会出现唾液分泌，形成经典条件反射。

2) 被动回避行为的条件反射

被动回避行为的条件反射(回避学习)具有反射箱制作比较简单、而动物的训练与测试简便、快速、准确等优点，因而其应用甚为广泛。大鼠或小鼠都可用来进行实验。

跳板法、避暗法及跳台(步下)实验均为测定大鼠被动回避反应的常用方法，跳板法及避暗法属于步下实验，但是，大鼠在跳板上的行为不同于简单的“避暗”反应，两者有明显差异。跳板法更灵敏地反应大鼠学习与记忆能力，其步入潜伏期的个体间差异亦较小，跳台法次之，而避暗法灵敏性较差。究其原因是：有的大鼠对光的照射不甚敏感，因而其正常的“避暗”(步入)欲望差，个体差异大。另外大鼠停留在完全悬空与暴露的跳板上，除了自然光线的刺激外，暴露及悬空对其威胁更为有效，其此时的“步入”反应较停留在跳台上大鼠的“步下”欲望更为强烈。所有被动回避反应的训练多采用"一次性学习"法(one trial learning)及"5min 训练法",两者的训练时间长短虽然不同,但均以测定动物训练后第二天的步入或步下潜伏期作为记忆指标。后者以 5min 训练过程中动物受电击的次数(即步入或步下次数)作为学习指标,而以训练后第二天 5min 内的受电击次数(即步入或步下次数)作为记忆指标。值得注意的是,上述方法在观测训练后第二天的记忆潜伏期时,均未考虑在学习过程中记忆获得的差异(即学习能力的差异),而这本身可以影响动物 24h 后的记忆潜伏期,而且提取记忆时动物将受电击,这同时是一学习过程,故此时的测定结果反映的不仅仅是记忆能力,实际上是学习记忆综合能力。

3) 主动逃避行为的条件反射

常用的是穿梭箱实验(shuttle box test)。训练方法是以足底电击作为非条件刺激(US),以灯光或声音作为条件刺激(CS),通过 US 与 CS 反复结合训练动物使其学会对条件刺激发生反应,即灯光或声刺激出现后立即出现逃避动作(主动逃避反应)。一般每天训练 20 次左右,连续多天。观察每日动物正确反应的次数与总训练次数的比率(习得率)。记忆检测则只给条件刺激,而不给非条件刺激。

4) 迷宫行为的条件反射

如水迷宫、T 型迷宫及 Y 型三等分辐射式迷宫、八臂迷宫等。迷宫模型多是测定空间记忆,与海马功能有关。其中 Morris 水迷宫自 Morris 1982 年报道以来,其应用甚为广泛。其方法是让动物在深水中寻找隐蔽的水下平台以逃避水淹,观察指标主要是动物找到平台所需时间(即潜伏期)以及动物游泳轨迹。常用于大鼠或小鼠的海马记忆功能研究。相对于回避或逃避性训练方法而言,水迷宫方法对动物的伤害性刺激作用较小,这是其优点。

5) 操作式条件反射

操作式条件反射(operant conditioning)比较复杂,动物必须完成某种运动或操作后才能得到强化。例如,将大鼠放入实验箱内,当它在走动中偶然踩杠杆时即得食,以强化这一操作,如此重复多次,大鼠即学会自动踩杠杆而得食。踩杠杆这样一个特定的动作就是条件反应。

2. 感觉能力检查

感觉能力检查包括痛阈测定(pain threshold measured)、视野(visual field)测定、嗅觉障碍(olfactory disorder)测定等多种。

3. 运动能力检查

运动能力检查包括斜板试验(inclined plane test)、BBB 评分(Basso, Beattie and Bresnahan locomotor rating scores)、前肢放置检测(measurement of forelimb placing)、双侧前爪抓握试验(bilateral forepaws grasp)、足迹试验(walking track analysis)等多种。

值得注意的是,动物行为的影响因素过于复杂,个体差异也较大,故行为实验应有足够的样本量,并应反复验证结果,还可通过采用不同的行为模式进行比较观察,这样才能得到真实的结论。

(二) 膜片钳技术

1. 膜片钳技术基本原理

电压钳技术是控制全细胞跨膜电位用来研究离子通道的理想技术,但是它并不能测定单一通道电流。因为电压钳制的膜面积很大，包含着大量随机开放和关闭着的通道，而且背景噪音大，往往掩盖着单一通道的电流。另外对体积小的细胞实行电压钳制在实验技术上有很大困难。为克服这些困难和不足之处，Neher 和 Sakmann 发展了膜片钳(patch clamp)技术。

膜片钳技术是用玻璃微电极吸管将面积为几个平方微米，只含一至几个离子通道的细胞膜通过负压吸引封接起来，由于电极尖端与细胞膜的高阻抗封接，尖端下那片膜与膜的其他部分在电学上已完全隔离，此小片膜内通道开放所产生的电流进入玻璃吸管，测量此电流强度，就可代表单一离子通道电流。运用膜片钳技术记到的最小电流可达到皮安级(10^{-12}A)。

实验结果证明，膜上电压依从性离子通道一般有两种电导状态，即开放和关闭。多数离子通道大部分时间处于关闭状态，只是在特殊情况下，才出现开放概率增加。通道蛋白构象改变是这种门控现象的基础。

膜片钳实验除需要一般的电生理仪器外，必须有膜片钳放大器、三维液压操纵器、倒置显微镜、微型计算机等。膜片钳放大器内含有一标准的差分放大器，此放大器是一个电流电压转换器，可将记录到的电流以电位差的形式输出。此外还有频率提升部分、加法器、瞬时补偿和钳位放大器等部件。

2. 膜片钳技术发展历史

1976 年德国马普生物物理化学研究所 Neher 和 Sakmann 首次在青蛙肌细胞上用双电极钳制膜电位的同时，记录到 ACh 激活的单通道离子电流，从而产生了膜片钳技术。

1980 年 Sigworth 等在记录电极内施加 5～50cm H_2O 的负压吸引，得到 10～100GΩ 的高阻封接(Giga-seal)，大大降低了记录时的噪声，实现了单根电极既钳制膜片电位又记录单通道电流的突破。

1981 年 Hamill 和 Neher 等对该技术进行了改进，引进了膜片游离技术和全细胞记录技术，从而使该技术更趋完善，具有 1pA 的电流灵敏度、1μm 的空间分辨率和 10μs 的时间分辨率。

1983 年 10 月 *Single-Channel Recording* 一书问世，奠定了膜片钳技术的里程碑。为细胞生理的研究带来了一场革命性的变化，膜片钳技术如同基因克隆技术一样，给生命科学研究带来了巨大的动力。Sakmann 和 Neher 也因其杰出的工作和突出贡献，荣获 1991 年诺贝尔奖。

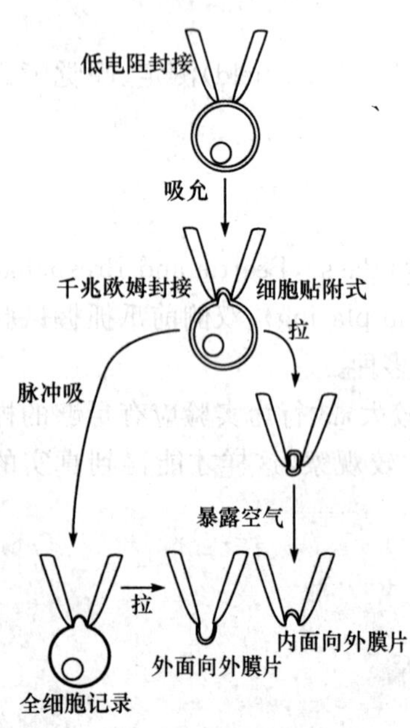

图 1-1 膜片钳记录模式示意图

3. 膜片钳的基本记录模式

根据膜片与电极之间的关系，可将膜片钳分为 4 种基本记录模式(图 1-1)。玻璃微电极尖端与细胞膜接触后，通过给电极轻微的负压吸引形成紧密封接，此为细胞贴附式(cell-attached)。若在此基础上将电极拉开，使电极下的一小片膜与细胞的其余部分分离，且这片膜的内侧朝向浴槽溶液，这便是膜内面向外式(inside-out)。当贴附式高阻抗封接形成之后，向微吸管内作短暂的负压抽吸，使电极覆盖下的细胞膜破裂，造成电极内液与胞内液相通而相互扩散，但它们和细胞浴液绝缘，即形成全细胞记录式(whole cell recording)。全细胞记录式形成后，轻提电极，可将一小片膜从细胞上分离出来，并在电极尖端形成闭合的囊泡，此时细胞膜的外表面对应的是浴液，内表面对应的是电极内液，此为膜外面向外式(outside-out)。

(1) 细胞贴附式(cell-attached)。对细胞结构和环境的干扰最小，它可以通过吸管改变膜电位，在正常的离子环境中研究递质和电压激活的通道。细胞贴附式记录最适用于验证可通透性信息物质对通道的调制，并可研究第二信使对通道的调控。

(2) 膜外面向外式(outside-out)。通常用于研究配体门控性离子通道，可以将激动剂施加到胞膜的外表面观察与配体结合位点结合后的电流变化。

(3) 膜内面向外式(inside-out)。主要用于研究胞质成分对离子通道的影响。通过改变外液就可了解到细胞内环境对离子通道的影响。

(4) 全细胞记录式。全细胞记录式实际上与细胞内微电极记录形式基本相同，但它比用电极刺穿细胞膜引起的损伤小，细胞易成活。尤其对原来不能用细胞内记录的小细胞提供了研究上的方便。全细胞式记录的是全细胞而不是小片膜的离子电流，微吸管与细胞的封接有很高的电阻(大于 10GΩ)是保持全细胞记录的重要条件。全细胞记录可以进行电压钳位和电流钳位。在电流钳制状态时，可测定细胞膜电位和动作电位；在电压钳制的时，则可根据钳制电位的不同，分别测定不同的离子通道电流，因而在一个细胞上可观察多种离子通道的活性。

4. 膜片钳记录的基本步骤

膜片钳记录的基本步骤可概括为 4 个步骤。

1) 液体配制

主要根据研究通道的不同，配制相应的细胞溶液和电极充灌液，基本原则是保持两个平衡：渗透压平衡和酸碱平衡。所有液体在使用前必须过滤。

2) 标本制备

膜片钳记录标本的制备有 4 种方法：急性分离、细胞培养、脑片或其他组织薄片、活体记录，应根据不同研究要求而相应选择。

3) 记录

(1) 电极拉制。一般常规采用两步法完成，电极尖端直径为 0.5～2μm，是否涂胶与抛光应根据经验而定，不必强求。

(2) 亿欧姆封接。电极充灌安装后即给持续正压，在倒置显微镜监视下将电极贴近细胞，以微操纵器将电极贴于细胞，去掉正压后再稍施负压吸引，亿欧姆封接便瞬间形成。

(3) 观察记录。

4) 资料分析

(1) 一般电学性质。通过 *I-V* 关系计算单通道电导，观察通道有无整流。通过离子选择性、翻转电位或其他通道激活条件初步确定通道类型。

(2) 动力学。开放时间、开放概率、关闭时间、通道的时间依赖性失活、开放与关闭类型(簇状、猝发样开放、闪动样短暂开关)，及化学门控性通道的开、关速率常数等。以下几方面的分析尤为常用：通道的电流幅度及分布特点、通道平均开放和关闭时间、通道开启时的电导。

(3) 药理学。阻断剂、激动剂或其他调制因素对通道活动的影响情况。

(4) 综合分析得出最后结论。

5. 膜片钳技术的进展及应用

膜片钳技术的发明，极大地扩展了电压钳的应用领域，也使体积小、形态复杂的哺乳类中枢神经元的离子通道研究成为可能。人们通过这一技术首次直接证实了离子通道的存在,用此技术对单个离子通道的研究,在精确度上大进了一步,达到了分子水平;单通道记录还可以深入解释药物的作用机制,从微观水平研究药物机理;膜片钳技术空间分辨力高,在中枢神经研究中可区分胞体、轴突和树突离子电流,在外周神经系统研究中可以深入了解受体分布,了解第二信使作用,研究感受器作用机理等。

膜片钳记录技术自其产生以来就受到普遍重视,目前这一技术已被广泛应用到神经科学的许多研究领域并得到进一步发展,迄今已出现在哺乳动物脑片或组织片上的膜片钳技术、在红外线电视显微镜监视下的膜片钳技术、穿孔膜片钳技术、在体中枢神经元全细胞膜片钳技术、在同一个活细胞上进行的膜片钳记录结合基因表达分析技术、浓度钳技术等。虽然其中有的还需要进一步改进和完善,但它们势必会更广泛地应用到神经科学的研究中。

(阮怀珍,蔡文琴)

第二章 中枢神经系统的组织结构

中枢神经系统包括脑和脊髓。脑位于颅腔内，可分为端脑、间脑、中脑、脑桥、延髓和小脑 6 部分。神经组织包括神经元和神经胶质细胞，它们是高度分化的细胞，都具有突起，功能结构十分复杂。本章主要讲述中枢神经系统重要结构的组织与细胞构成。

第一节 神 经 元

神经元(neuron)是神经系统的结构和功能单位，其数量庞大，整个神经系统大约有 10^{11} 个神经元，它们具有接受刺激和迅速传导神经冲动的能力。神经元的突起以特化的连接结构即突触彼此连接。一般说来，每个神经元又与 10^3 个神经元建立突触联系，这样就形成了复杂的神经通路和网络，构成实现神经系统的各种功能包括高级神经活动的结构基础。有些神经元还有内分泌功能。

一、神经元的形态与分类

神经元的形态多种多样，但都可分为胞体(soma)和突起(neurite)两部分。胞体的大小差异很大，突起的形态、数量和长短也很不相同。神经元突起又分树突(dendrite)和轴突(axon)两种。树突多呈树状分支，它可接受刺激并将冲动传向胞体；轴突呈细索状，末端常有分支。通常一个神经元有多个树突，但轴突只有一条。神经元的胞体越大，其轴突越长。

神经元的分类有不同的标准。根据突起的多少可将神经元分为多极神经元、双极神经元和假单极神经元。根据轴突的长短，神经元可分为长轴突的大神经元，称 Golgi Ⅰ型神经元(最长的轴突达 1m 以上)以及短轴突的小神经元，称 Golgi Ⅱ型神经元(轴突短的仅数微米)。根据神经元的功能又可分为感觉神经元或称传入神经元、运动神经元或称传出神经元以及中间神经元。动物越进化，中间神经元越多。根据神经元释放的神经递质或神经调质可将神经元分为胆碱能神经元、胺能神经元、肽能神经元和氨基酸能神经元。

二、神经元的结构与特性

神经元胞体内含细胞核和核周质，外被细胞膜。核周质内含各种细胞器和内含物，细胞突起分树突和轴突。

(一) 细胞核

多数神经元只有一个细胞核，但在交感和感觉神经元常具有双核。核的外形多为卵圆形，有的如小脑的浦肯野氏细胞核则常有凹陷。核的大小与细胞体积无固定比例，一般大神经元含胞质量较多，小神经元含胞质较少，因而后者核质比相对较大。

（二）核周质

神经元核周质与树突和轴突内的细胞质有所不同。它和其他细胞一样富含各种细胞器，但又具有其自身的特点。

1. 尼氏体

尼氏体(Nissl body)是由许多平行排列的粗面内质网及其间的游离核糖体组成，在光镜下呈嗜碱性小体或细粒。不同神经元的尼氏体的形状和大小不一，如脊髓前角运动神经元的尼氏体较大而多，呈现虎斑样，而小脑浦肯野细胞等的尼氏体多呈细粒状。当神经元受损伤或代谢机能发生障碍时，尼氏体即出现形态变化甚至溶解，因此尼氏体的数量和形态可以反映神经元的功能状态。

2. 神经原纤维

光镜下镀银染色切片中可见神经元胞质内有很多棕黑色的细长原纤维交错成网，并伸入树突和轴突。电镜下神经原纤维(neurofibril)由神经丝和微管构成，它们构成细胞骨架，参与物质运输。

3. 脂褐素

在神经元内还可见一种黄棕色的色素称脂褐素。一般来说，脂褐素的量随年龄而增加，有人认为与年长动物神经元的活动减少有关。

（三）细胞膜

神经元膜是可兴奋膜(excitable membrane)，膜上有通道、载体和受体蛋白，在接受刺激、传播神经冲动和信息处理中起重要作用。在神经元膜的表面为糖蛋白和糖脂，糖蛋白的糖链可能与细胞识别和连接有关，糖脂如神经节苷脂的糖链可伸入细胞外基质协助细胞的识别活动。

神经元的细胞膜上有离子通道供离子进出质膜。神经元在静止时，膜的内外维持一定的电位差，称膜电位，即膜外带正电荷，膜内为负电荷，膜呈极化状态。当膜受到某种刺激时，膜上的离子通道开放，Na^+进入细胞骤然增高，K^+移向细胞外，造成膜内、外电位差的一时性改变，由原来的内负外正的电荷状态变为内正外负，形成极化消失的现象（去极化），接着又很快复极化。从膜电位变化开始及快速而可逆的转换直至复原的过程，称为动作电位(action potential)。只有在受刺激后能发生动作电位的细胞，才是具有兴奋性的细胞。

（四）树突

树突上的细小突起称为树突棘(dendritic spine)。大脑皮质神经元的树突棘内常见滑面内质网囊泡呈平行层状排列，形成树突棘器。树突分支状况、树突棘的数量及分布因不同的神经元而异，如小脑浦肯野细胞的主树突的几级分支扁平、排列成扇形，伸向皮质表面。大脑锥体细胞向皮质表面伸出一条粗大的顶树突，基部放射状伸出多条基树突，形成锥体细胞的特殊形态。树突棘可能与调整神经元的兴奋性有关,其数量可随功能而改变。

一般说来,树突分支多以及树突上有较多树突棘的神经元接收冲动的信息多。反之,树突分支少而短的神经元接受冲动也较少。树突内的胞质与核周质的成分基本相同。

(五) 轴突

轴突常自胞体发出,但也从树突干的茎部发出。轴突的长短不一,短者仅数微米,长者达1m以上。胞体发出轴突的部位常呈圆锥形即轴丘(axon hillock),光镜下此区染色淡,无尼氏体。电镜下轴丘内可见少量的粗面内质网及多核糖体。轴丘处几乎无蛋白质合成,特化的细胞膜含有大量的电压门控离子通道,动作电位常始于此。轴突内含有微管相关蛋白(microtubule-associated motor proteins,MAP)。MAP 的主要功能是在胞体和位于神经末梢的突触之间运输含有蛋白质的囊泡,此运输对细胞的功能具有关键的意义。

轴突内的物质是流动的,称为轴质流(axoplasmic flow),轴突内结构以一种双向性形式运输,称为轴突运输(axonal transport)。其中囊泡的运输速度较快,称为快速运输(fast transport),是 50～500mm/d 的双向性运输。而蛋白质的运输速度较慢,称为慢速运输(slow transport),是以每天 5～8mm 从胞体走向终末的单向性(离心性)的顺性运输。微管、微丝和神经丝在胞体更新后组成的网架,以慢速运输移向终末。轴膜更新所需的蛋白质,含神经递质的小泡及合成递质所需的酶等,是经由胞体顺向轴突输送至终末。轴突终末内的代谢产物或由轴突终末摄取的物质(蛋白质、小分子物质或相邻细胞产生的神经营养因子等)是以快速逆行输向胞体,称为逆向轴突输送。某些微生物或毒素(如破伤风毒素、狂犬病病毒)进入轴突终末,也可通过逆行性运输迅速侵犯神经元胞体。新近的研究表明,在轴突运输中微管起重要作用,微管与轴质中的动力蛋白(dynein)或激蛋白(kinesin)相互作用,可推动小泡向一定方向移动。微丝亦与轴突运输作用有关。

神经元发育或再生时,轴突突起的末端膨大,称为生长锥(growth cone)。它是一个运动活跃的扇形终末,在扫描显微镜下可见膨大的板足表面伸出许多细小的丝足。免疫组织化学法可清楚地看到肌动蛋白主要分布在板足的外层和丝足内,突起的主轴内则有微管。

第二节　突　　触

一、突触的概念

突触(synapse)是指神经元之间或神经元与某些非神经元之间具特殊结构和传递信息功能的结构,突触传递神经信息通常是有一定方向的。各种神经活动(包括高级神经活动)都需要突触参加。绝大多数突触信息的传递是通过神经递质介导的,突触囊泡是这些递质的储存和释放的量子单位,此类突触称为化学性突触。在哺乳动物还有少数的突触,其突触前的电信号可直接传递到突触后,称为电突触。在鸡的睫状神经节、大鼠前庭外侧核及小脑苔藓纤维和颗粒细胞树突之间还可见到在同一突触结构内既有化学性传递又有电传递的混合性突触。这种混合性突触可能是电突触的迅速传导为化学性突触的传导作一定的准备,并扩大或缩小化学性突触对突触后细胞的影响。

二、化学性突触的基本结构

在化学性突触中，释放递质的一侧称为突触前成分(presynaptic element)，有受体的一侧称为突触后成分(postsynaptic element)，两者之间有 15～30nm 宽的间隙，称为突触间隙(synaptic cleft)。参与形成突触的突触前、后部的细胞膜，在局部特化增厚，分别称为突触前膜(presynaptic membrane)和突触后膜(postsynaptic membrane)。在突触前膜的末梢内主要有突触小泡(synaptic vesicle)，内含神经递质，根据所含递质的不同，可呈现不同的形态，除此之外还有线粒体、微管、微丝等多种细胞器成分。突触后膜上有神经递质的受体。

三、化学性突触的分类

化学性突触的分类有不同的标准。常见的突触分类是以信息在突触的传导方向和组成而命名。

(一) 以突触末梢内含有的突触小泡的形态进行分类

根据小泡内的内涵物可将突触小泡分为清亮的和含致密核芯的两大类。在清亮型突触小泡中，按其形态又可分为圆形小泡(spherical)即 S 型突触、扁平小泡即 F 型(flat spherical)与不规则形即 IS 型(irregular spherical)突触。S 型小泡直径 20～40nm，多含乙酰胆碱，有时也含氨基酸。F 型小泡的直径 30～60nm，多含 γ-氨基丁酸(GABA)、甘氨酸等。

(二) 按其机能活动状态

根据所传递信息引起突触后膜的效应的不同，化学性突触可分为兴奋性突触和抑制性突触两类，前者使突触后细胞兴奋，后者使突触后细胞抑制。Gray(1959)用磷钨酸染色的醛固定标本，把大脑皮质锥体细胞的突触分为两种类型：一类是突触间隙较宽(30nm)，突触后膜的致密物质很厚，这就是后来称为 Gray Ⅰ 型的突触；另一类则是突触间隙较窄(20nm)，突触后膜致密区较薄，称为 Gray Ⅱ 型突触。

Coloauier 根据突触后膜的厚薄与突触前膜比较，称 Gray Ⅰ 型为不对称突触(asymmetrical synapse)，而 Gray Ⅱ 型为对称性突触(symmetrical synapse)。Eccles(1994)把上述两种类型的突触与功能相连系，提出 Gray Ⅰ 型属兴奋性突触、Gray Ⅱ 型属抑制性突触。

(三) 特殊形态的化学性突触

化学性突触除一般由树突、胞体、轴突三者相互组成外，还有一些特殊形态的突触连接等。它们对加强突触的兴奋性、抑制性或去抑制可能有一定的意义。

1. 平行性突触

平行性突触(parallel synapse)即两个或两个以上的突触前膜和突触后膜分别位于相邻的两

个细胞上。这种突触传导方向一致,是平行的关系,因此在同一连接面上,突触的数目越多,功能越明显。

2. 连续性突触

连续性突触(serial synapse)是指在很短距离内,有两个以上的突触连接起来,组成串珠状的突触。连续性突触可以由不同类型的突触组成,即一个终末本身既是突触后成分,同时在另一个区域却又成为突触前成分如轴-轴-树突触,轴-树-树突触和树-轴-树突触等。

3. 交互性突触

交互性突触(reciprocal synapse)指同一个突触间隙两侧的突触膜上,互为突触前、后成分,它们呈两个相反传导方向,是局部微回路侧抑制的形态基础。

4. 嵴突触

突触后成分是由神经元的树突形成嵴状突起,这种嵴状突起同时与几个相同或不同的类型的突触前成分构成突触,称为嵴突触(crest synapse)。

5. 复合的突触排列

复合的突触排列(complex synapse arrangement)包括嵴突触和交互性突触。

6. 途中突触

途中突触(synapse en passant)是在沿轴突行进的途中,轴膜与相邻的神经元胞体、树突或轴突接触,形成许多突触。这种突触多见于无髓神经纤维,但也可出现在有髓纤维的郎飞结处。

7. 突触小球

突触小球(synaptic glomerulus)是神经元突起间形成球状复杂的突触区,首先见于嗅球,现在的概念已被扩大,在脊髓、延髓后角胶状质,外侧膝状体、丘脑、下橄榄核等也可见到。它是以轴突终末为中心,周围绕以树突干、树突棘和其他轴突终末,外包胶质细胞突起,形成轴-树、轴-轴或树-树、树-轴等多种突触形式,具有复杂的兴奋和抑制的相互作用。

8. 自突触

一个神经元的轴突与自身的树突,或一个神经元的树突与自身的树突间形成的突触。可作为一个反馈联系对局部兴奋起暂时抑制作用。

四、化学性突触的超微结构

电镜下观察化学性突触包括突触前成分、突触后成分和突触间隙。突触前、后成分相对的特化膜分别称为突触前膜和突触后膜。突触前、后膜之间的突触间隙为15～30nm。

（一）突触前成分

多数突触的突触前成分为轴突细支末端的终结或过路结，后者为串球样，一纤细的无髓纤维中间连有多个膨大部分，在行进途中膨大部分与多个突触后成分形成突触，其内部结构与终结相似。有的有髓细纤维的末端可终止为一个单独的粗大终结。但多数有髓纤维分成轴突细支前失去髓鞘，再由细支的末端形成终结。

1. 突触前膜

突触前膜(pre-synaptic membrane)是 5～7nm 厚的特化膜，在其胞质面附有致密物质。它们是轮廓模糊的雾样物质，由暗丝状或颗粒状物形成。磷钨酸等染色发现这些物质呈锥形突向胞质，称为突触前致密突起(presynaptic dense projection)。在切线面上其锥体的底为六边形，直径约 60nm。似有细丝相连形成网格，称为突触前囊泡网格(presynaptic grid)，被认为是容纳突触囊泡且与突触前膜相融合形成胞吐的部位。

近年来快速冰冻深度蚀刻的材料显示，突触前致密物质是由多种纤维丝形成。一种是肌动蛋白丝，另一种是脑血影蛋白(fodrin)，从突触前膜呈放射状进入胞质。在胞质内小清亮突触囊泡(small clear synaptic vesicles，SSV)壁上附有突触蛋白，其中最重要的是突触素Ⅰ(synapsin Ⅰ)，它们是 30nm 长的细丝，从囊泡胞壁发出连于肌动蛋白丝以及 SSV 之间。这样 SSV 陷于相互连接的网内，不能直接与突触前膜相接触。当兴奋时，Ca^{2+} 进入突触前成分，突触素Ⅰ被磷酸化，SSV 被解离下来，与前膜相接触融合形成胞吐。

突触前膜的致密物质并不都是占据其全长。Cuteaux 把集聚在突触前膜的囊泡和其致密质一起称为突触活性区(synaptic active zone)。

2. 突触囊泡

一般认为突触前部含有大小两种突触囊泡。小囊泡外被 4～5nm 厚的单位膜，中间腔透明，称为小清亮突触囊泡。它们是含有经典递质的囊泡，按其形状可分为圆形(S 型)、扁平(F 型)、不规则形(IS 型)。在单胺神经终末内还可见到具有致密核芯的小颗粒囊泡，即 G 型(granule)小泡，直径 30～50nm。另一大类是大致密核心囊泡，即 Lg 型(large granule)小泡，直径为 70～120nm，核芯与界膜之间留有空晕，它们主要含有肽类，有的也含有胺类(图 2-1)。

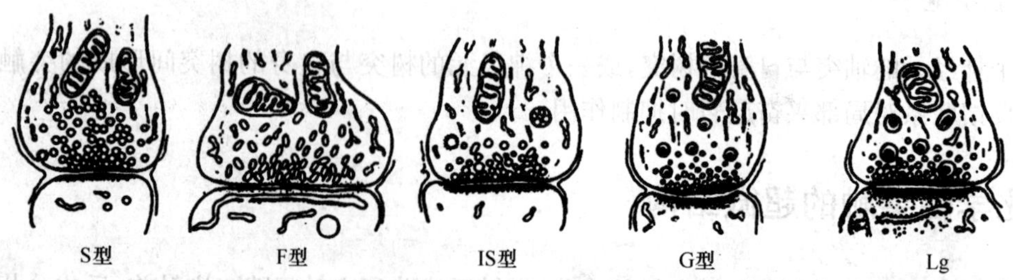

图 2-1　突触囊泡的类型

(二) 突触后成分

突触后成分的胞质面有一层电子密度很致密物质附着，称为突触后膜致密区(postsynaptic membrane density，PSD)。从整体来看 PSD 呈盘状，中央有孔。不同类的突触 PSD 的厚薄不一，为 50～60nm。PSD 是由细丝和颗粒组成。有的突触中这些细丝相连，称为致密小体。PSD 主要是由肌动蛋白、脑血影蛋白和钙调蛋白等以大分子复合物的形式存在，起一种结构基质支架作用。其内容纳其他蛋白，如通道蛋白、受体蛋白、各种糖蛋白、微管蛋白以及微管结合蛋白等。此外还有与第二信使有关的酶类，如各种蛋白激酶、腺苷酸环化酶等。

(三) 突触间隙

突触前后膜之间的突触间隙，其宽度在不同的突触类型中不完全相同，一般宽 20～40nm，比细胞外间隙(15～20nm)宽。这也是电镜下判断突触结构条件之一。此裂隙中可以见到充有雾样物质，似乎是一些细丝样结构。用碘化铋染色在突触间隙内可以看到平行排列的两条致密层，经过梯度成层离心分离的突触小体，可在终末前轴突处断开，而突触前、后膜仍然附着一起分离，说明前、后膜之间有物质黏着在一起。这些物质的性质还不很清楚，已知有黏多糖、糖蛋白和唾液酸等。

五、电突触

电传递突触微细结构的报道最早见于蝲蛄(crayfish)巨大神经的突触上进行的研究工作，多见于无脊椎动物，脊椎动物中也有发现，在哺乳动物中枢神经系统仅见于前庭神经外侧核、三叉神经中脑核、下橄榄少数几个部位。

电镜下电突触是缝隙连接(gap junction)样的桥状结构，即在两个神经元膜之间有约 3.5nm 的缝隙。每一个桥状结构实际上是贯穿膜内外的大蛋白质分子，称为连接蛋白(connexon)，它是由此蛋白的 6 个亚单位形成六角形的通道。两侧神经膜上这种结构跨过细胞外间隙相互对接，这样就构成了一条能沟通两侧细胞的胞质成分的细胞间通道。它能通过小的带电离子和相对分子质量少于 1000 或分子直径小于 1.5nm 的化学物质。

电突触的传导方向取决于两个神经元之间的关系而不依赖递质，故可双向传导。和化学性突触相比，电突触不需要介质，突触前、后膜之间为低电阻通路，一个神经元的峰电位可以直接传到另一个神经元，而且电突触为双向传导，可以保证同步和实现反馈，因此传递更有效、突触灵活性增加。化学性突触借神经介质传递，传递有突触延搁，较慢，主要作用是调节突触后细胞的机能状态(兴奋或抑制)。

第三节　神经胶质细胞

神经胶质细胞简称胶质细胞，是神经细胞内除神经元外的另一大类的细胞。胶质细胞与神经元一样具有突起，但其胞突不分轴突和树突，没有传导神经冲动的功能。它们广泛地分布于中枢和周围神经系统。中枢神经系统的胶质细胞可分为两大类：一类为大胶质细胞(macroglia)，是中枢神经系统的主要胶质细胞成分，包括星形胶质细胞（astrocyte）和少突胶质细胞（oligodendrocyte）；另一类包括小胶质细胞（microglia）、室管膜细胞、脉络丛上皮细胞、嗅神经被膜胶质细胞和伸展细胞。周围神经系统的胶质细胞主要有周围神经内的施万细胞和神经节内的被囊细胞。此外，包绕被囊感觉神经末梢终末的终末神经膜细胞、包裹运动神经末梢轴突终末的终末胶质细胞、感觉上皮内的各种支持细胞和神经丛内除神经元外的具有突起的小细胞（称为间质细胞）等均属周围神经系统的胶质细胞。

神经胶质细胞的数量比神经元更多，与神经元之比为10∶1～50∶1，神经胶质细胞的质量超过脑质量的一半，因此神经元是处于神经胶质细胞的包围之中。传统的观念认为神经胶质细胞只是神经组织的间质，它的功能是对神经元起支持、保护、分隔、营养等作用，但近年来的研究发现胶质细胞还具有许多其他的功能。

一、星形胶质细胞

（一）星形胶质细胞的形态结构

星形胶质细胞是人体中最大的胶质细胞。应用金属浸银技术，在光镜下显示星形胶质细胞呈星型，由胞体伸出许多长而分支的突起，细胞核呈圆形或卵圆形，染色质细小分散，故染色较淡，核仁不明显。与神经元主要区别在于星形胶质细胞胞质中没有尼氏体，但具有一般细胞所具有的细胞器，其中最突出的是含有许多微细交错排列的胶质原纤维，平行走向于胞突中。根据原纤维的含量及胞突的形状可将星形胶质细胞分为纤维性星形胶质细胞和原浆性星形胶质细胞，其标记物为胶质纤维酸性蛋白（glial fibrillary acidic protein，GFAP）。

在急性、慢性的多种脑损伤情况下，星形胶质细胞活化，表现为细胞肿胀、肥大、突起增多和延长。GFAP免疫组化染色表达增强，电镜下胞质内含大量的细丝、糖原、脂滴和许多致密小体，称为反应性星形胶质细胞。

（二）星形胶质细胞的功能

随着实验技术的发展，对于星形胶质细胞功能的研究取得了较大进展。星形胶质细胞已不再被认为只是中枢神经系统的“间质样”细胞，仅仅起到支持和隔离的作用。新近的研究表明，星形胶质细胞能合成和分泌20余种细胞因子，首先是神经营养因子如神经生长因子、碱性成纤维细胞生长因子、层粘连蛋白、纤维粘连蛋白及其他细胞外基质组成成分，它还能分泌前列腺素及几种白细胞介素（interleukin，IL），如IL-1、IL-3、IL-6等。这些分子对维持神经元的生存、发育、再生和分化均有重要作用。

1. 星形胶质细胞与神经元相互作用

星形胶质细胞膜上具有几乎所有已知的神经递质的受体，如肾上腺素受体、5-羟色胺能受体、乙酰胆碱能受体和一些神经肽受体等，其中最普遍的是β-肾上腺素能神经受体，尤其是β_1型受体，它的密度甚至比神经元还要高。因此，它能接受神经元的信号，并通过自身功能、代谢和形态改变，影响神经元的功能和活动。这一过程称为神经元与胶质细胞间的双向相互交流或对话（crosstalk），即一方面存在由神经元向胶质细胞的信息传递，同时胶质细胞也能反馈调节神经元活动。

2. 星形胶质细胞与神经免疫

在脑的免疫反应中，星形胶质细胞由于表面膜上具有主要组织相容性复合体（major histocompatibility complex，MHC）Ⅱ类蛋白分子，因此可作为脑内的抗原呈递细胞（antigen-presenting cell）将摄入的抗原分解为小分子与膜上的MHCⅡ型蛋白分子相结合，再传递给T淋巴细胞，使之具有识别抗原的能力，并与之产生免疫应答反应。

3. 星形胶质细胞与神经再生

在神经系统发育时期，星形胶质细胞具有引导神经迁移到目的地去的作用，然而脑损伤后星形胶质细胞形成的瘢痕却是轴突再生不可逾越的障碍。星形胶质细胞具有对神经元微环境进行调控的能力，能合成和分泌某些神经营养因子和细胞因子改变神经元周围的微环境、引导神经纤维的迁移以促进轴突重建。

4. 星形胶质细胞与神经系统疾病

星形胶质细胞与一些疾病的发生和发展也存在一定的相关性。星形胶质细胞是抑制性神经递质γ-氨基丁酸（GABA）代谢的重要场所，反应性星形胶质细胞的离子调节能力减低，致使细胞外钾增高和神经元兴奋性增高、神经活动过度而导致癫痫的发生。星形胶质细胞与脑的学习记忆障碍及精神病之间亦存在一定的相关性，实验研究表明一些治疗精神病的抗焦虑或抗抑郁药物是通过作用于星形胶质细胞上相应受体后、影响其代谢过程而起作用。另有研究报告实验性脑内移植星形胶质细胞可明显改善大鼠因慢性乙醇中毒所致的学习记忆功能障碍，而在老年性痴呆患者脑内一些与学习记忆有关的部位神经元的死亡，则被认为是由于神经元和星形胶质细胞之间的代谢和功能的相互关系受到损害而引起的。

二、少突胶质细胞

少突胶质细胞因在镀银染色的标本上突起较少而得名，事实上用特异的免疫细胞化学染色技术可见少突胶质细胞也有较多的突起和分支。少突胶质细胞主要具有两方面的功能。

（一）参与髓鞘形成

少突胶质细胞是中枢神经系统的髓鞘形成细胞。有实验表明，少突胶质细胞与神经元接触即可形成髓鞘。人胚的中枢神经在第14周开始形成髓鞘，出生前3个月髓鞘形成加速，至出生后仍有大量髓鞘继续形成。髓鞘的形成与运动功能的完善相关，换言之，小儿要在行走时，控制随意运动的神经才能完成轴突髓鞘化，此后不再形成新的结间体，只是现存的结间体随着脊髓的发育和纤维的生长而增长。

（二）抑制神经再生

近年来的研究证明少突胶质细胞还具有抑制神经生长的作用。在离体的细胞培养中观察到神经元末端的生长锥一旦与少突胶质细胞接触时，生长锥的运动立即停止，甚至塌陷（collapse）。

研究结果表明在中枢神经中存在某些抑制神经生长的物质，现已确定的有勿动蛋白(Nogo)、髓鞘相关糖蛋白(myelin-associated glycoprotein，MAG)和少突胶质细胞髓鞘糖蛋白(oligodendrocyte-myelin glycoprotein，OMgp)。少突胶质细胞还可摄取 GABA 和参与吞噬作用。

三、小胶质细胞

小胶质细胞是胶质细胞中最小的细胞，核小，扁或三角形，染色较少突胶质细胞的核为深。胞质很少，突起细长多棘。一般认为小胶质细胞起源于血循环中的单核细胞，后者在进入 CNS 后转变为具有吞噬能力的小胶质细胞，因此也属于单核吞噬细胞系统。但新近也有不少实验结果支持小胶质细胞来源于外胚层的假说。

当 CNS 发育完成后，它们即转变为静止的小胶质细胞。在 CNS 损伤时，静止的小胶质细胞可被激活，也叫小胶质细胞活化(microglia activation)，是 CNS 在许多病理生理条件下常见的反应，主要表现为小胶质细胞在局部的增生和聚集、细胞形态改变、一些免疫性状的表达出现或增强、释放一些炎性介质与毒性物质等。现常以细胞密度与形态改变、细胞表面补体 3 受体(CR_3)表达增强作为判断小胶质细胞活化的依据。

小胶质细胞除能参与吞噬反应外，活化的小胶质细胞还可分泌许多细胞因子如 IL-1、肿瘤坏死因子(TNF)等。活化的小胶质细胞还产生一些毒性物质如过氧化氢、一氧化氮和兴奋性氨基酸等。活化的小胶质细胞表达组织相容性抗原，具有抗原提呈功能。

四、嗅神经被膜胶质细胞

嗅神经被膜胶质细胞(olfactory ensheathing glia cell，OEC)，也有译为嗅神经鞘胶质细胞。OEC 是介于星形胶质细胞与施万细胞中的亚型，它和星形胶质细胞一样显示 GFAP 阳性免疫反应，在血管周形成终足连接(endfeet junction)，但它在免疫组化和超微结构方面又区别于星形胶质细胞。它能表达低亲和力神经生长因子受体 p75、层连素(laminin)、细胞黏附分子 L1、神经纤维和中间丝(vimentin)等物质。在体外培养中，OEG 显示 A2B5、Ran 2 和微管相关蛋白-α(MAP-α)阴性免疫反应，这些抗原在星形胶质细胞是阳性标志物。电镜观察显示其核有凹陷，染色质呈块状，胞质深染，充满散在的神经丝。

OEC 在免疫组化反应上也区别于少突胶质细胞，如对少突胶质细胞的标志物 RIP、半乳糖节苷脂、HNK-1、GTD-3 和 A2B5 显示阴性反应。OEC 和施万细胞在发生学上不同，前者起源于嗅板(olfactory placode)，而后者起源于神经嵴。

利用 OEC 移植于横断损伤的大鼠颈段脊髓，发现 OEG 较施万胶质细胞有更强的促轴突再生的能力，从而引起神经科学工作者的广泛兴趣。从目前的实验结果看来，OEC 促轴突再生，特别是到达中枢的能力明显强于施万细胞，但其促再生的确切机制还有待进一步的探讨。

五、辐射状胶质细胞

有些部位的室管膜细胞的基底部变形成细长的突起伸到神经毡内，这种细胞称为辐射状胶质细胞，或叫伸展细胞(tanycyte)，其超微结构特征为胞质内有丰富的微管和游离核糖体，但无微丝束，细胞表面有许多微绒毛和小泡。辐射状胶质细胞在胚胎期即室管膜细胞，但基底部有一个或多个的放射状突起。在神经系统发育的早期，辐射状胶质细胞的突起要穿过神经管壁的全层，止于外界膜，起到支撑的作用，并可提供神经元迁移的路线。因此，辐射状胶质细胞可看作胶质细胞的最原始型。在哺乳动物的视网膜和小脑，分别以 Müller 细胞和 Bergmann 胶质细胞出现。出生后，大部分的辐射状胶质细胞变为室管膜细胞，仅以第三及第四脑室周缘的某些特定区域，辐射状胶质细胞仍保持着原始的具有突起的形态，而且其突起多终止在毛细血管和神经元的表面，可能在血管、神经元和脑脊液之间起主动运输物质的作用。

第四节 中枢神经系统组织学

一、大脑皮质

端脑是脑的最高级部位，由胚胎时的前脑泡演化而来。在演化过程中，前脑泡两侧高度发育，形成端脑，即左、右大脑半球。大脑半球表面的灰质为称大脑皮质，深面是髓质（白质），深埋在髓质内的一些灰质核团，称基底核。大脑半球内部的腔隙，称侧脑室。

（一）大脑皮质的细胞类型

大脑皮质的神经元都是多极神经元，按其细胞的形态分为锥体细胞、颗粒细胞和梭形细胞三大类。

1. 锥体细胞

锥体细胞（pyramidal cell）数量较多，可分大、中、小三型。胞体形似锥形，尖端发出一条较粗的主树突，伸向皮质表面，沿途发出许多小分支，胞体还向四周发出一些水平走向的树突。轴突自胞体底部发出，长短不一，短者不越出所在皮质范围，长者离开皮质，进入髓质（白质），组成投射纤维（下行至脑干或脊髓）或联合纤维（到同侧或对侧的另一皮质区）。因而，锥体细胞是大脑皮质的主要投射（传出）神经元。

2. 颗粒细胞

颗粒细胞（granular cell）数目最多。胞体较小，呈颗粒状，包括星形细胞（stellate cell）、水平细胞（horizontal cell）和篮状细胞（basket cell）等几种。以星形细胞最多，它们的轴突多数很短，终止于附近的锥体细胞或梭形细胞。有些星形细胞的轴突较长，上行走向皮质表面，与锥体细胞顶树突或水平细胞相联系。水平细胞的树突和轴突与皮质表面平行分布，与锥体细胞顶树突联系。所以，颗粒细胞是大脑皮质区的局部（中间）神经元，构成皮质内信息传递的复杂微环路。

3. 梭形细胞

梭形细胞（fusiform cell）数量较少，大小不一。大梭形细胞也属投射神经元，主要分布在皮质深层，胞体梭形，树突自细胞的上、下两端发出，上端树突多达皮质表面。轴突自下端树突的主干发出，进入髓质，组成投射纤维或联合纤维。

（二）大脑皮质的分层与纤维联系

大脑皮质的神经元是以分层方式排列的，除大脑的个别区域外，一般可分为 6 层，从表面至深层的结构如图 2-2 所示。

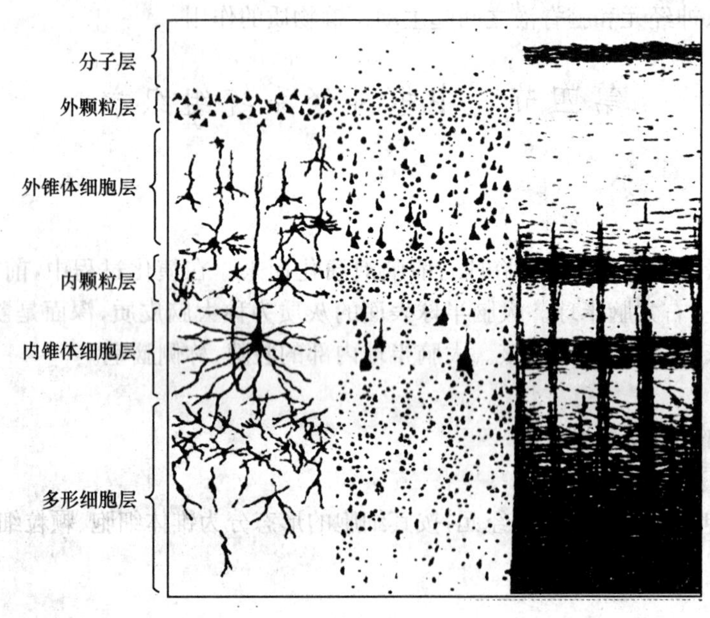

图 2-2　大脑皮质的分层

(1) 分子层。该层神经元小而少，主要是水平细胞和星形细胞，还有许多与皮质表面平行的神经纤维。

(2) 外颗粒层。主要由许多星形细胞和少量小型锥体细胞构成。

(3) 外锥体细胞层。此层较厚，由许多锥体细胞和星形细胞组成。

(4) 内颗粒层。主要由密集的星形细胞组成。根据其细胞分布情况又可以分为 A、B、C 三个亚层。

(5) 内锥体细胞层。主要由中型和大型锥体细胞组成。

(6) 多形细胞层。以梭形细胞为主，还有锥体细胞和颗粒细胞。

大脑皮质的 1～4 层主要接受传入冲动。从丘脑来的特异传入纤维（各种感觉传入的上行纤维）主要进入第 4 层与星形细胞形成突触，星形细胞的轴突又与其他细胞建立广泛的联系，从而对传入皮质的各种信息进行分析，作出反应。起自大脑半球同侧或对侧的联合传入纤维则进入第 2 层、第 3 层，与锥体细胞形成突触。大脑皮质的传出纤维分投射纤维和联合纤维两种。投射纤维主要起自第 5 层的锥体细胞和第 6 层的大梭形细胞，下行至脑干及脊髓。联合纤维起自第 3 层、第 5 层、第 6 层的锥体细胞和梭形细胞，分布于皮质的同侧及对侧脑区。皮质的第 2～4 层细胞主要与各层细胞相互联系，构成复杂的神经微环路对信息进行分析、整合和储存。大脑的高级神经活动与其复杂的微环路有密切关系（图 2-3）。

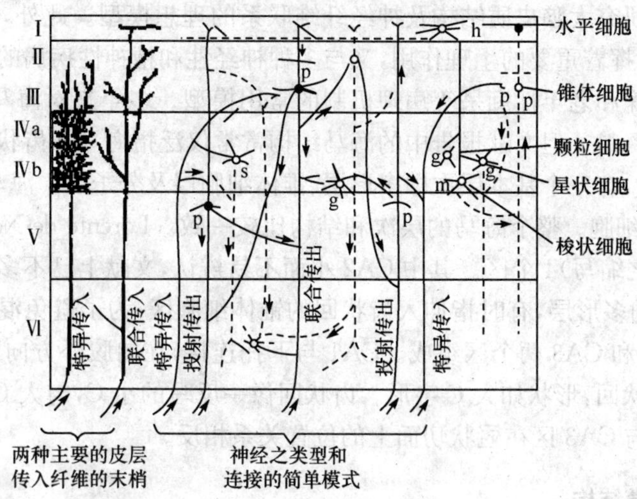

图 2-3　大脑皮质神经元的传入传出联系

二、海马结构

在颞叶紧紧围靠于中脑外侧面前后走行的回，称为海马旁回。海马旁回上内侧为海马沟，其上方有呈锯齿状窄条皮质，称齿状回。在齿状回的外侧、侧脑室下角底壁上有一弓状的隆起，称海马。

海马结构(hippocampal formation)通常包括海马、齿状回、下托复合体和内嗅皮质 4 部分。海马和齿状回属古皮层，均为三层皮层组织；内嗅皮质属旧皮层，为六层皮层组织；下托则介于两者间，是三层与六层结构组织之间的移行区。海马和齿状回与下托和内嗅皮质之间有广泛的直接纤维联系，功能上也不可分开(图 2-4)。

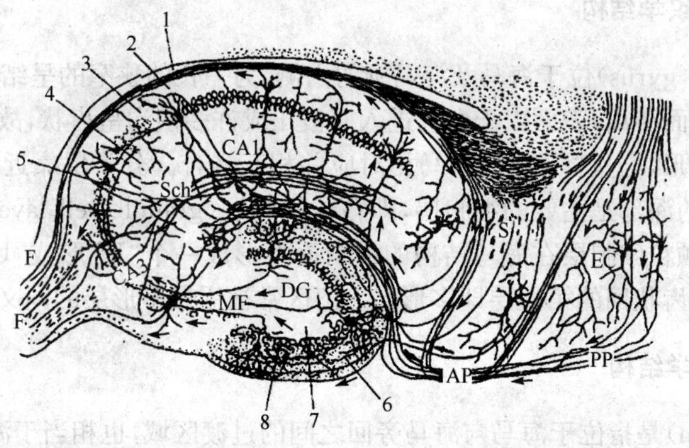

图 2-4　海马的结构与神经传导方向

箭头表示神经元活动的方向。CA：海马；DG：齿状回；EC：内嗅区；F：海马伞；S：下托；AP：室床通路；PP：穿通路；mf：苔藓纤维；Sch：Shaffer's 侧支；1：室床；2：始层；3：锥体层；4：放射层；5：腔隙分子层；6：齿状回分子层；7：齿状回多形层(门区)；8：颗粒层

海马结构，尤其是海马和齿状回两部分，具有相对简单而高度有序化的层状结构，各种神经成分相对独立分布，内、外纤维联系比较清楚，一直被视为研究大脑皮质生理功能与活动机制的

最好模式之一，也是研究大脑皮质结构及神经纤维联系的理想模型。此外，海马结构既在学习、记忆及情绪等方面发挥着重要的生理作用，又与多种神经性和精神性疾病的发生有着密切关系，也是研究脑缺血、癫痫和老年性痴呆等病理机制的常用模型。多年来对海马结构的研究广泛而进展快，积累了大量资料。但文献报告中的海马结构常常仅泛指海马和齿状回两个部分。

海马属异型皮质，有三个基本层次即多形层、锥体细胞层及分子层。海马皮质中最具有特征的是锥体细胞和篮状细胞。整个海马的层次和结构比较一致。Lorente de No 将海马分为 CA1～CA4(cornu ammon 之缩写)4 个区。其中 CA2 小而不易辨认，文献上已不多用。在早期文献中，CA4 有时指齿状回的多形层，有时指伸入齿状回的锥体细胞区，为了避免混淆，已基本不用。这样，海马通常由 CA1 和 CA3 两个区组成。CA1 与下托连接，在向腹外方向延伸中演变为 CA3，转向腹内侧，插入齿状回，形状如大 C 字形。齿状回像一反写的小 C，与大 C 连接，构成 S 形状。人类与大鼠 CA1 区与 CA3 区在冠状切面上的位置关系相反。

1. 海马的组织学结构

由外及内，海马的三个基本层次是多形层(polymorphic layer)、锥体层(pyramidal layer)和分子层(molecular layer)。按照树突和轴突的排列，还可进一步细分如下。

1) CA1 区

CA1 区包括三层，分别为多形层、锥体层和分子层。多形层包括海马槽(或室床，含锥体细胞轴突)和始层(或起层，含锥体细胞基树突)。锥体层主要含锥体细胞胞体，而分子层则包括辐射层(含锥体细胞顶树突近侧段和中段)和腔隙分子层(含锥体细胞顶树突远侧段)。

2) CA3 区

CA3 区也可分为三层。多形层即始层，含锥体细胞基树突；锥体层含锥体细胞胞体；分子层则包括透明层(含锥体细胞顶树突近侧段和苔藓纤维)、放射层(含锥体细胞顶树突中段)和腔隙分子层(含锥体细胞顶树突远侧段)。

2. 齿状回的组织学结构

齿状回(dentate gyrus)位于海马及海马伞的内侧，为一长的狭窄的呈结节状隆起的结构，三面被海马包绕，内侧面游离，表面由于血管进入而被压成许多横沟呈齿状，故名。在横切面上，齿状回呈"V"形或"U"形，与呈"C"形的海马相对应并相互嵌合。分子层靠近海马裂，此层细胞成分很少。在分子层的深部是主要的细胞层，即颗粒细胞层(granule cell layer)，由密集的颗粒细胞构成。分子层和颗粒细胞层在海马结构的横切面上形成一个"V"形或"U"形的结构，它围住了一个细胞区域，为齿状回的第 3 层即多形层。门区常被用做多形层的同义词。

3. 下托的组织学结构

下托(subiculum)是指位于海马与海马旁回之间的过渡区域，也相当于海马旁回上部。海马旁回为六层，而海马和齿状回为三层。下托为二者之间的移行区，也分为三层，即分子层、锥体细胞层及多形细胞层。

4. 海马神经元的分类与纤维联系

海马神经元分两大类：一类是主神经元(principal neuron)；另一类是内在神经元(intrinsic neuron)。CA1 和 CA3 的主神经元是锥体细胞，齿状回的主神经元是颗粒细胞。主神经元的共同形态学特点之一是轴突投射较远，通常从一个区投射到另一个区，所以也叫投射神经元(projection neuron)。与投射神经元相反，内在神经元的轴突均投射在胞体邻近区域，所以这类神经元也叫中间神经元(interneuron)或局部回路神经元(local circuit neuron)。锥体细胞占海马细胞总数92%～95%。

CA1锥体细胞层由两到三层锥体细胞胞体紧密排列而成。锥体细胞长径20～30μm，短径10～20μm。顶部通常发出一个主顶树突(principal apical dendrite)，反复分支，经放射层投射到腔隙分子层。基部一般发出数个基树突(basal dendrite)，在起层呈辐射状分布，并不断分支。轴突一般起自胞体基端或树突近端，经室床投射到下托，并有侧支分布在CA1起层。顶、基树突均被大小不等的棘所覆盖。CA3锥体细胞胞体大小是CA1锥体细胞胞体的1.5～2倍，排列较松散，有的有主顶树突，有的同时发出数个顶树突。顶树突、基树突都富含棘，分别呈辐射状分布在分子层和多形层。

CA3锥体细胞显著的形态学特征之一是顶树突近段(即透明层)上有一种几何形态十分复杂的刺样膨大。CA3锥体细胞轴突起自胞体基端或树突近端，经海马伞投射到对侧CA1和CA3，同时发出侧支到齿状回，CA3以及Schaffer侧支到CA1。Schaffer侧支为有髓鞘纤维，此纤维上的串珠样终扣与CA1锥体细胞树突上的棘形成突触，终止至CA3的侧支上的终扣与CA3锥体细胞上的棘形成突触，投射到齿状回的侧支终止在门区和分子层内1/3。

颗粒细胞胞体呈卵圆形，密集分布在颗粒层。颗粒细胞树突树呈"单极"，即数个树突起自胞体，辐射状分布在分子层，并有分支。表面被棘覆盖。颗粒细胞轴突称苔藓样纤维(mossy fiber，MF)，在投射到CA3始层过程中，平均发出7个侧支。这些侧支通常多次分支，分布在门区。MF及其侧支的显著形态特征是大约每隔140μm有一个直径达5～6μm的突触膨体(synaptic expansion)。此膨体通常和门区苔藓样细胞和CA3锥体细胞顶树突近段上的刺样膨大形成突触联系。这是中枢神经系统最大的突触，用Golgi染色或细胞内注入染料的方法显示，其突触前、后结构均容易在光镜下辨认。

中间神经元数量虽少(占海马神经元总数5%～8%)，但在海马局部环路中的地位十分突出。与投射神经元相比较，中间神经元有三个特点：一是胞体随机分布在整个海马结构内，不形成解剖学上的层次或核团；二是树突树光滑无棘或寡棘，所以也称光滑细胞(smooth cell)；三是轴突分支十分密集，终止在胞体邻近区域。

海马结构的传入纤维有三类，即外来性的传入纤维、联合纤维和内部的联系纤维。海马结构的传出纤维多数通过海马伞进入穹窿，然后再投射至中隔区、Broca斜角带核、终纹床核、伏隔核、丘脑前核及乳头体核等处(图2-5)。有关海马结构的机能仍不十分了解。刺激海马可引起行为的变化，有的产生攻击行为而有的则抑制攻击行为。海马的病变可诱发癫痫，引起嗅、视、听、触和其他类型的幻觉。此外，海马与记忆(特别是近记忆)有关。在阿尔茨海默病(Alzheimer's disease)患者，海马是最早的受累脑区，记忆障碍和定向困难是该症状初期的表现。缺氧、脑炎、癫痫等都可能导致海马受损。

三、下丘脑

下丘脑(hypothalamus)或称丘脑下部，属于间脑的一部分，但它与间脑另一部分即背侧丘脑(常简称为丘脑)在机能上完全不同。下丘脑是维持个体生存及调控生殖功能的整合中心。它在脑内占的范围甚小，但结构复杂、联系广泛，不仅下丘脑内部的神经核团之间存在着丰富而广泛

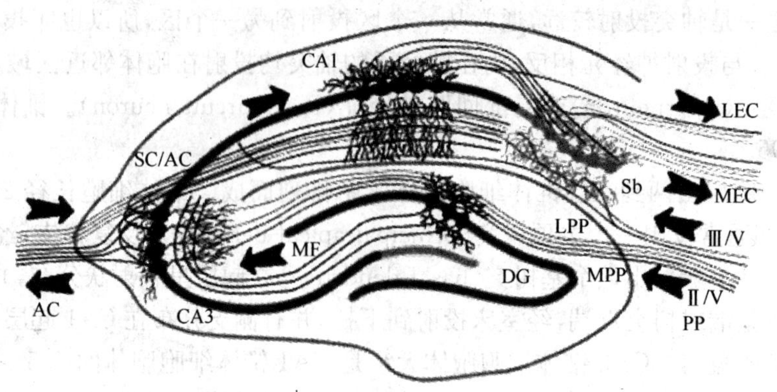

图 2-5　海马神经元活动的传递

来自内嗅皮质的传入通过穿通纤维(PP,分外侧 LPP 与内侧 MPP)与 DG 的颗粒细胞和 CA3 的锥体细胞形成联系。CA3 通过苔藓纤维(MF)也接受来自 DG 的输入。它们通过 Schaffer 侧枝(SC)将轴突投射到 CA1,也通过联合纤维路(AC)投射到对侧海马的 CA1。CA1 也直接接受 PP 的传入并发送轴突到下托(Sb)。这些神经元反过来又将海马的大部分传出送回到内嗅皮质(EC,分外侧内嗅皮质 LEC,内侧内嗅皮质 MEC),从而形成一个环路

的纤维联系,中枢神经的其他部位也和下丘脑之间存在着广泛的和双向的联系。下丘脑还可通过神经-体液调节途径和很多外周器官之间进行着信息交流,因而研究下丘脑对于神经内分泌学、神经免疫内分泌学等学科都具有重要的意义。

(一) 下丘脑的位置和形态

在胚胎时期,下丘脑由间脑泡腹侧部分的神经管壁生发上皮演化、迁移而形成。发育完成的下丘脑为两侧(背侧)丘脑向前下方延续的扁囊状结构,与(背侧)丘脑之间以下丘脑沟为界,构成第三脑室下半部的外侧壁和底部。

下丘脑的吻端以前连合及终板为界,后端续于中脑。它构成第三脑室底的部分暴露于两侧大脑半球前部底面的中央,从前向后可看到视交叉、漏斗、灰结节和乳头体等结构。视交叉为两侧视神经入颅后在此处形成的交叉,交叉之后又分别形成两侧的视束行向间脑后部,两侧的视束即相当于露于脑表面的下丘脑的外界。漏斗通过垂体柄和脑垂体相连;其后方的小隆起称灰结节;最后部为左右对称的一对乳头体(mammillary body)。在漏斗的上端、漏斗隐窝周围的隆起部称为正中隆起(median eminence)。

(二) 下丘脑分区及主要核团

下丘脑在脑内所占范围虽小,但其结构复杂,包含多数小的核团。为便于对核团加以定位,一般常将下丘脑划分为纵行排列的 3 个带,即室周带、内侧带(或叫内周带)和外侧带。另外,在横的方向上,从吻侧向尾侧又将下丘脑人为地划分为 4 个区域即:视前区、下丘脑前区、下丘脑中区(结节区,tuberal region)和下丘脑后区(乳头区,mammillary region)。在人类,由于视前区和下丘脑前区不能截然划分,故将两者合称为视上部。

1. 视前区

视前区(preoptic area)大致占下丘脑前 1/4 部,其吻端与基底前脑和终纹相接,向后到视交

叉中部水平延续为下丘脑前区。视前区的背侧界为前连合和终纹床核。视前区的内侧部有视前内侧核(medial preoptic nucleus),可分为内侧部及外侧部。内侧部有著名的“性二态核”(sexually dimorphic nucleus),此核的体积在雄性大于雌性,其细胞数目及突触密度均以雄性为大。此核含有能合成促性腺激素释放激素(GnRH)的神经元,这些神经元投射于正中隆起。

在视前区,第三脑室的吻端有终板血管器,此处无血-脑屏障。视前区的外侧部由前脑内侧束的纤维及散在的神经元构成。前脑内侧束(medial forebrain bundle,MFB)是联系下丘脑、边缘系统及脑干的重要纤维通路。

2. 下丘脑前区

此部前连视前区,后抵正中隆起的前缘,内侧有重要的神经内分泌核团,如室周核、视交叉上核、室旁核和视上核等。此外,较大的下丘脑前核以及内侧视交叉后区也是下丘脑前部的主要核团或区域。

室周核(periventricular nucleus):位于第三脑室室管膜下,以较窄长的细胞带沿第三脑室侧壁伸延。室周核内含合成生长抑素(SOM)的神经元,其轴突投射至正中隆起的外层,这些神经元兴奋可释放生长抑素,经正中隆起-垂体门脉系统转运,影响垂体前叶释放生长激素(GH)。

视交叉上核(suprachiasmatic nucleus):位于第三脑室旁,在视交叉的上方,其尾端止于视交叉的后缘。视交叉上核被视为生物钟,可调控机体活动的基本节律。此核又通过视网膜-下丘脑通路接受视网膜神经节细胞的投射。

视上核(supraoptic nucleus):位于视交叉的外缘、视束的上方。此核的神经元均为大型细胞,含有催产素和加压素,其中合成催产素的神经元主要分布在视上核的背侧部,而加压素能神经元则集中存在于此核的腹侧部。

室旁核(paraventricular nucleus):对称分布于第三脑室两侧上部,位于下丘脑前核的背侧。在通过下丘脑前区中间部分所作的冠状切面上,通过 Nissl 染色,可见室旁核的形态呈豆芽形或镰刀状。室旁核可分为大细胞部和小细胞部。大细胞神经元可合成加压素或催产素,其中加压素神经元主要分布于大细胞部的后外侧,催产素神经元则见于前内侧。小细胞神经元合成促肾上腺皮质激素释放激素(CRH)或促甲状腺素释放激素(TRH)。

视上核及室旁核的大细胞神经元发出纤维投射到正中隆起的内层,并沿漏斗柄进入垂体后叶。这一神经通路称为下丘脑-神经垂体束。此束首先起于室旁核,然后向外侧伸延、绕过穹隆进入外侧下丘脑,再转向腹侧直至视上核的背侧,继续向内侧伸延,穿过外侧视交叉后区,最后进入正中隆起。视上核大细胞神经元的轴突及下丘脑前区的一些大细胞副核的神经元轴突也加入下丘脑-神经垂体通路。室旁核的小细胞神经元发出纤维投射到正中隆起的外层(图 2-6)。

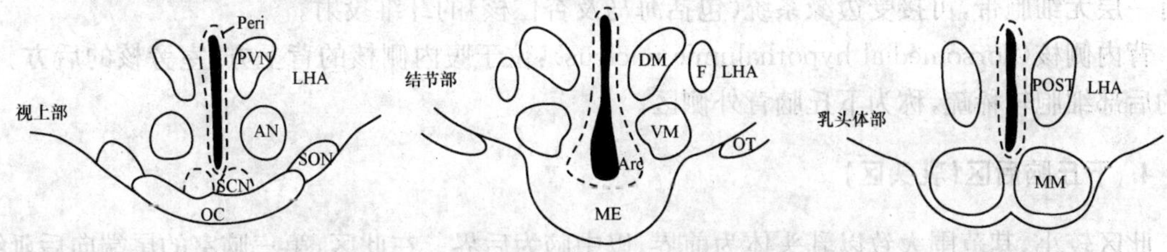

图 2-6　下丘脑冠状切面核团分布示意图

Peri:室周核;PVN:室旁核;AN:前核;SON:视上核;SCN:视交叉上核;OC:视交叉;DM:背内侧核;VM:腹内侧核;F:穹窿;Arc:弓状核;ME:正中隆起;OT:视束;MM:乳头体;POST:后核;LHA:下丘脑外侧区

视上部的内侧区除视上核和室旁核之外，其余部分散在着大小不等的细胞，称下丘脑前区或下丘脑前核(nuclei of anterior hypothalamic area，AH)，接受来自视网膜的视束纤维以及杏仁核、隔核等处的纤维。

视交叉后区(retrochiasmatic area)：位于视交叉后方的下丘脑底部，向后抵达正中隆起前缘。可分为内侧和外侧部分，其中外侧部分是多方面来源的神经纤维行向正中隆起的必经门户，该处细胞稀疏。

下丘脑外侧区细胞数目较少，但神经纤维密集，主要是前脑内侧束在此部的吻尾方向上走行。

3. 下丘脑结节区

此区的吻端起于下丘脑前区的视交叉后区，向后止于垂体柄上方的漏斗部。一般常将下丘脑中区划分为内侧基底部、背部和外侧部，内侧和外侧的划分标志是通过穹窿的垂直切面，而内侧部再由通过第三脑室中央的水平切面分成背部和内侧基底部。下丘脑中区含有弓状核、正中隆起、腹内侧核、背内侧核和穹窿周核。

弓状核(arcuate nucleus)：位于第三脑室底的两侧，由小型神经元密集排列形成较长的弓板状。弓状核向下内方与正中隆起相连，第三脑室底部两侧的室管膜细胞紧邻弓状核。在人的下丘脑，弓状核又称为漏斗核(infundibular nucleus)。弓状核细胞可合成促生长激素释放激素(GHRH)和β-内啡肽；还有一些细胞为多巴胺能，这些细胞发出纤维抵达正中隆起的外层。

正中隆起(median minence)：正中隆起在下丘脑内侧基底部，由两侧下丘脑最底部近中线处向正中交汇而成，参与构成第三脑室底，是中枢神经与脑垂体及其内分泌体系间信息交流的最后驿站。正中隆起几乎无神经元，主要由神经纤维及丰富的血管组成，在构造上可由背侧向腹部划分为内层和外层，内层的纤维来源主要是前已述及的下丘脑-垂体束，此束进一步进入垂体后叶(神经垂体)，纤维以肽能神经纤维为主，一部分含前阿黑皮素(POMc)的神经纤维来自弓状核，这些纤维仅终止于内层靠近室管膜处，并不进入垂体后叶。外层的纤维来源复杂，包括来自结节漏斗束的纤维，起源于弓状核、腹内侧核，这些纤维分别含有 GHRH、POMC、P 物质及多巴胺等神经激素、神经肽及神经递质，室旁核小细胞部的一些肽能神经元也发出纤维投射于正中隆起的外层。这些神经激素或神经肽包括 TRH、CRH、血管活性肠肽(VIP)、血管紧张素Ⅱ(ATⅡ)、胆囊收缩素(CCK)、血管加压素(加压素)及催产素等。正中隆起外层纤维还来自室旁核的生长抑素神经元及下丘脑外侧区的促黄体生成素释放激素(LHRH)神经元。上述纤维除弓状核起源者外，均经外侧视交叉后区进入正中隆起。

腹内侧核(ventromedial hypothalumic nucleus)：较大，在内侧基底部，邻接弓状核。此核周围有一层无细胞带，可接受边缘系统(包括海马及杏仁核)的纤维投射。

背内侧核(dorsomedial hypothalumic nucleus)：位于腹内侧核的背上方，室旁核的后方。此核的后部细胞较稀疏，称为下丘脑背外侧区。

4. 下丘脑后区(乳头区)

此区较小，其范围大致以乳头体为前界，以中脑为后界。在此区，第三脑室的尾端向后延续、变细，移行于中脑水管；第三脑室的后下部形成乳头体下隐窝。此部主要有乳头体前核(分腹侧和背侧)、结节乳头体核、乳头体上核和下丘脑后核。正中隆起的尾侧部分也出现在下丘脑后区。结节乳头体核(tuberomammillary nucleus)可再分为 3 个小细胞亚核及 1 个大细胞亚核，脑内的组织胺能神经元主要位于此核。

大鼠下丘脑的结构简要总结于表 2-1。

表 2-1　大鼠下丘脑的分区及主要核团

	视前区	视上区	结节区	乳头体区
室周带	室周核	视交叉上核	漏斗核	
内侧带	视前内侧核	下丘脑前区	下丘脑背侧区	乳头核
		室旁核	下丘脑背内侧核	下丘脑后区
		视上核	下丘脑腹内侧核	
外侧带	视前外侧核	下丘脑外侧区	结节核	

(三) 下丘脑的信息联系通路

下丘脑的体积虽小,但它与脑内其他部位和外周器官存在着广泛的联系。这些联系包括神经及体液两种途径。

1. 下丘脑内部的纤维联系

下丘脑内各核团之间存在着丰富的纤维联系,且核团内部也有各种形式的突触存在。其一是同种神经内分泌细胞的突触联系,如内侧视前区内 LHRH 神经元之间、室旁核内 CRH 神经元之间;其次在同一核团内不同性质神经元之间也有突触联系,如室旁核内 CRH 神经元可与大细胞神经元(含加压素或催产素)间形成突触联系。另外,一些神经元还可发出回返侧支,支配同一核团内的神经内分泌细胞。同一核团内神经内分泌细胞间的联系可能与细胞功能状态的同步化或相互协调有关。

在下丘脑各区域和核团间也存在着广泛的纤维联系。例如,下丘脑内合成 POMC 的神经元主要见于弓状核及腹侧乳头体前核,但 POMC 阳性纤维分布于其他核团;组织胺能神经元见于结节乳头体核,但组织胺能神经纤维可见于各下丘脑核团。

既往研究表明,下丘脑内有多种短程局部环路,主要有:①弓状核内 GHRH 细胞与室周核内的生长抑素能神经元间有直接突触联系,这一途径与 GH 的分泌调控有关,因为这两个核团及这两种神经激素对 GH 分泌有相互协同及对抗的调节作用;②弓状核内 POMC 神经元投射到室旁核内,影响 CRH 神经元及催产素神经元的功能状态。

2. 下丘脑的信息传入通路

1) 神经性传入通路

主要包括皮层-下丘脑通路、边缘系统向下丘脑的投射通路以及由脑干和脊髓上行至下丘脑的神经通路。另外,从视网膜的神经节细胞也发出投射到达下丘脑的视交叉上核。从外周传入下丘脑核团的初级传入纤维常以单突触形式传递信息,而边缘系的结构(如海马、杏仁核及嗅球等)则以多突触形式与下丘脑核团发生联系。

边缘系统中,嗅球的投射纤维汇入下丘脑外侧区的前脑内侧束。此外,嗅球纤维到达嗅结节、杏仁核及梨状皮层后,再经前脑内侧束、穹窿以及终纹而投射到下丘脑。这些投射纤维对个体生存及生殖功能都非常重要，如对大鼠等夜间活动的动物，外环境中的嗅觉信号是主要的感觉信息。与此相适应，处理嗅信号的前脑结构也经前杏仁核、中央杏仁核及基底外侧杏仁核等向下丘脑投射。

海马向下丘脑的投射纤维形成穹窿。由海马下托也发出纤维加入此通路，并到达隔区及内侧和外侧乳头体核。

脑干向下丘脑发出的纤维大部分来源于下位脑干。这些投射纤维是肽能或单胺能的。由蓝斑核发出儿茶酚胺能纤维投射于下丘脑后核、室旁核以及正中隆起；从中缝大核发出的5-HT能纤维，可投射到几乎所有的下丘脑核团。由中继内脏初级传入的孤束核有上行纤维抵达下丘脑的室旁核和下丘脑外侧区。

脊髓后角第Ⅳ、Ⅴ层神经元的轴突可交叉到对侧形成脊髓下丘脑束，此束上行抵达下丘脑外侧区。此通路主要将伤害性传入信息传导至室旁核。

2）体液性传入通路

目前认为下丘脑可借助体液途径感受中枢及外周的传入信息。下丘脑内的终纹血管器和正中隆起均属于血-脑屏障外器官，这两个部位的毛细血管内皮是有孔型的，内皮的基底膜通透性高。因此，血液性质及成分的变化可影响下丘脑的功能。另外，第三脑室的室管膜细胞也具有一定的通透性，脑脊液中也存在一些神经肽及生物活性物质，而且室管膜上皮特化的伸展细胞可沟通脑脊液与下丘脑核团间的信息交流。例如，白介素Ⅰ等在循环血中浓度升高时，可能通过终纹血管器影响该部位周围的神经区域，进而诱发热能产生过多，导致发热。

3. 下丘脑的信息传出通路

下丘脑一方面发出纤维以突触的形式与中枢神经各部位发生联系，另一方面通过对脑垂体功能的调控间接影响全身各系统的功能。下丘脑与其他脑区多形成双向性联系，因此，下丘脑外侧区借助前脑内侧束与海马结构发生联系。同样下丘脑也有向杏仁核的投射。背侧纵束含有来自下丘脑内侧区及室周区的纤维，行向中脑导水管周围灰质和被盖部。从乳头体内侧、外侧及中间核区发出纤维组成乳头体-丘脑束及乳头体-被盖束。下丘脑下行投射纤维起于许多核团，如下丘脑的室旁核小细胞部和下丘脑外侧区，这些纤维终止于低位脑干，参与调控内脏神经功能，所涉及的核团主要有迷走神经背核、疑核内侧部以及孤束核等。一部分纤维继续下行到达脊髓的中间带和侧柱，影响交感神经和副交感神经的功能活动。传统认为下丘脑对脑垂体前叶的功能调控仅限于由垂体门脉系统介导的体液调节，但是近年发现脑垂体前叶中也有肽能神经纤维分布。

在下丘脑的传出途径中，正中隆起-下丘脑垂体门脉系统尤具特色。正中隆起、弓状核及脑垂体都由垂体动脉支配，在大鼠，垂体前动脉发出3～4个分支支配正中隆起的前2/3；垂体中动脉紧邻其后、支配漏斗前方的正中隆起；垂体后动脉供应漏斗后部的正中隆起。在人则由垂体上动脉和垂体下动脉支配正中隆起。这些动脉在正中隆起部位发出细小和迂曲的分支，形成表浅的毛细血管网，从该网再向正中隆起的深部发出分支。此处的毛细血管内皮的有窗结构并不构成血-脑屏障，故下丘脑神经内分泌激素可经终止于正中隆起外层的神经元轴突释放并转运入血。在正中隆起的尾侧中线位置，这些毛细血管汇集成数条被膜下毛细血管丛，进入弓状核。表浅毛细血管网和被膜下毛细血管丛集合成数支门静脉沿垂体柄到达垂体前叶，在此处这些门静脉再度分支成毛细血管与腺细胞间的血窦延续。业已证明，这一垂体门脉系统的血液流动方向是自下丘脑-正中隆起流向垂体的。因此，下丘脑多个核团产生的调控垂体前叶功能的激素或神经肽即可借此途径到达垂体前叶。

四、小脑

（一）概述

小脑（cerebellum）位于颅后窝，在延髓和脑桥的背侧，通过小脑上脚、中脚和下脚分别与中脑、脑桥和延髓相连。小脑表面存在的大量横向窄沟，将小脑表面分成许多叶片。少数沟较深，成为裂，将小脑分成若干小叶。两条最深的裂，原裂和后外侧裂又将小脑分成三个主要的叶：前叶、后叶和绒球小结叶。根据进化中出现的早晚，可以将小脑的结构分为下列三个区。

1. 古小脑

古小脑（archaeocerebellum）即绒球小结叶，由绒球、绒球脚和小脑蚓小结组成。种系发生上最古老，是小脑最原始的部分。主要接受同侧前庭神经初级平衡觉纤维和前庭神经核发出的纤维，经小脑下脚进入小脑。其传出纤维由绒球小结叶皮质直接发出，主要至同侧前庭神经核，再经前庭脊髓束和内侧纵束，控制躯干肌及眼外肌运动神经元，维持身体平衡，协调眼球运动。

2. 旧小脑

旧小脑（paleocerebellum）由在种系发生上较晚的小脑蚓部（蚓小结除外）和半球中间带组成，又称脊髓小脑。该部分主要从脊髓小脑束获取上肢、下肢骨骼肌牵张感受器冲动，以及反映下行运动通路神经元活动的反馈信号。其传出纤维经顶核和中间核（球状核和栓状核）离开小脑，控制运动中的躯干肌、肢带肌，以及肢体远端肌肉的张力和协调。

3. 新小脑

新小脑（neocerebellum）为小脑半球外侧部，因其在进化中出现最晚，且它的出现与大脑皮质的发展有关，主要接受大脑皮质经由脑桥核中继的信息，从而控制上肢、下肢精确运动的计划和协调，故又称之为大脑小脑或脑桥小脑。

（二）小脑皮层的分层构造

1. 小脑皮层的组织结构

小脑的表面被覆着一层灰质，叫做小脑皮层；皮层的下方是小脑髓质，由出入小脑的神经纤维和4对小脑深部核团组成。小脑皮层分为3层，从表及里分别为分子层、浦肯野细胞层和颗粒细胞层，皮层里含有星状细胞、篮状细胞、浦肯野细胞、高尔基氏细胞和颗粒细胞5种神经元。在这些细胞中只有浦肯野细胞发出轴突离开小脑皮层，成为小脑皮层中唯一的传出神经元；其他4种均为中间神经元，它们的神经末梢都分布在小脑皮层之内。所有小脑叶片都有同样的神经组织结构（图2-7）。

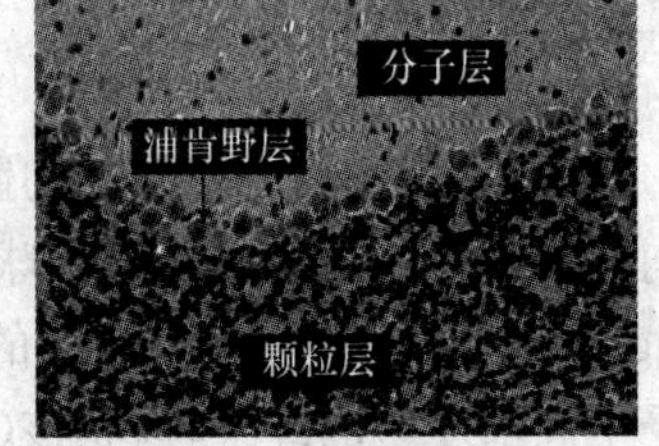

图 2-7　小脑皮层的结构

1）分子层

在分子层（stratum molecule）内，星状细胞和篮状细胞（亦称内星状细胞）的轴突走向均与小脑叶片的长轴相垂直。每个星状细胞都有抑制性的轴树突触与数个浦肯野细胞的树突相接触，每个篮状细胞都有抑制性的轴体突触通过它的篮状神经末梢与数个浦肯野细胞的胞体相接触。

2）浦肯野细胞层

在浦肯野细胞层(stratum Purkinje)内，浦肯野细胞的胞体排列整齐有序，其树突分支伸向分子层，沿与叶片相垂直的平面分布，而它的轴突则向下穿出小脑皮层，与小脑深部核团的神经元接触而形成抑制性突触。每个浦肯野细胞的轴突都有返行的侧支与其他的浦肯野细胞、高尔基细胞及篮状细胞构成抑制性突触。

3）颗粒层

在颗粒层(stratum granulosum)内，每个颗粒细胞有一个胞体和 4～6 支短的树突。颗粒细胞的轴突向上伸至分子层，在那里呈“T”字形分成两支，以相反的方向沿着叶片的长轴走行，被称为平行纤维，其长度可达 5～7mm。平行纤维与浦肯野细胞、星状细胞、篮状细胞和高尔基细胞的树突形成兴奋性的轴树突触。高尔基细胞位于颗粒层的上部，它的树突分支伸向分子层，轴突却终止于颗粒层，与颗粒细胞的树突和苔状纤维的末梢共同组成小脑小球，成为一种突触复合体，即苔状纤维的末梢与颗粒细胞的树突之间为兴奋性突触，高尔基细胞的轴突与颗粒细胞的树突之间为抑制性突触。

2. 小脑皮质的传入纤维

1）攀缘纤维

攀缘纤维(climbing fiber)属兴奋性纤维。来自于下橄榄核，经小脑下脚、颗粒层到达浦肯野细胞、星形细胞和 Golgi Ⅱ型细胞。每一根攀缘纤维可联系 1～10 个浦肯野细胞，而每个浦肯野细胞只接受一根攀缘纤维的传入。攀缘纤维与浦肯野细胞间的突触是神经系统中最强有力的兴奋性突触之一，一次攀缘纤维的传入即可引起浦肯野细胞一个足够大的 EPSP，从而使浦肯野细胞产生兴奋。

2）苔藓纤维

苔藓纤维(mossy fiber)属兴奋性纤维。来自于脊髓、前庭核、大脑皮质、脑干网状结构、顶盖等部位，大部分经小脑下脚到达颗粒层，与颗粒细胞产生突触联系，其末端呈花瓣样终扣，与其他结构形成所谓的小脑小球。

3）胺能纤维

胺能纤维(aminergic fiber)属抑制性纤维，主要是指来源于脑干中缝核的 5-HT 能纤维和篮斑的去甲肾上腺素能纤维，与苔状纤维和爬行纤维不同，这些胺能纤维末梢弥散地分布在小脑皮层和深核之中。大多数研究者认为这两类纤维与小脑细胞之间并无特异的突触结构；但它们显著的形态学特征是末梢上有曲张体结构，因而可能进行非突触性化学传递。

（三）小脑的核团

在小脑左、右半球深部的髓质中，每侧各埋藏着 4 个由神经细胞群构成的神经核团，由内侧向外侧分别为顶核、栓状核、球状核和齿状核，其中栓状核和球状核常合称为间位核。顶核(fastigial nucleus)接受蚓部皮质的纤维，球状核(globose nucleus)、栓状核(emboliform nucleus)接受中间部皮质的纤维，齿状核(dentate nucleus)接受外侧部皮质的纤维。小脑皮质-核纤维具有精确的局部定位排列关系，小脑核还从各种投射到小脑皮质的纤维接受侧支投射。

（四）小脑的纤维联系

小脑与外部的联系通过 3 对由小脑传入和传出纤维组成的巨大神经纤维束进行，分别称为上、中、下小脑脚或小脑臂。小脑借这 3 对脚与脑干相连，而且通过它们与其他的神经结构相联系，是小脑与外部联系的必经之路。在小脑脚中，传出纤维占 1/4，而传入纤维约占 3/4。

由小脑皮层的传出神经元浦肯野细胞轴突构成的传出纤维，首先到达小脑的深部核团，在这些核团转换神经元后，再离开小脑。在小脑的传入方面，一般可分为苔状纤维和攀缘纤维两个传入系统。

小脑上行到运动皮质及小脑下行到脊髓的纤维都是交叉的，故小脑对身体机能的影响总是同侧的。

小脑的结构与功能简要总结于表 2-2。

表 2-2　小脑的主要纤维联系和功能

机能分区	主要传入自	相关小脑核	主要传至	功能
前庭小脑	前庭感受器 前庭神经核	顶核	前庭神经核	维持平衡和眼球运动
脊髓小脑	脊髓小脑束	中间核	前庭神经核、网状结构 红核丘脑	调节肌张力和协调运动
大脑小脑	大脑皮质 →脑桥核	齿状核	丘脑→大脑皮质	调节随意运动

五、脊髓

脊髓位于椎管内，表面有数条纵行的沟或裂，腹面正中纵行的深沟称为前正中裂，后面正中纵行的浅沟称后正中沟。在脊髓的横切面上，中央有被横断的纵行小管，称中央管，纵贯脊髓的全长，向上通第四脑室，向下达脊髓圆锥处扩大成终室，内含脑脊液。中央管周围是"H"形的灰质，主要由神经细胞和纵横交错的神经纤维组成。灰质的周围是白质，主要是纵行排列的纤维束(表 2-3)。

表 2-3　脊髓的分层、核团与功能

板层	核团	作用
1	后角边缘核	接受痛、温、触、压觉
2	胶状质	分析、加工感觉信息
3～4	后角固有核	接受浅感觉
5～6	后角基底部	接受深感觉、皮层下行 F
7	中间带　胸核	发纤维至小脑
	中间内侧核	接受内脏感觉纤维
	中间外侧核	交感、副交感神经低级中枢
8	前角基底部	影响 α 神经元
9	前角内、外侧核	发出运动纤维
10	中央管周围灰质	由后根纤维终止

(一) 灰质

灰质在脊髓的横切面上呈"H"形,纵贯脊髓全长,是CNS内神经元细胞体集中的地方,主要由神经元细胞体、树突及与之联系的神经末梢和胶质细胞构成。灰质的两侧部向前、后伸展,向前伸展的部分较为膨大,称为前角;向后延伸的部分较为狭长,几达脊髓表面,称为后角。前、后角之间的灰质称为中间带,在胸髓和上腰段(T1～L3),中间带向外侧突出,形成一个近三角形的侧角。前、后角之间的外侧有部分灰、白质混杂交织而成的网状结构。围绕中央管周围的灰质称为中央灰质,其在中央管的前方和后方分别称为灰质前连合和灰质后连合。

1. 前角

前角含有大、中、小型神经元,占脊髓全长,各型细胞混合存在,其中大、中型细胞多为α和γ运动神经元,前者占2/3,后者占1/3,发出轴突经前根至骨骼肌。小型细胞为中间神经元,其中包括Renshaw细胞。

2. 后角

在横切面上后角自后向前分为尖、胶状质、头、颈和基部。基部连接中间带,颈部较细,位于后角中部。头部在背侧,较膨大,胶状质呈新月形,终止于头部后方。尖部后一薄带,是胶状质背侧的弧形区,位于后角的表面,借白质的背外侧束(Lissauer束)与脊髓表面分开。后角内的神经细胞属感觉性,接受经后根传入脊髓的体表、体内和本体的各种感觉纤维。

3. 中间带

中间带位于前、后角之间,在胸髓和上腰段(T1～L3)的中间带向外侧突出,形成一个近三角形的侧角,内有中间外侧核,是交感神经的低级中枢。中间带内侧为贯穿脊髓全长的中间内侧核,与内脏感觉有关。在脊髓S2～S4节段,相当于侧角位置的部分神经元聚集为骶副交感核,它们发出轴突,经脊神经前根,组成盆内脏神经抵至盆腔内的副交感神经节。

4. 脊髓灰质的Rexed分层

Rexed(1952)对猫的脊髓灰质作了较为详细的研究,根据神经细胞的形态,大小和数目的不同,认为脊髓灰质是分层的结构。将猫的脊髓灰质分为10个板层。人的脊髓也可分为10个板层。灰质后角相当于1～10层:1层相当于边缘层,2层相当于胶状质,3～4层相当于后角固有核,5～6层相当于后角基部(6层仅限于两个膨大节段),7层相当于中间带,8～9层相当于前角(8层含中间神经元,9层为前角运动核),10层相当于灰质连合(图2-8,表2-3)。

(二) 白质

白质位于灰质周围,由神经纤维、神经胶质细胞及血管组成。白质中的纵行纤维束组成脊髓与脑之间的上下通路。这些神经纤维主要由长的上行(感觉)传导束和下行(运动)传导束及短的固有束组成。

每侧白质以前外侧沟和后外侧沟为界分为三个索。前正中裂和前外侧沟之间的白质称前

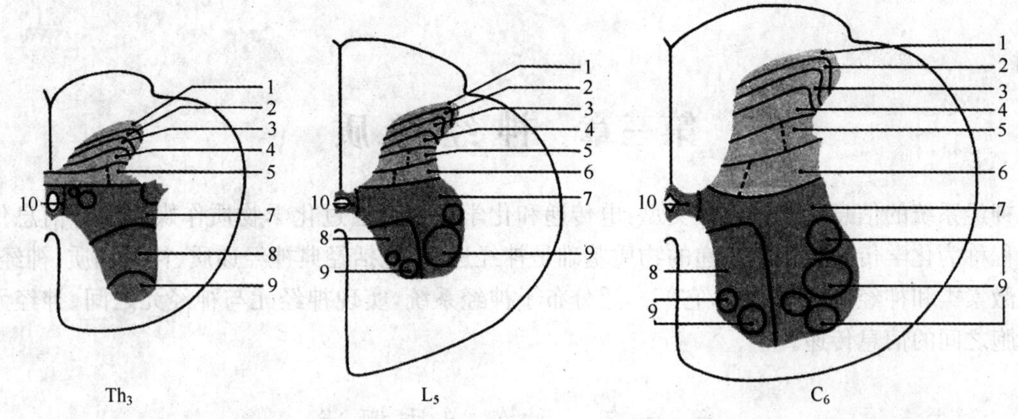

图 2-8　脊髓的 Rexed 分层

1～4：脊髓的外部感觉接受区，传导四肢躯干皮肤，感觉的后根纤维主要终止于此区；5～6：本体感觉接受区，和皮质脊髓束、红核脊髓束有广泛联系，对运动的精细调节起作用；7：与中脑和小脑有往返联系，参与姿势及运动的调节；参与调节内脏活动；8：联络神经元，调节两侧前角运动神经元的活动；9：最后公路。与感觉传入有关的主要是1～7层和10层

索；后正中沟和后外侧沟之间的白质称后索，在颈髓和胸髓上段后索又被后中间沟分为内侧的薄束和外侧的楔束；前外侧沟和后外侧沟之间的白质称外侧索。在灰质前连合的前方，连接两侧前索的白质，称白质前连合。

（张吉强，杨忠，蔡文琴）

第三章 神经递质

神经系统的信息传递有两种类型:电传递和化学传递。通过化学物质作媒介进行信息传递的过程称为化学传递。化学传递的物质基础是神经递质,包括经典神经递质、神经调质、神经肽、神经激素类和神经蛋白几大类,它们广泛分布于神经系统,实现神经元与神经元之间、神经元与靶细胞之间的信息传递。

第一节 神经递质概述

一、神经递质

神经递质(neurotransmitter)主要在神经元中合成,而后储存于突触前囊泡内,在信息传递过程中由突触前膜释放到突触间隙,作用于效应细胞上的受体,引起功能效应,从而完成神经元之间或神经元与其效应器之间的信息传递。

(一) 神经递质确定标准

作为经典神经递质,一般必须具备以下 6 个条件:①递质在神经元内合成,并储存在神经元轴突末端的突触囊泡内,神经元内具有合成该递质的前体物质和酶系统。②当神经元发生兴奋并进行信息传递时,神经递质便从神经元轴突末端的囊泡内释放入突触间隙。③神经递质作用于突触后膜上的特异性受体,产生突触后电位而发挥其生理作用。④突触间隙和突触后存在使这一递质失活的酶或其他失活方式(重新摄取回收),以实现突触传递的灵活性。⑤递质直接作用于突触后膜(如微电泳),模拟递质释放过程,可引起与刺激神经同样的效应。⑥用递质拟似剂或受体阻断剂能加强或阻断该递质的突触传递效应。

神经系统中大量存在的化学物质,只有符合或基本符合以上条件的才被确认为神经递质。近年来研究发现,NO 具有许多神经递质的特征。某些神经元含有 NOS,该酶能使精氨酸生成 NO。生成的 NO 从一个神经元弥散到另一神经元中,而后通过提高鸟苷酸环化酶活力发挥生理作用。因此,NO 可能参与神经元与神经元间的信息沟通,与一般神经递质的区别是:它不储存于突触囊泡中;其释放不依赖于胞吐作用,而是通过弥散;它不作用于靶细胞膜上的受体蛋白,而是作用于鸟苷酸环化酶。

此外,部分神经肽、CO、组织胺和腺苷等不完全符合上述确定条件,但是由于它们能实现化学信息传递的功能也可以作为脑内的神经递质。所以这个标准只可以作为经典神经递质的判定条件。

(二) 神经递质分类

机体中神经递质种类繁多,也有多种分类方式:①按照生理功能分为兴奋性神经递质和抑制性神经递质。②按照分布部位分为外周神经递质和中枢神经递质。③按照化学性质分为胆碱类、单胺类、氨基酸类、肽类、嘌呤类和脂类等。④按照分子大小分为神经肽和小分子神经递质。前者分子质量数百至数千道尔顿。后者分子质量 100Da 或数百道尔顿，如氨基酸类(谷氨酸、门冬氨酸、γ-氨基丁酸、甘氨酸)、乙酰胆碱和单胺类(多巴胺、去甲肾上腺素、肾上腺素、5-羟色胺、组胺)递质。

目前研究比较多的神经递质及分类见表 3-1。其中胺类、乙酰胆碱和氨基酸三类被认为是经典的神经递质。

表 3-1 神经递质及分类

类别	神经递质
胆碱类	乙酰胆碱
胺类	去甲肾上腺素、肾上腺素、多巴胺、5-羟色胺、组胺等
氨基酸类	谷氨酸和门冬氨酸 (兴奋性),GABA 和甘氨酸 (抑制性)
嘌呤类	ATP、腺苷
气体类	NO、CO
肽类	神经肽

(三) 神经递质的代谢

神经递质的代谢分为合成、储存、释放和失活几个步骤。

1. 合成

小分子经典神经递质在突触前末梢由底物经酶催化合成。酶在胞体内合成，经慢速轴浆运输(0.5～5mm/d)方式运输到末梢，底物通过胞膜上的转运蛋白(或称转运体)摄入。所以小分子神经递质的合成受限速酶的合成速度和底物摄入速度的调节。而神经肽的合成方式完全不同，在胞体内合成大分子前体，然后在运输过程中经裂解酶裂解、修饰而成。

2. 储存

囊泡储存是递质储存的主要方式。神经递质合成后通过囊泡转运体储存在囊泡内，囊泡内可以有数千个递质分子。待释放的活动囊泡聚集在突触前膜活动区，为递质的胞裂外排做好准备。小分子递质如乙酰胆碱、氨基酸类储存在直径 40～60nm 的小囊泡中，在电镜下囊泡中央清亮，为小的清亮囊泡；而神经肽储存在直径 90～250nm 的大囊泡中，电镜下，囊泡中央电子密度较高，为大的致密核心囊泡；单胺类递质储存的囊泡既可有小的致密核心囊泡，也可以是大的不规则形状的致密囊泡。

3. 释放

1) 依赖 Ca^{2+} 的囊泡释放

囊泡释放是递质释放的主要形式，囊泡的胞裂外排在所有递质都相似，但在释放的速度上有所差异。小分子递质的释放比神经肽快，因为储存小分子递质的清亮囊泡常常锚靠(docking)在突触前膜的活性带或者活性区(active zone)，动作电位到达神经末梢，活性带附近的 Ca^{2+} 通道开放，时间大约 300μs，Ca^{2+} 进入细胞的驱动力是细胞内外浓度差，用 Ca^{2+} 的荧光标记方法检测到 Ca^{2+} 进入后可以在离钙通道口 50nm 范围内，短时间（200μs）造成高 Ca^{2+}，在钙通道口 10nm 处 Ca^{2+} 升高到 100～200μmol 时触发囊泡的胞裂外排。而神经肽和某些单胺类递质储存的大的致密核心囊泡并不集中在活性带，随机分散在胞质内，依靠 Ca^{2+} 在胞质内的弥散以及这类囊泡与 Ca^{2+} 的高亲和力，才被动员到突触前膜释放。所以神经肽的释放比小分子递质慢 50ms。三种类型高电压激活钙通道（N 型，－20mV 激活；P 型，－50mV 激活；Q 型）与递质释放有关。例如，谷氨酸和 γ-氨基丁酸释放依靠 N 型钙通道激活开放，小脑浦肯野细胞释放 γ-氨基丁酸、哺乳类神经肌肉接头释放乙酰胆碱依靠 P 型钙通道，而小脑颗粒细胞释放谷氨酸依靠 Q 型钙通道。

2）*其他释放形式*

除了依赖 Ca^{2+} 的囊泡释放外，还有不依赖 Ca^{2+} 的胞质释放，以及胞膜转运体逆向转运的释放。某些膜通透性物质如前列腺素、NO 和 CO 可以透过脂膜以弥散方式释放。还有一些物质在动作电位未到达末梢的静息状态，以较低的速率少量的漏出（leak out）神经末梢，但是这种释放往往对受体的作用较小，甚至无效。

3）*神经递质释放的突触前调制*

神经递质的释放受自身受体或异源受体的调节。突触前自身受体无论是促代谢型受体或离子通道偶联型受体，激活后产生两种效应。一种效应是 Ca^{2+} 通道关闭，或者 K^+ 通道开放使膜超极化，减少冲动到达末梢时电压依赖性 Ca^{2+} 通道的开放，减少突触前末梢 Ca^{2+} 内流，以致递质释放减少，这是一种负反馈的调节机制，以限制递质释放的数量，避免突触后神经元过度兴奋和突触后受体的失敏。另一种效应是使突触前膜去极化，Ca^{2+} 通道开放，Ca^{2+} 内流增加，导致递质释放增加。例如，突触前膜 N 型乙酰胆碱受体（N-AChR）激活，ACh 释放增加。儿茶酚胺和 5-羟色胺递质系统的自身受体激活还可以通过抑制递质合成酶的活性，减少儿茶酚胺和 5-羟色胺的合成。某些突触前受体能够被邻近神经末梢释放的递质激活，如谷氨酸能神经末梢的突触前膜分布有 GABA 受体，它接受邻近的 γ-氨基丁酸（GABA）能神经元释放并弥散来的 GABA 调节（旁分泌），抑制谷氨酸的释放，此类受体调节称异源受体（heteroceptor）调节。

4. 失活

神经递质释放到突触间隙与突触后受体结合，发挥生物学功能。未与受体结合的神经递质应迅速移去，否则突触后神经元不能对随即而来的信号发生反应。况且受体持续暴露在递质作用下，将很快失敏，使递质传递效率降低。神经递质失活的方式有以下 4 种。

（1）酶解失活。例如，突触间隙的乙酰胆碱酯酶可将乙酰胆碱水解成胆碱和乙酸，使其失去活性。

（2）重摄取。有突触前膜的重摄取，也有少部分是突触后膜的重摄取。递质的重摄取依靠膜转运体，氨基酸类递质释放后可以被神经元和胶质细胞摄取，而单胺类递质仅被神经元重摄取。重摄取的递质进入胞质后又被囊泡转运体摄取重新储存在囊泡中。

（3）扩散。主要指发挥作用后的神经递质弥散在突触间隙失去活性作用，也有的部分弥散进入血循环，或被血液中一部分酶降解破坏。

（4）胶质细胞的摄取。主要是突触间隙的星形胶质细胞表面的氨基酸转运体，可以摄取转运突触前释放的谷氨酸或 γ-氨基丁酸，并在星形胶质细胞内失活，详见“星形胶质细胞功能”内容。

二、神经肽

神经肽(neuropeptide)主要分布于神经组织,也分布于其他非神经组织,是体内传递信息的多肽。按其分布不同分别起着递质(transmitter)、调质(modulator)或激素(hormone)的作用。由于多肽化学等技术的发展,神经肽研究兴起,是 20 世纪 70 年代以来神经科学最重要和快速进展的领域之一。1978 年报道的神经肽仅有 10 余种,目前已发现了近百种,而且速度越来越快。

(一) 神经肽的合成和代谢

1. 神经肽的生物合成及储存

神经肽是在特定的细胞内合成,首先由其基因转录成 mRNA,然后再翻译成无活性的大分子前体蛋白,合成的前体先后被转运到内质网、高尔基复合体和分泌颗粒或囊泡,装入囊泡后经轴浆流转运到末梢,在转运的过程中由酶解、修饰等翻译后加工形成有活性的神经肽(图 3-1)。

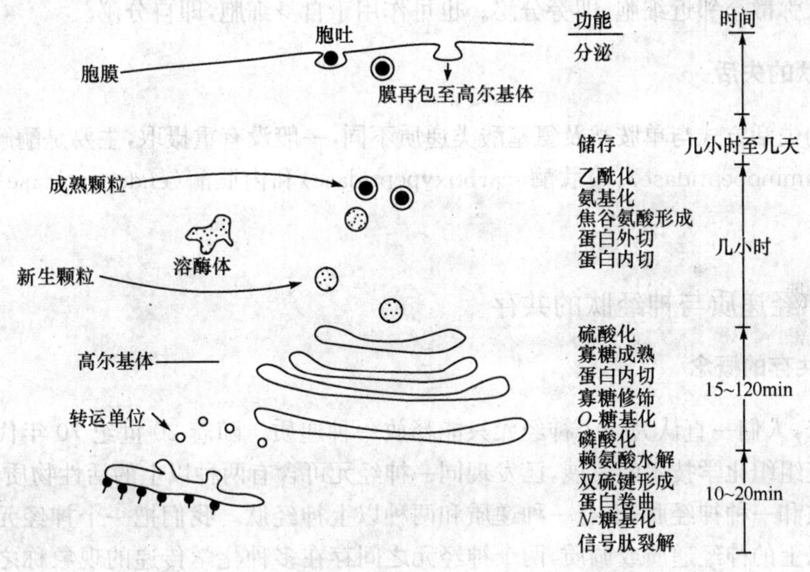

图 3-1　神经肽前体翻译后加工的细胞内过程

从前体在核糖体膜上合成到最后释放的各个过程与亚细胞结构的关系

(1) 神经肽基因。神经肽的基因除含有神经肽的编码区外,在其上游还有一段控制其转录的区域即启动子区。不同的神经肽可来源于同一基因。不同的组织中,由于加工不同,同一基因可产生不同的神经肽。

(2) 神经肽前体合成。神经肽前体在核糖体上先合成一段 20～40 个氨基酸组成的信号肽序列(signal peptide sequence),附着在核糖体上的新生肽链边延长边穿透粗面内质网膜,最后整个肽链都进入内质网池。信号肽引导多肽链进入内质网后,即被特异的蛋白水解酶切除,余下的部分为肽原。

(3) 神经肽前体的翻译后加工。神经肽前体翻译后还需在高尔基复合体或分泌颗粒(或囊泡)内进行酶切,参与该阶段的水解蛋白酶总称为内切酶(endoprotease)。根据酶的特性可分为丝氨酸蛋白酶(serine protease)、巯基蛋白酶(sulfhydryl protease)、金属蛋白酶(metallopro-

tease)和酸蛋白酶(acid protease)。

内切酶切割下来的神经肽C端的碱性氨基酸由羧肽酶β样转化酶切割而脱落,此酶又称羧肽酶H(carboxypeptidase H,CPH)或羧肽酶E或脑啡肽转换酶。剩下的甘氨酸经α-酰胺化酶(α-amidating enzyme)作用形成酰胺。前体翻译的后加工还包括N端谷氨酸经谷氨酸环化作用形成焦谷氨酸、丝氨酸乙酰化等,从而形成有活性的神经肽。

(4) 神经肽的储存。神经肽与经典递质相似,合成后也储存于囊泡内,在神经组织中主要储存于大囊泡中。在细胞内,神经肽可单独储存于囊泡,也可与经典递质共存于同一囊泡内。

2. 神经肽的释放

中枢神经系统神经肽的释放与经典神经递质的释放相似,电刺激和高钾引起的去极化都可以使神经肽释放,都依赖细胞外钙离子的存在。但高频率电刺激才能引起其所含的神经肽释放,而单个或低频率刺激只可释放所含的经典神经递质,另外,高频率刺激引起的神经肽释放不及经典递质释放持久,这些结果提示两者的释放机制可能不同。神经末梢内有大致密性囊泡和小囊泡两种,小囊泡只含经典递质,而大致密性囊泡含神经肽及经典递质。大致密性囊泡可经胞吐作用释放神经肽弥散至邻近细胞,即旁分泌。也可作用于自身细胞,即自分泌。

3. 神经肽的失活

神经肽的失活方式与单胺类及氨基酸类递质不同,一般没有重摄取,主要是酶解失活。体内多种氨肽酶(aminopeptidase)、羧肽酶(carboxypeptidase)和内肽酶(endopeptidase)参与神经肽的失活。

(二) 经典神经递质与神经肽的共存

1. 递质共存的概念

长期以来,人们一直认为一个神经元只能释放一种递质。随着20世纪70年代神经肽的陆续发现及免疫组织化学技术的发展,已发现同一神经元可含有两种以上的活性物质,通常是一种经典神经递质和一种神经肽,也有一种递质和两种以上神经肽。我们把一个神经元能同时含有两种或两种以上的神经递质或调质,两个神经元之间存在多种化学传递的现象称之为神经递质共存(neurotransmitter coexistance)。

2. 递质共存现象

瑞典学者Hokfelt首先发现在交感神经节内含去甲肾上腺素(noradrenaline,NA)和生长抑素(somatostatin,SOM)。以后又陆续发现在脑、脊髓和外周组织中都有神经肽与经典递质共存。例如,蓝斑中25%的NA神经元中含有神经肽Y(neuropeptide Y,NPY),中脑腹侧多巴胺(dopamine,DA)神经核群中发现有CCK与DA共存,中缝大核的5-羟色胺(5-hydroxy tryptamine,5-HT)神经元与P物质共存,其中有一部分还同时含有TRH。

外周神经中的神经肽大多与经典神经递质共存。例如,颈上神经节中约有一半的去甲肾上腺能神经元中含有NPY,输精管的交感神经支配中也有NPY与NA共存,在唾液腺的副交感神经支配中有血管活性肠肽(vasoactive intestinal peptide,VIP)与ACh共存,腹腔及肠系膜上交感神经节中的不同交感传出神经元中有SOM或NPY与NA共存。共存的神经肽和神经递质共同释放后，两者分别作用于突触后或突触前，起相互协同的作用，更有效地调节细胞或器官的动能。

3. 递质共存的作用

神经递质共存的作用和意义目前尚在研究中，一些学者根据递质释放及其在突触传递的作用，设想递质共存的可能作用是：递质之间互相合作，完成一定的生理反应；参与递质释放的反馈调节；共存的递质互相的作用完全相反。Hokfelt 设想两种共存的递质在神经传递中有 5 种可能的作用。①两种递质均可穿过突触间隙作用于突触后细胞上相同的或不同的受体。②一种递质激活一种突触后受体，另一种递质则封闭另一种类型的受体。③一种递质作用于突触后细胞，另一种递质则作用于突触前末梢的自身受体(autoreceptor)，行使递质释放的反馈调节。④一种递质作用于突触后细胞，另一种递质作用于其他神经末梢上的突触前受体，起突触前调节作用，表现为突触前抑制(抑制释放)或神经肽促进传统递质释放。⑤一种递质作用于一类细胞，另一种递质作用于另一类细胞，这种情况可能存在于外分泌腺。

(三) 神经肽受体和细胞内信号转导

1. 神经肽受体

目前大多数神经肽的受体已克隆成功，除心房钠尿肽(ANP)外，其他神经肽的受体均属于 G 蛋白偶联受体。此类受体是一个膜蛋白家族，它们是由单个基因表达出的一条由 400 个左右氨基酸组成的长链。全链中有 7 个疏水段，每段由 20～25 个疏水性强的氨基酸组成。这些疏水氨基酸组成的段落是肽链穿过膜的部分。肽键的穿膜部分是决定受体与配体相互作用的关键部位。把这类受体的各个成员进行对比，发现有 20%～30%的氨基酸排列完全相同，特别是穿膜部分可以有高达 50%的氨基酸相同或相似。所谓相似即有些氨基酸在种族进化过程中可以相互取代。穿膜氨基酸的重要性表现在：只要换掉一个氨基酸，就可能大大影响受体的结合力。与此相反，将暴露在膜外或膜内的亲水氨基酸去掉 30%或换以其他氨基酸，一般并不显著影响受体的结合力。

2. 细胞内信号转导

现已证明，cAMP、三磷酸肌醇(IP_3)、二酰甘油(DG，又称甘油二酯)、Ca^{2+} 和花生四烯酸及其代谢产物，通过 G 蛋白与某种神经肽受体相连成为该神经肽受体的细胞内第二信使。

细胞内 cAMP 的绝大多数生理功能是通过依赖 cAMP 蛋白激酶(PKA)使靶蛋白磷酸化，从而导致一系列的效应。IP_3 和 DG 是肌醇磷酯的代谢产物，由磷酯酶 C(PLC)作用而产生效应。

蛋白质磷酸化是信息传递的最后公共通路。蛋白质磷酸化系统是由蛋白激酶、蛋白磷酸化酶及其相应的底物蛋白组成。蛋白激酶催化底物蛋白质从脱磷酸化到磷酸化，蛋白磷酸化酶则把磷酸化蛋白变回脱磷酸化状态。

(四) 神经肽的作用方式

在中枢神经信息传导中，神经肽起着十分重要的作用。与经典递质相比，神经肽对突触后膜的电位变化维持时间较长，它的作用属于慢的化学传递。目前认为，神经肽强而持久的作用特点由多种作用机制所致。

(1) 共存的神经肽与经典递质共同释放后，分别作用于特异的受体，从而激活了一组神经信息传递过程，主要是激活了G蛋白偶联反应，来调节受体对递质的敏感性，导致一系列与神经肽有关的较持久的生物效应。

(2) 神经肽与细胞膜受体结合后，通过调节非门控离子通道的通透性，决定通道的开或关。

(3) 神经肽与非突触的受体结合，通过启动第二信使来调节靶细胞内递质、神经肽或有关蛋白质的合成。

(4) 神经肽也可通过改变轴突末梢对离子的通透性，调节神经递质或神经肽的释放；或通过受体-受体相互调节方式，改变其他受体对其配体的亲和力，从而行使神经肽的生物效应。

(5) 神经肽经酶解后，可形成大小不等的活性片段。这些片段中，有的产生正反馈效应，有的产生负反馈效应，有的则可通过双向反馈调节方式产生综合效应。

(6) 氨基甲酸酯化的神经肽可使一些小分子的神经肽片段，甚至单个氨基酸维持其在神经传递中的生物效应。

(五) 神经肽的特点

1. 神经肽合成的特殊性

神经肽合成过程复杂，首先要按照mRNA提供的模板，在胞体内经核糖体翻译成无活性的大分子神经肽前体，前体在内质网切除了信号肽形成的神经肽原，然后神经肽原和相应的加工酶一起装入囊泡运到神经末梢，在转运过程中经多种酶的切割生成有生物活性的肽。神经肽前体的翻译后加工，除受酶的控制外，还受组织特异性和生理调控的影响。因此，同一前体生成的终产物有所不同。

组织中肽的mRNA不一定都能生成有生物活性的神经肽，同一前体在不同部位和不同组织生成的终产物不同。例如，前阿黑皮素原(POMC)，在腺垂体它主要生成促肾上腺皮质激素(ACTH)和β-促脂解素(β-LPH)及少量的β-内啡肽(β-EP)，在垂体中间叶主要形成α-促黑素(α-MSH)和β-EP，在腺垂体β-EP没有被乙酰化，而中间叶的β-EP则有很大一部分被乙酰化。

2. 神经肽作用的复杂性

神经肽的作用十分复杂，作用方式多样。神经肽能以神经递质、神经调质和神经内分泌或旁分泌的方式起作用。

(1) 神经内分泌方式。这是最早发现的作用方式，如催产素(OT)、血管升压素(VP)以及下丘脑释放激素、TRH、促皮质激素释放激素(CRH)、促性腺激素释放激素(GnRH)等，都是从神经末梢分泌释放后，通过血液循环而作用于远隔部位的靶细胞，起神经激素或内分泌激素的作用。

(2) 神经递质传递方式。神经肽从神经末梢释放后，经突触后间隙作用于突触后膜上的受体，使突触后神经元或靶细胞发生兴奋或抑制。因此有学者建议，凡是位于神经细胞内的神经肽，神经末梢去极化能使其释放，引起突触后神经元电活动的变化，就可列为神经递质。

(3) 神经调质的作用方式。神经肽通常是作为神经调质对靶细胞发挥作用，即神经肽本身不直接使靶细胞产生动作电位，但可改变突触前终末递质释放或改变靶细胞对递质的敏感性。

(4) 其他作用方式。多种神经肽还具有神经营养作用，如α-MSH、ACTH及ACTH的片段可促进神经突起的生长，VIP和垂体腺苷酸环化酶激活肽(PACAP)具有保护神经元的作用；有些神经肽具有肌肉营养作用，如降钙素基因相关肽(CGRP)；某些神经肽对免疫细胞可能具有细胞因子样的作用，如阿片肽、P物质及促黄体素释放激素(LHRH)，它们对免疫细胞的分化、增殖和细胞因子的产生等均有作用。

3. 神经肽功能的多样性

同一种神经肽可具有多种功能，同一种肽对同一器官的效应不一样。例如，内源性阿片肽除有镇痛效应外，还对循环、呼吸、运动、内分泌、体温、免疫等功能起调节作用；同是内源性阿片肽家族的不同成员对心血管系统的效应也不一样，如亮-脑啡肽(L-ENK)使血压升高、心率微增；甲-脑啡肽(M-ENK)使心率减弱，对血压升降不恒定；β-EP是短暂升压、长时间降压。

对同一神经肽，随剂量、作用部位的不同及动物种属的不同，神经肽的功能也不同。例如，低剂量的LHRH合理使用有促进生育的功能，而高剂量长期连续使用有抑制生育的作用；CCK在中枢小剂量有抗阿片肽作用，大剂量有促进阿片肽释放的作用。

同一神经肽对不同细胞作用不同，并可产生多种效应，如血管紧张素(ANG)作用于有关器官不同细胞上的ANG受体，可增加动物的饮水行为，增加抗利尿激素(ADH)的释放和醛固酮的分泌，增强NA的效应和血管收缩。

三、神经调质

神经调质(neuromodulator)与神经递质的类似点在于都是由突触前神经元合成，存在于突触前囊泡，随神经冲动的抵达而释放，作用于其相应的受体等，但神经调质有以下4个特征。

(1) 可为神经细胞、胶质细胞或其他分泌细胞所释放，对主递质起调制作用。本身不直接负责跨突触的信号传递，或不直接引起效应细胞的功能改变。

(2) 调制主递质在突触前神经末梢的释放及其基础活动水平，如直接影响突触前囊的递质释放量；也可影响细胞内某些酶的作用而影响递质的合成、代谢等基础活动水平。

(3) 影响突触后效应细胞对递质的反应性，对递质的效应起调制作用。如改变突触后膜电位，影响去极化的幅度或阈值；或影响受体的变构效应而改变受体的敏感性，改变膜内外离子运转的速度等，从而抑制或易化突触传递；还可以改变递质的作用效果，如使兴奋性递质改变为抑制性，或上述相反的转变。

(4) 神经调质发挥作用是通过旁突触途径传递(parasynaptic transmission)的，旁突触传递是指神经元释放化学物质至邻近或远隔的靶细胞，可不经过突触结构。这一点也与神经递质不同。神经递质和神经调质的异同如表3-2所示。

表3-2　神经递质和神经调质的异同

	神经递质	神经调质
不同点	①由神经元释放，直接负责跨突触的信号传递	①可由非神经元释放，不直接负责跨突触的信号传递
	②直接作用于效应细胞受体引起功能效应	②对神经递质的代谢及突触传递效率起调制作用
		③影响突触后效应细胞对递质的反应性
类似点	突触前神经元合成，储存突触前囊泡，随神经冲动到达释放，作用于相应受体	

目前已明确的神经调质有前列腺素类和多数神经肽，此外，还有某些单胺类递质或神经激素可兼有神经调质的作用。一些由于方法问题尚不能确认为神经递质的调节物质，也常被暂定为神经调质。

第二节　神经递质各论

一、乙酰胆碱

（一）胆碱能神经元的胞体定位及纤维投射

中枢神经系统中胆碱能神经元分布比较广泛，定位于很多核团和脑区。中枢神经系统内胆碱能神经纤维投射也非常广泛，它既有丰富的长投射神经通路，又有很多核团或脑区内短回路及局部中间神经元联系。脑内胆碱能神经元分为两类：局部环路神经元和投射神经元。

1. 胆碱能局部环路神经元

这类神经元在核团内组成局部环路，不向核外发出投射纤维，属于中间神经元。主要位于纹状体、伏隔核、嗅结节、杏仁核、小脑、脊髓背角、大脑皮质Ⅱ～Ⅳ层和海马；纹状体的胆碱能神经元参与黑质-纹状体多巴胺系统对运动的调节。

2. 胆碱能投射神经元

这类神经元主要分布在基底前脑和脑干，向其他脑区发出投射纤维，分别有与运动相关的投射神经元、基底前脑胆碱能系统和脑干胆碱能系统。

（1）运动系统。脑和脊髓发出，如脑干内躯体运动核、特殊内脏运动核、脊髓前角、脊髓侧角。

（2）脑干胆碱能系统。胞体位于脑桥被盖区和延髓脑神经核。脑桥被盖区主要指脚桥被盖核和背外侧被盖核。它们的纤维分背、腹束，向头端投射至丘脑、丘脑下部、苍白球、尾壳核。它们的纤维与其他上行纤维组成上行网状激活系统，引起觉醒和警觉。上行纤维一支进入丘脑，经丘脑接替核、板内核弥散向皮层投射；另一支通过外侧丘脑下部区，联合丘脑下部和基底前脑上行纤维投射至皮质。

（3）基底前脑胆碱能系统。胞体位于隔内侧核、斜角带、苍白球腹侧 Meynert 基底核。它们的投射纤维形成下列通路：①隔内侧核、斜角带-海马通路；②斜角带-杏仁核复合体通路；③隔区、视前区-缰内侧核、中脑脚间核通路；④Meynert 基底核-大脑皮质通路，自 Meynert 基底核发出的胆碱能纤维投射至皮质的额叶、顶叶、颞叶和视皮层，此通路与学习记忆功能密切相关。

（4）脑干和小脑的胆碱能系统。胞体位于中脑被盖核、脑桥网状核和延髓的某些核团发出的胆碱能纤维投射到小脑。

（二）乙酰胆碱的代谢

1. 乙酰胆碱的生物合成

乙酰胆碱（acetylcholine，ACh）主要在胆碱能神经末梢内合成，少量在胞体内合成。合成

ACh 必须具备三种物质：胆碱乙酰化酶（choline acetylase，ChAc）、胆碱（choline）、乙酰辅酶 A。

1）胆碱乙酰化酶

ChAc 是胆碱能神经元的特殊标志，它由胆碱能神经元的胞体合成，随轴浆顺向转运至末梢，与 ACh 的分布几乎平行。ChAc 是一种球蛋白，活性中心有咪唑基和巯基。它和乙酰辅酶 A 结合时，使咪唑基乙酰化，然后胆碱与 ChAc 活性中心的阴离子部位结合，乙酰基即被转移到胆碱上，形成乙酰胆碱。

2）胆碱

合成 ACh 所需的胆碱主要来源于：①在肝脏内合成，经血液通过血脑屏障转运入脑。②释放至突触间隙的乙酰胆碱经胆碱酯酶水解后所形成的胆碱被重摄取，重新用于合成 ACh，占总量的 50%～85%。

胆碱一般不易透过细胞膜。脑内有两类转运胆碱的载体：一种是高亲和力载体，特异地分布于胆碱能神经末梢上，需 Na^+、ATP 以主动转运方式，逆浓度差转运胆碱，作用快。另一种是低亲和力载体，分布于所有神经元和神经胶质细胞上，以“易化扩散”的方式顺浓度差转运胆碱。

3）乙酰辅酶 A

乙酰辅酶 A 存在于线粒体中，在 ACh 合成中提供乙酰基，其主要来源为：①葡萄糖氧化成丙酮酸，丙酮酸经脱羧生成乙酰辅酶 A；②脂肪酸经 β 氧化生成乙酰辅酶 A；③由柠檬酸合成。乙酰辅酶 A 由载体转运进入胞质参与 ACh 的合成。

4）乙酰胆碱合成的调控

ACh 的生物合成受多种因素的影响，如：① 胆碱和乙酰辅酶 A 浓度增高或终产物 ACh 浓度降低，可使胆碱乙酰化过程加快，反之，则合成减慢；② 转运胆碱的高亲和力载体是摄取胆碱的重要分子机制，因此，它是合成 ACh 的限速因子；③ ACh 降低末梢电化学梯度，减少胆碱的非饱和性摄取，从而减少 ACh 的合成；④ACh 合成减少时，神经冲动到达神经末梢，导致 Ca^{2+} 内流，使线粒体提供的乙酰辅酶 A 增多，从而可增强 ACh 的合成。

2. 乙酰胆碱的储存和释放

1）乙酰胆碱的储存

ACh 在胞质中合成后进入囊泡储存，尚有部分 ACh 存在于胞质。囊泡因其在末梢中的位置不同又可分为活动囊泡和储存囊泡。靠近突触前膜的活动囊泡，是神经递质释放与囊泡再充盈的活动区。ACh 能够在囊泡内储存依靠囊泡乙酰胆碱转运体（VAChT）。

2）乙酰胆碱的释放

在静息状态下，ACh 囊泡有少量的自发性释放。当产生动作电位时，ACh 释放依赖于 Ca^{2+} 的参与，细胞膜对 Ca^{2+} 的通透性改变，Ca^{2+} 进入细胞产生兴奋释放偶联，使囊泡与突触前膜融合，然后胞裂而将 Ca^{2+} 和囊泡内容物一起排到突触间隙。突触前膜回收后形成的新囊泡又迅速从胞质中摄取新合成的 ACh 补充之。因为一个突触囊泡内含的 ACh（5000 个左右的 ACh 分子）称一个量子，所以又称为量子释放。

3. 乙酰胆碱的酶解失活

乙酰胆碱从神经末梢释放至突触间隙后，主要作用于效应器或突触后神经元的受体，产生生理效应。多余部分通过乙酰胆碱酯酶（acetylcholinesterase，AChE）迅速水解成胆碱和乙酸。胆碱可被神经末梢再摄取，重新合成新的 ACh。此外，少量 ACh 可从突触间隙扩散，进入血液；突触前膜对 ACh 的重摄取数量极微，无实际意义。

AChE 每一活性部位有两个结合位点：一是阴离子位点，另一个是酶结合基团。当 ACh 被 AChE 水解时，其中间产物乙酰-乙酰胆碱酯酶在 0.1ms 内就自然水解，乙酰胆碱酯酶的活性迅速展开。已证明，AChE 除两个结合位点能促使 ACh 水解外，还有其他药物位点，表明在它的活性中心外面还有外周的阴离子位点存在，即 AChE 有变构的性质。由于不同配体与活性中心不同的位点结合，酶的水解活性也不一样。

（三）乙酰胆碱受体

中枢内的胆碱能受体分为 M 型和 N 型两类。M 受体又分为 5 种亚型：M1、M2、M3、M4 和 M5。中枢 N 型受体有 α-银环蛇毒（α-bungrotoxin，α-BgTX）不敏感的 N 受体和 α-BgTX 敏感的 N 受体。

1. M 型受体

M 型受体（M-AChR）是一种 G 蛋白偶联受体，分子质量约为 50kDa。在受体药理学上，各亚型的分子结构均已被克隆，命名为 M1、M2、M3、M4、M5 受体，其结构差异主要取决于第Ⅴ和第Ⅵ跨膜区的胞质环。其中 M1、M3、M5 受体具有相似的化学结构，该类受体兴奋后，通过与 Gq/11 蛋白偶联，通过激活磷脂酰肌醇通路以及鸟苷酸环化酶系统，引起受体兴奋时的促进效应。另外，M2、M4 受体的化学结构相似，该类受体兴奋时，通过与 Gi/o 蛋白偶联，抑制腺苷酸环化酶系统和 Ca^{2+} 内流，通过 Gk 蛋白开放 ACh 敏感的钾通道，这种钾通道可以被 G 蛋白的 β、γ 亚单位激活，促进 K^{+} 外流，引起细胞膜的超极化和抑制 ACh 的释放，如表 3-3 所示。

表 3-3　M 型乙酰胆碱受体各亚型的效应

	M1　M3　M5	M2　M4
G 蛋白	Gq/11	Gi/o、Gk
效应酶	激活磷脂酶 C(PLC)	抑制腺苷酸环化酶(AC)
第二信使	增加 IP_3/DAG 和$[Ca^{2+}]_i$	降低 cAMP
离子通道	关闭电压依赖钾通道	降低 PKA、关闭钙通道 开放 ACh 敏感的钾通道

2. N 型受体

N 型受体（N-AChR）是第一个在电鳐的电器官纯化并阐明一级结构的受体，每个受体由 5 个亚单位组成，包括 2 个 α 亚单位和 β、γ、δ 亚单位各 1 个，按顺时针排列为 α、γ、α、β、δ 顺序，围成 5 瓣梅花状，中间形成离子通道（详见第四章）。

中枢 N 型受体激活后，一方面由于其本身的离子通道对 Ca^{2+} 的高通透性，另一方面由于可激活邻近的电压依赖性 Ca^{2+} 通道，故可导致大量 Ca^{2+} 内流并影响 Ca^{2+} 介导的各种细胞活动。

(四) 乙酰胆碱的生理功能

1. 镇痛和针刺镇痛

中枢胆碱能系统参与镇痛。据报道,小鼠腹腔注射拟胆碱药震颤素产生镇痛作用,这种镇痛作用可被阿托品、东莨菪碱所拮抗,提示药物是作用于胆碱受体而产生镇痛作用的。

中枢胆碱能系统在针刺镇痛中也起着重要作用。研究发现,针刺镇痛时中枢诸多脑区 ACh 释放增加,活动加强,ACh 合成率和利用率均增高;针刺镇痛时能激活中枢胆碱酯酶活性;若抑制胆碱酯酶使内源性 ACh 积聚,可加强针刺镇痛的作用。

2. 觉醒与睡眠

中枢胆碱能活动参与慢波和快波睡眠,在觉醒和睡眠中起着多方面的调节作用。ACh 可抑制中缝背核 5-羟色胺能系统触发的慢波睡眠,起到抑制慢波睡眠的作用。在快波睡眠时,皮质和纹状体 ACh 释放增加,可促进快波睡眠。一般认为,网状结构上行激活系统和皮层胆碱能系统激活对维持觉醒有重要作用。

3. 学习与记忆

中枢胆碱能递质是维持哺乳动物学习记忆正常进行的必要条件。动物注射拟胆碱药能增进学习记忆能力,而抗胆碱药则减弱之。据资料报道,大脑皮层、隔区、海马(这些区域富有胆碱能纤维)损伤可引起学习记忆功能缺陷,出现学习功能下降,顺行性遗忘症等。给药改善学习记忆后,这些脑区乙酰胆碱和胆碱乙酰化酶有相应变化,说明大脑皮层和边缘系统胆碱能神经系统有调节学习记忆的功能。

4. 体温调节

脑内乙酰胆碱对体温的调节作用较为复杂。将乙酰胆碱注入小脑延髓池和下丘脑,可使鼠的体温降低;而对猫、豚鼠、羊、猴等引起体温升高。此外,有人观察到兴奋猫的中枢 M 受体,引起体温升高,而兴奋 N 受体则体温下降。说明中枢乙酰胆碱在调节体温中有重要作用。

5. 摄食和饮水

大鼠边缘系统的许多部位与摄食和饮水有关。将氨甲酰胆碱埋入这些部位,都可引起饮水反应,继而摄食。这些脑区之间有神经纤维联系,形成回路,称为胆碱能泻饮回路,在这一回路上的任一部位注射阿托品或东莨菪碱,均可阻断乙酰胆碱或氨甲酰胆碱埋入该区所引起的饮水活动。在隔区注射阿托品可抑制摄食活动。说明乙酰胆碱通过边缘系统促进大鼠的饮水和摄食活动。

6. 感觉和运动功能

在感觉特异性投射系统中,第一级神经元投射到脊髓背根,刺激感觉神经,背根处无乙酰胆碱释放。第二级神经元、第三级神经元属胆碱能的,如刺激视神经,大脑皮层相关区域乙酰胆碱释放增加。在感觉非特异性上行激活系统中有大量胆碱能神经纤维参与,注射 ACh 于此系统可激活之。在运动功能方面,运动神经属胆碱能,植物性神经中枢以及自脑干和脊髓发出的植物性神经都是胆碱能神经元所在之处。尾核、锥体外系有胆碱能神经元存在，故帕金森病时，除补充多巴胺外，还应求得胆碱能与多巴胺能两者之间功能平衡。

7. 心血管活动的调节

乙酰胆碱在中枢具有升高血压的作用。脑室注射乙酰胆碱或氨甲酰胆碱，可引起升压反应，反之，注射密胆碱可引起降压反应，胆碱可翻转此作用。

二、去甲肾上腺素

经典神经递质去甲肾上腺素（noradrenaline，NA 或 norepinephrine，NE）、肾上腺素（adrenaline，A 或 epinephrine，E）、多巴胺和 5-羟色胺，以及它们的代谢产物统称为单胺。其中 NE、E 和 DA 均有 β-苯乙胺的基本结构，即在苯环的 3、4 碳位上都有羟基（儿茶酚，catechol）的结构，故总称为儿茶酚胺（catecholamine，CA）。体内有三类细胞可以合成 NE，分别是去甲肾上腺素能神经元、肾上腺素能神经元和肾上腺髓质的嗜铬细胞。前两者释放的 NE 作为神经递质发挥作用，后者释放的 NE 作为激素发挥作用。

（一）去甲肾上腺素能神经元的胞体定位与纤维投射

1. 胞体的定位

Fuxe 等将儿茶酚胺能神经元划分为 A1～A14 共 14 个神经细胞群，其中 A1～A7 是去甲肾上腺素能神经元细胞群，主要位于脑桥和延髓。A4 和 A6 位于蓝斑和蓝斑下核复合体，A1、A3、A5 和 A7 位于脑桥和延髓的外侧被盖区，A2 则集中于延髓背侧区。

蓝斑核内的去甲肾上腺素能神经元占脑内总的一半以上。人类的蓝斑核约有 12 500 个神经元，大鼠每一侧蓝斑含约 1500 个神经元。虽然蓝斑核内的去甲肾上腺素能神经元数量较少，但它们具有广泛的投射，其轴突的侧枝纤维可投射至中枢神经系统的广泛区域，包括脊髓、小脑、丘脑和大脑皮层。蓝斑投射组成了上行网状激活系统的一部分，调节注意、觉醒和昼夜节律。

2. 纤维投射

（1）上行纤维又分背侧束和腹侧束两大通路。①背侧束起源于 A6 细胞群（位于蓝斑），上行纤维广泛投射至全脑，包括大脑皮质，下丘脑后部。②腹侧束起源于延髓和脑桥的 A1、A2、A4、A5 和 A7 细胞群，它们向上主要投射到下丘脑、丘脑、杏仁、海马和大脑皮质。背侧束和腹侧束都有纤维投射至小脑，终止于小脑皮质。

（2）下行纤维也分为背侧束和腹侧束。①背侧束起自蓝斑和 A7 的部分去甲肾上腺素能神经元，纤维下行分布于延脑的孤束核、迷走神经背核、三叉神经脊束核和下橄榄复合体，部分纤维终止于脊髓侧角与背角。②腹侧束起自延髓 A1 和 A2 细胞群，纤维分成两支进入脊髓，分别终止于脊髓前角和侧角，A1、A2 还发出纤维投射到延脑迷走神经背核和孤束核。

(二) 去甲肾上腺素的代谢

1. 生物合成

儿茶酚胺的合成过程是以血液中的酪氨酸(tyrosine)为原料,在胞质内经酪氨酸羟化酶(tyrosine hydroxylase,TH)的作用生成多巴(dopa),再经过多巴脱羧酶(dopa decarboxylase,DDC)的催化作用生成多巴胺。多巴胺在胞质中生成后随即进入囊泡。在囊泡内经多巴胺-β-羟化酶(dopamine β-hydroxylase,DβH)催化生成去甲肾上腺素。去甲肾上腺素在苯乙醇胺氮位甲基转移酶(phenylethanolamine *N*-methyl transferase,PNMT)的作用下进一步甲基化生成肾上腺素。儿茶酚胺的生物合成共需要 4 种酶,其中酪氨酸羟化酶是合成的限速酶。

1) 酪氨酸

酪氨酸主要来自食物,蛋白质经消化吸收分解的酪氨酸,进入血液。

2) 酪氨酸羟化酶

TH 存在于去甲肾上腺素能、肾上腺素能、多巴胺能神经元和肾上腺髓质的嗜铬细胞胞质中。TH 由 4 个分子质量为 59kDa 的亚基组合而成,为一种可溶性酶,主要作用是将酪氨酸间位羟化,形成 3,4-双羟苯丙氨酸,即多巴。酪氨酸羟化酶需要氧分子,二价铁离子(Fe^{2+})和还原型蝶啶(如四氢蝶啶)才能起反应。

酪氨酸羟化酶是一个特异性酶,它对底物的要求比较高,专一于酪氨酸,活性较低,神经元内含量较少,合成速度又在全过程中最慢。因此在儿茶酚胺生物合成过程中成为一个限速因子。因而提高或抑制此酶的活性对儿茶酚胺合成量的增加或减少影响很大。胞质内游离的 DA 或 NE 增多可反馈抑制 TH 的羟化作用;神经冲动到来,此酶活性增强,使 DA 或 NE 合成加速。

3) 多巴脱羧酶

DDC 分布广泛,存在于胞质内,以磷酸吡哆醛为辅基,促使多巴脱羧成多巴胺。此酶活性很高,含量多,特异性不高,专一性不强,凡是芳香族氨基酸,如苯丙氨酸、色氨酸、酪氨酸、组氨酸等均能被此酶脱羧,因此也名芳香族左旋氨基酸脱羧酶(aromatic-l-amino acid decarboxylase,AADC)。

4) 多巴胺-β-羟化酶

DβH 存在于去甲肾上腺素能、肾上腺素能神经元的囊泡内液和肾上腺髓质的嗜铬细胞胞质内。DβH 为一含 Cu^{2+} 的蛋白质,需要维生素 C 和富马酸作为辅酶。由于多巴胺-β-羟化酶中的 Cu^{2+} 起着极为重要的作用,故能与 Cu^{2+} 结合的药物即可抑制此酶的活性。双硫醒和 FLA-63 为此酶抑制剂,是一种 Cu^{2+} 螯合剂。DβH 可以作为去甲肾上腺素能神经元的特异性标志物。

5) 苯乙醇胺氮位甲基转移酶

PNMT 存在于肾上腺素能神经元和肾上腺髓质的嗜铬细胞的胞质中。PNMT 将 S-腺苷甲硫氨酸提供的甲基转移至去甲肾上腺素生成肾上腺素,该酶可以作为肾上腺素能神经元的标志物。

2. 去甲肾上腺素的储存

储存 NE 的囊泡在电镜下有致密中心,故称“致密核芯囊泡”。按囊泡大小分为大囊泡和小囊泡,大囊泡形成于胞体,然后转运到轴突和末梢,小囊泡主要集中于末梢。囊泡内 NE 与

ATP、嗜铬颗粒蛋白结合在一起，使 NE 不易渗出。大囊泡中 DβH 含量较多，所以 NE 主要在大囊泡中合成和储存。

3. 去甲肾上腺素的释放

当神经冲动到达神经末梢时，突触前膜的通透性发生变化，Ca^{2+} 进入细胞，储有 NE 的囊泡趋近突触前膜，继而囊泡膜与突触前膜融合，形成小孔，将囊泡内容物排到突触间隙。储存去甲肾上腺素的囊泡排出物中有 NE、ATP、DβH 和嗜铬颗粒蛋白。肾上腺素释放时不伴随 DβH 和嗜铬颗粒蛋白的外排。

4. 儿茶酚胺的失活

儿茶酚胺可以通过几种方式失活：①被细胞外液和血浆稀释到引起突触后反应的阈下值浓度；②被突触前膜转运体重摄取（膜摄取），重摄取的儿茶酚胺可以储存在囊泡中（囊泡摄取），在下一次冲动来到后再次释放，这是中枢神经系统儿茶酚胺类递质失活的最主要方式；③被单胺氧化酶（monoamine oxidase，MAO）和儿茶酚胺-氧位-甲基转移酶（catechol-*O*-methyl transferase，COMT）降解（图 3-2）。

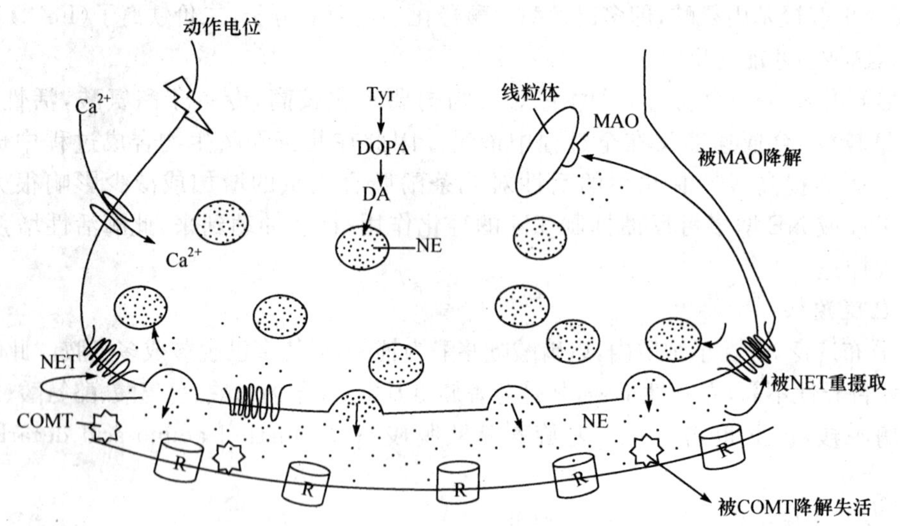

图 3-2 去甲肾上腺素（NE）的重摄取与酶降解途径

NE 释放到突触间隙后，大部分被 NET 重摄取进入胞质，然后再次被囊泡摄取，或者在突触前被 MAO 降解；突触间隙中未重摄取的 NE 则被 COMT 降解。NET：去甲肾上腺素转运体；MAO：单胺氧化酶；COMT：儿茶酚胺氧位甲基移位酶；Tyr：酪氨酸；DOPA：多巴；DA：多巴胺；R：受体

（三）去甲肾上腺素受体

1. 去甲肾上腺素受体亚型

根据药理学特征，NE 受体分为 α 和 β 两类。近年来由于分子生物学技术在受体研究中的应用，目前，已克隆获得 9 个亚型，即 α_1A、α_1B、α_1D、α_2A、α_2B、α_2C、β_1、β_2 和 β_3 受体，但这些亚型受体至今缺乏高选择性的激动剂或拮抗剂，限制了进一步的研究。α_1 受体各型对儿茶酚胺的反应性相似，α_1A 受体对拮抗剂 Nigulpidine 和 Wtm101 有选择性，相比之下，α_1B 和 α_1D 受体配体

的选择性较弱。α_2A 亚型对哌唑嗪(prazosin)亲和力低,α_2B 亚型则对其亲和力较高,α_2C 亚型对育亨宾(yohimbine)和哌唑嗪的亲和力又有不同。和 α 受体不同的是,β 受体对儿茶酚胺的亲和力各不相同。β_1 和 β_2 亚型在 20 世纪 60 年代即被鉴别,β_3 亚型则在近年才被发现,其对拮抗剂普萘洛尔(propranolol)有低亲和力。

2. 去甲肾上腺素受体的作用原理

NE 受体均为 G 蛋白偶联受体(GPCR),激活 NE 受体,通过 G 蛋白的介导,与第二信使偶联,产生一系列的信号转导和生理效应。其中 α_1 受体与 Gq/11 偶联,当受体被激活时,通过 Gq/11蛋白的介导,PI 水解,产生三磷酸肌醇(IP_3)、二酰甘油(diacylglycerol,DAG)等化学信使物质。IP_3 可促进细胞内非线粒体钙库释放 Ca^{2+},使细胞内 Ca^{2+} 浓度上升。DAG 可激活蛋白激酶,从而调控细胞的功能,产生受体的生理效应。α_2 受体与 Gi/o 偶联,被激活后可以抑制 AC 的活性,减少 cAMP 的生成,增加 K^+ 电流(激活内向整流 K^+ 通道),降低 Ca^{2+} 电流(抑制电压门控 Ca^{2+} 通道),从而抑制靶细胞的活力。β 受体和 Gs 偶联,被激活后可以增加 AC 的活性,促进 cAMP 的合成,使细胞内的一些酶及蛋白磷酸化,酶活性改变,从而产生生理效应。

(四) 中枢去甲肾上腺素的生理功能

1. 心血管活动的调节

脑内去甲肾上腺素降压效应主要与 α_2 受体的活动有关,而心率减慢系兴奋 α_1 受体所致。激活下丘脑前区、视前区、孤束核、脊髓等部位的 α 受体,可引起血压下降、心率减慢。而肾上腺素在中枢对心血管活动的调节,则主要通过 β 受体实现。

2. 镇痛

脑室注射去甲肾上腺素、肾上腺素或异丙肾上腺素均能提高痛阈。但脑室注射去甲肾上腺素可拮抗吗啡镇痛,给 α_1 受体阻断剂酚苄明,可增强吗啡镇痛,说明脑内 NE 主要通过 α_1 受体拮抗吗啡镇痛。脑内 NE 水平下降,阻断 α 受体均有利于针刺镇痛,而脊髓内去甲肾上腺素则加强吗啡镇痛和针刺镇痛。

3. 精神活动

脑内单胺类递质在维持人类正常情感中起着重要作用。从药物治疗中可见,利血平使 NE 释放增加,继而储存耗竭,突触间隙 NE 量显著下降最终导致抑郁症出现;反之,丙咪嗪等三环类化合物由于阻断 NE 再摄取可使突触间隙 NE 量增加,单胺氧化酶抑制 NE 降解可使突触间隙 NE 存留量增高。这两种处理均可治疗抑郁症或抗抑郁。

4. 觉醒和睡眠

NE 在中枢的作用一般以兴奋为主,活动增多并加强防御反射,处于激醒状态。而用药物阻断 NE 的作用,则往往观察到动物一般活动减少。NE 能神经元在维持醒觉上起重要作用。

5. 体温调节

哺乳类动物下丘脑存在着体温调节中枢,而这个部位含有丰富的单胺类神经末梢。实验证明，给予下丘脑体温调节中枢注射 NE 或 E 均可使动物体温下降 0.5～2℃，并伴有外周血管舒张。

6. 摄食

存在于下丘脑与摄食有关的结构，统称为摄食中枢。此中枢受 NE 能神经递质调节。有研究者将 NE 放入动物下丘脑外侧区，经 5～8min 的潜伏期，出现摄食活动，持续 20～40min。目前认为 NE 是通过 α 受体起作用。

三、多巴胺

多巴胺是神经系统另一类重要的儿茶酚胺类神经递质，其含量至少占中枢神经系统儿茶酚胺含量的 50%。

(一) 多巴胺能神经元的胞体定位与纤维投射

1. 多巴胺能神经元的胞体定位

到目前为止，已知脑内有 10 个 DA 细胞群，继 NE 的 A1～A7 细胞群之后，命名为 A8～A17。脑内多巴胺能神经元分布比较集中，主要定位于中脑的黑质致密区、中脑腹侧被盖区、下丘脑及其脑室周围。中脑 DA 能神经元分为 A8～A10 三个细胞群，其中 A8 位于红核后方的网状结构内，内侧丘系外侧部的背侧；A9 大部分位于黑质致密部，小部分位于网状部；A10 主要位于中脑腹侧被盖区。在间脑内有 A11～A15 这 5 个细胞群，主要位于丘脑下部。A16 位于嗅球。A17 在视网膜内。

2. 多巴胺能神经元的纤维投射

脑内 DA 能神经纤维主要投射至纹状体，广泛的边缘系统和新皮质。

(1) DA 能神经上行投射系统。①中脑-纹状体通路：由 A9 和部分 A8、A10 发出的 DA 能纤维共同组成，主要终止于尾核和壳核，本系统是锥体外系的重要组成部分。②中脑-边缘通路：纤维起始于 A10 和 A9 细胞群，投射至终纹床核、外侧隔核、前穿质、嗅结节、嗅球、杏仁核、伏隔核和海马，此系统与情绪有关。③中脑-皮质通路：起始于 A10、A9(A8)细胞群，其纤维向前投射到额叶内侧皮质、梨状皮质、内嗅皮质和前扣带皮质。④中脑-间脑通路：起于 A10 细胞群，纤维投射至外侧缰核、丘脑底核和丘脑下部。

(2) 中脑 DA 能神经下行投射系统。起于中脑的 A9、A10 细胞群 DA 能神经元，向下投射到脑干的中缝背核、蓝斑核。

(3) 间脑内 DA 能短投射系统。①结节-漏斗 DA 能投射：主要起于 A12 细胞群，纤维经漏斗的腹侧向前至正中隆起，然后经垂体柄至垂体后叶。②未定带-下丘脑 DA 能投射：起于 A11 和 A12 细胞群，纤维投射至下丘脑的背侧和吻侧部。③间脑-隔核 DA 能投射：起于 A11、A13 和 A14 细胞群，投射至外侧隔核，纤维也投射至下丘脑的视上核、室旁核、背内侧核和丘脑室旁核，表明它们与神经内分泌有关。④下丘脑-脊髓 DA 能投射：起于 A11 和 A13，A11 的纤维分别经脊髓后角第Ⅱ层和中央管周围灰质下行至同侧脊髓后角，分布至后角浅层和中间外侧柱以及脊髓胸段和上腰段中间内侧区。

(4) 端脑 DA 能局部回路：嗅球内 DA 能中间神经元(A16)位于嗅球外层，与各个邻近的小球僧帽状细胞形成树突联系。

(二) 多巴胺的代谢

1. 生物合成

如前所述，在去甲肾上腺素能神经元中，在胞质中合成的 DA 被囊泡摄取，并进一步经 DβH 的作用合成 NE，因此 DA 是 NE 合成过程中的中间产物。而在多巴胺能神经元中，由于囊泡内无 DβH 存在，胞质中合成的 DA 被囊泡摄取后即被储存。多巴胺能神经元可摄取血液中的酪氨酸进入胞质。尽管脑内酪氨酸的浓度很高，仅有 1%左右的酪氨酸用于合成 DA 或 NE。

DA 合成涉及的两个酶，酪氨酸羟化酶与多巴脱羧酶，均在多巴胺能神经元的胞体中合成，经轴质流运送到轴突末端，储存于膨体内以备不时之需。酪氨酸在胞质内被 TH 催化，形成多巴。TH 催化反应需要分子氧、Fe^{2+} 和四氢蝶啶，并具有较高的底物特异性，其活力仅及 DDC 的 0.1%～1%。因此，该步反应为 DA 合成过程中的限速步骤。

2. 储存

约 75%的 DA 储存在囊泡内。多巴胺能末梢中含有储存单胺递质的特征性致密核心囊泡，虽然其形态特征与去甲肾上腺素能神经末梢内的致密核心囊泡无明显差别，但仍有一些不同特性：首先，DA 囊泡不含有 DβH，不合成 NE。其次，它具有 DA 选择性储存的能力(NE 囊泡要求储存物的分子上含有 β 位羟基，DA 无 β 羟基，不适于在 NE 囊泡内储存)；再者，DA 囊泡对 NE 也有一定摄取能力，但对左旋体和右旋体 NE 的摄取无明显区别，而 NE 囊泡摄取左旋体 NE 的能力较强。

DA 囊泡的摄取也依赖于囊泡膜上跨膜的囊泡单胺转运体(vesicular monoamine transporter，VMAT)，该转运体与去甲肾上腺素能神经元的囊泡转运体相同，含 12 个跨膜结构域，氨基端和羧基端均面向胞质。VMAT 对 DA 的摄取与 NE 的囊泡摄取相同，为主动转运，依赖于囊泡内外的 H^+ 电化学梯度，每摄取 1 分子 DA 的同时逆向转运 2 分子 H^+。影响 NE 囊泡摄取储存的药物也会不同程度地影响 DA 的摄取储存，如 DA 囊泡的储存亦可被利血平及四苯嗪所阻止，使得 DA 在胞质内被 MAO 降解，从而耗竭神经元内的 DA。

3. 释放

DA 的释放形式也是胞裂外排。黑质(A9)和腹侧被盖核(A10)多巴胺能神经元轴突的囊泡含量比树突多，但一般认为，DA 主要是从神经元的树突释放。神经冲动可刺激 DA 的释放。实验表明，刺激黑质-纹状体束可引起纹状体 DA 释放。DA 的释放受多种因素的影响。与去甲肾上腺素能神经元相似，在多巴胺能神经元末梢上存在突触前的自身受体，多为 D2 受体，它们被释放至突触间隙的 DA 激活后，可负反馈抑制 DA 的释放，此效应快速而短暂，为 DA 释放的短时性调节。这些自身受体除对递质释放的短时性调节之外，还可以直接调控 TH 的活性。

DA 的释放还存在长时性调节。神经冲动的刺激能够增加 TH 活性和 DA 的合成，使得神经元 DA 的浓度不易受神经元活动的影响，保持相对稳定。黑质多巴胺能神经元中 TH 的活性远大于其在蓝斑去甲肾上腺素能神经元中的活性，因此 TH 活性的调控对于 DA 的含量影响更大。此外，神经末梢及效应器释放的前列腺素，可作用于多巴胺能神经元突触前膜的前列腺素受体，抑制 DA 的释放，此发生过程缓慢而持久。

某些离子浓度的变化也会影响 DA 的释放。例如，高 K^+ 或低 Na^+ 能使 DA 释放增多，但 Na^+ 浓度变化对其他单胺类递质，如 NE 和 5-HT 的释放无明显影响。某些部位 DA 的释放还受到其他递质的调制。纹状体中，有 1/3 的脑啡肽能中间神经元的末梢终止于多巴胺能神经末梢，对 DA 的释放起突触前抑制作用。脑内 γ-氨基丁酸（GABA）也能抑制 DA 的释放。苯丙胺可促进 DA 释放（比其抑制 DA 重摄取的作用强），苯乙胺和利他林（Ritalin）也有类似作用。

4. 失活

神经末梢释放的 DA 作用于受体发挥作用后主要有 4 条失活的途径：①约 1/3 被突触前膜重摄取；②被突触后膜摄取；③在突触间隙内被降解代谢；④逸漏入血。这几条途径中，除进入突触前膜的一部分可被 DA 囊泡摄取投入再循环外，其余大都在酶的作用下分解代谢，并最终经肾脏排出体外（图 3-3）。

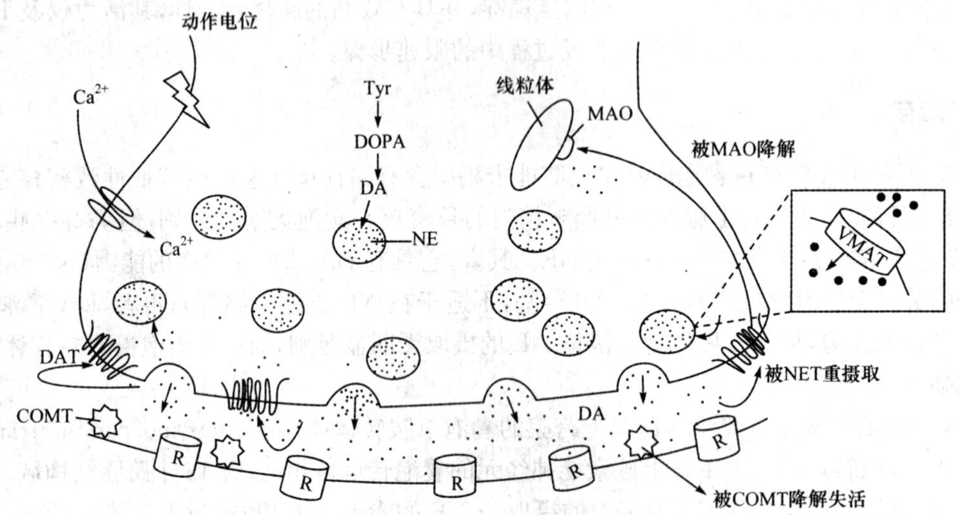

图 3-3　多巴胺（DA）的重摄取与酶降解途径

DA 释放到突触间隙后，大部分被 DAT 重摄取进入胞质，然后再次被囊泡摄取，或者被 MAO 降解；突触间隙中未重摄取的 DA 则被 COMT 降解。DAT：多巴胺转运体；MAO：单胺氧化酶；COMT：儿茶酚胺氧位甲基移位酶；Tyr：酪氨酸。DOPA：多巴；DA：多巴胺；R：受体；NE：去甲肾上腺素

1）重摄取

与 NE 类似，DA 在释放入突触间隙后，大部分被突触前膜重摄取，从而及时终止其作用，实现多巴胺能神经突触传递的灵活性。释放到突触间隙中的 DA 由细胞膜上的多巴胺转运体（dopamine transporter，DAT）重摄取回胞质。DAT 与 NET、5-HT 转运体及 GABA 转运体同属于 Na^+/Cl^- 依赖性转运体家族，其与 NET 结构最为相似，氨基酸序列同源性约为 66%，特异性转运 DA 进入神经末梢。DAT 对 DA 的膜摄取作用为主动转运，每转运 1 分子 DA，同时协同转运 1 个 Cl^- 和 2 个 Na^+。DAT 可以识别包括 DA 在内的多种底物或神经毒剂，结合后发生构象改变，将底物从胞膜外侧摄入并在胞膜内侧释放。当转运完成后，DAT 构象恢复，底物识别及结合位点翻转朝向胞膜外侧。DAT 细胞膜外侧环的糖基化位点可能与转运体的稳定性有密切关系。

2)酶解失活

与NE的失活相似,DA的最终失活也是通过酶的降解代谢。神经系统中DA的降解代谢酶也为MAO和COMT。DA降解代谢的过程主要包括两方面。①氨基修饰:DA可通过MAO氧化脱氨基(deamination)变成醛基,醛基进一步氧化变成酸或还原变成醇。②儿茶酚胺侧链修饰:一是通过COMT氧位甲基化;二是氧位与硫酸或葡萄糖醛酸结合形成复合物。

3)多巴胺酶解失活的特点

(1)代谢产物不同。虽然降解DA的降解酶与NE的相似,但两者的代谢产物不同。在中枢,DA的代谢产物以DOPAC(3,4-dihydroxy-phenylacetic acid)为主;NE的则以3-甲氧基-4-羟苯乙二醇(MHPG)为主。在外周,DA的代谢产物主要是HVA为主;NE的代谢产物则主要是3-甲氧基4-羟基苯乙醇酸(VMA)。

(2)在神经组织与非神经组织中代谢顺序不同。在神经元内,DA先与线粒体膜上的MAO相遇,被氧化脱氨生成DOPAC,然后被COMT催化,在氧位甲基化而生成HVA;在非神经组织,DA一般先经COMT作用,再经MAO催化脱氨。

(3)神经元内外所含代谢产物不同。通常情况下,在CNS中多巴胺能神经元内存在的主要是DOPAC,神经元外则主要是HVA。因而,DOPAC的含量变化可作为多巴胺能神经元活动的生化指标。体外联用高效液相色谱-电化学检测器(high performance liquid chromatograph-electrochemical detector,HPLC-ED)或用脉冲伏安法(pulse voltammetry)测定脑内DOPAC的含量变化,可动态观察脑功能变化与生化活动的关系。

(三)多巴胺受体

1. 受体亚型

采用分子生物学技术已克隆出5种多巴胺(DA)受体亚型,它们是D_1、D_2、D_3、D_4、D_5。5种亚型可以分为D_1受体和D_2受体两大家族。D_1受体家族包括:D_1和D_5受体,D_2受体家族包括:D_2、D_3、D_4受体。DA受体主要分布于纹状体、海马、伏隔核、杏仁核、嗅结节、束旁核、下丘脑、额叶皮质、中脑、延髓等部位。

2. 作用方式

DA受体作用的主要靶酶是腺苷酸环化酶(AC)。作用方式主要有以下3种。①D_1受体与Gs蛋白偶联,激活AC,使PKA增加;而D_1受体激活后产生生理效应依靠PKA使靶蛋白磷酸化,后者一旦被蛋白磷酸酶Ⅰ去磷酸则失去生理效应。②D_2受体与Gi/o偶联,抑制AC,减少cAMP生成,同时可以打开K^+通道使K^+外流,引起细胞膜超极化,限制电压依赖的Ca^{2+}内流。D_2受体激活还可以直接抑制电压门控Ca^{2+}通道开放。同时,D_2受体还通过Gi蛋白介导抑制细胞膜上磷脂酶C(PLC)对PIP_2的水解,减少IP_3和DAG的生成,IP_3的减少使细胞内的Ca^{2+}浓度降低。③D_3受体可能偶联Gi或Go,在体外不同细胞表达的D_3受体有不同的信号转导系统。

(四) 多巴胺的生理功能

1. 调节躯体运动功能

多巴胺对躯体活动的调节作用比较显著，尤其中枢黑质-纹状体DA系统，在躯体运动调节中具有举足轻重的地位，调控中心部位是纹状体。该系统的兴奋，可引起好奇、探究、运动增多等反应；而该系统的抑制，则会导致运动减少甚至生命活动受阻。大量的实验已经证明DA与躯体运动的关系。这些实验从三个不同的方面证明了DA的作用。

(1) 增大DA的量，可以使运动功能增强。将小剂量苯丙胺(DA分泌的促进剂)注入动物的伏隔核和尾核，使局部DA的释放增多，则动物会迅速出现探究活动，运动量大幅增加。另外，如果将去水吗啡(DA受体激动剂)小丸放入鼠类的尾核背侧，则鼠类动物会出现长时间的咀嚼行为。如果实验者将DA注入伏核，则会引起更强、更明显的运动。这说明DA的量增多可以促进运动。

(2) 削弱多巴能神经元活动，会使运动功能降低。如果DA受体被阻断，或者黑质-纹状体DA能束路受到损毁，则动物的运动受到抑制。例如，对金鱼使用DA受体阻断剂(吗叮啉等)，可使其游动大为减少；而把其双侧黑质-纹状体束损毁，金鱼的运动会几乎完全消失，即使注射苯丙胺等也无法恢复(苯丙胺可以在体内转化为酪氨酸，进而合成DA)。这进一步说明了多巴能神经元的作用。

(3) DA活性的不对称导致运动的不对称。实验发现，向大鼠的单侧脑室内注射去水吗啡，可使大鼠的头部转向对侧。这就是说，DA的不均匀分布，或者DA活性的不均匀，会导致动物运动的方向不对称性。更明显的是单侧的多巴能神经元被损毁(注射神经毒素6-羟基多巴胺，即6-OHDA)后再注射苯丙胺，可促使未受损的一侧释放DA，表现为大鼠向损伤侧旋转。这就是DA活性的不对称和多巴能神经元之间共同影响下动物的运动。

2. 调控精神活动

中脑边缘叶DA系统(伏隔核、杏仁核、嗅结节、隔区等)主要调节情绪。中脑-大脑皮层(额叶、扣带回)DA系统主要参与认识功能，即对事物的识别能力，包括思想、感觉、理解和推理。精神分裂症Ⅰ型患者(即正性症状，妄想、幻觉、情感障碍等)和Ⅱ型患者(即负性症状，生命活力萎缩为特征)，均被认为与上述的系统DA功能失调密切相关。

3. 调节脑垂体内分泌功能

下丘脑-垂体的DA能通路通过D2受体的活动调节垂体内分泌功能。这种调节以促性腺激素和催乳素的调节为最显著。另外，DA还可以由漏斗柄直接进入垂体的中叶和后叶，通过D2受体抑制促黑激素和内啡肽的释放，并调控后叶分泌催产素。

4. 对脑血管功能的调节

脑血管及脑膜血管均有DA能神经元支配，实验证明释放的DA可使大脑内动脉收缩。

5. DA在痛和镇痛中的作用

有实验报道，脑室注射DA和DA激动剂对基础痛阈无明显影响，但对吗啡镇痛可产生一定的对抗作用。

四、5-羟色胺

5-羟色胺(5-hydroxytryptamine,5-HT)系由吲哚核团和乙胺两部分合成,属吲哚胺化合物。因其首先从人的血清中发现,并具有收缩血管作用,故又称血清素(serotonin)。由于血脑屏障的存在,血液中的5-HT很难进入中枢神经系统。因此中枢神经系统及外周神经系统的5-HT分属两个独立的系统。以下将讨论5-HT在中枢神经系统的作用。

(一) 5-羟色胺能神经元胞体定位及纤维投射

1. 胞体定位

5-羟色胺能神经元胞体在中枢神经系统内主要集中于中脑下部、桥脑上部和延脑的中缝核群,命名为B_1~B_9(9个细胞群),B_1群主要在延髓的尾侧部中缝苍白核内,B_2群主要位于中缝隐核内,B_3群主要位于中缝大核和斜方体内,B_4、B_5群主要位于脑桥中缝核,B_6、B_8群位于中央上核及其邻近区,B_7群位于中缝背核,B_9群主要限于中脑平面内侧丘系内及其周围的5-HT阳性胞体。

2. 纤维投射

5-HT能神经纤维几乎遍及整个中枢神经系统,可分上行和下行两部分,其纤维投射和NA能纤维相似。

(1) 上行腹侧通路:主要起自B_6~B_8细胞群,发出的纤维从腹侧上行,终于脚间核、黑质、被盖腹侧区、缰核、丘脑中央核团。还有纤维分布到下丘脑的后部和乳头体,分别投射到杏仁核、齿状回、隔核、海马、嗅前核和嗅球、尾状核、壳核、新大脑皮质。

(2) 上行背侧通路。起自B_3、B_5和B_6细胞群,发出纤维投射到中脑导水管中央灰质和下丘脑后区。

(3) 小脑上行通路。主要起自B_6~B_8细胞群,发出纤维经小脑脚至小脑,其纤维投射到小脑皮质和深部核(中央核)。

(4) 下行脑干通路。主要起自B_6~B_8及B_3和B_5细胞群,其纤维下行到低位脑干的延脑网状结构、背侧被盖核、蓝斑和下橄榄复合体等。

(5) 下行脊髓通路。主要由B_1~B_3细胞群的纤维组成,在脊髓内部这些纤维下行至前索及外侧索的前部,支配前角。其余的纤维下行到侧索的背侧部分,支配背角及植物性的中间外侧核。

(二) 5-羟色胺的生物代谢

1. 合成

5-羟色胺的生物合成是以色氨酸(tryptophan,TP)为前体,首先在色氨酸羟化酶(tryptophan hydroxylase,TPH)作用下生成5-羟色氨酸(5-hydroxy tryptophan,5-HTP),然后在5-HTP脱羧酶(5-HTP-decarboxylase,5-HTPDC)的作用下,脱羧基而生成5-HT。

1）色氨酸

食物中的蛋白质消化分解成色氨酸进入血液，通过血脑屏障进入脑组织，再通过细胞膜进入5-HT能神经元内，进行5-HT的合成。

进入脑内的色氨酸，还需要通过神经细胞膜的主动转运机制才能进入5-HT能神经元，成为5-HT的前体。实验证明，突触体和胶质细胞上都存在对色氨酸主动、高亲和力转运机制。当脑内5-HT含量增高时，转运机制便受抑制，对色氨酸的亲和力降低；反之，当脑内5-HT含量降低时，转运机制的亲和力提高，色氨酸转运速度加速，以保证5-HT的合成。

2）色氨酸羟化酶

TPH是一种氧化酶，具有专一性，其催化作用需要辅酶四氢蝶啶和氧分子的存在。TPH特异性高，只存在于5-HT能神经元内，含量较少，活性也低，所以是5-HT合成的限速酶，但在正常情况下，脑内TPH没有饱和，可以通过调节色氨酸的水平来增加5-HT的合成。

对氯苯丙氨酸（para-chlorophenylalanine，pCPA）可选择性地作用于色氨酸羟化酶，抑制酶的活性。

3）5-HTP脱羧酶

脑内5-HTP脱羧酶的含量多，活性强，TP一旦被羟化成5-HTP，就可立即被脱羧而生成5-HT，因此脑内5-HTP的含量极低。5-HTP脱羧酶的特异性也不高。

2. 储存和释放

5-HT在胞质内合成后储存于囊泡内。在电镜下5-HT的储存囊泡是致密中心囊泡，与去甲肾上腺素的囊泡不易区分。近年有报道，囊泡内有一种分子质量约为45kDa的蛋白质，被称为特异的5-HT结合蛋白（specific 5-HT binding protein，SBP）。在囊泡内的高K^+环境内，SBP能与5-HT紧密结合成复合体；当囊泡的内容物胞裂外排后，SBP/5-HT结合物与低K^+高Na^+的细胞外液接触，5-HT解离而起生理效应或代谢降解。

3. 失活

1）5-HT的重摄取

释放入突触间隙的5-HT与受体结合后，又迅速解离，这些5-HT大部分被突触前末梢重新摄取，进入胞质内又被囊泡摄取，以备再释放，也有一部分在胞质内被降解，5-HT的重摄取依赖细胞膜上转运体而完成。

2）5-HT的降解

5-HT入胞质后，在线粒体表面的单胺氧化酶（MAO）作用下氧化脱氨基生成5-羟吲哚乙醛，然后又迅速被醛脱氢酶作用而氧化成5-羟吲哚乙酸，（5-hydroxyindole acetic acid，5-HIAA）。此途径是5-HT代谢最主要的途径。

脑内还有两种甲基转移酶也可使5-HT降解。少量的5-HT可通过羟基吲哚氧位甲基转移酶（hydroxyindole-*O*-methyl transferase，HIOMT）将5-HT的羟基转变为甲氧基，再经MAO作用变成5-甲氧基吲哚乙酸（5-methoxyindole acetic acid，5-MIAA），另一种是芳香烃胺氮位甲基转移酶（aromatic alkylamine *N*-methyl transferase，AANMT），使5-HT的胺基甲基化，成为*N*-甲基化衍生物。以上两种酶在正常的5-HT代谢途径中只占极小的比例，不起主要作用。

（三）5-羟色胺受体

5-HT受体分7种亚型，即$5\text{-}HT_1$～$5\text{-}HT_7$。在中枢神经系统，$5\text{-}HT_1$受体占多数，$5\text{-}HT_2$受体主要分布在外周。受体的信号转导分两类，$5\text{-}HT_3$受体是离子通道型受体，其他的5-HT受体都是G蛋白偶联受体。$5\text{-}HT_1$受体与Gi偶联，$5\text{-}HT_4$、$5\text{-}HT_6$、$5\text{-}HT_7$受体与Gs偶联。$5\text{-}HT_2$受体与Gq偶联。

$5\text{-}HT_1$受体进一步分5种亚型：$5\text{-}HT_{1A}$、$5\text{-}HT_{1B}$、$5\text{-}HT_{1D}$、$5\text{-}HT_{1E}$和$5\text{-}HT_{1F}$，位于突触前或突触后。$5\text{-}HT_{1A}$受体在突触前作为自身受体，可抑制5-HT能神经元的缓慢而有规律地放电活动。$5\text{-}HT_{1B}$～$5\text{-}HT_{1D}$自身受体激活可以减少5-HT释放。$5\text{-}HT_{1A}$、$5\text{-}HT_{1B}$作为异源受体分布在非5-HT能神经末梢上抑制GABA、ACh等递质释放。

$5\text{-}HT_2$受体有三种亚型：$5\text{-}HT_{2A}$、$5\text{-}HT_{2B}$、$5\text{-}HT_{2C}$。$5\text{-}HT_{2A}$受体激动可增强神经元的兴奋性。

$5\text{-}HT_3$受体是通透Na^+/K^+的离子通道型受体，在中枢神经系统分布广泛，但受体密度较低。$5\text{-}HT_3$受体激活，使膜快速而短暂的去极化，产生兴奋效应。

中枢$5\text{-}HT_4$受体兴奋，增加纹状体多巴胺递质释放，前额皮质ACh释放，参与运动和认知功能。

（四）5-羟色胺的生理功能

1. 5-HT与抗焦虑

减弱中枢神经系统中的5-HT能系统的功能，可缓解焦虑症，如给大鼠pCPA以抑制5-HT的合成，可缓解焦虑，其缓解作用与脑内5-HT耗尽程度基本一致，并为给5-HTP所反转。

2. 5-HT与抗抑郁

抑郁症患者5-HT及5-羟吲哚乙酸(5-HIAA)下降，可能是因为予5-HT的释放不足。给予5-羟色氨酸能有效治疗抑郁症。

3. 5-HT与睡眠

破坏猫的中缝核，或注射pCPA使脑内5-HT减少、更新率降低时，猫出现严重失眠，无论慢波睡眠或快波睡眠均减少，尤以慢波睡眠减少更为明显；单独应用5-HT可产生促眠作用。人类5-HT与睡眠的关系研究发现，中枢5-HT的功能活动与快波睡眠有密切关系，抑制5-HT生成或阻断5-HT受体主要影响快波睡眠。

4. 体温调节

目前多数资料倾向于认为，激动$5\text{-}HT_{1A}$受体使体温降低，激动$5\text{-}HT_2$受体则使体温升高。另外，5-HT对体温的影响有种属差异，给狗、猴脑室注射5-HT使体温升高；兔、大白鼠、小鼠、羊和牛则体温下降。

5. 性活动

中枢5-HT对性行为有抑制作用，脑内5-HT含量增加至一定阈值可抑制雄性大鼠性活动。

雄性和雌性大鼠注射 pCPA 减少脑内 5-HT 后，都可加强其性行为。但新近的研究表明：①对雌鼠的性行为，5-HT_{1A}激动剂有抑制作用，而 5-HT_2 激动剂有促进作用；②对雄鼠，则 5-HT_{1A}和 5-HT_2 激动剂都有促进作用。

6. 5-HT 与内分泌功能

中枢 5-HT 抑制黄体生成素的分泌而促进催乳素、催产素、ACTH 的分泌。将 5-HT 注入双侧下丘脑可使应激大鼠不再引起肾上腺皮质激素升高。注射 pCPA 可使正常大鼠肾上腺皮质激素昼夜周期变化消失。以上结果均说明中枢 5-HT 参与内分泌功能调节。

7. 对心血管活动的调节

中枢 5-HT 对心血管活动主要产生抑制作用。给猫、狗脑室或静脉注射 5-HTP(或 5-HT)均可引起血压降低，心率减慢，交感神经放电减少等效应。猫或大鼠脑室注射 pCPA，抑制脑内 5-HT 合成，使内源性 5-HT 减少，可导致血压升高。

8. 5-HT 与镇痛

将微量 5-HT 直接注入动物脑内，即可产生镇痛作用。在不同水平破坏脑干上行 5-羟色胺能通路，则引起痛觉过敏。说明中枢神经系统中 5-HT 参与镇痛作用。提高中枢 5-HT 能系统的功能，可增强吗啡和针刺镇痛效应。

五、兴奋性氨基酸——谷氨酸

(一) 谷氨酸能神经元的胞体定位和纤维投射

谷氨酸是哺乳动物体内最重要的兴奋性递质，在中枢神经系统分布不均，以大脑皮质、海马、小脑、纹状体的含量最高，脑干和丘脑下部次之，脊髓中谷氨酸含量明显低于脑内。目前已知大脑皮质的锥体细胞，海马锥体细胞和小脑颗粒细胞是谷氨酸能神经元，自皮质发出的纤维主要投射到伏隔核、纹状体、丘脑、中脑被盖、黑质、脑桥等部位。海马发出的纤维可投射到内嗅区、杏仁核、伏隔核、斜角带核、下丘脑背内侧核、终纹间质核、乳头体等部位。

(二) 谷氨酸的代谢

1. 合成和储存

谷氨酸和天冬氨酸均是不能透过血脑屏障的非必需氨基酸，因此，它们不通过血液供给脑，必须由葡萄糖和其他前体在脑内合成。谷氨酸和天冬氨酸分别来自葡萄糖经三羧酸循环产生的α-酮戊二酸和草酰乙酸，在转氨酶的作用下分别生成谷氨酸和天冬氨酸。谷氨酸的另一个来源是谷氨酰胺，在谷氨酰胺酶的作用下水解成谷氨酸，谷氨酸的合成以此途径为主。

谷氨酸在神经末梢中储存于囊泡内。实验证明，谷氨酸有囊泡储存机制，特别是功能的研究得到了形态学实验的支持。

2. 释放

谷氨酸的释放也具有神经递质释放的特征，即依赖钙离子。电刺激某些神经通路或用去极化剂处理脑薄片，都能导致囊泡内的谷氨酸以胞裂外排的形式释放。

3. 失活

兴奋性氨基酸的失活主要依靠重摄取。释放入突触间隙内的谷氨酸和天冬氨酸在激活谷氨酸受体的同时，通过向周围弥散，并被突触前神经末梢和毗邻的胶质细胞摄取，迅速终止其作用（灭活）。摄入胶质细胞的谷氨酸在谷氨酰胺合成酶的作用下转变成谷氨酰胺，后者在突触前末梢中经谷氨酰胺酶的作用脱氨基生成谷氨酸，形成神经元和胶质细胞之间的“谷氨酸-谷氨酰胺循环”。胶质细胞摄取的意义为防止过量的谷氨酸扩散到周围的神经元上，以免引起神经系统的过度兴奋。

谷氨酸的摄取有高亲和性和低亲和性两种系统，前者在终止递质的作用中起主要作用，后者则是防止释放出来的氨基酸弥散到其他神经元。高亲和性谷氨酸转运体属于依赖 Na^+/K^+ 的神经递质转运体，其活动以胞内外 Na^+ 和 K^+ 的浓度梯度为能源，不依赖胞外 Cl^-。摄取一个谷氨酸分子需要两个 Na^+。

（三）谷氨酸受体

谷氨酸受体包括离子型谷氨酸受体（inotropic glutamate receptor，iGluR）和代谢型谷氨酸受体（metabotropic glutamate reccptor，mGluR）两大家族。iGluR 是配体门控的离子通道复合物，根据配体的特性可分为 *N*-甲基-D-天冬氨酸（*N*-methyl-D-aspartate，NMDA）受体和非 NMDA 受体，后者又分为 α-氨基-3-羟基-5-甲基-4-异噁唑丙酸（α-amino-3-hydroxy 5-methyl-4-isoxazole proplonic acid，AMPA）受体和海人藻酸（kainicacid，KA）受体。这三种受体由不同的受体基因家族编码，形成各自亚型。NMDA 受体兴奋引起 Na^+ 和 Ca^{2+} 内流，K^+ 外流；而非 NMDA 受体兴奋引起 Na^+ 内流和 K^+ 外流。

mGluR 属于 G 蛋白偶联受体，目前已克隆出 8 种 mGluR，分别称为 mGluR1～mGluR8。根据氨基酸序列同源性、激动剂药理学和所介导的信号转导途径，又将 mGluR 分为Ⅰ、Ⅱ、Ⅲ三种类型。各亚型的组成关系及其效应表述如图 3-4 所示。

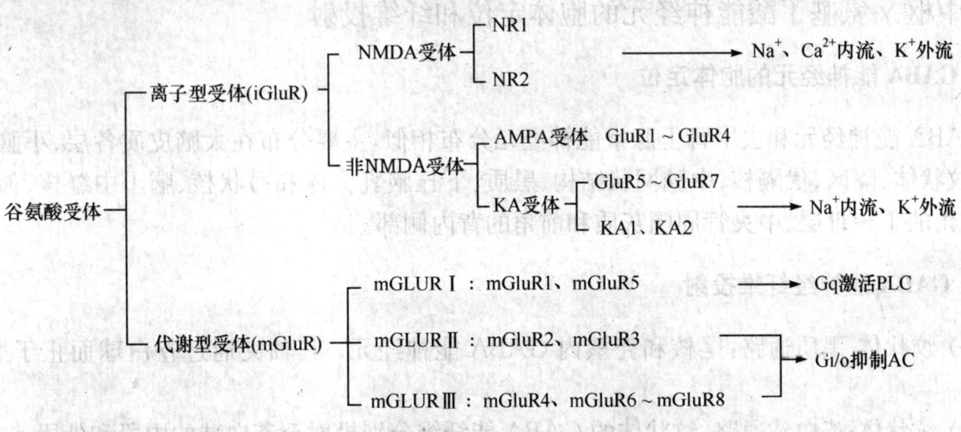

图 3-4　谷氨酸受体各亚单位的组成及效应

(四) 谷氨酸对中枢神经元的作用

1. 中枢神经系统兴奋性突触传递

谷氨酸对中枢神经元具有兴奋作用。微电泳谷氨酸对中枢神经系统所有神经元均有兴奋作用,作用快而短,并引起神经元去极化,产生兴奋性突触后电位。

谷氨酸还可作用于突触前的自身受体,以实现其在突触功能调节上的作用,并通过高亲和性摄取系统摄入突触前末梢。

天冬氨酸也可兴奋中枢神经系统的神经元。与谷氨酸相比,天冬氨酸去极化作用触发慢,恢复也慢,并伴随大而稳定的膜导增加。

2. 神经毒性作用

中枢神经系统包含大量兴奋性氨基酸,几乎所有的神经元都具有谷氨酸受体,脑和脊髓中任何引起胞外兴奋性氨基酸浓度异常增高的病理变化都会产生兴奋毒性。兴奋性氨基酸可使神经元持续去极化,干扰神经元的调节机制,导致离子、渗透压和电化学的改变。在神经系统许多退行性疾病(如亨廷顿舞蹈症、帕金森症、肌萎缩性脊髓侧索硬化症、早老性痴呆症等)的发病机理中,兴奋毒性可能是造成神经元死亡的"最后公路"。

3. 参与学习记忆

兴奋性氨基酸对LTP、LTD具有诱导作用,为此也涉及学习记忆功能。

六、抑制性氨基酸——γ-氨基丁酸

大量的研究已证实,γ-氨基丁酸(γ-aminobutyric acid,GABA)对哺乳类动物中枢神经系统有广泛的抑制作用,在脑组织中分布广泛,但不同部位,浓度差别很大。

(一) 中枢γ-氨基丁酸能神经元的胞体定位和纤维投射

1. GABA能神经元的胞体定位

GABA能神经元和去甲肾上腺素能神经元分布相似,主要分布在大脑皮质各层、小脑皮质、海马、纹状体、隔区、伏隔核、中脑网状结构、黑质、下丘脑乳头体和弓状核、脑干中缝核、孤束核、脊髓背角的Ⅰ～Ⅲ层、中央管周围灰质和前角的背内侧部。

2. GABA能神经纤维投射

(1) 纹状体-黑质通路:尾核和壳核内GABA能神经元,其轴突通过苍白球而止于黑质网状部。

(2) 纹状体-苍白球通路:纹状体的GABA能纤维分别投射至苍白球的内段和外段。

(3) 小脑-前庭外侧核通路:小脑浦肯野细胞发出轴突至小脑中央核和前庭外侧核。

(4) 黑质-丘脑通路:黑质网状部GABA能神经元发出轴突,分别投射至丘脑腹外侧核,板内核群。

(5) 隔、斜角带-海马和内嗅区通路。

(6) 下丘脑-新皮质通路:由下丘脑乳头体投射至新皮质。

(7) 弓状核-正中隆起通路:弓状核的GABA能纤维,直接投射至正中隆起外带层。

(8) 局部GABA回路:在大脑皮质、小脑皮质、纹状体和丘脑等处,都有局部GABA能神经回路。

(9) 延髓-脊髓的GABA能联系:延髓腹内侧网状结构和中缝核GABA能投射神经元,直接投射到脊髓的中间外侧柱、腹角和背角。

(二) γ-氨基丁酸的代谢

1. GABA的合成

脑内GABA是由谷氨酸经谷氨酸脱羧酶(glutamic acid decarboxylase,GAD)作用脱羧而成,该反应需磷酸吡哆醛(维生素B_6)为辅酶。人脑内谷氨酸含量极高,约为GABA的4倍,因此前体的供应极为丰富。

GABA的合成酶GAD已被提纯,分子质量为140kDa。因GAD免疫组化特异性及稳定性较高,故常把GAD用作测定GABA的标记酶。在大部分脑区GAD的含量与GABA相平行。脑组织匀浆离心后,主要存在于富含突触体的部分。大部分GAD以游离形式存在于轴突末梢的胞质内,参与GABA的合成,少量的GAD以结合形式存在于线粒体内。

2. GABA的储存和释放

脑内GABA在神经元内存在的形式有游离的、疏松结合的与牢固结合的三种类型。目前认为GABA的牢固结合是主要的储存形式,疏松结合的形式可能代表与受体结合,而游离的则是两者之间的转运形式。在电镜下观察到GABA储存在扁平型的突触小泡中。

离体实验表明电刺激诱发的GABA释放是钙离子依赖性的,以胞裂外排方式释放到突触间隙,在无Ca^{2+}的环境下,GABA突触体无释放功能,而GABA的自发释放则与钙离子无关。

3. GABA的失活

(1) GABA的重摄取:重摄取在GABA失活中占重要地位。GABA能神经末梢具有高亲和力、高效的重摄取功能,也是终止突触传递的重要机制。重摄取依赖GABA转运体,它们是一种糖蛋白,具有Na^+/Cl^-依赖性转运体家族的结构特征。此外神经胶质细胞也具有摄取功能。四氢烟酸和哌啶酸可抑制GABA的重摄取,因此能够增加突触间隙中GABA含量。

(2) GABA的降解失活:线粒体上的γ-氨基丁酸转氨酶(GABA transaminase,GABA-T)在维生素B_6的作用下将GABA的氨基去除,生成琥珀酸半醛(succinyl semialdehyde,SSA)。脱去的氨基主要被α-酮戊二酸接受重新生成谷氨酸。琥珀酸半醛进一步经琥珀酸半醛脱氢酶(SSADH)氧化成琥珀酸(SA),参加三羧酸循环;或经琥珀酸半醛还原酶(SSAR)还原成γ-羟基丁酸。由于SSADH的活力极强,所以氧化反应往往占优势。

(三) γ-氨基丁酸受体

GABA受体分为$GABA_A$、$GABA_B$和$GABA_C$三种亚型。

1. $GABA_A$ 受体

$GABA_A$ 受体是一种配体门控离子通道受体，与 Cl^- 通道偶联，受体激活时打开 Cl^- 通道，Cl^- 流动方向取决于细胞内外 Cl^- 的浓度。在绝大部分成熟的神经元中，K^+/Cl^- 同向转运蛋白 KCC2 可以将 Cl^- 运出细胞，维持胞内低浓度的 Cl^-，因此 Cl^- 平衡电位（E_{Cl}）低于细胞膜电位（V_m）。$GABA_A$ 受体激活后，细胞外 Cl^- 内流，引起突触后膜超极化，由此产生一种抑制性突触后电位（IPSP.）。但是在 CNS 发育过程中和出生后早期，未成熟神经元的细胞膜上表达 $Na^+/K^+/2Cl^-$ 同向转运蛋白 NKCC1，而 KCC2 表达较弱，使细胞内聚集了高浓度的 Cl^-，$GABA_A$ 受体激活后，细胞内 Cl^- 外流，引起突触后膜去极化，引发一种兴奋性作用，如图 3-5 所示。GABA 的兴奋性效应在突触形成、神经系统可塑性方面起重要作用。近来发现，GABA 的兴奋性作用还存在于成熟的皮层细胞中。位于突触前神经元的 $GABA_A$ 受体还具有抑制递质释放的功能。GABA 从突触前神经末梢释放后，一部分 GABA 溢出（spillover）到突触外，还有一部分突触外的 GABA 来自于 GABA 转运蛋白的反向释放、胶质细胞的胞吐作用及渗透等。GABA 与突触外受体（extrasynaptic receptor）作用，对细胞产生一种基础性抑制效应（tonic inhibitory effect），又称为突触外抑制。GABA 的突触外受体既有 $GABA_A$ 受体，又有 $GABA_B$ 受体。

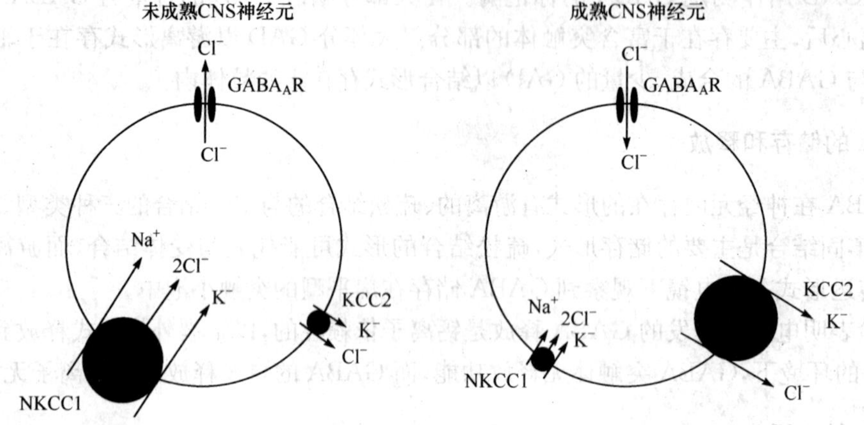

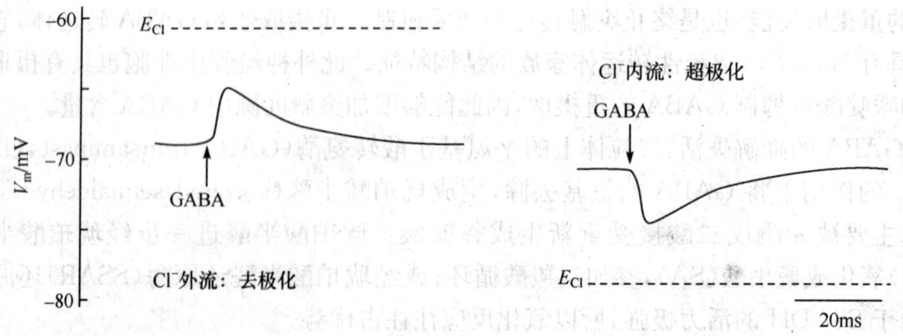

图 3-5 $GABA_A$ 受体的去极化和超极化效应

未成熟神经元细胞膜高表达 NKCC1，而 KCC2 表达较弱，$GABA_A$ 受体激活后，细胞内 Cl^- 外流，引起突触后膜去极化，引发一种兴奋性作用。成熟的神经元中，KCC2 表达增加，而 NKCC1 表达减少，$GABA_A$ 受体激活后，细胞内 Cl^- 内流，产生 IPSP

2. $GABA_B$ 受体

$GABA_B$ 受体是 G 蛋白偶联受体，介导突触前或突触后抑制。$GABA_B$ 受体对 $GABA_A$ 受体拮抗剂荷包牡丹碱不敏感，但可被氯苯氨丁酸（baclofen）激动，被 Phaclofen、Saclofen 和 2-羟基-saclofen 拮抗。

$GABA_B$ 受体调制腺苷酸环化酶活性和 Ca^{2+}、K^+ 通道开放：$GABA_B$ 受体通过 Gi/o 蛋白介导与细胞内多种效应系统偶联，包括调制腺苷酸环化酶活性、抑制电压依赖性 Ca^{2+} 通道开放、开放钾通道、K^+ 外流等。

3. $GABA_C$ 受体

$GABA_C$ 受体也是配体门控氯离子通道受体，其拮抗剂为 3-APA（3-氨基丙基磷酸），主要分布在视觉传导通路上。$GABA_C$ 受体的功能特征是：①对激动剂的敏感性高；②通道开放较慢而持久；③不易失敏。

（四）γ-氨基丁酸的主要生理功能

1. 抗焦虑作用

GABA 的抗焦虑作用与安定受体有关。$GABA_A$ 激动剂激活 $GABA_A$ 受体可产生抗焦虑作用。$GABA_A$ 门控着氯通道，激活 $GABA_A$ 受体，打开氯通道，但又迅速的回复至关闭状态。巴比妥类作用于氯通道，可延长氯通道启开时间，安定类作用于安定受体，使 $GABA_A$ 打开氯离子通道的频率增加，但不延长每次氯通道启开的时间，因而巴比妥类和安定类药物均具有抗焦虑作用。相反，印防已毒素可使氯通道关闭，拮抗了 GABA 的效应产生致焦虑作用。

2. 抗惊厥作用

各类惊厥的发生几乎都与脑内 GABA 减少有关。凡能降低脑内 GABA 能神经功能的药物，均可诱发惊厥；反之，提高 GABA 能神经功能的药物，可以抑惊厥或防治惊厥，所以说 GABA 具有抗惊厥作用。

3. 镇痛作用

据报道大鼠脑室注射 GABA 能产生镇痛作用，GABA 激动剂及 GABA-T 抑制剂等作脑室或鞘内注射，均能产生镇痛作用，且不被纳洛酮拮抗，说明不通过阿片受体，而是作用于GABA受体的结果。研究还发现，脑内 GABA 含量与吗啡镇痛有关。

4. 对内分泌的调节作用

GABA 是影响下丘脑垂体功能的重要神经递质之一。GABA 脑室注射后，能促进催乳素和黄体生成素的分泌，并抑制促肾上腺皮质激素和促甲状腺素的分泌。GABA 对下丘脑-神经垂体系统可能也有抑制作用，GABA 可抑制催产素和加压素的释放。

5. 对摄食的影响

动物实验观察到 GABA 可抑制动物的摄食。如注射 GABA-T 抑制剂氨氧乙酸等使脑内

GABA 含量升高后，动物的摄食量显著减少，体重下降。GABA 影响摄食的作用可能是抑制下丘脑摄食中枢而致。

6. 对大脑发育的作用

在神经系统的发育过程中，由于 NKCC1 的作用，未成熟神经元 E_{Cl}高于 V_m，$GABA_A$ 受体激活后，细胞内 Cl^- 外流，引发一种兴奋性作用。这种 GABA 的兴奋性效应先于突触形成。$GABA_A$ 受体介导的去极化可间接地激活电压门控钙通道（VGCC），通过增加细胞内钙浓度，GABA 对于神经母细胞迁移、树突成熟、突触形成等还具有营养性功能。GABA 在神经系统的可塑性、神经网络的建立等方面起重要作用，并与成年脑的神经再生相关。

7. 与认知的关系

海马的锥体细胞表达多种 $GABA_A$ 受体，其中 $\alpha5GABA_A$ 受体位于树突的突触外部分。α5 亚单位缺陷的小鼠因 IPSP 减弱而表现出学习与记忆的增强。

$GABA_C$ 参与视觉通路信息的传递和调控。

七、嘌呤类神经递质

1953 年，英国科学家 Hohon 等报道刺激兔耳感觉神经可引起末梢释放 ATP，提示 ATP 可能是一种神经递质。1972 年 Burnstock 证明肠道神经肌接头处的非肾上腺素能非胆碱能（non-adrenergic non-cholinergic，NANC）传递是以 ATP 为递质的。1978 年，Burnstock 正式提出嘌呤能受体的概念，并依据药理学特性将之区分为两类，一类是 P1 嘌呤能受体（P1 purinoceptor），介导腺苷的作用，另一类是 P2 嘌呤能受体（P2 purinoceptor），介导核苷酸类如 ATP 和 ADP 的作用。从此，嘌呤类物质作为细胞间的信号分子受到广泛的重视，大量的研究集中到这一领域，除确立嘌呤类化合物是细胞间信使外，还发现嘧啶类化合物也可在细胞间传递信息。嘌呤和嘧啶通过多种特异的受体而发挥广泛的生物学作用。

（一）腺苷和 ATP 的来源和失活

ATP 是细胞活动的主要能源，所有细胞都含有大量的 ATP 及其代谢产物腺苷，因而直到今天人们对生物体利用 ATP 和腺苷作为细胞间的信使仍感到困惑不解。细胞外 ATP 有多种来源，储存于神经末梢或细胞分泌囊泡中的 ATP 可通过胞裂外排方式到达细胞外，受损伤的细胞也可释放大量的 ATP。细胞内的腺苷不经分泌囊泡外排，而是通过细胞膜上的转运蛋白（核苷转运体）排到细胞间隙。细胞外的 ATP 在 5′-核苷酸酶（5′-nucleotidase）的作用下可被迅速降解为 ADP、AMP 和腺苷，腺苷经细胞膜上核苷转运体重摄取，还可被细胞膜上的腺苷脱氨酶分解而失活。

（二）嘌呤受体

1. P1 受体

P1 受体也称腺苷受体（adenosine receptor），已知有 4 种亚型，分别是 A1、A2A、A2B 和 A3，

均为G蛋白偶联的受体，在中枢神经系统和外周组织有广泛的分布。A1受体与Gi/o偶联，抑制腺苷酸环化酶从而降低细胞内cAMP的水平；A1受体激活还可通过PLC-IP3和其他信号转导通路而介导各种细胞效应。总的来说，A1受体激活能抑制细胞活动。在中枢神经系统，A1受体以突触前受体的形式存在于轴突末梢，或以突触后受体的形式存在于细胞体，A1还存在于外周神经纤维上。A1受体激活，可抑制递质释放，引起神经元超极化，神经元兴奋性降低，外周神经传导性降低等。A1受体激活具有镇静、抗惊厥、抗焦虑等作用，相反，A1受体阻断剂具有兴奋作用。

A2A受体与Gs偶联，激活腺苷酸环化酶/cAMP/PKC信号转导通路，对细胞有兴奋作用，在中枢和外周神经系统能促进神经递质的释放。脑内以终纹、听神经核和嗅结节中A2A受体密度最高。脑内A2A受体与DA系统有密切联系，A2A受体与D2受体有抑制性相互作用。

A2B受体可通过多条信号通路而起作用，包括激活腺苷酸环化酶和PLC/IP_3通路等。体内几乎每个细胞都表达A2B，但表达量较少，需要相对较高浓度的腺苷来激活。但A2B受体在肥大细胞有相对较高表达，因而被认为可能在炎症和过敏反应中发挥作用。

2. P2受体

根据药理学和分子克隆研究的结果，P2受体又分为两大类，分别是P2X和P2Y受体，每类又包含多个亚型。

1) P2X受体

P2X受体是核苷酸门控的阳离子通道(nucleotide-gated non-selective cation channel)，可通透Na^+、K^+和Ca^{2+}。已知的P2X受体有7个亚单位，分别为P2X1～P2X7，目前认识到功能性P2X受体是由三个同样的亚单位构成的同源性质体(homomeric receptor)，或者是两种不同亚单位构成的异源性质体(heteromeric receptor)。已知的异源性P2X受体有P2X2/3、P2X4/6、P2X1/5和P2X2/6。

各种P2X亚型对激动剂的反应形式及在组织中的分布有各自的特点，因而具有不同的生理功能。例如，P2X1受体主要分布在血管和内脏平滑肌细胞，介导自主神经与平滑肌接头处的非肾上腺素能非胆碱能(NANC)信息传递；P2X3和P2X2/3受体主要存在于感觉神经末梢，可能与内脏器官的机械性和伤害性感受的信息转导有关；P2X7受体主要存在于巨噬细胞、肥大细胞和淋巴细胞，需要相对较高浓度的ATP来激活，可能与炎症和免疫反应有关；脑内P2X2，P2X4和P2X6的密度相对较高。

2) P2Y受体

P2Y受体是G蛋白偶联的受体，已得到药理学和分子克隆研究确认的P2Y受体亚型有8种，分别是P2Y1、P2Y2、P2Y4、P2Y6和P2Y11～P2Y14。其中，P2Y1、P2Y12和P2Y13是腺嘌呤核苷酸(ATP和ADP)的受体，不能被UTP或UDP激活；其余的P2Y亚型不仅对嘌呤(ATP、ADP)敏感，而且可被嘧啶类核苷酸(UTP、UDP)激活。配基与P2Y受体结合后通过激活PLC或抑制腺苷酸环化酶而引起各种细胞效应。P2Y受体在体内有广泛的分布，在中枢神经系统P2Y1的密度较高。

(三) 嘌呤与神经系统功能

1. 腺苷

在神经系统，腺苷不被储存在突触囊泡，其释放依赖于核苷转运体，因此腺苷不是传统意义上的神经递质，而是一种神经调质。许多脑区都表达 A1 和 A2A 受体，这些受体存在于突触前或突触后，腺苷与突触前受体结合可抑制或者促进其他递质释放，与突触后受体结合引起神经元超极化或去极化。以上机制对神经系统的功能如睡眠与觉醒、焦虑、学习记忆、呼吸调节和痛觉等有重要的影响。在脑组织，通常细胞外间隙中有足够的腺苷激活 A1 受体，对神经活动有一种紧张性(tonic)的抑制作用，因而腺苷参与睡眠-觉醒的调节，对睡眠有促进作用。在这方面，前脑基底部和视交叉上核中的 A1 受体尤其重要。

腺苷还可能与焦虑有关。研究发现 A1 受体激动剂对动物有抗焦虑作用，而咖啡因(能拮抗 A1 受体)和 A1 受体阻断剂具有致焦虑作用；在 A1 受体基因敲除的小鼠，与焦虑有关的行为明显增加；而有趣的是，严重焦虑的患者往往对咖啡因特别敏感。这些观察为焦虑的药物治疗提供了线索。

腺苷还通过激活 A1 受体影响突触的可塑性，对 LTP 和 LTD 有抑制作用；而咖啡因对记忆有积极的影响，这一作用与咖啡因阻断海马和大脑皮层的 A1 受体有关。在很多脑区，A1 受体与 A2A 受体并存，A2A 受体激活通常可产生与 A1 受体相反的兴奋性效应。有人提出腺苷对 CNS 活动有精密调节(fine-tuning)作用，保持神经活动的和谐(harmony)，一旦这种和谐受到干扰就会导致疾病。一些研究提示，腺苷及其受体机制异常可能与阿尔茨海默病、帕金森病、精神分裂、药物成瘾和癫痫等疾病有关。

2. ATP

1) ATP 对 CNS 功能的影响

ATP 是 CNS 的递质这一概念已经确立，这是由于：①中枢神经末梢兴奋时能释放 ATP；②脑内有丰富的 P2 受体，其中 P2X2、P2X4、P2X6 和 P2Y1 的密度较高，它们可存在于突触前末梢或突触后神经元细胞膜上，也可存在于胶质细胞上；③在一些脑区如缰核、脊髓背角、海马、下丘脑和蓝斑都可记录到 P2 受体介导的突触反应。

在 CNS，不仅神经末梢兴奋时能释放 ATP，胶质细胞和突触后神经也能释放 ATP。细胞外 ATP 可能发挥多方面的作用。一方面 ATP 作为神经递质，可通过突触前受体而影响递质的释放，也通过突触后受体机制引起突触反应；另一方面，最近的研究还发现 ATP 在神经元与胶质细胞的联系中是一个重要介质。神经细胞释放的 ATP 可刺激胶质细胞释放谷氨酸、GABA 等，这些递质反过来作用于神经细胞上相应的受体。在海马，神经元或胶质细胞释放的 ATP 可作用于中间神经元，在海马神经元回路中增强突触抑制作用。星形胶质细胞释放的 ATP，在细胞外以腺苷的形式聚集，对突触传递有紧张性抑制作用，从而影响突触的可塑性。但 ATP 在系统水平的功能意义仍有待探讨。

2) ATP 在外周神经系统的作用

(1) 自主神经传递。在外周，自主神经的传递中除肾上腺素能和胆碱能传递外，还存在非肾上腺素能非胆碱能(NANC)传递。参与这种 NANC 传递的化学物质很多，ATP 是其中的一种。在自主神经末梢与内脏或血管平滑肌接头处，ATP 作为一种共同递质(cotransmitter)与另一种递质(如 NE、ACH 和 NO 等)一起以胞裂外排的方式释放出来。ATP 直接兴奋接头后膜上的 P2X1 受体，引起平滑肌快速去极化和收缩反应，而去甲肾上腺素等其他递质的作用是引起相对缓慢而持久的反应；ATP 的另一作用与其被核苷酸酶降解有关，ATP 的降解产物腺苷激活接头前膜上的 A1 或 A2A 受体，可分别抑制或易化递质的释放，接头前膜上的 P2X 和 P2Y 受体可能也参与这种接头前调节机制。

(2) 伤害性感受。大量的研究提示 ATP 可能是躯体和内脏伤害性感受(nociception)的一种重要介质。外周组织在机械或化学性刺激下可释放 ATP,后者激活痛觉神经末梢上的 P2X3、P2X2/3 或 P2Y 受体从而提高其兴奋性。初级传入神经的中枢端也有突触前 P2 受体,对痛觉信号向脊髓背角的传递有易化作用。在炎症等情况下,外周组织 ATP 释放增加以及初级传入神经上 P2X3、P2X2/3 或 P2Y 受体表达增加,这可能是外周感觉过敏的分子机制之一。

(3) 化学感受器反射。在哺乳动物,颈动脉体的化学感受器细胞(I型上皮细胞)能感受血液中氧和二氧化碳的含量,通过释放递质兴奋传入神经,从而引起代偿性呼吸反应。颈动脉体的传入神经末梢上有丰富的 P2X2 和 P2X3 受体亚单位表达;在 P2X2 和 P2X3 受体基因敲除小鼠,缺氧引起的呼吸反应明显减弱,颈动脉体传入神经对低氧或高二氧化碳的反应也明显降低。因此,低氧时外周化学感受器细胞释放 ATP,后者与神经末梢上的 P2X2 或 P2X2/3 受体结合引起传入神经兴奋,从而介导呼吸反射。最近的研究还提示 ATP 也是中枢化学感受器的重要介质。

综上所述,嘌呤类化合物尤其是腺苷和 ATP 是中枢和外周神经系统的重要信使。由于腺苷和 ATP 分别激活不同的受体而产生不同的效应,细胞外无处不在的核苷酸酶又能迅速使 ATP 降解产生腺苷,因此有人认为腺苷和 ATP 是两个密切关联的信号系统,而细胞外核苷酸酶对于这两个信号系统间的平衡有关键作用。

八、一氧化氮

一氧化氮(nitricoxide,NO)是一种结构简单的无机气体,为污染空气的常见有毒气体之一,具有一个不配对电子,化学性质活泼,是一种气体性自由基,半衰期极短(3~5s)。NO 生物信使作用的发现,最早是从外周开始的。1980 年,Furchgott 和 Zawadzki 报道乙酰胆碱、缓激肽和 ATP 等的舒血管作用,由血管内皮细胞释放的内皮细胞源性血管舒张因子(endothelium derived relaxing factor,EDRF)介导。1988 年,Garthwaite 等在小脑细胞观察到谷氨酸通过激动 NMDA 受体而引起一种具有 EDRF 特征的物质释放,提出 EDRF 是中枢神经系统的一种介质。1992 年多个实验室分别证明 NO 能调制神经递质的释放,并从药理作用角度提出 EDRF 可能是 NO,确立了 NO 在中枢突触传递的调节中的地位。

事实上 EDRF 不止一种,并不等于 NO,它们之间在不同种属、不同组织及生化和药理特性等方面存在差异。但 EDRF 表现生物活性的方式是 NO,通过 NO 发挥舒血管作用。NO 又是迄今在体内发现的第一个气体性细胞内及细胞间信使分子,参与神经系统、免疫系统、心血管系统、消化系统及生殖系统等众多生理病理过程。

(一) NO 的合成与失活

NO 的合成前体是 L-精氨酸,经一氧化氮合酶(nitricoxidesynthase,NOS)催化,由还原型尼克酰胺腺苷酸二核苷酸磷酸(NADPH)作为电子供体,氧化生成 NO 和 L-瓜氨酸。D-精氨酸不能生成 NO。催化 NO 生物合成的酶称一氧化氮合酶(NOS),不称其为合成酶是因为该反应不需利用 ATP。

NOS 为一个双区结构,C 端为还原酶区,序列与细胞色素 P450 还原酶同源,含有 NADPH、黄素腺嘌呤二核苷酸(FAD)、黄素单核甘酸(PMN)和钙调蛋白(CaM)结合位点;N 端为氧化酶区,含有血红素(heme)、四氢叶酸和 L-精氨酸的结合位点。其中 FAD、PMN 和原血红素与 NO 生成的氧化还原反应有关，原血红素和四氢叶酸构成的框架是底物与 NOS 接触所必需的，可能与酶的催化活性有关。目前，已纯化和克隆了 NOS 的三种同工酶，NOS Ⅰ、NOS Ⅱ 和 NOS Ⅲ。分别由不同的基因编码，各种 NOS 的氨基酸序列有 50%～60%同源性。

NOS Ⅰ 最早称神经元型 NOS(neuronal NOS，nNOS)。继而发现 nNOS 在其他各种组织和非神经组织也有分布。NOS Ⅱ 在细胞因子、细菌、脂多糖、紫外线、创伤或某些药物的诱导下在啮齿类动物的巨噬细胞表达，故又称诱导型 NOS(inducible NOS，iNOS)。免疫组化研究表明，除了巨噬细胞，多种细胞类型均可表达，如神经胶质细胞、血管内皮细胞、心肌细胞、血管平滑肌细胞和神经元等。NOS Ⅲ 最初从内皮细胞中发现和纯化，又称内皮 NOS(endothelid NOS，eNOS)，eNOS 除存在于动、静脉内皮细胞外，也存在于其他细胞类型，如大鼠海马锥体细胞。关于 NOS 的命名，nNOS 和 eNOS 是 Ca^{2+}-钙调蛋白依赖性的酶，在生理情况下许多哺乳动物细胞有表达，以与膜结合的形式存在，是细胞结构的一部分，又常合称为结构型或原生型 NOS(constitutive NOS，cNOS)。有时将 NOS 的细胞来源和表达方式结合起来命名，如 ecNOS，表示结构型内皮 NOS，ncNOS 表示结构型神经元型 NOS。

NO 是一种极不稳定的脂溶性小分子化合物，能迅速在组织中扩散和进入血液。在 O_2 及超氧阴离子存在的情况下，组织液中的 NO 可转变为亚硝酸盐或硝酸盐而失活，故 NO 的半衰期只有 3～5s，而超氧化物歧化酶或酸性条件可增加 NO 的化学稳定性。在血管内 NO 与血红蛋白的原血红素结合，形成硝酸盐和高铁血红蛋白；NO 在血浆中还被氧化，形成亚硝酸盐，后者与血红蛋白反应形成硝酸盐。NO 还可与血红蛋白中的铁形成二亚硝酰基复合物，以这种形式 NO 被储存在红细胞中随血液运输到体内各处释放。因此，在生物体内血红蛋白既是 NO 的主要清除剂，又是 NO 的储存和运输工具。

(二) 一氧化氮合酶在中枢神经系统中的分布

NOS 的结构和化学特性与 NADPH-黄递酶相似，因此可用简便的组织化学染色法显示 NADPH-黄递酶作为近似的 NOS 定位。当然，最为准确的是用 NOS 免疫组织化学方法显示 NOS 的分布。研究表明，中枢神经系统有广泛的 NOS 分布。从大鼠到人类，nNOS 主要分布在大脑皮层(主要是一些无棘突细胞)、海马(CA1 区中间神经元及齿状回颗粒细胞)、纹状体、丘脑下部(人脑视上核和室旁核)、中脑(上下丘的表层)和小脑(颗粒细胞，水平纤维及篮状细胞)等，此外，嗅球的颗粒细胞层、脊髓也有 nNOS 存在。

eNOS 主要存在于脑血管内皮细胞中，海马锥体细胞也含 eNOS，iNOS 主要由巨噬细胞、小胶质细胞、星形胶质细胞、血管内皮细胞和血管平滑肌细胞等经诱导产生。中枢神经系统中 NOS 的分布与 NMDA 受体的分布相似，提示这两个系统的功能存在密切关系。

在大脑皮层，NOS 可与神经肽 Y 等共存，在脑干 NOS 与 ACh 共存。

(三) NO 的作用方式

NO 是一个小分子的生物活性物质，具有疏水性，可自由穿过细胞膜，作用于细胞的靶分子，不需要任何受体的介导。NO 的胞内信号转导途径较复杂，除环鸟苷酸(cGMP)途径，NO 还可能通过多种非 cGMP 依赖性途径发挥作用。

1. NO-cGMP 信号转导途径

NO 激活可溶性鸟苷酸环化酶(solubleguanylylcyclase,sGC),sGC 是一种异质二聚体,二聚体的两个亚单位须同时表达才能被 NO 激活并有催化活性。sGC 的全酶包括血红素,NO 与血红素卟啉环中的 Fe^{2+} 结合,将卟啉环中的 Fe^{2+}"拉出"平面,致整个酶构型改变,使酶变为激活状态。在 sGC 催化下,生成 cGMP,胞内 cGMP 水平的升高,是 NO 多种生物效应的分子基础,如松弛血管平滑肌、抑制血小板聚集和参与神经传递等。有时可用 cGMP 浓度近似反映组织 NO 水平。cGMP 之后的信号转导途径主要如下。

(1) 激活 cGMP 依赖性蛋白激酶。在平滑肌细胞,cGMP 可激活 cGMP 依赖性蛋白激酶(cGMP dependent proteinkinase,CG-PK 或 PKG),致平滑肌松弛。在中枢神经系统,亦发现 CG-PK。如黑质和纹状体中存在有可被 CG-PK 磷酸化的 DARPP-32 蛋白,是多巴胺受体的细胞内信使分子,可抑制蛋白磷酸酶 I,使受体的靶分子不被蛋白磷酸酶 I 脱磷酸,以维持磷酸化的活化状态。

(2) 操纵离子通道。cGMP 操纵的离子通道在视网膜光受体细胞上研究较多。黑暗中,视杆细胞中 cGMP 调控的 Na^+ 和 Ca^{2+} 通道开放产生内向电流,光照下,磷酸二酯酶激活,水解 cGMP,Na^+ 通道开放减少,导致膜超极化的电位变化,光信息得以传递。在视网膜双极细胞上也存在 cGMP 操纵的离子通道。在培养的血管平滑肌上,NO 供体硝普钠可降低去极化所致胞内钙的升高,NO 清除剂血红蛋白可逆转 NO 对 Ca^{2+} 电流的抑制,而 8-溴-cGMP(可通过胞膜的 cGMP 类似物)可模拟硝普钠的作用,提示 NO 可通过 cGMP 抑制电压依赖性钙通道电流。NO 还可以不依赖 cGMP 途径直接激活血管平滑肌细胞上的钙依赖 K^+ 通道,或电压门控性 K^+ 通道,引起细胞膜超极化,细胞兴奋性降低。

(3) ADP 核糖环化酶的激活。cGMP 可激活 ADP 核糖环化酶,催化 NAD^+ 生成一种核苷酸-环 ADP-核糖(cyclic ADP-ribdse,cADPR),后者使细胞钙库释放 Ca^{2+},这种 cADPR 敏感的钙库不同于 IP_3、咖啡因或 ryanodine 敏感的钙库。NO 也可直接调节 ADP 核糖环化酶的活性,在海胆卵中证实 cADPR 可作为 Ca^{2+} 动员的胞内信使,介导 NO 的效应。其他组织上是否如此尚待证实。此外,NO 也可直接作用于 ADP 核糖转移酶,使 G 蛋白或其他酶蛋白发生 ADP 核糖基化(ADP-ribosylation),即蛋白质构型改变,从而影响其功能。

(4) 调节磷酸二酯酶(PDE)活性。PDE 有 5 种亚型,通常认为与 cGMP 相关的 PDE 有三类:一类是被 cGMP 抑制的 PDE,这类 PDE 可选择性水解 cAMP,第二类是被 cGMP 激活的 PDE,这类 PED 能水解 cAMP 和 cGMP,第三类是可与 cGMP 特异性结合的 PDE。脑中较普遍的是第二类 PDE,尤其是在大脑皮层、海马、基底节含量较高,小脑中含量较低。在海马锥体细胞,cGMP 激活这类 PDE,降低 cAMP 水平,从而抑制 Ca^{2+} 内流。

2. NO 的非 cGMP 信号转导途径

除激活 sGC,NO 还可激活环氧化酶,引起前列腺素的合成,激活肝细胞蛋白激酶 C,激活铁调节蛋白,影响铁代谢,刺激某些神经元早期反应基因(如 *c-fos*)的表达,以及抑制核因子(NF-κB)的激活,从而减少多种促炎症介质如 IL-6 和 IL-8 的表达等。

综上所述,NO 与经典递质在代谢和作用方式上有许多不同,详见表 3-4。

表 3-4 NO 与经典递质的异同

	NO	经典递质
合成	酶促合成	酶促合成
储存	无囊泡	囊泡储存
释放	弥散	Ca^{2+}依赖的囊泡释放
失活	半衰期短，自行失活	扩散、酶解、重摄取或者胶质细胞摄取
受体	无受体，直接作用于靶酶	依靠受体作用于离子通道或第二信使
作用范围	不局限于突触部位	主要是突触部位
作用方式	双向传递	单向传递

(四) 神经系统 NO 的生理作用

CNS 的许多部位都有表达 nNOS 的神经元，脑内神经胶质细胞和脑血管内皮也表达 NOS。在 NOS 阳性的神经元，NMDA 受体激活引起的 Ca^{2+} 内流是刺激 NO 合成的主要因素。NOS 阳性细胞释放的 NO 可影响相对较大范围内(0.3～0.4mm)的神经细胞的活动，因此，NO 对神经系统的许多功能如睡眠、食欲、体温调节、疼痛、神经发育以及突触可塑性等都有重要影响，还可能与阿尔茨海默病、帕金森病、脑缺血和多发性脑硬化症等神经系统病变有关。目前比较明确的 NO 的功能有以下几方面。

1. 参与自主神经系统和肠神经系统信息传递，松弛平滑肌

实验提示在自主神经系统和肠神经系统非肾上腺素能非胆碱能(NANC)神经传递中有 NO 释放，NANC 神经的兴奋效应可被 NOS 抑制剂(如 L-NAME、L-NMMA)阻断，故又把这种依赖于 NO 的神经传递称为氮能 (nitrergic)或一氧化氮能(nitroxidergic)神经传递。氮能神经兴奋可引起多种平滑肌(如胃肠道、血管、呼吸道、泌尿道平滑肌)松弛。在大鼠、猫、猪的胃底神经元有 NOS 和血管活性肠肽(vasoaetive intestine polypeptide, VIP)的共存，所以 NANC 传递可能由 NO 和 VIP 共同介导。

2. 在突触可塑性和学习记忆中的作用

NO 在中枢突触传递中起一种逆向信使的作用，对突触的可塑性有重要的影响。例如，突触前膜释放的谷氨酸通过 NMDA 受体可激活突触后神经元的 nNOS，引起 NO 合成与释放；NO 又扩散到突触前末梢，通过 cGMP 机制促进谷氨酸的释放。在海马，这种逆向增强机制可以维持持续的突触活动，促进长时程增强(LTP)的形成。NOS 抑制剂、血红蛋白或肌红蛋白(清除组织液中的 NO)等都能显著抑制甚至阻断 LTP 的形成，在 *nNOS* 和 *eNOS* 基因双敲除的小鼠 LTP 的形成明显受损；而 NO 供体对 LTP 有易化作用。

一些研究还发现 NO 也参与突触的长时程抑制(long term depression, LTD)。NO 在 LTP 和 LTD 中的作用促使人们去研究它在学习和记忆中的作用。研究发现 NOS 抑制剂能抑制动物的学习能力，而 NO 供体能促进动物的学习过程。研究还提示，长期记忆的“获得”(acquisition)过程需要 NOS 和 NO 的参与，但 NOS 和 NO 在记忆的“保留”(retention)过程中并不重要。

3. 参与痛觉、视觉及嗅觉等信号的传导

(1) NO对痛觉的调制与NO的量及作用部位有关。在外周，少量NO引起痛敏作用，NO过多则通过cGMP途径抑制外周伤害性感受器的兴奋，从而镇痛。在脊髓，NO亦可通过cGMP途径和(或)Ca^{2+}的协同效应导致痛敏。在脊髓以上水平，NO致痛机制未明。

(2) 在视觉信号转导中，视网膜光感受器(感光细胞)、双极细胞上有cGMP操纵的离子通道，视网膜节细胞的阳离子通道也可被NO供体和cGMP激活。

(3) 嗅球的许多细胞含NOS和sGC，NO亦参与一种场电位的震荡，这和嗅觉的敏感性及识别有密切关系。

4. 通过sGC-cGMP途径舒张脑血管，影响脑微循环血流

舒张血管的NO有以下来源：①正常情况下，脑血管内皮细胞有NO的持续性释放，使脑血管平滑肌维持一定的舒张状态。②脑动脉也有NANC神经支配，其末梢释放NO。③脑内广泛分布的nNOS阳性神经元，若位于脑血管附近，则其释放NO可弥散作用于血管。④星形胶质细胞可表达少量cNOS，或对细胞因子等反应而表达iNOS，也可能参与邻近脑血管张力的调节。

此外，NO还参与阿片耐受和成瘾的中枢机制，参与丘脑下部的内分泌、摄食和体温调节功能。在脑干水平，还参与对外周心血管系统功能的调节。

九、阿片肽

1973年Pert和Snyder在脑中发现了阿片受体，因此，人们推想动物体内应有作用于这些受体的内源性物质。从1975年起，先后分离出了三类阿片肽(opioid peptides)，即内啡肽(endorphine)、脑啡肽(enkephalin)以及强啡肽(dynorphin)。

(一) 阿片肽的分类

虽然阿片肽的大小相差悬殊，从5个氨基酸的脑啡肽直到31个氨基酸的β-内啡肽，但它们中的大部分都有共同的N端氨基酸序列Tyr-Gly-Gly-Phe，这一序列几乎成为阿片肽家族的标志。

阿片肽可分为三大类，每一类阿片肽都是由一种特定的前体大分子物质衍化而来。目前已鉴定出5种阿片样肽：甲硫脑啡肽(methionine^5-enkephalin，M-ENK)、亮脑啡肽(leucine^5-enkephalin，L-ENK)、β-内啡肽(β-endorphin，β-EP)、强啡肽(dynorphin，Dyn)和α-新内啡肽(α-neoendorphin，α-neoEP)。

(1) 前阿黑皮素(pro-opiomelanocortin，POMC)：是包括265个氨基酸的糖蛋白，POMC裂解的分子片段包括β-EP(31肽)、β-EP(1～26肽)、β-EP(1～27肽)、β-EP(1～17肽)和β-EP(1～16肽)。

(2) 前脑啡肽(pro-enkephalin)：含263个氨基酸，包括M-ENK、L-ENK、甲七肽和甲八肽。

(3) 前新内啡肽-强啡肽(pro-neoendorphin-dynorphin)：含256个氨基酸，是α-neoEP、DynA(1～17)、DynA(1～8)和DynB(1～29)的前体。

(二) 阿片肽的分布

阿片肽在体内分布广泛,中枢神经系统内,β-EP 能神经元的胞体仅见于下丘脑基底部和延髓孤束核。脑啡肽在脑内分布最广泛,纹状体、杏仁核、下丘脑、中脑导水管周围灰质、低位脑干等。强啡肽在脑内的分布与脑啡肽有相当程度的重叠,以下丘脑含量最高,主要分布于视上核和室旁核等神经分泌大细胞。

(三) 阿片受体

1. 阿片受体的种类

利用受体结合实验在脑中已至少找出了三类阿片受体:μ、δ 和 κ。后来又提出存在一种 ε 型受体,对β-内啡肽有特殊的亲和性,另外还有 σ 型。因此,阿片受体有 μ、δ、κ、σ 和 ε 5 种。其中对 μ、δ 和 κ 受体根据其亲和力分析,又提出受体的高亲和力和低亲和力结合部位,由此将 μ、δ 和 κ 受体又分成 μ_1、μ_2、δ_1、δ_2、κ_1、κ_2 和 κ_3 受体亚型。

2. 阿片受体的特性

阿片受体具有高亲和力、一定的饱和性、立体特异性、亲和力与药效的相关性及分布的局域性等特性。内阿片肽对各型阿片受体的亲和程度不同。脑啡肽主要作用于 δ 受体,其中 L-ENK 对 δ 受体的选择性最强。β-EP 对 μ 受体和 δ 受体均有较强的选择性。DynA 和 DynB 对 κ 受体的选择性较强。

3. 阿片受体的分布

脑内 μ 型阿片受体的分布与痛觉及感觉运动整合作用的通路相平行。可广泛分布于前脑、中脑及脑干。分布密度最高的区域为新皮质、海马、尾壳核、伏隔核、杏仁核、丘脑、上丘与下丘、蓝斑、孤束核、三叉神经核、脊髓背角;其次为中央灰质、中缝核;而下丘脑、视前区及苍白球的受体密度相对较低。

δ 型阿片受体在脑内的分布相对集中,其密度最高的区域为:与嗅觉有关的脑区、新皮质、尾壳核、伏隔核、杏仁核。

κ 型阿片受体的分布特性可能与水平衡调节、摄食活动、痛感觉及神经内分泌功能有关。广泛分布于中枢神经系统中,以尾壳核、伏隔核、杏仁核、黑质、下丘脑、神经垂体、正中隆起、孤束核内的受体密度最高;中缝核、中央灰质、三叉神经核及脊髓背角胶质为中等密度。

(四) 阿片肽的作用

阿片肽的作用极为广泛,特别是对痛的调节作用尤为突出,此外还包括神经、精神、呼吸、循环、消化、泌尿、生殖、内分泌、感觉、运动、免疫等功能的调节。阿片肽的功能之所以如此广泛,是因其作用方式及其受体的特异分布所决定的。

1. 镇痛作用

阿片肽的最主要作用就是缓解疼痛。阿片肽强大的镇痛作用是通过激活下行性痛调制系统、抑制上行性痛信息传递系统而实现的，阿片受体分别在痛感觉及痛信息传递两个过程中行使作用。此外，阿片肽能神经元可通过边缘系统，调制疼痛引起的痛情绪反应。

各类阿片肽都具有镇痛作用，但彼此又有所不同。脑啡肽和β-内啡肽在脑内和脊髓均有镇痛作用，其中β-内啡肽脑内含量远大于脊髓；强啡肽在脊髓发挥镇痛作用，而在脑内反而对抗吗啡镇痛。内源性阿片肽也是针刺镇痛的重要物质基础。

2. 在黑质-纹状体-多巴胺系统中的调节作用

阿片类参与运动功能的调节，但因受体不同，可产生不同的效应。如 μ 和 δ 受体激动时运动活动加强，而 κ 受体激动时运动活动减弱。μ 受体部分在纹状体内合成，转运到中脑后，通过 GABA 中间神经元作用，间接促进多巴胺释放，从而加强运动功能；而 κ 受体则在黑质纹状体内合成，随后被转运到纹状体，直接抑制纹状体内多巴胺的释放，起到抑制运动功能的作用。

3. 对下丘脑-垂体轴的作用

阿片类可调节内分泌的释放，如促进催乳素、生长激素、阿黑皮素及皮质激素的释放，抑制黄体激素、促甲状腺素、催产素和加压素的释放。

4. 参与应激反应

内源性阿片肽可参与某些应激过程，这些应激因素引起的行为变化可以为阿片受体的激动剂或拮抗剂所影响。此外，某些应激因素可以导致组织和血液中阿片肽浓度的变化。

5. 参与呼吸和心血管运动的调节

阿片肽可降低脑干细胞（孤束核、疑核、迷走神经背核和臂旁内侧核）对 CO_2 的敏感性，从而产生抑制呼吸的作用。另外，延髓腹外侧浅表层的“化学敏感区”对阿片肽的作用十分敏感。在正常情况下，内源性阿片样肽对心血管功能并无明显调节作用，但在应激状态下它们大量释放，导致心率减慢，血压进一步下降，呼吸严重受抑制，成为休克恶性循环中的一个环节。

6. 调节摄食与饮水

在许多种属，阿片肽均参与摄食与饮水的调节。一般认为，阿片激动剂可刺激饮食，阿片拮抗剂则抑制饮食。

7. 对精神异常和情绪的调节

阿片肽引起欣快感已为众所周知。β-内啡肽脑室注射可引起欣快感，剂量稍大则致木僵，这与精神分裂症的木僵有类似之处；反之，纳洛酮或纳曲酮均可使精神分裂症的幻听、幻觉症状减轻甚至消失。

在动物的抑郁模型中，甲啡肽、亮啡肽、吗啡及脑啡肽酶抑制剂均表现出治疗作用；纳洛酮则加重抑郁症状。这表明抑郁症可能与阿片系统的功能降低有关。正常情感和情绪的维持可能也与内源性阿片有关。研究表明，健康人血浆β-内啡肽含量高代表着情绪稳定。一般认为，情感和情绪的异常，部分可能是由于阿片系统的失衡所致。

8. 学习与记忆

阿片系统在经典的条件反射中的作用越来越受到重视，尤其是在条件性位置偏爱（conditioned place preference，CPP）和条件性位置厌恶（conditioned place aversion，CPA）中。在大鼠腹侧被盖区及导水管周围灰质中注射吗啡可导致CPP，而纳洛酮注入同一脑区可导致CPA。在其他几种学习模型中，也均有阿片肽参与的证据。

十、脑肠肽

（一）P物质

P物质（substance P，SP）是发现最早的一种由11个氨基酸残基组成的神经肽，与神经激肽A（neurokinin A，NKA）、神经激肽B（neurokinin B，NKB）共同组成哺乳动物的速激肽（tachykinin）家族，广泛分布于中枢、外周神经系统，在各种组织中呈现出纷繁多样的生理效应。

1. 中枢P物质能神经元的胞体定位和纤维通路

SP神经元在中枢神经系统分布很广泛，脑内SP最高浓度见于皮质下区，如黑质、下丘脑、苍白球、尾壳核及中央灰质；延髓含量中等；脊髓背侧比腹侧浓度高。纤维投射径路如下。

（1）纹状体-黑质径路：起于尾核吻侧部，经内囊和大脑脚，投射到黑质致密部和网状部。

（2）苍白球-黑质径路：纤维起于苍白球及纹状体，最终均达黑质。

（3）缰核-脚间核径路。

（4）杏仁核-终纹径路：由中央杏仁核发出的含SP的纤维，到达内侧杏仁核、终床核和下丘脑内侧视前区。

（5）纹状体-被盖径路：起自基底神经节投射到中脑被盖。

（6）隔区-海马径路：从内侧隔核和斜角带核，到海马结构。

（7）下丘脑-垂体径路：起于下丘脑，经正中隆起，至垂体。

（8）下丘脑前区-内侧视前区径路：起于中脑被盖，经内侧前脑束，到达外侧隔核。

（9）中脑被盖-外侧隔核径路：从中脑被盖发出的SP阳性纤维，经内侧前脑束到外侧隔核。

（10）脑干-皮质径路：由中脑和桥脑后外侧网状结构到新皮质的投射。

（11）脊髓内局部SP神经径路。

2. P物质受体

（1）SP受体及其亚型。SP受体属G蛋白偶联受体，含有7个α螺旋跨膜区的糖蛋白。大鼠和人的SP受体都是由407个氨基酸残基组成，具有高度同源性，仅有22个氨基酸残基不同。速激肽家族的受体分为NK_1、NK_2和NK_3三型，都能与SP相结合。三种受体中，NK_1受体对SP最敏感，结合力最强，因而NK_1受体特称SP受体（SPR）。

在NK_1受体的各部分肽段中，第Ⅴ、Ⅵ个跨膜区及第Ⅲ个胞内环可能与G蛋白相偶联。胞外的N端是糖基化部位，胞内的C端是磷酸化部位。N端、C端及第Ⅲ个胞内环与NK_2受体的相应序列相差很大，提示P物质与受体结合的专一性和作用的特异性由这三部分区域来实现。

NK_1 受体与 NK_2 受体的第Ⅱ、Ⅶ个跨膜区则相似，可能是速激肽受体家族的特征结构区。

(2) SP受体在中枢神经系统的分布。NK_1 受体广泛分布于中枢，受体结合部位及其mRNA的分布基本一致，以尾壳核、杏仁中央核、齿状回、杏仁-海马区、蓝斑、舌下核及腹侧角的运动神经元等含量最高。

(3) SP受体后机制：SP与其受体结合后，通过 Gq-PLC-IP_3-Ca^{2+} 介导促使 Cl^- 通道开放。对不同神经细胞，SP对离子通道的作用不同。如在背根神经节细胞，SP作用于受体产生的内向电流，不依赖于钙离子通道，而是非选择性地开放离子通道，使 Mg^{2+}、Na^+ 流入，可能参与SP的去极化作用；而在脊髓背角神经元，SP抑制IM，关闭M通道，产生慢的内向电流，不是 Ca^{2+} 依赖性的。

3. SP的生理作用

(1) 对中枢神经系统的作用。SP可调节神经元的活动；增强垂体激素分泌；SP可刺激DA、NE和5-HT在脑内的合成和释放。脑室或延髓注入SP可引起明显的呼吸增强。SP可引起脊髓运动神经元去极化，兴奋那些对伤害性刺激反应的背角神经元。

(2) 对周围神经系统的作用。SP可不通过M、N胆碱能受体或α、β肾上腺素能受体，直接作用于瞳孔括约肌，引起瞳孔缩小。SP可直接作用于交感节后神经元，引起兴奋性突触后电位(EPSP)。

(3) 对痛觉的调制。目前SP被认为是第一级伤害性传入纤维末梢释放的兴奋性神经递质，但在中枢神经系统的较高级部位，SP却具有明显的镇痛作用。SP与吗啡有交叉耐受性，对吗啡耐受的小鼠，给予SP也不产生镇痛。

(4) 对心血管系统的作用。SP可使周围血管舒张，引起血压下降。SP能短时间增加心搏出量。

(5) 对胃肠道的作用。SP对胃肠道大部分平滑肌具有很强的刺激作用，可引起小肠各段收缩。SP也可引起猫胃和幽门括约肌强烈收缩。SP还可激活胃肠道胆碱能神经元，并增强乙酰胆碱效应。

(6) 对免疫的调节作用。SP能影响免疫细胞的功能，可促进单核巨噬细胞吞噬、趋化和游走活性。SP可促进B细胞合成IgA。SP可以协同方式影响中性粒细胞的功能。SP可刺激肥大细胞释放组胺。SP可促进脑内星形胶质细胞合成和释放前列腺素、IL-1及IL-6。

(7) 对神经内分泌的调节作用。SP脑室注射可刺激LHRH及LH的释放，促进TRH及TSH的释放，抑制CRH及ACTH的释放，刺激VP的释放；静脉注射SP可引起PRL水平升高。

(二) 胆囊收缩素

胆囊收缩素(cholecystokinin，CCK)是指由十二指肠和空肠Ⅰ细胞分泌的33个氨基酸组成的多肽激素，因能使胆囊收缩得名。现已在中枢和外周神经系统神经元中也发现CCK，故称为脑肠肽。它是中枢神经系统中含量最高的神经肽之一。

1. CCK的分布

肠道CCK分泌细胞主要在近端小肠，黏膜中CCK的浓度以十二指肠最高，空肠的CCK浓度虽低，但总含量大于十二指肠。肠道中的 CCK 约 98%存在于黏膜层。中枢神经系统中，大脑皮质和下丘脑富含 CCK，其次为垂体、海马、中脑、小脑、脑干和脊髓背角。

2. CCK 受体

CCK 通过与靶细胞上特异性受体结合发挥生理功能。首先在胰腺、胆囊和脑组织中发现了 CCK 受体。在胰腺和胆囊，CCK 的结合力比非硫化的 CCK 或促胃液素高约 1000 倍，该型受体被称为 CCK-A 受体；在脑组织，CCK 和促胃液素具有相同的结合力，此受体称为 CCK-B 受体。

(1) CCK-A 受体：由 444 个氨基酸残基组成，是一典型的具有 7 次跨膜段与 G 蛋白偶联的受体。表达 CCK-A 受体的转染细胞，同样具有与硫化 CCK 高结合力，而与非硫化 CCK 和促胃液素低结合力的特性。

(2) CCK-B 受体：cDNA 首先从狗的胃旁细胞克隆出来，后来又克隆了人和大鼠的 CCK-B 受体 cDNA。当 CCK-B 受体在转染细胞表达后，表现出与 CCK 和促胃液素具有相同结合力的特性。CCK-B 受体和 CCK-A 受体具有 50%的同源性。

3. CCK 的生理作用

CCK 通过和靶细胞上特异性受体结合发挥作用。

(1) 收缩胆囊作用。静脉注射 CCK，可引起胆囊收缩。胆囊收缩对 CCK 的分泌无反馈性抑制。CCK 收缩胆囊的功能可能是通过迷走神经实现的。

(2) 刺激胰腺分泌作用。CCK 能刺激胰腺的胰酶和碳酸氢盐的分泌，使胰液中胰酶活力增高，胰腺细胞中的酶原颗粒减少。CCK 还可刺激十二指肠肠腺分泌，增加肠系膜上动脉血流和胆汁分泌，营养胰腺腺泡细胞。

(3) 调节胃酸分泌作用。CCK 既可刺激禁食动物的胃酸分泌，又能竞争性抑制促胃液素的分泌。CCK 刺激胃酸分泌与壁细胞的 CCK-B 受体即促胃液素受体有关，而抑制胃酸分泌与 D 细胞上的 CCK-A 受体有关。一般在体内 CCK 主要表现为抑制效应，该效应由迷走神经介导。

(4) 调节胰岛素的分泌作用。CCK 可刺激胰岛释放胰岛素，增强促胰液素拮抗促胃液素的泌酸作用，调节胰多肽在肠道和体液中的释放。

(5) 调节消化道运动作用。CCK 对从食管下括约肌到结肠具有不同的生理功能。CCK 可抑制食管下括约肌和肝胰壶腹括约肌的收缩，抑制近端十二指肠的蠕动；促进远端十二指肠和空肠的蠕动，引起静息状态下胃和幽门括约肌的收缩。

(6) 调节摄食作用。CCK 可导致厌食。动物腹腔或静脉注射 CCK 可引起食欲下降。遗传性过度肥胖小鼠与非肥胖型或正常小鼠相比，脑中 CCK 含量明显减少。

(7) 拮抗镇痛作用。CCK 可减弱 μ 型阿片肽受体、激动剂的镇痛作用，以及参与吗啡耐受的形成。目前认为，CCK 拮抗吗啡镇痛的作用部位在伏核、杏仁核 、中脑导水管周围灰质和脊髓。

(三) 神经降压肽

神经降压肽(neurotensin，NT)又称神经降压素。NT 是由 13 个氨基酸残基组成的脑肠肽，不仅存在于中枢神经系统，也存在于哺乳动物的胃肠道内。

1. 分布

在中枢神经系统，NT 神经元分布广泛，如下丘脑内侧视前区、室周核、室旁核、弓状核、下丘脑外侧区、外侧隔区、终纹床核、尾壳核、杏仁核、中脑中央灰质、腹外侧网状结构、中缝核、蓝斑、疑核、孤束核及脊髓背角胶状核等。胃肠道的 NT 由特异性分泌细胞——N 细胞分泌。N 细胞存在于胃肠的黏膜内，肠道神经组织中也发现 NT。

2. 受体

NT 受体属于 G 蛋白偶联的受体，其细胞内第二信使为三磷酸肌醇(IP_3)及 Ca^{2+}，效应器是 Cl^- 通道。当 NT 与其受体结合后，经 PLC-IP_3、DAG-PKC 介导，使胞内 Ca^{2+} 增加，最终激活 Ca^{2+} 依赖性 Cl^- 通道，后者的开放使细胞膜超级化，产生抑制效应。

3. 生理作用

(1) 对心血管活动的调节作用。给大鼠、兔等静脉注射大剂量 NT，可引起外周血管扩张、血压下降，此作用可能与组胺或其他血管活性物质有关。注射小剂量 NT，可引起血压先下降、后升高、再下降的三相反应。脑内注射 NT 也有降压作用，但心率无变化。

(2) 对胃肠功能的调节作用。静脉注入 NT，可明显抑制五肽促胃液素、试餐或胰岛素诱导低血糖所致的胃酸分泌；能使消化道胰多肽和生长抑素分泌增加，促进促胃液素释放，使大鼠胰高血糖素水平升高。生理浓度的 NT 对胃肠运动具有抑制作用，但胃肠道不同部位对 NT 的敏感性不同，以胃窦最敏感，十二指肠肠袢最不敏感。

(3) 对痛觉调制的作用。脑室或蛛网膜下腔注射微量 NT 不仅有镇痛作用，而且还可增强针刺镇痛作用。NT 的镇痛作用稍弱于 β-EP，但比吗啡和脑啡肽作用强。

(4) 对体温调节的影响。下丘脑或中脑导水管周围灰质注射微量 NT，可使体温降低；脑室注射较大剂量的 NT 才有此效应。外周注射 NT，对体温调节无影响。

(5) 对内分泌系统的影响。静脉注射 NT 可使大鼠血浆 GH 和 PRL 含量升高，脑室注射 NT 则可使血浆 GH 和 PRL 含量明显降低。NT 可刺激胰多肽释放；静脉注射 NT 可使 LH、FSH、ACTH 及 TSH 分泌增加，但脑室注射 NT，可抑制 LH 和 FSH 的释放。

4. NT 释放调节

NT 的释放与多巴胺能神经元关系密切。高 K^+、去极化或多巴胺类似物可刺激 NT 释放，给予脂肪食物、肾上腺素、氢化可的松、神经营养因子、胰岛素和氯化钙等刺激时，动物和人小肠的 NT 细胞向血液内释放 NT，吗啡、SS 与地塞米松等可抑制 NT 释放。

(四) 血管活性肠肽

血管活性肠肽(vasoactiveintestinal peptide，VIP)是由 28 个氨基酸残基组成的多肽，具有很强的血管扩张作用；它与促胰液素、胰高血糖素、抑胃肽、CRH 及垂体腺苷酸环化酶激活肽等在结构上相似，组成促胰液素-胰高血糖素-VIP 家族。

1. VIP 的分布

中枢神经系统内 VIP 的含量较为丰富，并呈区域性分布。大脑皮质、下丘脑、杏仁核、海马、纹状体、中脑导水管周围灰质等区域存有大量的 VIP 神经元。

外周神经系统中，交感神经节、迷走神经、以运动神经为主的坐骨神经，以及支配外分泌腺、血管、非血管平滑肌的神经均存在 VIP。

神经系统以外的组织和器官，如肠、心脏、肺、垂体、松果体、胸腺、眼、生殖器官、皮肤等也都含有相当量的 VIP。

2. VIP 受体

VIP 受体已克隆，含有 362 个氨基酸残基，属于 G 蛋白偶联受体。VIP 与受体结合后，激活腺苷酸环化酶，通过 cAMP 发挥生物学效应。VIP 受体分布于脑、胃肠、心血管、肝、肾、肺和脾等部位。

3. VIP 的生理作用

(1) 在中枢神经系统的作用。VIP 在中枢神经系统起神经递质或调质作用。VIP 位于突触囊泡中，细胞膜去极化后释放，可兴奋大脑皮质和脊髓神经元。脑室注入 VIP 可引起动物颤抖、体温升高。VIP 可激活大脑皮质的糖原分解酶，使糖原分解为葡萄糖。VIP 可促进小鼠胚胎发育。

(2) 对消化系统的作用。VIP 可使食管下括约肌舒张，抑制食物、组织胺和五肽促液素等引起的胃酸和胃蛋白酶的分泌，能增强胰腺对促胰液素和 CCK 的反应，刺激胰腺水和碳酸氢盐的分泌，能抑制胆囊的静止张力和由 CCK 引起的胆囊收缩，能抑制肠道吸收及刺激肠道水和离子的分泌。

(3) 对心血管和肺的作用。VIP 药理学剂量可引起全身动脉和小动脉强烈舒张，可增强心肌收缩力，增加心搏出量。VIP 能神经纤维存在于气管和支气管的平滑肌层，VIP 可松弛支气管平滑肌，使支气管扩张和肺舒张，增加通气。

(4) 对内分泌的作用。VIP 能刺激垂体释放 PRL、GH 和 LH；促进胰腺释放胰岛素、胰高血糖素和 SS；VIP 还具有 ACTH 样作用，刺激类固醇的合成；VIP 还能刺激肾脏球旁器细胞释放肾素。

(5) 其他作用。VIP 可增加腺苷酸环化酶活力、分解脂肪、促进肝糖原分解和糖原异生、升高血糖及刺激骨的再吸收。VIP 能抑制血小板凝聚，参与阴茎勃起及其他生殖功能。

（陈鹏慧，阮怀珍）

第四章　神经元信号转导

神经元信号转导即神经元信号传递，包括细胞之间的细胞外信息传递和由细胞的某一部分传至另一部分的细胞内信号传递。通常所说的信号传递是指细胞之间的信息传递，即神经突触信息的传递，是信息从突触前神经元传递到突触后神经元的过程，包括突触前过程和突触后过程两部分，突触前过程实际上是电信号（动作电位）转变成化学信号（神经递质的释放）的过程，突触后过程实际上是化学信号转变成电信号（神经递质与突触后膜上离子型受体结合）或化学信号（神经递质与突触后膜上膜代谢型受体结合）的过程。神经元通过复杂的电信号和化学信号间的转变实现脑的基本功能：在机体和环境之间获得信号、协调信号和传递信号。

第一节　神经元电信号转导

神经元是可兴奋细胞，细胞膜上的离子通道是基本兴奋单元，它们能产生电信号，也能将细胞外的化学刺激、电刺激以及细胞内产生的化学信号转变成电信号。离子通道具有两个基本特性：对离子的特异性以及对调节的易感性。离子特异性使不同的离子通过不同的通道实现跨膜流动。对调节的易感性是指离子通道可以被各种不同信号调节，又使神经信号的传送具有很大的灵活性。离子通道分为两种：通过膜电位控制离子通道开关的，称电压门控离子通道（voltage-gated channel）；通过化学性信号激活膜受体而控制的离子通道，称为化学门控通道（chemical-gated channel）。

一、电压门控性离子通道

电压门控性离子通道通常按最易通过的离子命名，如钠通道（sodium channel）、钾通道（potassium channel）、钙通道（calcium channel）等。Na^+通道在动作电位的形成和传播中具有重要作用，K^+通道能控制兴奋性和电信号的形式，Ca^{2+}通道能调节细胞内Ca^{2+}水平，从而触发递质释放和调制其他细胞功能。

（一）钠离子通道

1. Na^+通道的分子结构

电鳗Na^+通道蛋白是由1820个氨基酸残基组成，其长度约为nAChR亚单位链长的4倍，包含有4个50%很相似的主构域，称为Ⅰ、Ⅱ、Ⅲ、Ⅳ。每个主构域又分为6个亚区，这24条跨膜螺旋形成四重对称结构，中央形成Na^+通道，称为孔道区（pore region）或P区（图4-1）。

鼠脑Na^+通道的蛋白氨基酸序列有两个不同的分子组成：一个有2009个氨基酸残基，另一个有2005个氨基酸残基。两条肽链的同源性（两条肽链相同位点上相同氨基酸的百分比）为87%。它们与电器官Na^+通道蛋白的同源性为62%。

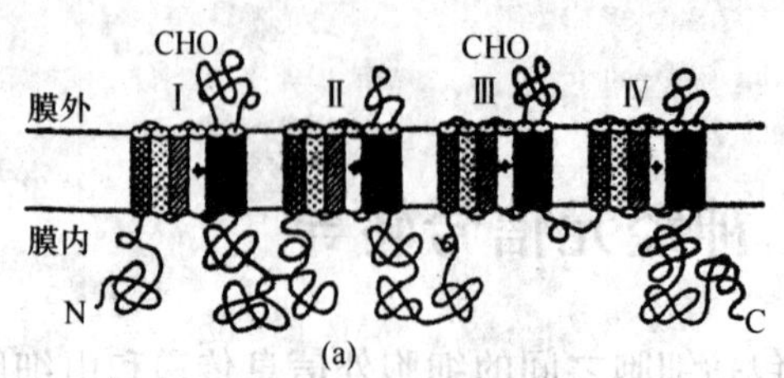

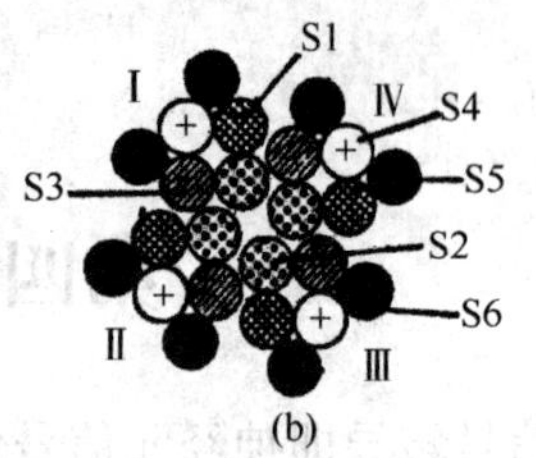

图 4-1　电压门控 Na^+ 通道的分子结构示意图

(a) 4 个主构域和 6 个亚区的拓扑图(展开),N 为第一个氨基酸残基位置,C 为最后一个氨基酸残基位置,碳水化合物结合位点由 CHO 表示;(b) 4 个主构域及其 α 螺旋形成通道时的相对位置

2. Na^+ 通道的生理模型

图 4-2 是依据 Na^+ 通道的生理特征而绘制的通道模型,它表示了 Na^+ 通道的主要生理功能部分:①选择性滤孔(selectivity filter),位于细胞外膜,允许适当大小和适当电荷的离子通过,Na^+ 最易通过,即对离子有高度的选择性;②电压感受器(sensor),位于内、外膜之间,对膜电位变化敏感,控制闸门的开关;③闸门(gate),位于内膜,为通道的内侧口,当膜上带电粒子即电荷移动时引起一个电压依从变化,因此在 Na^+ 通透之前的瞬间,产生微弱的闸门电流或门电流(gating current),其大小约为钠电流的 0.3%。

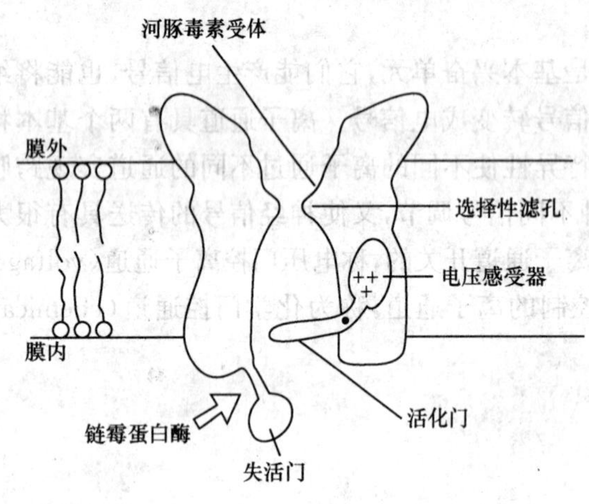

图 4-2　钠通道模式简图

Na^+ 通道对离子的通透有高度的选择性。Na^+ 通道的中心孔道必须足够狭窄,Na^+ 通道还允许阳离子通透,但通过 Na^+ 通道的阳离子都必须适合 3.2Å×5.2Å 这一空间大小。这种空间正好是一个 Na^+ 和一个水分子的大小。因此,这个空间也是选择性滤器的合适范围。河豚毒素和石房蛤毒素都是带胍基的水溶性分子,带正电荷的胍基部分伸入到 Na^+ 通道的狭窄部分——选择性滤孔,与通道壁的游离羧基相结合,毒素分子的其他部分因太大而堵塞了通道口。

3. 通道的开放、关闭和失活

在整个动作电位时程中,Na^+ 通道经历 3 种不同状态的循环转换,即静息关闭状态(closed resting state,R)、开放状态(open state,O)、失活关闭状态(closed inactive state,I)。处于静息关闭状态的通道遇到合适的刺激时即可进入开放状态,即激活过程(activation)。通道在开放后将随着时间的迁移逐渐进入失活关闭状态,即失活过程(inactivation)。失活关闭状态的通道不能直接进入开放状态而处于一种不应期。只有在经过一个额外刺激使通道从失活关闭状态进入到静息关闭状态后,通道才能再度接受外界刺激而激活开放。这一过程称为复活(reactivation)。Na^+ 通道的开放是全或无的,开放的时间短暂。

Ca^{2+}对Na^+通道的开放有影响，当细胞外Ca^{2+}浓度增加时激活性闸门不易开放(因其带正电荷与相应位点结合而排斥Na^+)。局部麻醉药则使失活性闸门易于关闭。

4. 作用于Na^+通道的神经毒素和药物

作用于电压门控性离子通道的神经毒素有两种类型。一是阻断离子通道。例如，河豚毒素和石房蛤毒素都是水溶性神经毒素，它们与Na^+通道的结合是由于分子太大而堵塞了通道外口，从而阻断Na^+流。局部麻醉剂如普鲁卡因和利多卡因可阻断Na^+通道，它们都是脂溶性化合物。它们首先溶解在膜的脂相而到达通道的结合位点。二是调节离子通道的门控过程，使通道处于开放状态，并延长通道的开放时间。如海葵毒素(ATX)是从海葵中分离提纯的碱性水溶性多肽毒素，其作用特点是使Na^+通道失活过程变慢而且不完全，并不影响激活过程。

(二) 钾离子通道

K^+通道是分布最广，种类最多，最为复杂的一大类离子通道，可进一步分为电压依赖的、配体(或受体)依赖的、ATP敏感的、钙激活和钠激活的等不同的类型。

1. K^+通道的结构

K^+通道通常由4个α亚基组成，但每个α亚基仅有一个跨膜区，因此K^+通道的一个α亚基相当于Na^+通道和Ca^{2+}通道的一个跨膜区，不同之处在于它们没有连在一起，但它们也是围绕一个中心构成离子通道的水性通道。另外，K^+通道也有辅助性亚基——β亚基。β亚基位于胞内，附在α亚基上。尽管组成K^+的α亚基均为4个，但α亚基所含的跨膜段数在不同的K^+通道存在明显的差异，这要比Na^+和Ca^{2+}通道复杂。

2. K^+通道的特性

按照电生理特性分类，K^+通道主要分为延迟外向K^+通道和瞬间外向K^+通道两类。延迟外向K^+通道激活有一个延迟的过程，失活较慢，阻断剂有四乙胺(TEA)等。瞬间外向K^+通道激活较快，失活也很快，呈现瞬间特点，阻断剂有4-氨基吡啶等。

按照分子生物学分类的方法分类，K^+通道有很多类型。总体上看，从血流动力学和药物敏感性角度，Kv2.1和Kv2.2表达后的特性与电生理分类中的延迟外向K^+通道相似，Kv4.2和Kv4.3表达后的特性与电生理分类中的瞬间外向K^+通道相似。

(三) 钙离子通道

Ca^{2+}通道的种类很多，目前认为有5类Ca^{2+}通道：① 电压依赖性Ca^{2+}通道(voltage-dependent Ca^{2+} channel，VOC)；② 受体活化钙通道(receptor-operated Ca^{2+} channel，ROC)；③ 第二信使活化Ca^{2+}通道(second messenger operated Ca^{2+} channel，SMOC)；④ 机械活化Ca^{2+}通道(mechanically operated Ca^{2+} channel，MOC)，亦称牵张敏感Ca^{2+}通道；⑤ 漏流Ca^{2+}通道(leak calcium channel)。下面主要介绍电压依赖性Ca^{2+}通道。

1. 电压依赖性Ca^{2+}通道的分类

电压依赖性Ca^{2+}通道分为T型(transient)、L型(long-lasting)、N型(neither)、P型、Q型

和R型。L型、N型、P型、Q型为高电压激活的Ca^{2+}通道，T型为低电压激活的Ca^{2+}通道。

(1) L型钙通道。L型钙通道的电导较大，在以100mmol/L Ba^{2+}为载流子(charge carrier)时为25pS，衰减慢，持续活动时间长，需要较强的去极化(膜电位去极化达−20 mV)才能激活。因能与双氢吡啶类化合物(DHP)特异性结合，也称为DHP受体。

(2) T型钙通道。T型钙通道的电导小，在以100mmol/L Ba^{2+}为载流子时为5～8pS，衰减快，弱的去极化电流(膜去极化至−50mV)即可激活。T型钙电流参与动作电位上升支的形成，但其作用远不如迅速开放的钠通道形成的内向电流大。

(3) N型钙通道。N型钙通道的电导大小与电压依赖性介于L型和T型两者之间，电导在以100mmol/L Ba^{2+}为载流子时为12～15pS，它需要强的去极化激活，但失活较快。由于N型通道常见于神经组织中，故常将此通道看作“神经元”钙通道。它触发递质的释放，对DHP不敏感，但可被Cd^{2+}及ω-conotoxin所阻断。

(4) P型钙通道。从性质上看P型钙通道属于高电压激活的Ca^{2+}通道，但对DHP和conotoxin均不敏感，却可被低分子质量的蜘蛛毒素所阻断。它的开放介导递质的释放以及神经元的高阈值发放。

(5) Q型钙通道。Q型钙通道属于高电压激活的Ca^{2+}通道，但其药理学特性与其他通道电流不同，它随着钳制电压的阶跃而失活。

(6) R型钙通道。R型钙通道属于高电压激活的Ca^{2+}通道。在神经元中利用特异性工具药将L、N和Q型电流阻断后，还存在非常活跃的R型电流。其失活最快，对Ni^{2+}敏感，可被$NiCl_2$阻断。

2. Ca^{2+}通道的特征

Ca^{2+}通道对Ca^{2+}有高度的选择性和通透性。Ca^{2+}通道主要对Ca^{2+}通透，原因可能是Ca^{2+}通道中存在着与Ca^{2+}结合的高亲和位点。

Ca^{2+}通道易于发生可塑性变化。通道的电压依赖性调制与磷酸化过程密切相关。通道复合体中存在Ca^{2+}和cAMP依赖的磷酸化位点。通道磷酸化作用的加强或去磷酸化作用的抑制均可增强对电压变化的敏感性。

二、化学门控离子通道

化学门控离子通道与突触传递有关。神经递质通过与通道蛋白(受体)的某个位点结合可以调节离子通道的开放和关闭。化学门控离子通道通常以启动它的递质和受体命名。对这类通道了解较多的有烟碱型乙酰胆碱(ACh)受体、γ-氨基丁酸A受体、甘氨酸受体和兴奋性氨基酸的NMDA(*N*-methyl-D-aspartic acid)和非NMDA受体。

(一) 分子结构

1. 乙酰胆碱受体通道

目前了解最多的化学门控离子通道是ACh受体，这种通道是首先用细胞内记录和膜片钳记录研究的通道，也是首先用生化手段纯化和克隆的通道。

从电鳐电器官纯化的ACh受体是由4种不同的亚单位(α、β、γ和δ)构成的五聚体糖蛋白，

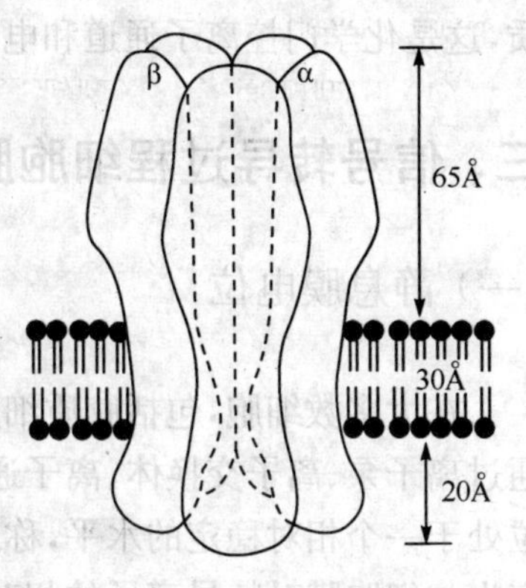

图 4-3 根据电镜和 X 射线衍射实验所作的 ACh 受体模型

受体的亚单位组成比例为 $\alpha_2\beta\gamma\delta$，每个亚单位是一个分子质量约 55kDa 的跨膜糖蛋白，每个亚单位含 4 个跨膜片段 M1～M4。膜内 ACh 受体类晶体排列的 X 射线分析和电镜检查，显示其形状如酒杯(图 4-3)。受体的大部分在膜的细胞外一侧，小部分在胞质面。5 个亚单位在垂直于膜的中心轴周围呈对称排列，通道即在此中心轴部位。通道两端的开口很大，直径约为 25Å，并在膜的外、内侧形成大致呈圆柱体的前庭，长度分别为 65Å 和 20Å。这一区域是通道中唯一对离子流起限制作用的一段。

对 α、β、γ 和 δ 亚单位氨基酸序列进行亲水法分析，证明 4 个亚单位分别有 4 个片段，具有跨膜所需要的长度和疏水性。图 4-4 显示了 α 亚单位跨膜排列的模型。

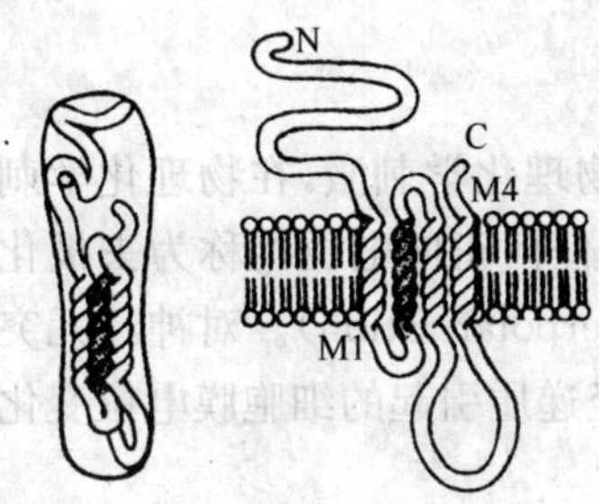

图 4-4 ACh 受体亚单位在膜内的拓扑结构模型图

ACh 受体与激动剂、拮抗剂的结合位点可能不全相同。每个 α 亚单位上有一个 ACh 结合位点，位于 α 链的 192 位和 193 位的半胱氨酸残基所在的区域，在 M1 片段之前。与 α 银环蛇毒素结合的位点，在 α 链的 185～196 位片段上。

2. 其他化学门控离子通道

已有多种化学门控的离子通道从脑组织中得到纯化，它们的亚单位已被克隆。在结构上，这类通道的所有成员均为五聚体蛋白，由 2～4 种分子质量为 50～60kDa 的不同亚单位组成。甘氨酸受体、$GABA_A$ 受体以及神经型 ACh 受体都能介导快速的突触后反应，其一般情况与烟碱样肌型 ACh 受体相似，但是有一个重要的差异，即 GABA 和甘氨酸受体与 ACh 受体有不同的离子特异性。GABA 和甘氨酸是哺乳动物中枢神经系统中两大主要的抑制性神经递质，其受体通道对阴离子(Cl^-)可通透，而对阳离子不能通透。

$GABA_A$ 受体似乎更为复杂。纯化的 $GABA_A$ 受体存在两种多肽链，β 亚单位能与 GABA 结合，α 亚单位能与苯二氮卓结合。苯二氮卓是一类镇静药，它能增加 $GABA_A$ 受体对 GABA 的亲和性。由于 α 和 β 亚单位在爪蟾卵母细胞上的表达都能形成有功能的通道，因此这两种亚单位都有 GABA 结合位点。

(二) 神经递质开启化学门控离子通道

化学门控离子通道和受体耦合于同一个跨膜蛋白大分子上，受体只对其配体敏感，对直接施加的电刺激不起反应。当受体未与配体(递质)结合时，通道是关闭的，一旦受体被递质激活，蛋白大分子突然变构而出现瞬时的贯穿细胞膜的水相通道，选择性地允许某种离子跨膜移动而出现电反应。这种电反应在周围没有第二信使或可能转化成为第二信使的物质存在时仍能发生，对直接施加的第二信使物质则不起反应，说明递质对这类离子通道的控制是直接的，不需要第二信使参与。突触后膜上化学门控离子通道开放的总数，取决于突触前末梢释放的递质量，通道开放后离子跨膜移动引起的膜电位改变，不会进一步增加通道开放数目。用电压钳法测定突触电流得到的宏观电流-电压关系近似直线，突触后膜总电导近乎恒定，说明突触电流不具有再生性质，这是化学门控离子通道和电压门控离子通道的基本区别。

三、信号转导过程细胞膜的电位变化

（一）静息膜电位

在大多数细胞，包括胶质细胞，跨细胞膜存在一个稳定的电位差。在静息状态下，各种离子通过离子泵、离子交换体、离子通道等机制在膜内外的转运处于一种动态平衡状态，从而使膜电位处于一个相对稳定的水平，称之为静息膜电位(resting membrane potential，RMP)。静息电位产生与细胞膜对特异离子的相对通透性和跨膜的离子浓度梯度有密切关系。

（二）突触后电位

细胞生活的环境处于不断变化之中。环境的变化实际是一类物理化学刺激，在物理化学刺激的作用下，细胞膜的电位常常发生不断地波动。偏离静息电位的任何正向电位均称为去极化(depolarization)；偏离静息电位的任何负向电位均称为超极化(hyperpolarization)。对神经元突触传递而言，神经递质是导致细胞膜电位变化的最主要因素，由神经递质引起的细胞膜电位变化习惯称为突触后电位。

1. 突触后电位类型

1）快突触后电位

快突触后电位是由具有不同离子选择性的化学门控离子通道开放所引起，它们发生快，历时短，可导致神经元迅速兴奋或抑制。快突触后电位包括兴奋性突触后电位(excitatory postsynaptic potential，EPSP)和抑制性突触后电位(inhibitory postsynaptic potential，IPSP)。

(1) 兴奋性突触后电位。兴奋通过突触的机制如下：神经轴突的兴奋冲动→突触前膜去极化→电压门控的 Ca^{2+} 通道开放，Ca^{2+} 内流→Ca^{2+} 进入使突触囊泡移动，与前膜结合后释放囊泡内的化学递质→递质经过突触间隙扩散并作用于突触后膜受体→突触后膜对一价正离子的通透性升高，产生局部兴奋，出现兴奋性突触后电位→兴奋性突触后电位在突触后神经元始段转化成锋电位，爆发扩布性兴奋→兴奋传至整个神经元。

(2) 抑制性突触后电位。IPSP 是由于突触后膜对阴离子如 Cl^- 的通透性增加，导致突触后膜出现超极化，使膜电位背离神经元阈电位的方向发展，这样，后来的传入将不易引起神经元兴奋，因而把这个发生在突触后膜的超极化电位称为抑制性突触后电位。但不是所有神经元的 IPSP 都由 Cl^- 内流引起，有些神经元的 IPSP 是由 K^+ 电导增加引起的。还有些神经元具有两种受体分别控制 Cl^- 和 K^+ 通道，如海马锥体细胞有 $GABA_A$ 和 $GABA_B$ 受体，前者被激活时可开放对 Cl^- 有通透性的通道产生快 IPSP，后者被激活时可开放对 K^+ 有通透性的通道产生慢的 IPSP。

2）慢突触后电位

在外周和中枢神经系统都可以见到发生缓慢、历时长久的慢突触后电位，它们的产生通常都有胞内信使参与。它们不一定直接引起神经元的兴奋或抑制，但能影响神经元的兴奋性和重复放电频率。

2. 突触后电位性质与特点

突触后电位是一种局部电位，具有以下几个基本特性。①不是“全或无”的，而是随着阈下刺激的增大而增大。②不能在膜上作远距离的传播。这个局部兴奋所波及的范围在一般神经细胞膜上不超过数十乃至数百微米。③局部兴奋是可以互相叠加的，可发生空间和时间性总和。

（三）动作电位

动作电位（action potential，AP）是在静息电位基础上发生的膜极化状态的瞬时性、爆发性变化，是可兴奋性细胞或活动的标志，是触发随后发生的各种功能活动，如肌肉收缩、腺体分泌、递质释放等的先决条件。动作电位一旦发生，它就刻板式地、不依赖产生它们的刺激而做全或无（all or none）的传播。动作电位是由两类离子通道（Na^+通道和K^+通道）协同作用产生的。这两种通道的开及关是精确定时的，因而产生短暂的膜电位逆转，这种短暂变化沿着轴突前进，其速率可高达 120m/s。所谓动作电位的传导，实际是已兴奋的膜部分通过局部电流“刺激”未兴奋的膜部分，使之出现动作电位，这样的过程在膜表面连续进行下去，就表现兴奋在整个细胞的传导。

第二节　跨突触的神经元信号传递

神经系统的大部分功能都是通过突触传递（synaptic transmission）来实现的。神经元之间的信息交流必须十分精确，而准确无误的信息交流在一定程度上又必须通过突触部分来实现，即信息从突触前神经元传递到突触后神经元，因此包括了突触前过程和突触后过程两部分。跨神经元的突触传递是电信号与化学信号的相互转化过程。突触前：电信号转变为化学信号，导致神经递质释放到突触间隙。突触后：神经递质与突触后膜不同类型的受体结合，传递不同的信号。①与离子通道受体结合，引起突触后电位的改变，即电信号转导。②与代谢型受体结合，通过第二信使、第三信使引发相应的生物化学反应，即化学信号转导。跨突触的化学信号传递是哺乳动物神经组织间信息传递的主要形式。

一、突触的结构

突触是指神经元与神经元之间，或神经元与某些非神经细胞之间的一种特化的细胞连接，通过它的传递作用可以实现细胞与细胞间的通信联系。突触传递神经信息通常具有一定的方向性。各种神经活动（特别是高级神经活动）都有突触参加，故突触的结构和功能一直是神经生物学研究的重点及热点领域。

二、突触传递

突触传递在这里是指化学突触的传递，是信号转导的过程，可简单地概括为 3 个部分：突触前神经元轴突的电信号在神经末梢被转化为化学信号，释放神经递质；神经递质与突触后神经元膜上受体结合；突触后神经元再将化学信号转化为电信号或化学信号。

(一) 突触前电信号向化学信号的转化——神经递质的释放

突触前膜在突触前神经元发生动作电位时释放神经递质。当动作电位自胞体传导到突触末梢,导致突触前膜上电压门控 Ca^{2+} 通道打开,Ca^{2+} 内流使胞内 Ca^{2+} 浓度升高,Ca^{2+} 与胞质中的 CaM 结合,Ca^{2+}/CaM 复合物结合到 Ca^{2+}/CaM PK Ⅱ的亚单位上,酶被激活,并能使磷酸基从 ATP 转移到多种不同的底物蛋白上。在神经元,Ca^{2+}/CaM PKⅡ的一种最适底物是突触素Ⅰ,使突触素Ⅰ磷酸化,解除对突触囊泡的约束,突触囊泡前移,并与突触前膜融合,释放囊内神经递质,实现了电信号向化学信号的转化。

(二) 突触后化学信号的转导

从突触前膜释放的神经递质经过突触间隙,到达突触后膜,作用于突触后膜上的受体引起突触后神经元发生相应的反应。有两种反应,一种是电反应,另一种是化学反应。突触后化学信号转变为化学信号或电信号取决于神经递质和突触后膜上的受体类型。当神经递质与离子型受体结合后介导的突触后电反应,即突触后膜产生突触后电位,可以是兴奋性的,也可以是抑制性的,取决于开放或关闭的离子通道的类型。当与代谢型受体结合,可通过第二信使、第三信使引发相应的生物化学反应,即实现化学信号的转导。

第三节　神经细胞内的信号转导

神经细胞内的信号转导是指完成跨突触传递后,信号在突触后神经元内的转导。神经递质以及细胞外的信使分子特异地与细胞膜表面的受体结合,刺激细胞产生胞内调节信号,并传递到细胞特定的反应系统而产生生理应答,包括自胞膜到胞核的一系列生物信使分子结构、数量和功能的连锁变化过程。生物信使分子包括第一信使、胞质第二信使、核内第三信使。

一、第一信使和受体

(一) 第一信使:信息途径的激活

目前了解比较深入的细胞外信息物质是第一信使,有 3 类:①不可穿过细胞的信使分子;②可穿过细胞的信使分子;③和细胞偶联的信使分子。前两者都是分泌分子,从突触前分泌、释放,作用于突触后细胞。和细胞偶联的信使分子则直接结合于细胞膜上的受体。

1. 不可穿过细胞的信使分子

不可穿过细胞的信使分子包括蛋白质、多肽类、生物胺等其他小分子,它们的共同点是不能通过脂质双分子层,其信息传递方式有如下 3 种。① 简单直接摄入。某些营养物或离子可以被视为特殊信使物质,通过膜上的某些结构被摄入细胞,影响细胞内的代谢过程,如通过 Na^{+},K^{+}-ATP 酶转运进细胞的 Na^{+} 或 K^{+}。② 与载体蛋白结合后进入细胞。这种方式以维生素 B_{12} 和胆固醇为代表。维生素 B_{12} 或胆固醇与其各自的特异性载体(transcobalamin Ⅱ或低密度脂蛋白

LDL)在血液中结合，细胞膜上的受体能识别载体蛋白并将其摄入。③ 通过受体的跨膜信息传递。不可穿过细胞的信息分子典型的信息传递即通过与受体结合而起作用，如神经递质和神经营养因子。通常这些分子存活期都短，或快速代谢，或被结合的受体内吞。细胞膜上的受体能特异性识别配体，一旦与配体结合后，即能影响细胞代谢。由于这种识别、激活双重作用，受体本身也参与了信号的放大或产生。通常所说的跨膜信息传递多指此类机制。

2. 可穿过细胞的信使分子

可穿过细胞的信使分子指可以通过膜的脂双层，自由进入细胞，与胞质或细胞核内的相应受体反应，从而影响基因的活动，如类固醇激素。

3. 和细胞偶联的信使分子

此类信使分子通常位于细胞外侧，作用于物理位置紧邻的靶细胞，如整合素(integrin)，影响轴突生长的神经细胞黏附分子(NCAM)等。目前这一类信使分子的研究尚在起步阶段。

(二) 受体

经受体转导的跨膜信息传递机制包括三个主要环节，即识别、转导和效应。信使物质首先被特异的受体识别，并与之结合，经过一系列复杂的介导过程，导致细胞内效应器活性变化，调节细胞的各种活动。根据受体本身的结构及其效应体系的不同，可以把受体的跨膜信息传递分成4类(图 4-5)。

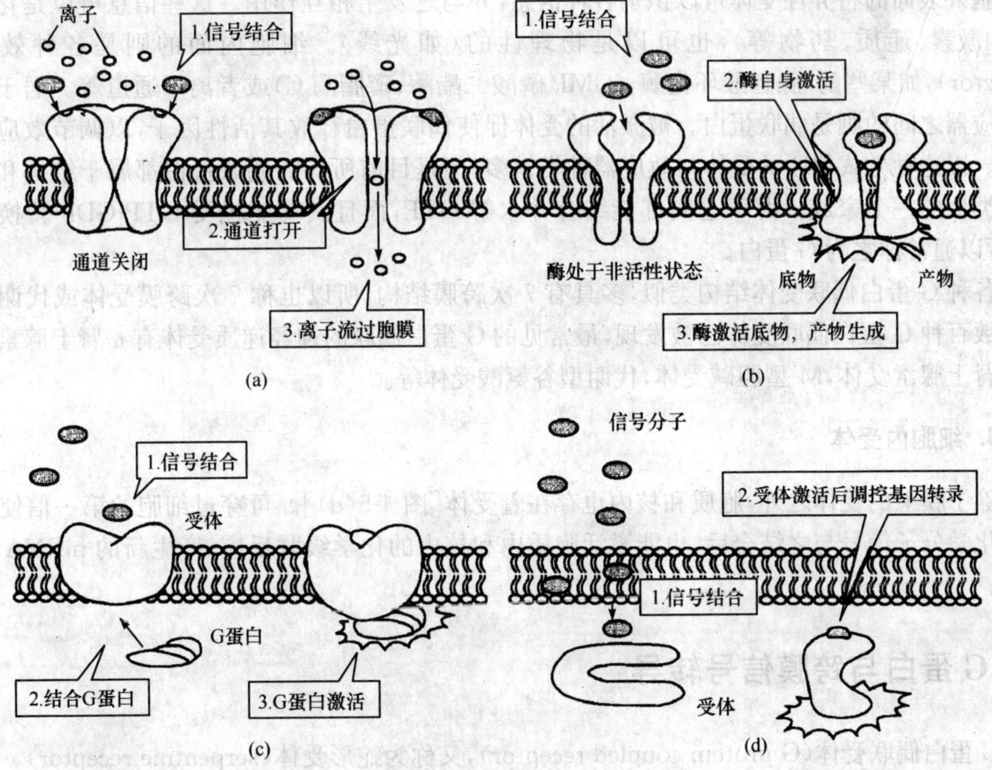

图 4-5 受体的 4 种类型以及其信息传递机制

1. 离子通道偶联型受体

离子通道偶联型受体(ion-channel-linked receptor,亦称配体门控型离子通道)既是受体又是离子通道。配体与受体结合后改变离子通道的活性[图 4-5(a)],如 N 型胆碱受体、$GABA_A$ 受体、NMDA 受体及甘氨酸(Gly)受体,所有的化学门控型离子通道都可以归于此类。受体本身由配体结合部位与离子通道两部分构成。化学信号与受体的配体部位结合,引起离子通道的开放或关闭。离子的流动改变了靶细胞的膜电位,内流的 Ca^{2+} 作为第二信使起作用。

2. 酶偶联型受体

酶偶联型受体(enzyme-linked receptor)本身具有某种酶的活性,其催化部位在细胞膜的内面[图 4-5(b)]。胞外化学信号分子与受体胞外的配体结合位点结合后改变受体胞内的酶活性,从而导致一系列效应。这类受体的绝大部分是蛋白酶,往往是酪氨酸激酶(tyrosine kinase),其通过磷酸化细胞内靶蛋白而改变靶细胞的生理功能。这类受体典型的成员包括神经营养因子受体(neurotrophin receptor)Trk 家族、某些生长因子以及胰岛素的受体等。此外,调控细胞膜上鸟苷酸环化酶的受体也属于这一家族,但其细胞内的酶是鸟苷酸环化酶,此酶催化三磷酸鸟苷(GTP)转化为 cGMP。

3. G 蛋白偶联受体

G 蛋白偶联受体(G-protein coupled receptor)与其配体结合后即与膜上的另一种蛋白结合,使其释放出活性因子,这种活性因子与受体的效应器发生反应,并调节其活性[图 4-8(c)]。暴露于细胞外表面的特异性受体可以识别各种信息,并与之发生相互作用。这些信息可以是化学性的(如激素、递质、药物等),也可以是物理性的(如光线)。细胞内面的则是各种效应器(effector),如某些酶(腺苷酸环化酶、cGMP 磷酸二酯酶、磷脂酶 C)或者离子通道等。居于受体与效应器之间的则是偶联蛋白。被激活的受体促使偶联蛋白释放其活性因子,以调节效应器的活性。以这种方式偶联的受体与效应器种类繁多,但是目前所知的偶联蛋白都属于结构和功能极为类似的一个家族。由于它们都能结合并水解 GTP,而且其功能也受 GTP-GDP 转换的调节,所以通常称之为 G 蛋白。

各种 G 蛋白偶联受体结构类似,多具有 7 次跨膜结构,所以也称 7 次跨膜受体或代谢型受体。数百种 G 蛋白偶联受体已被发现,最常见的 G 蛋白偶联的神经递质受体有 α-肾上腺素受体和 β-肾上腺素受体,M-型胆碱受体,代谢型谷氨酸受体等。

4. 细胞内受体

除了膜上的受体之外,胞质和核内也存在着受体[图 4-5(d)]。可穿过细胞的第一信使或亲脂性化学分子信号与之结合后,也能激活胞质内和核内的化学级联反应,产生新的 mRNA 和蛋白质。

二、G 蛋白与跨膜信号转导

G 蛋白偶联受体(G protein coupled receptor),又称为蛇形受体(serpentine receptor)。该受体是只含一条肽链的糖蛋白,其 N 端在细胞外侧,C 端在细胞内,中段形成 7 个跨膜螺旋结构和

3个细胞外环与3个细胞内环。这类受体的共同特点是其胞浆面第三个环能与鸟苷酸结合蛋白(guanylate binding protein,简称G蛋白)相偶联,从而影响腺苷酸环化酶(adenyl cyclase,AC)或磷脂酶C(phosphatidase C,PLC)等的活性,使细胞内产生第二信使。这类受体的信息传递可归纳为:配体→受体→G蛋白→酶→第二信使→蛋白激酶→酶或功能蛋白磷酸化→生物学效应。此类受体分布极广,主要参与细胞物质代谢的调节和基因转录的调控。

(一) G蛋白的结构特点及分类

G蛋白是一类能与GTP或GDP相结合,位于细胞膜胞浆膜面的膜蛋白,它们在结构上的共同特点是由α、β和γ三个亚基组成异三聚体。其中α亚基分子质量为39～46kDa,且变化较大,不同G蛋白结构上的差别主要表现在α亚基上,通过α亚基的多样化实现G蛋白对多种功能的调节。β、γ亚基通常组成紧密的二聚体,共同发挥作用。G蛋白有两种构象,一种以αβγ三聚体存在并与GDP结合,为非活化状态;另一种构象是α亚基与GTP结合并导致βγ二聚体的脱落,此型为活化状态。此外G蛋白在结构上的共性还表现在都具有1个GTP结合位点、1个GTP酶活性位点、1个ADP核糖基化位点、1个毒性修饰位点、1个受体和效应器结合位点等。迄今为止,至少已分离鉴定出20余种不同的α亚基、6种β亚基和10多种γ亚基,故理论上可形成上千种G蛋白,这就更增加了G蛋白介导的细胞内信号转导的多样性和特异性。

根据α亚基的不同对G蛋白分类,常见的几种G蛋白包括激动型G蛋白(stimulatory G protein,Gs)、抑制型G蛋白(inhibitory G protein,Gi)和转导素激活型G蛋白(transducing G protein,Gt)等。不同的G蛋白能特异地将受体和与之适应的效应酶偶联起来,各种G蛋白的α亚基均有一个可被霍乱毒素(cholera toxin,CTX)或百日咳毒素(pertussis toxin,PTX)进行ADP-核糖基化修饰的位点,并能改变G蛋白的功能。除Gs、Gi和Gt外,还有Go、Golf、Gguest、Gz、Gq和G11～G16等多种类型的G蛋白参与神经系统的细胞内信号传递,如Gs和Gq参与神经递质与受体结合产生的信号转导,Gt参与视网膜感光细胞电活动的调节,Gg在味觉信号转导中发挥作用,Golf参与嗅神经上皮的活动,G11～G16存在于包括脑组织在内的多种细胞中,但对它在信号转导中所起的作用还知之甚少。

(二) G蛋白活性调节的共同机制

目前已知的G蛋白通过共同的机制起作用。当外环境中不存在受体的配体时,G蛋白的3个亚单位呈聚合状态,α亚单位与GDP结合形成$G_{\alpha\beta\gamma}$-GDP。当外环境中存在受体的配体时,受体与配体结合,同时释放GDP,形成LR_H-$G_{\alpha\beta\gamma}$复合体(L代表受体的配体,R_H代表高亲和力受体),这时受体与配体的亲和力较高(LR_H)。在Mg^{2+}存在的条件下,胞浆内的GTP取代GDP,并使整个复合体解离为三部分,即R_L(对配体呈低亲和力状态的受体)、αβ复合体以及被激活的αs-GTP亚单位。αs-GTP可激活效应器,如腺苷酸环化酶。由于αs亚单位本身具有GTP酶活性,因而GTP被水解成为αs-GDP,后者再与βγ亚单位形成Gs三聚体。由于α亚单位上的GTP酶催化速度很慢,所以,一般认为GDP的释放是这个循环中的限速步骤。

在上述反应中,存在受体水平和G蛋白水平的两种调节机制,前者受控于相应的配体与其受体的结合;后者受控于GTP-GDP的转换。这两种调节间存在着重要的联系,即G蛋白对受体亲和力的调控,释出GDP的G蛋白($G_{\alpha\beta\gamma}$与受体结合LR_H-$G_{\alpha\beta\gamma}$),此时受体处于高亲和力状态,容易与相应的配体结合;一旦 GTP 与 G 蛋白结合,受体-G 蛋白复合体即解离,释出有活性的 α-GTP激活其效应器(如第二信使),受体又回到低亲和力状态(R_L)。

(三) G 蛋白参与多种跨膜信息转导

1. G 蛋白对 AC 活性的活化与抑制

G 蛋白激活腺苷酸环化酶(AC)系统是发现最早、研究最多的一种。参与受体与腺苷酸环化酶偶联的有两类 G 蛋白:介导激活腺苷酸环化酶作用的 Gs 与介导抑制腺苷酸环化酶作用的 Gi。细胞外信息分子(配基) 与受体结合后,经过位移和聚焦,与相应的 G 蛋白(Gs 或 Gi)结合。在调节 AC 活性过程中,G 蛋白本身也完成了一个"起动-停止"的循环。当 Rs 与配基结合后,其构象发生改变,Gs 结合位点暴露,与 G 蛋白结合成受体-Gs 复合体,然后通过某种方式促使细胞膜输送 GTP 至 G 蛋白(Gs),置换下 GDP,使 Gs 活化(启动),α 与 βγ 亚基解离,同时暴露出与 AC 结合的位点,并与 AC 结合,使 AC 活化。另外 Gs 本身又具有水解酶活性,能使 GTP 水解为 GDP,亚基恢复最初构象,与 AC 分离,使 AC 活化终止,Gs 失活(停止)。可以认为,Gs 的活化实际上就是 AC 催化亚单位的活化,意味着跨膜信息传递的开始,而 Gs 失活意味着传递的停止。

与 Gs 相比,Gi 作用较复杂,了解得较少。一般认为,当 Ri 被激动时,Ri 与 Gi 结合,释出 GDP,结合 GTP,Gi 随即解离成为 $Gi_{\beta\gamma}$ 和 Gi_{α}-GTP,Gi_{α}-GTP 可以与 AC 直接作用而抑制其活性。

2. G 蛋白调节 cGMP 磷酸二酯酶活性

视网膜视杆细胞的膜盘(membranous disk)上均存在感光物质——视紫红质(rodopsin)。视紫红质是一种跨膜蛋白,相对分子质量 40 000 左右,其羟基末端附近在光照后可被视紫红质蛋白激酶磷酸化,该部位也是 Gt 蛋白的结合位点。

Gt 由 3 个亚单位构成,其 α 亚基具有 GTP 或 GDP 的结合位点及 GTP 酶活性;βγ 亚单位在 cGMP 的调节中不具有单独的作用,作用类似 α 亚单位调节因子。在黑暗的条件下,几乎所有的 Gt 都与 GDP 相结合,这时它不具有影响 cGMP 的活力。但光照使视紫红质(R)被激活成为 R^*(R^* 表示活化的 R),R^* 与 Gt 结合后,促其释放出 GDP 而与 GTP 结合,形成 R^*-T-GTP 复合物时 R^* 及 Gt 的 βγ 亚单位分别从 R^*-T-GTP 复合物中释放出,R^* 重新用来激活其他的 Gt,T-GTP 则进一步与 cGMP 磷酸二酯酶结合,使之从非活性状态转化为活性状态,水解 cGMP,从而降低细胞内的 cGMP 浓度(图 4-6)。在这一过程中,1 个被光激活的视紫红质分子可以被反复使用 500 次之多,换言之,光信号在这一过程中被放大了 500 倍。另外,被激活的磷酸二酯酶(PDE-T_{α}-GTP) 水解 cGMP;同时,与 T_{α} 结合的 GTP 被 T_{α} 本身所具有的 GTP 酶水解成为 GDP,结果使 PDE 转化为非活性状态(PDEi),复合物解离,$T_{\beta\gamma}$ 重新与 T_{α}-GDP 组合成为 T-GDP。这种过程循环往复,就不断地产生光感的传入冲动。

3. G 蛋白对离子通道的调节

通过 G 蛋白的偶联可以直接作用于离子通道,也可以通过激活细胞内的酶而产生第二信使,这些可扩散的第二信使再影响离子通道。无论是其中哪一种方式,这种通过细胞膜上蛋白质-蛋白质的交互作用对离子通道特性的调制,与直接偶联系统中通过分子内部构象的改变来介导的情况相比,启动必定要慢些,持续时间也要长些。目前发现的直接由 G 蛋白调节的离子通

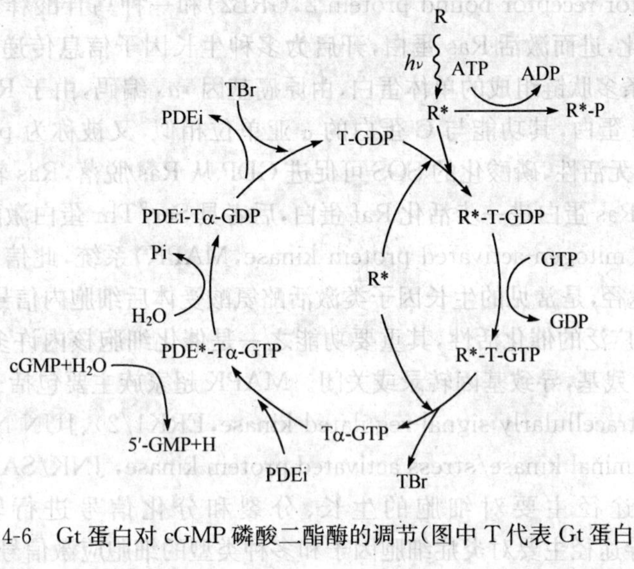

图 4-6　Gt 蛋白对 cGMP 磷酸二酯酶的调节(图中 T 代表 Gt 蛋白)

道数目正稳步增加。在神经元,G 蛋白直接调制的离子通道包括钾通道、钙通道以及内向整流钾通道。

值得注意的,近年来研究证实,G 蛋白 β、γ 亚基形成的 βγ 二聚体除调节腺苷酸环化酶、磷脂酶 C、离子通道及 G 蛋白偶联受体激酶外,还可以激活 Ras、MAPK,参与对各种生长因子激活的酪氨酸激酶传导系统的调节。

三、酪氨酸蛋白激酶介导的信号转导

酪氨酸蛋白激酶(tyrosine protein kinase, TPK)在细胞的生长、增殖、分化等过程中发挥重要的调节作用,也与肿瘤细胞的发生密切有关。受体型 TPK 和非受体型 TPK 虽都能使蛋白底物的酪氨酸残基磷酸化,但它们的信息传递途径有所不同。

细胞中的 TPK 通常包括细胞质膜上的受体型 TPK,如胰岛素受体、表皮生长因子受体以及某些原癌基因(如 *erb-B*、*kit*、*fms* 等)编码的受体,均属于催化型受体;胞浆中的非受体型 TPK,如底物酶 JAK 和某些原癌基因(如 *src*、*yes*、*abl* 等)编码的 TPK,常与催化型受体偶联而发挥作用。

(一) 酪氨酸激酶受体的信号转导途径

受体酪氨酸蛋白激酶(receptor tyrosine protein kinase,RTPK)本身既是受体,又具有酪氨酸蛋白激酶的活性,它们对蛋白质的磷酸化作用只限于酪氨酸残基,其活性不受细胞内第二信使分子的调节,酶的活性部分即为位于细胞内的一个催化结构域,这个催化结构域又是某些生长因子膜受体的一部分。生长因子与受体的结合直接激活酪氨酸激酶本身,从而磷酸化它们自身,以及包括离子通道在内的其他底物。故酪氨酸激酶受体在细胞生长、增殖、分化等过程中起重要的调节作用,并与肿瘤细胞的发生有密切的关系。在神经系统,通过这些受体作用的生长因子有 NGF 和其他神经营养素(neurotrophin, NT),它们在神经系统的发育过程中对神经元的分化起关键性作用。催化型受体与配体结合后,发生自身磷酸化并磷酸化中介分子,如磷酸化一种接头蛋白质(growth factor receptor bound protein 2,GRB2)和一种鸟苷酸释放因子(son of sevenless,SOS),使其活化,进而激活 Ras 蛋白,开启为多种生长因子信息传递过程所共有的 Ras 通路。Ras 蛋白是一条多肽链组成的单体蛋白,由原癌基因 *ras* 编码,由于 Ras 蛋白分子的分子质量为 21kDa,小于 G 蛋白,其功能与 G 蛋白的 α 亚单位相似,又被称为 p21 蛋白或小 G 蛋白。Ras 与 GDP 结合时无活性,磷酸化的 SOS 可促进 GDP 从 Ras 脱落,Ras 转变成 GTP 结合状态而活化。激活后的 Ras 蛋白进一步活化 Raf 蛋白,后者具 Ser/Thr 蛋白激酶活性,可激活有丝分裂原激活蛋白激酶(mitogen-activated protein kinase,MAPK)系统,此信号通路被称为受体型 TPK-Ras-MAPK 途径,是常见的生长因子类激活酪氨酸受体后细胞内信号转导途径。

MAPK 具有较广泛的催化活性,其重要功能之一是催化细胞核内许多反式作用因子(如转录因子)的 Ser/Thr 残基,导致基因转录或关闭。MAPK 超家族主要包括三个亚家族:细胞外信号调节激酶 1/2(extracellularly signal-regulated kinase,ERK1/2)、JUN N 端激酶/应激激活蛋白激酶(JUN N- terminal kinase/stress activated protein kinase, JNK/SAPK)和 p38 激酶,其中 ERK1/2 信号转导途径主要对细胞的生长、分裂和分化信号进行转导,JNK/SAPK 和 p38MAPK 信号转导途径主要对炎症细胞因子和多种类型的细胞应激信号进行转导。

(二)酪氨酸激酶偶联受体的信号转导途径

大部分细胞因子需要通过酪氨酸激酶偶联受体完成信息传递,如转化生长因子(transforming growth factor,TGF)、肿瘤坏死因子(tumor necrosis factor,TNF)等。此类受体的特点是受体本身不具有酪氨酸激酶的结构域,但与配体结合后,受体发生多亚基成分的聚合,激活非受体酪氨酸激酶,通过该类激酶完成信息向胞内的传递。非受体酪氨酸激酶有两个家族,其中之一被称为另一类激酶(just another kinase/ janus kinase,JAK),它是一类位于胞浆的可溶性激酶,其家族包括至少 4 个成员。激活的 JAK 作用于其下游靶蛋白,即信息传递与转录活化因子(signal transducer and activator of transcription,STAT)。STAT 是一类新发现的转录因子,其家族至少 6 个成员,均具有 SH2 结构域,该信号通路被称为 JAK/STAT 信号转导途径。

JAK/STAT 途径广泛参与细胞的增殖、分化以及免疫调节等过程。JAK/STAT 信号转导途径传递过程大致如下:细胞因子与细胞膜上的相应受体结合后,形成同源或异源二聚体,使胞质内的 JAK 磷酸化而被激活,后者使受体酪氨酸残基磷酸化,JAK 接近 STAT 并使 STAT 的一个羟基磷酸化,激活 STAT。STAT 激活后即与受体分离,形成二聚体并移位至胞核与 DNA 上特定的调节序列结合,调节基因转录。研究表明,JAK 家族成员在中枢神经系统内有表达,JAK/STAT 途径也参与脑的发育以及某些病理过程,还可能在神经细胞分化、神经再生等方面起重要作用。

四、第二信使介导的信号转导途径

胞质内信号分子被称为第二信使。Sutherland 1968 年正式提出第二信使学说,现在第二信使学说已成为生物信息传递的重要理论之一。目前较为公认的胞质内第二信使主要有 cAMP、cGMP、Ca^{2+}、1,4,5-三磷酸肌醇(inositol-1,4,5-triphosphate, IP_3)、二酰基甘油(diacylglycerol, DAG)等,这些小分子物质组成了细胞内各主要信息传递通路,且相互影响,介导细胞功能的调节。

(一) cAMP 信使体系

1. cAMP 产生与分解

cAMP 是第一个被确定的第二信使。胞内信使 cAMP 是由活化的 AC 催化胞质中的 ATP 脱去 1 个焦磷酸而形成的。AC 是催化生成 cAMP 的关键酶，在 cAMP 信息传递中处于中心地位，并自成一系统。这一系统主要由以下 4 部分组成：受体(R)、催化亚单位(C)、G 蛋白、活化 AC 的协同因子。AC 主要位于质膜的内表面，催化亚单位与 Gs 形成复合体，催化其生理底物 Mg^{2+}-ATP 生成 cAMP。活化 AC 的协同因子包括 GTP、Mg^{2+} 和核苷酸二磷酸激酶(NDPK)等辅助因子。

cAMP 的水解由特异性的环腺苷酸依赖的磷酸二酯酶(PDE)催化，在 3′,5′环上断裂生成 5′-cAMP，信号因而灭活。PDE 的作用是继细胞内第二信使发生效应后开始的，PDE 在控制细胞内 cAMP 水平方面可能起决定性作用。

2. cAMP 通过蛋白激酶 A 介导蛋白磷酸化传递信息

胞内信使 cAMP 产生以后，主要通过激活依赖于 cAMP 的蛋白激酶 A(protein kinase A, PKA)完成信号传递。cAMP 激活的 PKA 能将 ATP 末端的磷酸转移到靶蛋白(酶)的丝氨酸和苏氨酸残基上，使之磷酸化而被激活，活化的酶再激活其他的酶。许多酶磷酸化后活性增高，另一些则活性降低。当 cAMP 信号终止后，靶蛋白的活性则在磷酸化酶的作用下脱磷酸恢复原状。在不同组织细胞中，依赖 cAMP 的 PKA 的靶蛋白大不相同，cAMP 通过活化或抑制不同的酶系统，使细胞对外界信号产生不同的反应。

3. 神经系统内 cAMP 的功能

cAMP 的作用非常复杂，主要介绍以下 4 个方面。

(1) 调节神经元的酶活性和神经递质的合成与释放。cAMP 能改变神经递质合成酶的活性，从而影响神经递质的合成。酪氨酸羟化酶(tyrosine hydroxylase, TH)是儿茶酚胺合成的限速酶，cAMP 可激活 TH 而增加多巴胺的合成。cAMP 还能提高其他与神经递质合成有关的酶活性，如多巴胺 β 羟化酶、胆碱乙酰基转移酶、谷氨酸脱羧酶、抗黑色素激素合成相关酶等。

cAMP 加到脑片培养液中，诱发去甲肾上腺素释放量增加。最近的研究发现，特殊蛋白磷酸化参与神经递质释放，cAMP 和钙调素可发动特殊蛋白的磷酸化过程。cAMP 和钙调素与它们相应的蛋白激酶结合，酶被活化并引起突触小泡蛋白质磷酸化，使突触小泡与突触前膜融合，神经递质胞吐到突触间隙。

(2) 调节离子通道。第二信使常常通过蛋白质磷酸化来开放或关闭离子通道。如 cAMP 激活的嗅神经元的钠离子通道和钾离子通道等。由依赖第二信使的激酶启动的蛋白质磷酸化有两种作用：一种是开启在静息膜电位时关闭的通道；另一种是由第二信使激活的激酶产生一种新的突触作用而关闭在静息膜电位时开放的通道。

(3) 介导基因表达。第二信使除直接或通过蛋白激酶间接控制离子通道开关外，最近还发现第三种突触作用，即神经递质通过第二信使的作用使起转录的调节蛋白磷酸化，从而改变基因表达，诱发新蛋白质的合成，影响神经元生长等。这种突触作用可持续几天，甚至更长。

(4) 改变神经递质受体的特性：在 cAMP 的影响下，受体的作用能自我调节或介导另一种神经递质的受体效应。例如，延长神经递质的作用后，受体对后来应用的同样递质就不反应，这种现象称为脱敏，受体脱敏是由于蛋白质磷酸化的结果。cAMP 也可影响别的神经递质受体，如降钙素基因相关肽触发 cAMP 的连锁反应，导致 ACh 受体磷酸化，致使受体对 ACh 的反应减弱，出现脱敏，这一过程也可由 PKC 和酪氨酸激酶诱发。

（二）cGMP 信使体系

cGMP 与 cAMP 的化学结构很接近，但是它们的合成酶的结构及调节却大相径庭。对 cGMP 的合成、结构、代谢、作用和意义等的研究是按类似 cAMP 的方式进行的。因为 cGMP 介导了那些与 cAMP 作用相反激素的效应，故把 cGMP 作为一种第二信使。在哺乳动物组织中普遍存在鸟苷酸环化酶（guanylate cyclase，GC），它能催化 GTP 生成 cGMP。GC 不像 AC 那样仅有胞膜结合型的，目前已发现，至少有两种类型的鸟苷酸环化酶：胞质可溶性 GC 和胞膜结合性 GC。两者的调节也各不相同。肺、肝、大脑和血小板等的 GC 主要以可溶性形式存在，而小肠黏膜、成纤维细胞等的 GC 则主要以膜结合性的形式存在。

研究表明，心钠素、细菌热稳定肠毒素、海胆卵肽、内皮源性舒张因子及硝基类扩血管药物、脂肪酸及其代谢产物、钙离子等都可激活 GC，使 cGMP 水平升高而发挥效应。而磷酸烯醇式丙酮酸、草酰乙酸、叠氮化物、血红蛋白和肌红蛋白等对 GC 有抑制作用。cGMP 的水解由环鸟苷酸依赖的磷酸二酯酶（cGMP-PDE）催化。

（三）肌醇脂质信使体系

20 世纪 80 年代，大量研究表明肌醇磷脂（lipositol）的降解是跨膜信号转导过程的重要步骤，从而发现了细胞内一条非核苷酸类的第二信使通路，并将肌醇脂质代谢中产生的三磷酸肌醇和甘油二酯等确认为第二信使。

1. 肌醇磷脂的代谢

肌醇磷脂在内质网合成后，由胞质的可溶性磷脂交换蛋白运到质膜中，被一些磷脂酶（phospholipase）降解，产生了两个胞内信使物质——水溶性的 IP_3 和脂溶性的 DAG，以及其他活性物质。磷脂酶分为 4 类：A_1、A_2、C、D，它们分别作用于磷酸的不同酯键。其中磷脂酶 A_2（PLA_2）和磷脂酶 C（PLC）是肌醇磷脂代谢的主要酶系。IP_3 和 DAG 还可继续代谢，产生新的有活性的化合物或加入其他代谢循环。DAG 一般有三条代谢途径：① 在 DAG 脂酶（lipase）作用下，水解为甘油单酯（2MG），进而分解产生花生四烯酸（arachidonic acid，AA）和甘油。② DAG 受甘油二酯激酶作用，磷酸化形成磷脂酸（PA），再参与肌醇磷脂的合成。③ 在乙酰酯酶 A 的帮助下，DAG 与饱和或不饱和脂肪酸合成甘油三酯。

2. 肌醇磷脂信使系统的信息传递途径

正常情况下，细胞膜中几乎不存在游离的 DAG，细胞内 IP_3 的量也极微，但当细胞外信号作用于靶细胞的相应受体后，通过 G 蛋白，首先激活细胞膜特异的 PLC，使细胞膜内的 PIP_2 分解产生大量 IP_3 和 DAG 两种信使物质。IP_3 和 DAG 产生后，可以分别激活 IP_3-钙离子和 DAG-PKC 两条信号途径，并引起不同的生理效应，但在许多生理反应过程中，需要两条途径同时参与并协调作用。这种协调作用的一个重要方面体现在对细胞内游离钙离子浓度的控制上。

3. 肌醇磷脂代谢在神经系统中的作用

动物体内许多系统、组织及众多细胞的生物学功能与肌醇磷脂的代谢密切相关，即主要通过 IP_3、DAG、IP_4 等实现许多不同的生物功能。在神经系统中，它们主要参与调节离子通道的启闭、神经递质的合成与释放、长时程增强、神经元的存活与分化、锂离子的药理学作用等。

（四）钙离子

早在 100 多年前，钙在生物学上的重要性就已开始被人们所重视。但确认钙离子是细胞内重要的信使物质，是在 20 世纪 70 年代美籍华人张槐耀发现钙调素（calmodulin，CaM）以及对钙离子的作用机理有了深刻认识之后。

钙离子信使分子作用途径十分多样复杂，可能认为它处于多种细胞信息传递途径的中心位置。其作用主要通过以下几种途径进行：①通过钙结合蛋白（calcium binding protein，CaBP），细胞内游离钙离子浓度升高后可与 CaBP 结合，再激活靶酶，触发生理生化反应。CaBP 主要有两类：具有"EF"手形结构的钙调蛋白家族如 CaM 等，依赖钙离子的磷脂结合蛋白（annexin）家族。其中 CaM 是一种在细胞中广泛分布和极为重要的钙结合蛋白，Ca^{2+} 与 CaM 结合并使之活化，活化的 CaM 通过对多种酶和蛋白质作用而调节大量的细胞活动，如活化 AC、PDE 及依赖 Ca^{2+}/CaM 蛋白激酶。②Ca^{2+} 也可直接调节某些酶的活性，如在 DAG 的参与下激活 PKC，激活 PLC、PLA_2 等调节细胞反应。③Ca^{2+} 还可参与其他离子通道的调节，如活化 K^+ 通道、Na^+ 通道、Cl^- 通道以及其他非专一性离子通道。

由于 Ca^{2+} 信使参与的生理过程非常广泛，所以 Ca^{2+} 信使的作用方式也会多种多样。除了 CaM 外，annexin 很可能作为 Ca^{2+} 的靶蛋白以另外的方式介导 Ca^{2+} 的信号效应，它们不仅本身是钙结合蛋白，同时能和质膜这一细胞感受外界信号最初的部位密切相关，在细胞信号传递中必然有其特殊的生理意义，对其生理功能的研究将进一步推动对 Ca^{2+} 信使作用机理的阐明。

五、蛋白质的磷酸化

第二信使的功能大部分是通过蛋白激酶途径，影响可逆蛋白质磷酸化过程实现的。蛋白质磷酸化作用已被认为是生物调节的最后公共通路（图 4-7）。蛋白质磷酸化系统由蛋白激酶、蛋白磷酸化酶和其相应底物蛋白组成。蛋白激酶催化底物蛋白质从脱磷酸转变为磷酸化，蛋白磷酸化酶则把磷酸化蛋白质转变为脱磷酸状态。所有蛋白激酶都催化 ATP 的磷酸基团转移到相应底物氨基酸残基的羟基部位。底物蛋白质以其丝氨酸或苏氨酸残基为磷酸化部位，例外的有酪氨酸蛋白激酶，它仅磷酸化底物的酪氨酸残基。蛋白磷酸化酶则催化磷脂键的裂解。脑组织具有活跃的蛋白磷酸化活动，蛋白激酶的活化是细胞外信号调节蛋白质磷酸化的最主要的机制。大多数第一信使通过增加神经元内第二信使水平而激活蛋白激酶，使其底物发生磷酸化，并经一系列反应产生特定的生物效应。

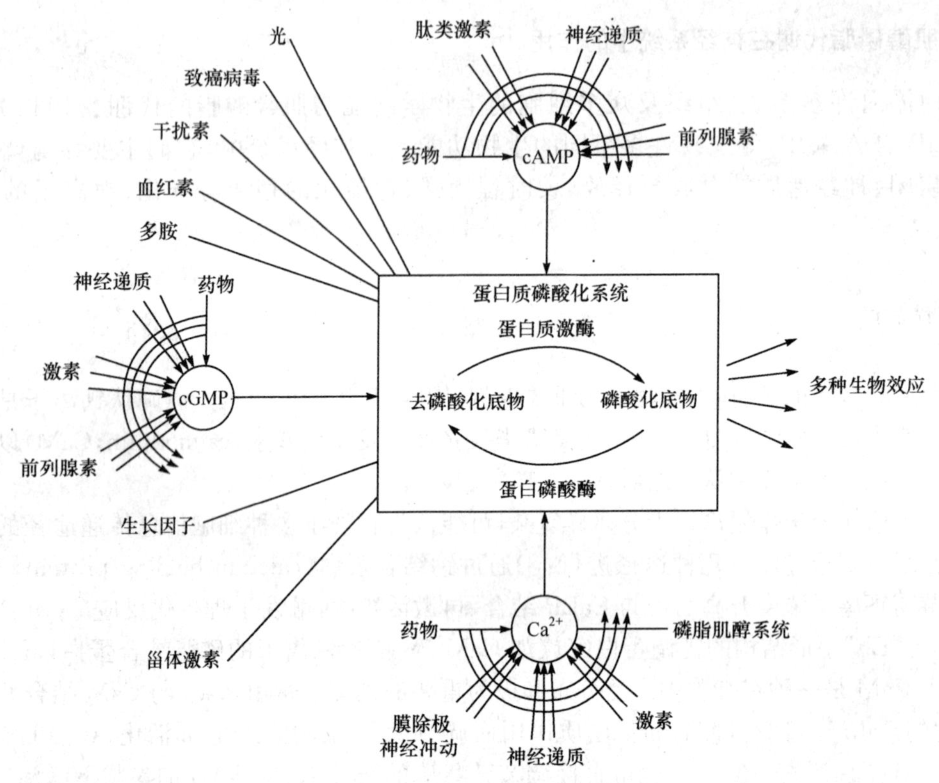

图 4-7 蛋白磷酸化的作用(韩济生,1993)

大多数第一信使通过改变胞内第二信使水平介导蛋白磷酸化,某些药物通过影响第一信使改变第二信使的能力或直接改变第二信使浓度调节蛋白磷酸化。

蛋白质的功能水平往往取决于磷酸化过程。底物蛋白质磷酸化的程度是磷酸化与脱磷酸化两过程的净结果。蛋白质磷酸化是研究蛋白质转录后修饰从而改变蛋白质功能的最好的例子。蛋白质磷酸化的可逆性取决于蛋白磷酸酶催化磷脂键裂解,将蛋白质上的磷酸基团移开的活性。带负电荷的磷酸基团的添加或减少能改变蛋白质分子的电荷和形状,从而影响蛋白质的功能,主要是作为蛋白质分子通-断开关的功能。此外,蛋白质通常由不同蛋白激酶在许多个位点上磷酸化,因而除简单地调节蛋白质通-断开关外,还可能对蛋白质功能进行更精确地调整。

(一) 蛋白激酶

各种蛋白激酶(protein kinase)在细胞结构中的分布及其底物特异性都有很大的差异。它们均以激活物(第二信使)命名。脑中的蛋白激酶系统有受 cAMP、cGMP、Ca^{2+} 和 DG 激活的蛋白激酶。有人在一些特定神经元内注射 cAMP、cGMP、Ca^{2+}/CaM、Ca^{2+}/DAG 依赖的蛋白激酶,可模拟出一些已知神经递质的生理效应,而特异的神经抑制剂则能阻断有关神经递质诱导的效应,表明蛋白激酶活化是第一信使产生特异效应的一个必要的步骤。

cAMP 依赖的蛋白激酶(PKA)在脑中有两种亚型:PKA-Ⅰ和 PKA-Ⅱ,全酶为 4 聚体,包括两个调节亚基和两个催化亚基。该酶被激活时,cAMP 结合到调节亚基,引起催化亚基游离而发挥催化作用。该酶有较广的底物特异性,可磷酸化一大类具有生物活性的底物,包括脂肪酶、糖原合成酶、磷酸化酶激酶、某些蛋白激酶、组蛋白、质膜、内质网、微管、核蛋白体、肌肉中收缩系统的成分和细胞膜、血小板上的特殊蛋白等。

cGMP 依赖的蛋白激酶(PKG)全酶有两个相同的亚基,每一亚基上都具有 cGMP 结合位点和催化单位。cGMP 与之结合后激活全酶,其过程不伴有亚基的游离。该酶在脑中的分布及底物特异性比较狭窄。受 PKG 催化的底物尚未完全清楚,比较确定的有 cAMP 磷酸二酯酶、G 激酶(G kinase)和 Ca^{2+} ATP 酶。

Ca^{2+} 依赖的蛋白激酶有两类,一类是由 Ca^{2+} 和 CaM 共同激活的 PKCa^{2+}-CaM,另一类包括由 Ca^{2+} 分别与磷脂酰丝氨酸(PS)、磷脂酰胆碱(PC)、磷脂和 DG 一起激活的 PKCa^{2+}-PS,PK-Ca^{2+}-PC,PKCa^{2+}-磷脂和 PKCa^{2+}-DG(PKC)。大脑中还有一些不需要第二信使介导的蛋白激酶,最有代表性的是酪氨酸蛋白激酶(TPK),在脑中有较高的活性及内源性底物。

(二) 蛋白磷酸酶

第二信使通过蛋白激酶催化底物蛋白磷酸化而发挥调节效应,蛋白磷酸酶催化的脱磷酸反应则修饰第二信使的调节作用。目前对蛋白磷酸酶的了解比蛋白激酶更少。脑中至少有 4 种生化特性、底物特异性不同而受细胞信使介导的蛋白磷酸酶,如酪氨酸蛋白磷酸酶、丝-苏氨酸蛋白磷酸酶、酸性磷酸酶和碱性磷酸酶。

六、核内信号转导

化学物质介导的突触作用,除直接偶联离子通道时程以毫秒计算的快速反应,以及由第二信使介导的时程以秒或分计算的慢速反应外,还存在通过第二信使磷酸化转录调节蛋白,从而改变基因的表达的时程以天计的效应。因此,第二信使的激活不仅改变已经存在的蛋白,使其发生共价键修饰,甚至还可激活第三信使,后者是指一类核蛋白,又称 DNA 结合蛋白,能与靶基因的特异序列结合,调节其转录水平,发挥转导因子或转录调节因子的作用,引起基因转录,诱导蛋白质合成,把短暂的信号转为长时程效应。因此,转录因子是细胞外信号转导的最后一站。转录因子共有三类。第一类是预先存在于核内的蛋白质,在信号到来时被蛋白激酶磷酸化后直接发生转录激活作用,如 CREB,ATF 等。第二类是在受刺激后能迅速表达,然后被磷酸化,进入核内激活转录的蛋白质,这一类主要是原癌基因中的即刻早期基因产物,如 Fos、Jun 等。即刻早期基因具有如下特点:①刺激后可在数分钟迅速表达;②转录是短暂的,依赖于新蛋白的合成;③表达产物的半衰期较短,如 *c-fos* 的 mRNA 为 10～15min,蛋白产物 c-Fos(简称 Fos)为2～90min;④蛋白产物受丝氨酸/苏氨酸蛋白激酶(如 PKA)等的磷酸化修饰;⑤成熟的蛋白质一经合成就进入核内,因而很难在胞质内检测到。第三类是配体激活(ligand-activated)的转录因子。它们是类固醇激素的核受体,与激素结合后发生构象改变而被激活,从而与 DNA 特异序列结合而激活转录。

转录调节有多种方式,主要的激活蛋白(转录因子)及其激活机制简述如下。

(一) CREB

CREB 全称 cAMP 反应元件结合蛋白(cAMP response element binding protein,CREB),是

一个广谱转录因子。含有亮氨酸拉链(leucine zipper)双聚区域。CREB以同型二聚体或异型二聚体的形式结合于一段DNA(称为cAMP反应元件,cAMP response element,CRE)。比较许多种类基因的CRE发现,同源序列元件TGACGTCA是CREB结合CRE所需要的,其中CGTCA是绝对必需的。

CREB的磷酸化激活过程中,CREB的残基Ser133的磷酸化是触发CREB转录活性的关键。多种信号途径介导CREB Ser133的磷酸化。①神经递质刺激AC,产生cAMP,激活PKA,激活的PKA催化亚基转位至核内,进而增加CREB的磷酸化;抑制AC的神经递质则引起相反的级联反应,抑制CREB的磷酸化。②Ca^{2+}浓度增加后,进入核内,激活钙调蛋白激酶,尤其是CaMK Ⅳ,从而使CREB第133位上的丝氨酸磷酸化。Ca^{2+}依赖性的CREB的磷酸化中参与的Ca^{2+}/钙调蛋白激酶是CaMK Ⅳ,与CaMKⅡ同属一个家族。尽管神经电活动引起的Ca^{2+}浓度的升高是短暂的,为了转录成功,CREB的磷酸化却必须维持较长的一段时间。这可以通过抑制磷酸酶的去磷酸化作用而实现。③生长因子通过Ras-Raf-MEK途径,导致胞外信号调节激酶ERK激活,ERK转位至核内,磷酸化并激活核糖体S6激酶(ribosomal S6 kinase,RSK),进而磷酸化Ser133。④CREB Ser133磷酸化状态除受上述激酶调节外,也受蛋白磷酸酶调节,其中以两个丝氨酸-苏氨酸磷酸酶PP-1和PP-2B较为重要。在海马神经元,PP-1直接催化Ser133磷酸化的CREB(pCREB)脱磷酸化,PP-1抑制剂冈田软海绵酸(okadaic acid)(2μmol/L)可完全抑制pCREB脱磷酸化。PP-2B通过使PP-1的抑制性亚单位脱磷酸化,加速PP-1通路的作用。因而,简短刺激使CREB激酶通路和磷酸酶通路均激活,但是短暂的刺激不发生基因表达的变化。长时程刺激通过产生氧自由基抑制PP-2B,使磷酸化酶通路失活。从而使核内CREB产生持久的磷酸化,引起基因表达变化。应用FK506蛋白抑制PP-2B的活性可使简短刺激转变为长时程刺激,促进CREB磷酸化和CRE依赖的基因表达。

综上所述,CREB受PKA途径、Ras途径、钙调节途径等多种信号转导途径的调节,综合作用调节靶基因的转录(图4-8)。

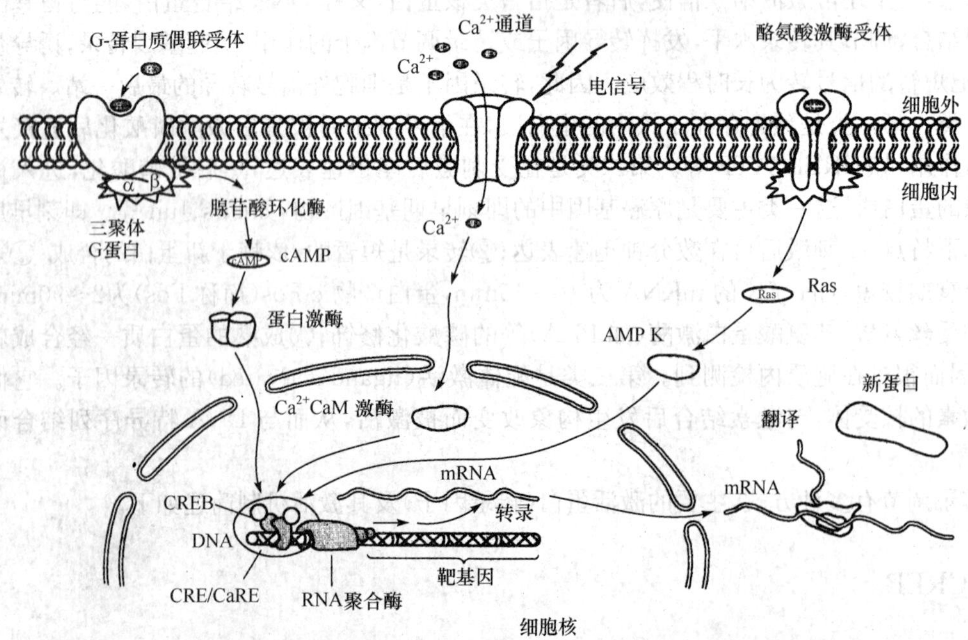

图4-8　信号转导向核内传递和CREB的磷酸化激活过程(引自孙凤艳2008)

细胞未受到刺激时，CREB 未被磷酸化，没有转录活性。一旦磷酸化后，CREB 马上推动转录。磷酸化的 CREB 与 CREB 结合蛋白(CBP)或其类似物 P300 相结合。CBP 和 P300 均是大分子蛋白，含有多个区域介导蛋白质-蛋白质相互作用，CBP 还与通常的转录启动因子连接，影响前启动复合物的装配。CBP 本身及其连接的 CBP/P300 相关蛋白均具有组蛋白乙酰转移酶(histone acetytransferase，HAT)活性。HAT 催化组蛋白 N 端赖氨酸残基乙酰化。带正电的组蛋白尾部是介导组蛋白-DNA 相互作用从而形成核小体的结构基础，乙酰化后使正电荷中性化，松解组蛋白-DNA 相互作用，有利于转录因子与核小体 DNA 结合。因而，通过蛋白质-蛋白质相互作用和内在的 HAT 活性，CBP 可促进 IEGs 启动子部位的启动复合物集合，有利于转录启动。最近发现 P53 可与 CBP/P300 协同激活转录。

CREB 是一个大的蛋白家族。其中与 CREB 相近的有激活转录因子(activating transcription factor，ATF)和 CRE 调节子(CRE modulator，CREM)。CREB，ATF 和 CREM 的多种剪接方式已被确定。

多种基因的转录受 CREB 调节：如即早基因 *c-fos*，神经营养因子 BDNF，神经递质合成酶酪氨酸羟化酶(tyrosine hydroxylase，合成 catecholamine 神经递质的重要酶)，神经肽类，包括生长抑素(somatostatin)、脑啡肽、促肾上腺皮质激素(corticotropin)、血管活性肠多肽(vasoactive intestinal polypeptide)和信号蛋白腺苷酸环化酶Ⅷ等。CREB 也介导脑功能的长时程变化，如空间学习、行为、气味的长时程记忆和长时程的突触可塑性等。

(二) AP-1 转录因子家族

1. AP-1 蛋白的组成与结构特征

激活蛋白-1(activator protein-1，AP-1)是调节神经细胞基因表达的转录因子之一。因其能介导 PKC 的激活，故命名为活性蛋白 1。AP-1 蛋白以异源二聚体或偶尔以同源二聚体的方式结合于 DNA 序列 TGACTCA。该序列被称为 AP-1 序列。AP-1 序列为 7 个核苷酸的以碱基 C 或 G 为中心的回文结构。AP-1 序列与 CRE 序列仅相差一个碱基，但 CREB 只与 CRE 结合，AP-1 只与 AP-1 位点结合。可见，一个碱基的差异决定了不同的信号转导途径。

AP-1 转录因子由即早基因编码，介导延迟反应基因的表达，调节生理效应。神经系统中含有 AP-1 位点的基因包括：神经降压肽(neurotensin，P 物质)，神经递质受体(D1 型多巴胺受体，NRl NMDA 受体，AMPA 受体亚型 GluR2)，神经递质合成酶(酪氨酸羟化酶)和细胞骨架蛋白(神经丝蛋白)。

佛波酯(TPA)可以通过 AP-1 引起基因表达，因而最初的时候 AP-1 序列被称为 TPA 反应元件(TRE)。TPA 刺激 PKC，磷酸化并激活 AP-1。AP-1 也可以被 MAPK 所磷酸化。AP-1 以二聚体形式结合于 DNA，二聚体由 Fos 蛋白家族和 Jun 蛋白家族组成。Fos 蛋白家族包括：c-Fos、FRAl、FRA2、FosB 和它的异型剪接体△fosB。Jun 蛋白家族包括：c-Jun、JunB 和 JunD。大多数 AP-1 复合物由一个 Fos 蛋白家族成员和一个 Jun 蛋白家族成员组成。与 Fos 蛋白不同，c-Jun 和 JunD 也可以形成同源二聚体，结合于 AP-1 位点，其结合亲和力较 Fos-Jun 异源二聚体为低。一些 AP-1 还可以和 CREB-ATF 家族通过亮氨酸拉链结构形成异源二聚体，使得转录调节过程变得更为复杂和多样化。

在 Fos 和 Jun 蛋白中，仅 FosD 有高水平的组成性表达，其他 AP-1 的基础水平均很低，静息状态下一般难以被检测，只是在被刺激诱导表达后才能被检测到。

2. AP-1 的激活机制

AP-1 在信号转导级联反应中，相对于神经递质第一信使和 cAMP、Ca^{2+} 等第二信使而言，AP-1 的信号通路被视为第三信使。编码多数的 AP-1 转录因子的基因为即早基因（IEG）。IEG 的原型是 *fos* 基因，它们能被快速激活，不需要新的蛋白质合成。与此相对应的是延迟反应基因（*DRG*），DRG 激活过程发生较慢，需要新的蛋白质的合成。

c-*fos* 转录激活蛋白的基因调节与众不同。静息细胞中，c-fos 含量很少。细胞受刺激后，c-fos可在 30～60min 内大量增加。以此，c-fos 合成直接被刺激启动，其基因被认为是即早基因。合成后，c-fos 又可以作为转录激活因子，引起下一步的延迟反应基因的转录合成。

c-*fos* 基因的启动子区至少有三个调节位点，即 CRE、SRE 和 SIE。CRE 位点结合 CREB，血清反应元件（serum response element，SRE）位点结合血清反应因子（serum response factor，SRF）和 TCF（ternary complex factor），SIE 位点（或 SIF 诱导元件）结合 STAT 蛋白。它们在 c-*fos*的转录调控中起重要作用。①c-*fos* 基因的 SIE 结合位点或称 SIF 诱导元件，可介导细胞因子和睫状神经营养因子（ciliary neurotrophic factor，CNTF）引起的转录。细胞因子激活信号途径后，与 gpl30 糖蛋白连接的受体相互作用，JAK 被激活，磷酸化 STAT 转录因子。后者形成多聚复合体，转位至核内，结合特异性的 DNA 反应元件 STAT 位点（即 SIE 结合位点）。这一过程的细胞因子有 CNTF，白血病抑制因子（leukemia inhibitory factor，LIF）、IL-6、催乳素（prolactin）。②CRE/CaRE 结合位点，生长因子如神经营养因子通过 Ras/MAPK 途径，一系列的磷酸化过程，最终磷酸化 CREB 而作用于该位点；cAMP 或 Ca^{2+} 也通过 CREB 作用于该位点。③SRE 结合位点，MAPK 家族中的 ERK 除通过 CRE/CaRE 结合位点诱导 c-*fos* 基因表达外，也会转位至核内，磷酸化 TCF。TCF 接着与 SRF 结合形成复合物，共同激活 SRE。

综上所述，c-*fos* 基因的调节区域有三个结合位点，这些结合位点代表一群已知的转录因子结合位点。结合这些位点的蛋白质在胞质中可被磷酸化激活。CREB 被 PKA、CaMK 或核糖体 S6 激酶激活；SRE 被 MAP-激酶 ERKl 和 ERK2 激活；SIE 蛋白被 JAK 激酶介导的 STAT 激活（图 4-9）。c-*fos* 的激活信号途径主要依赖磷酸化而非新蛋白合成，所以其启动较为迅速。

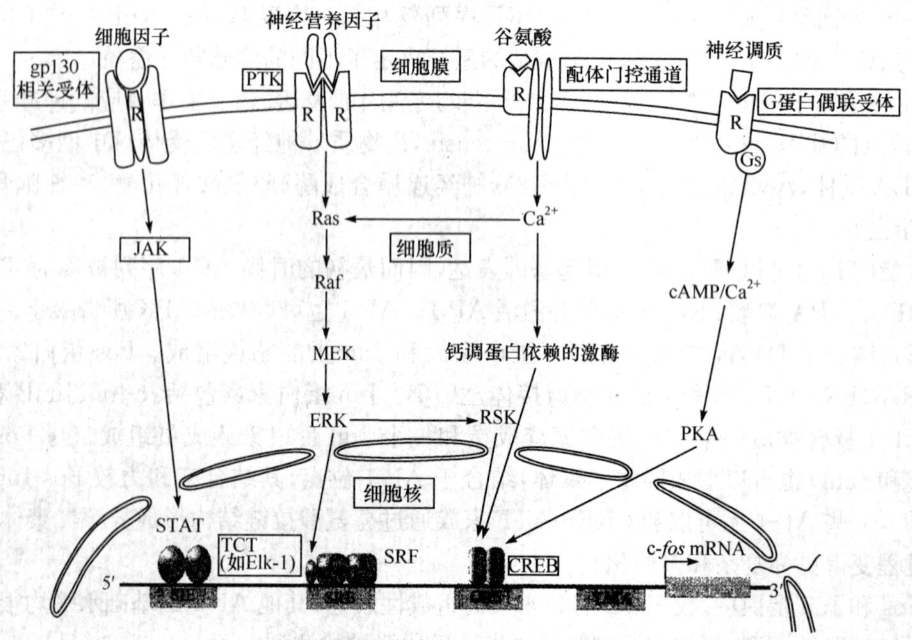

图 4-9　c-*fos* 基因调节位点（孙凤艳 2008）

MAPK 信号被激活后，c-fos 发生磷酸化，参与 AP-1 位点介导的信号调节过程。在某些应激条件下，可激活 Ras 样 G 蛋白，触发 Ras 蛋白激酶级联反应，激活应激活化蛋白激酶（stress-activated protein kinase，SAPK）或者 jun-N 端激酶的活性（Jun N-terminal kinase，JNK）。JNK 使 c-fos 转录激活区的第 63 和 73 位氨基酸磷酸化，从而增加转录能力。

（三）NF-κB 家族

NF-κB 转录因子存在于体内的各种细胞，参与多种基因的表达调控，影响细胞的生长、发育、凋亡、癌变等生物学功能。NF-κB 通常以二聚体形式存在于细胞内。NF-κB 家族转录因子有很多，包括 NF-κB1（p50 及其前体 p105）、NF-κB2（p52 及其前体 p100）、p65/RelA、RelB 和 c-Rel。该家族成员的 N 端有一命名为 Rel 的同源区（Rel homology domain，RHD），其中包括 DNA 结合区、二聚化区和核定位信号区（nuclear localization signal，NLS）以及 PKA 磷酸化区。p65/RelA、RelB 和 c-Rel 分子的 N 端含有 RHD，C 端含反式激活结构域（transactivation domian，TD）。RHD 与 DNA 结合区、二聚化区和核定位功能有关，TD 与转录活化功能有关。p50 和 p52 只有 RHD 没有 TD，因此，p50 和 p52 形成的同源二聚体无基因转录活性。

NF-κB 的活性受抑制分子 IκB 的调控。IκB 家族成员包括 IκBa、IκBβ、IκBε、IκBγ、p105 和 p100 等。IκB 家族因子都含有 6～7 个锚定蛋白序列，后者与 NF-κB 的 RHD 相互结合，使得 NF-κB 滞留于细胞质中。

在静息状态下，NF-κB 以 p50-p65 和 IκB 组成的三聚体存在于胞质内。当细胞受到某种信号刺激后，激活 IκB 激酶（IκB kinase，IKK）的活性，使 IκBα 磷酸化，磷酸化的 IκBα 又被泛素化，泛素化的 IκBα 很快被进一步降解，使得 Rel 蛋白上的核定位信号暴露，NF-κB 被激活，游离的 p50-p65 进入细胞核，与靶基因上的 IκB 位点结合，诱导靶基因转录。

NF-κB 的活化过程受到该转录因子激活的负反馈调节。当 NF-κB 被激活时，可以上调 IκB 的基因表达，后者可以限制 NF-κB 向胞核转移，从而限制 NF-κB 的活性。另外，NF-κB 受到细胞因子 TNF-α 和 IL-1β 的正反馈调节。活化的 NF-κB 促进 TNF-α 和 IL-1β 的基因转录，使 TNF-α 和 IL-1β 生成增加，而 TNF-α 和 IL-1β 又可以激活 NF-κB。因此，NF-κB 的活化过程受细胞的精细调节。

以上分别讨论了细胞外环境条件作用于神经元引起细胞电信号变化和化学信号变化的过程。电信号变化和化学信号变化的生物学意义在于完成传递和处理体内外各种信息的功能。电信号变化和化学信号变化的损害将造成神经系统的功能损害。电信号变化和化学信号变化又有各自的功能特点。神经元电信号变化是具有神经系统特征性的信息传递方式，而神经元化学信号变化过程则与其他类型的细胞信息传递一致。

最后需要强调的是，电信号变化和化学信号变化存在密切的相互关系。为了研究、讨论的方便，人们往往把细胞内的通信网络人为地分割成不同的系统或途径，事实上，这些系统的相互关系是非常密切的。为了适应经常变动着的环境，机体发展了一套精细的调节通路网络，这就使得外界刺激得以调节并协调细胞的代谢、兴奋性等功能。某一信号在胞内的传递往往不是局限在某一单独的信息传递系统内，而是涉及其他系统，一定的胞外刺激可能主要通过特定的信号系统起作用，但所产生的细胞效应往往是细胞内各信息系统相互作用的结果。对电信号变化和化学信号变化过程而言，电信号变化能直接启动化学信号的传导过程，而化学信号则可通过多种途径调节离子通道功能，进而修饰电信号。电信号和化学信号的协同作用，使得神经系统在传递和处理体内外各种信息方面既精确、全面，又灵活多样。

（杨萍，胡志安）

第五章　神经营养因子

神经营养因子(neurotrophic factor，NTF)是一类能够诱导神经元发育、分化、成熟和存活的蛋白质，在神经元受损害或病变中保护其存活和促进其再生的必需因子。最早被发现的神经营养因子是神经生长因子(NGF)，由 Levi-Montalcini 和 Hamburger 首先证实。随后人们陆续发现了脑源性神经营养因子(BDNF)，神经营养素 3、4/5、6、7(NT-3、NF4/5、NF6、NF7)，睫状神经营养因子(CNTF)，胶质细胞源性神经营养因子(GDNF)等多种；而其他一些已知的生长因子与细胞因子(cytokine)，如成纤维细胞生长因子(FGF)，胰岛素样生长因子(IGF)，表皮生长因子(EGF)等亦被发现具有神经营养活性。

第一节　神经营养素家族

神经生长因子(nerve growth factor，NGF)是最早被发现的神经营养因子，随后又发现了第二个神经营养因子，即脑源性神经营养因子(brain-derived neurotrophic factor，BDNF 或NT-2)。以后将陆续发现的一些与 NGF 蛋白质同源的神经营养因子特称为神经营养素(neurotrophin，NT)或 NGF 族因子，如神经营养素 3、4/5、6、7(NT-3，NT4/5，NT-6，NT-7)。上述因子组成神经营养素家族(neurotrophin family)。NT 在脊椎动物神经系统发生中调控神经元的存活和分化，促进神经系统的形成和完善。

神经营养素最初合成的是由约 250 个氨基酸残基组成的前体蛋白，该前体蛋白是由两个约 120 个氨基酸残基的亚基靠非共价连接结合组成。成熟的神经营养素分子在不同种属之间的相似性为90%～100%。目前已知 NGF 的晶体结构，神经营养素家族其他成员(BDNF、NT-3、NT-4 等)与 NGF 的相似性在于其三维结构中包含三对反向平行的 β 片层结构，它们构成了分子中的一个疏水性核心，其中含有 3 个二硫键，由分子内的 6 个半胱氨酸残基组成。神经营养素家族成员的功能性结构域主要位于 6 个高度保守的半胱氨酸残基的周围(图 5-1)。

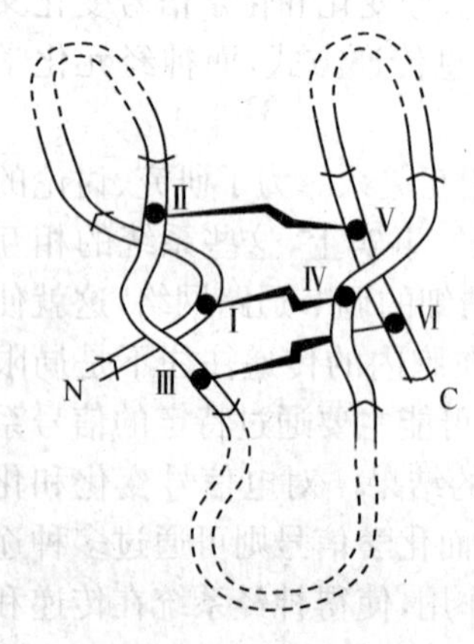

图 5-1　NT 成员的结构特征
6 个高度保守的半胱氨酸残基(图中Ⅰ～Ⅵ)和 3 个二硫键分子构成的三维结构

不同的神经元对 NT 有选择性。例如，BDNF 和 NT-3 能作用于运动神经元而 NGF 却不能。同时不同 NT 作用于不同神经元所表现出的功能既有重叠性又有差异性。例如，对 Alzheimer's Disease (阿尔茨海默病，AD)，Parkinson's Disease(帕金森氏病，PD) 应用 NT，神经元对 BDNF、NT-4/5 最敏感，改善效果最为显著，NT-3 次之，而 NGF 仅对 AD 隔区等胆碱能神经元有作用。

NT 家族受体有不同亚型，不同 NT 与受体的亲和力不同。目前已知的 NT 受体包括 Trk 受体和 p75 受体。NT 家族成员分别与特异的 Trk 受体亚型(TrkA、TrkB、TrkC)有较高的亲和力，但各个 NT 与 p75 受体却有着相似的亲和力。

一、神经生长因子

发育神经生物学研究发现，在脊椎动物神经系统正常发育过程中，神经细胞首先过度繁殖，然后大批细胞死亡，数量减少，出现所谓的细胞自然死亡（naturally occurring cell death）或程序性细胞死亡的现象。靶源性学说认为，死亡的神经元是那些未能与靶组织建立功能性联系的细胞。因为靶组织产生有限的神经营养因子作用于发育中的神经元，只有能得到相应营养因子的神经元才能存活下来，确保了神经元总量多少与其支配的靶区域面积的大小相匹配。这就是 Levi-Montaluni 和 Hamburger 等首先提出的神经营养因子假说（neurotrophic hypothesis），即，靶源性学说（target field theory），NGF 的发现则进一步证明了该假说（图 5-2）。

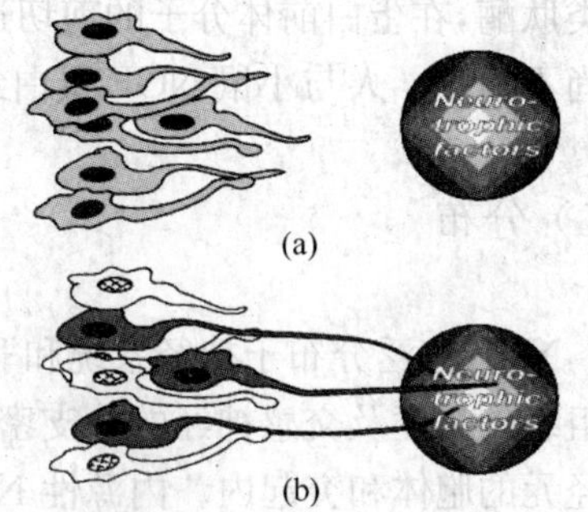

图 5-2　神经营养因子假说
（Kirmo Wartiovaara，1999）
（a）神经元轴突向含神经营养因子（靶组织分泌）的部位生长。（b）与靶组织建立功能连接的神经元存活下来（灰色），而未建立连接的神经元死亡（白色）

某类神经营养因子缺乏、不足或失常，可能导致神经系统某些疾病的发生、神经系统的退行性病变或神经再生障碍。利用神经营养因子及其基因治疗神经系统损伤和疾病已成为神经科学研究的热点之一。

NGF 作为第一个典型的神经营养因子，自 1951 年由 Levi-Montaluni 和 Hamburger 发现以来（图 5-3），已被研究了近 60 年。研究者从小鼠颌下腺提取并纯化得到具有生物活性的 NGF，对其氨基酸序列进行了测定，并对靶器官中的 NGF 进行了检测。

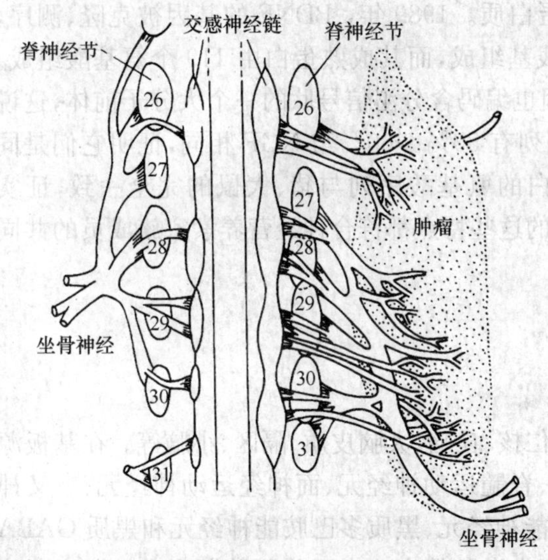

图 5-3　小鼠肉瘤作用于鸡胚神经系统，由此发现了神经生长因子（Levi-Montalcini，1952）
图示 15 天鸡胚的腰骶区（左）；右侧虚线表示几天前植入此区的一块小鼠肉瘤组织，肉瘤组织附近区域的交感神经链（SY）和脊神经节（SP）明显增大；数字示脊神经节

（一）来源和结构

NGF 最早自成年雄性小鼠颌下腺组织匀浆中分离得到。在体外培养条件下许多细胞（包括一些肿瘤细胞）都能产生 NGF，如骨骼肌细胞、成神经细胞瘤细胞、3T3 成纤维细胞等。NGF 主要来源于非神经组织，如小鼠的颌下腺，豚鼠、家兔和公牛的前列腺，牛精液，人的胎盘组织，以及毒蛇的蛇毒液等，金鱼脑和哺乳动物脑的海马胆碱能神经元支配区内也可检出 NGF。

对 NGF 起反应的神经元（NGF-responsive neuron）主要有交感神经元、某些感觉神经元和中枢胆碱能神经元。NGF 由这些神经元的靶组织产生，被神经元轴突末梢摄取，逆行转运至胞体，从而维持神经元的存活及功能，故 NGF 是典型的靶源性神经营养因子。

从颌下腺分泌的 NGF 是由 3 个亚基（α、β

和 γ)组成的五聚体蛋白复合物,按 α∶β∶γ=2∶1∶2 的比例和 1～2 个锌离子组成,分子质量为130～140kDα。β 亚单位是 NGF 的功能活性单位,由双链(每链 118 个氨基酸)组成的二聚体-β 亚基(β NGF),分子质量为 26kDα。人 β NGF 基因定位于 1 号染色体 1p13.1 区。γ 亚单位是一类肽酶,在蛋白前体分子的剪切过程中发挥作用,从而释放有活性的 β 亚单位。α 亚单位的功能尚不清楚。人与小鼠 NGF 蛋白约 90%的氨基酸序列相同。

(二) 分布

NGF 广泛分布于神经系统和非神经系统的组织中,如颌下腺、前列腺。NGF 的分布与其在靶组织的浓度及交感神经的分支密度有关。免疫组织化学、印迹杂交与免疫酶标技术证明 NGF 神经元的胞体和突起内。内源性 NGF 及其 mRNA 同时高水平存在于大脑皮层、嗅球、海马、杏仁体、纹状体、丘脑、下丘脑、脑干和脊髓等部。在海马,NGF 免疫阳性物质主要集中位于门区(hilar,CA4),并且延伸至 CA3-CA2 和 CA1 区。脊髓的前角运动神经元内有 NGF 及其 mRNA 的表达,隔核、Meynert 基底核等胆碱能神经元胞体所在区有较高水平的 NGF,大部分胆碱能神经元为 NGF 阳性神经元。

二、脑源性神经营养因子

(一) 来源和结构

脑源性神经营养因子(BDNF)是脑中含量最多的神经营养因子,它最初是由 Brade 等于 1982 年从猪脑中分离鉴定的一种量很少的碱性蛋白质。1989 年, BDNF 的基因被克隆、测序,其全基因编码的蛋白前体分子由 252 个氨基酸残基组成,而其成熟蛋白由 119 个氨基酸组成。分子质量为 12kDa。同 NGF 一样, BDNF 的基因也编码含分泌信号肽的一个大分子前体,这说明 BDNF 是一种细胞外因子。BDNF 的氨基酸序列有 50%～60%与 NGF 相同,证明它们是同一家族的神经营养因子。重组人 BDNF 成熟蛋白的氨基酸序列与猪、大鼠的完全一致,证实 BDNF 成熟蛋白在不同种属间严格保守。BDNF 的这些特点都符合神经营养素家族成员的共同特征。

(二) 分布

BDNF 广泛分布于中枢神经系统,如海马、杏仁核、丘脑、大脑皮质、隔区、小脑等。在基板源性感觉神经元、神经嵴感觉神经元、睫状节神经元、脊髓运动神经元、面神经运动神经元、三叉神经本体感觉神经元、视网膜节细胞、基底前脑胆碱能神经元、黑质多巴胺能神经元和黑质 GABA 能神经元等也有 BDNF 存在。BDNF mRNA 在正常脊髓的表达水平从胚胎期到成年期逐渐下降,成年时几乎检测不到 BDNF mRNA。提示 BDNF 可能与胚胎脊髓的发育有密切关系。但 BDNF 蛋白在成年脊髓中仍具相当的表达水平,主要分布在脊髓灰质,特别是腹角运动神经元,轴索和胶质细胞亦有 BDNF 表达。

三、其他神经营养素

自1990年以来，在认识到NGF与BDNF结构具有同源性后，特别是包括6个半胱氨酸残基及3个二硫键桥的高度保守区域，几个研究小组采用与NGF和BDNF编码区部分同源的序列做引物进行PCR扩增，在试图克隆其他有关因子时，陆续发现了NT-3、NT- 4/5、NT-6和NT-7。同NGF和BDNF一样，NT- 3和NT- 4/5通常在神经系统发育期和成熟期表达。在成年大脑中，神经营养素的表达呈现出特异性和重叠性特点，这表明神经营养素不同成员在调节神经元的功能时发挥着独特的作用。

1. NT-3

NT-3又称海马衍生神经营养因子，全基因编码的人类NT-3前体蛋白含有257个氨基酸残基，其成熟蛋白由119个氨基酸残基组成。NT-3成熟蛋白的氨基酸序列与NGF有57%相同，与BDNF有58%相同。NT-3广泛分布于外周和中枢神经系统内，NT-3 mRNA在海马、小脑、大脑皮质、三叉神经中脑核和睫状神经节等神经元中表达，以海马和小脑含量较高。NT-3 mRNA水平在胚胎中枢神经系统含量较高，而在成年则明显减少。

2. NT-4/5

最初是从一种南非爪蟾(*Xenopus laevis*)克隆到NT-4，但在进化上无NT-4同源物。有两个研究小组在对从另一哺乳动物克隆到的因子看法上有分歧，一组认为该因子与爪蟾的NT-4是同类物，应属NT-4；另一组则认为把它看作是NT-4的哺乳动物同类物不太恰当，应命名为NT-5，现一般将之合称为NT-4/5。人类NT-4/5前体由210个氨基酸残基组成，成熟蛋白由130个氨基酸残基组成。NT 4/5在中枢和外周神经系统中分布很广，在运动神经元、基底前脑胆碱能神经元与海马、下丘、延髓等处均有存在。NT-4/5在某些周围组织中有低水平表达，重组的NT-4/5可刺激交感神经元。

3. NT-6

NT-6是在试图克隆鱼的NGF基因时从一种硬骨鱼基因组文库中克隆到的一个新成员，由143个氨基酸组成，分子质量为15.9kDa。NT-6存在于胚胎小脑和成体肝、眼及皮肤。它是否存在于哺乳动物尚不清楚。NT-6与NT家族其他成员不同，不是由生成细胞直接释放的可溶性蛋白质，而是非溶解性蛋白质，需要肝素的作用才能将它从细胞表面及细胞外基质分子中释放出来。NT-6的作用与NGF有些相似，但作用较弱。

4. NT-7

NT-7是1998年从斑马鱼(zebrafish，*Danio rerio*)中发现的最新的神经营养素家族成员，也被称为NT-7。NT-7的氨基酸序列更加接近于鱼类的NGF和NT-6，分别有65%和63%的氨基酸序列一致，这提示NT-7是一个全新的神经营养素家族成员。在NT-7成熟蛋白中央的β-转折区有一个由15个氨基酸残基组成的插入序列。人工重组NT-7蛋白可以结合人p75受体，虽然不如大鼠NGF作用强烈，也可引起大鼠TrkA受体酪氨酸激酶上的酪氨酸磷酸化。NT-7不能与TrkB或TrkC识别，提示其与NGF相似有着对受体的特异性选择。目前有研究者认为，在神经营养素的进化树上，在硬骨鱼类中出现了 NT-6 和 NT-7，其结构和功能与 NGF 相似。

由于 NT 家族成员的分子结构中含有严格相同的结构域(domain)，决定它们的基本结构同属这一家族系列；而它们的组织分布、受体结构、效应神经元类型、在发育过程中起作用的时期等则不尽相同。例如，对 BDNF 反应的神经元一般都位于或投射于中枢神经系统，在哺乳动物脑内 BDNF mRNA 水平要比 NGF 的平均水平高 20～30 倍，在海马(NGF 和 BDNF mRNA 均有很高水平的脑区)更高，可达 50 倍；NT-3 mRNA 与 BDNF 的相反，它在中枢神经系统的表达不显著，但在骨骼肌、肝和肠等外周组织却有高水平的表达；NT-3 在中枢神经系统主要定位在海马和小脑。在大鼠脑发育中 NGF、BDNF 和 NT-3 分不同时间表达，NT-3 mRNA 的峰值见于出生后很短一段时间，BDNF mRNA 的峰值约在生后 2 周，NGF mRNA 的峰值在生后 3 周。

四、神经营养素受体及其信号转导

两类不同的 NT 受体已被证实：一类是高亲和力受体(high-affinity receptor)，Trk 受体，为原癌基因 *trk* 族产物的酪氨酸蛋白激酶受体，其不同亚型以特异的亲和性与不同的 NT 结合；另一类是低亲和力受体(low-affinity receptor)，p75NTR，所有的 NT 都能与之结合(图 5-4)。两类受体均为膜表面蛋白，分三部分：胞外部、跨膜部和胞内部。NT 受体广泛分布于神经系统和非神经系统，主要定位在效应神经元细胞膜上。

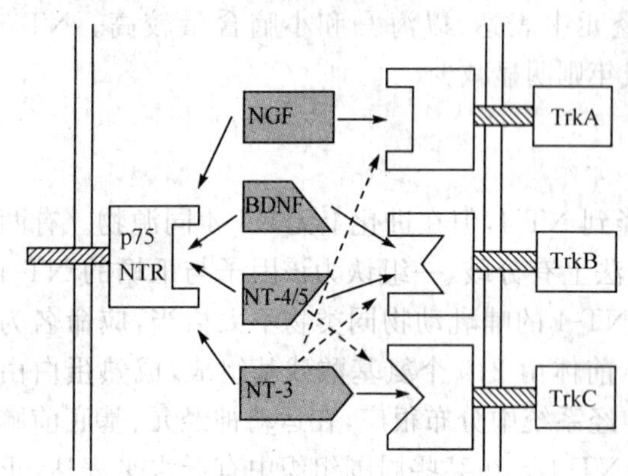

图 5-4 (Kirmo Wartiovaara 1999)

不同 NT 以特异的亲和性与不同的 Trk 受体结合(箭头)；不同 NT 都能与 p75NTR 结合(箭头)。虚线箭头示有弱结合力

(一) Trk 受体及其作用

1. Trk 的结构

Trk 即原肌球蛋白受体激酶(tropomyosin receptor kinase，Trk)，由原肌球蛋白和酪氨酸激酶融合产生，由 427 个氨基酸残基组成，分子质量为 120～160kDa。Trk 受体包括胞外区(配体结合区)、跨膜区(TM)、胞内区(近膜区、酪氨酸激酶区、羟基尾区)，其中胞外区富含半胱氨酸残基、亮氨酸富集结构(leucine rich motif，LRM)和免疫球蛋白区(IgG 区)。位于 LRM 旁侧的半胱氨酸簇，将 Trk 与酪氨酸激酶家族的其他成员相区别；而 LRM 决定了与配体结合的特异性。胞内区则有高度相似的酪氨酸激酶结构域，并被一短的插入序列分为两段(图 5-5)。

Trk 受体有 TrkA、TrkB、TrkC 三种，三者的氨基酸序列有 66%～68%相同。TrkA 由 796(TrkAⅠ)和 790(TrkAⅡ)个氨基酸残基组成，前者分布于神经元，后者分布于非神经组织。NGF 特异地识别 TrkA，NT-7 也作用于 TrkA。TrkB 有两类，一类为典型 Trk 受体即 TrkB(gp145TrkB)，另一类为无催化结构域的短型 gp95TrkB，BDNF、NT-4/5 特异地识别 TrkB。TrkC 有多个异构体，特异性配基是 NT-3。

2. Trk 的分布

TrkA 分布于大脑皮层、基底前脑、纹状体、睫状神经节、感觉神经元、交感神经元等，且特异

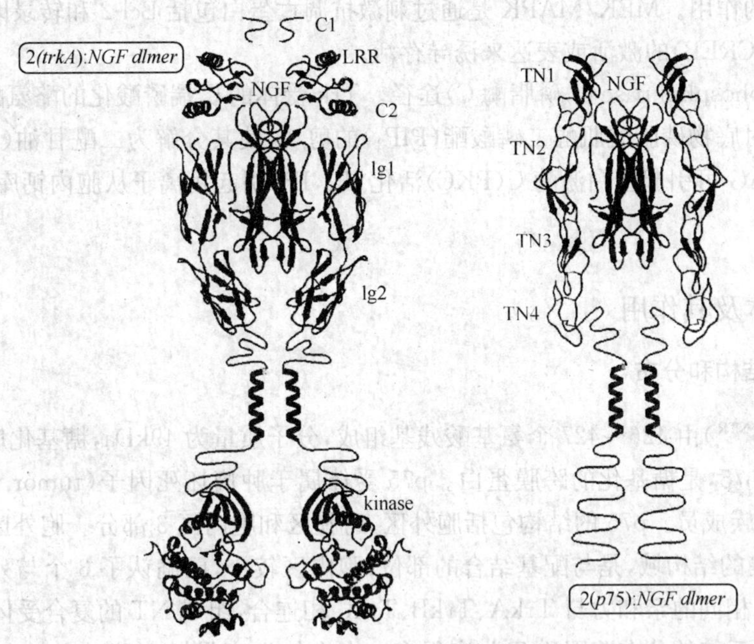

图 5-5　TrkA 和 p75 与 NGF 的结构

地表达在一些含神经肽(如 SP 和 CGRP 等)的神经元及与痛觉传递相关的中枢部位,如脊髓后角Ⅰ、Ⅱ层和脊髓中央灰质等。TrkB 及 TrkC 在中枢神经系统中的分布范围则要广得多。TrkB 免疫阳性细胞不仅在生后 0 天出现,而且一直不断地增长直到生后数周,在成年阶段仍保持较高水平。

3. Trk 信号转导途径及作用

神经营养素对神经元的大多数效应是由 Trk 受体介导的。Trk 受体介导正向信号,如促进生长和存活;介导的生物学反应包括神经元的存活和分化、轴突生长、突触可塑性和神经递质表达等,其信号转导机制与其他酪氨酸激酶受体的相似。以 TrkA 与其配体 NGF 结合为例,NGF 与其靶细胞 NGF 受体胞外结构域结合,随之发生受体分子的二聚体或寡聚化,激活受体酪氨酸激酶活性,导致受体的细胞内酪氨酸残基自磷酸化,启动了信号传递,同时为胞内信号蛋白提供了识别或对接的位点。两种适配分子复合物结合到位于 Trk 受体近膜区的酪氨酸残基上。这两种复合物分别为 Shc/Grb2/SOS 和 FRS2/SHP-2/Grb2/SOS。

NT 结合 Trk 刺激神经元存活和突起生长的通路主要有:PI-3K/Akt 和 MEK/MAPK 途径,Trk 受体还可通过 PLC 调节神经元的可塑性变化。

(1) PI-3K/AKT(磷脂酰肌醇-3-激酶/丝氨酸-苏氨酸激酶)途径。在大脑皮质、交感神经元、感觉神经元和运动神经元中,PI-3K 在对 NT 调节的促存活作用中起 80%的作用,表明 PI-3K 是主要的促神经元存活蛋白。Akt 在神经元中仅调控细胞的存活而缺乏使突起过度生长和促分化等其他反应。Akt 的靶点是存在于细胞中的调节细胞存活的蛋白质,通过使凋亡蛋白磷酸化作用而抑制细胞凋亡。因此,PI-3K/Akt 途径主要调控细胞的存活。

(2) MEK/MAPK(mitogen-activated protein kinase,丝裂原活化蛋白激酶)途径。这一途径在神经元中有多种作用,包括突触可塑性、长时程电位和促存活效应。MEK 对 TrkB 诱导的存活有更加明显的作用。MEK/MAPK 是通过刺激抗凋亡蛋白包括 Bcl-2 和转录因子 cAMP 反应成分结合蛋白(CREB)的激活或表达来诱导存活。

(3) PLC(phospholipase C,磷脂酶 C)途径。Trk 受体的 C 端磷酸化的酪氨酸可吸引磷脂酶 C(PLC),催化对底物磷脂酰肌醇二磷酸酯(PIP_2)的剪切,使其分解为二酰甘油(DAG)和三磷酸肌醇(IP_3)。DAG 可引起蛋白激酶 C(PKC)活化 IP_3,IP_3 引起钙离子从胞内钙库中释放,产生可塑性变化。

(二) p75 受体及其作用

1. p75 的结构和分布

p75(或 $p75^{NTR}$)由 426～427 个氨基酸残基组成,分子质量为 49kDa,糖基化后的分子质量为 75kDa,故称为 p75,是糖基化的跨膜蛋白。p75 受体属于肿瘤坏死因子(tumor necrosis factor, TNF)受体超家族成员。p75 的结构包括胞外区、跨膜区和胞内区 3 部分。胞外区含有 4 个重复的半胱氨酸富集的结构域,是与配基结合的部位;胞内区较小,已确认了 3 个与死亡受体类似的结构域。p75 以相同的亲和力与 TrkA、TrkB、TrkC 相连合,组成 NT 的复合受体。

p75 在神经系统的分布范围比 Trk 广得多。在个体发育早期,p75 在许多神经元(如小脑、海马)中有短暂的表达,可能与 CNS 发育过程中神经元选择性死亡有关,当神经元受损尤其是凋亡时,p75 的表达量增高。

p75 受体主要在对 NT 起反应的细胞上表达,也高水平存在于基底前脑的大多数胆碱能神经元的胞体区和轴突投射区。p75 受体和胆碱能神经元在人或灵长类的中枢神经系统有很强的相关性。在人的基底前脑,p75 受体的免疫阳性细胞分布于隔区、Broca 斜角带核、前连合、新纹状体、内囊和苍白球等。在肠神经元、卫星细胞、脊髓运动神经元、背根节感觉神经元、副交感神经元、三叉神经中脑核神经元、中缝核神经元、小脑浦肯野细胞、周围神经的施万细胞和成纤维细胞等均有其表达,但仅存在于发育的某一阶段。而在脊髓后角浅层的Ⅰ、Ⅱ板层、Clarke 核等处则有该受体的永久性分布。

2. p75 介导的细胞死亡

p75 可以通过其胞内域来影响细胞功能,促进发育过程中的细胞凋亡,并且还能调节鞘磷脂的代谢,这些作用不依赖于 Trk。当细胞不表达 Trk 而只表达 p75 时,NGF 与 p75 的结合能导致细胞的死亡,如 NGF 能诱发只表达 p75 的新生大鼠少突胶质细胞及施万细胞死亡;Trk 基因的转染能逆转 p75 介导的细胞死亡。神经损伤后 p75 表达上调,在一定程度上能介导细胞凋亡,并与细胞迁移有关。

3. Trk 与 p75 的关系

多数情况下,细胞同时表达 p75 与 Trk,且表达 p75 的数量通常较 Trk 多,如在 PC12 细胞及新生交感神经元上,p75 的数量是 TrkA 数量的 10 倍以上。p75 与 Trk 的共同表达有以下 3 个方面作用。①能提高 TrkA 与 NGF 的亲和力及其后的信号转导速度,如在同时表达 TrkA 与 p75 的 PC12 细胞上,NGF 与 TrkA 的结合速度较只表达 TrkA 的 PC12 细胞快 25 倍,其细胞内信号转导速度也增快。同时表达 p75 和 TrkA 的神经元比只表达 TrkA 的神经元能够对更低浓度的 NGF 产生反应。②p75 也能影响 TrkB 与 BDNF 及 NT-4 的结合。③能提高 TrkA 分辨具有很高同源性的 NT 的能力。例如，当成纤维细胞只表达 TrkA 时，NGF、NT-4/5 及 NT-3 均能使 TrkA 自动磷酸化，导致细胞增生，而当细胞同时表达 p75 时，相同浓度的 NT-4/5 及 NT-3 则无法导致 TrkA 的自动磷酸化。

每种 NT 与 p75 的结合需要 Trk 的存在才能发挥神经营养功能。p75 受体在 90％的 TrkA 和 TrkB 阳性细胞中有表达，但与 TrkC 共表达的细胞只占 50％，且在高亲和性 Trk 受体缺乏的部位 p75 受体不表达。

p75 的信号传递是多种多样的，它的激活会导致细胞的凋亡或存活取决于细胞的类型及所处的生理和功能状态，众多的信号蛋白的发现则证明了这一点。p75 介导正向和反向信号，既可与 Trk 协同促进细胞存活，也可抑制 Trk 介导的神经元生长。

第二节　其他神经营养因子

一、睫状神经营养因子

(一) 来源和结构

睫状神经营养因子(cilitary neurotrophic factor CNTF)最初由 Helfand 等在 1976 年发现，Alder 等(1979)从第 8 天(E8)鸡胚眼中分离出来，由于它支持体外培养的鸡胚睫状神经节神经元存活而得名。CNTF 是由 200 个氨基酸残基组成的微酸性单体蛋白质，分子质量为 22～24kDa，分子内无二硫键、无分泌信号、无 *N*-糖基化位点和信号肽，属于细胞内蛋白质，而非分泌蛋白质，为一类外周神经的 NTF。CNTF 的基因及其受体基因已被克隆，证明它的分子结构和生物学活性与 NGF 不同，不属于 NT 家族，亦未能证明它是一种靶源性神经营养因子。它和造血细胞因子如白细胞介素-6(IL- 6)、白血病抑制因子(leukemia inhibitory factor, LIF) 等有相似的 A、B、C、D 4 个螺旋结构，被认为是造血因子超家族成员之一。

人、兔、大鼠的 CNTF 氨基酸序列有 84％相同。人 CNTF 的基因定位在第 11 对染色体(11q12.2)，小鼠 CNTF 的基因定位在第 19 对染色体。

(二) 分布

CNTF 在脉络膜、虹膜和睫状肌中含量丰富。CNTF 由Ⅰ型星形胶质细胞、神经细胞、成纤维细胞和骨骼肌合成，广泛存在于中枢和外周神经系统。在中枢神经系统，CNTF 阳性细胞主要分布在大脑皮质、嗅球、视神经、脑干、下丘脑、纹状体、小脑皮质和脊髓等。胶质细胞 CNTF 阳性免疫反应定位于胞体，而突起呈阴性反应；在神经元主要位于胞核，而胞质呈阴性反应。但也有报道在神经元胞核、胞质 CNTF 阳性免疫反应均呈阴性。在周围神经系统，高水平的 CNTF mRNA 和蛋白定位在髓鞘/施万细胞和睫状神经节。CNTF 在施万细胞和睫状神经节主要分布于胞体和突起，而核中无阳性反应。

(三) CNTF 受体

1. CNTF 受体结构

CNTF 受体(CNTF receptor,CNTFR)复合物为 372 个氨基酸残基组成的糖蛋白,分子质量为 52kDa。CNTFR 包括睫状神经营养因子受体 α(ciliary neurotrophic factor receptor α,CNTFRα)、白血病抑制因子受体 β(1eukemia inhibitory factor receptor β,LIFRβ)和 130kDa 的糖蛋白 gp130(130kDa glycoprotein)三部分。CNTFRα 是受体的结合部位,它决定了受体的特异性,LIFRβ 和 gp130 是信号转导部分。CNTFRα 缺少胞质部,缺乏内源性激酶的结构域,通过一个糖基-磷脂酰肌醇键(GPI)锚定在细胞膜上,但可被细胞膜上的磷脂酶裂解。因此,CNTFRα 可以有结合或可溶型两种形式存在。人与大鼠 CNTFRα 的氨基酸序列有 94%相同。

2. CNTF 受体分布

CNTFRα 是 CNTF 的特异结合蛋白质,CNTFR 的分布较 CNTF 广泛,整个中枢神经系统都有分布,但各部的含量不同,小脑 CNTFRα mRNA 含量最高,其后依次为后脑、中脑、丘脑、下丘脑、纹状体、海马、皮质和嗅球等,上、下运动神经元和脑脊液中也存在可溶性 CNTFRα。外周神经系统中交感神经节、副交感神经节和外周感觉神经节也存在 CNTFRα。在外周组织中以骨骼肌 CNTFRα mRNA 水平最高,其次为皮肤、肺、肠、肾、肝、脾及胸腺等。正是 CNTFRα 的特定表达才为 CNTF 作为一种 NTF 奠定了基础,而且有别于其他作用广泛的同类细胞因子。

CNTFRα 在神经系统中广泛存在,在非神经组织中以肌肉中分布较多,表明该组分与神经系统和运动系统的功能有密切联系。在神经损伤时,不仅在损伤部位有大量的 CNTF 聚集,而且结合型 CNTFRα 从膜上释放,以可溶型形式与 CNTF 形成配体-受体复合物,逆行输送到受损部位发挥作用。胚胎发育时期在来自神经上皮和神经嵴的神经母细胞中 CNTFRα 高表达。

值得一提的是,CNTF 反应神经元有时并不表达 CNTF 受体,这提示 CNTF 可能通过诱导附近神经元或胶质细胞释放神经保护因子来起作用。

3. CNTF 受体的信号转导

CNTF 结合其受体时首先结合于可溶性 CNTFRα,CNTFRα 对 CNTF 只具低亲和力,CNTF 和 CNTFRα 的复合物先与 gpl30 结合,再与 LIFRβ 结合,组成异源二聚体,形成高亲和力受体,继而激活 JAK/STAT 通路,将 CNTF 信号向细胞内传递。

二、胶质细胞源性神经营养因子

(一) 来源和结构

胶质细胞源性神经营养因子(glial cell derived neurotrophic factor,GDNF)是由 Lin 等(1993)从鼠胶质细胞株 B49 的条件培养基中分离纯化获得的一种神经营养因子,且由此而命名。以纯化的 GDNF 的氨基端序列制作探针,克隆得到大鼠和人的 GDNF 基因。人 GDNF 前体蛋白为 211 个氨基酸残基(其中信号肽 19 个氨基酸),加工处理后才形成分泌型的成熟蛋白,有134个氨基酸，是一个糖基化的二硫键连接的同源二聚体蛋白质，分子质量为32～34kDa，为碱性蛋白质。

1996年，在中国金黄地鼠和人的卵巢中还发现另一种与GDNF结构和功能相似的神经营养因子Neurturin (NTN)，氨基酸序列与GDNF有42%相同。随后针对GDNF和NTN的高度同源区设计引物，克隆并发现了GDNF家族的两个新成员persephin(PSP)和artemin(ART)。GDNF、neuroturin、persephin和artemin是一类结构相似、功能相关的分泌型蛋白质，都具有7个保守的半胱氨酸残基，具有相似的空间结构，核苷酸序列、氨基酸顺序也具有较高的同源性。它们共同构成转化生长因子-β(transforming growth factor-β, TGF-β)超家族的一个亚家族，在生理功能、受体、信号转导途径等方面都具有相似性。

(二) 分布

GDNF在中枢神经系统的不同脑区均有表达，较为肯定的细胞来源有Ⅰ型星形胶质细胞、黑质-纹状体系统和基底前脑的神经元等。在DA神经元投射区如基底节、嗅结节，与某些运动有关的神经结构如无名质、小脑浦肯野细胞和三叉神经运动核，与某些感觉有关的结构如丘脑、三叉神经感觉核、脊髓后角和背根节以及蓝斑核等均有相当的GDNF mRNA表达。人脑的海马、皮质和脊髓中也有GDNF mRNA表达。发育期GDNF表达的量较多，而成年期则很少，不易测出。

体外培养显示施万细胞与星形胶质细胞一样，能合成和分泌GDNF。外周神经的交感神经节和脊神经后根节有较低的GDNF mRNA表达。许多外周器官，如松果体、肾、心、肺等内脏和唾液腺、性腺(睾丸Seaoli细胞)、肢芽细胞、骨骼肌及皮肤、触须、视网膜等在发育形成中却有很高的GDNF mRNA表达。GDNF在周围器官中的表达程度比在神经组织要高。

(三) GDNF受体

1. GDNF受体结构

GDNF受体(GDNF receptor)是多成分复合物，复合受体由两部分组成，一部分是由固定于胞膜外层的GPI(糖基磷脂酰肌醇)键锚定在细胞表面的糖GPI连接蛋白，称为GDNF家族受体α(GDNFRα, GFRα)，另一部分为酪氨酸激酶Ret蛋白。Ret为GDNF的功能性受体，是*c-ret*原癌基因的编码产物，为受体酪氨酸激酶超家族的一员。GFRα能特异性地结合GDNF家族成员，促使Ret磷酸化，磷酸化的Ret激活其下游的丝裂原活化蛋白激酶MAPK、PI-3K激酶等，导致一系列胞内途径的激活，从而发挥GDNF家族神经营养因子的生理功能。

目前的研究表明GFRα至少有4种，即GFRα1、GFRα2、GFRα3、GFRα4。不同的因子与不同的受体结合，其亲和力不同。GFRαl是GDNF的高亲和力受体，NTN与GFRα2结合；ART与GFRα3结合；PSP的受体GFRα4只在鸡的组织中表达。这4种受体分子中GFRαl和GFRα2的同源性最高，GFRα3、GFRα4的同源性最低。

2. GDNF受体分布

已知对GDNF有效应神经元的脑区均发现有GFR的表达，如嗅球，梨状皮质，隔核，斜角带核，终纹床核，杏仁体，黑质致密部，导水管周围灰质，上丘，脚间核，新皮质，扣带回，海马的

CA1～CA3区和齿状回，小脑浦肯野细胞，间脑内、外侧缰核，网状核，未名带和下丘脑，脑干的下丘，三叉神经运动核，舌下神经核，面神经核，蓝斑和脊髓的前、后角等。在脊髓前角 α-运动神经元和背根节的大、小神经元均有 GFRα mRNA 和 Ret mRNA 的表达，阳性物质主要位于胞体和突起上，脊髓白质的神经纤维和背根节的神经突起上也有 GFRα 的分布。

3. GDNF 受体信号转导

由于 GFRα 是 GPI 连接的胞外蛋白，缺乏跨膜和胞内结构域，无法单独完成信号转导。神经营养因子与 GFRα 特异结合之后，尚需跨膜蛋白即 Ret 介导、协同作用，共同完成 GDNF 家族神经营养因子的信号转导。GDNF 同源二聚体分子可直接与单亚基或双亚基的 GFRα1 结合形成复合物与 Ret 相互作用，导致 Ret 的二聚体化，激活 Ret，引起自身的磷酸化。Ret 可激活几条经典的酪氨酸激酶信号途径，包括 Ras-MAPK、PI-3K、JNK 和 PLC-γ 等。与 NT 信号途径类似，GDNF 的促神经元存活和突起生长的作用是通过 Ras-MAPK 信号途径实现的，GDNF 对培养的多巴胺能神经元促生长和分化的作用则是通过 PI-3K 信号途径实现。

一般认为只有 GFRα 和 Ret 同时存在，GDNF 才能发挥作用。最近有实验表明，GDNF 也能与 Ret 直接作用，或 GDNF 亦可不借助 Ret 而直接通过 GFRα1 受体激活细胞内信号转导途径。

三、成纤维细胞生长因子

(一) 种类和来源

Gospodarowicz(1974)在牛脑和垂体的抽提物中发现一种能够明显促进 BALB/C 3T3 等成纤维细胞分裂增殖活性的物质，命名为成纤维细胞生长因子(fibroblast growth factor，FGF)。其后，Thomas 等(1984)从脑髓鞘碱性蛋白(MBP)的酸性蛋白分解酶分解产物中又分离出一种与之高度同源的物质，也能促进 3T3 细胞和血管内皮细胞分裂增殖，但由于它含有较多的酸性氨基酸碱基，等电点为酸性(5.6)，故命名为酸性 FGF(acidic FGF)或 FGF-1；先发现的 FGF 因对酸和热敏感，等电点呈碱性(9.6)，则称为碱性 FGF(basic FGF，bFGF)或 FGF-2，两者氨基酸序列有 55%相同，均对肝素有强的亲和力。

成纤维细胞生长因子家族(FGF family)至少有 17 个成员，其中研究得较透彻的是 FGF-1 和 FGF-2。FGF 家族成员一般由 150～250 个氨基酸残基构成，大多能与肝素高亲和结合。一些成纤维生长因子(包括 FGF-1、FGF-2、FGF-9)由于缺少信号肽序列而不能从细胞分泌出来。缺少分泌信号提示这些因子也许在损伤时被释放出来，从而参与调节 CNS 的可塑性，而不是以靶源性方式释放来影响发育期间神经元的存活和表型。另外一些 FGF 家族成员含有经典的分泌信号，也许能通过经典的旁分泌模式来调节发育期间细胞的存活和生长。

FGF 是亲多种组织的因子，主要影响胶质、血管内皮细胞等非神经元组织及细胞，但它与神经组织关系也很密切，目前已知 FGF 中 FGF-1、FGF-2、FGF-5 和 FGF-9 存在于中枢神经系统内。神经系统中 FGF 的分布和功能的研究主要集中于 FGF-1 和 FGF-2。FGF 蛋白在成体 CNS 中的总体水平很高，与神经营养素相似，表明 FGF 在调节成体 CNS 的功能中发挥着重要作用。

(二) 结构和分布

1. FGF-1 和 FGF-2

FGF-1 和 FGF-2 大多在正常细胞内储存,但一些转化细胞亦可把它们释放出来。FGF-2 是含 155 个氨基酸的促有丝分裂的阳离子多肽,分子质量为 16～18.5kDa,等电点为 9.6。FGF-2 分子结构中有 4 个半胱氨酸残基,以此形成分子的三维空间结构。在中枢神经系统有高水平 FGF-1 和 FGF-2。例如,1g 脊髓约有 2500 单位的 FGF-1,1g 大脑皮质有 500 单位的 FGF-2。而对 NGF,1g 相应神经组织中只有 1 单位的 NGF。FGF-1 和 FGF-2 主要在出生后表达。

FGF-1 定位于基底前脑、黑质、感觉系统、运动系统及皮质下核团的神经元,主要局限于感觉和运动神经元内,其内 FGF-1 表达水平较高,黑质神经元、基底前脑胆碱能神经元和皮质下神经元含量较低。

FGF-2 主要分布于垂体、脑等神经组织以及视网膜、肾上腺、胎盘等,尤以垂体含量最高,能纯化出大量的 FGF-2(0.5mg/kg),其他组织含量很少,为其 1/50～1/10。FGF-2 不存在或以极低浓度存在于血清和体液中。作为细胞分裂原,FGF-2 主要作用于中胚层和神经外胚层起源的组织和细胞,如骨骼肌细胞、成纤维细胞、骨细胞等,相应的其受体也广泛分布于上述细胞表面。

FGF-2 在脑内主要存在于星形胶质细胞内,位于细胞质和细胞核。海马 CA2 区的锥体神经元、纹状体的 DA 能神经元亦存在有 FGF-2,从多种神经外胚层和中胚层起源的组织(如大脑皮质、下丘脑、垂体和视网膜等)也可提取、纯化出 FGF-2。采用免疫组织化学方法测出神经元胞体、轴突与树突近端 FGF-2 含量为 40～120pmol/g。在鹌鹑的胚胎期,发现神经管和神经嵴有 FGF-2 表达,后期在脊索和脊索神经节表达。

尽管在胚胎期的脊髓中,FGF-2 mRNA 的出现与缺失与否,一直是争论的问题,但在成年期哺乳动物,脊髓中的 FGF-2 的分布是固定的。在腰骶段脊髓,FGF-2 的免疫活性见于运动神经元和脊神经节细胞,而且与其受体共存,但在轴突中没有。在坐骨神经,高含量的 IR-FGF-2 主要分布在 Ranvier 结处的施万细胞,轴突未见免疫染色。

2. FGF-5

该因子是转染 3T3 成纤维细胞的转化基因(transforming gene)的蛋白产物,主要位于角膜及嗅觉系统的神经元内,海马和嗅球一小类神经元可表达 FGF-5 mRNA。

3. FGF-9

FGF-9 是从一种胶质瘤细胞系的条件培养基中分离纯化出来的一种因子,它含有一个 *N*-连接的碳水化合物,故可称为被释放的蛋白质。它是体外培养的星形胶质细胞的一种有丝分裂原,在脑组织有低水平的 FGF-9 mRNA。

此外,FGF-3 是由小鼠胚胎癌细胞系的 *int-2* 基因编码的一种与 FGF 同源的蛋白质;FGF-4 是 *hst* 癌基因和 Kaposi 肉瘤基因编码的属 FGF 家族的一种生长因子;FGF-6 是用 FGF-4 探针从 cDNA 中分离出来的 *hst* 相关基因的产物;FGF-7 是一种角质形成细胞的促有丝分裂原;FGF-8 是一种雄激素诱导的乳腺癌细胞促有丝分裂原。

（三）FGF 受体

1. FGF 受体种类和分布

FGF 受体（FGF receptor，FGFR）有两类：一类是高亲和力受体，分子质量为 125～165kDa，属跨膜性酪氨酸蛋白激酶（TPK）型受体，有酪氨酸激酶活性，可分 4 型：FGFR-1/flg、FGFR-2/bek、FGFR-3/cek 和 FGFR-4。FGFR 广泛分布于血管内皮细胞、3T3 细胞、骨骼肌成肌细胞等细胞膜表面。在中枢神经系统表达的 FGFR 主要是 FGFR-1、FGFR-2 和 FGFR-3；某些神经元及胚胎时期的神经上皮主要表达 FGFR-1/flg，胶质细胞主要表达 FGFR-2/bek 和 FGFR-3/cek。FGF 对神经元和胶质细胞都起作用，只是因受体不同，发挥的作用也不同。

另一类是低亲和力受体，即肝素样受体，是位于细胞表面上的一种硫酸乙酰肝素蛋白多糖（heparin sulfate proteoglycan，HSPG）。HSPG 是一条单链多肽，分子质量为 110～150kDa，由细胞外区、跨膜区、胞质内的近膜区和酪氨酸激酶区组成。HSPG 能保护和增强 FGF 的作用。低亲和力受体的作用是使 FGF 在细胞表面聚集，使其易于接近高亲和力受体。因此，FGF 与高亲和力受体结合时需低亲和力受体的参与，从细胞表面除去硫酸乙酰肝素后，也就消除了 FGF 通过跨膜的 FGF 受体转递信号的能力，这表明 HSPG 在介导 FGF 信号转导中的重要性。FGF 与 HSPG 结合是它与高亲和性的 FGFR 结合发生受体二聚作用的先决条件，与低亲和力受体的结合能使高亲和力受体结合更容易、更牢固。

2. FGF 受体的信号转导

FGF 的作用是通过结合跨膜的酪氨酸激酶受体来调节的。不同种基因编码不同类型的 FGF 受体，而且同种基因的不同剪接也会导致不同的 FGF 受体表达，这使得 FGF 配体/受体作用表现出重叠性。由于每种 FGF 受体均能和 FGF 家族每个成员结合，而不同 FGF 受体的表达存在着组织细胞特异性。可能在通常情况下，FGF 以非活性形式构象存在，当它结合细胞表面的肝素蛋白聚糖后，可以诱导构象的改变而成为 FGF 活性形式，从而能与跨膜的 FGF 受体成功结合并进行信号转导。

FGF 与受体结合后可能通过以下途径将信号传至胞核：当 FGF 与细胞表面 HSPG 的硫酸乙酰肝素侧链结合，FGF 被激活，构型发生改变而适合于与高亲和性受体 FGFR 结合，从而诱导受体二聚作用及刺激受体酪氨酸蛋白激酶活化，后者使底物如磷脂酶 C-γ（PLC-γ）等磷酸化。PLC-γ 磷酸化又使磷脂酰肌醇-4,5 二磷酸（PIP_2）分解为甘油二酯（DG）和三磷酸肌醇（IP_3），导致蛋白激酶 C 激活和 Ca^{2+} 内流，发挥生物学作用。

四、胰岛素样生长因子

（一）种类和来源

胰岛素样生长因子（insulin-like growth factor，IGF）最初是从人血浆中分离出来的单链分子蛋白质，其结构与胰岛素原（proinsulin）相似，主要在肝脏合成后释放入血。在神经系统的研究大多集中于 IGF-Ⅰ和 IGF-Ⅱ，两者均有三个二硫键。IGF-Ⅰ为 70 个氨基酸组成的碱性蛋白，分子质量约为 7.6kDa，等电点 8.2；IGF-Ⅱ由 67 个氨基酸组成，分子质量约 7.4kDa，等电点

6.7,微酸性。两者序列约有 70%相同。人 IGF-Ⅰ和 IGF-Ⅱ基因分别位于第 12 和第 11 号染色体。

(二) 分布

发育期间 IGF-Ⅰ mRNA 在神经系统广泛分布于交感神经元、感觉神经元、大脑皮质和海马的非锥体细胞、小脑浦肯野细胞和中间神经元等。在新生的和成熟的大脑中,IGF-Ⅰ mRNA 出现在前皮质、海马、杏仁核、交叉上核、小脑和感觉中间神经元。IGF-Ⅰ受体的表达在发育期间达到最高,并分布于小脑、新皮质、嗅球、视网膜和脉络丛。脑、脑脊液和脉络丛中 IGF-Ⅱ mRNA水平很高。

血液或体液中的 IGF 是与其载体蛋白 IGF 结合蛋白(IGF binding protein,IGFBP)结合形成复合物,现知 IGFBP 至少有 6 种。它们的作用是对 IGF 起保护作用,延长 IGF 的半衰期,把血液循环中的 IGF 运输到周围组织,维持血液循环中 IGF 水平,增强或抑制 IGF 的作用,介导 IGF 单独的生物学效应。

(三) IGF 受体

IGF 发挥生物学效应,需与其特有受体结合,但这必须在其与 IGFBP 解离之后才能进行。有两种 IGF 受体:IGF-Ⅰ受体和 IGF-Ⅱ受体。IGF-Ⅰ受体(IGF-ⅠR)属酪氨酸激酶型受体,是由两个 α-亚基和两个 β-亚基组成的异源四聚体糖蛋白。α-亚基含有配体结合区(IGF-I binding domain),位于细胞表面;β-亚基由胞外区、跨膜区和胞内区组成。胞内区较大,含有一个酪氨酸激酶结构域,以及酪氨酸和丝氨酸磷酸化作用部位。配体与 α-亚基结合可能引起 β-亚基发生构象变化,从而激活酪氨酸激酶导致受体自磷酸化。IGF-IR 与 IGF-Ⅰ和 IGF-Ⅱ的亲和力近似,是其与胰岛素亲和力的 1000 倍左右。IGF-IR 分布比较广泛,在胚胎与成年个体大脑内也广泛存在这种受体,杏仁、海马、海马旁回和小脑中含量丰富。

IGF-Ⅱ受体(IGF-ⅡR)与 IGF-IR 不同,没有酪氨酸激酶活性,它是一条单链跨膜糖蛋白,通过激活甘氨酸进行信号转导。IGF-ⅡR 有一个大的胞外区和一个小的胞内区,其胞外区由 15 个邻接的片段构成,第 11 片段为 IGF-Ⅱ结合区(IGF-Ⅱ binding region)。IGF-ⅡR 也结合 IGF-Ⅰ和 IGF-Ⅱ,但对胰岛素基本无亲和力。IGF-ⅡR 主要分布于成纤维细胞、肝细胞和脂肪细胞等。大多数胚胎细胞的 IGF-ⅡR 在生后减少,但脑内 IGF-ⅡR 在生后却很少有变化。

五、其他类神经营养因子

神经营养因子除上述几种外,还有许多已知或未知的生长因子和细胞因子,如表皮生长因子家族、白细胞介素(interleukin,IL)、血小板源性生长因子(platelet-derived growth factor,PDGF)、肿瘤坏死因子-α(tumor necrosis factor-α,TNF α)、干扰素 γ(interferon-γ,IFN-γ)等,它们在神经系统中均有较广泛的分布。神经系统的细胞能产生这些因子,同时又对这些因子起反应,从多个方面影响神经元的功能,并参与许多神经疾病的发生发展过程。因此,其作用的复杂性和多样性是十分明显的。

神经营养因子的组成十分复杂,现将已知的神经营养因子及其靶区总结如表 5-1 所示。

表 5-1 哺乳动物神经系统中已知的神经营养因子及其靶区

生长因子的名称	靶区
神经生长因子(NGF)	BFC,纹状体,伤害刺激感受器,交感神经元
脑源性神经营养因子(BDNF)	BFC,HPC,皮层,机械刺激感受器,感觉神经元,运动神经元(α),前庭,听觉,视网膜,神经节
神经营养因子-3(NT-3)	BFC,HPC,皮层,本体感受器,感觉神经元,肌梭,听觉,少突胶质细胞
神经营养因子-4/5(NT-4/5)	运动神经元(α),视网膜神经节,感觉神经元
神经营养因子-6(NT-6)	非哺乳动物类
神经营养因子-7(NT-7)	非哺乳动物类
睫状神经营养因子(CNTF)	运动神经元(α-和皮层),纹状体,副交感神经元,感觉神经元,HPC,BFC,O2A
白血病抑制因子(LIF)	运动神经元(α),神经胶质细胞
心肌营养因子-1	运动神经元(α)
转化生长因子 β1,β2,β3,(TFGβ1～3)	运动神经元(α),感觉神经元
胶质细胞源性神经营养因子(GDNF)	DA 神经元,运动神经元(α-和皮层),感觉神经元
Neurturin	DA 神经元,运动神经元(α-和皮层),感觉神经元
Persephin	DA 神经元,运动神经元(α-和皮层)
苯丙酸诺龙	运动神经元(α)
骨形成蛋白(BMP)	发育过程中 CNS/PNS 模式的形成
成纤维细胞生长因子-1(酸性 FGF)	脊髓和脑干,皮层
成纤维细胞生长因子-2 (碱性 FGF)	BFC,皮层,DA 神经元,视网膜神经节,脑干细胞
胰岛素样生长因子Ⅰ(IGF-Ⅰ)	运动神经元(α),感觉神经元,少突胶质细胞
胰岛素样生长因子Ⅱ(IGF-Ⅱ)	感觉神经元,交感神经元
表皮生长因子(EGF)	DA 神经元,HPC,皮层,脑干细胞
转移生长因子-α(TGF-α)	DA 神经元,HPC,皮层(离体)
Neuregulins	胶质细胞和突触的成熟
肝细胞生长因子	HPC,运动神经元(α),感觉神经元,施万细胞
Immunophilins	感觉神经元,脑干
Midkine	光感受体
红细胞生成素	BFC
白介素 1,2,3,6(IL-1、2、3、6)	BFC
肝素黏合神经营养因子	靶区广泛
血小板源性生长因子(PDGF)	靶区广泛
轴突 Ligand-1(AL-1)	靶区广泛
elf-1	靶区广泛
ehk1-l	靶区广泛
LERK2	靶区广泛

注:表中所列靶区基于在体和离体实验的结果。BFC:额叶底部的胆碱能神经元;HPC:海马;DA 神经元:多巴胺能神经元;O2A:少突胶质细胞/星型胶质细胞的原始细胞。

第三节　神经营养因子的作用及应用

神经营养因子(NTF)从研究初期就显示了其临床应用的可能性，正是在这种前景的引导下，研究者才有目的地进行了动物实验，这些实验的确像预期的那样表明 NTF 对某些神经损伤和疾病有着以前疗法所未达到的疗效。

由于基因工程药的发展，研究者能获得大量 NTF 用于临床试验，但由于 NTF 均为蛋白质，不易通过血脑屏障，故目前临床试验主要在脊髓或外周神经系统疾病上进行，对 CNS 相关的疾病仍以动物模型研究为主。

一、神经营养因子的生物学作用

神经营养因子启动的各种生物学反应包括维持中枢和周围神经系统未成熟神经元的生存并促使其繁殖、分化(如增强神经突起的生长，改变神经元的电生理性质等)，以及支持成熟神经元的存活和发生适应性反应，包括释放特异性神经肽及递质和介导神经元的可塑性等。

(一) 促进神经元发育与分化

神经营养因子在脊椎动物神经系统发育中起主要作用。神经系统发生过程中很早表达的是 NT-3 和 TrkC，在神经管发生时期便有 NT-3 和 TrkC mRNA 的表达。NT-3 对新迁移的神经嵴细胞有促有丝分裂作用，可增加早期背根节神经元的数量。三叉神经节大多数感觉神经元在早期轴突生长时期需要 NT-3 或 BDNF，NT-3 对其有明显的保护作用，但当轴突到达靶区后则需要 NGF 维持其存活。在背根节，NT-3 能支持那些以其周围突分布到肌肉的感觉神经元的存活。用抗体除去鹌鹑早期胚胎的 NT-3，其睫状节和背根节神经元在发生程序性细胞死亡之前便丧失 34%。用 NT-3 抗体处理鸡胚，背根节神经元的轴突不能在脊髓内形成长的节间投射，说明形成节间投射神经元的存活需要 NT-3。由于 NT-3 mRNA 在新生鼠脑内含量高于成熟鼠脑，这可能表明 NT-3 对未成熟神经元比成熟神经元更能发挥作用。

成年动物的感觉神经元在生理和解剖学上都是异质性成分，NGF 除对交感神经节有明显生物活性，并促进起源于神经嵴的感觉神经元的一个亚群(主要是感受伤害性刺激的感觉神经元)的存活外，对其余神经嵴起源的感觉神经元以及所有上皮基板起源的脑神经节如睫状神经节内的感觉神经元没有影响。BDNF 和 NT-3 能支持对 NGF 不起反应的基板源性神经元和本体感觉神经元的存活。BDNF 能使神经鞘细胞向感觉神经元谱系分化。把涂有 BDNF 和 LN(层粘连蛋白)的薄膜插入神经管和背根节原基之间，能防止年轻神经元死亡。

在胚胎发育期，NGF 对胚胎神经组织有促进分化成具有特异功能神经元的作用，同时对胚胎发育期的神经元的存活也很重要。对已充分分化的神经元，它又能维持其特异的功能。已知交感神经元的发育需要 NGF，给新生小鼠注射 NGF 抗体，可使颈上节和交感链严重萎缩，超过 90%的交感神经元丧失。这从研究缺乏功能性 NGF 或 TrkA 基因的动物中亦得到证明。成年交感神经元仍需 NGF 维持其存活，这与对 NGF 敏感的感觉神经元不同，成年感觉神经元是不需要来自外周的 NGF 维持其存活的。但许多交感神经元在 NGF 依赖之前需要 NT-3 支持其存活，而且 NT-3 还可诱导 TrkA mRNA 的表达。将 NGF 注入胚胎小鼠或初生小鼠体内，会使感觉和交感神经节比正常的增大数倍,单个神经元变大,内质网、神经微丝和神经微管等细胞器也增多。发育期间,前庭神经元的存活需要 BDNF,而大多耳蜗神经元的存活需要 NT-3。NGF 能影响基底前脑胆碱能神经元的定位和密度,但不影响其向海马的输入。

CNTF 除了对体外培养的胚胎运动神经元的生存和分化起作用之外,在体研究亦发现其影响胚胎运动神经元的发育、分化。CNTF 不仅可阻止交感神经细胞的增殖并促进其分化,而且它还是交感神经元的胆碱能分化因子,如 CNTF 能通过提高胆碱乙酰转移酶(ChAT)而降低酪氨酸羟化酶(TH)的水平,将肾上腺素能神经元转变为胆碱能神经元。

FGF-2 能促进各种胶质细胞和神经元前体细胞的繁殖和分化。在培养的大鼠神经元加入 FGF-2 后,出现胆碱能成分分化并增殖;成神经细胞的分裂受到 FGF-2 的调节,分裂过程中出现轴突长出生长锥、神经递质合成和递质小泡的转运等现象。FGF-2 与 NT(如 BDNF、NT-3)协同,对神经系统早期发育起重要作用。

在体外实验中,IGF-Ⅰ促进皮质神经元、基底前脑神经元、中脑腹侧神经元、初级运动神经元、交感神经元和少突胶质细胞的分化和髓鞘化。发育期间 IGF-Ⅰ在转基因小鼠的过量表达会干扰初级感觉皮质的正常模式形成,且使髓鞘质的合成也增加。IGF-Ⅰ是起源于神经嵴且与交感神经元有关的肾上腺嗜铬细胞的存活因子,能刺激原代培养的交感节神经细胞的有丝分裂。IGF-Ⅰ可以维持原代培养的鼠胚神经上皮细胞的生长,抑制体外培养的小脑颗粒细胞因低钾导致的细胞凋亡。

(二) 对神经元的营养作用和支持神经元存活

1. 支持感觉神经元存活

成熟感觉神经元结合并逆行运输 NGF、BDNF、NT-3 和 NT-4/5。NGF、BDNF 和 NT-3 促进背根神经节感觉神经元的轴突生长和延长体外培养的存活时间。BDNF 能促进胚胎视网膜神经节细胞的生长和存活,增加爪蟾蝌蚪视网膜节细胞轴突的分支数目和其终末分支的复杂性。BDNF 对大脑皮质的感觉神经元也有作用。

BDNF 和 NT-3 对睫状节细胞和脑神经感觉神经元有营养作用。BDNF 能诱导睫状节神经细胞生长,却不能影响交感神经细胞,能挽救大部分背根节神经元和基板源性睫状节神经元的程序性细胞死亡。BDNF 和 NT-3 还对前庭和听觉系统初级感觉神经元的存活起支持作用。BDNF 和 NT-3 基因敲除动物,其前庭和螺旋神经节神经元全部丧失,后来发现前庭神经元大多依赖 BDNF,而大多数螺旋节神经元依赖 NT-3,仅小部分(5%)供应外毛细胞的 2 型螺旋节神经元依赖 BDNF。BDNF 尚能促进成年鼠损伤后溃变轴突的出芽。

2. 对运动神经元的营养作用

在骨骼肌中能检出 BDNF mRNA 和 NT-3 mRNA,发育中的运动神经元能高度表达 NT-3 受体 mRNA。α 运动神经元能表达一种与 BDNF 信号传递有关的受体。运动神经元易逆行转运 BDNF 和 NT-3,NT-3、NT-4/5 和 BDNF 可以维持体外培养的大鼠脊髓和脑的运动神经元存活、防止其死亡,局部应用能减少因坐骨神经和面神经切断所致的大量运动神经元死亡。

CNTF 最突出的功能是促进中枢和周围运动神经元的存活,维持运动神经元功能,以及防止受损神经元退变。这在基底前脑胆碱能、黑质多巴胺能、丘脑前核与背侧核、面神经核和脊髓运动神经元等均得到证明。对培养的鸡胚运动神经元,CNTF 是最有效的神经营养因子。

3. 维持交感神经元存活

NGF维持外周交感神经节的存活。许多交感神经元在依赖NGF之前需要NT-3支持其存活，并提示NT-3能诱导TrkA mRNA的表达。不仅交感神经元，所有依赖NGF的神经元都是先有一个依赖NT-3的时期。

4. 支持基底前脑胆碱能神经元存活和生长

NGF在成熟脑的各区域都有表达，如皮质和海马等。CNS中NGF效应神经元是隔区、斜束核和基底核的胆碱能神经元以及纹状体中的胆碱能中间神经元，其轴突投射到海马和皮质，构成胆碱能通路。基底前脑胆碱能神经元是NGF敏感神经元，侧脑室注射NGF能保护已被切断穹窿海马伞的老年大鼠内侧隔核和斜角带垂直支的阳性神经元并改善动物的行为。由于基底前脑胆碱能神经元与动物的学习记忆能力关系密切，老年记忆减退大鼠内侧隔核、斜角带垂直支与水平支NGFR阳性神经元数减少，这可能是引起老年性记忆减退的机制之一。NGF能阻止成体基底前脑神经元的死亡，然而NGF或TrkA的纯合或杂合突变体小鼠，并不显示基底前脑胆碱能神经元的丧失。

BDNF也有支持基底前脑胆碱能神经元存活和生长的作用，但与NGF的作用有差异。BDNF对胆碱能神经元胞体的早期发育和生长有明显的作用，而NGF的作用不甚明显；对体外培养的胚胎胆碱能神经元，BDNF能刺激胞体发出突起且延伸其长度，促进其胞体发育的作用较NGF强，而NGF主要表现在增加AChE阳性神经元的数量。BDNF对受损的胆碱能神经元的作用比NGF弱，但仍能挽救基底前脑胆碱能、GABA能神经元。

GDNF是目前最强的胆碱能运动神经营养因子，几十至几百倍于BDNF和CNTF对运动神经元的作用，支持运动神经元的存活。将GDNF基因转染细胞(BHK细胞)放进含有脑和脊髓运动神经元培养液中，能增加这些神经元胆碱乙酰转移酶(ChAT)活性，延长轴索长度，减少它们的正常凋亡。

5. 对中脑黑质多巴胺能神经元的作用

体外研究表明BDNF对培养的DA能神经元的存活和分化均有一定的影响。在体内移植胚胎中脑细胞治疗帕金森病模型鼠实验中，BDNF能提高移植的DA能神经元的功能。因此，BDNF是较有希望的中脑黑质DA能神经元的特异营养因子。NT-3对中脑黑质DA能神经元有明显保护作用。此外，BDNF与NGF有协同作用，这可能与二者的高亲和性受体分别为TrkA和TrkB有关，它们各自介导细胞内反应而发挥不同的功能效应。

研究证明GDNF对DA神经元有高度的亲和力，是DA神经元的一个高度特异性神经营养因子。它不仅对体外培养的胚胎中脑DA能神经元有明显的营养和促存活与分化作用，使神经元胞体增大、轴突延长；而且在体内，对黑质、纹状体DA能系统亦有保护和修复作用。用MPTP处理小鼠或6-羟基多巴(6-OH DA)处理大鼠，处理之前或之后注射GDNF于黑质或纹状体，能降低MPTP或6-OH DA对DA能神经元的损伤，阻止DA能神经元的退变，诱导残存的DA能神经元长出新的突起，恢复其DA水平和DA能神经纤维的密度，动物的运动行为亦有明显改善。由此可见，GDNF有可能应用于人类PD病的治疗。

（三）对神经元的调节作用

1. 调节神经元表型

在发育时期 NGF 水平的改变不会影响神经元的细胞数目，但会改变其表型。例如，注射抗体降低 NGF 的有效性，或在鸡胚注入分泌 NT-3 的细胞时，感受伤害性刺激的神经元对皮肤毛发的刺激感受阈下降，而神经元数目无明显变化。神经营养因子对已分化完成的神经元表型也有调节作用。NGF 提高神经元内的神经肽、降钙素基因相关肽和 P 物质等的水平，并提高神经元对辣椒素的敏感性。NGF 还能调节某些感受伤害的感觉神经元的动作电位。NGF 也能调节神经元的形态，如 NGF 处理神经元后可使轴突的数目增加。

2. 调节神经元的连接

在发育时期，当视网膜节细胞的轴突与顶盖接触时，BDNF mRNA 水平升高，后者受视网膜传入活动调节。BDNF mRNA 水平受视网膜传入活动调节的现象亦见于新生及成年动物。实验指出，NT 能影响突触功能，在脊髓神经元与肌细胞联合培养中加入 BDNF 或 NT-3，数分钟内便可在肌细胞记录到自发的和冲动引起的突触活动。BDNF 或 NT-3 能迅速增加培养的海马神经元的细胞内钙，因而可能增加神经递质的释放，增强突触功能。

神经营养素调节 CNS 神经元的分化、轴突导向和突触的功能。$BDNF^{-/-}$ 定向突变的小鼠表现出了小脑中树突不正常的分支和模式，这体现了神经营养素在中枢神经系统中的重要性。BDNF 基因敲除小鼠表现出海马的长时程增强（LTP）受损，这可以用外源性 BDNF 来重建。正常小鼠的 LTP 诱导会改变 BDNF、NT-3 和 Trk 的表达，这支持神经营养素和突触机制间的相互关联，神经营养素从神经元中的释放可能是神经元集合活动的结果，而神经营养素反过来能影响突触间联系。研究表明，神经营养素能在非常短的时间内调节突触效能。例如，NT- 3 和 BDNF能够增加自发的和激发的突触兴奋持续数分钟。

（四）在神经损伤修复中的作用

神经营养因子不仅能支持原代培养的感觉神经元的存活，亦促使其突起的生长，提示成年动物神经损伤后感觉神经元轴突的再生需要神经营养因子的支持，如，通过移植能分泌 NGF 的工程细胞可显著诱导损伤后脊髓的感觉神经元中枢突的生长。在神经组织移植中，加入 NGF 能促进移植物在宿主脑内的成活和整合，对移植物内一氧化氮合酶（NOS）阳性神经元有明显促发育与生长的作用。NGF 亦能促进神经断端的轴突再生，切断金鱼视神经后给予 NGF 能加速该神经的修复与再生。但应用 NGF 抗体的实验证实神经再生似乎并不依赖 NGF，只是感受伤害的传入终末在其靶区内的侧支出芽才需要 NGF。NGF 对神经纤维的生长方向也能起引导与趋化作用。

周围神经损伤后，远侧端残枝施万细胞合成 NGF、BDNF、NT-4/5 和 p75 的功能增强，但 NT-3 除外。施万细胞产生大量的 NGF、BDNF、NT-4/5，可促进损伤神经元的存活和再生。在轴突 Waller 变性前，能检测出低亲和力受体量的增加，NGF 与 p75 结合的增多，可促进施万细胞的增殖和迁移。新生动物轴突切断后，或者成年动物脊神经前根抽出术后，给予 BDNF 能够抑制运动神经元的萎缩，减少其死亡以及乙酰胆碱转移酶的丢失。BDNF 的这种效应具有剂量依赖的特征。

脊髓损伤后，BDNF 及其 mRNA 的表达均较损伤前明显增加。损伤脊髓局部 BDNF 免疫反应阳性星形胶质细胞、小胶质细胞和巨噬细胞数显著增加。BDNF 及其 mRNA 在胶质细胞中表达增加，可能参与脊髓损伤后的修复。

中枢神经系统损伤后，CNTF 表达水平也有显著的变化。例如，脑的机械性损伤可引起 CNTF 蛋白与 CNTF mRNA 在伤口边缘急剧增加，且增高局限于随后形成的神经胶质疤痕中的反应性星形胶质细胞。在视网膜光损害模型发现 CNTF 表达的改变可能是神经损伤的一个早期标志，视网膜受光损伤后可观察到 CNTF 表达剧增，且与光感受器细胞演变同时发生，因此，注射 CNTF 于大鼠眼内，能防止介导光感觉的细胞发生光损伤性退化。由于 CNTF 在胚胎期和正常时含量较少，受损伤时 CNTF 反应性增多表达，是细胞的一种保护性反应，因此，可把 CNTF 视作中枢和周围神经系统的一个损伤保护因子。

研究表明，在周围神经损伤修复中，FGF-2 有明显促进外周神经纤维再生和保护受损神经元的作用，并已在在体神经“套管”模型实验中得到证实。给切断的坐骨神经灌注 FGF-2，可提高神经的再生率。在桥接大鼠 7mm 长坐骨神经缺损中使用 FGF-2，4 周后发现神经再生成功。将 FGF-2 加于紧靠坐骨神经切断处，能促进神经的髓鞘化，防止背根神经节神经元的死亡。

（五）用于构建动物模型研究基因功能

NT 及其受体基因敲除（knockout）动物模型的建立，有助于在分子水平上了解 NT 及其受体的功能，以及它们在神经系统发育过程中的地位和作用。例如，BDNF 基因敲除小鼠和 NT-3 基因敲除小鼠的中枢神经系统神经元数目相对有所减少。在脊髓中，BDNF 尽管能阻止损伤诱导的新生动物的运动神经元的死亡，BDNF 基因敲除突变体的运动神经元并没有丢失。NT-3 基因敲除小鼠表现出运动神经元数目有所减少，这可以从肌梭传入Ⅰa 运动神经元数目的减少得以解释。

NT 及其受体的基因敲除动物表型如表 5-2 所示。NT 及其受体基因缺失，将会严重影响神经系统的发育，甚至发生个体的死亡。NT 的基因敲除动物模型在 PNS 中表现为特异的靶神经元缺失，不同的 NT 支持相应的特异性神经元群；在 CNS 中基因敲除的靶神经元缺失不明显，NT 的作用以调节功能为主。NT 及其 Trk 受体成员之间，甚至相应的配基与受体之间的基因缺失可导致不同的表型。TrkA、TrkB、TrkC、BDNF 和 NT-3 的基因缺失均为致死性的，说明这些 NT 和受体在神经系统发育中有更重要的作用，而 NGF 的作用可能通过 NT-3 作用于 TrkA 来实现；NT-4/5 的作用可被 BDNF 作用于 TrkB 所代偿。但 TrkA、TrkB 和 TrkC 的作用是必需的，其作用无法替代，作为受体激动剂的 BDNF 和 NT-3 同样不可缺少。而 p75 NTR 仅在外周感觉和交感神经活动中起部分作用，不是神经活动所必需的。

表 5-2　NT 及其受体基因敲除小鼠的表型

缺失基因	表型
trkA	致死性的，生后 1 个月内死亡，感觉及交感神经元缺失
trkB	致死性的，生后即死亡，面神经核和脊髓运动神经元缺失，三叉神经节、背根节缺失
trkC	致死性的，生后 1 个月内死亡，本体感觉缺失，运动姿势异常
p75NTR	非致死性的，可存活至成年，但感觉神经元的一个亚群丢失，周围感觉和交感神经分布缺陷

续表

缺失基因	表型
ngf	非致死性的，出生后体重增加停止，长疮、出现自毁倾向，感觉和交感神经细胞缺失
bdnf	致死性的，感觉神经缺陷，颅神经节、外周神经节缺失，最严重的是前庭神经节细胞显著丧失，其行为表现为旋转、共济失调和呈弓状姿势
nt-3	致死性的，感觉和交感神经元丧失，脊髓传入纤维数目下降，与传递本体感觉有关的感受器（肌梭和 Golgi 腱器）减少
nt-4/5	正常，10 个月内无明显的神经元和表型异常
bdnf＋*nt-4/5*	致死性的，与单纯 BDNF 缺陷相似

二、神经营养因子在神经系统疾病中的作用及应用研究

神经系统疾病主要包括神经退行性疾病（neurodegenerative diseases）和神经损伤等。神经退行性疾病如帕金森病（Parkinson's Disease，PD）、阿尔茨海默病（Alzheimer's Disease，AD）、肌萎缩侧索硬化（amyotrophic lateral sclerosis，ALS）等，目前多无有效治疗手段。大量体内外研究表明，NTF 在神经系统疾病的诊断和治疗中具有临床应用价值，如表 5-3 所示。

表 5-3　神经营养因子的选择活性及临床应用可能

疾病	作用部位	NGF	BDNF	NT-3	NT-4/5	CNTF	GDNF
外周神经病	感觉神经元	√	√	√	√		
	交感神经元	√					
ALS	运动神经元		√	√	√	√	√
	基底前脑胆碱能神经元	√	√		√	√	√
AD	皮层神经元		√	√	√		
	海马神经元		√	√	√		
PD	多巴胺能神经元		√		√		
HD	纹状体神经元		√		√		
局部缺血	皮层神经元				√		
急性脑脊髓损伤	皮层-脊髓神经元			√			

（一）运动神经元病

ALS 是一种致死性运动神经元退行性疾病，常用药物有抗痉挛剂 Baclofen，抗抽搐的 Quhine Sulfate Phenytoin、carbamezepine，抗抑郁剂三环类等。目前尚无有效治疗措施。体内外研究表明，发育及成熟运动神经元对 BDNF、NT-3、NT4/5 有反应，BDNF、NT-3 可增加培养的胚胎大鼠运动神经元的活性，BDNF 可防止运动神经元的自然死亡，并对损伤的新生大鼠面部运动神经元有保护作用；当神经切断后，BDNF、NT-3 逆行运输到运动神经元急剧增加，外源性 BDNF 能延迟自然发生运动神经元病（motor neuron disease，MND）中的运动失调，减轻神经肌肉萎缩和运动轴突消失，这些研究为应用 BDNF 治疗 ALS 提供了理论基础。目前，BDNF 已进

入治疗 ALS 的临床试验阶段。

CNTF 是最先进行肌萎缩侧索硬化大规模临床试验的神经营养因子之一。选择这种病症进行临床试验，是因为研究表明，CNTF 能阻止遗传性运动神经疾病小鼠进行性的运动神经元的变性，而且这种运动神经元的变性是由于 CNTF 基因突变引起的。在这种疾病突变鼠植入可产生 CNTF 的细胞后，面神经核神经元的存活数增加，膈神经轴突数增多，运动功能得到改善，小鼠存活时间也显著延长，但临床试验无疗效。这可能与 CNTF 半衰期太短、给药途径不当或其他诸多未知原因等有关。

(二) 帕金森病

帕金森病是由于黑质纹状体多巴胺能神经元的进行性退化而引起的运动失调症，其神经元退化进程远在临床症状出现之前。目前常用的药物有 DA 的前体左旋多巴(L-Dopa)及多巴胺受体激动剂。这些药物副作用大，并不能改变神经元退化。由于 BDNF 对 DA 能神经元的特殊营养作用，并对 DA 能神经元选择性毒性物质 6-OHDA 和 MPTP 损伤的神经元有保护作用，大量的体内体外实验研究表明 BDNF 有望用于 PD 的治疗。

GDNF 是目前发现对 DA 能神经元作用最强的因子之一，在 PD 动物模型中，单次脑内注射 100μg 和 450μg GDNF，能扭转 DA 能神经元变性，且不会出现运动障碍，效果好于 L-Dopa。尽管 GDNF 效应较强，但其作用范围较广，对多种神经元有作用，故在临床应用上，需考虑 GDNF 可能产生的多种作用。

(三) 阿尔茨海默病

阿尔茨海默病的病理变化为广泛的大脑皮层神经元丧失，尤其是海马和基底前脑胆碱能神经元退化。临床常用药物有胆碱酯酶抑制剂(多奈哌齐等)能够提高患者认知功能，但有恶心、腹泻、失眠等不良反应，且并不能减慢神经元的退化。NGF 能防止前脑胆碱能神经元的萎缩，提高出现认知损伤的老年大鼠的胆碱乙酰转移酶 ChAT 水平，增加存活胆碱能神经元的功能，提高记忆。这些现象为 NCF 用于 AD 治疗提供了理论基础。神经营养素家族其他成员如 BDNF、NT-3、NT4/5 均能维持胆碱能神经元存活，上调其 ChAT 表达，且有比维持神经元存活更为广泛的作用，对与 AD 尤其有关的胆碱能神经元也有营养作用，这些广泛作用能扭转运动活性下降，改善运动失调。多种神经营养因子的联用可能产生最佳效果。目前，用损毁大鼠基底前脑胆碱能投射系统复制 AD 症状，但并不能完全模拟 AD 患者的所有病症，因此尚需建立更为合适的动物模型。

(四) 外周感觉神经病

外周感觉神经元退化是外周神经病的常见病症，往往由糖尿病、抗癌药(如顺铂)、乙醇中毒、艾滋病(AIDS)、遗传因素等引发。NGF 用于外周感觉神经病的临床试验已经开始，长期治疗可延缓感觉功能减弱并能使部分丧失的功能恢复。

除上述疾病以外，BDNF、NT-3、NT4/5 对听神经损伤、视神经损伤也有保护作用，NT 在神经胶质瘤、成神经细胞瘤等疾病治疗中也有应用前景。

（五）急性神经系统损伤和脑缺血

机械损伤或脑缺血引起的急性神经系统损伤目前尚无有效的药物治疗。NGF 脑室注射可抑制沙鼠脑缺血后引起的海马神经元死亡；BDNF 和 NT4/5 则可明显减少因结扎大鼠大脑中动脉而引起的梗死面积；动物实验表明 NTF 可减少因缺血中风引起的神经元变性，并改善症状；BDNF、NT-3 和 NT-4/5 均能增加皮质神经元对葡萄糖和氧的利用。

在 CNS 损伤及再生的研究中，目前有两个重要的研究方向：一是研究和改变中枢神经内在的生长能力。了解控制中枢和周围神经系统神经元存活和轴突生长的信号途径，从而对细胞内的信号途径实现干预。二是解决 CNS 再生的环境问题。例如，利用移植的细胞或神经组织提供适合损伤神经元再生的环境，以促进受损神经再生。应用外源性 NTF 能提高神经元固有的再生能力，促进神经再生，这也是目前引人注目的方法和研究热点之一。

三、神经营养因子的临床应用策略

由于神经营养因子难以通过血脑屏障，故不能直接通过全身给药治疗中枢疾病，因而关于神经营养因子的给药方式和如何提高其利用效率显得尤为重要。

（一）脑内给药

（1）用机械微泵装置将 NTF 注入脑内。如 hrNGF 脑室给药可作为 NGF 治疗 AD 的有效给药方式。

（2）将活性蛋白因子包裹后制备脂质体或微囊化后植入脑内，可作为体内一种有效的缓释系统治疗中枢神经系统疾病。

（3）利用脑移植手段，如以胚胎黑质或自体肾上腺髓质嗜铬细胞为供体治疗 PD，移植后注入 NTF 可提高移植物的存活率，并可增强治疗作用。

（4）通过细胞移植将有持续分泌神经营养因子活性的遗传修饰细胞植入脑内。一是直接移植分泌 NTF 的工程细胞（如经过修饰的神经干细胞），二是将遗传修饰细胞微囊化后移入脑内。

（5）直接将神经营养因子基因导入 CNS 细胞内以增加神经营养因子的表达水平。

（二）局部给药

（1）损伤局部注射。在套接于神经损伤断端的硅胶管中注射外源性 NTF，使其在轴突损伤处被摄取，经逆行轴浆运输至胞体而发挥作用。此途径用量小，NTF 进入血液量也少，但 NTF 在局部可形成高浓度，有利于神经元的存活，是目前最常用的给药方式。外源性 NTF 在体内的活性仅能维持数小时至数天，一次给药后 NTF 很快降解，而多次给药创伤较大，易引起感染，在实际应用中存在给药安全等问题，剂量过大易产生毒副作用，剂量过小则达不到治疗效果。可使用微泵装置，不断加入外源性 NTF，使局部 NTF 活性维持一定水平，但这种装置较为复杂。

（2）蛛网膜下腔注射。此种给药方式下 NTF 易被神经元摄取而发挥其保护神经元的作用，不足之处是 NTF 难以到达神经损伤处，且给药方法相对困难。

(三) 全身用药

全身用药包括静脉、腹腔、肌肉及皮下注射。经此途径给药，血浆 NTF 浓度降低较快，且 NTF 经血脑屏障的通透性有限，真正到达胞体及损伤神经的量较小，全身用药者用量较大，副作用更为明显，还可能产生相应抗体。

(四) 转基因治疗

NTF 转基因治疗是将有功能的目的基因导入原发病灶细胞或其他相关类型移植细胞，使目的基因产物大量表达，以达到治疗目的。

(1) 体内转基因治疗：将 NTF 目的基因通过载体(病毒、质粒)直接导入神经损伤处，常用载体有逆转录病毒、腺相关病毒、慢病毒等。

(2) 体外转基因移植：将靶细胞取出体外培养，导入 NTF 目的基因，再将靶细胞回植于神经损伤处，常用的靶细胞有施万细胞、成纤维母细胞、神经干细胞及成肌细胞等。

(五) 改造基因序列

利用基因工程手段增加因子的功能，扩大因子的应用范围。例如，将 NGF、BDNF、NT-3 的活性结构域重组到 NT-3 基因骨架中，表达名为 PNT-1 的合成营养因子，它能与 Trk 受体及 p75NTR 结合，其神经营养作用与三种因子联用相当，注入坐骨神经后显示很强的逆行运输到 DRG 神经元的能力。这一结果表明 PNT-1 是强有力的、多特异性的神经营养因子，有望用于外周神经病和神经损伤治疗。用痘病毒表达系统或 COS 细胞将分别表达 BDNF 和 NT-3 的病毒共转染得到由 BDNF 和 NT-3 形成的异二聚体，可使单一细胞表达多种神经营养因子。还可尝试生产与 NT 作用位点相似的活性肽片段，但通常其有效浓度比天然蛋白高。

(六) 寻找调控 NTF 及其受体的表达或启动信号转导的小分子物质

有证据表明非蛋白激素可调节 NTF 的表达，如糖皮质激素可防止外周神经中 NGF 的减少，刺激海马内 BDNF、NT-3 表达增加。另外 NTF 及其受体表达还受多种物质的影响，如 Glu 受体拮抗剂、cAMP、视黄酸(RA)等。有许多低相对分子质量的亲脂化合物能激活 Tyr 磷酸化的信号转导途径，这些化合物单独或与抗氧化剂和钙稳定剂联用，在局部缺血脑损伤中可起到与 NTF 类似的有益作用，提供了治疗脑损伤的途径。总之，神经营养因子、神经活动、内分泌系统相互影响，相互作用，在神经系统的发育和成熟过程中及病理情况下发挥重要的作用。

(七) 利用蛋白修饰手段增加神经营养因子通过血脑屏障的能力

有研究将 BDNF 与能穿越血脑屏障的载体(如 NLA-OX26)结合形成载体介导肽药，穿过血脑屏障而运送入脑发挥其特殊的生物作用。

四、临床应用神经营养因子存在的某些问题

(一) 神经营养因子的选择性

目前已知的神经营养因子中(含 NGF),作用的选择性都不高。例如,NGF,除了可作用于脑内胆碱能神经系统外,还能作用于脑内单胺类神经元。外周给 NGF 治疗感觉神经萎缩时也不可避免地会影响外周交感神经以及免疫和生殖系统。脑内大多数神经元多可表达 TrkB 和 TrkC 受体,因此作用于这两种受体的 BDNF 和 NT-3 不太可能用来专门影响脑内某一类特定的神经元。此外,许多营养因子除了对神经元有营养作用外,也对非神经元细胞有作用。

(二) 神经营养因子的免疫反应

临床上神经营养因子往往需要长期应用,由于它们都是一些蛋白质,具有抗原性,因此要考虑它们可能产生的免疫反应,作为药物的安全性也需要考虑。脑室内给神经营养子时一般影响不大,而且也未见有抗体产生,但外周给药时要考虑可能发生的免疫反应,应用人重组神经营养因子有可能减少这种反应。

(三) 基因治疗

基因治疗目前还存在许多有待解决的问题。

(1) 目的基因。外源基因在体内长期有效表达的前提是必须接受机体生理信号的调控,其复杂性可能并不亚于神经再生相关基因的表达与调控,构建的 NTF 基因很难像天然基因一样有效工作。移植细胞持续过度表达 NTF 可能会妨碍轴突进入正常 CNS,能被调节与可逆表达 NTF 的载体系统也许是提高基因治疗有效性与安全性的可靠方法,如四环素反应启动子即为基因表达的调控方法之一。

(2) 载体与靶细胞。无论是病毒还是非病毒载体,转基因的安全性问题及稳定表达问题仍有待解决。而 CNS 损伤后的体内微环境并不适合神经再生,靶细胞在 CNS 内不能长期存活和持续表达,这也是转基因细胞移植失败的主要原因。

(3) 转基因方式。体内与体外各有优缺点,如何将两者有机地结合起来是今后的研究方向。

(四) 其他不良反应

神经营养因子除具有神经保护功能以外,还会影响脑高级功能(如学习记忆和精神状态的稳定等),调节非神经系统器官的功能,尤其是免疫系统和血管系统(如心血管系统)。因此,临床应用神经营养因子需要考虑已知及潜在的不良反应,以减少不必要的损伤。

(邓其跃)

第六章　感　知　觉

人和动物的体表或组织内部存在一些专门感受机体内、外环境变化性刺激的结构和装置，称为感受器。感受器实质上是一种换能装置，感受器的主要作用是接受不同能量的刺激，并将感受到的能量转换为电信号，以神经冲动的形式传入中枢神经系统。根据感受器存在部位、接受刺激的性质、与生理功能的关系可分为：内感受器(interoceptor)或内脏感受器(visceroceptor，存在于内脏和内部器官中的感受器)、外感受器(exteroceptor)(感受体外信号，如嗅、视、听觉等)和化学感受器(对环境中化学成分的变化起反应)。

第一节　视　　觉

视觉是人体最重要的感觉，是机体接受外界信息的主要来源，人们在日常生活中接受的信息70%～90%来自视觉。人和动物靠着视觉系统的感知功能，可以分辨所能看到的物体的大小、形状、颜色、亮暗、动静、远近等，识别并判断事物与自己的关系，激活思维与情绪或情感，制订行动计划，实现各种行为。所以，视觉与行为、特别是认知和行为的关系非常密切。视觉系统所能感受的能量形式是电磁波。人和大多数哺乳动物能感受的电磁波长为380～760nm可见光部分。视网膜的光感受器能将接受的光能变成电能信号，形成的电信号经视网膜神经元对之进行编码、处理，经视神经传向中枢作进一步分析，以致形成知觉。

一、光感受与信息处理

(一) 光感受器的光感受机制

1. 光感受器的结构

视网膜的光感受器是视觉系统中唯一接收光和对光敏感的部位。除了极少数例外，脊椎动物都有两大类光感受器：视杆细胞(rod)和视锥细胞(cones)。视杆细胞对光的敏感度高，能在夜晚或暗光条件下感受光刺激而引起视觉，即介导暗光视觉，但无色觉功能，也不能精确分辨物像的边缘轮廓及细微构造。视锥细胞对光的感觉阈值高，只能在强光条件下发挥感光作用，即介导昼光视觉，且有色觉功能，主司色觉，能分辨物像的表面细节和轮廓。在结构上，两种细胞均分内段和外段，其中发生光吸收和光转导的感光部分叫外段(outer segment)，视杆细胞的外段是长圆柱状，视锥细胞的外段是圆锥形。外段通过一个纤细的连接纤毛与内段相连。内段含细胞核、线粒体和其他细胞器，与终末部分相连，终末则与下一级神经元形成突触联系。外段包含整齐排列的由脂质膜组成的小膜盘，这些膜盘在发育过程中由细胞的原生质膜内褶而成。视杆细胞的外段不断地脱落，不断更新；而视锥细胞的膜盘仍与质膜相连。

光感受器外段膜盘含有对光敏感的视色素，这些色素在光作用下发生的一系列光化学变化是视觉的基础。在此系列化学变化中，光的唯一作用是激活视紫红质。在光照下，视紫红质不断分解，视网膜细胞存在一种有效的恢复机制来维持它的复生，形成一个视觉循环，色素上皮细胞储存和供给维生素 A 及必需的酶以维持这一循环。

2. 光感受器的电反应及光电换能机制

无脊椎动物光感受器的反应与脊椎动物其他感受器的反应相似，即光照后去极化，达到阈值后引起冲动[图 6-1(a)]。但脊椎动物光感受器的反应截然不同，它没有脉冲活动，而是一种分级型的超极化电反应，其振幅随光强增加而增大[图 6-1(b)]。产生锋电位的神经元，超极化通常和抑制过程相联系，但在光感受器，光作为一个适宜刺激所诱发的却是细胞的超极化，这说明在视网膜光感受器的超极化也能作为兴奋的信号来传递。

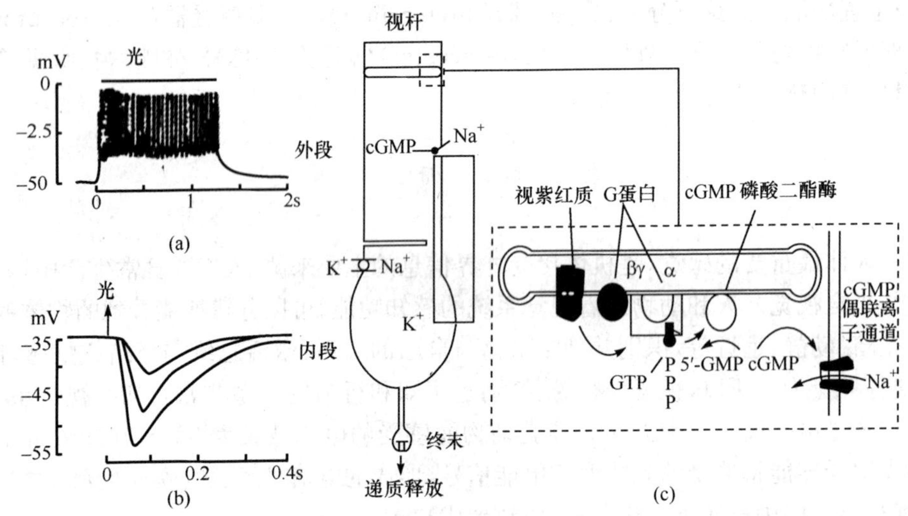

图 6-1 光感受器电反应及视觉换能机制(关新民，2003)

(a) 无脊椎动物光感受器对光的脉冲放电，上方横线表示刺激信号。(b) 脊椎动物光感受器对闪光的分级超极化电位，随光增强电位幅度增大。(c) 视杆的换能机制图。在暗中，视杆在 cGMP 作用下，通道开放 Na^+ 流入外段，内段 K^+ 内流，突触终末递质释放。内段的 Na^+/K^+ 泵保持胞内低 Na^+，高 K^+。膜盘和质膜的一部分已放大，表示经第二信使 cGMP 调节换能过程

在暗中光感受器外段膜对 Na^+ 有较高的通透性，对 K^+ 的通透性很低。故暗中有 Na^+ 流沿光感受器长轴不断经细胞间隙进入外段。在内段或内外段之间的钠泵则不断把流入光感受器的 Na^+ 泵出去，维持膜内外 Na^+ 浓度差。光照时，外段的钠通道相对关闭，Na^+ 流减小，膜电位趋向超极化，光感受器的膜电阻增加。若人为地经微电极施加恒定的超极化电流，光反应增大；如施加恒定的去极化电流，光反应减小或消失。

既然视色素在光作用下发生的一系列光化学变化是视觉的基础，那么，质膜电变化是如何与视色素的光化学反应相偶联的呢？以视杆细胞为例说明。视紫红质存在于视杆细胞外段的膜盘中，在光照下视紫红质被激活。被光激活的视紫红质激活转导蛋白 Gt(G 蛋白)，后者转而激活磷酸二酯酶(PDE)，PDE 使 cGMP 裂解为无活性产物 GMP。cGMP 水平降低，钠通道关闭，导致光感受器超极化，即光反应。在暗中，cGMP 使外段膜的钠通道保持开放的构型。光激活的一个视紫红质分子能与约 500 个 Gt 相互作用；一个 PDE 分子每秒使约 2000 个 cGMP 分子分解。可见在光子吸收和 cGMP 失活间的级联反应能导致约 10^6 的放大作用[图 6-1(c)]。由上可知，电导的变化发生在外段的质膜上，cGMP 是控制质膜通透性的内部信使。

(二) 视网膜的神经回路及其信息处理

1. 视网膜的细胞和突触组构

视网膜主要有5类神经细胞，即光感受器、水平细胞、双极细胞、无长突细胞和神经节细胞。这些细胞排列有序，形成三个细胞层和两个网状层。光感受器胞体位于外核层，水平细胞、双极细胞和无长突细胞位于内核层，视网膜神经节细胞的胞体组成神经节细胞层。它们的突触形成两个网状层，光感受器与水平细胞、双极细胞形成的突触组成外网状层，而双极细胞、无长突细胞与神经节细胞形成的突触组成内网状层。网间细胞胞体位于内核层，突起在内、外网状层中广泛伸展，形成突触联系，在内网状层只从无长突细胞接收输入；而在外网状层中与水平细胞、双极细胞的树突形成突触，从而为视网膜中视觉信息提供了一条离中的反馈通路(图6-2)。视觉信息传递的主要通路是：光感受器→双极细胞 →神经节细胞；水平细胞、无长突细胞分别在外、内网状层从横向起着信息的整合作用。神经节细胞的轴突形成视神经，在视网膜处理的信息经视神经传递至视中枢。视网膜神经节细胞有三种类型：α(M型)、β(P型)以及non-M-non-P型，它们向中枢传递不同的视觉信息，我们将在后面的学习中进一步了解。

除了化学性突触外，视网膜中还有缝隙连接，通过这些连接，细胞间在电学上互相耦合起来。在光感受器之间以及在水平细胞之间都有这种连接。

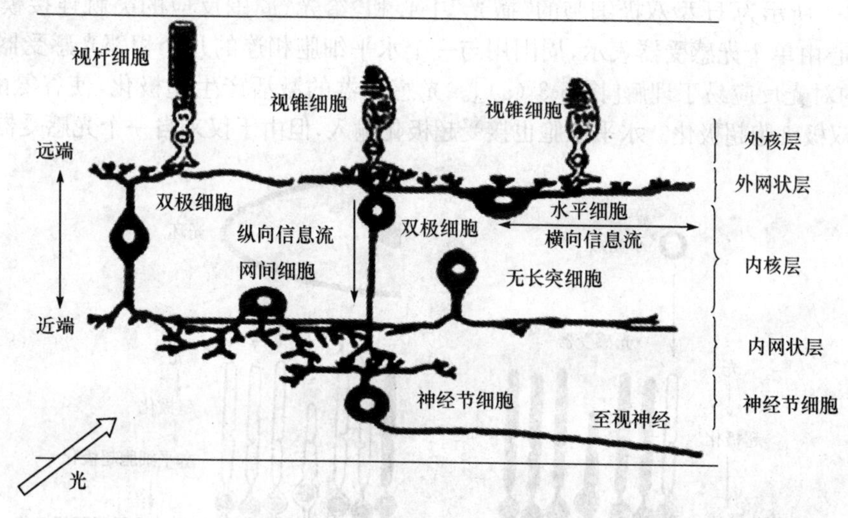

图6-2 视网膜细胞组构的模式图

视觉信号的直接通路：光感受器－双极细胞－神经节细胞。水平细胞和无长突细胞分别在外、内网层对信号进行侧向调制。网间细胞是视网膜内反馈性神经元

2. 视网膜神经元的电反应

视网膜神经元的电反应是指光刺激后膜电位的变化。除神经节细胞外，视网膜神经元对光的反应均显示分级的持续电位，即随着光强的增加，反应幅度逐渐增大，并不出现“全或无”的神经脉冲。光感受器(视杆、视锥)的光反应是超极化电反应，水平细胞也是超极化反应，双极细胞分超极化型和去极化型，无长突细胞在给光撤光时均出现去极化反应。这些超极化或去极化电位总和后使神经节细胞的静息电位去极化到阈电位水平，即产生“全或无”式的动作电位，即脉冲形式反应，这些动作电位作为视网膜的最后输出信号传向中枢。

3. 视网膜神经元回路的突触机制特点及其递质

视网膜神经元间的信息传递主要是通过化学突触进行。神经节细胞输出的信号，是已在视网膜的神经元复杂回路中经过空间和时间上处理过的。空间信息处理主要在外网状层进行，而时间信息的处理则主要在内网状层中进行。视网膜神经元的静息电位低。以水平细胞为例，它在暗中的静息电位(－40～－30mV)比其他神经元(－80～－60mV)低得多。提示在暗中水平细胞似乎处于部分去极化状态，光照则使去极化减小。实验证实，光感受器在暗中连续释放去极化递质，光阻断这一递质流。一般化学突触前膜的去极化变化不小于20～30mV才能产生明显的递质释放。但光感受器对弱光反应时突触前膜的电压变化量小于1mV。例如，蟾蜍的视杆在阈值的光照水平反应不超过50～100μV，就能调制光感受器终末的递质释放。这可以看做光感受器和其他视网膜神经元在暗中保持部分去极化状态的生理意义。

视网膜神经元包含的可能神经递质的总数已达到数十种，其中谷氨酸(Glu)和GABA两种最重要。光感受器和双极细胞以Glu为递质，而水平细胞和许多无长突细胞可能通过GABA来实施其侧向的相互作用。以水平细胞为例，水平细胞向光感受器和双极细胞释放GABA，与之形成抑制性突触连接。所以，黑暗中光感受器的去极化，能被水平细胞的抑制性输入所拮抗。光照光感受器引起水平细胞的超极化，使GABA释放减少。因此，弥散光引起的光感受器的超极化，被来自水平细胞的GABA抑制的减少所对抗。

如图6-3所示为H型双极细胞的“撤光”中心和“给光”周围反应的突触连接模式图。为简洁起见，中心由单个光感受器表示，周围用与一个水平细胞相连的几个相邻光感受器表示。中心光感受器的对光反应易于理解[图6-3(a)]。光感受器的激活产生超极化，使谷氨酸释放减少。其结果是，双极细胞超极化。水平细胞也接受超极化输入，但由于仅来自一个光感受器，其影响小，

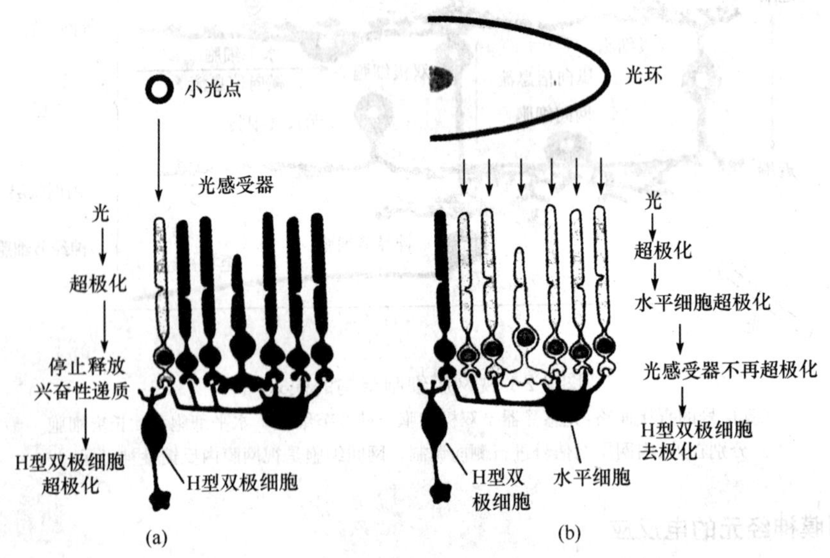

图6-3　光感受器、双极细胞和水平细胞的连接

该图显示的为产生双极细胞反应所需的连接。(a)光照单个光感受器，使之超极化。其结果是，谷氨酸停止释放。即H型双极细胞因兴奋性减小而超极化。(b)光环照射周围区也引起光感受器的谷氨酸释放减少。其结果是，水平细胞超极化，此超极化阻遏水平细胞向光感受器释放抑制性递质GABA。与H型双极细胞连接的光感受器则去极化(由于去抑制)，光感受器则又释放谷氨酸，使双极细胞去极化。若采用弥散光，超极化和去极化效应相互抵消。所以，水平细胞在双极细胞的感受野形成中起关键作用

而对中心光感受器的负反馈作用也小。对周围光照的反应多了一个步骤[图 6-3 (b)]。光照引起接受周围较多光感受器输入的水平细胞超极化。这种超极化使水平细胞的 GABA 释放减少。对光感受器抑制的减弱，倾向于产生去极化。周围光感受器被光强烈地超极化，所以上述去极化负反馈影响极小。然而，中心光感受器并没有接受光照，它的唯一输入是水平细胞抑制的去处。因此，中心光感受器去极化，谷氨酸释放增加，引起 H 型双极细胞去极化。

4. 视网膜神经元的感受野

视网膜细胞的电反应形式主要与神经元感受野结构有关，即视网膜细胞感受也可以显著影响视网膜细胞电活动水平。视系统神经元的感受野是指光照射视网膜能改变该神经元活动的区域。按定义，光照射感受野之外对放电无影响。

视网膜上的各种神经元呈现不同形式的感受野，光感受器只对照射其上的光点起反应；水平细胞和无长突细胞都有较大的均质感受野；双极细胞和神经节细胞的感受野呈中心-周围相拮抗的同心圆构型。按照其中心区对光的反应形式，可分为给光-中心细胞和撤光-中心细胞。

中心区对光的反应形式分为两种：给光反应和撤光反应。给光反应(on-response)是指在光照其感受野中心区或周围时，会出现一连串脉冲，光越强脉冲频率越高。撤光反应(off-response)指在光照其感受野中心区或周围时，不仅不出现脉冲，反而使自发脉冲受到抑制，但在光照停止后却突然出现一连串脉冲。给光-中心细胞(on-centre cell)是指在光照其感受野中心区时，会出现一连串脉冲，光越强脉冲频率越高(给光反应)；而当光照时其外周区时，细胞的自发脉冲会受到抑制，这种细胞称为给光-中心细胞[图 6-4(a)]。撤光-中心细胞(off-centre cell)指在光照其感受野中心区时，不仅不出现脉冲，反而使自发脉冲受到抑制，但在光照停止后却突然出现一连串脉冲(撤光反应)，如把光照移至外周区时，反应形式正相反[图 6-4(a)]。这种中心-周围相拮抗的同心圆感受野组构在视网膜神经节细胞表现得特别明显。用弥散光同时照射给光中心细胞的中心和周围时，它们的反应基本彼此抵消，但以给光反应为主，撤光-中心细胞的感受野结构与给光-中心细胞恰好相反，弥散光照射时以撤光反应为主，即周围对中心的抑制是不完全的。

双极细胞对光反应不产生脉冲，而是形成分级的电反应(超极化或去极化)。因此，对双极细胞的界定为：给光-中心双极细胞其感受野中心对光呈去极化反应(D 型，去极化型)；撤光-中心双极细胞感受野中心对光呈超极化反应(H 型，超极化型)。双极细胞光反应和感受野由两种机制形成。首先，光感受器在黑暗中持续释放谷氨酸，使某些双极细胞保持去极化，另一些保持超极化，这取决于这些细胞上有兴奋性，还是有抑制性谷氨酸受体。其次，光引起谷氨酸释放减少，从而导致感受器超极化或去极化。因此受光照的光感受器谷氨酸持续释放的减少，将降低有兴奋性受体的双极细胞的兴奋，产生超极化。这些细胞称为 H 型(超极化型)双极细胞。反之，受光照的光感受器引起谷氨酸持续释放减少，使具有抑制性受体的双极细胞去极化，这些细胞称为 D 型(去极化型)双极细胞。这种抑制作用由双极细胞的代谢性谷氨酸受体介导，这种受体通过 G 蛋白和第二信使起作用，导致电导的降低。图 6-4(b)显示超极化(H)双极细胞的感受野。小光点照射感受野中心区产生持续超极化，光环照射(中心无光照)引起去极化。因此，直接接受光感受器输入的中心区为一拮抗的周围区(surround)所包围。图 6-4(b)的 H 型双极细胞，因光点撤去时去极化，可称之为具有“撤光”中心感受野。D 型双极细胞也有类似的同心圆感受野，区别是，光照中心引起去极化，而光照周围引起超极化。因为光照引起细胞去极化，D 型双极细胞具有“给光”中心感受野。“给光”和“撤光”这两个术语将广泛地用于描述视系统的相继各层次的感受野特性。

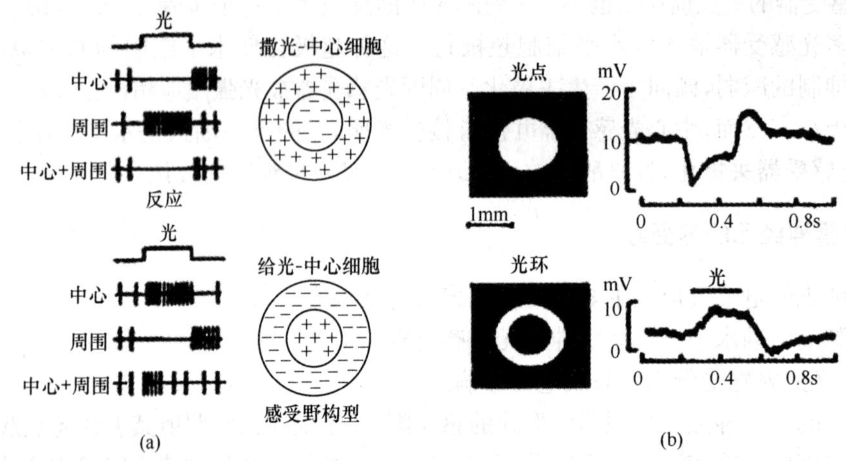

图 6-4 双极细胞反应特性及神经节细胞的感受野模式图

(a) 神经节细胞感受野模式图。十号表示细胞脉冲频率增加，即兴奋；一号表示抑制。(b) 金鱼超极化双极细胞的对光点反应，下为对光环反应。下方水平线示光刺激时程，向下偏转为超极化

双极细胞和无长突细胞在内网状层向神经节细胞提供输入，Sterling 对光感受器至神经节细胞的复杂连接作了全面、清晰的综述。正如所预期的一样，去极化的“给光”中心和超极化的“撤光”中心视锥双极细胞，与相应的“给光”和“撤光”中心神经节细胞形成化学突触。这些突触是兴奋性的。因而，双极细胞膜电位的变化导致与之相连的神经节细胞有同向的膜电位变化。

5. 双极细胞和神经节细胞感受野的生理意义

中心-周围拮抗型感受野的出现标志着视觉信息处理的一个重要阶段。视觉最重要的功能是辨别图像，而任何图像归根结底是不同亮暗部分的组合。当光感受器检测到光的存在后，需要神经机制把明暗对比的信息加以特异处理，中心-周围拮抗型感受野，正是这种神经机制的一种重要表现形式。

双极细胞感受野的生理意义在于：D 型和 H 型双极细胞并不只是简单地对光起反应，而是开始分析图像信息了。双极细胞的信号中传递了具有暗周围的小光点或小暗点亮周围的信息，对视网膜上小片区域的亮暗对比图像有反应。神经节细胞不传递绝对照明水平的信息，通过比较中心和周围的光照程度测量感受野中的差异，觉察视野中光的对比模式。显然，它们适合于觉察同时对比，而忽略总体照明的逐渐变化。它们精细地调谐于检测这样的对比，如横贯感受野拮抗区的像的边缘。

同心圆感受野具有增强图像边缘和拐角的作用。因为大范围的均匀亮区会同时刺激感受野的中心区和外周区，因此不能使细胞产生兴奋，或者引起反应很弱。然而在亮-暗边缘的附近的感受野，其中心区与外周区受到刺激的程度不同，可以使细胞产生较强的兴奋。例如，当给光-中心细胞的中心区在对比边缘的亮侧，而其部分周边区处在暗侧时，能使亮边缘加强；同样处在对比边缘暗侧的撤光细胞也能使暗边缘增强。

(三) 色觉信息的编码与处理

颜色是不同波长的光线引起的主观感觉。颜色的不同取决于光线的物理属性。一束白光通

过棱镜可分解为人眼可以分辨的红、橙、黄、绿、青、蓝、紫 7 色，而每种颜色都由特定的波长的光线所引起。一种颜色可以由某一固定波长光线引起，也可以由两种或更多的波长光线混合而成。实际上任何一种颜色感觉都可以用红（波长 700nm）、绿（波长 546nm）和蓝（435nm）这 3 种光线适当混合而成，这就是所谓的色觉三变量性。由于色觉由视锥系统产生，所以局限于视网膜中央凹周围视角 20°～30°范围内。再向外，不分红绿；到了视网膜周边区域，则全无色觉。

1. 色觉理论

色觉是视觉的一个重要方面。色觉形成理论有两种主要学说。1802 年 Young 提出后由 Helmholtz 更确切描述的三色理论，可以解释许多重要的色觉现象。1878 年德国心理物理学家 Hering 又提出拮抗色理论。这种理论假设存在着 6 种独立的原色（红、黄、绿、蓝、白、黑），耦合为三对拮抗机制，即红-绿、黄-蓝以及黑-白机制。这三对拮抗机制在感知上是不相容的，即既不存在带绿的红色，也不存在带蓝的黄色，故 Hering 称这些“颜色对”为拮抗色。以此理论可以解释三色理论所不能解释的某些色觉现象。近 30 年来，对色觉的理论研究已取得了很大进展，对色觉机制的认识达到了新的高度。

2. 三种视锥细胞和视色素

许多实验证明，具有良好色觉的动物确实存在三种不同光谱吸收的视锥色素。人的中央凹中存在两种视锥色素即绿敏（吸收峰约 540nm）和红敏（吸收峰约 570nm）色素，同时进一步证明人视锥细胞存在含蓝敏、绿敏、红敏三种视色素（吸收峰分别约为 460nm、530nm 和 560nm）。说明在光感受器这一水平的颜色信息是以红、绿、蓝三种不同的信号进行编码的，这正符合 Young-Helmhohz 三色理论的基本概念。但是三种视锥信号并非通过专一线路向中枢传导，而是编码为拮抗成对的形式。例如，在视网膜的水平细胞层，对来自绿敏视锥的信号和红敏视锥的信号即呈现拮抗反应。这种颜色拮抗的反应形式在双极细胞的情况也相似，在神经节细胞表现得尤为明显。神经节细胞感受野呈空间拮抗形式。如单拮抗型细胞，其感受野中心对红光呈给光反应，而其周围对绿光呈撤光反应；对于双拮抗型细胞，其感受野中心对红光呈给光反应，对绿光呈撤光反应，其周围的反应形式正相反。在初级视皮质有一些细胞在颜色信息处理方面与神经节细胞和外膝体细胞相似，具有同心圆式的颜色拮抗的感受野。

二、视觉中枢的神经机制

（一）中枢视通路的解剖学

在中枢视通路的各转换站与视网膜之间均存在点对点的关系，因而视网膜神经节细胞层兴奋的空间模式相应地被“绘制”在外膝核、上丘和视皮质，就像一个地理区域与该区域的地图的关系一样，只不过视网膜的这种区域上的投射是非线性的。

1. 外膝核（lateral geniculate nucleus，LGN）

在猴和其他包括人在内的灵长类，每个 LGN 有 6 层细胞，每一层通常包含两类细胞，一类是主细胞，投射至皮质，另一类是局部中间神经元，其轴突并不超出外膝核，视神经纤维终止在这两类细胞上。传统上，这些细胞层被命名为第 1～6 层，最靠近腹侧的为第 1 层。LGN 分层的三维结构就像6张薄饼堆叠而成。但是,这些薄饼并不是平铺而就,它们在视束周围形成膝状弯曲,膝状体由此得名。由于位于腹侧(1、2层)的主细胞比3～6层的主细胞大,因此被分别称为大细胞(magnocellular cell,M细胞)层和小细胞(parvocellular cell,P细胞)层,它们分别接受视网膜大(M)和小(P)的神经节细胞的输入。除了6个主要的LGN细胞层中的神经元,还有大量微小的神经元,位于各层的腹侧面,即颗粒细胞(koniocellular cell,K细胞)层,接受来自视网膜非M-非P视网膜神经节细胞的输入,并投射到视皮质。K细胞在功能和神经化学方面均异于M细胞和P细胞,为向皮质的投射提供了第三条通道。LGN的解剖组构支持了信息的平行处理来源于视网膜的设想。

LGN的每层只接受一只眼的输入,即来自两个眼睛的输入保持分离。其中1、4、6层接受对侧眼的输入,而2、3、5层接受同侧眼的输入。基本原则:一侧LGN接受对侧视野的信息。

中间神经元的树突常与主细胞的树突形成突触,也接收来自其他中间神经元的输入(串行型突触)。此外,来自初级视皮质的细纤维,也下行进入外膝体各层,与主细胞、中间神经元的树突形成突触。

LGN除了接受视网膜的输入外,还接受初级视皮层的输入和脑干的输入。构成其兴奋性突触80%的主要输入来自于初级视皮层,可见视网膜并不是LGN突触输入的主要来源。人们可能有理由预测,这个离皮层的反馈通路将会显著地改变在LGN上所记录到的视觉响应特征。然而,迄今为止,这个具较大规模的输入的作用尚未明了。另外,LGN也接受来自脑干神经元的突触输入,后者与警觉和注意有关。因此,LGN远远不止是从视网膜到中枢的一个简单的中继站,它同时也是视觉调制的一个重要场所。

2. 初级视皮层

初级视皮层(primary visual cortex)为Brodmam 17区(area 17),位于灵长类动物大脑枕叶的距状沟周围,用于表述初级视皮层的其他术语还有V1区(visual area 1)和纹状皮层(striate cortex)。被称为纹状是因为V1区具有与众不同的、由有髓鞘轴突所形成的、与表面呈平行的稠密的条纹。V1区的神经元胞体的排列大致上可分为6层,而事实上起码存在9个不同的神经元细胞层。但为了遵循Brodmann关于新皮层具有6个细胞层的惯例,将3个亚层合并在第Ⅳ层内,即ⅣA、ⅣB和ⅣC亚层,ⅣC亚层又分为ⅣC α和ⅣC β。来自LGN的轴突终止于数个皮层细胞层,其中主要在ⅣC层(图6-5)。ⅣC层接受来自LGN的大细胞层(M层)和小细胞层(P层)传递的信息,然后继续向初级视皮层其他层中的神经元传递信息。来自大细胞的输入主要终

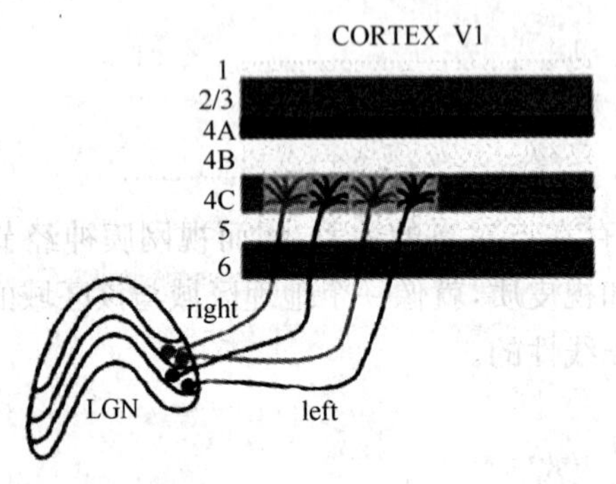

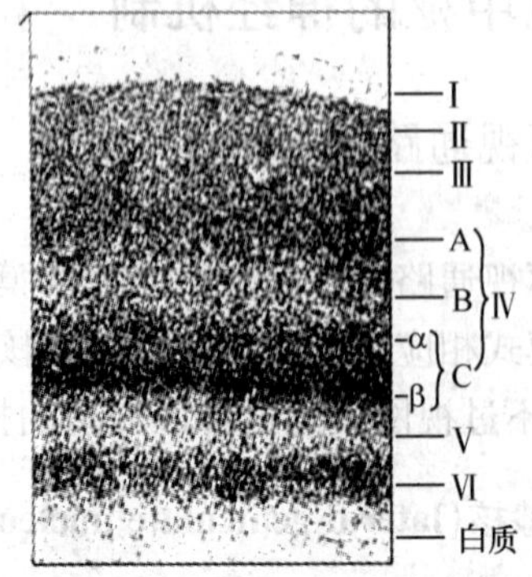

图6-5　初级视皮层的组织学

来自外膝核的信息输入主要终止于第ⅣC层

止于ⅣCα最后投射到ⅣB层;来自小细胞层的输入主要终止于ⅣCβ最后投射到Ⅱ～Ⅲ层。来自左眼和右眼的信息在这里开始混合,但大细胞和小细胞的处理过程在解剖上依然是分离的。初级视皮质也和其他皮质区域广泛地相连接。

细胞色素氧化酶染色研究V1区的组织学发现,细胞色素氧化酶染色后可见一些细胞柱从皮层表面延伸到白质,主要聚集在第2、3层(但也可以在第5、6层)。如果从平行于皮层表面的切面看,这些细胞柱就像是重度染色的斑块,斑块之间为细胞色素氧化酶轻度染色的"斑块间"区。斑块区与斑块间区均通过ⅣCβ接受LGN小细胞的输入。斑块内细胞主要接受一个眼睛的输入。1994年发现,恒河猴纹状皮层斑块区细胞也从颗粒层接受LGN的直接输入。这些斑块成行排列,每个斑块位于眼优势柱的中心。电生理记录表明,斑块内的许多细胞都是颜色敏感的,并有同心圆式的"给光"和"撤光"感受野区,即波长选择型细胞是集中在V1的色斑里,而形状选择型细胞则是集中在色斑间区里。

3. 高级视皮层

(1) 纹状前皮层。在人和其他灵长类,初级视皮层(V1)被纹状前皮层(18区、19区)所包围。根据解剖学连接和神经元的特性,可将纹状前皮层分成几个独立的区域。包围V1的是两个相邻的同心圆区V2,V3(18区),它们大部分埋于沟中,接受V1投射,V2、V3投射到月状前沟(V4),从V4到中颞区(middle temporal,MT)。视信息由纹状皮质向皮质有关部位传递时必须经过纹状前皮质,它在视觉空间调节中起着主要作用。如18、19区损伤可导致视功能的紊乱,这样的患者不能正确地利用初级视通路所提供的视信息,难以辨认物体、图像或颜色,出现空间视觉定向困难,并常伴有语言、阅读、书写困难。说明传送到纹状皮质的视信息需要转送至皮质其他有关区域,经过进一步的加工,最后才能得到完整的视知觉。

组织学研究表明,细胞色素氧化酶在V2区的着色模式与V1区存在差异。V2区的着色呈系列宽窄不等的条纹,其间交替有酶活性较弱的较暗区。V1斑块区神经元投射到V2的细条纹区,V1的斑块间区神经元投射到V2的浅条纹区。V2的粗条纹区主要接受来自4B和4Cα的大细胞的信息。因此,波长选择型细胞主要集中在细条纹中,对方向性运动有选择性的细胞则是存在于粗条纹中,对形状敏感的细胞则是粗条纹和中间条纹中都有所分布。

(2) 下颞叶皮质。包括中、下颞回(20区和21区),接受18区、19区的视信号,并发出纤维至额叶及颞叶的顶端,以及皮质下的杏仁核、上丘等结构。

(二) 中枢神经元的感受野

在所有的视觉信息中,以图像的信息最重要,图像实际上是不同明暗部分的组合。视觉系统在处理图像信息时采用的基本方式之一,是通过不同形式的感受野逐级抽提。所谓抽提,就是在每一中枢水平抛弃某些不太重要的信息,留下更有用的信息。例如,在视网膜中心-周围拮抗感受野的存在,表明它监测的主要不是背景的平均光亮的信息,而是明暗对比的视网膜影像的反差信息。这种信息的抽提过程在视中枢的各级继续进行。

1. 外膝核神经元的感受野

外膝核细胞的反应和视网膜神经元的反应没有太大的差异,也大都有同心圆或中心-周围拮抗的感受野,有给光-中心细胞和撤光-中心细胞。但其对比机制由于兴奋区和抑制区更等量的匹配而得以更精确地调节。LGN 大细胞具有相对大的中心-周围感受野，对作用于感受野中心的刺激产生瞬间动作电位发放，而对波长的差异不敏感，与 M 型神经节细胞一样；LGN 的小细胞与 P 型视网膜神经节细胞一样，具有相对较小的中心-周围拮抗的感受野，对感受野中心刺激的响应为动作电位放电频率的持续增高，而且许多此类细胞具有红-绿颜色对立特性。位于第 3 和第 4 细胞层腹侧的颗粒细胞具有蓝-黄颜色对立，而位于其他颗粒层细胞则不具备颜色选择性。在所有 LGN 细胞层，给光中心细胞和撤光中心细胞是相互混杂的。基本上只是对单眼的刺激有反应，这是因为，虽然每一外膝体都接受来自双眼的输入，但外膝体的结构都是建立在使来自两眼的输入保持分离的方式之上，为视网膜神经节细胞分门别类的中继站，使相邻的细胞接受来自视野相同部位的输入，使处理相似信息的细胞聚集在一起。

2. 初级视皮层细胞的感受野

初级视皮层的 6 层细胞有特异的组构特征：外膝核的传入纤维主要终止在第 4 层(也有些纤维在第 6 层)；而 2 层、3 层、5 层的细胞则接受皮层的输入，5 层、6 层细胞投射到皮层下区域，2、3 层的细胞则投射到其他皮层区。每一组纵向排列的皮层细胞形成一个功能模块，对来自视野中某一位置的信息进行处理，尔后把经处理的信息投射到次级视觉区。视皮层的这种柱状组构显然贯穿皮层纵深使感受野位置保持恒定，并使双眼的投射在皮层分聚于眼优势柱。位于视皮质第Ⅳ层细胞(接受最大部分外膝体输入)的较低部位，其感受野的构型与外膝体相似，呈同心圆对称型。可是对其中的大多数细胞的最佳刺激条件，是具有特殊朝向的光带或暗带。根据其感受野的特征可将这些细胞划分为简单细胞和复杂细胞。

1) 简单细胞

简单细胞和外膝体细胞一样，其感受野也分为相互拮抗的给光区和撤光区，所不同的是给光和撤光区是平行带状，而非同心圆式的。简单细胞的感受野通常有一条为给光型或撤光型的中央带，两侧是平行但大小不等的拮抗区，或者给光区和撤光区分居两侧。对于这种细胞，一条与给(撤)光区朝向相同的光带(暗带)落在感受野的特定位置时能诱发最强的反应，这一朝向称为最佳朝向。这种最佳朝向的条件通常限定得很严格，如果顺时针或逆时针地将光带的朝向变化 10°或 20°，就可使反应显著减小或消失。一条与最佳朝向成 90°的光带几乎不引起任何反应(图 6-6)。

对简单细胞来说，一条有合适朝向的运动的光带或暗带常常是一种有效刺激，有时甚至比静止的光带或暗带刺激更有效，但运动的方向与速度非常重要，如具有垂直最佳朝向的细胞对垂直带自左向右横越其感受野的运动会有强反应，可是对同一垂直最佳朝向条带自右向左的运动反应反而很弱或完全没有反应。纹状皮层Ⅳα 层细胞多为简单细胞，具有方向选择性。Ⅳα 向上投射到Ⅳ B层，Ⅳ B层的细胞同样具有方向选择性的简单感受野。这两层细胞之间一个重要的不同之处在于Ⅳα 层细胞仅对单眼刺激有反应，而Ⅳ B层的许多细胞对双眼刺激都有反应。这些细胞被称为双眼感受野(binocular receptive field)。双眼感受野的结构对双眼动物是基本的。如果没有双眼神经元，我们将不能利用两个眼睛所提供的输入来形成关于我们周围世界的单个图像。简单细胞仅对某一个方向上的扫过其感受野的刺激有反应。对刺激运动方向的选择性是 M 通道(即大细胞通道，我们将在后面进一步阐述)神经元的一个标志。由于这个原因，M 通道被认为特化成对物体的运动进行分析。此外，虽然简单细胞感受野中兴奋和抑制区的相对比例可能有所不同，但两者在形成的反应中的贡献的总和却十分接近，彼此抵消。因而在用弥散光照射整个感受野时就会记录不到反应，这是简单细胞的另一特征。

已发现另一类简单细胞。它们对刺激的朝向和位置同样有严格的要求，其感受野由相互拮

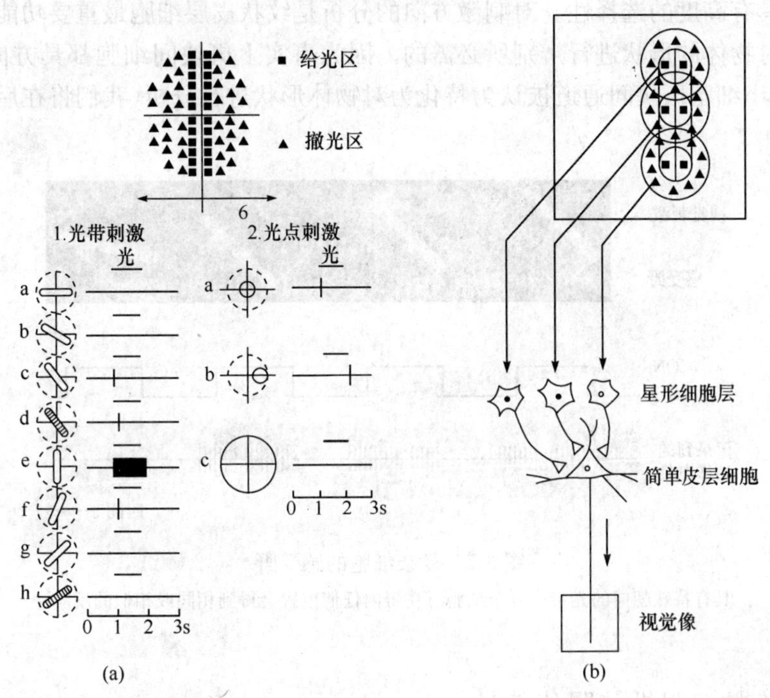

图 6-6 皮质的简单细胞的感受野和模式(韩济生,1993)

(a) 上方示用光点测定的感受野。■号示兴奋区(给光区);Δ号示抑制区(撤光区)。该细胞对垂直光带有最佳反应。1. 细胞对不同朝向光带的反应;2. 对光点的反应。a:小光点在给光区引起弱给光反应;b:小光点在撤光区引起弱撤光反应;c:弥散光不引起反应。(b)简单细胞模式。假设简单细胞接收来自其感受野排成一列的外膝体几个细胞的输入

抗的“给光”区和“撤光”区组成。但是,除此之外,刺激条带或边缘的长度也很重要,比适宜刺激更长的条带其刺激效果将减弱。就好像在感受野的顶端或底部另有一个撤光区,当它受光照时倾向于压抑细胞放电,称为终端抑制(end inhibition)或端点终止(end stopping)。因此,对这类简单细胞的最适刺激是终止于特定位置的有合适朝向的条带或边缘。

2)复杂细胞

从对视皮层各神经元的记录中发现,以上简单细胞所具有的特性如对特定朝向的光带或暗带有最佳反应,对运动的刺激敏感,而且特定朝向刺激的运动方向性均对引起反应强弱有非常明显的影响等性质,也是复杂细胞所具有的。所不同的是简单细胞所观察到的对刺激的精确的位置要求,在复杂细胞却并不严格。此外,用小光点刺激不再能测出明确的“给光”区和“撤光”区。只要有合适朝向的刺激落在感受野边界内,大多数的复杂细胞就会产生像图,如图 6-7 所示的反应。所以它的信号是关于朝向的抽象概念,而不具有所在的位置关系。因此,复杂细胞所产生的信号的意义与简单细胞显著不同,简单细胞把一个朝向的光条确定在感受野中的特定位置,而复杂细胞的信号所表示的是关于朝向的抽象概念,与其位置并不严格相关。如第Ⅲ层的斑块间细胞大多数为复杂细胞,具有简单细胞所具有的基本反应特性,但其主要特征是其感受野没有明显的给光区和撤光区,它们对线段在视野中的确切位置的要求并不很严格,只要线段落在这些细胞的感受野中,又具有特定的朝向,位置即使稍许位移,反应的改变并不明显。复杂细胞的另一个特征是,来自双眼的信息开始汇聚起来,即复杂细胞大多都是双眼的,但总是一只眼占优势。这表明复杂细胞已开始对双眼的信息进行了初步的综合处理。另外,复杂细胞对光的波长不敏感,

对刺激的方向具有高度的选择性。对刺激方向的分析是纹状皮层细胞最重要功能之一。也许这个分析是基于对物体的形状进行辨别所必需的。因为事实上斑块间细胞都具方向选择性，并具有较小感受野，小细胞斑块间通道被认为特化为对物体形状进行分析（我们将在后面的叙述中进一步分析）。

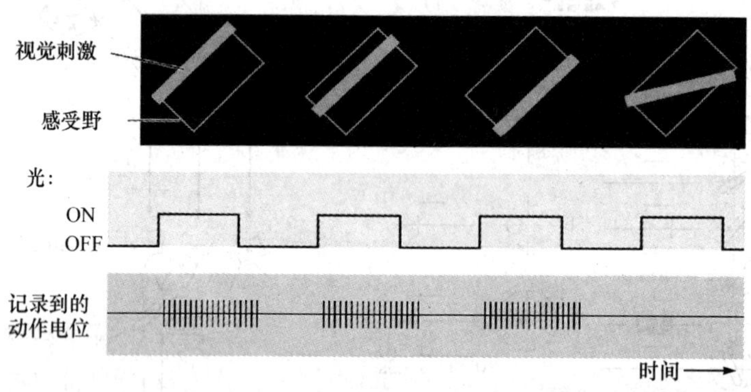

图 6-7　复杂细胞的感受野

具有特殊朝向的光带在复杂细胞感受野内任何位置会得到相同或相似的反应

（三）皮质细胞的双眼性与眼优势柱

当我们用一只眼或双眼看一物体时，即使该物体在双侧视网膜上投射的大小和位置略有差异，我们仍仅能看到一个像。早在100多年前，Johannes Muller就认为，接受外膝体的轴突投射的视皮质（17区的第Ⅳ层）神经元有80%为双眼所驱动。根据对由双眼驱动细胞感受野的考察表明，在两眼的视野中各感受野处于严格左右相对应的位置。相对应的感受野的最佳朝向也是相同的。同时，两眼的信号又互相叠加。皮质细胞的这些特点，是双眼视觉的生理基础。但是也要看到，一个刺激在两眼所引起的反应在量上多半是不等的。在很多情况下往往是一只眼（左眼或右眼，因细胞而异）占优势，占优势的眼产生的放电频率比另一只眼高，这称为眼优势（ocular dominance），即眼优势是指同一刺激在两眼所引起的反应大小不相等，通常是一侧眼占优势。皮质各层次邻近的细胞几乎总是显示相同的眼优势。如果在电极垂直下插时见到的第一个细胞是右眼优势，那么直到第Ⅵ层底部的所有细胞均为右眼优势。如果第一个细胞是左眼优势，情况也一样。任一次电极垂直下插所记录的细胞的眼优势（左眼或右眼）的概率是一样的。但若是电极下插不是垂直方向而是倾斜或水平方向的，那么就会交替出现左眼和右眼的优势，约0.5mm就突然转换一次。这就说明在视皮质中还存在着眼优势柱（ocular dominance column）。Hubel和Wiesel最初是应用电记录记述显示了初级视皮层的双眼分聚和眼优势现象。他们依据Mountcastle在躯体皮层所引进的皮质柱概念，用术语眼优势柱来描述所观察到的现象。

（四）视皮层的功能构筑

Hubel和Wiesel在1958年在探索视网膜中代表大小的、亮暗的或有颜色点的信号如何转变成另一类携带物体形状、大小、颜色、运动和深度信息的信号时发现，从皮层表面到白质径向排列的神经元实施相似的任务，谓之功能柱，即具有相似特征（复杂程度、感受野位置、朝向和眼优势）的细胞在视皮层中有规律地成群聚集在一起，形成垂直的柱状组构。这一结果是通过用微电极经皮层作长程穿刺的实验而获得的。在作任一次皮层穿刺过程中，随着电极从皮层表面穿过各层到达白质，发现所有的细胞都有相同的朝向柱、眼优势和在视野中的位置。如当电极以垂直于皮质表面的方向插入时，下插经过路径上的所有细胞都有相同的或几乎相同的最佳朝向（除第Ⅳ层的细胞外，它们并无最佳朝向）。但在位移相距 1mm 左右的垂直电极下插中，所观察到的两个最佳朝向是不同的，但相继的朝向间存在惊人的有序性，这表明在皮层中存在着平行的、包含有相似朝向特异性的细胞的组织片，每一片均垂直于皮层表面，称为朝向柱（oriental column）。同一朝向柱中的神经元（Ⅳ层除外）的感受野的方向很相似，而相邻的朝向柱中细胞的感受野的方向则出现一些虽然微小却能感知的改变，而且这种改变在同一观察方向上连续相继发生，其感受野方向变化角度为 90°～270°，使朝向柱的排列有高度的有序性和连续性。朝向柱与眼优势柱各自互相独立，互不干扰。

初级视皮层细胞组构既有朝向柱又有眼优势柱，把初级视皮层分隔为约 1mm×1mm×2mm的小块，组成其基本功能单元，称为超柱（hypercolumn）。超柱是视皮层的基本单位，包含一组对所有方向都有反应的朝向片和一组左右眼优势柱以及对颜色有反应的几个斑形区域（图 6-8）。初级视皮层的基本组成方式就是这种超柱。视皮层以这一种方式组织起来的意义还不十分清楚。一种较易接受的看法是，这种柱形结构对二维或三维的视觉对象的有关信息中的多个参数进行整合，这些参数至少包括二维或三维的各轴上位置变量、移动方向以及眼优势。超柱对接收的信号进行新一轮的分析、变换，并将其处理结果输出至脑的有关区域。在一个亚层中通过横向连接可使具有相似功能的柱形结构间进行信息的交换。可见，在初级视皮层经两个方向进行信息交换，一是纵向的，通过横越皮质各亚层的功能柱，另一是横向的，通过具有相同反应特性的功能柱，这些横向的连接可以整合视皮层的一个较大范围（直径几个毫米）的信息，所以，一个细胞可以为其感受野以外的刺激所影响。皮质组织为柱形结构的构型并不限于初级视皮层，而是大脑皮质一个普遍的特性。

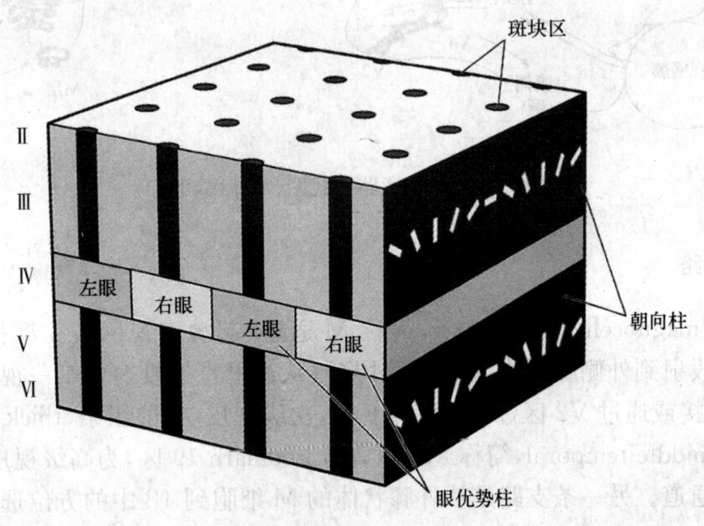

图 6-8 初级视皮层的超柱

（五）中枢视通路

视觉实际上包括了对物体不同特性的感知，诸如颜色、形状、运动等，这些特性由视觉系统的不同细胞并行地进行处理。从视网膜开始，视觉信息经外侧膝状体向视皮层（17 区）传递，从 17 区向 18 区投射后，18 区的细胞分别有不同的功能特征，有的处理颜色信息，有的处理形状和运动信息，这些部位间的相互联系造就了变化繁多的反应类型，细致入微地分析、辨认纷繁复杂的视觉世界。从视网膜到视皮层，视觉系统有两条相对独立的信息处理通路（图 6-9）：即大细胞（M）和小细胞（P）通路。M 通路无色觉，参与运动刺激的分析，控制注视和立体视觉。P 通路又分为两条通路：小细胞-斑点间通路（P-IB），与刺激物的形状有关，斑点间区细胞具有方位选择性和双眼特征；小细胞-斑点（P-B）通路介导色觉，此通路中具波长选择性的细胞有双色拮抗感受野，中心区被某些视锥细胞兴奋，又被另一些视锥细胞抑制，而周边情况则相反。

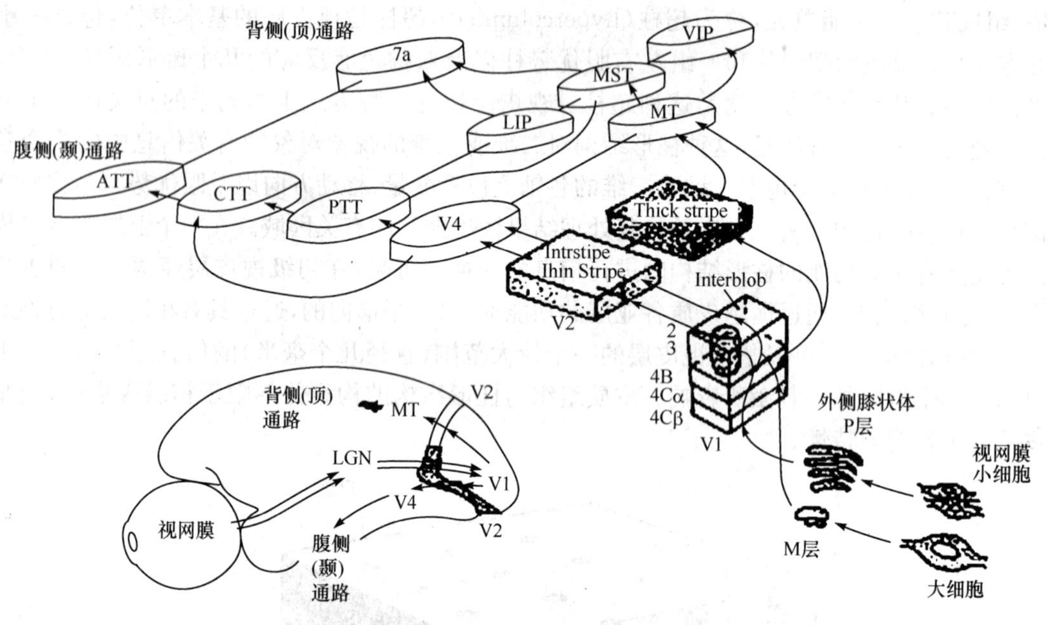

图 6-9　人脑视通路模式图（关新民，2003）

1. 大细胞通路

大细胞通路（magnocellular pathway，简称 M 通道）起源于视网膜 α 型神经节细胞（M 细胞），其轴突纤维投射到外侧膝体大细胞层（M 层）；从这里直接投射到第一视区 V1 的ⅣCα，再到ⅣB 层；然后直接或通过 V2 区（Brodmarn18 区，次级视皮层）的粗条（thick stripe）投射到 V5（也称为中颞区，middle temporal，简称 MT 区，属 Brodmarn 19 区，为高级视皮层）；这是一条与运动识别有关的通道。另一条支路是从外膝状体的 M 细胞到 4B 中的方位选择性细胞，再直接或通过 V2 的粗条到 V3（Brodmarn 18 区），后者是所谓的动态图形通道。M 通道最后到大脑的背侧更高级的视皮质的联合区（association region），包括内上颞区（medial superior temporal，MST），腹内顶区（ventral intraparietal，VIP）和 7a 区等，所以称为顶背侧通路（dorsal parietal pathway)。大细胞-顶背侧视通路对物体的运动进行分析，该通路的神经元对运动刺激敏感，并且从 V1、V2 区(通过粗条纹)到中颞叶联合皮层(MT 区或 V5 区)都保持了这一特性。MT 区同样有视网膜地形分布，其神经元选择性地对运动刺激的速度和方向敏感，且具有相似最优方向的神经元聚集在一起形成柱状结构。如果用神经毒素造成猴 MT 区的小面积损伤，那么该猴检测视野相应区内运动点图的能力就会受损，而其感受对比的阈值并不受影响。另外，M 通路的一些细胞还具有双眼特性，因此有助于立体视觉。

2. 小细胞通路

小细胞通路(parvocellular pathway，P 通路)起源于视网膜 β 型神经节细胞(P 细胞)，其纤维到外侧膝状体的小细胞层(P 细胞)，后者的纤维投射到 V1 区的ⅣCβ，从这里分成两条通路：一条通过 2 层、3 层内的斑点(blob)，V2 的细条到 V4(属 Brodmarn 19 区，是高级视皮层)，即 P-B通道，是主要的色觉通道；另一条通过斑块间(interblobs)和 V2 的粗条到 V4，即 P-IB 通道，与图形识别有关。P-通道最后到大脑腹侧的下颞区(inferior-temporal，简称 IT 区)，所以称为腹侧通路(ventral temporal pathway)。视通路中的小细胞携带有关形状和颜色等细节的信息。斑块内细胞是波长敏感的和单眼的，它们不具有方向选择性。因此，斑块通道特化为对物体颜色进行分析。没有它，我们可能成为色盲。斑块间的细胞大多为复杂细胞，其感受野并无明显的给光和撤光区域，大多数都是双眼的，对光的波长不敏感，对刺激的方向具有高度的选择性，对刺激方向的分析是纹状皮层细胞的最重要的功能之一。也许这个分析是基于对物体形状进行辨别所必需的。因此，P-IB 通道被认为特化为对物体形状进行分析。

另外，来自视网膜非大非小细胞(non-M non-N)的色觉信息传递到 LGN 颗粒细胞(K 细胞)，再经 V1 的斑块、V2 的细条纹到 V4。图 6-10 描述了大细胞、小细胞和 K 细胞 3 条视觉通路向皮层投射的组构。

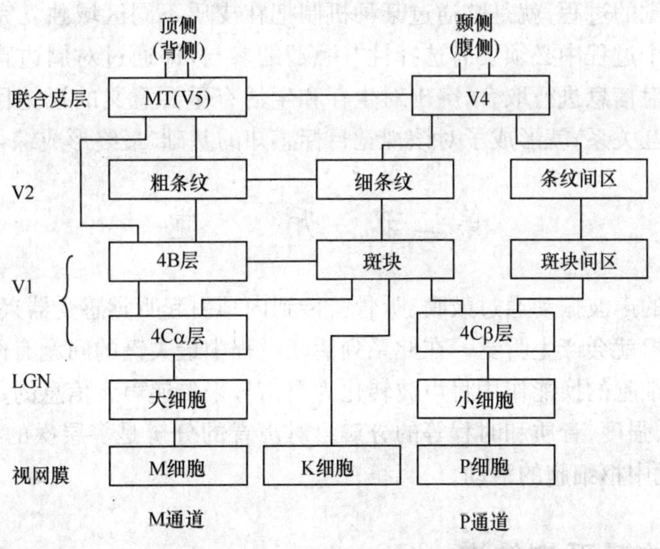

图 6-10　大细胞、小细胞和 K 细胞通道向视皮层投射的组构模式图

(六) 纹区外视皮层

纹状皮层被称为 V1 区，是因为它是接受 LGN 信息的第一个皮层区域。在 V1 区之外还有 20 多个皮层区域，各自代表一个视觉世界。对这些纹状外区域对视觉贡献的认识尚不统一。但是，我们逐渐知道，有两大皮层视觉处理通道，M 通路和 P 通路离开 V5 和 V4 后，信息被分为两条信息流，背侧流从 V5 区至内侧上颞叶和后顶叶皮层，作用在于对物体运动视觉进行分析。腹侧流从 V4 至下颞叶，主要参与形状和颜色信息的处理，其作用为对物体进行辨认。因此，这两条信息流分别被称为“哪里”(where)与“是什么”(what)信息流。这些信息处理通路的研究最初是在恒河猴大脑进行的。临床数据表明人类也有相似的二分法。视觉共济失调发生于后顶叶区损伤情况下，这类患者识别目标无障碍，但不能接触和抓住目标。与之相比，枕颞叶皮层损伤的患者不能识别普通目标，包括曾经熟悉的面孔，一种称为面容失认症(prosopagnosia)的失调状态。患者对目标的空间定位或者怎样接近或避开目标的理解无障碍。

(七) 视觉信息的综合处理

由上可见，视系统对视信息的处理是采用一种串行处理的方式。与串行处理同时进行的是对视信息的平行处理。也就是说，视觉刺激经过视系统最后形成视知觉这一过程本身具有多个侧面。任何视网膜像经过视网膜处理后，已被分解为不同的“像素”。例如，强度的分布，这种分布可以用 5 个物理参数的函数表示，即视网膜位置(二维)、波长、时间、左眼和右眼。视系统同时组成不同的通路，对这些信息进行平行分析和处理。无论如何，视觉复杂信息的处理和加工发生在中枢，尤其是其高级部分。而将不同神经通路所传递的关于颜色、运动、形状、亮度的不同复杂信息组织为综合知觉的过程，就是脑通过某种机制把在皮质不同区域独立完成的信息处理综合起来的过程。在这个过程中必须要有选择性“注意”的参与，即通过对周边感受器所接受的感觉信息的过滤、筛选，对信息进行取舍，突出对生存和生活有重要意义的视觉目标。经过注意过程处理后的视区的相互关系，就形成了对该视觉目标感知的基础，最终形成综合的视知觉。

第二节 听 觉

适宜频率声音的声波振动通过鼓膜、听骨链传到内耳引起听觉感受器兴奋，这些兴奋的信号再传到大脑听觉中枢就会产生听觉。在此系列活动过程中最关键的问题有两个：①声音-机械能刺激是如何通过毛细胞的换能作用将声波转化为电信号来传递声音信息的；②对声音的分析，其中包括对声音频率、强度、音质和时程等的分辨。对声音的分辨是多层次的，除外周听器的作用外，也涉及各级听觉中枢细胞的活动。

一、声音信息的感受与传递

(一) 基底膜在波分析中的重要作用

声波通过外耳道、鼓膜、听骨链及镫骨底板传到外淋巴后，部分机械能量推动外淋巴从前庭阶经蜗孔及鼓阶到圆窗。另一部分机械能量则通过外淋巴作用到前庭膜,再经内淋巴传到基底膜,引起基底膜振动,并以波的形式沿基底膜向前传布。基底膜振动是以行波的方式运行的,即振动从底部向顶部传播时振幅逐渐增加而速度逐渐变慢,波长变短。当达到基底某一部位,一旦其谐振频率与声波频率相一致时,则该处的振幅最大。离开该处后迅速变小,再稍远即完全停止。

人的基底膜长约 31mm 最窄的部位是近镫骨处,宽约 0.04mm。以后逐渐加宽,最宽处在蜗顶处,宽约 0.5mm。宽度增加部位基底膜的劲度(stiffness)会减小,底端到顶端相差可达 100 倍。由于宽度的增加,螺旋器隧道的体积自然会增大,螺旋器的质量因而也会随之增加。

(二) 毛细胞兴奋与感受器电位的关系

感受听觉的细胞是听毛细胞。人类外毛细胞约 12 000 个,内毛细胞约 3000 个。(声音刺激的机械能通过毛细胞转换成电能,引起听神经兴奋。)在胚胎期,听毛细胞(其纤毛与前庭器的毛细胞一样)具有静纤毛(stereocilia)与动纤毛(kinocilium)两种。动纤毛长而粗仅有一条,位于细胞顶部的外侧缘,出生后退化成为中心粒及基体。而每个外毛细胞具有静纤毛 120～140 条,呈"W"形排列,内毛细胞有静纤毛 50～60 条,呈"U"形排列。静纤毛由纵向平行排列的肌动蛋白细丝组成,是毛细胞中最先感受声波刺激的部位,在毛细胞的兴奋过程中具有重要作用。相邻两静纤毛之间在毛的顶端、中间及底部可以进行物质交换,毛的根部嵌入表皮板中。当长形的纤毛受力的作用时,就会发生以其根部为支点的偏斜移位。一条静纤毛的移位同时也会带动相邻纤毛偏移,造成相邻两纤毛互相滑行。当声波引起的空气振动经过鼓膜与听骨链传到外淋巴,转而又作用在基底膜上的振动能量,以行波的方式造成盖膜与网状板之间的剪切运动(shearing motion)。在此剪切力的作用下,与盖膜接触的较长的纤毛会发生弯曲或偏斜。而内毛细胞上的听毛因较短而保持游离状态,但会由内淋巴的运动迫使其偏斜弯曲。纤毛的机械性弯曲使毛细胞顶部机械门控离子通道开放,出现阳离子内流而引起细胞兴奋。除去以上所述因纤毛的弯曲被动地传递能量之外,还可因其固有频率不同,也对能量传递产生影响。纤毛由肌纤蛋白与肌球蛋白组成,会像肌纤维一样有收缩功能。在声刺激反应过程中,当 Ca^{2+} 进入细胞后与纤毛中的蛋白发生作用,引起收缩而改变其长度与劲度以及盖膜与毛细胞表皮板之间的耦合情况,起到调节听觉敏感度和信噪比的作用。

(三) 听毛细胞感受器电位

鱼侧线器官毛细胞和牛蛙球囊毛细胞具有感受低频振动的功能是研究毛细胞感受器电位的良好标本。鱼侧线器官毛细胞有两类纤毛,静纤毛与动纤毛;当静纤毛向动纤毛方向偏斜弯曲时,就会引起毛细胞去极化(膜电位减小),传入神经冲动发放增加。反之,当静纤毛背离动纤毛弯曲时,引起毛细胞超极化(膜电位增大),传入冲动发放减少。牛蛙球囊毛细胞和鱼侧线器官毛细胞类似,当静纤毛朝向动纤毛弯曲时引起膜去极化,背离时膜超极化。为了进一步分别观察静纤毛与动纤毛的单独作用,可用胶原纤维酶使静纤毛与动纤毛分开,对它们分别予以弯曲的情况下,观察膜电位的变化。结果发现,单独弯曲动纤毛并不会引起膜电位的变化,而单独弯曲静纤毛引起膜电位的清晰改变,说明振动机械能量主要是通过静纤毛传递到细胞内部引起膜电位变化的。通过细胞内微电极技术记录哺乳动物豚鼠内、外毛细胞的感受器电位,可以了解毛细胞对不同频率声刺激的反应特性(图 6-11)。

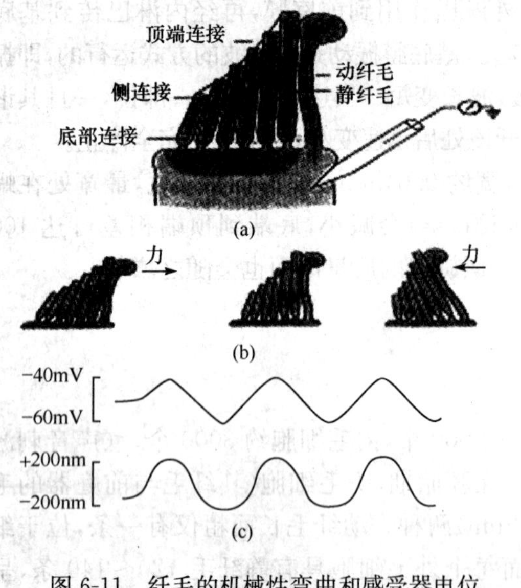

图 6-11　纤毛的机械性弯曲和感受器电位

（关新民，2003）

(a)、(b)为刺激电极引起纤毛摆动，(c)为感受器电位

（四）听毛细胞电活动的离子机制

毛细胞的顶部表皮板及听毛浸浴在内淋巴液中；内淋巴液中的离子成分与细胞内液相似（K^+：150mmol/L，Na^+：1mmol/L，Ca^{2+}：30μmol/L，Mg^{2+}：10μmol/L），外淋巴液成分与脑脊液相似（Na^+高，K^+低）毛细胞的顶部的离子通道是机械门控式，易于接受机械力的作用故也称机械电换能通道。在牛蛙球囊毛细胞及鸡分离的前庭细胞标本，用电压钳和膜片钳技术，可观察这种通道的性质。当静纤毛位于相对静止状态时，仅有小部分机械电能通道开放，因而有小量的内向离子流（约几十个皮安）。若用玻璃针压静纤毛向动纤毛一侧弯曲时将可引起该类通道进一步开放，出现大量阳离子内流而引起去极化。反之，使静纤毛向背离动纤毛一侧弯曲时该类通道即关闭，原来的内向离子流停止，而且有外向离子流，造成膜超极化状态。

（五）外毛细胞收缩的意义与耳声发射

1. 外毛细胞收缩

声音刺激引起外毛细胞兴奋并发生主动性收缩与舒张运动，因而能主动调节耳蜗对声音的反应形式。外毛细胞的收缩有快慢两种运动形式，快速运动以微秒计算，以电诱发的外毛细胞胞体运动为例，频率达40kHz，且不依赖ATP。缓慢运动以毫秒计算，主要表现在胞体伸缩及张力和劲度的变化。虽然毛细胞的底部与顶部是固定的，但因为外毛细胞之间有较大的间隙，所以外毛细胞有一定程度的活动余地。在正常情况下，声波在基底膜传播过程中的一个重要特点是当声波传到基底膜谐振区（即其共振频率与声波频率一致的部位）振幅突然增大，离开谐振区后速度减慢，振幅迅速下降。这一情况表明，传入的声波能量主要集中作用在基底膜的谐振区，因而在该区域产生最大的刺激效应。这是因为耳蜗的主动性生理活动能对基底膜的机械力运动起到调制作用。根据外毛细胞兴奋并发生主动性收缩与舒张运动，有理由推测它产生的主动舒缩运动会对基底膜产生反馈性的影响，达到增强谐振区基底膜的振动，抑制谐振区两侧基底膜的振动；从而提高基底膜谐振曲线的锐度和频率选择性，最后表现为增进内毛细胞对声反应的敏感性和分辨能力。这就是外毛细胞收缩的功能意义。外毛细胞中的纤毛、表皮板、细胞膜中均含有肌动蛋白、肌球蛋白、原肌球蛋白及丝束蛋白（fimbrin）等，而且肌动蛋白网几乎贴着细胞膜从表皮板向下延伸到细胞底部，这些与肌肉收缩功能有关的结构是外毛细胞兴奋时能发生主动性收缩与舒张运动的结构基础，而内毛细胞则缺乏上述物质。

2. 外毛细胞收缩与耳声发射

当向耳内输入一短声或短纯音，在外耳道内可记录到一微弱的声波即谓耳声发射（oacoustic

emission,OAE)。耳声发射具有以下特性:①不同耳的发射声波形、时程和振幅不同,同一耳的波形非常一致,可多次重复;②响应频率大致为 500Hz-4kHz;③潜伏期长短与刺激声的频率有关,频率高则短,低则长;④振幅与刺激声强度间呈非线性关系;⑤哺乳类动物如灵长类、猫、犬与豚鼠等动物均有耳声发射现象;⑥当内耳功能受损,耳声发射会减小或消失。耳声发射的确切机制还不完全清楚,但至少与外毛细胞的主动收缩功能有密切关系。因为声刺激引起的外毛细胞收缩与舒张运动,通过基底膜及内淋巴液,经蜗窗第二鼓膜反向传导到镫骨底板,再通过中耳听骨链及鼓膜向外耳发射,就会产生耳声发射。耳声发射实际上是耳蜗主动机制活动的便于记录出来的一种表现形式,故可用于耳聋诊断及耳蜗功能检查的一种指标。

(六) 耳蜗电位

声音刺激引起的电活动包括耳蜗内电位(endocochlear potential,EP)、微音器电位(microphonic potential,CM)、总和电位(summating potential,SP)及听神经动作电位(AP),以上总称为耳蜗电位(cochlear potential)。

耳蜗内电位是耳蜗蜗管(中阶)内淋巴与鼓阶外淋巴之间的电位差。它的形成与蜗管外侧壁中的血管纹细胞中的高活性 Na^+-K^+-ATP 酶有关。Na^+-K^+-ATP 酶分解 ATP 所产生的能量,用于离子在内淋巴液内外的主动运转,即将钾离子排入到内淋巴中,将钠离子摄出内淋巴。由于进入到内淋巴的带正电性的钾离子多于从内淋巴中吸回带正电性的钠离子,就会造成内淋巴中高钾(150mmol/L)与低钠(约 1mmol/L)离子浓度分布,即所谓的生电性钾泵(elctrogenic potassium pump),从而在内淋巴液中形成一正电位。凡是影响血管纹细胞中 ATP 酶活性及能量代谢的因素,如缺氧、哇巴因和依他尼酸所导致的 ATP 生成和利用障碍,均可使 EP 中的正电位消失而出现负电位。

耳蜗微音器电位(CM)是基底膜对声波机械推动力如实地反映的瞬时位移,是耳蜗对声音刺激所产生的一种与声音声学图形相同的交流性质的电位变化。它的电位幅度随刺激强度而增加,无真正阈值,无潜伏期和不应期,也不易疲劳与适应。在听觉范围内,CM 能重复声波的频率。在低强度范围内,CM 的振幅与声压成线性关系;但是当声压超过一定范围,会产生非线性失真。

总和电位(SP)为声音刺激引起内毛细胞感受器电位中的直流成分在细胞外记录的表现形式。它的阈值较高,无不应期和潜伏期,但不易疲劳和适应。对缺氧、损伤以及外淋巴液中离子成分改变抵抗力强。

听神经动作电位(AP) 可分为复合 AP 和单纤维 AP(单位放电)两类。①复合听神经动作电位:听神经动作电位和一般神经干复合动作电位的特性相同,无确定阈值,强声刺激引起放电纤维数目多;振幅也大。因为听神经不应期约 1ms,故发放冲动的最大频率受不应期的限制。但因神经干中的纤维可以分批轮流交替兴奋,实际上它的响应能力可以达到纯音频率 3～5kHz。②听神经元单位放电:是一种全或无反应,锋电位上升与下降时相很短,不会超过 1ms。

二、声音的分析

(一) 听毛细胞换能

听毛细胞换能包括两相过程,即机械-电换能过程和电-机械换能过程。前者是内、外毛细胞对声刺激共有的反应,后者只是外毛细胞特有的反应。

1. 机械-电换能

当声波使毛细胞的静纤毛向较长的静纤毛方向偏斜时引起静纤毛顶端的机械门控离子通道开放。依靠通道两端的电压梯度,形成以 K^+ 为主的阳离子的内向离子流,导致膜的去极化。当静纤毛向较短的静纤毛方向偏斜时,通道关闭,以 K^+ 为主的阳离子的内向离子流减少,引起膜超极化。声音振动引起毛细胞膜的这种电位交替性变化就会表现为交流性质的感受器电位;可以在细胞外记录到 CM。而高频音引起毛细胞出现持续性去极化,将表现为直流性质的感受器电位,在细胞外记录到的电位表现为 SP。由于声音引起的感受器电位使毛细胞底端突触表面膜电位发生改变,就会影响突触前部分的递质释放。释放的递质再作用于神经末梢(相当于树突),产生一种不扩布的局部电位,包括 IPSP 和 EPSP。当 EPSP 达到一定阈值将会引起听神经动作电位发放。在此过程中,钙离子具有重要作用。如用钙螯合剂 EDTA 清除内淋巴中的 Ca^{2+} 后,CM 即明显下降。实际情况是当短静纤毛向较长纤毛侧偏斜时,K^+ 内流引起的毛细胞去极化,将会进一步引起毛细胞侧膜上的电压依赖性钙通道开放,钙离子内流,导致毛细胞进一步去极化。接着细胞侧膜上的钙依赖性 K^+ 通道开放,引起大量 K^+ 外流,导致毛细胞复极化。而后胞质内钙被结合,侧膜上的 K^+ 通道关闭,静纤毛向短毛一侧偏移,细胞顶部 K^+ 电导下降,新的交变电位(CM)周期开始。

2. 电-机械换能

电-机械换能即细胞膜电位和膜电流的变化导致细胞的收缩与舒张过程。它会对基底膜的运动实现反馈性调制作用,结果可提高基底膜的频率选择性。

(二) 听神经编码及声音的分析

神经冲动包括听神经冲动在内均以全或无形式传布。因此,反映声音的特性不能靠神经冲动的振幅与波形,而只能依据神经冲动的节律以及发放神经冲动的纤维在基底膜上起源部位等因素。在神经纤维中传输的神经冲动按照不同形式的组合称为编码。一般编码包括两种构型,即在同一纤维上按时间程序进行不同组合的时间构型(temporal pattern)和在一组神经纤维中按空间排列组合的空间构型(spatial pattern)。以这种不同形式编码的神经冲动作用于听觉中枢是产生不同音调和响度感觉的基础。声音频率分析及编码涉及部位原则和频率原则。

1. 部位原则

对低等脊椎动物和哺乳动物来说,其特征频率不同的毛细胞及支配的神经纤维都按一定的顺序排列在基底膜上;在这个特定部位的毛细胞对于与其特征频率相一致的纯音的反应最为敏感。根据部位原则,不同频率的声音应该兴奋基底膜的相应部位的感觉细胞,才是频率分析的依据。因而所谓部位编码(place coding),就是通过基底膜不同部位神经纤维发放冲动的空间构型来传递声音信息的。

2. 频率原则

冲动的频率是声音频率分析的依据,不同频率的声音引起听神经兴奋后发放的冲动频率不同，这就是频率原则。所谓频率编码(frequency coding)是根据声音的频率，经听神经发放相应频率的冲动来传递声音频率信号。如果声音频率低于400Hz，听神经则大体按声音的频率发放冲动。如果声音频率为400～5000Hz时，则神经纤维会分组发放冲动，各组互相错开，依次进行。虽然每一组纤维所发放的冲动频率跟不上声波频率，但在每个声波周期内总会有一定数目的纤维发放。把各组纤维同时发放数相加的总和与声音频率接近。

3. 声音强度与复合声分析

声音强度的编码主要靠两种方式：一种靠单根听神经纤维上放电频率增加，另一种靠活动纤维的数目增多。关于复合声波则是由基音与不同频率的谐波组成，它的编码过程是由组成复合波的各简单成分，分别引起基底膜相应部位发生反应。再把这些个别反应相加的总和信息传送到听觉中枢，成为对复合声波的分析基础。

三、听觉的中枢分析

(一) 听觉传导通路

听觉信息经听神经传导入脑后终止于耳蜗前腹核和后腹核。由该两核发出的上行纤维分成两部分，一部分终止于同侧的上橄榄核团，另一部分交叉终止于对侧的上橄榄核团。从上橄榄核团中的细胞发出的纤维主要到达同侧与对侧的外侧丘系核和下丘，也有侧支直达内膝体。从外侧丘系核发出的纤维大部分终止于同侧及对侧下丘，小部分到内膝体。下丘是听觉系统重要的中继站，从下丘发出纤维大部分到同侧内膝体。内膝体发出的轴突经内囊到同侧颞叶听皮质。在听觉传导通路中，延髓耳蜗神经核以上各级中枢都接受双侧耳传来的信息。因此，一侧皮质听区损伤不会引起严重耳聋。除上行通路外，还有两条下行通路。一是皮质-丘脑系统，二是皮质-耳蜗系统。下行通路的主要功能是对传入听觉信息传导起抑制作用。

(二) 听觉中枢细胞的音频区域定位

听觉系统各级中枢结构的每一个特定部位不同神经元感受一种频率的声音，接受不同特征频率，表现音频(区域)定位，这是中枢神经元对音频区域定位有序分析的基本原则。在背核、腹核中特征频率不同的细胞排列基本相似，在背侧细胞感受高频音，在腹侧感受低频音。在上橄榄核团及外侧丘系核、下丘、内膝体及皮质听区，特征频率不同细胞也都是按一定顺序排列。

(三) 听觉中枢细胞功能活动

根据对声音反应的不同形式，听觉各级中枢的细胞可以分为以下三类。

(1) 是以传递声音信息为主要功能的接替(中继)神经元。这类神经元存在于耳蜗前腹核、斜方体中的内侧核(属上橄榄核团)、下丘的中央核、内膝体的腹核等。

(2) 其听觉功能可能涉及对声音信息的鉴别、整合。它们包括耳蜗背核(DCN)、下丘的周围中央核以及内膝体的背核等。

(3) 是具有专门检查某种特殊形式的声音信息的神经元。这些神经细胞只对某种特殊声音或声音中某种参量反应敏感。在上橄榄核和下丘及外侧丘系核中有些细胞分别对两耳输入信号的强度差或时间差的感受特别敏感。因而具有对两耳输入信息强度差和时间差特别敏感的特点,故在声源定位起重要作用。

第三节　痛觉及其调制

一、痛觉与伤害性感受器的激活

(一) 痛觉和伤害性感受

痛觉是一种令人讨厌的含有性质和程度各不相同成分的多种感觉,而且常与自主神经活动、运动反射、心理和情绪反应交织在一起。痛觉可为机体提供躯体受到威胁的警报信号,对机体具有保护功能。但疼痛又可严重干扰人们的正常生活和劳动,而且疼痛还是相当多数患者的痛苦症状,所以是临床治疗的一大难题。由于疼痛感觉的复杂性极易受个体过去经验的影响,有极大的变异性,所以它比其他感觉更难研究。伤害性感受和痛觉(pain)是两个关系密切又不相同的概念。前者指伤害性刺激激活了伤害性感受器所引起的信息在中枢神经系统的反应,表示组织损伤的信息。而痛觉是指发生在躯体某一部分的厌恶和不愿忍受的感觉,而且发生在脑的高级部位尤其是大脑皮质。

(二) 痛觉过敏和触诱发痛

组织炎症、受损或病变可引起痛觉过敏(hyperalgesia)、痛觉超敏(allodynia)及自发痛(spontaneous pain)等反应性增强或过敏化过程。痛觉过敏是指机体对伤害性刺激所产生的过强反应;痛觉超敏是指机体对非伤害性刺激产生的过强反应;自发痛则是指机体在没有可知的刺激条件下所表现出的疼痛感。

炎症引起的痛觉过敏,又分为“原发性痛觉过敏”和“继发性痛觉过敏”。原发性痛觉过敏源于伤害性感受器敏感性的增强,发生在损伤部位的皮肤。继发性痛觉过敏出现在损伤区周围皮肤,它包括两个感觉成分,即由机械伤害性感受器诱发的痛强度的增大,和低阈值机械感受器诱发的感觉模式(由触到痛)的变化。前一变化引起“痛觉过敏”,后一变化引起“触诱发痛”。

(三) 疼痛的分类与特征

从不同的角度,对疼痛有不同的分类方法。按刺激源的性质可分为物理性疼痛和化学性疼痛;按发生机制可分为生理性疼痛和病理性疼痛;按病情和体验可分为急性痛(快痛、刺痛和锐痛),慢性痛(延缓痛、钝痛),顽固性疼痛;按持续时间可分为一过性疼痛、间歇性疼痛、周期性疼痛和持续性疼痛;按涉及神经的部位可分为中枢神经痛和周围神经痛;按致病原因可分为炎症性疼痛和非炎症性疼痛等。由于疼痛包括许多复杂的因素,不是一种分类方法可以概括的。因此,临床上要结合具体病例,根据患者病因病情的主要特点综合进行合理的分类。这里仅从解剖学的角度,根据疼痛发生的部位将疼痛分为躯体痛和内脏痛两类,并对两类疼痛的基本特点和由内脏痛引发的牵涉痛的产生机制作简单介绍。

1. 躯体痛

躯体痛(somatalgia)是指伤害性刺激激活皮肤、骨骼肌、骨膜、关节等躯体器官的痛感受器而产生的疼痛。又可分为浅表痛和深部痛。

浅表痛是刺激皮肤引起的，其特点是定位明确，反应较快。由Aδ类传入纤维介导的浅表痛叫刺痛，又称锐痛、快痛或第一痛，只在刺激时才存在，刺激停止疼痛随即消失。由C类传入纤维介导的浅表痛叫灼痛，也称钝痛、慢痛或第二痛，其定位模糊，有持续烧灼和跳动感，刺激停止后依然存在(图 6-12)。和第一痛不同，重复刺激可引起第二痛强度增加，这种时间总和特点与C纤维激活的脊髓背角伤害性神经元的时间总和颇为一致。

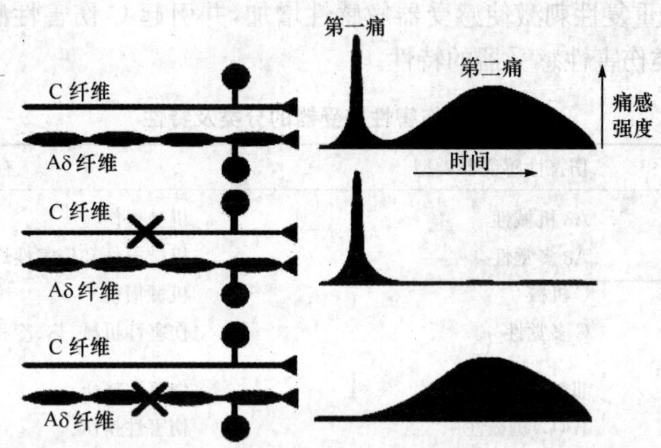

图 6-12　皮肤和皮下组织中伤害性感受器介导不同性质的痛觉传导

深部痛是由于刺激肌肉、肌腱、骨膜和关节而引起的，其特点是定位模糊，反应迟钝，近似内脏痛的特征。

2. 内脏痛

内脏痛(visceral pain)是指伤害性刺激激活内脏器官痛感受器而产生的疼痛。它以性质模糊、定位不准确为特点，与躯体痛有明显的区别。直接对内脏器官的切割、切断和烧灼都不引起内脏痛，但如内脏组织缺血、炎症、平滑肌痉挛及牵拉血管、韧带及系膜等使内脏神经末梢受到弥散性刺激时，则可产生剧烈疼痛。

3. 牵涉痛

当深部组织或内脏器官病变引起疼痛时，常在邻近或远离该脏器的某些特定体表区产生疼痛或感觉过敏，这一现象即为牵涉痛(referred pain)。牵涉痛是内脏病变时的一个非常普遍而重要的现象。

(四) 伤害性感受器及其激活

1. 伤害性感受器

(1) 伤害性感受器的概念。背根神经节和三叉神经节中感受和传递伤害性冲动的初级感觉神经元的外周部分，称伤害性感受器。它是没有特化的游离神经末梢，广泛分布在皮肤、肌肉、关节和内脏器官。不同组织的伤害性感受器在结构上没有明显不同,但反应特性很不一样。

(2) 伤害性感受器的分类与特征:伤害性信息通过不同的外周初级传入纤维向中枢神经系统传导。根据传入纤维的直径,可以将伤害性感受器分为两类。①由细的有髓鞘 Aδ 传入纤维的"Aδ 伤害性感受器"传导刺痛。② 由无髓鞘传入纤维的"C 伤害性感受器"传导灼痛。还可根据对伤害性刺激反应的性质,将两类感受器进一步细分为不同的亚型,对高阈值机械刺激产生反应的"Aδ 伤害性机械感受器",又称为"高阈值机械感受器(HTM)"和对伤害性机械和热刺激均产生反应的"Aδ 伤害性多觉感受器"。动物的大多数 C 伤害性感受器属于多觉性的,叫作"C 多觉伤害性感受器(C-PMN)",也有只对强机械刺激起反应的"C 伤害性机械感受器",而在人类皮肤中只有"C 伤害性机械感受器"。C 传入的皮肤感受野比 Aδ 的小,仅由单个敏感点组成。这些感受器的共同特点是,重复性刺激使感受器敏感性增加,并引起 C 伤害性感受器产生持久的发放。表 6-1 总结了各类伤害性感受器的特性。

表 6-1　伤害性感受器的分类及特性

分布	伤害性感受器类型	有效刺激
皮肤	Aδ 机械性	机械损伤
	Aδ 多觉性	机械损伤和伤害性灼热
	C 机械	机械损伤
	C 多觉性	伤害性机械、热、冷和化学刺激
肌肉	Ⅲ(Aδ)机械性	伤害性挤压
	Ⅳ(C)机械性	伤害性挤压
	Ⅳ(C)化学性	有害化学物质
	Ⅲ和Ⅳ多觉性	重压和伤害性热
关节	Aδ 机械性	极度扭转
	C 机械性	极度扭转
内脏	Aδ 内脏伤害性	依器官不同,对强烈的机械膨胀、牵拉、灼热
	C 内脏伤害性	有害化学刺激

2. 激活伤害性感受器的致痛物质

伤害性刺激使受损伤组织释放致痛化学物质,致痛物质可以通过直接和间接的作用激活受损组织的不同受体,产生传入冲动。

致痛化学物质的来源:① 直接由损伤细胞中溢出的 K^+、H^+、组胺(HA)、ACh、6-HT 和 ATP 等。② 局部由损伤细胞的酶促合成的物质,或是由损伤部位释放的酶降解血浆蛋白形成的缓激肽(BK)及白细胞游走带入到损伤区的物质在损伤区又进一步合成的前列腺素(PG)和白三烯(leukotrienes)等。③ 伤害性感受器被伤害性刺激激活后,由感觉神经末梢释放的速激肽类。这些不同来源的致痛物质都可激活伤害性感受器引发痛敏感效应。

近年来还发现神经生长因子、细胞因子以及一氧化氮等也参与疼痛信息的外周成因。神经生长因子在成纤维细胞和胶质细胞内的合成随组织炎症而增加。它可以延长感觉神经元的兴奋,从多方面改变其功能与活动,增加伤害性信息的传入。

二、躯体痛觉的初级整合——脊髓背角

(一) 脊髓背角的组构和神经元特性

脊髓背角是中枢神经系统对痛觉信息传递和加工的第一站。其神经组构主要包括两种细胞和两种纤维。两种纤维为终止于背角的外周传入末梢和上位中枢至背角的下行纤维;两种细胞即投射神经元和中间神经元。

1. 投射神经元

投射神经元是背角中把伤害性信息传递到高级中枢的神经元。根据对不同刺激的反应,又将其分为3类。①仅对非伤害性刺激反应的非伤害性感受神经元。②仅对伤害性刺激反应的特异性伤害感受神经元。主要分布在背角Ⅰ层,少量在Ⅴ层,可选择性被外周A_{δ}和C纤维传入激活。该神经元的一个重要特点是重复刺激,其反应阈值明显降低,出现敏感化。③对伤害性和非伤害性刺激均反应的非特异性伤害性感受神经元。广泛分布在背角Ⅳ～Ⅵ层,其中大多数在Ⅴ层。在Ⅰ层、$Ⅱ_{0}$层、Ⅹ层、Ⅶ层和Ⅷ层也有分布。它们可以被多种刺激激活,反应形式依赖于刺激强度。

2. 中间神经元

中间神经元也包括两种。①兴奋性中间神经元:中继伤害性信息传递给其他神经元(投射神经元、中间神经元和运动神经元),其递质主要有SP、谷氨酸等。②抑制性中间神经元:抑制性地控制伤害性信息传递。其递质主要有阿片肽、GABA、甘氨酸、甘丙肽、胆囊收缩素等。

(二) 背角传递痛觉信息的递质系统

目前已经证实,在脊髓背角至少存在两个密切相关的传递痛觉信息的递质系统,一个是短时程反应的兴奋性氨基酸,由非NMDA受体介导;另一个是SP与兴奋性氨基酸共存的长时程反应系统,由SP受体和NMDA受体共同介导。通过这两个系统的相互作用,触发和传递不同性质、不同时程的疼痛。

(三) 伤害性信息传递的脊髓节段性调节

1. 脊髓痛觉调制的关键部位

大量研究表明,脊髓背角胶质区(SG,即Ⅱ层)是痛觉调制的关键部位。免疫细胞化学研究表明,胶质区含有丰富的神经递质、神经肽和其受体,是脊髓中神经结构和化学结构最复杂的区域。这些突触联系、递质和受体的存在,成为脊髓胶质区对痛觉调制的形态和物质基础。通过突触前抑制、前馈抑制和对上行投射神经元的突触后抑制,减少或阻碍伤害性信息向中枢的传递,使疼痛得以缓解。由于脊髓背角胶质区是伤害性信息传入的第一站,故在这一关键部位压抑痛信息显然是最经济有效的。“闸门控制学说”就是在此基础上提出的。

2. 脊髓痛觉调制的闸门控制学说

日常生活中人们都有轻揉皮肤可以局部止痛的体验，直到20世纪60年代，电生理学的研究才为阐明这种外周传入止痛的脊髓机制提供了依据。刺激低阈值的粗的有髓鞘的初级传入纤维，可减弱脊髓背角痛敏神经元的反应；相反，阻断有髓鞘纤维的传导则增强脊髓背角痛敏神经元的反应。1965年，加拿大Melzack和Wall提出了“闸门控制学说”。其核心就是脊髓节段性调制，参与脊髓节段性调制的神经网络主要由初级传入粗纤维A和细纤维C、背角投射神经元(T细胞)和胶质区抑制性中间神经元(SG细胞)组成，A和C传入均可激活T细胞活动，但对SG细胞的作用相反，A传入兴奋SG细胞，C传入抑制SG细胞的活动。最终是否产生疼痛，取决于A和C纤维初级传入冲动在T细胞上相互作用的最终平衡(表6-2)。

表6-2 A和C纤维传入的平衡状态

初级传入	对SG细胞的作用	对T细胞的作用	SG对T细胞的作用	T细胞传出
A	兴奋	兴奋	抑制	抵消
C	抑制	兴奋	去抑制	强兴奋
A+C	抵消	兴奋	减弱	弱兴奋

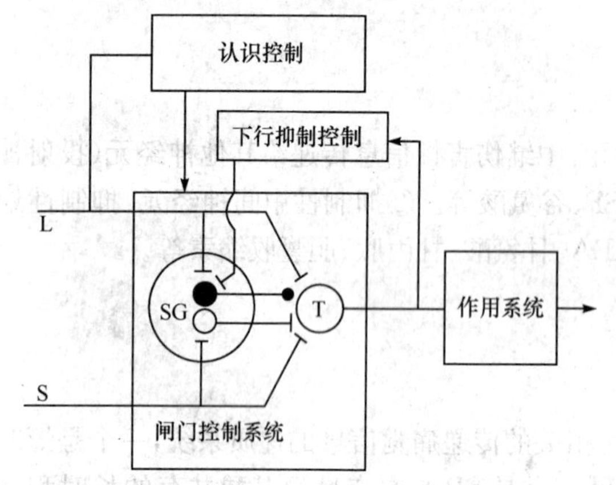

图6-13 痛觉闸门控制学说示意图
○:为抑制性突触联系，其余均为兴奋性突触联系；L:粗纤维；S:细纤维；SG:背角胶质层中间神经元；T:脊髓投射神经元

A纤维传入兴奋SG细胞，C纤维传入抑制SG细胞。因此，损伤引起C纤维紧张性活动，压制抑制性SG细胞的活性，使“闸门”打开，C纤维传入冲动大量进入脊髓背角，从而致痛。当诸如轻揉皮肤等刺激兴奋A纤维传入时，SG细胞兴奋，关闭“闸门”，抑制T细胞活动，减少或阻抑伤害性信息对中枢的传递，从而使疼痛缓解。

随着研究的深入，新的研究结果对原来闸门学说所解释的痛觉调制机制提出挑战。闸门控制学说创始人Melzack等对该学说作了两次修改，使之进一步完善。原来学说过多强调突触前的抑制作用，而新的理论模式不仅注意了突触后抑制在痛觉信息传递调制机制中的重要作用，还强调了心理因素、更高级中枢的下行抑制系统对脊髓痛觉信息的调制(图6-13)。新的改动无疑有利于对更多的疼痛现象的解释。但正如这个学说提出人自己的话：“疼痛研究处于动态变化，我们并不认为闸门学说是疼痛机制的最终解释。”

3. 闸门控制学说对神经损伤性“痛觉过敏”的解释

神经损伤时，A、C纤维传入冲动均减少，致使前者对T细胞的抑制作用减弱，后者在减少对T细胞的兴奋强度和持续时程外还增加了SG细胞的抑制，SG细胞的抑制必然增强T细胞的兴奋性，最终形成C纤维的紧张性总和，进而引起T细胞发放的逐渐增多增强，经脑整合而出现“痛觉过敏”。

4. 闸门学说对炎症和神经损伤性“触诱发痛”的解释

当炎症和神经损伤时，引起 C 纤维敏感化传入冲动过度增强，最大限度地抑制 SG 细胞，兴奋 T 细胞，将大量伤害性信息向中枢传入。非伤害性 A 纤维的传入冲动引起 T 细胞兴奋，产生疼痛传入。

（四）疼痛过敏的脊髓整合

“wind up”现象及其机制：用兴奋 C 纤维的阈上强度反复刺激外周初级感觉神经或末梢逐渐增多的“wind up”现象（“紧发条”现象），表明背角神经元冲动发放有明显的时间总和作用。研究资料显示该现象与初级传入末梢释放 Glu 和 SP 的相互作用有关。在生理条件下，非伤害性刺激激活 A 类纤维，引起 Glu 释放，通过非 NMDA 受体，诱导后角神经元产生主要由非 NMDA 受体介导的 EPSP；当用兴奋 C 类纤维的强度重复刺激外周初级感觉神经，引起 Glu 和 SP 在脊髓同时释放，激活突触后神经元的配体门控离子通道，特别是 NMDA 受体，触发 Ca^{2+} 内流。胞内 Ca^{2+} 的升高引起几种钙依赖性酶的激活是中枢敏感化的关键一步，PKC 激活可导致突触后神经元上的 NMDA 受体磷酸化，从而改变受体的特性，解除或减弱 Mg^{2+} 对通道的阻滞作用，进而导致神经元对 Glu 的敏感性增强，通过后角神经元兴奋性增加，遂出现后角神经反应的阈值降低，反应增大，感受野扩大以及低阈值机械刺激（如触摸）感受器的 A_β 传入募集等神经元去极化总和的“紧发条”现象。总之，“紧发条”现象是神经元去极化总和的结果。在病理状态下，由于 C 纤维的高度敏感，持续不断地释放 SP，以至在膜电位水平，SP 可易化 NMDA 受体。这是目前一个较满意的解释。

（五）伤害性信息在脊髓背角的编码与调控

初级传入信息的空间和时间转换主要发生在初级感觉神经元与后角投射神经元之间，并受多种因素的影响。

1. 伤害性和非伤害性信息在脊髓的编码与调控

电生理研究表明，不同类型的初级传入可会聚在同一后角神经元上，同时单一的初级传入又可能同时激活不同类型的投射神经元，因此，脑细胞所感受到的不同事件，可能在很大程度上依赖于同时激活的不同类型后角投射神经元的比例和各类神经元的联合活动。

2. 伤害性和非伤害性信息的空间编码与调控

不同类型的传入神经，分别激活位于后角的不同神经元。空间因素在伤害性和非伤害性感觉的区别中特别重要。电生理研究证明，后角脊丘束神经元在外周的感受野比 DRG 初级感受神经元的感受野大并有敏感梯度，这在分析空间因素时颇为重要。

3. 伤害性和非伤害性信息的时间总和

最简单和最明显的时间因素是冲动频率译码为刺激强度。后角 WDR 神经元具有刺激强度和发放频率呈正相关的特性。

三、伤害性信息的上行传导路径

疼痛信号进入脊髓以后，当然不会仅仅停留在 CNS 的初级水平，而是立即迅速传向脑内。痛觉的传导通路相对比较复杂，有些还不十分清楚。一般认为，与痛觉的传导有关的脊髓上行通路主要有以下三种。

（一）躯干、四肢的痛觉通路

（1）新脊丘束。外周神经细胞纤维由背根的外侧部进入脊髓，然后在背角换元，再发出纤维上行，在中央灰质前交叉到对侧的前外侧索内，沿脊髓丘脑侧束的外侧部上行，抵达丘脑的腹后外侧核（VPL）。此神经纤维束在种系发生上出现较晚，故称新脊丘束。该束传递的信息可经丘脑特异感觉核群（即 VPL）投射到大脑皮质的中央后回（3 区、1 区、2 区）上 2/3 处，具有精确的定位分析能力，这和刺痛（快痛）的形成有关。

（2）旧脊丘束或脊网丘束。旧脊丘束和新脊丘束一样，也是由背角的轴突组成，交叉后沿脊髓丘脑束的内侧部上行。旧脊丘束传递的信息主要和内侧丘脑、下丘脑及边缘系统相联系，在功能上它和灼痛（慢痛）时伴随强烈情绪反应和内脏活动密切相关。

（3）脊颈束。该束的神经元胞体位于脊髓后角Ⅳ、Ⅴ层内，接受来自同侧肌、皮神经的传入，其轴突沿侧索的背内侧部上行，投射到脊髓第 1～2 颈节的外侧颈核内，后者再发出纤维通过对侧的内侧丘系投射到丘脑的 VPL 及内侧膝状体大细胞区的内侧部，再由此向大脑皮质投射（主要在第二躯体感觉区）。脊颈束在动物被认为是传导痛觉信息的主要通路之一。

（4）后束-内侧丘系。外周神经的 A 类粗纤维由后根的内侧部进入脊髓，经同侧薄束、楔束上行，在脑干的下部与薄束核和楔束核发生突触联系。自此发出轴突组成内侧丘系，达到对侧丘脑的 VPL，对来自躯体、四肢精细的触觉、运动觉、位置觉进行辨别。虽然此束不是痛觉的传导通路，但它可能参与痛觉的中枢整合过程。

（5）脊髓固有束。伤害性冲动由 C 类纤维传导进入脊髓背角换元，沿脊髓周围灰质的固有束上行，既是多突触传递，又是反复双侧交叉，这与慢痛的情绪反应有关。

（二）头面部的痛觉通路

头面部的痛觉主要由三叉神经传入纤维传导，它们第一级神经元胞体位于三叉神经半月节，其轴突终止于三叉神经感觉主核和三叉神经脊束核。由此换元发出纤维越过对侧，组成三叉丘系，投射到丘脑腹后内侧核（VPM）；发自感觉主核背内侧核的一束不交叉纤维，投射到同侧的 VPM。自 VPM 发出的纤维，经内囊枕部投射至大脑皮质的中央后回（3 区、1 区、2 区）下 1/3 处。

（三）内脏痛的传入路径

内脏痛觉传入神经主要是走行在交感神经干内的传入纤维，它们通过后根进入脊髓，然后和躯体神经基本上沿着同一上行途径上行。但食管、气管的痛觉则是通过迷走神经干内的传入纤维进入中枢而上传的，部分盆腔脏器（如直肠、膀胱三角区、前列腺和子宫颈等）的痛觉传入神经纤维沿盆神经进入脊髓，在脊髓后角（有人认为在Ⅴ层）换元，其轴突可在同侧或对侧脊髓前外侧索上升，伴行于脊髓丘脑束上行达丘脑 VPM，然后投射到大脑皮质。经面、舌咽、迷走神经传入的痛觉冲动，传至延髓孤束核，由孤束核发出上行纤维，可能在网状结构换元后上行，经多次中继，再经灰质后联合交叉到对侧网状结构，在网状结构换元后上行到丘脑髓板内核群和下丘脑，然后投射到大脑皮质和边缘系统。

四、脑高级中枢对痛觉的调制

（一）脑干对痛觉的调制

20 世纪 60 年代，我国学者邹刚将微量吗啡注入家兔第三脑室周围灰质和中脑导水管周围灰质（PAG），Rynolds 用弱电流刺激 PAG，均可产生强大的镇痛效应，并能对清醒大鼠进行腹部手术探查而无疼痛表现。这些研究提示脑内可能存在阿片受体。从此，国际上掀起了寻找脑内“镇痛结构”的热潮，在许多科学家共同研究的基础上，人们逐步认识到在脑干中有一些神经结构参与了痛觉的调制，并对它们的形态学、生理学和分子基础有了比较一致的认识。

1. 下行抑制系统

大量研究表明，在中枢神经系统内有一个以脑干中线结构为中心所组成的调制痛觉的神经网络系统，即内源性痛觉抑制性调制系统（图 6-14）。其中了解比较清楚的是脑干对脊髓背角神经元的下行抑制系统。它主要由中脑 PAC、延髓头端腹内侧核群（中缝大核及邻近的网状结构）和一部分脑桥背外侧网状结构（蓝斑核、臂旁外侧核即 KF 核）等组成。它们的轴突经脊髓背外侧束下行，对脊髓背角痛信息的传递产生抑制性调制，在脑干阶段也抑制三叉神经脊束核痛敏神经元的活动。

PAG 接受来自额叶皮质、岛叶、杏仁核、下丘脑、楔状核、脑桥网状核和蓝斑核的传入，也接受直接来自脊髓的伤害性神经元传入。由于它拥有广泛的传入性联系，因此大多数高级中枢被激活而产生的镇痛效应可能都通过 PAG 介导。

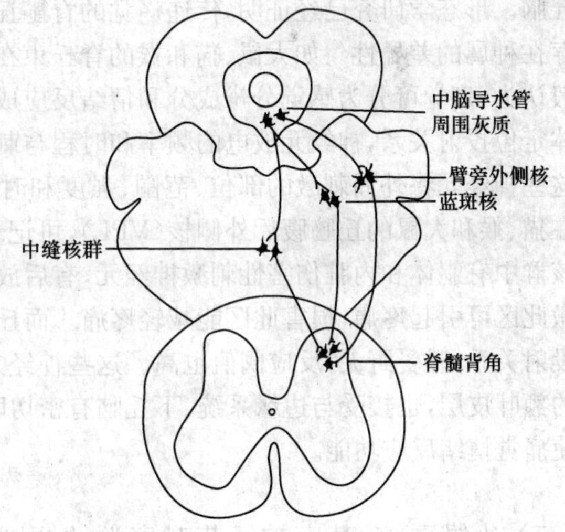

图 6-14 脑干内源性下行抑制系统结构模式

PAG 通过两条通路对背角神经元产生下行调制，一条是经 PAG-RVM（延脑头端腹内侧区）-背角，另一条是经 PAG-LRN（外侧网状核）。背角、PAG 的腹外侧区是“纯粹”的镇痛区，而其背部区除有镇痛作用外，还可在情绪和逃避反应中发挥作用。

在 PAG 和 RVM 中甚至其他更多部位都存在两类痛觉调制神经元，一种被称为“启动”神经元（on-cell），其特点是动物在痛反应出现前神经元发放突然增加。另一种为“停止”神经元（off-cell），痛反应停止前几百毫秒，该神经元发放骤然停止。两类调制神经元的形态不同，作用相反。“停止”神经元既兴奋其他的“停止”神经元，又抑制“启动”神经元的活动。通过它们间复杂的网络联系，完成抑制性调制。

2. 下行易化系统

研究资料表明，在脑干内还可能存在一个与下行抑制系统作用相反的下行易化系统。这主要是因为人们在研究下行抑制系统时发现，以大小不同的电流量刺激脑干中另外一些核团，如延髓网状巨细胞核（Rgc）和其 α 部（Rgc α）会引起完全相反的作用。虽然与下行抑制系统相比，下行易化系统的解剖结构、传导途径和神经递质等的研究还是初步的，但问题的提出对了解脑的下行调制机制无疑是有益的。

在下行调制系统的主要结构中含有多种经典神经递质和神经肽。在 PAG 中有 5-HT、NT、SP、VIP、ENK、DYN 和 GABA 等。在 RVM 中有 ENK、SP、SOM、TRH。LC 中有 NA、NPY、gatanin 等。许多情况下还存在递质共存现象，如 5-HT 和 ENK 以及 5-HT、SP 和 TRH 共存在同一神经元。脑啡肽和强啡肽能神经元胞体和末梢分布在下丘脑、杏仁核、PAG、RVM 和背角的Ⅰ、Ⅱ、Ⅴ和Ⅹ层，但是两种肽的分布并不完全重叠。β-内啡肽能神经元胞体存在于弓状核和孤束核。下丘脑中的β-内啡肽能纤维沿第Ⅲ脑室壁终止在 PAG、LC。在脊髓Ⅹ层也有少量β-内啡肽能纤维。

（二）间脑在痛觉调制中的作用

丘脑是最主要的痛觉整合中枢。脊髓伤害性传入到达大脑皮质前的最重要痛觉整合中枢是丘脑。形态学研究已经证明，传递痛觉的脊髓丘系、三叉丘系的纤维终止于丘脑的不同核团，并存在种属的差异性。如大鼠、猫和猴的脊丘束在丘脑投射既有相同的核团，也有不同的核团。一般认为，痛觉可分为感觉分辨成分和情绪反应成分两部分。丘脑外侧核群神经元的反应具有躯体定位投射关系，神经元放电的频率和时程与刺激强度变化成正比，所以能定量反映外界刺激。这些神经元将外周刺激的部位、范围、强度和时间等属性编码向皮层传递，司痛觉分辨的功能。在猫、猴和大鼠的丘脑腹后外侧核（VPL），可记录到一些对伤害性刺激起反应的神经元，丘脑后核群中有躯体和内脏伤害性刺激神经元，有后放电，双侧性接受 Aδ 及 C 纤维的传入。有报道刺激此区可引起疼痛，损害此区能减轻疼痛。而丘脑板内核群神经元对外周刺激缺乏明确的躯体投射关系，感受野大，反应阈值也高。这些神经元的轴突广泛投射到大脑皮层，包括与情感有关的额叶皮层，也接受与边缘系统、下丘脑有密切联系的网状结构的传入。因此，它们可能主要行使痛觉情绪反应功能。

（三）边缘系统、基底神经节对痛觉的调制

尽管边缘系统（limbic system）的一些结构并非痛觉传递通路的主要驿站，但整个系统在形成痛觉反应过程中的作用是不可忽视的。目前认为边缘系统除对机体的感觉、运动和内环境稳定等各种生理功能起着调节作用外，还参与中枢调整活动，使机体更易对复杂多变的环境作出正确的、有利于自身生存的反应。其中部分核团对机体痛阈影响显著。

1. 海马

海马（hippocampus）是边缘系统中最显著的一个结构。单侧或双侧刺激海马背部，均可提

高痛阈，并引起海马 θ 节律(或称节律性慢节律活动，4～7 次/s)增多。在一定范围内，刺激越强，θ 节律活动越显著，同时可强烈抑制丘脑板内核群的单位放电，海马与脑干的上行激活系统相联系，参与维持觉醒状态。

2. 杏仁核

刺激杏仁核(amygdaloid nucleus)可提高痛阈，表现为对刺激内脏大神经所致的丘脑后核放电有抑制作用。

3. 扣带回

扣带回(cingulum)切除术能改变痛觉的情绪和情感成分。刺激扣带回前部能提高痛阈，而刺激扣带回后部有时痛阈下降。一般认为，扣带回是通过其下行控制，影响腹后外侧核水平上的痛觉信息传递的。

4. 尾状核

尾状核(caudate nucleus)在中枢性痛觉调制中占有重要的地位。该核能接受内外感受器传来的感觉冲动，并与丘脑、脑干网状结构及边缘系统等有着广泛的联系。刺激尾状核能抑制大脑皮层的电活动对上行网状激活系统的作用。有研究报道，刺激尾状核前区可明显提高痛阈，而刺激中心区则降低痛阈。正如临床观察所见，刺激疼痛患者尾状核前区可使疼痛明显缓解，对晚期癌症患者，也可经此法得到满意的效果。

(四) 皮层对痛觉的调制

知觉是感觉整合的最高级中枢——大脑皮层的独有功能。痛觉作为感觉中的一种，其冲动必然要到达大脑皮层进行信息加工，最终上升到意识。神经束路追踪研究证实，接受痛觉传入的丘脑各核团发出的投射纤维终止于不同的皮层区域，其中大脑皮质中央后回和旁中央小叶的后部为接受躯体感觉的主要区域已为公认。在人的皮层诱发电位实验中，实验性损伤刺激使受试者产生疼痛时，在皮层感觉区可记录到长潜伏期的慢波反应，并可被镇痛药所抑制。但由于知觉研究技术上的限制，很难在人体上进行更深入地研究，因此迄今为止人们对大脑皮层(即使是已公认的感觉区)对不同感觉(包括痛觉)的整合和感知机制的认识，尚处在一知半解的水平，有待今后不断地探索。

(杨萍，范晓棠)

第七章　神经系统对运动调控

躯体运动指人和动物发生位移的行为，分为三类。

(1) 反射(reflex)运动，是最简单、最基本的运动，它通常由特异的感觉刺激引起，产生的运动循固定轨迹进行，又称定型运动。最大特点是不受意志控制，当特异刺激出现时，反射自动发生；其强弱由刺激的大小决定，不能被随意改变。

(2) 节律性运动(rhythmic，patterned movement)，这类运动可随意开始或中止，一旦开始，就不再需要意识的参与而自动重复进行，如呼吸、咀嚼、行走等。

(3) 随意运动(voluntary movement)，通常是为了达到某种目的而指向一定目标的运动，可以是对感觉刺激的反应或因主观意愿而产生。

躯体运动是由不同骨骼肌群收缩带动相应的关节活动实现的，骨骼肌收缩均受神经系统控制，所以，控制躯体运动的神经及其肌肉组成运动系统。中枢神经系统对躯体运动的调控分为脊髓、脑干和大脑皮质运动区三级。小脑和基底神经节是两个重要的监控系统，负责保持运动的协调稳定。感觉信息对于各种运动行为的控制也十分重要(图 7-1)。

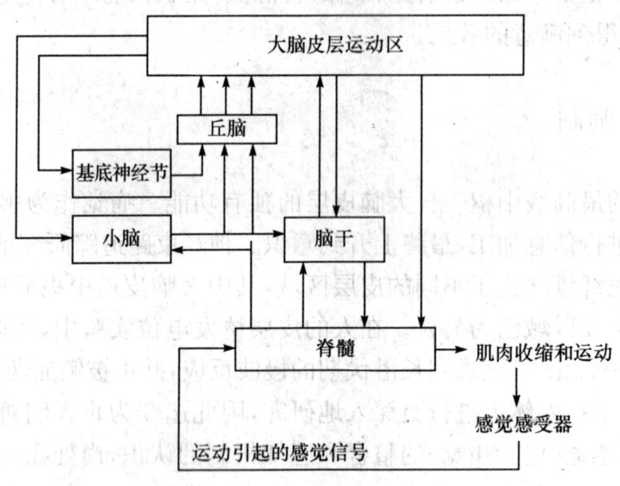

图 7-1　运动系统各结构间相互关系的示意图(Kandel ER，2000)

第一节　脊髓反射行为及其控制

脊髓是中枢神经系统中的最初级部分，它具有介导反射的神经元网络，由感觉传入纤维、各类中间神经元及运动神经元组成。脊髓不但能将外周感受器的传入进行初步整合，并向上传至各级中枢以辅助各种复杂的随意运动能精确而顺利地执行，而且它本身也能完成许多重要的反射，如牵张反射、屈肌反射等，在维持正常的姿势和运动方面起着重要的作用。还有不少中枢型的运动发生器也位于脊髓内，以实现节律性的运动。

一、脊髓运动神经元

(一) α运动神经元

在人的脊髓前角内存在着大量的运动神经元，直接与骨骼肌相连的运动神经元大约300万个。一个典型的α运动神经元在其表面可有多达1万个突触位点，约2000个突触位点在其胞体上，其余的均在树突上。这些神经元具有如此庞大的突触位点，表明它们能会聚大量的传入信息：它们既接受来自皮肤、肌肉和关节等外周传入的信息，同时也接受从脑干到大脑皮质等各级高位中枢下达的有关调控运动的各种指令，最后由该运动神经元发出适当的传出冲动，引起所支配的肌肉收缩，从而实现各种反射运动和随意运动，因此把这类大型的α运动神经元称为到肌肉去的"最后公路"(final common pathway)。α运动神经元是一类传导速度快的大运动神经元，其轴突末梢支配梭外肌。位于脊髓前角的运动神经元排列成纵柱状，与其所支配的肌肉有躯体定位分布关系。

(二) 运动单位

一个运动神经元与它所支配的全部肌纤维共同组成一个运动单位(motor unit)。一个运动单位所包含的肌纤维数目从数根至2000根不等。一般参与粗大运动的肌肉，它的运动单位所包含的肌纤维数量较多；而参与精细运动的肌肉，运动单位所包含的肌纤维数目较少。运动单位可分为以下三类。

(1) 快速收缩易疲劳型(fast fatigable, FF型)：此型运动单位的收缩张力大(平均强直收缩张力为640mN)，收缩速度快(平均收缩时间24ms)，但极易疲劳。

(2) 快速收缩抗疲劳型(fast fatigue-resistant, FR型)：特点是收缩张力较大(平均强直收缩张力为250mN)，收缩较快(平均收缩时间为25ms)和不易疲劳。

(3) 慢型(slow, S型)：这种运动单位的收缩张力小(平均强直收缩张力小于40μN)，收缩时间长(>50ms)，不易发生疲劳。

一个运动神经元所支配的肌肉纤维常属于同一种类型的。支配不同类型运动单位的α运动神经元也不相同，轴突传导速度快的大运动神经元支配FF型运动单位，而轴突传导速度慢的小运动神经元支配S型运动单位，轴突传导速度中等的中等大小的运动神经元则支配FS型运动单位。

(三) 运动神经元池及其活动的规律

支配一块肌肉的所有运动神经元集合称为运动神经元池或运动核(motor neuron pool)。大量实验资料表明，肌肉收缩张力的增加依赖于运动神经元池活动的两种方式：①募集更多的运动神经元；②增加募集的运动神经元的放电频率。

1. 运动神经元的募集与"大小原则"

在中枢神经系统内，小神经元兴奋性高、阈值低，在较低的刺激下即可发生放电；大神经元的兴奋性低、阈值高，需较大的刺激才能启动放电。反之，运动神经元越大，对抑制性的影响越敏感。这种运动神经元的兴奋性与细胞大小呈负相关，其抑制性与细胞大小呈正相关（即受抑制时，首先是大运动神经元被抑制，最后才是小运动神经元）的现象，称为运动神经元活动的“大小原则”。看来，当来自脑的各级运动中枢下行的运动指令或各类感觉（肌梭、肌腱、皮肤的压、触、热、痛等）传入的信息到达运动神经元池时，它们的活动几乎都是以一种逐渐增量的方式进行的，小运动神经元率先发放，然后才是那些较大和更大的神经元依次开始启动。运动神经元的这种有序募集和“大小原则”的生理意义在于能够更完善、更精确地控制肌肉收缩时的各种参数，免去上位运动中枢对肌力控制细节的编码，简化了计算的程序，保证了肌力能平滑地增减，从而获得最佳的运动模式。但必须指出，在某种意向性运动时，大运动神经元也可先于小运动神经元兴奋。

2. 运动神经元放电频率的调制与肌张力的增加

除募集更多的运动神经元外，运动神经元池输出的增加，还可通过增加已被募集的运动神经元的放电频率来实现。一个运动神经元刚被募集时，其放电频率一般为6～12Hz，这一频率所产生的肌肉收缩张力只是强直收缩张力的10%～20%，故运动神经元放电频率的调制对决定肌肉收缩张力有重要作用。例如，当人的伸指总肌收缩时，每个运动单位刚被募集时的放电频率都在8Hz左右，随后放电频率增加至开始时的2～3倍，产生的肌力也明显增加。肌肉需要产生较大的张力时，主要是依靠已被募集的高阈值运动神经元放电频率的增加来实现。

（四）γ运动神经元

在脊髓前角第Ⅸ层内，除了α运动神经元和许多中间神经元外，还含有许多胞体较小的γ运动神经元，散在于同一肌肉的α运动神经元之间。γ运动神经元轴突终止于梭内肌，前根中约有1/3的纤维由γ运动神经元发出。当α运动神经元活动时，γ运动神经元也被激活，这种α和γ神经元在运动时同时兴奋的现象，称为α-γ运动神经元共同激活（图7-2）。这种调节机制，在肌梭的正常作用中是非常重要的。当肌肉收缩时，无论肌肉处于什么样的实际长度，肌梭都能将肌肉不同长度的变化转变成传入信号向上位中枢传送，从而使α运动神经元的活动适当。

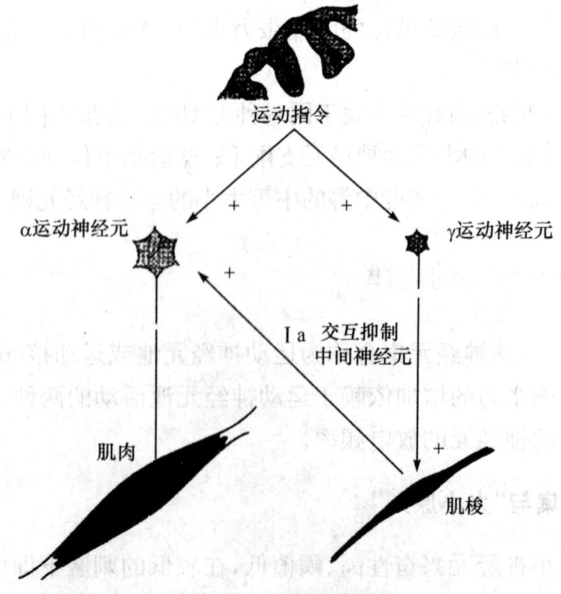

图7-2　α-γ运动神经元共同激活（Kandel，2000）

在许多随意运动过程中，下行运动指令同时作用于α和γ运动神经元发挥共同作用，从而可以预先确定肌肉收缩的目标和水平。α运动神经元的放电频率决定肌肉的收缩长度，而γ运动神经元的放电则决定肌梭内肌纤维的相应缩短程度。人体实验记录已经得到了α-γ运动神经元共同激活的间接实验证据。在受试者作手指运动时，记录来自手指肌肌梭的单根Ⅰa类纤维的传入放电。发现在梭外肌静止时肌梭并不放电，但当梭外肌收缩时，肌梭开始放电，且随肌收缩的加强而增加，其放电时间与肌电活动同时开始，或比肌电稍晚。在肌肉持续收缩时，肌梭活动并不停止，且维持在一定的水平，说明梭内肌与梭外肌在同时缩短，唯一解释就是γ运动神经元和α运动神经元被同步激活，这为α-γ共同激活的概念提供了强有力的支持。

神经系统使用γ肌梭运动系统，调节静态和动态γ运动神经元激活的水平和两者激活的平衡，从而更精确地调节肌梭，使肌梭输出更适宜的信息群，以确保正确行为的有效实现。

二、脊髓中间神经元的整合作用

中间神经元是脊髓灰质的主要细胞成分，其数量比运动神经元约多30倍，它们属小细胞，有兴奋性和抑制性两类，分布与运动神经元相似。高位中枢的下行纤维以及各种感觉传入，大部分终止在中间神经元上，它们的功能不仅是介导传入和传出信号，更重要的是它们能将所接受的各种信息整合成新的、不同模式的输出。有些中间神经元组成不同的环路，可将单一的输入信号变成多个信号作用于某一神经元，以放大传入冲动的强度；也可将一个传入冲动转化为连续多次的冲动，在时间上起到放大的作用；还能将一排传入冲动分散到许多远离的运动神经元群，起到空间的放大输入信息；若高位中枢下达到中间神经元是抑制性指令，可以阻止初级感觉输入对运动神经元的影响，从而起到“闸门”的效应；有些中间神经元可能发挥信号转换器的作用，能将传入信号转变为抑制性信号；还有些中间神经元是许多传入通路的共同组成部分，它们能综合来自各方面的兴奋性和抑制性影响，最后发出整合后的信息至运动神经元，从而协调肌肉的收缩，产生适宜的运动。总之，中间神经元的机能相当复杂，现仅对已有较深入了解的几类脊髓中间神经元作介绍。

（一）Renshaw细胞

Renshaw在20世纪40年代初发现，刺激脊髓前根产生的沿运动神经元轴突侧支逆行传导的冲动，可以使运动神经元兴奋性降低。他将此现象称为返回性抑制。随后的实验证明，返回性抑制是由于运动神经元轴突侧支的放电兴奋了抑制性中间神经元，并转而抑制运动神经元而引起的。这类中间神经元被命名为Renshaw细胞。

Renshaw细胞位于脊髓灰质前角的第Ⅶ层内，在前角运动神经元核群的腹内侧区。它主要接受来自同名肌和协同肌运动神经元轴突侧支的兴奋性传入。电刺激运动神经元时所引起的Renshaw细胞的放电是一长串的高频放电。

Renshaw细胞与运动神经元间的突触联系组成一个负反馈回路，其功能是调节运动神经元的放电频率。当运动神经元的放电增加时，通过Renshaw细胞的反馈使运动神经元放电频率降低，反之则增加，从而使运动神经元的放电频率趋于稳定（图7-3）。除此之外，Renshaw细胞还有如下作用：①抑制协同肌的运动神经元；②抑制γ运动神经元；③抑制参与拮抗肌交互抑制的中间神经元（如Ⅰa）；④抑制脊髓小脑前束细胞；⑤抑制其他Renshaw细胞。

Renshaw 细胞还接受许多高级中枢(如红核脊髓束、皮质脊髓束等)的下行控制,因此,高位中枢通过控制 Renshaw 细胞的兴奋性,可以调节运动神经元的活动。

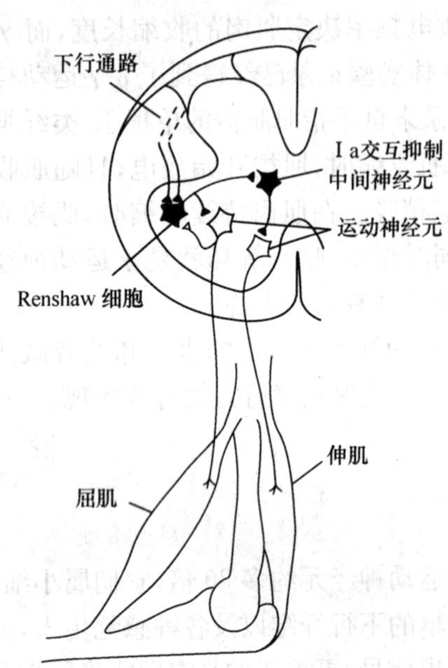

图 7-3 Renshaw 细胞和运动神经元组成的返回抑制回路
(引自 Kandel et al, 2000)

(二) Ⅰa 交互抑制中间神经元

Ⅰa 交互抑制中间神经元位于脊髓灰质的第Ⅶ层,运动神经元核群的背内侧部,它们主要接受来自同名肌和协同肌的Ⅰa 类传入纤维的单突触兴奋性传入,其轴突与支配拮抗肌的运动神经元形成抑制性突触,是牵张反射交互抑制的神经基础。它的主要功能是防止相拮抗的肌肉同时收缩,以协调反射活动。此外,Ⅰa 类交互抑制中间神经元还接受来自高位中枢的下行控制。当高位中枢向特定的运动神经元群发出运动指令时,同时通过Ⅰa 交互抑制中间神经元抑制拮抗肌群的运动神经元,使运动得以顺利进行。

Ⅰa 交互抑制中间神经元还接受来自屈肌反射传入的兴奋性影响,接受来自 Renshaw 细胞和投射至同名肌和协同肌运动神经元的Ⅰa 交互抑制中间神经元轴突侧支的抑制性影响。

(三) Ⅰb 抑制性中间神经元

这类中间神经元位于脊髓灰质的第Ⅵ、Ⅶ层的中间内侧核的区域,它们接受来自高尔基腱器官的Ⅰb 传入纤维的冲动,发出轴突与同名肌和协同肌运动神经元形成抑制性突触联系,组成调节肌张力的负反馈系统。当肌肉张力超过一定值时,Ⅰb 的传入冲动兴奋Ⅰb 中间神经元,导致运动神经元抑制,使肌张力不会进一步升高。但当肌肉因疲劳等原因导致收缩减弱、张力降低时,Ⅰb 传入纤维的放电将减少,使Ⅰb 中间神经元的兴奋性下降,对运动神经元的抑制减弱,使肌张力增大,补偿因肌肉疲劳而产生的收缩不足。

新近研究还发现Ⅰb 中间神经元接受肌肉Ⅰa 类传入、低阈值皮肤传入和关节传入的会聚。其作用可能是当一个运动的肢体碰到障碍时,来自皮肤和关节的传入可以兴奋Ⅰb 中间神经元以抑制运动神经元,从而使肌张力降低而避开障碍。

(四) 脊髓固有神经元

脊髓固有神经元是指其纤维分布范围局限在脊髓内的中间神经元,其细胞体位于灰质的中间部,其轴突进入邻近的白质,并在其中向上或向下行经不同的距离后,再次进入灰质终止于邻近节段的中间神经元或运动神经元,其轴突约占脊髓白质的一半以上,故名脊髓固有束。脊髓固有神经元接受来自外周的感觉传入,如肌肉Ⅰb、Ⅱ、Ⅲ类传入和皮肤传入以及高位中枢的下行通路控制，参与多种脊髓反射，在协调不同肌肉群的运动中起重要作用。

三、脊髓反射行为

脊髓反射是指其反射弧的中枢部分局限在脊髓的一切反射，包括牵张反射、屈肌反射、对侧伸肌反射、姿势与走动反射、搔抓反射、引起肌肉痉挛的反射，以及引发自主神经的反射等。脊髓反射多数不受意识控制，属下意识机制。检查某些脊髓反射对于诊断神经系统的疾病或损伤的定位具有临床意义。

（一）牵张反射

牵拉骨骼肌而引起的肌肉收缩反应称为牵张反射或肌伸张反射（stretch reflex）。在研究去大脑僵直动物的反射时，发现骨骼肌受到外力牵拉伸长时，能引起受牵拉肌肉的收缩；当切断背根或前根后，上述反应均消失，说明这种反应是反射性的，而非来自肌肉本身。牵张反射表现为两种形式：动态牵张反射和静态牵张反射。前者由肌梭的初级传入纤维引起，而后者则依赖于初级和次级两种传入末梢的传入兴奋。

1. 动态牵张反射

此反射是由快速牵拉肌肉引起，它的作用是对抗肌肉的拉长，其特点是，时程较短和产生较大的肌力，并发生一次位相性收缩。叩击膝盖的肌腱时引起的膝跳反射就是一个典型的例子。其反射弧是从股直肌的肌梭本体感受器的Ⅰa传入纤维进入脊髓灰质后，直接与支配股直肌以及协同肌的运动神经元发生单突触联系。如果兴奋达到阈值，这些运动神经元就发放冲动，从而产生股直肌及协同肌收缩，与膝关节联结的小腿伸展。同时还有其他Ⅰa的分支末梢到Ⅰa抑制性中间神经元。这些Ⅰa抑制性中间神经元的末梢到支配腘肌、半腱肌及股二头肌的α运动神经元，当Ⅰa抑制性中间神经元被激活时，就抑制这些拮抗肌的运动神经元，结果导致拮抗肌舒张。牵拉肌肉引起某些运动神经元的兴奋，而另一相拮抗的运动神经元抑制，这一生理现象叫交互神经支配，也称交互抑制。

2. 静态牵张反射

此反射由缓慢牵拉肌肉而引起，主要调节肌肉的紧张度，对维持姿势是非常重要的。该反射是由肌梭初级(Ⅰa)和次级(Ⅱ)神经末梢共同传递连续而弱的肌肉保持拉长状态的静态感受器的信号，因而静态牵张反射与动态的一样，具有大量的单突触反射。当一个人站立时，他的腿部关节必须维持在特殊的位置以阻止弯曲，任何轻微的伸长或弯曲将引起静态的牵张反射，使肌肉持续的收缩，而帮助人体笔挺地站着。例如，一位士兵立正站岗，因疲劳而膝关节开始弯曲时，股四头肌被牵拉，静态牵张反射将会引起股四头肌加大收缩而对抗弯曲，于是迅速恢复到原来的姿势。

（二）屈肌反射

当肢体的皮肤或肌肉受伤害性刺激时，引起肢体快速地回缩，称为屈肌反射（flexion reflex），它是一种保护性的反应，能够保护四肢免受进一步的伤害和损伤。传入纤维包括Ⅱ类、

Ⅲ类、Ⅳ类纤维，总称屈肌反射传入纤维（flexion reflex afferent，FRA），它们在脊髓内均通过一个或几个兴奋性和抑制性中间神经元后再影响运动神经元。屈肌反射最典型的反应模式是，经中间神经元、兴奋同侧屈肌运动神经元、抑制同侧伸肌运动神经元；在刺激强度增大时，能引起对侧伸肌运动神经元兴奋和对侧屈肌运动神经元的抑制，这称为交叉伸反射或对侧伸肌反射。屈肌反射的空间范围和肌肉收缩力是与刺激的强度密切相关的。屈肌反射与牵张反射的异同如表 7-1所示。

表 7-1　牵张反射与屈肌反射的比较

	牵张反射	屈肌反射
传入纤维	Ⅰa 和Ⅱ类肌梭传入	FRA
潜伏期	短（单突触）	长（多突触，包含兴奋性、抑制性的中间神经元）
靶肌肉	同侧的同名肌和协同肌	同侧的屈肌，对侧的伸肌
交互神经支配	是	是（双重的）
线性反应	是	非线性
持续时间	与刺激同时	放电停止后，还可持续一段时间
特异性	一组肌肉的特性	特殊的包括多关节和许多肌肉群

（三）折刀反射

去大脑动物伸肌的牵张反射是亢进的，因此四肢强直如柱，用力弯曲强直的肢体时会遇到很大的阻力。如果进一步增加弯曲的力量，在超过一定值时，阻力突然消失，肌张力突然降低，强直的肢体突然变得松弛，这种反应和弹簧刀折闭的情况类似，因此被称为折刀反射。对折刀反射的传统解释是用力弯腿引起腱器官的高度兴奋，经Ⅰb 传入纤维使伸肌抑制。但后来的研究结果表明，Ⅰb 类传入纤维的放电以及它在运动神经元引起的反应，并不像折刀反射那样存在一个明显的“阈值”。另外，折刀反射可以由刺激肌肉和肌腱表面而引起，而这些刺激并不足以兴奋Ⅰb 类传入纤维。因此目前认为Ⅰb 类传入不是引起折刀反射的原因；折刀反射可能由肌肉筋膜和腱膜上的游离末梢的Ⅱ类、Ⅲ类传入纤维的冲动所产生。

四、高位中枢对脊髓反射性行为的调控

（一）高位中枢对运动的下行控制

高位中枢与脊髓外侧部的运动神经元，或经外侧部中间神经元再与运动神经元相联系的下行纤维系统称外侧运动系统；而与其内侧部的中间神经元、运动神经元相联系的下行纤维系统，则称为内侧运动系统。

1. 外侧运动系统

外侧系统的下行通路包括外侧皮质脊髓束、部分皮质脑干束和红核脊髓束。皮质脊髓束和红核脊髓束的轴突末梢终止于脊髓前角外侧部的运动神经元，或中间区外侧的中间神经元群，由后者再投射到外侧的运动神经元。外侧系统主要是控制支配对侧肢体远端肌的运动神经元，特

别是那些进行精细运动的肌肉，如手指肌运动神经元，受损伤时主要引起肢体远端肌肉麻痹，尤其影响指、掌进行精细运动的肌肉活动，对躯干肌和肢体近侧肌所完成的姿势反射影响甚小。

2. 内侧运动系统

内侧系统的下行通路包括起源于大脑皮质腹侧的皮质脊髓束和大部分皮质脑干束的纤维，以及起源于脑干的前庭脊髓束、网状脊髓束和顶盖脊髓束。该系统多为双侧支配，终止于脊髓内侧部的中间神经元和前角内侧部运动神经元；其功能在于调节肌紧张，参与姿势的维持。当受损伤时，主要影响抗重力肌和控制姿势肌肉的功能，尤其是肌肉的协同活动。

（二）高位中枢对脊髓反射的调控

脊髓反射通路，特别是多突触的反射通路，均接受高位中枢的下行调节和控制。高位中枢发出的运动指令能够在脊髓内通过以下 3 个部位进行调控：①在突触前的感觉传入纤维的末梢上，②在所有反射环路内的中间神经元，③在脊髓前角的运动神经元。

1. 高位中枢通过突触前抑制调节脊髓反射

初级传入神经末梢可以与另外的轴突末梢形成轴-轴突触，这一类型突触是突触前抑制的形态学基础。引起突触前抑制的纤维来自脊髓内中间神经元的轴突分支，这些分支的神经冲动可以使初级传入神经末梢去极化（primary afferent depolarization，PAD），而产生突触前抑制。高位中枢的下行纤维可以投射到这些中间神经元，使它们产生兴奋，从而导致初级传入纤维发生 PAD 以引起突触前抑制，此为感觉传入的下行性抑制。例如，刺激感觉-运动皮质或红核，可以在肌肉Ⅰb 类纤维和皮肤传入纤维的末梢引起 PAD；刺激前庭核和网状-脊髓束可在肌肉的Ⅰa、Ⅰb 类纤维和皮肤传入纤维的末梢引起 PAD。所以，高位中枢能通过这类突触前抑制方式调制初级传入纤维的活动，从而调节脊髓反射。

2. 高位中枢通过中间神经元调节脊髓反射

由于大多数反射通路是多突触通路，高位中枢对脊髓反射的控制，最主要和最普遍的方式是调制中间神经元的活动。例如，Ⅰa 交互抑制中间神经元可以与不同下行通路的纤维发生不同形式的突触联系；也可与来自脊髓内其他中间神经元发生连接。因此，外周感觉传入和脊髓本节段及邻近节段的其他中间神经元发出的信息，与下行控制指令一起，先在Ⅰa 交互抑制中间神经元会聚，并进行信息整合，然后才决定运动神经元的传出活动。Ⅰa 交互抑制中间神经元接受来自同侧的外侧前庭脊髓束的兴奋性单突触投射，而来自同侧的皮质脊髓束、红核脊髓束及对侧的外侧前庭脊髓束纤维则与之发生双突触或多突触的联系。这些下行通路的活动控制Ⅰa 交互抑制中间神经元的兴奋性，同时Ⅰa 交互抑制中间神经元还接受来自其他脊髓中间神经元的支配，结果是来自本节段和邻近节段中间神经元的传入和外周感觉传入与下行控制指令，在到达运动神经元之前在Ⅰa 交互抑制中间神经元进行复杂的整合。

3. 高位中枢直接调控 α 和 γ 运动神经元

高位中枢广泛的下行纤维，如皮质脊髓束、红核脊髓束，还有网状脊髓束与前庭脊髓束等的一部分纤维，可与 α 运动神经元形成直接的单突触联系，这些下行纤维均通过改变运动神经元活动的背景(紧张性)水平,来影响脊髓反射的强度。例如,对 α 运动神经元增加紧张性兴奋输入,以改变这些细胞的膜电位,使其更接近阈电位,致使极轻微的反射输入,就能比较容易地激活运动神经元。此外,灵长类的皮质脊髓束和前庭脊髓束的纤维也可与 γ 运动神经元发生直接的突触联系。因此,高位中枢下行通路可以直接调控 α 和 γ 运动神经元,从而保证脊髓反射能更精确和完善地进行。

五、节律性行为——行走与奔跑

(一) 节律性运动

节律性运动又称形式化运动,这类行为的运动形式固定,具有节律性和连续性,可以随意发动和终止;但是,一经发动则不再需要意识的参与,就能自动地,以固定的模式重复进行。如行走、奔跑、咀嚼和呼吸等都是节律性运动,其起始与终止均受意识控制,但在运动进行过程中却无需意识支配。节律性运动主要由脑干和脊髓的神经网络所控制。

(二) 行走运动的神经调控

行走运动是指动物行走或奔跑时,前后肢活动的固定协调的运动模式,如行走时表现为前肢屈曲的同时伴有后肢的伸展,而躯体对侧肢体的活动则相反。这种运动具有自动节律性和四肢间的交替性,是一种经典的节律性运动。

控制自动、节律性行走的基本局部神经环路,是脊髓中的中枢构型发生器(central pattern generator,CPG)。在哺乳类动物的脊髓内控制行走和屈肌反射的环路中,具有许多共同的中间神经元,涉及脊髓多节段,多运动神经元组,还牵涉脊髓固有神经元的节段内和节段间的反射活动。

CPG 本身的活动不需要外周感觉传入信息和反射活动参与,只是在脊髓的中间神经元之间构成局部网络,以相互抑制回路协调着节律性行走运动。为说明行走运动时肢体伸、屈肌的交替活动,Brown 提出了“半中枢模式”(图 7-4)。认为伸肌运动神经元,及其相关的中间神经元构成一个“半中枢”;同样,屈肌运动神经元与其相关的中间神经元构成另一“半中枢”。这两个“半中枢”之间通过抑制性中间神经元联系;其间既有兴奋性(谷氨酸或门冬氨酸能)、又有抑制性(甘氨酸能)神经联系。当其中一个“半中枢”被激活时另一个则被抑制。而且,两个“半中枢”之间的抑制效应,会因神经元的兴奋而逐渐减弱(活动细胞的自我抑制),因此,兴奋转移到另一个“半中枢”。于是,伸肌与屈肌间产生了自动地、节律性的交替收缩活动。

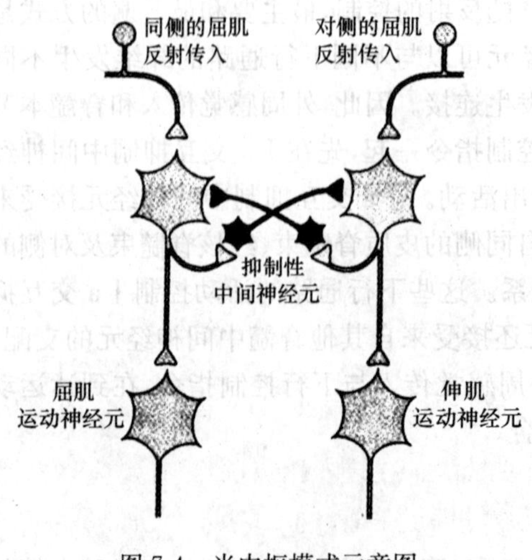

图 7-4　半中枢模式示意图
(关新民,2003)

CPG 具有一系列的特点:① 脊髓内不同的 CPG,通过脊髓固有束通路实现脊髓内部的联系,此联系是可塑的,可以实现在不同速度时,采用不同的步态；②CPG 也能利用外感受器传入，对产生的运动作相应的调整，如在踏步周期中可因爪部粘上胶布，而在步动的前移时相，增加一串抖爪动作；③CPG 还可以实现摔倒时的校正反应，使之能克服步行时遇到的障碍；④CPG 的活动还受高位中枢下行指令的触发和调控；⑤CPG 不仅是四肢行动的控制中枢，而且还是呼吸、咀嚼等多种固定协调形式的节律性运动中枢。

第二节　脑干对运动的控制

脑干在运动控制中是最低级的脊髓以上的次级中枢，所有运动控制下行通路除皮层脊髓束外都起源于脑干。这些下行通路中最重要的有起源于脑干网状结构和前庭核的下行投射。与只有少数固定模式运动行为的脊髓动物相比，失去高位中枢但是脑干功能完整动物已具有诸如站立、行走和姿势控制等整合活动的能力。

整个脑干中央部的神经细胞和纤维组成网状结构（reticular formation，RF）。它接受来自脊髓、大脑皮层、基底神经节和小脑的投射。RF 在功能上是一个整合中枢，对来自上述各中枢的信息进行处理。

前庭系统与 RF 有直接的神经联系，并有自己的下行通路——前庭脊髓束和经内侧纵束至眼外肌的前庭眼反射通路，对头的空间位置的改变和各种加速刺激起反应。

一、网状结构

（一）脑干网状结构的概念

脑干网状结构是位于中脑、桥脑和延髓中央部的神经细胞和神经纤维的集合区域。其中有由大小不同神经细胞相对密集形成的 RF 核团；网状结构的形态特征是多神经元或多突触的，核团的界线一般不很明确。但是 RF 并非杂乱无章，无论在结构上还是在功能上，均可分辨出网状神经核群和网状结构形成的纤维束。

（二）脑干网状结构的核群和分区

根据细胞构筑与机能，网状结构分为三个纵长的核柱或区：正中区、内侧区和外侧区。

1. 正中区

这组核群位于脑干中线上及其附近，所以又称中缝核群（nuclei raphes）。中缝核群自尾侧向吻侧，分为中缝苍白核、中缝隐核、中缝大核、中缝脑桥核、中央上核、中缝背核和线形核。中缝核群与端脑、间脑、脑干和脊髓有广泛的纤维联系。

2. 内侧区

网状结构内侧区位于正中区的外侧，占据被盖部内侧的 2/3。自尾侧向吻侧有延髓中央核、巨细胞网状核、脑桥尾侧网状核、脑桥吻侧网状核、楔形核、楔形下核。

3. 外侧区

网状结构外侧区占据被盖的外侧 1/3,主要由小细胞组成。从尾侧向吻侧依次为背侧网状核、小细胞网状核、臂旁内侧核、臂旁外侧核和脚桥被盖网状核。

(三) 脑干网状结构的纤维联系

1. 脑干网状结构内侧区的传入纤维联系

主要接受脑干网状结构外侧区的纤维,也接受来自脊髓、脑干、小脑、间脑,以及端脑的纤维。

(1) 脊髓网状束(spinoreticular tract)。

(2) 脑神经核至脑干网状结构的纤维。

(3) 脑干内其他神经核与网状结构的联系。

(4) 小脑顶核网状联系。

(5) 前脑网状纤维。

2. 脑干网状结构内侧区的传出纤维联系

网状结构内侧区既投射至前脑,又下行至脊髓全长。

(1) 网状前脑纤维可分背腹两路,背侧的被盖背侧束-内侧丘脑径路和腹侧的被盖腹侧束-前脑内侧束径路。

(2) 网状脊髓纤维,可分为网状脊髓内侧束和网状脊髓外侧束。①网状脊髓内侧束(medial reticulospinal tract):起自全部内侧网状核,但依其颅尾顺序,越近延髓者投射纤维量越多。此束通行于两侧下橄榄核与外侧网状核之间,沿脊髓前索下行,与前庭脊髓束和脊髓丘脑束为邻。②网状脊髓外侧束(lateral reticulospinal tract):主要起自巨细胞网状核和中脑楔形核及楔形下核。此束行经外侧网状核与三叉神经脊束核之间,沿脊髓侧索下行,纤维与红核脊髓束部分纤维混杂。

3. 脑干网状结构外侧区的纤维联系

脑干网状结构外侧区主要接受各种感觉传导通路的侧支或纤维,其轴突向内侧与网状结构内侧区形成突触联系。外侧区也接受来自对侧大脑皮质运动区,以及对侧红核的下行纤维。皮质网状纤维、红核网状纤维、外侧网状核群及延髓运动神经元,共同组成控制精细分化运动的功能系统的一部分。

网状结构外侧区的小细胞也发出较短的上下行纤维,与各腮弓运动核及舌下神经核形成突触联系,组成一个延髓固有系统。此系统与脑神经的传入传出纤维一起,组成许多延髓反射通路。

(四) 脑干网状结构对肌紧张的调节

肌牵张反射属脊髓反射,但是在正常状况下,它受高位中枢经常性调控。在中枢神经系统中,网状脊髓束、前庭脊髓束和红核脊髓束是抑制脊髓牵张反射的三条主要下行通路。三者的传出冲动在脊髓运动神经元保持着兴奋性与抑制性作用的相对平衡,从而使不同肌群的肌紧张配布适当,这是维持一定姿势的基础。各种运动行为都是在一定姿势背景上发生的。中枢神经系统通过不断地调整不同部位骨骼肌的张力才能完成各种动作。因此,肌紧张反射对躯体运动的完成亦具有极为重要的意义。研究证明,脑干网状结构在调节肌紧张反射中起着十分重要的作用。

1. 脑干网状结构对肌紧张的易化和抑制效应

前脑网状纤维和锥体束的侧支,终止于发出网状脊髓束的内侧网状核群,网状脊髓束与脊髓中间神经元发生突触联系,最终调控着脊髓运动神经元。这种调控作用既有抑制性的,又有易化性的。

1) 脑干网状结构的易化效应

脑干网状结构易化区的范围广泛,贯穿整个脑干,包括延髓网状结构的背外侧部分、脑桥被盖、中脑的中央灰质和被盖,再向上可抵达底丘脑、下丘脑和丘脑的中线核群。该区域活动增强时,起易化肌牵张反射的作用。

易化区接受许多神经区的影响,纹状体可使易化区的活动减弱。下丘脑、新小脑、红核、前庭神经和前庭核来的冲动,可使易化区的活动增强。从脊髓上行的感觉通路侧支来的冲动,对易化区的活动有调节作用。

2) 脑干网状结构的抑制效应

脑干网状结构抑制区的范围较小,仅位于延髓网状结构的腹内侧部,相当于巨细胞网状核靠尾端部分和部分腹侧网状核。刺激猫或猴的此区,可抑制脊髓牵张反射,降低肌张力。这种抑制效应很强,能使去大脑僵直的动物强直的肢体松弛下来。刺激此区,还可抑制由刺激大脑皮质引起的躯体运动行为。抑制效应出现在双侧,但以同侧效应更明显。抑制效应主要作用于伸肌。在临床上,锥体束损伤出现痉挛性瘫痪,这有三种原因。一是大脑皮质神经元对下位运动神经元的抑制性作用取消;二是前脑网状纤维和网状结构抑制区的效应减弱;三是脑干网状结构易化区的作用相对加强。

2. 高位中枢对脑干网状结构易化区和抑制区活动的调制

脑干网状结构易化区和抑制区的活动受高位中枢的调控。

(1) 小脑前叶蚓部(内侧区)、大脑皮质运动区和纹状体与网状结构抑制区存在着结构与功能联系。它们可以通过网状结构抑制区间接起作用,使肌张力降低。

(2) 小脑前叶蚓旁部(中间区)和外侧部、下丘脑和前庭核与网状结构易化区存在着结构与功能联系。它们可以通过网状结构易化区间接起作用,可使肌张力增强。

(3) 大脑皮质和前庭核有直接控制脊髓运动神经元的作用,以调节肌紧张。

(4) 感觉传入侧支到网状结构易化区,也影响易化区对肌张力的调节。

(5) 通过红核脊髓束兴奋脊髓前角的屈肌运动神经元,抑制伸肌运动神经元。此下行通路可拮抗前庭脊髓束对脊髓运动神经元的作用。

在正常状态下,上述高位中枢对脊髓肌牵张反射中枢的易化性作用与抑制性作用是维持着相对平衡的,但从活动强度来看,易化作用稍占优势,故各肌群保持适当的肌紧张。在中脑的上丘与下丘之间横断脑干的去大脑动物,表现为昂头、翘尾、四肢伸直和脊柱挺硬状态,称为去大脑强直。这是一种以伸肌为主的肌肉紧张亢进现象。去大脑强直的产生是由于前脑的下行纤维均被切断,其中下行到抑制区的纤维比易化区的多。易化区尾侧部还可接受小脑前叶蚓旁部和外侧部的传入冲动，以及前庭核和经脊髓上传的感觉传入；而抑制区则只有来自小脑蚓部的传入联系，所以，网状结构易化区对肌牵张反射的影响明显占优势，而产生去大脑强直。但是，也有实验表明，若横断面适当向头端偏移，只要在红核嘴端横断脑干，保持红核与红核脊髓束的完好，就不会出现去大脑强直。在人类，由于中脑疾患也可表现为头后仰，上、下肢均强硬伸直，上臂内旋，但手指屈曲等类似于动物去大脑强直现象。此状态的出现表明病变已严重侵犯脑干，是临床上预后不良的信号。

二、中枢前庭系统

半规管和耳石器的传入纤维在中枢神经系统直接终止于两个区域，即脑干桥脑处的前庭神经复合核（vestibular nuclear complex，VNC）和小脑的前庭区（前庭小脑）。

（一）前庭复合核及其至脊髓的投射

1. 前庭复合核的组成

前庭复合核包括 4 个主核：前庭上核（NVS）、前庭外侧核（NVL）、前庭内侧核（NVM）和前庭降核（NVD）。在 4 个主核附近还有一些小的细胞群：X 细胞群，位于 NVD 尾端外侧，一般认为是 NVD 的一部分；Z 细胞群，位于 NVD 尾端、薄束核头端和楔束核之间，接受脊髓传入；Y 细胞群，位置较高，在 NVL 和绳状体之间，接受前庭初级传入和小脑绒球叶的投射。投射至眼外肌运动核的前庭纤维来自 NVS 和 NVM，而投射至脊髓的则来自 NVL、NVM 和 NVD。

2. 前庭脊髓束的下行投射

前庭核至脊髓的下行投射——前庭脊髓束（VST）可分成外侧前庭脊髓束（LVST）和内侧前庭脊髓束（MVST）两部分，它们在结构和功能上各有特点。

LVST 起源于 NVL，在脊髓内同侧下行，有些纤维终止于颈脊髓，其余纤维至脊髓其他平面，可一直到骶部水平。某些终止于脊髓较尾端的纤维在脊髓较高平面也发出轴突侧支，因此 LVST 可以同时作用于脊髓不同平面。LVST 在 NVL 内有某种程度的点对点对应关系。NVL 背侧的神经元投射至脊髓尾端，腹侧神经元投射至脊髓较高平面。LVST 轴突终止于脊髓的前角，对所有靶细胞均产生兴奋性作用。

MVST 起源于 NVM、NVD 和 NVL，其纤维为双侧下行，在颈脊髓平面以下节段纤维数目减少，少数可达胸脊髓。部分 MVST 纤维为兴奋性，其余则为抑制性纤维，均终止于脊髓前角。

（二）前庭核对信息的处理

前庭初级传入在前庭核内的分布是不均匀的。在 NVL 主要分布于腹侧，在 NVM 和 NVD 主要集中于头端和内侧，在 NVS 则主要集中于核的中央。前庭核的核间联系和涉及其他结构的环路所形成的多突触激活则分布比较广泛。除 VST 外，前庭核还有至动眼肌神经核、网状结构、小脑绒球叶、小脑前叶蚓部的传出投射；也接受来自小脑绒球叶、小脑前叶蚓部、小脑顶核、Cajal 中介核、舌下神经周核等结构的投射。这些联系有不少与前庭眼反射的调节有关。前庭初级传入可直接兴奋 LVST 和 MVST 的神经元，而从前庭核投射至 RF 的神经元常不能直接被初级前庭传入激活。

1. 前庭初级传入在前庭核内的分布

迷路不同感受器的传入在前庭核内的终止区域是有区分的。半规管传入主要终止于 NVS、NVM 和 NVD 的头端及 NVL 的内侧部，而椭圆囊传入主要终止于 NVL 和 NVD。因此，LVST 与传递耳石囊斑信号有关，MVST 与传递半规管信号有关。前庭核神经元通常只对一根半规管神经纤维的传入产生单突触反应，具有一定的选择性；但在某些神经元上则可有不同半规管传入，甚至和椭圆囊传入的会聚，后者常不是通过单突触通路实现的。

2. 同侧兴奋和对侧抑制

所有单突触的前庭传入均为兴奋性的。通常在前庭核可引导出典型的 PN1N2 型前庭核场电位。P 波（潜伏期 0.66ms±0.14ms）代表初级前庭传入末梢的峰电位，N1（潜伏期 1.66ms±0.22ms）波为二级前庭神经元被单突触地兴奋后产生的峰电位，N2（潜伏期 2.40ms±0.26ms）为经多突触途径激活而产生的峰电位。

半规管传入所激活的二级前庭神经元可经过前庭联合纤维引起对侧抑制，但耳石传入不产生此种现象。头的转动使一侧半规管传入活动增加和对侧互补半规管传入活动下降，结果使二级前庭神经元放电增加，这是因同侧传入产生的兴奋和对侧传入产生的抑制被减弱（脱抑制）所共同作用的结果。

破坏一侧迷路可引起典型的姿势异常，但此种异常几乎可以被完全补偿。补偿的关键在于完好侧迷路的自发活动可以向双侧发出信号，和受损侧的前庭核的自发活动能恢复到足够高的水平，使来自健侧的迷路信号能够被处理和中继。因此，迷路功能补偿的基础是迷路和前庭核之间的双侧交互作用。

3. 前庭核神经元的分类

前庭核二级神经元可根据对角加速度刺激的反应进行分类。Ⅰ型神经元可被同侧角加速度兴奋、对侧角加速度抑制；Ⅱ型神经元可分别被同、对侧角加速度兴奋和抑制；Ⅲ型、Ⅳ型神经元较少见，可分别被两个方向的加速度兴奋和抑制。对线加速度刺激，椭圆囊起反应的前庭二级神经元可分为 α 型和 β 型，分别被同侧或对侧的线加速度所激活；而与传入有多突触联系的前庭神经元则可分为 γ 型和 δ 型，可被任一方向的线加速度兴奋或抑制。投射至颈脊髓的 LVST 神经元通常呈 α 型反应特征；而投射至腰脊髓者通常呈 γ 型特征。

前庭自然刺激可经多突触联系激活网状结构，其中被电刺激迷路所激活的多为 RST 神经元，表明 RST 也是迷路至脊髓的中继站。

前庭二级神经元对自然刺激的反应形式和半规管或耳石器对自然刺激的反应非常相似。因此进一步的处理，即将与角速度有关的半规管传入换成与角位移有关的反射传出，必须在第三级或更高级的脑干神经元或脊髓神经元中完成。

（三）前庭核神经元的其他传入冲动

前庭核神经元还接受来自中枢许多其他区域的传入，包括由脊髓上行的躯体感觉传入，有的直接至前庭核，有的经小脑和网状结构再传至前庭核；另外，来自皮层、视中枢、Cajal 中介核的下行冲动也可到达前庭核,而且可以和前庭其他传入在前庭核神经元上会聚,如 NVS 和 NVM 神经元可以对角加速度起反应,也可以对某种眼球运动(如快速眼动)起反应。躯体活动也能改变前庭脊髓反射,其基础是在 NVL 的 VST 神经元存在着躯体和迷路传入的会聚。此种由脊髓上行经小脑到达前庭核的躯体性传入能对 LVST 神经元起调控作用。

(四) 前庭脊髓系统与小脑的关系

与前庭核有密切关系的小脑区域为古小脑,又称前庭小脑,包括绒球、小结、蚓垂等结构,它们和小脑顶核是除前庭核外接受初级前庭传入的结构。上述结构还接受来自前庭核的二级传入,并发出至前庭核的投射。此外小脑前叶也有至 NVL 的投射。

由头部运动引起眼球向反方向运动的前庭-眼反射(VOR)是一个开环系统,即眼外肌缺乏本体感受器,迷路又不能检测眼球位置。只能由小脑绒球叶检测视觉信号作为调控 VOR 的误差信号。相反地,当前庭脊髓反射引起头部反射运动时,迷路能检测头部的运动。因此这是一个闭环系统,它不需要前庭小脑作为误差信号的检测器。对 VSR 闭环系统的校正是由脊髓小脑束经小脑前叶完成的。电生理学证明,绒球叶的浦肯野细胞只对投射至眼外肌运动核的前庭神经元起抑制作用,而前叶的浦肯野细胞则能对 VST 神经元起抑制作用。此种对 VST 神经元的抑制作用可以对迷路诱发的活动起调控作用。去大脑-小脑猫可出现强烈的角弓反张,但单独去大脑的动物并无此反应。此种角弓反张是一种紧张性前庭反射,可因迷路破坏而消失。小脑切除解除了对前庭核的抑制性影响,从而产生这种紧张性前庭反射。

(五) 两种前庭脊髓束对脊髓运动神经元的作用

刺激 LVST 会引起伸肌活动增强。刺激 NVL 可使分布于颈、背、前后肢的伸肌运动神经元引起 EPSP,其中有些为单突触的,后肢伸肌运动神经元 EPSP 主要为多突触。在引起伸肌运动神经元单突触 EPSP 的同时,常常可以发现对屈肌运动神经元产生双突触的交互性抑制。LVST 与后肢运动神经元的多突触联系使它可以通过中间神经元对脊髓节段性反射进行调节,引起拮抗肌间的交互抑制和对侧伸肌反射。

刺激 NVM 通过 MVST 可以引起颈部伸肌和背部肌肉运动神经元的单突触抑制;但尚未发现 MVST 轴突和四肢运动神经元有联系。MVST 对脊髓运动神经元具有双侧抑制和对侧兴奋作用,而 LVST 则只有同侧兴奋作用。

第三节　大脑皮质对随意运动的控制

随意运动是为了达到某种目的而指向一定目标的运动或行为,它既可由一定的感觉刺激引起,也可由主观意愿而产生。它是在大脑皮质组织下,执行有目的的运动,主要依照运动的目的和设计的动作或行为决定哪些关节和躯体部位参与运动;这类运动的方向、轨迹、速度和时程等都可随意选择,并可在运动的执行中随意改变。随意运动对相同的刺激可根据不同的运动任务引起不同的反应,而且刺激和反应在随意运动的产生和执行过程中没有明确的强弱对应关系。在大脑皮质,一次刺激所传导的信息内容常包括两种信号:即选择何种运动以及如何执行运动,而刺激本身可能不会真正触发合适的运动。

一个随意运动，即使是最简单的随意运动，如伸手取物的动作，都需要三个复杂过程：①辨认物体的形状和空间位置；②选择行动计划，决定身体何部位参与该动作及其运动方向；③执行运动。运动计划制订后，命令由大脑皮质下行投射通路传送至脊髓运动神经元。该命令包括规定肌肉群（协同肌、拮抗肌）活动的时间顺序、肌肉收缩力的强度以及关节伸屈的角度。在运动执行过程中，因负荷和阻力变化随时调整运动参数，才能完成预定的运动。

为了对运动进行精确的控制，运动的编程和执行均需要不断地接受感觉信息，与此有关的感觉信号有两类：①视觉、听觉、皮肤感受器来的感觉冲动，提供有关运动目标的空间位置、运动目标和机体自身所在位置的相互关系的信息；②关节和肌肉、前庭器官的传入冲动，提供有关肌肉长度和张力、关节位置、身体的空间位置等信息。这些传入信息对运动计划和运动执行的反馈调节是必不可少的。

运动控制的最高部位是大脑皮质运动区，也称运动皮质。它主要由初级运动皮质（又称主运动区）和次级运动区包括运动前区（或称外侧运动前区）及辅助运动区（SMA），且彼此间有密切联系。它们经过皮质脊髓束直接投射到脊髓，或通过脑干的下行系统间接影响脊髓。外侧运动前区和辅助运动区也都有纤维投射至初级运动皮质，这两个次级运动区在协调和计划复杂的运动中起重要作用。此外还有后顶叶皮质，可能和肢体及眼的指向目标的运动编程有关，扣带皮质区（扣带运动区）也是运动皮质的一个组成部分。

一、皮质运动区的定位和感觉传入

（一）皮质运动区

初级运动皮质和肌肉之间有比较直接的关系，对运动的执行十分重要；它是按躯体定位组织的，即初级运动皮质的相邻部位控制相邻近躯体部位的运动。

20 世纪初叶发现电刺激大脑皮质额叶可以产生对侧肢体收缩，进而根据电刺激不同部位产生相应的躯体运动效应得到大脑皮质运动定位图。运动定位图显示沿着中央前回从外侧到顶部有序地排列着面、手指、手、臂、躯干、腿和足的控制区（图 7-5）。在运动执行中需要最精细控制的手指，手和面部，在初级皮质运动区有着较大的代表区，这与皮质感觉区中有重要感受功能的躯体部位也占据大代表区的特点一样。大脑皮质运动定位图的发现对临床上由于创伤、脑缺血和脑肿瘤等产生的运动障碍的解释和定位有重要作用。

应用皮质内微刺激研究发现刺激也可引发单块肌肉的收缩，引起一块肌肉收缩的有效皮质刺激点集中在一个与皮质表面垂直的柱状区域内，和体感皮质及视皮质中的皮质柱相似，细胞也呈纵向柱状排列，称为运动柱。这些单块肌肉同样可被刺激几个不同部位的运动柱所激活。表明皮质不同部位的神经元可投射至同一靶肌肉。神经解剖学研究还证实，单根皮质脊髓束轴突末梢终止于多个脊髓运动神经元，表明同一皮质神经元可影响多个肌肉活动。

（二）运动皮质躯体定位分布的可塑性

运动皮质的躯体定位分布不是固定不变的，实验和临床研究都表明运动皮质的躯体定位分布是可塑的，在运动学习和损伤后都可以被改变。实验发现，当阻塞猴皮质一根小动脉造成控制手和手指的初级运动皮质的一小部分细胞变性死亡时，动物丧失用手指从小洞内取出小块食物

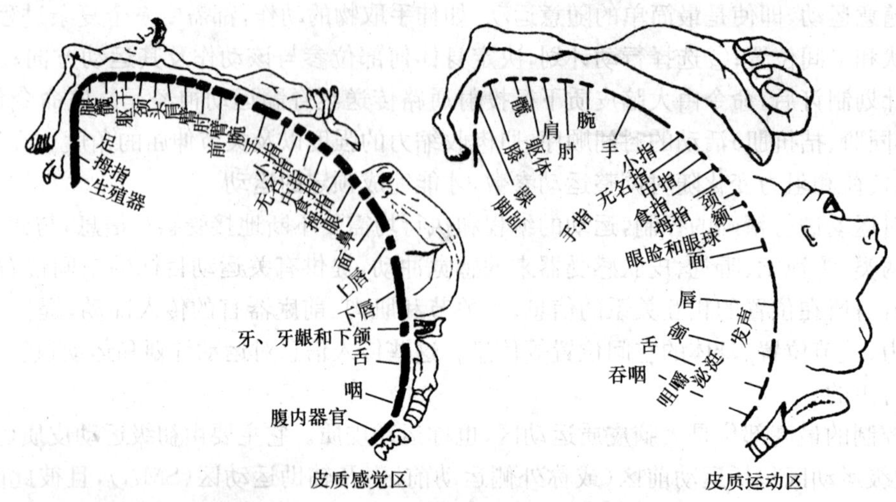

图 7-5　人体各部在皮质感觉区和运动区的定位分布（关新民，2003）

的能力；继而沿损伤区周围的皮质手代表区也萎缩。如果将这些动物再分成两组，其中一组接受训练，而另一组不接受训练，结果发现两组动物皮质内手和前臂代表区的运动定位图发生改变，那些不再训练用手取物的动物，皮质内所有手和前臂代表区均丧失（尽管损伤区外的神经元并未死亡），但肘和肩代表区却扩展至剩余未损伤手区；而那些接受再训练的动物，因每日训练用手取物，其手和手指控制区的未损伤区的皮质延伸至邻近的肘和肩的运动代表区；接受再训练的动物在 3～4 周后恢复用手从小洞中取食物块的能力。上述实验也提示了中风和其他局部损伤后康复训练的重要性。

（三）运动皮质的感觉传入

1. 大脑皮质运动区感觉传入的来源

大脑皮质运动区接受来自三个方面的传入：①从外周来的传入，经脊髓到达丘脑腹后外侧核嘴侧部（Vplo）和丘脑腹外侧核尾侧（VLc），再投射到初级运动皮质；②从小脑齿状核嘴端来的纤维也经 Vplo 和 VLc 到达初级运动皮质，从小脑齿状核尾端的传入纤维经在丘脑 X 核中转后投射到外侧运动前区；③从苍白球和黑质来的传入冲动则经丘脑腹外侧核嘴侧部（VLo）投射到辅助运动区。

初级和次级运动皮质可从不同的丘脑核接受感觉传入信息，这些通路互不重叠；丘脑内髓板核和网状核也有纤维投射到运动皮质，参与调节皮质运动神经元的兴奋性；基底节和小脑齿状核尾端的传入信息只能通过辅助运动区和运动前区的中介才能将信息传递到初级运动皮质。皮质和皮质下结构关系的一个重要特征是它们之间有往返互补性联系。每一皮质运动区都有一种特殊的皮质和皮质下输入模式，这样就存在许多皮质-皮质下回路。每一回路在不同运动行为中起不同的作用。

2. 同侧大脑皮质到初级运动皮质的投射

（1）主要是从初级躯体感觉皮质按躯体定位方式发出的传入，提供皮肤和本体感觉的信息。

（2）从初级运动皮质也有纤维到躯体感觉皮质，以提供关于所发出的运动指令的信息。

(3) 初级运动皮质和辅助运动区和运动前区有双向联系。

(4) 刺激运动区可受后顶叶皮质和前额叶联络皮质的影响，运动前区接受后顶叶皮质的传入，后者可为确定靶点的运动提供重要的空间信息；前额皮质主要投射到腹侧前运动区，它在工作记忆中起重要作用，可存储物体的空间定位信息，但时间长度仅够一次运动。

二、初级运动皮质对简单运动的控制

（一）初级运动皮质内单个运动神经元的活动与肌力的关系

为了解皮质运动区如何影响运动，有必要研究在自然运动行为中单个神经元的调节方式。实验证实，在猴屈或伸对侧肢体单个关节时，可调节初级运动皮质的单个神经元活动。在运动某一关节和执行特定方向运动时，皮质神经元可在运动发生前几百毫秒开始出现最大放电。在屈手腕的过程中，初级运动皮质神经元放电可随动物手运动力量而变化，而不是随手位置移动幅度而变化。

（二）运动皮质神经元群体活动对运动方向的编码

大多数运动包含旋转多个关节和需要许多肌肉有序和精确的暂时激活。运动皮质的细胞直接控制特殊的时间和空间上的肌肉激活模式，或其编码运动的全面特征如运动方向、程度或关节变化角度。研究者训练猴朝不同方向移动一个玩具棒至不同的目标，然后记录初级运动皮质神经元的活动，发现在所有不同方向的运动过程中初级运动皮质神经元都有急促放电。研究还发现每一神经元随某一特定方向运动的贡献由一个群体矢量代表，这个矢量的长度决定这个方向运动中的活动水平。单个细胞的矢量集合产生一个群体矢量。如果运动负荷是对抗神经元优选方向的伸手运动，此神经元放电增加，反之减少。说明初级运动皮质神经元活性既依运动力量的方向而变化，也依运动的方向而变化。

（三）外周刺激对初级运动皮质神经元的激活

初级运动皮质控制的最简单的行为是那些直接被外周感觉刺激所诱发的，初级运动皮质神经元接受来自它所支配的肢体肌肉的强烈感觉刺激。当一个站立的人猛拉把手时，突然的身体姿势的变化是使伸直的肌肉产生一个对抗反应，其潜伏期短于一次简单反应时间，但比脊髓反射费时要长，这种快速的对抗反应由跨皮质通路介导。这种从丘脑或初级感觉皮质传入而引起的跨皮质通路增加了运动系统调制的灵活性。这种长环路的反应在几种常见运动障碍疾病时可选择性增强（如帕金森病、肌阵挛），但其脊髓反射却正常。

（四）初级运动皮质神经元对手指单一精细运动的控制

解剖学研究和毁损实验都发现初级运动皮质在灵长类单个手指运动的产生中起特殊作用。手指运动神经元散在分布于整个手控制区，它们的协调活动产生手指运动的方式类似于伸手取物动作的皮质神经元群体编码模式。仅运动单一手指即需要激活和抑制作用于所有手指的肌肉。一个皮质运动神经元的活动与脊髓运动神经元不同，它并不与其靶肌肉的活动强度相关联。初级运动皮质的某一特定神经元群仅在精细抓握时激活，进一步说明初级运动皮质在控制手指单一运动中具有特殊作用。

三、次级运动区在运动计划中的作用

次级运动区（运动前区、辅助运动区）和肌肉之间间隔更多的突触，其功能较复杂；它和初级运动皮质不同，次级运动区的神经元只有在一些特殊情况下才产生放电，当损伤时只引起不显著或较特殊的运动障碍。虽然运动前区和初级运动皮质的传出在脊髓内的分布是重叠的，但运动前区和初级运动皮质的传入却不同。运动前区的损伤常导致更加复杂的运动障碍。运动前区参与运动计划的想法在过去的 20 年不断得到来自生理学实验和人脑功能图像研究的有力支持。不同神经元群的活动与同侧运动、双侧运动和特殊运动组合密切相关。

（一）运动前区对精细运动的控制

直接刺激运动前区亦能产生运动，但所需刺激强度远大于刺激初级运动皮质所需的强度。运动前区位于中央前回前面，在皮质的外侧和内侧表面。解剖学研究发现灵长类有 4 个运动前区，两个位于外侧凸面（腹外侧和背外侧运动前区），两个位于半球内侧壁（辅助运动区和扣带运动区）。在人类也发现有相同的运动前区存在，只是其大小及沟回排列难以精确定位。每个运动前区都有面部和四肢的运动代表区。但是，刺激运动前区引起的运动更加复杂，包括多关节运动，以及类似于自然协调的伸手取物运动。刺激辅助运动区能引起双侧身体运动，提示这一区域有协调身体两侧运动的作用。

所有运动前区都发出纤维投射至初级运动皮质和脊髓，但运动前区投射至脊髓的纤维数量远少于初级运动皮质投射至脊髓运动核团的纤维数量。脊髓内运动前区与初级运动皮质投射来的轴突末梢分布重叠；这些单突触连接的存在提示运动前区也能独立控制部分运动。损毁初级运动皮质后，辅助运动区和运动前皮质原本引起的肢体远端肌肉的效应消失，说明这两个次级运动区对远端肌肉的影响主要是通过它们到初级运动区的投射而实现的。

（二）皮质脊髓束对脊髓运动神经元的影响

大脑皮质通过皮质脊髓束和皮质延髓束控制运动，特别是手指的运动。皮质延髓束终止于延髓的脑神经运动和感觉核，控制面部肌肉活动；皮质脊髓束则支配脊髓运动核，控制躯体与四肢肌肉的运动。皮质脊髓束神经末梢可强有力地直接兴奋脊髓 α 运动神经元。皮质脊髓突触的一个特征是持续刺激皮质可在脊髓运动神经元上产生逐渐增大的兴奋性突触后电位。

皮质脊髓纤维可通过颈段脊髓固有神经元，再影响支配前臂肌肉的运动神经元，还可经Ⅰa 抑制性中间神经纤维对运动神经元施加抑制性影响。初级运动皮质、前运动皮质和辅助运动区都有神经元投射到脑干的网状脊髓神经元及其下行神经元，间接影响脊髓运动神经元。这些间接连接可调节远多于直接连接所控制的肌肉数量。因此能用于多关节运动的组织，如伸手取物和行走。

切断锥体束或阻断初级运动皮质、运动前区的皮质脊髓投射均可产生对侧运动减弱，不再能进行精确的行为控制;肢体远侧肌肉受累最严重,使用手做精细运动的能力完全丧失;锥体束损伤后的爬、跳及一般运动似乎正常,可能是由于皮质的指令可通过脑干下行投射至脊髓的间接通路而实现的。

(三) 辅助运动区和前辅助运动区在抽象运动学习程序中的作用

随意运动经常在没有环境暗示的情况下自发引起。一次自发的随意运动开始前近 1s,辅助运动区皮质电位发生变化,出现一个典型的负相持续电位,称为准备电位。该电位的出现是传导运动执行之前的运动计划信号。通过比较简单、复杂或想象的手指运动时局部脑血流,发现手指简单运动可使对侧初级感觉运动皮质手控制区的血流增加;复杂的程序性手指运动伴随着辅助运动区局部脑血流增加;当想象复杂程序性手指运动时,局部脑血流的增加则出现在双侧辅助运动区前面的一个区域,此区称为辅助运动前区。辅助运动区的主要皮质传入即来自辅助运动前区,这个区仅仅投射到辅助运动区,无躯体定位。当受试者学习一个全新的运动程序时,辅助运动前区被优先激活;一旦受试者学会了这个顺序,操作过程中辅助运动区开始激活。该运动学习可能与前额皮质和其他皮质区连续信息交换相关。当技巧掌握熟练后,任务操作的神经控制也可以从辅助运动区移至初级运动皮质。

(四) 外侧前运动区在运动的选择和感觉运动转换中的作用

选择合适的动作这可能是内在反射的结果,还可能包括唤醒脑的幻象。动作往往是视觉或听觉线索的反映,这些线索可能意味着立即需要一个特殊的动作,或者有时情况紧迫,要求在这种情形下动作。学习新的、对环境刺激合适的反应能力对有效的、精确的运动是重要的。在运动执行前,我们看到初级运动皮质和辅助运动区内出现设置相关活动。在初级运动皮质,此活动代表一次特殊运动的特异参数;在辅助运动区,它代表反应的特殊次序;在外侧运动前区,它代表如何将视觉或其他感觉刺激用于指导运动。有趣的是,运动前区内设置相关活动持续存在于从出现预期线索到传导运动信号的整个间期内。在背外侧前运动区,设置相关活动主要和感觉刺激相关,但它不传导用于指导运动的感觉空间线索。

四、顶后叶皮质在运动调制中的作用

(一) 顶后叶皮质与空间信息的关系

运动储备过程中的一个重要步骤是通过各种感觉传入通路获得关于外界物体(包括运动的目标)在空间位置上的相互关系的信息,并将此与本身躯体和肢体的位置联系起来。这是运动编程的一个重要基础。顶后叶皮质可为确定靶点的运动提供重要的空间信息,在用于指导肢体运动的感觉信息编码方面起重要作用。通常左侧顶后叶皮质主要和语言文字信息加工有关,而右侧则负责空间位置信息加工。

(二) 顶后叶皮质神经元与运动调控

单细胞记录表明,顶后叶皮质有三种神经元与运动调控有关:①臂投射神经元,只有将上肢伸向想要得到的物体时才放电;②手操作神经元,只有手指接触感兴趣的物体时才放电;③手-眼协调神经元,当注视目标并将手伸向目标时才出现高频放电,可能在整合有关运动目标(空间位置等)和动物本身状态(肢体位置、对目标有兴趣等)的信息后,为指导运动而产生一个参考的模式。

(三) 顶后叶-运动前区通路介导感觉运动转化

目标指向运动需要将环境感觉信息转化为肌肉控制信号,这个过程称为感觉运动转化。伸出手臂,就是目标指向运动,要求将目标物体位置和手臂位置的视觉信息用于指导即将发生的伸手动作。此外,伸出手臂通常与抓取一个物体相联系。伸出手臂运动所需要的参数主要是方向和范围,依赖躯体、肩或手与靶物体位置的对应关系。而抓取则相反,主要取决于物体的大小和形态。因此伸出手臂和抓取是一个研究视觉-运动转化的好模型。

解剖学研究和单细胞电生理记录发现顶后叶-运动前区通路介导伸出手臂和抓握运动所需的视觉-运动转化。在伸出手臂过程中,顶叶5区的神经元编码运动的方向,但是它的放电比背侧运动前区神经元要晚,两者之间有纤维联系。顶叶运动神经元监控正在进行的运动,改善随后的运动前区的计划和执行功能。在抓取过程中,猴腹外侧运动前区的不同神经元随不同的手运动和物体形状而放电。在猴腹外侧前运动区发现一种特殊的神经元,它不仅在动物执行抓取动作时放电,而且当动物看到一只动物甚至实验人员做相同动作时也放电,这些神经元称为镜像神经元。腹侧运动前区主要接受来自于前顶内区的神经元传入。当进行一系列操作任务时,该细胞选择性放电,甚至当猴仅仅凝视相同的开关而未抓握时也放电。这些神经元可能具有转导视觉空间上的物体形状信息为运动信号的作用。

(四) 顶后叶皮质病变对运动性运用的影响

这种患者不能获知一侧躯体的触觉或视觉信息,这种现象称为忽略,他们会否认一侧肢体是自己的,并对该侧肢体完全不加理会,同时对于物体的空间位置的判断也会发生错误。患者虽感觉完全正常,但却不能以感觉指导运动,如患者不能以手指主动探究运动来辨认手中复杂的物品,也不能正确绘制某物的三维图像。由于不能利用对侧躯体的信息(包括视觉信息),他们不能认出正确的空间坐标,运动不能依照正确的坐标进行。如在画一只钟表时,他们会将所有的数字都画在一边,而且不会意识到这是错的。

第四节　小脑对运动的调节

小脑是中枢神经系统中最大的运动结构,主要作用是维持躯体平衡、调节肌肉张力和协调随意运动。小脑并不直接发起运动和指挥肌肉的活动,而是作为一个皮层下的运动调节中枢配合皮层完成这些运动机能。切除小脑并不妨碍运动的发起和执行,但运动却是以缓慢、笨拙而不协调的方式进行。小脑的另一个与运动有关的重要功能是其在技巧性运动的获得和建立过程中所发挥的运动学习作用。

一、小脑的解剖学分部及结构特征

小脑由外层的灰质(皮层)、内部的白质和三对深部核团组成。这三对小脑深核是顶核、间位核和齿状核。在人类,间位核分化成球状核和栓状核。小脑的传入联系主要来自前庭、脊髓和大脑皮层等处,到达小脑的传入纤维分别与小脑深核和小脑皮层的神经元形成突触联系;小脑皮层的传出纤维(浦肯野细胞的轴突)大多数投射到小脑深核,再由小脑深核发出离核纤维构成小脑的传出,投射到皮层运动区和脑干的运动核团。还有少部分小脑皮层纤维直接投射到前庭核。进出小脑的纤维均经过三对小脑脚:小脑下脚(绳状体)、小脑中脚(脑桥臂)和小脑上脚(结合臂)。

二、小脑皮层神经元环路的组成及活动

与大脑皮层相比,小脑皮层的结构和神经元环路的组成相对简单,由于神经元成分的组成和排列方式极为一致,整个小脑皮层的细胞构筑与神经元环路基本一样。全部小脑皮层分为三层结构,由外向内为分子层、浦肯野细胞层和颗粒层,其中含有苔状纤维、爬行纤维和单胺(5-HT和NA)能三种传入纤维,以及5种神经元:颗粒细胞(granule cell,GrC)、浦肯野细胞(Purkinje cell,PC)、篮状细胞、星状细胞和高尔基细胞。PC是一个抑制性神经元,其轴突是小脑皮层的唯一传出途径(其余四种神经元都是中间神经元),投射至小脑深核和前庭核,通过其末梢释放的GABA,PC对深核神经元与前庭核神经元有强烈的抑制作用;苔状纤维和爬行纤维均是使用兴奋性氨基酸为递质,分别对颗粒细胞和PC细胞发挥兴奋作用。这样,小脑的传入纤维和中间神经元以PC为中心构成了完成小脑皮层感觉运动整合功能的基本神经元环路。

三、小脑的神经联系、起源和功能

从功能和进化的观点,可以将小脑划分成三个主要的功能部分:前庭小脑、脊髓小脑和皮层小脑。它们分别主要接受前庭系统、脊髓和大脑皮层的传入;它们的传出也相应地主要到达前庭核、脊髓和大脑皮层,形成三个闭合的神经环路。在脊椎动物的进化过程中,这三个功能部分分别随前庭系统、脊髓和大脑皮层的发展而先后出现,故又被称为古小脑、旧小脑和新小脑。

(一)前庭小脑对躯体平衡和眼球运动的控制

前庭小脑主要由绒球小结叶构成。此外,靠近绒球小结叶的蚓垂等处也接受前庭系统的传入。到达前庭小脑的传入纤维分初级和次级两类。初级前庭传入纤维起自两侧半规管和耳石器,是所有小脑传入纤维中唯一不经中转直接到达小脑皮层的外周纤维;次级前庭传入纤维起源于前庭核的间接投射。这些前庭传入纤维向小脑传递了头部位置变化和头部相对于重力作用方向的信息。前庭小脑通过对前庭核的作用,经前庭脊髓束影响脊髓中支配体轴

肌肉的运动神经元的兴奋性活动，进而控制了体轴肌肉的收缩活动，对躯体平衡的维持发挥重要作用。前庭小脑的另一个重要功能是控制眼球的运动和协调头部运动时眼球为保持视像而进行的凝视运动。

绒球小结叶的病变将导致明显的平衡紊乱，患者出现倾倒、共济失调步态和代偿性宽基步。另外，患者还可能出现自发性眼球震颤。这是由于前庭小脑的损坏而使患者失去了利用前庭信息来协调躯体运动和眼球运动的能力，当患者躺下或得到扶持的情况下，四肢仍能完好地执行随意运动和完成姿势反射运动。

（二）脊髓小脑对肌肉张力和运动执行的控制

脊髓小脑纵贯小脑前叶和后叶的正中部分，包括内侧区和中间区两个纵区。这两个纵区的传入主要来自脊髓。它们的传出，内侧区经顶核、中间区经间位核到达脑干和运动皮层，分别控制脑干和皮层起源的内侧和外侧下行系统，从而对肢体运动起重要的控制作用。

躯体感觉信息经直接或间接的脊髓小脑通路到达小脑。此外，脊髓小脑还接受视觉、听觉和前庭信息的传入，所有这些传入均有躯体-小脑皮层定位特征。与大脑皮层相比，小脑的感觉定位是相当粗糙的，除外周传入之外，脊髓小脑还接受经脑桥接转的大脑皮层感觉区和运动区的传入信息。刺激大脑皮层并在小脑皮层作记录，也可以获得大脑皮层-小脑皮层联系的定位图。说明在运动执行的过程中，脊髓小脑一方面接受发起随意运动的皮层运动区的信息，另一方面也可获得执行这些运动所牵涉的头、颈、躯干和四肢的感觉反馈信息。类似地，后叶蚓部的视、听区也接受来自皮层视、听区的传入信息。整个蚓部还接受初级和次级前庭纤维的输入。

脊髓小脑是一个与下行运动系统有众多联系的功能纵区。但是，刺激小脑皮层却不能引起肌肉的收缩活动。这固然与PC是一个抑制性神经元有关，但更重要的原因是小脑并不直接与脊髓运动神经元相连接，而是通过对脊髓下行系统的起始部位脑干和大脑皮层运动区的调制作用影响到运动行为的。脊髓小脑的顶核投射到前庭外侧核和延髓网状结构，也经丘脑腹外侧核上行投射到皮层运动区。这样，小脑内侧区通过顶核的下行和上行投射，控制了发出腹内侧下行系统（前庭脊髓束、网状脊髓束和腹侧皮质脊髓束）的中枢部位，经腹内侧下行系统控制体轴和躯体近侧的肌肉。间位核的离核纤维主要到达红核大细胞部，另一些纤维经红核投射到丘脑腹外侧核，终止于大脑运动皮层四肢代表区中的神经元上。因而，小脑皮层的中间区和间位核通过对红核和运动皮层活动的调节，经红核脊髓束和外侧皮层脊髓束构成的背外侧下行系统控制了躯体远端的肌肉装置。

脊髓小脑的主要功能在于配合大脑皮层实现对随意运动的适时管理。做到这一点，脊髓小脑必须及时地获取，并适时地利用来自大脑皮层的内反馈信息和来自外周的外反馈信息。现在认为，在大脑皮层运动区向脊髓发出运动指令的同时，即通过锥体束的侧支向脊髓小脑送去了有关运动执行具体内容的指令“副本”——传出拷贝。小脑的作用在于将这些内、外反馈信息进行比较和整合，察觉运动执行情况与运动指令之间的误差，发出校正信号向上经丘脑腹外侧核到达大脑皮层运动区，修正后者的活动，使其符合当时运动的实际情况；向下经红核脊髓束和网状脊髓束等通路间接地调节外周肌肉装置的活动，纠正运动的偏差，使运动按中枢指令预定的程序和轨道正确地执行。

脊髓小脑受损的患者不能有效地利用外反馈信息，运动变得笨拙而不准确，出现共济失调、辨距不良和震颤等现象。这种出现在动作末了的终末性震颤是负反馈控制系统失灵的一个典型症状。脊髓小脑的受损也造成肌张力减退，表明在正常情况下脊髓小脑也有调节肌张力的功能。这种调节作用是通过前庭-脊髓、红核-脊髓和网状-脊髓等下行系统对脊髓 α 和(或)γ 运动神经元的兴奋性作用实现的。适宜的肌紧张是一切反射性活动和随意性运动的基础，因而造成肌紧张改变的小脑损伤必将影响到各种类型的肌肉活动。

(三) 皮层小脑在运动计划和程序编制中的作用

皮层小脑即小脑的外侧区，它不接受外周感觉的输入，其输入来自大脑皮层的广大区域，包括感觉区、运动区、运动前区和感觉联络区。这些区域的传入纤维均经桥核接转而发散到对侧小脑半球。皮层小脑的传出纤维从齿状核发出，经丘脑腹外侧核回到大脑皮层运动区和运动前区，也有部分齿状核纤维投射到红核小细胞部。

皮层小脑被认为与大脑皮层感觉联络区、运动前区以及基底节一道参与了运动计划的生成和运动程序的编制过程。图 7-6 是关于小脑在随意运动发生过程中可能作用的一种假说图解，并表示了与随意运动有关的主要中枢结构及相互关系。一个随意运动的产生包括运动的计划和程序的编排，以及运动程序的执行两个不同阶段。小脑和基底节作为从大脑皮层到脊髓的运动信息流通道上的两个侧环参与了随意运动的发起和管理。就小脑而言，皮层小脑和脊髓小脑(中间区)是以两个相对独立的功能部分在运动的不同阶段发挥作用。前者参与运动的计划和程序的生成，后者则利用感觉反馈对运动进行即时的管理。这一学说已得到一些实验的支持，临床资料也与上述理论相一致，如小脑外侧区的损伤除了引起远侧肢体的肌张力下降和共济失调之外，一个重要的症状就是运动起始的延缓。

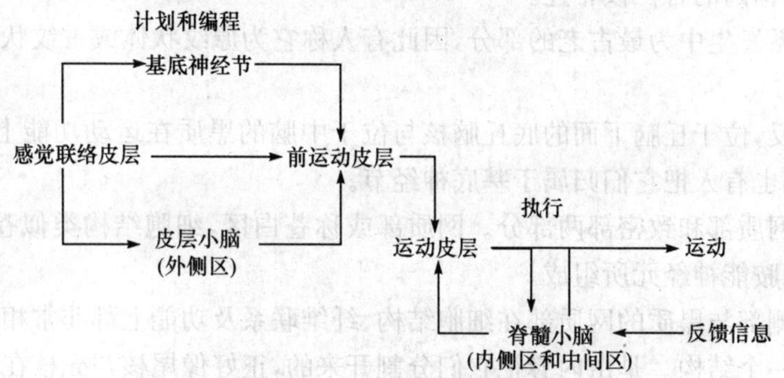

图 7-6　小脑在随意运动发起中的作用(Kandel，2000)

第五节　基底神经节对运动的调节

一、基底神经节的组成

基底神经节是皮层下一些神经核团的总称，位于大脑两半球的深部，纤维联系与生理功能都很复杂。纹状体(corpus striatum)是其中的主要部分，其他还有哪些核团，说法不一，图 7-7 列出基底神经节的主要组成核团名称。

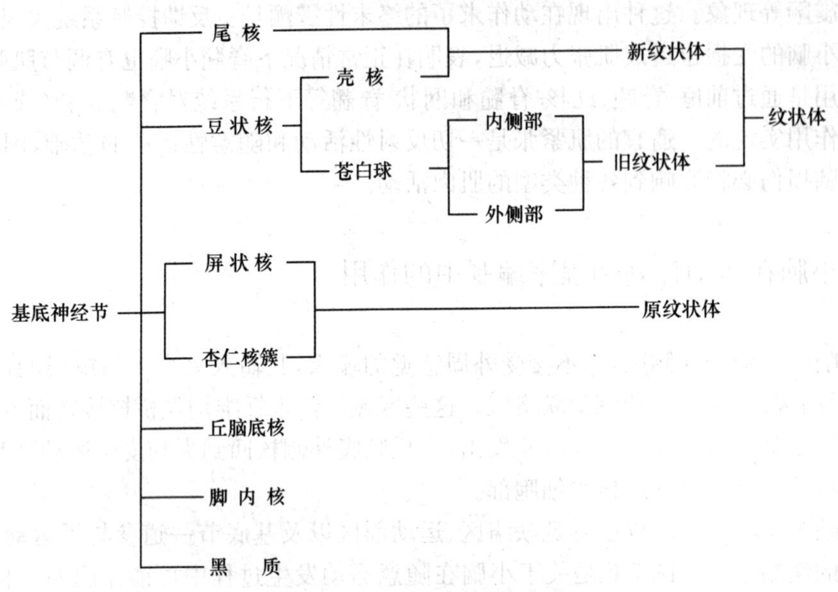

图 7-7　基底神经节的组成

在基底神经节中，与运动机能有关的，主要是纹状体。在个体发育过程中，纹状体原是一个灰质核团，后来被内囊纤维分隔成为尾核和豆状核两部分，尾核又分为头部和尾部。豆状核又被外髓板分隔成为内、外两部，外部为壳核，内部为苍白球，苍白球又被内髓板分隔成为内侧部和外侧部两部分。尾核头部的前腹端与壳核相连，由于它们的细胞结构相同，并且在种系发生上较苍白球发生得晚，所以称为新纹状体，而苍白球则称为旧纹状体。尾核的尾部沿侧脑室下角的顶壁伸入颞叶，与位于钩内的杏仁核相连。

杏仁核在种系发生中为最古老的部分，因此有人称它为原纹状体或古纹状体，它在功能上是属于边缘系统的。

与杏仁核相反，位于丘脑下面的底丘脑核与位于中脑的黑质在运动功能上却与纹状体的关系非常密切，因此也有人把它们归属于基底神经节。

黑质又分为网质部和致密部两部分。网质部或称苍白区，细胞结构类似苍白球。致密部或称黑质区，由多巴胺能神经元所组成。

苍白球的内侧部与黑质的网质部在细胞结构、纤维联系及功能上都非常相似，因此可以把这两个部分看成是一个结构。是由内囊把它们分割开来的，正好像尾核与壳核在功能上也相似，也是被内囊分割开来的一样。尾核与壳核是基底神经节中的主要输入核，苍白球的内侧部和黑质的网质部是“基底神经节”的主要输出核。

基底神经节既然包括许多核团，它的生理功能当然不可能是一致的，有的神经核可能与运动无关，即使与运动有关的神经核，除运动功能以外，还可能有其他功能。例如，植物性神经功能、感觉功能，甚至心理行为功能，这可能是因为基底神经节与边缘系统有密切联系有关。

二、纹状体运动纤维与大脑皮层的回路

纹状体与大脑皮层及其他脑区的纤维联系非常复杂，这也许与它的功能多样性有关，其中与运动有关的神经联系，主要是与大脑皮层之间的神经回路，可概括为三个方面的回路。

(一) 直接通路

直接通路,即皮层—新纹状体—苍白球(内)—丘脑—皮层回路。从大脑皮层相当广泛的区域(包括运动区、体感区、联合区、边缘区甚至顶叶)发出皮层-纹状体纤维,按一定的定位排列投射到同侧的新纹状体(包括尾核和壳核,即纹状体的输入核),然后,从新纹状体发出的纤维也按一定的定位排列终止于苍白球的内侧部,从苍白球内侧部发出的纤维终止于丘脑,包括腹前核、腹外侧核、内侧背核和中央中核,从丘脑(腹前核和腹外侧核)发出的纤维也按一定的定位排列投射到大脑皮层,主要是辅助运动区和运动前皮层,这两区又和运动皮层有密切的交互联系。此回路中的各核团还有其他的纤维联系,除下行纤维之外,丘脑的中央核也有纤维返回到新纹状体(壳核)。

(二) 间接通路

间接通路,即皮层—新纹状体—苍白球(外)—底丘脑核—苍白球(内)—丘脑—皮层回路。从大脑皮层投射到新纹状体后,新纹状体也有纤维投射到苍白球的外侧部,然后再由外侧部按一定的定位排列投射到底丘脑核,再由底丘脑核投射到苍白球的内侧部,再经丘脑返回皮层。底丘脑核也接受运动区和运动前区直接下行的纤维。从底丘脑核也有返回纤维投射到苍白球的外侧部和黑质的网质部。

(三) 纹状体黑质通路

纹状体黑质通路,即皮层—新纹状体—黑质—丘脑—皮层回路。从大脑皮层投射到新纹状体后,再从新纹状体按一定的定位排列投射到黑质的网质部,再从黑质的网质部投射到丘脑的腹前核和腹外侧核,再返回大脑皮层的运动区和运动前区。

另外,从黑质的致密部有纤维返回新纹状体,它组成多巴胺神经元系统;但黑质除有纤维至上丘外,没有其他向下投射的纤维。

三、神经回路中的递质关系

研究神经回路中的递质关系是探讨纹状体运动功能的一条新的途径。1960 年发现:当黑质到纹状体的多巴胺能传入神经纤维变性时,就会发生帕金森病。这是第一次发现神经递质缺乏与神经疾病之间的关系,从此为研究纹状体的运动功能开辟了一条新途径。图 7-8 基本上概括了到目前为止的研究成果。其中包括三条通路,即直接通路、间接通路以及黑质致密部到新纹状体的多巴胺能投射。

(一) 直接通路对运动的易化作用

从皮层到新纹状体(输入核)的递质是谷氨酸,是兴奋性的;从新纹状体到苍白球内侧部及黑质网质部(输出核)的递质是 GABA(γ-氨基丁酸)和(或)P 物质,是抑制性的,从这些输出核到丘脑的递质也是 GABA,也是抑制性的,再由丘脑返回到大脑皮层的辅助运动区,其神经递质是谷氨酸，是兴奋性的，如图 7-8 右侧部分所示。

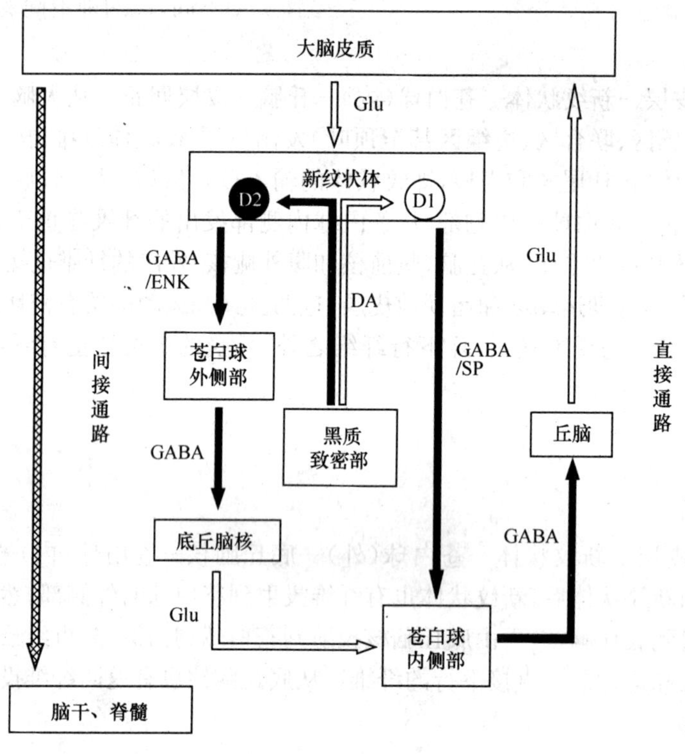

图 7-8　经过纹状体的回路中的递质

黑线箭头表示抑制性通路，空线箭头表示兴奋性通路，网格线箭头表示大脑皮层调控运动通路

当皮层有兴奋冲动下行到纹状体的输入核使它兴奋时，就会使输出核中的抑制细胞抑制，从而激活（去抑制）了丘脑的神经元，再通过辅助运动区与运动前区激活对运动皮层、脑干及脊髓的投射，从而起易化运动的效果。因此当直接通路兴奋时，对大脑皮层的运动功能的兴奋性是增强的（易化作用）。

（二）间接通路对运动的抑制作用

从纹状体输入核到苍白球外侧部的递质是 GABA 和脑啡肽，是抑制性的；从苍白球外侧部到底丘脑核的递质是 GABA，也是抑制性的；从底丘脑核到纹状体输出核的递质是谷氨酸，是兴奋性的。

当皮层与纹状体输入核兴奋而使苍白球外侧部抑制时，转而使底丘脑核产生兴奋（去抑制），也就兴奋了纹状体的输出核，抑制了丘脑，从而降低了辅助运动区的兴奋性，产生抑制运动的效果，如图 7-8 左侧部分所示。因此当间接通路兴奋时，对大脑皮层的运动功能的兴奋性是减弱的（抑制作用）。

（三）多巴胺能投射对运动的易化作用

黑质-新纹状体多巴胺通路是基底神经节环路中的一个旁路。在该通路中，除上述通路中参与的神经递质外，多巴胺递质系统的参与是一个明显的标志。从黑质中的多巴胺能神经元发出纤维到新纹状体，依据新纹状体神经元的多巴胺受体类型不同，起两种不同的作用。而根据调节方式的不同也可分为直接和间接环路。

直接通路主要受 D1 受体的调节，起兴奋调节效应。具体表现在纹状体 GABA 能神经元接受黑质多巴胺能神经末梢的输入，通过 D1 受体的兴奋，对直接通路起正性凋节效应。从而阻断了苍白球对运动皮层的抑制作用，起到加强运动的功效。

间接通路主要受 D2 受体调节，起抑制调节效应。具体表现在新纹状体 GABA 能神经元接受黑质多巴胺能神经末梢的输入，通过 D2 受体的兴奋，对间接通路起负性调节效应，也起到加强运动的功效。

两者最终结果都是易化运动效应，通过这种巧妙的协调作用，平衡锥体外系运动功能。这种平衡一旦被破坏，临床上出现与此相关的运动功能失常的表现。对于帕金森病患者，由于黑质多巴胺神经元数量的减少，从而使该通路中 DA 能神经投射到新纹状体的兴奋性传入相应减弱，其中尤其是对间接通路的抑制作用减弱，从而使运动功能的平衡发生异常。

（陈鹏慧，阮怀珍）

第八章　神经免疫内分泌调节

神经系统、免疫系统和内分泌系统三者之间并非单独存在，而是相互作用形成复杂的网络共同维持机体的稳态和健康。20 世纪 50 年代以后，神经、免疫、内分泌系统之间的相关性日益得到重视，一系列的实验依据为它们之间存在相互作用的临床现象提供了依据。1977 年 Besedovsky 根据当时大量的研究结果提出了免疫—神经—内分泌网络(immune-neuroendocrine network)假说。进入 80 年代后，神经、内分泌和免疫系统间的关系(图 8-1)研究取得突破性进展，对于这三大系统之间的研究目前已成为免疫学界和神经科学界研究的热点之一。这方面的研究已经发展成为一门独立的边缘学科，即神经免疫内分泌学(neuroimmunoendocrinology)，又叫神经免疫调节学(neuroimmunomodulation)或神经免疫学(neuroimmunology)，它是从分子水平、细胞水平、器官水平以及整体水平研究神经系统、内分泌系统和免疫系统在结构和功能上相互联系的一门新兴的边缘学科。免疫细胞受到不同的“非感知性刺激”作用时产生淋巴因子、胸腺素、白介素等因子，被称为“免疫递质”。

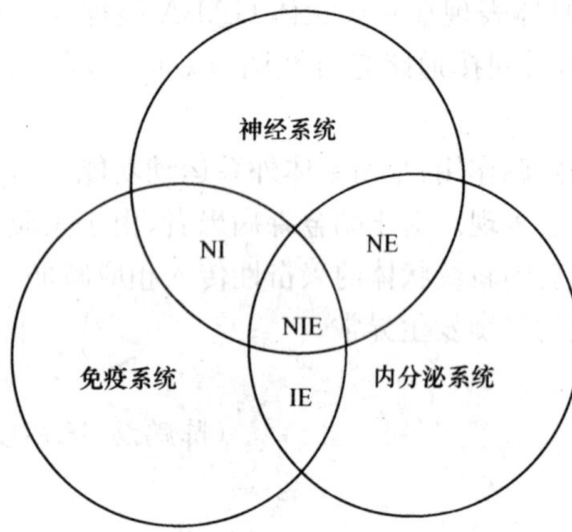

图 8-1　神经—免疫—内分泌之间的相互关系
IE：免疫内分泌；NE：神经内分泌；
NI：神经免疫；NIE：神经免疫内分泌

第一节　神经系统、免疫系统和内分泌系统的共同特性

众多的神经递质、神经肽及激素在体内外均可影响免疫细胞及免疫应答的各环节，而免疫细胞膜上及胞内有多种神经递质、神经肽或激素受体的表达，免疫细胞可合成某些神经肽或激素，神经细胞及内分泌细胞均可合成及分泌免疫分子(如细胞因子等)，且细胞因子对内分泌系统间存在相互作用的反馈联系。神经、免疫、内分泌三大系统在细胞组成、生物活性物质、周期性变化、信息储存和记忆、作用途径及正负反馈调节性机制等方面存在许多共性。

一、细胞组成的相似性

在细胞构成上，神经系统和免疫系统都是由主要功能细胞和辅助支持细胞组成。在神经系统，神经元是其主要功能细胞，神经胶质细胞是辅助支持细胞；在免疫系统中，淋巴细胞是主要功能细胞，其辅助支持细胞主要是上皮性网状细胞。此外，某些特定的细胞类型在三大系统中均存在，如嗜铬颗粒蛋白是神经内分泌细胞的分泌性蛋白标记物之一，但在脾、淋巴结、胸腺等淋巴器官中也有此类细胞的存在。另外，神经组织和淋巴组织中的一些细胞有共同的胚胎起源和平行的发育过程。

二、共同的生物活性物质

神经系统、免疫系统和内分泌系统一般是通过释放生物活性物质，如神经递质、细胞因子(cytokine)和内分泌激素对靶细胞进行调节，三大系统可共用这些生物活性物质。作为神经递质或调制物质的神经肽与免疫分子之间在生化和功能上存在着相似性。

1. 神经组织可以产生细胞因子

当机体遭受疾病、创伤时，在中枢神经系统中可检测到免疫性细胞因子的存在，包括各种白细胞介素以及干扰素等，这些细胞因子可以来自外周血液循环，也可以由中枢神经系统局部合成。

2. 淋巴细胞可以产生神经递质、调质样物质

淋巴细胞也可产生神经递质或调质样物质，研究最多的是阿片肽。如脾脏中的巨噬细胞可以合成β-内啡肽、小鼠T辅助细胞可以合成并释放脑啡肽。已发现的其他神经活性物质还有血管活性多肽、生长激素(SS)、精氨酸加压素和催产素等。

3. 淋巴细胞可以产生激素

在病毒感染或毒素刺激下，淋巴细胞也可产生和释放内分泌激素。免疫细胞产生的激素称为免疫反应性激素(immunoreactive hormone)，包括促肾上腺皮质激素(ACTH)、生长激素(GH)、催乳素、绒毛膜促性腺激素(choriogonadotrophin，CG)等。目前在淋巴细胞中发现的激素多达20多种，这些肽类激素在免疫系统内具有多种作用。

4. 三大系统存在很多共同的受体

临床研究表明，嗜神经病毒也对淋巴细胞有亲和力，反之亦然。如人的T-细胞嗜淋巴病毒Ⅲ(HTLV-Ⅲ)即AIDS相关病毒，既攻击T细胞又攻击中枢神经，并使AIDS患者出现器质性脑综合征；亚急性硬化性全脑炎患者的大脑血管周围浸润物、神经元与淋巴细胞中，都发现麻疹病毒RNA。影响精神的药物如安定在免疫细胞也有受体位点，并影响这些细胞的功能。

免疫细胞上存在很多神经递质、神经调质和内分泌激素的受体，包括儿茶酚胺受体、乙酰胆碱受体、组织胺受体、阿片受体、胰岛素受体、胰高血糖素受体、雄激素受体、雌激素受体、生长激素受体以及催乳素受体等；脑组织有IL-1、IL-2、IL-3受体。这些细胞因子在脑内可能参与催眠，神经细胞增殖、分化以及中枢递质的产生和释放等作用。

三、具有周期性变化

神经和内分泌系统的活动都具有周期性变化，如睡眠、多种神经肽及激素的分泌节律等。小鼠的外周血中和脾内淋巴细胞数目有明显的昼夜节律性，其改变规律为白昼降低、夜晚上升。人类的T细胞、B细胞等也呈明显的周期性波动，表现为昼降夜升，并与血浆中皮质醇水平呈反变趋势。

四、与性别和衰老的关系

性别差异主要由遗传因素和内分泌系统中的下丘脑-垂体-性腺轴造成，但亦可对神经系统和免疫系统产生明显的影响。不同性别的人或实验动物的免疫机能均有明显的性别差异。衰老可引起众多的神经内分泌改变，如生长激素分泌减少、垂体前叶对下丘脑激素的反应性降低、靶腺对垂体激素及外周靶组织对激素的反应性下降等。在免疫系统，胸腺萎缩是衰老的突出表现，同时衰老导致机体对外来抗原的反应能力减弱，而自身免疫反应常出现或加重，也影响到T细胞、B细胞、巨噬细胞，使其生成IL-6和TNF的能力降低。

五、作用途径

神经内分泌系统和免疫系统都是通过识别内外环境的变化并随之作出调节性反应的。神经系统和免疫系统在信息处理上都有感受阶段、中枢处理阶段和传出效应阶段三个环节。神经系统借助感官可存储和记忆外界信息，免疫系统则在抗原识别等方面表现出记忆功能，两者都可借此为再次接受相同刺激时作出反应。信息在三大系统内的传递主要通过各系统的活性物质完成，并通过相似的作用方式发挥作用。神经系统的神经递质和调质、免疫系统的细胞因子以及内分泌系统的激素都是通过与相应受体接触，导致膜内外离子的移动，进而触发细胞内的级联事件。

因此，虽然三大系统识别的信息种类不同，但都是识别自己和非己，并通过相似的功能表达模式发挥作用。

六、正负反馈调节性机制

神经、免疫和内分泌系统各自内部均存在正负反馈性调节机制，由此各系统的功能活动更趋协调、准确和精细。在病理条件下，某些反馈机制可引起机体较严重的损伤，如超敏反应等。

第二节　神经系统对内分泌系统的调节作用

神经系统和内分泌系统是调节机体活动非常重要且极其复杂的两大系统，它们各有特点又密切相关，形成了统一的整体，通过神经体液调节来维持机体内环境的稳定。神经内分泌学是研究神经与内分泌两系统相互关系的一门边缘学科，下丘脑-垂体轴是神经系统调节内分泌系统的关键结构，目前几乎所有已知的下丘脑激素的分泌都受神经系统的调节，进而影响脑垂体激素的分泌。腺垂体、内分泌腺和散在的内分泌细胞也不同程度地接受神经系统的支配。甲状腺素接受自主神经的支配，交感神经兴奋可引起甲状腺激素释放，而副交感神经则起抑制作用。肾上腺髓质受交感节前纤维支配，许多分泌胃肠激素的细胞，都接受迷走和交感神经的双重支配。

一、神经内分泌

20世纪50～60年代有关下丘脑释放激素的发现开创了神经内分泌学的新阶段，不仅打破了神经系统和内分泌系统不可逾越的概念，而且对内分泌的认识也扩展到一个全新的领域。所谓神经内分泌或神经分泌是指形态和机能都具有神经元特征的一些神经细胞，能向细胞间液及血液中分泌激素，这些激素被称为神经激素(neurohormone)。神经内分泌细胞是一类特殊的细胞，从系统发生学角度来看，它是从神经细胞进化而来的，低等动物只有神经细胞，进化到腔肠动物后，才出现神经分泌细胞。高等动物的神经内分泌系统主要包括下丘脑-垂体系统。此外，哺乳类动物的松果体和肾上腺髓质同属于神经内分泌系统。

20 世纪 60 年代中期，Pearse 根据许多内分泌细胞都具有摄取胺前体脱羧并转变为胺类物质的特点，提出了胺前体摄取与脱羧系统即 APUD 系统的概念。随着研究的不断深入，发现属于 APUD 系统的细胞已有 50 多种，并发现此细胞系统不仅产生胺，许多细胞还产生肽。近年发现这些内分泌细胞与神经系统在生理、生化方面和形态各方面有十分密切的关系，因此 Pearse 又提出了弥散神经内分泌系统(diffuse neuroendocrine system，DNES)的概念，使神经内分泌系统扩展到更加广阔的领域。

二、下丘脑对神经内分泌的调节

作为神经内分泌系统的主要成员，下丘脑以其独特的解剖结构和复杂的生理功能，使之成为神经内分泌的高级中枢。它作为神经系统和内分泌系统的连接点，在神经内分泌的研究中占有极为重要的地位。它不仅通过神经-神经、神经-体液通路调控垂体内分泌的相对稳定，而且通过与中枢神经系统各个区域密切联系和各种神经纤维与脑干网状结构、皮质边缘系统等共同调节机体的生理活动。

(一) 下丘脑促垂体区的神经内分泌细胞

下丘脑内的神经内分泌细胞，既是神经元又是内分泌细胞；它们既可通过垂体门脉系统行使内分泌式的信息传递，又可通过其轴突将信息传递到其他脑区或核团；同时下丘脑还能通过突触联系接受中脑、边缘系统及大脑皮质等处传来的信息，从而构成中枢神经对内分泌的调控的桥梁。这类神经元位于下丘脑腹内侧部的促垂体区(hypophysiotrophic area，HPA)，主要包括弓状核、室旁核、内侧视前区和正中隆起等部位，主要分泌加压素、催产素、促甲状腺素释放激素(TRH)、SS、促肾上腺皮质激素释放激素(CRH)和促性腺激素释放激素(GnRH)等。

(二) 下丘脑肽能神经元及其对腺垂体激素释放的调节

下丘脑产生和分泌多种神经肽调节腺垂体的活动，这些多肽也都具有垂体外作用，它们不仅可在下丘脑等中枢神经系统部位产生，还可在机体其他许多组织中产生。例如，下丘脑室旁核 TRH 神经元的生理功能主要是促进垂体前叶 TSH 的合成与释放，但也促进垂体前叶催乳素(PRL)的合成与释放并影响垂体前叶 GH 和 FSH 的释放；室旁核分泌的 SS 是一种作用最广泛的下丘脑神经激素，除对垂体生长素分泌细胞有抑制作用外，还可抑制卵泡刺激素、黄体生成素、促甲状腺素、催乳素、促肾上腺皮质激素的分泌；下丘脑弓状核与腹内侧核的 CRH 释放后经门脉系统到达腺垂体，与 ACTH 细胞膜上的 CRH 受体结合后，即可通过激发 cAMP 系统与 Ca^{2+} 系统，还可通过促进 mRNA 的转录发挥作用。

(三) 下丘脑的两大神经内分泌系统

下丘脑神经内分泌细胞系统可归为两大类，即大细胞神经内分泌系统和小细胞神经内分泌系统。

1. 大细胞神经内分泌系统

由视上核和室旁核的大神经元和下丘脑前内侧区的一些联合神经元群及其对神经垂体的投射所组成。近年来根据超微结构的研究证明，合成催产素及加压素的神经元具有大的 Gomori 染色阳性细胞体，因而称为大细胞神经内分泌细胞，并已证明下丘脑至少存在两种类型的大细胞神经元，即加压素神经元(VP)和催产素神经元(OT)。在神经内分泌细胞中，这两种激素分别与它的载体蛋白Ⅰ或Ⅱ结合，形成蛋白-激素复合物，各自的分泌颗粒(或称前激素)沿着神经轴突由下丘脑运往神经垂体，在那里释放激素和载体蛋白。释放时，激素和载体蛋白分开，分别释放进入血液。

加压素和催产素不需要其他腺体作为中间环节而直接作用于效应器官，而垂体后叶对这些激素只是起着储存和释放作用。

2. 小细胞神经内分泌系统

调节腺垂体的下丘脑肽类激素是在下丘脑促垂体区的神经元中合成。由于这些肽类神经元体积小，故被称为小细胞神经元。这些神经元合成转运并释放肽类激素，它们作为促进或抑制垂体前叶激素分泌的各种释放因子或抑制因子，从而调节着腺垂体激素的分泌。

小细胞神经内分泌系统结构较复杂，它们散在于下丘脑底部的即促垂体区，包括下丘脑腹内侧结节即正中隆起、弓状核、腹内侧核的一部分、下丘脑腹内侧前区和视交叉部分。利用免疫组化确定了某些激素合成的部位。对每种激素，下丘脑神经元的轴突投射到正中隆起或漏斗，它们的末梢与门脉系统的毛细血管紧密相连，完成对垂体前叶控制的最后共同通路，成为下丘脑垂体功能进行调节的重要部分。

小细胞神经内分泌系统的产物为下丘脑释放因子和释放抑制因子。从 20 世纪 50 年代起人们开始注意垂体与下丘脑之间的联系，陆续发现下丘脑内存在着控制腺垂体激素分泌的各种因子。一般把化学本质已经确定的物质称为释放激素，化学本质尚未确定的则叫做释放因子，如催乳素释放因子(PRF)、催乳素释放抑制因子(PIF)、促黑激素释放因子(MRF)和促黑激素释放抑制因子(MIF)等。近年来，有关下丘脑释放和释放抑制因子以及其他神经肽的前体分子方面的研究已成为神经内分泌学中进展最迅速的领域之一。

三、脑垂体对神经内分泌的调节

在垂体前叶内有相当数量的 SP 能、CGRP 能及其共存的神经纤维，它们可和腺细胞直接形成突触(主要见于含促肾上腺皮质激素、生长激素、催产素的细胞)。腺垂体内的神经纤维有很大一部分是支配腺细胞的运动性神经，它们可影响腺细胞的活动，从而为神经直接参与腺垂体功能的调节提供了重要科学证据。研究发现刺激垂体前叶的神经纤维可影响腺垂体分泌，而且腺垂体内的神经纤维对机体内分泌水平的变化可作出活跃的反应。

下丘脑-神经垂体束的大部分神经纤维都直接进入神经垂体，在神经垂体释放的信息物质（如 VP、OT 等），通过垂体门脉系统运输至腺垂体，再通过腺垂体细胞膜上的相应受体对腺垂体中某些激素的合成和分泌发挥调节作用下丘脑和垂体分泌的主要激素见表 8-1。

表 8-1　下丘脑激素和垂体激素

下丘脑激素名称	缩写	垂体激素名称	缩写
生长激素释放激素	GHRH	前叶生长激素	GH 或 STH
生长激素释放抑制激素	GHRIH		
催乳激素释放激素	PRH	催乳素	PRL
催乳激素释放抑制激素	PRIH		
促黄体激素释放激素	LHRH	黄体生成素	LH 或 ICSH
促卵胞激素释放激素	FSHRH	卵胞刺激素	FSH
促甲状腺激素释放激素	TRH	促甲状腺激素	TSH
促肾上腺皮质激素释放激素	CRH	促肾上腺皮质激素	ACTH
促黑激素释放激素	MRH	中叶促黑激素	MSH
促黑激素抑制激素	MRIH		
催产素	OT		
加压素	VP		

第三节　内分泌系统对神经系统功能调节

作为神经系统的最高中枢，脑通过下丘脑这一神经内分泌换能器传递信息，调控整个内分泌系统的机能。同时它本身也是激素作用的靶器官，也受激素调节。已经在脑内发现大量的激素及其受体，既存在于神经元也见于神经胶质细胞，既有膜受体又有核受体。一般认为激素及其受体通过影响神经元的电活动和突触传递实现的，它们通过影响递质合成、释放、重摄取、灭活和突触后膜的敏感性，使神经调节功能更加准确和有效。这些作用有的发生在成年期，有的则发生在发育的早期阶段，进而影响一生中的神经内分泌机能和行为。如成年人垂体或其他任何靶腺（肾上腺、甲状腺或性腺）的功能不足常引起行为的紊乱。垂体功能低下的患者常常变得懒惰、迟钝、压抑、呆滞、丧失其推动力和主动精神。

一、激素对脑的作用机理

激素对脑的作用与对其他靶腺的作用一样是通过受体介导，在细胞水平调节的基础上进行的。这一调节主要通过两个途径，一是膜/浆受体即细胞核外受体途径，即通过质膜受体→第二信使（如 cAMP、Ca^{2+}、DAG、cGMP 等）→ 蛋白激酶等对各自的靶酶或靶蛋白进行化学修饰，从而调节代谢和生理功能。机体大部分激素如肽类激素等都是循这一途径。二是核受体途径，通过细胞内特异性受体形成激素-受体复合物，引起特定的基因活化，加速酶蛋白和活性蛋白的合成，最终导致代谢和生理功能的变化。各种类固醇激素主要循这一途径。

激素对脑作用的靶细胞可以是神经元，也可以是神经胶质细胞，它的作用可以是直接作用，即通过膜受体对神经元的快速激活（或抑制），也可以是通过基因组机制的间接作用；激素对脑的效应可以是原发效应即激素与反应细胞相互作用而产生的效应，也可以是通过其他激素为中间环节而产生的继发效应。无论如何，激素对脑的作用最终都是通过影响神经电活动及突触传递来实现的。已经证明，雌激素、孕激素、雄激素和糖皮质激素均可影响递质的释放、摄取、灭活、合成以及突触后膜受体的敏感性。

二、甲状腺素与神经系统

血中能发挥作用的甲状腺素有两种游离形式，即 T3 和 T4。在哺乳动物脑的神经细胞和神经胶质细胞中，T3 受体在出生前和出生后均有较高水平的表达，主要分布于海马、杏仁核和脑的新皮质。甲状腺素经以下途径刺激神经系统的发育：促进细胞的增殖，合成微管相关蛋白(MAP)和微管素(tubulin)，增加微管的组装，促进轴突、树突的生长，促进突触的发生和髓鞘的形成。

在甲状腺素功能障碍的孕鼠，其子代脑功能也受损害，表现为乙酰胆碱酯酶和多巴胺脱羧酶的活性障碍。在先天性甲状腺发育不全的儿童伴有明显的脑发育障碍(呆小症)，表现为智力迟钝和长骨生长停滞。对于呆小症的治疗，时机的选择至关重要，据研究，出生后即开始甲状腺激素治疗者智商可完全恢复正常，6～12 个月才给予治疗的儿童仅有 15%的智商能恢复正常。到了成年的动物，甲状腺素对神经系统的作用在于易化儿茶酚胺的效应，表现为交感神经系统效应的亢进。

三、类固醇激素与神经系统

类固醇激素主要在肾上腺、性腺及胎盘组织中合成，包括皮质醇、皮质酮、性激素等。在血液中，大部分的类固醇激素与特异性激素结合球蛋白及白蛋白结合，少部分保持游离状态，分别调节人体各种生理及代谢过程。部分类固醇能够通过血脑屏障并浓集于脑组织的不同部位，从而调节神经系统的多种功能。另外，脑局部神经元在不同发育时期也能合成类固醇激素。因此，脑内类固醇的来源包括两条途径，一是外周合成后通过血脑屏障进入脑内；二是神经组织原位合成，神经元是主要的合成部位，近年发现神经胶质细胞可能也能合成类固醇。这些类固醇在脑内主要参与对学习记忆、突触可塑性、神经保护、神经退行性变、应激、焦虑和情绪等的调节。

Baulien 于 1981 提出了神经类固醇(neurosteroid)的概念，指能在脑内原位合成类固醇激素。近年还有人提出了神经活性类固醇(neuroactive steroid)的概念，指具有通过调节受体门控离子通道而快速影响突触传递功能、能够同时被外周和中枢合成的类固醇物质。

(一) 雌激素

雌激素主要在性腺、肾上腺、脂肪组织等部位合成，在脑内起作用的主要是 17-β-雌二醇(E_2)。血液中的 E_2 大部分与特异的结合球蛋白及白蛋白结合，少部分保持游离状态，调节人体各种生理功能及代谢过程；部分 E_2 能透过血脑屏障并浓集于脑组织的不同部位如海马、下丘脑等。神经组织也能以睾酮甚至胆固醇等为原料，在脑局部原位合成 E_2，其合成限速酶即芳香化酶(aromatase, AROM)在脑内有着广泛的表达。

以往的研究认为脑内 AROM 的表达只见于出生前后一短暂的时期，随后显著下降，在成年后则不表达，外周 E_2 是成年脑 E_2 的唯一来源。近年随着研究技术的灵敏度的提高，在成年某些脑区如海马、下丘脑也检出 AROM 的表达，且不仅见于胞体也见于突触前成分。如最近有报道用原位杂交技术检测到成年大鼠海马的锥体细胞和颗粒细胞中有 AROM mRNA 的表达；免疫组化和 RT-PCR 研究发现成年大鼠海马内 AROM 蛋白和 mRNA 的表达均为下丘脑的 1/3，是卵巢中的 1/300；成年小鼠中 AROM mRNA 的表达水平是其早期发育阶段的一半。虽然其含量甚低，但却能合成功能性 E_2，高效液相色谱证明海马脑片经 NMDA 诱导 30min 后其 E_2 的量增加了一倍。

1. 脑的性别差异与芳香化酶假说

成年哺乳动物脑结构存在性别差异，即男性和女性脑的结构并不完全相同。如雄性脑重量大于雌性，脑/体重比和脑/身高比在新生期两性并无差异，但在出生后雄性脑发育快，致使该两项比值高于雌性。在下丘脑控制腺垂体分泌功能的几个神经核团，雄性都大于雌性。下丘脑表现的这种解剖学性差异不仅存在于人也存在于鹌鹑、大鼠、豚鼠和雪貂等动物。在大鼠视前核、下丘脑内侧视前区最为典型，雄性大鼠该区神经元密集形成一个典型的性二态核团(sexual dimorphic nucleus of preoptic area，SDN-POA)，在鸟类对应的核团为高声区(high voice center)。无论在人类或其他哺乳动物雄性视前内侧核的核团范围，神经元数量和大小均大于雌性；雄性以轴突-树突棘突触为主，雌性以轴突-树突干突触为主。SDN-POA 是在胚胎发育后期开始发育的，出生后一定时期(如大鼠出生后一周内)，应用激素如雄激素或其他类固醇，包括雌二醇、乙烯雌酚等均可改变该核团的大小。

20 世纪 70 年代初期年 Naftolin 提出了脑的芳香化假说，即雄激素在脑发育中的作用是由芳香化酶将其转化为 E_2 从而使脑雄性化的。该假说认为，在哺乳类动物，生殖道及脑的基本发育形式是雌性的。神经系统开始发育时不具备性差异(sex difference 或 dimorphism)，只是到了某一“关键”时相点以后脑才开始出现性别差异。芳香化酶假说的要点是：①哺乳动物脑发育基本形式为雌性的，不存在性差异；②在发育的“临界期”受到雄激素的刺激时雄性化；③睾酮在脑内经芳香化酶的作用转化成为雌二醇，与神经元的雌激素受体结合形成 ER 复合物调控基因转录从而使脑雄性化；④芳香化酶是雌激素合成的限速酶。

在雄性，睾酮在脑中经芳香化酶催化转变为 E_2，与其受体 ER 结合后形成的复合物转位于细胞核内以调控基因的转录，使脑雄性化，这发生于出生前后一个很短的临界期(critical period)，在大鼠相当于出生前后 5 天左右。如果在临界期睾丸酮缺乏则会产生“雌性脑”(female brain)。由于性激素的影响，神经元形成的数目增加，减少了正常情况下需要死亡的神经元数目，促进了细胞的生长、树突的分支、突触的发生、影响突触功能的调控以及神经元的电活动，导致中枢神经系统出现性差异，表现为两性脑的解剖学差异和行为差异。

既然睾酮使脑分化为雄性型的作用是通过转化为雌激素实现的，那么雌性胎鼠卵巢分泌的以及胎盘和母体分泌的内源性雌激素为什么不使胎鼠脑型衍变为雄性型呢？这是因为存在一种保护机制。研究证实，雌性动物体内的甲胎蛋白远远高于雄性动物，α-胎球蛋白能够和血中的雌激素结合而阻止雌激素由血进入发育中的脑组织。而睾酮或合成的雌激素如乙烯雌酚则可自由进入脑中，并可通过芳香化酶的作用在脑内转变为 E_2。

芳香化酶是雌激素生物合成中最后一步限速酶，是由芳香化酶细胞色素 P450 和黄素蛋白 NADPH-细胞色素 P450 还原酶组成的酶复合体。它们催化两个连续的羟化反应将雄激素转化为雌激素。在表达 AROM 的神经元，AROM 的转录被睾酮或其代谢产物 E_2 增强，然后被转运到突触前成分(突触扣结)，在此将睾酮转化为 E_2(也可经由胆固醇从头合成)。突触前释放的 E_2

通过突触间隙与和突触后成分上相应的核受体或膜性受体结合，影响突触后膜的功能。对突触后膜蛋白的活化可以通过调节 K^+ 通道、Ca^{2+} 水平或改变各种激酶的活性导致各种蛋白的磷酸化来实现，磷酸化蛋白与特定的反应元件结合诱导间接的基因效应，或通过非基因效应导致神经元功能的迅速改变。因此，细胞内 Ca^{2+} 水平的改变可以通过磷酸化调节 E_2 合成酶即 AROM 活性，AROM 的磷酸化和去磷酸化导致的突触前 E_2 产物的迅速改变，能以类似于神经调质或神经递质的方式调节神经元的活动。

2. 雌激素对神经系统的作用

1）雌激素与学习记忆

海马是与学习记忆密切相关的脑区。研究发现 E_2 能调节海马 CA1 区的突触发生，生理剂量的 E_2 能诱导突触形成、海马的 LTP 产生，调节 NMDA 受体、GABA 受体和 AMPA 受体的表达，在一定程度上保护学习、记忆与认知功能不随年龄的老化而下降。

由于老年女性 AD 患者是男性的 3 倍左右，因此雌激素缺乏被认为是导致 AD 的主要原因之一。大多数文献认为 E_2 可改善患者的学习记忆与认知，缓解痴呆程度，抑制 β-淀粉样蛋白的形成、阻止 AD 的进展。雌激素替代治疗可显著改善 AD 导致的学习记忆与认知功能障碍。其确切机制尚待进一步研究，推测可能与 E_2 对胆碱能神经元的保护作用以及能调节海马的突触可塑性有关。

2）雌激素与多巴胺能神经元

E_2 对纹状体多巴胺能神经元也具有保护作用，卵巢切除可以加重电刺激诱导的旋转行为，而睾丸切除对电刺激诱导大鼠的旋转行为无影响。对几种性激素包括雌激素、孕激素和雄激素的研究发现雄激素和孕激素处理对 DA 神经元的影响不大甚至没有影响，离体和在体实验均发现雌激素对 DA 神经元具有保护作用，DA 神经元突起的延伸/分支以及多巴胺合成酶即酪氨酸羟化酶的表达受雌激素调节，发育中和成年黑质纹状体系统的可塑性和活性均需要雌激素的参与，因此雌激素被认为是 DA 神经元的营养因子，对中脑 DA 神经元的发育、可塑性与功能有重要的调节。

3）雌激素的其他功能

脑内 E_2 还能调节神经营养因子及其受体的表达，保护与治疗脑缺血、抗氧化损伤引起的凋亡并增加小胶质细胞对 β-淀粉样蛋白的清除；抑制氧化、应激及兴奋性氨基酸等引起的毒性、促进神经损伤后的修复等。E_2 还能作用于五羟色胺能系统，促进色氨酸羟化酶、五羟色胺转运体 mRNA 等的表达从而对情绪和精神状态产生影响。

3. 脑内雌激素作用的机制

E_2 的受体可以分为两类，即经典的核受体（包括 ER-α 和 ER-β）以及近年新发现的膜性受体 ER-X、属于 G 蛋白偶联受体家族的雌激素膜性受体 GPER（G-protein coupled estrogen receptor）和 Gαq-ER 等。ER-α 和 ER-β 主要位于细胞核内，但也有少部分位于细胞膜和（或）胞质的膜性结构，如海马锥体细胞的细胞膜等。对于膜性雌激素受体，目前对 GPER 的研究报道最多，它的细胞内定位可能具有细胞类型/组织特异性，有不同的文献报道它位于细胞膜、内质网、高尔基复合体等部位，在海马锥体细胞它主要位于胞质的膜性成分如粗面内质网，也见于细胞膜内侧以及核膜下。ER 介导的 E_2 作用分为经典的、慢速的调节基因转录方式以及快速的非基因型方式两种。

（1）经典 ER 受体介导的基因型效应。该途径由细胞核内的 ER-α 和（或）ER-β 介导。E_2 通过扩散进入细胞或通过细胞内原位合成，与核内的 ER 结合，再与辅助激活因子或辅助抑制因子结合形成复合体，然后与 DNA 结合蛋白结合调节特定基因的转录，从而发挥生物学效应。各种 ER 介导的 E_2 功能有所不同，如脑内 ER-β 可能主要参与对海马的可塑性和功能的调节，而 ER-α 可能主要参与对生殖功能的调节；敲除 ER-α 的基因导致不育、敲除 ER-β 的基因不仅导致生育低下并严重影响学习记忆行为、LTP 和突触强度。

(2) 膜性 ER 介导的非基因型效应。研究发现 E_2 能在数秒钟内改变神经元的电生理特性，能在几分钟之内降低不表达核受体的神经元的 Ca^{2+} 电流，导致特异性增强基因表达的蛋白质如 MAPK 途径、PKA、CREB 等的活化，最终引起生理功能的改变。这是 E_2 对细胞功能的快速的、非基因型的调节方式，不需要核 ER 的参与。

E_2 的基因型效应可导致基因表达与新蛋白的合成，相对长时间的潜伏期的启动，中/长期细胞程序以及细胞网络与细胞内复杂功能的相互作用；非基因型效应可以导致已经存在的蛋白质的活化或抑制、作用的迅速启动、对环境改变的迅速适应，以及对长时程细胞程序的动态修饰。但是二者在上述各方面都可以相互作用与整合以全面调节神经元的功能。例如，膜性 E_2 受体可以导致经典核受体及其辅助活化因子的磷酸化，诱导产生第三信使如细胞周期蛋白 D1（cyclin D1）和 c-fos（均可作为核受体 ER 的辅助因子）等从而也能调节基因的转录。

（二）糖皮质激素

糖皮质激素对脑的作用是多方面的。它可影响脑的发育分化和下丘脑 CRH 和垂体 ACTH 的分泌，并与睡眠、情绪、感觉应激和逃避行为有关。

肾上腺皮质激素的过量或不足亦可直接影响中枢神经系统，临床上长期使用糖皮质激素后，可造成中枢神经系统的紊乱，表现为情绪不稳定，欣快、抑郁，甚至发生自杀行为。过量的糖皮质激素还可缩短异相睡眠时间，使异相睡眠时间的比例减少。皮质激素不足则可造成感觉功能的障碍。

第四节　神经-内分泌系统对免疫系统的调节

目前认为，免疫系统各组织、器官的神经支配和神经递质受体分布构成了神经系统参与调节免疫功能的基础。研究发现淋巴器官受交感和副交感神经的支配，而多数免疫细胞特别是淋巴细胞和巨噬细胞的细胞膜上存在多种神经递质受体。例如，淋巴细胞上有肾上腺素能受体、胆碱能受体、多巴胺受体、组胺受体、阿片受体等。多数情况下副交感神经可增强免疫功能，而交感神经则主要起抑制性作用。

一、神经系统对免疫系统的调节

1. 免疫组织及器官上的神经支配

近年来的研究表明，在骨髓、胸腺、脾脏、淋巴结和肠淋巴组织的实质区亦有交感神经纤维末梢的深入，它们与免疫细胞直接接触，形成突触样的联系。例如，胸腺可接受膈神经、交感神经和副交感神经纤维的支配，其中交感神经纤维来源于颈胸段交感神经链，副交感纤维来源于迷走神经；酪氨酸羟化酶（去甲肾上腺素的合成限速酶）阳性的交感神经末梢直接与淋巴细胞相接触；在退化的胸腺中，交感神经的分布明显少于正常的胸腺。而支配胸腺的迷走神经纤维发自延髓的面后核、疑核、迷走神经背核等核团，并接受网状系统的传入冲动，与高级中枢间构成多突触联系。在胸腺皮质与髓质的交界处和被膜下，迷走神经、喉返神经和膈神经的乙酰胆碱酯酶(acetylcholine esterase，AChE)广泛分布。这些事实说明胸腺的结构和机能可受交感和副交感神经活动的影响。在脾内，酪氨酸羟化酶阳性神经末梢可与脾淋巴细胞形成突触联系，AChE 阳性神经末梢也存在于淋巴结和淋巴管中，而去甲肾上腺素能神经进入淋巴结实质中绕周边血管成丛分布。

交感神经、副交感神经在免疫组织和器官的这种分布特征从形态上体现出神经系统对免疫系统的直接影响，为神经系统直接参与调节免疫细胞的功能提供了结构基础。目前认为，神经纤维可能从以下几方面参与影响淋巴组织和器官：①血流调控；②淋巴细胞的分化、发育、成熟、移行和再循环；③细胞因子或其他免疫因子的生成和分泌；④免疫应答的强弱及维持的时间等。

2. 免疫细胞上的神经递质受体

神经系统对靶细胞的调节，一般通过它们释放的神经递质发挥作用，而神经递质的调节作用依赖于递质本身与受体的结合。因此，免疫细胞上是否存在这些神经递质的受体是决定神经系统是否作用于免疫细胞的物质基础。应用放射自显影、受体生化和受体分子生物学技术、放射受体分析等方法，已在免疫细胞膜上或胞内发现众多神经递质的特异性受体(表 8-2)。

表 8-2 免疫细胞上的神经肽、激素和递质的受体

受体类型		免疫细胞种类
类固醇激素受体		淋巴细胞、单核细胞
雌激素结合位点		淋巴细胞(人)
肾上腺素受体	α 受体	中性粒细胞、脾脏淋巴细胞(鼠)
	β 受体	单核细胞、T 淋巴细胞、B 淋巴细胞(人)
乙酰胆碱受体	M 受体	单核细胞、T 淋巴细胞(人)
	M、N 受体	淋巴细胞(小鼠)
多巴胺受体		淋巴细胞
组织胺受体	H1 受体	T_H 淋巴细胞
	H2 受体	T、B 淋巴细胞
β-内啡肽受体		淋巴细胞(人)、脾细胞(大鼠)
甲硫脑啡肽受体		淋巴细胞、单核细胞、中性粒细胞

一般认为，将信息从脑传递到免疫系统的通路可能有如下几条：①来自于垂体的激素如 ACTH 等可能调节免疫功能；②节后迷走神经元(VNpo)释放的 ACh 作用于免疫细胞产生抗炎症效应；③释放于节后交感神经元(SNpo)的去甲肾上腺素(NE)和肾上腺髓质释放的肾上腺素/NE 可能在与免疫细胞的相应受体结合后影响免疫功能；④释放于肾上腺皮质的糖皮质激素对免疫系统有着复杂的效应(图 8-2)。

二、内分泌系统对免疫功能的调控

与神经系统相似，内分泌系统对免疫功能的调节也主要依赖于分布在免疫组织细胞上的一系列类固醇激素受体和肽类激素受体，如糖皮质激素受体(GR)、雄激素受体(AR)、孕激素受体(PR)、盐皮质激素受体(MR)、甲状腺激素受体(TR)、视黄酸受体(RAR)及维生素 D 受体等几

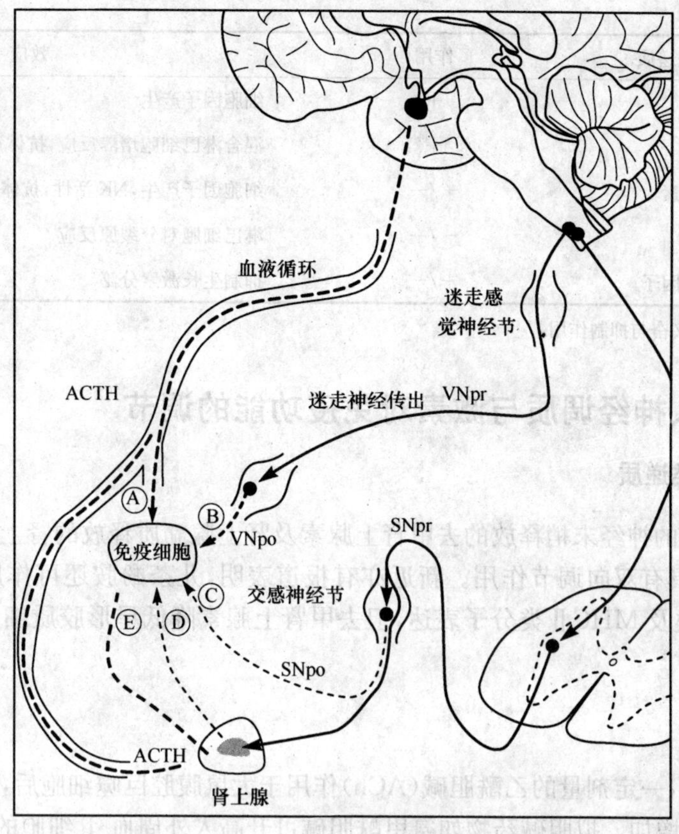

图 8-2 神经系统对免疫系统调节的可能通路

类固醇激素的胞内受体构成一个受体超家族。其中 GR、MR、AR 和 PR 均可识别和结合 DNA 分子中的糖皮质激素反应元件，该序列可介导影响靶基因的转录。

激素、神经肽及神经递质等神经内分泌信息分子可借经典内分泌、旁分泌、神经分泌和自分泌途径，影响或调节免疫应答，并参与某些免疫病理过程(表 8-3)。

表 8-3 神经递质和内分泌激素的免疫调节作用

激素、神经肽及神经递质	作用	效应
糖皮质类固醇	−	抗体、细胞因子产生，NK 活性
儿茶酚胺	−	淋巴细胞转化
乙酰胆碱	+	淋巴细胞和巨噬细胞
性激素	−/+	淋巴细胞转化
6-内啡肽	+/−	抗体合成，巨噬细胞、T 细胞活化
甲硫脑啡肽	+	T 细胞活化
强啡肽	+	植物凝集素刺激的 T 细胞转化
甲状腺素	+	T 细胞转化
催乳素	+	巨噬细胞活化，IL-2 产生
生长激素	+	抗体合成，巨噬细胞活化，IL-2 调节
催产素	+	T 细胞转化

续表

激素、神经肽及神经递质	作用	效应
血管活性肠肽	+	细胞因子产生
褪黑激素	+	混合淋巴细胞培养反应，抗体产生
促肾上腺皮质激素	+/−	细胞因子产生，NK 活性，抗体合成，巨噬细胞活化
生长抑素	−/+	淋巴细胞对分裂原反应
促肾上腺皮质释放因子	+/−	抑制生长激素分泌

注：+、−分别表示兴奋与抑制作用。

三、神经递质、神经调质与激素对免疫功能的调节

1. 儿茶酚胺类递质

支配淋巴器官的神经末梢释放的去甲肾上腺素及肾上腺髓质释放的肾上腺素影响各种免疫细胞及免疫功能，具有双向调节作用。新近亦有报道表明，儿茶酚胺还可作用于脑血管内皮细胞，促进 MHCⅠ类及 MHCⅡ类分子表达，但去甲肾上腺素降低星形胶质细胞瘤 MHC-Ⅱ类分子的表达。

2. 乙酰胆碱

体外研究表明，一定剂量的乙酰胆碱(ACh)作用于大鼠腹腔巨噬细胞后，细胞表面 I-A 和 I-E 抗原的表达显著增加。拟胆碱药物如氨甲酰胆碱可升高人外周血 T 细胞的 E 花环形成率，增强细胞毒性 T 淋巴细胞杀伤肿瘤细胞的能力，而 M 受体拮抗剂阿托品可完全阻断这些反应。大鼠胸腺细胞表面有 M 型受体，拟胆碱药卡巴胆碱与该受体结合后，可促进胞内 cAMP 的合成。在离体人肺组织，ACh 刺激组胺的释放，此效应亦受阿托品的拮抗。低剂量的 ACh 直接刺激肥大细胞释放组胺。此外，ACh 参与肠道过敏反应的发生，如牛乳中含 D 乳球蛋白，可引起对牛乳的过敏反应。这些事实说明，胆碱能受体激动剂主要影响细胞免疫功能，可增加淋巴细胞和巨噬细胞的数量。

3. 5-羟色胺

5-HT 既可作为神经递质，亦可由血小板及肥大细胞释放，参与免疫反应过程的调节。5-HT 能解除 T 细胞增殖的抑制因素，影响 NK 细胞活性，抑制巨噬细胞表达Ⅰa 分子。5-HT 的前体 5-羟色胺酸能导致免疫抑制，色氨酸羟化酶抑制剂对 T 细胞的免疫反应有易化作用，这种影响可能是通过皮质甾体类激素实现的。

4. 神经肽

阿片肽对淋巴细胞转化、T 淋巴细胞玫瑰花环反应、自然杀伤细胞活性、多形核白细胞及巨噬细胞功能、干扰素产生等都有调节作用，这些作用可以被阿片受体阻断剂所阻断(表 8-4)。

表 8-4　阿片肽的免疫调节作用

阿片肽	表达受体的细胞类型	作　用
脑啡肽	T、B 淋巴细胞	抑制抗体形成，抑制 B 细胞增殖，增强 T 花环的形成，增强 T 细胞增殖，增加 IL-1 和 IL-2 的产生，增强自然杀伤细胞和单核细胞的功能
内啡肽	T、B 淋巴细胞	抑制抗体形成影响 T 花环的形成，增强 T 细胞增殖，增加 IL-2 的产生和自然杀伤细胞活性，β-内啡肽对增强自然杀伤细胞活性和 T 细胞增殖无作用

在众多神经肽中，对 SP 的免疫调节效应研究得最为广泛和深入。SP 可影响所有的免疫细胞。具有多重的生理效应。

(1) 以剂量依赖性的促进人外周血淋巴细胞增殖，SP 受体拮抗剂可抑制此反应。

(2) 促进 B 细胞分泌免疫球蛋白，参与局部免疫调节。

(3) 对单核-巨噬细胞，SP 既能促进其吞噬和趋化游走活性，又可刺激其代谢暴发反应(metabolic burst)。代谢暴发亦称为呼吸暴发(respiratory burst)，是指吞噬细胞在进行吞噬作用时氧利用急剧增加而使 H_2O_2 和超氧阴离子突然增加，是吞噬细胞杀菌能力增强的标志。SP 还能促进人外周血单核细胞内白细胞介素及干扰素的合成与分泌，间接地调节巨噬细胞与 T 细胞间的识别、抗原的加工及呈递等过程。

(4) 对中性粒细胞，生理浓度下的 SP 即可刺激人多形核白细胞的趋化运动，明显增强补体 5a 所致的中性粒细胞趋化、游走运动及吞噬杀菌活性；促进中性粒细胞黏附于支气管上皮细胞，参与呼吸道的病理过程。

(5) 对肥大细胞，SP 可刺激组织胺的释放，与过敏疾病的发生和发展密切相关。

另外，在溃疡性结肠炎、十二指肠溃疡、类风湿性关节炎及佐剂引起的实验性关节炎中，SP 在病变部位含量明显升高，以上现象皆表明 SP 可作为一种炎性介质参与免疫病理过程。

此外，血管活性肠肽、SS、降钙素基因相关肽(CGRP)等神经肽类物质也对免疫系统有影响，这些神经肽不仅参与神经-内分泌-免疫之间的相互调控，也与某些疾病的发生有关。

5. 内分泌激素

大多数激素具有免疫调节作用。多数情况下 GH、PRL、甲状腺素等可增强免疫功能，而 ACTH、GC、AR、前列腺素等具有免疫抑制作用。这两类激素在体内相互调节以保证机体正常的免疫功能。

1) CRH

CRH 可单独或与加压素(VP)协同刺激 ACTH 的释放而刺激糖皮质激素(GC)的分泌，后二者均具有广泛的免疫抑制效应。借助免疫细胞膜上的受体，CRH 还可直接影响免疫细胞。鉴于 CRH 可由胸腺及脾脏等免疫器官合成，CRH 可能具有重要的生理性免疫调节作用。其作用主要体现在：①CRH 能抑制外周血单核细胞分泌 IL-1β 及 IL-6；②CRH 能通过抑制 IL-1β 的生成，引起 IL-6 继发性分泌减少；③妊娠时 CRH 及 GC 在血浆中浓度均升高，故能抑制母体对胎儿的免疫反应。

在某些情况下，CRH 也具有免疫增强作用。有报道纳摩尔级水平的 CRH 能刺激外周血单核细胞分泌 IL-2 及 IL-1，增强 LPS 及植物凝集素(PHA)对 IL-1 及 IL-2 的促分泌作用，刺激 β-

END 的分泌;CRH 亦能促进淋巴细胞的增殖,提高 IL-2R 的表达水平,并可调节 NK 细胞介导的杀伤细胞作用。

2) ACTH

ACTH 的效应至少通过两条途径。其一是刺激 GC 的分泌而间接引起免疫抑制,其二是借助其在免疫细胞膜上的特异受体而直接影响免疫功能。对 B 细胞而言,ACTH 在体外可抑制 T 细胞依赖性抗原(如 SRBC)及非依赖性抗原的抗体反应,与 IL-2 或 B 细胞生长因子协同刺激正常的 B 细胞生长和分化,以及以自分泌方式促进 B 细胞白血病-淋巴瘤细胞的增殖。对 T 细胞而言,ACTH 可抑制 T 细胞产生 IFN,调节 IL-2 的生成,增强混合淋巴细胞反应中的细胞毒作用,并完全阻止 IFN 诱导的巨噬细胞杀伤肿瘤的活性。

3) 糖皮质激素

糖皮质激素(GC)对免疫功能的影响极为广泛,可通过多种途径影响免疫系统,但这种效应存在较大的种属差异。

(1) GC 对胸腺的影响。在 GC 作用下小鼠胚胎胸腺淋巴细胞表达 Thy-l 抗原增加,高浓度的 GC 可杀伤小淋巴细胞。胸腺上皮细胞对 GC 尤为敏感,GC 通过细胞程序性死亡或凋亡机制引起胸腺萎缩。GC 可明显降低胸腺激素的分泌,减少胸苷激酶的活性。在不同发育阶段,胸腺细胞对 GC 的反应有差异,如人胚胎胸腺前体细胞对 GC 的敏感性较成熟细胞为高。

(2) GC 对淋巴功能的调节作用。GC 可降低 PHA 引起的 T 细胞增殖反应,这可能与降低 IL-2R 表达有关。GC 还能减弱 T 细胞的趋化及游走性,抑制脾脏 B 细胞对 LPS 及 PPD 的反应,减少免疫球蛋白合成细胞的数目,改变 PWM 诱导的空斑形成细胞的形成率;GC 可抑制单核细胞转变成巨噬细胞,使巨噬细胞的抗原呈递功能减弱,IL-1 分泌减少,吞噬作用及细胞内杀伤能力被削弱;GC 可影响淋巴细胞的生成和骨髓造血机能,当骨髓中成熟 B 细胞数目减少时,骨髓中巨噬细胞及粒细胞的集落形成率提高。

(3) GC 对肥大细胞功能的影响。GC 可抑制抗原所致的肥大细胞脱颗粒反应,减少组胺释放,减少嗜酸性粒细胞数量,抑制其趋化反应,降低粒细胞的渗出和吞噬活动,并能对抗某些细胞因子维持嗜酸性粒细胞的存活作用。

(4) GC 改变细胞的循环和重新分布。小鼠给予 GC 后,血液单核细胞及嗜酸性粒细胞明显减少。GC 亦有降低淋巴细胞自血中进入淋巴结的数量,并促进淋巴细胞穿过血管内皮而进入骨髓腔的功能。

(5) GC 对细胞因子产生及生物活性的影响。在风湿性关节炎患者中,GC 可抑制 IL-1 引起的 IL-6 的基因表达。GC 还可对抗 IL-lD 对胰岛素分泌的抑制作用。

(6) GC 对 MHC Ⅰ类及 MHC Ⅱ类分子表达的抑制作用。MHC 参与 T 细胞识别及抗原呈递细胞功能,表达过低或不表达可表现为严重的免疫缺陷,过度表达则可引起自身免疫性疾病。研究表明,小鼠 B 细胞和巨噬细胞 MHC Ⅱ 基因的激活均受到 GC 的负性调节。

4) GH

GH 既可借助受体直接影响免疫细胞功能,也可由胰岛素样生长因子(insulin-1ike growth factor,IGF)介导间接作用于免疫细胞。研究表明,GH 几乎对所有的免疫细胞,如淋巴细胞、吞噬细胞、NK 细胞、中性粒细胞、胸腺细胞等都具有促进分化和加强功能的作用,是腺垂体激素中极其重要的免疫调节因子。

GH 可影响免疫系统的各个环节,其中胸腺为其主要的靶器官。基础及临床试验的结果表明,多因素导致的垂体缺失或垂体功能低下的疾病患者,表现出胸腺体积和质量减少、淋巴组织萎缩、胸腺提前退化、由抗原诱发的抗体反应减弱、免疫反应性低及生长停滞等现象。给予 GH 可防止胸腺进一步萎缩,并能促进胸腺激素释放,增加骨髓淋巴细胞数量,加速造血,促进生长,有利于免疫机能恢复。

人类 GH 的分泌在青春期达到高峰,并随年龄的增长而逐渐降低。与此同时机体免疫功能也逐渐下降,这种下降很可能与 GH 降低密切相关。衰老时,GH 分泌减少,免疫功能降低,给予 GH 即可恢复免疫功能,促进胸腺激素的分泌,加速 T 细胞前体进入胸腺,并延长衰老小鼠的寿命。

此外,GH 能促进巨噬细胞的活化,促使 TH 细胞产生 IL-2,还能增加抗体的合成。重组人 GH 可直接刺激 B 细胞增殖及分泌 Ig。在 GH 刺激下,巨噬细胞对低密度脂蛋白的摄取和降解加速。因此,GH 在治疗免疫功能低下以及抗衰老中有广泛的应用前景。

5) TRH

TRH 能增强小鼠脾细胞对 T 细胞依赖性抗原和非 T 细胞依赖性抗原的抗体应答。T3 和 T4 也有刺激胸腺细胞成熟和分化的功能,长期给予 T4 可提高外周血淋巴细胞数量,特别是 T 细胞数目。甲状腺激素对体液免疫和细胞免疫均有促进作用,新生及年轻大鼠去甲状腺后,外周血淋巴细胞数目降低,抗 SRBC 的抗体反应下降,脾细胞对 PHA 刺激的增殖反应减弱。在小鼠及人中,甲状腺激素均促进淋巴细胞对丝裂原的增殖反应,并有明显的剂量依赖关系。因此,甲状腺对免疫机能有正性调控作用。

6) PRL

与 GH 相似,PRL 也对免疫功能具有正调节作用,它能使切除垂体的动物低下的细胞免疫和体液免疫功能恢复;反之,向去垂体动物注射抗 PRL 抗血清,动物则发生贫血甚至死亡。遗传性矮小的动物伴有 PRL 的缺乏,也伴有免疫功能障碍,给予 PRL 和 GH 则能完全纠正这些障碍。PRL 还可通过其受体上调途径来增强抗体应答,提高包括人类在内的许多动物胸腺功能并增加胸腺激素的分泌,与 IL-2 协同刺激 T 细胞的克隆增殖,激活 NK 细胞。

母乳喂养具有重要的免疫刺激作用,因为母乳中 PRL 浓度与婴儿血浆 IgG 及 T 淋巴细胞数目成正相关,PRL 能提高乳腺中分泌 IgA 的细胞数目,促进淋巴细胞游走进入乳腺。

四、神经和内分泌系统调节免疫功能的机制

神经系统和内分泌系统通过以下几个方面调节免疫功能:①调节免疫细胞的中间代谢和细胞内信号转导;②调控与淋巴细胞增殖和分化有关的细胞因子的产生;③在胸腺内影响淋巴细胞的阳性与阴性选择。

1. 调节免疫细胞的中间代谢和细胞内信号转导

免疫反应过程中的许多步骤,如巨噬细胞的吞噬作用、抗原呈递细胞将抗原呈递给 T 细胞的过程,以及随后的 T 细胞氧化暴发、克隆扩增、迁移等机制均是高代谢过程,这种免疫细胞对营养成分和生长因子的高度依赖性决定了它们在免疫反应的过程中特别容易受到控制中间代谢的神经递质和激素的影响。

不仅如此,神经递质及内分泌激素介导的细胞内信号转导机制和免疫应答过程中免疫介质介导的细胞内信号转导机制有相通之处,这为神经递质、激素和免疫介质共同调控免疫反应提供了分子基础。例如,PRL 和 IL-2 的受体都属于细胞因子受体超家族,它们的功能活性部位具有

高度的保守性。这种化学结构的相似性导致它们与各自的受体结合后均通过经典的 cAMP 途径和多种蛋白激酶的级联反应将细胞外信号传递入细胞核，继而激活转录因子，实现对细胞功能的调节。这两种由不同受体结合引发的细胞内信号转导过程涉及许多共用的酶，如酪氨酸蛋白激酶 Jak 家族的成员，丝裂原活化的蛋白激酶以及转录活化因子等。因此，PRL 和 IL-2 可通过“受体混杂”和“受体对话”来协调彼此的作用。

2. 调控与淋巴细胞增殖和分化有关的细胞因子的产生

IL-l、IL-2 等细胞因子对于淋巴细胞的增殖和分化有重要的作用。肾上腺素能受体激动剂可以下调抗原及 ConA 诱导的淋巴细胞上 IL-2 受体的表达；糖皮质激素主要诱导 B 淋巴细胞上 IL-1 受体的表达，但对 IL-2 受体的表达没有明显影响；SP 对肠道淋巴组织中 IL-2 受体的表达有促进作用；PRL 能促进大鼠脾细胞和胸腺细胞中 IL-2 及其受体的表达。

3. 在胸腺内影响淋巴细胞的阳性与阴性选择

在个体的发育过程中，机体通过阴性选择使表达对自身抗原有高亲和性受体的 T 细胞前体被清除，通过阳性选择使具有自身抗原低亲和性受体的 T 细胞前体成为成熟的 T 细胞。这种阳性/阴性选择对于建立机体自身抗原的耐受和对外来抗原的免疫反应极其重要。细胞凋亡是细胞选择性清除的主要方式之一。胸腺上皮细胞能合成类固醇，这种胸腺内部合成的糖皮质激素能拮抗胸腺细胞上低亲和性受体与自身抗原结合后所引起的凋亡，从而促进胸腺内的阳性选择。

第五节 免疫系统对神经-内分泌的调控

神经免疫内分泌学中另一重要领域是免疫系统对神经内分泌机能的影响。目前这方面的研究进展较快，突出反映在：①免疫应答的发生和发展可影响中枢及外周神经系统功能活动及经典激素的分泌；②神经内分泌组织及细胞可表达多种免疫因子的受体；③神经内分泌组织可稳定合成或诱导产生免疫效应分子；④免疫因子借助受体发挥其对神经内分泌系统的广泛作用。

免疫细胞可产生多种激素、神经肽与神经递质，从而对神经功能有多种影响(表 8-5)。如 IL-I 和 IL-6 都是内源性致热原，IL-I 和 IL-2 可以增加慢波睡眠，IL-I 与厌食有关，IL-I 和 IL-6 则增加 CRH 的分泌。

表 8-5 免疫细胞产生的肽类激素和神经递质

来源	肽类激素和神经递质
T 淋巴细胞	ACTH、内啡肽、TSH、GH、PRL、甲硫内啡肽、甲状旁腺素相关蛋白、IGF
B 淋巴细胞	ACTH、内啡肽、GH、胰岛素样生长因子
巨噬细胞	ACTH、内啡肽、GH、SP、IGF、心房肽
脾细胞	LH、FSH、CRH
胸腺细胞	CRH、LH、VP、OT
肥大细胞	VIP、SS 素

一、免疫功能在神经及内分泌组织中的体现

免疫系统对神经-内分泌的调节作用广泛存在于中枢神经系统、外周神经系统、垂体前叶、胎盘等组织中。

(一) 中枢神经系统

脑内不但有星形胶质细胞和小胶质细胞等免疫辅助细胞，还存在内源性抗炎机制。因此，中枢神经系统一方面不是完全的免疫豁免部位，另一方面脑内的免疫反应经常受抑制或下行性调节。

1. 脑是免疫效应器官

既往认为脑是免疫豁免器官，因为 CNS 缺乏淋巴系统，对于抗原呈递起关键性因素的 MHCⅠ类和 MHCⅡ类分子在 CNS 的表达极低，血脑屏障限制了细胞成分和大分子物质自由出入。与其他器官相比，CNS 对移植物的免疫排斥反应要慢得多。随着研究的深入，发现 CNS 也有自身的免疫系统，该系统一方面在正常的生理调控过程中发挥重要的神经保护作用，另一方面还参与多种 CNS 疾病的病理反应，促进疾病的形成和恶化。研究发现，神经胶质细胞可视为脑内免疫细胞并行使一定的免疫功能。另外，某些中枢神经部位如终纹血管器、最后区、正中隆起及弓状核等均缺乏血脑屏障，各种细胞因子和疫球蛋白等可由此进入脑脊液影响 CNS 的功能。

2. 神经胶质细胞的免疫功能

神经胶质细胞是中枢神经系统主要的辅助细胞，星形胶质细胞与小胶质细胞被证明具有免疫活性，是中枢神经系统重要的免疫细胞。

1) 星形胶质细胞

星形胶质细胞具有支持并营养神经元、调控神经递质的循环、构成血脑屏障及合成神经活性物质等功能，并具有抗原呈递和一定的吞噬能力。已发现星形胶质细胞具有多种生物活性物质的受体。星形胶质细胞的功能可受到以下因素的影响：与 LFA-1 及 ICAM 等免疫黏附分子有关的细胞接触及黏附，多种细胞因子、抗原抗体复合物的刺激等。在这些因素作用下，星形细胞表现出以下重要功能。

(1) 分泌众多活性成分：IL-6、IL-1、IL-3、碱性成纤维细胞生长因子(bFGF)、TGF、白三烯、PGE2、IL-8、单核细胞趋化(及)活化因子等。这些成分为免疫介质或炎症介质，可参与脑内的免疫生理及病理反应。

(2) 表达 MHCⅡ类分子和共刺激信号 B7、CD40 等，参与抗原的呈递和 T 细胞的活化，产生细胞免疫。

(3) 表达 ICAM-1、fibronectin 和 N-CAM 等黏附分子，参与 T 细胞的激活和抗原呈递。

因此，星形胶质细胞可视为脑内的免疫辅助细胞，介导中枢神经系统的神经-免疫-内分泌间的相互作用。

2) 小胶质细胞

多数研究认为，脑内的小胶质细胞是由骨髓单核细胞系来源并迁入和定居于中枢神经系统

的，它来源于间充质中胚层的巨噬细胞，与外周巨噬细胞有许多相同的表面标记及效应分子，如CD4、CD45、MHCⅠ、MHCⅡ、TNF、IL-1、IFN-γ等。小胶质细胞具有多方面免疫相关功能，参与神经系统的发育和重塑，调节神经递质的合成和分解代谢，促进脂类的代谢，参与炎症及修复以及介导免疫反应。在正常成年大脑中，小胶质细胞处于静息状态，呈分支状，具有吞噬功能和一定的迁移能力，分布广泛，可以清除代谢产物及毒性物质。任何很小的中枢病理变化均可使小胶质细胞产生反应而被迅速激活，活化的小胶质细胞表现出以下重要功能。

(1) 表达大量与吞噬作用密切相关的效应分子，清除脑内细胞外氧化蛋白，吞噬细胞碎屑和溃变的髓鞘，并在一定条件下引起神经元损伤，其机制与超氧离子及NO生成有关。

(2) 分泌细胞因子及其他活性成分，如IL-6、IL-1、MCSF、TNF等，对机体可产生有益的保护效应。

(3) 在MCSF、GM、CSF、IFN-γ、IL-1等细胞因子作用下，可导致超氧离子和NO生成及IL-6等分泌增加，发生增殖反应或获得行使抗原呈递功能，而IL-4可降低NO生成。

(4) 当MHCⅡ类分子表达时获得抗原呈递功能。

（二）外周神经系统

(1) IL-1诱导交感节神经元SP mRNA的表达增加，并促进乙酰胆碱的合成，该作用可被针对IL-1的单克隆抗体及IL-1受体拮抗物所特异性阻断。

(2) 培养的交感神经节中有IL-1及其mRNA的表达，且脂多糖可显著增加IL-1及mRNA的含量，IL-1受体拮抗物可抑制低水平的SP表达。

(3) 神经节中的施万细胞或成纤维细胞有可能合成LIF，后者可促进交感神经元表达SP及ACh，IL-1可诱导LIF mRNA的增加，此过程可被GC抑制。

（三）垂体前叶

垂体前叶既是神经内分泌枢纽腺体，也可视为神经免疫内分泌的核心器官。垂体前叶通过释放多种激素、免疫效应分子、神经肽类参与调节免疫机能。

(1) 垂体前叶通过分泌内分泌激素，如GH及PRL正性调节免疫效应，通过释放ACTH及抑制素对免疫功能起负性调节作用。

(2) 垂体前叶可通过分泌细胞因子，如IL-6、LIF、TGF-β、IL-2等，调节免疫功能。垂体前叶中的FSC细胞具有多种免疫标志分子，可表达MHCⅡ类分子，FSC是垂体前叶中IL-6的主要来源。此外，FSC细胞介导IFN-γ对垂体前叶激素LH分泌具有抑制作用。

(3) 垂体前叶有SP肽能神经纤维分布，且腺细胞中也有SP的存在。SP具有多种免疫调节作用，在垂体培养条件下，SP可刺激FSC细胞的增殖，刺激IL-6的释放。

(4) 以下丘脑、垂体前叶为中心，下丘脑分泌的垂体激素释放激素或释放抑制激素以及垂体的外周靶腺激素均具有程度、性质不等的免疫调制效应，各种细胞因子及胸腺激素也影响或调控垂体前叶激素的分泌，从而形成神经免疫内分泌调控网络。

二、免疫应答对神经-内分泌的影响

免疫系统可作为中枢神经系统的感受器官，感知机体内环境的化学性和生物性动态变化，并在免疫应答过程中对神经内分泌系统做出精确的调控，保障机体内环境的稳定和生理活动的正常进行。

(一) 免疫应答对下丘脑活动的影响

抗原刺激机体后，下丘脑腹内侧核神经元的放电频率明显增加，在免疫应答的高峰期，该频率增加 2 倍以上，其增加程度与免疫应答的强度及不同阶段有关，对抗原刺激不发生免疫应答的大鼠则无此现象。视前区及室旁核神经元亦有类似现象，而在预先注射环磷酰胺抑制免疫应答的个体，未能观察到这些部位的放电频率变化。由此可以认为下丘脑与免疫反应相关，中枢神经系统可感受机体内免疫功能状态，并据此向免疫系统发出调控信号。

在免疫应答的过程中，细胞因子 IL-1 可以作用于下丘脑的 CRH 神经元促进 CRH 的分泌，继而增加糖皮质激素的分泌。

(二) 免疫应答对交感神经活动的调节

体液免疫应答的主要器官是脾脏和淋巴结。免疫反应时，脾脏 NE 的含量降低，说明免疫系统能影响交感神经的活动。用 T 细胞依赖性抗原 SRBC 免疫大鼠 3～4 天后，观察到大鼠脾脏 NE 含量显著降低，NE 代谢更新率也减低，其降低程度和持续时间与免疫应答的强度成反比；给大鼠腹腔注射 IL-1 可以增加脾脏中 NE 的更新率，而对其他组织无明显影响。说明免疫应答导致的脾脏 NE 含量的降低是由于 NE 更新率的增加所致。不仅如此，脾脏交感神经的基础活动亦受免疫调控。无菌环境饲养的大鼠与无特定病原体环境饲养的大鼠相比，后者免疫活动基础水平高，其胸腺、脾脏及淋巴结中 NE 含量则较低。

免疫系统对交感神经活动的调节主要通过以下途径实现。

1. 下丘脑自主神经中枢

抗原刺激后，下丘脑特定部位放电频率和 NE 水平的改变影响了交感神经的活性，从而影响淋巴组织中 NE 的释放。这种通过与中枢神经系统联系而实现的调节方式，有利于整合协调三大系统的功能，使调节更加宏观精确。

2. 淋巴器官内免疫细胞与交感神经末梢的相互作用

淋巴器官内免疫细胞与交感神经末梢可以相互作用，这种交感神经的局部调节有利于对免疫系统的活动和紊乱作出迅速的反应。

3. 免疫过程中神经内分泌激素水平的改变

研究发现抗原免疫动物的血浆中，GC 含量上升，且升高的程度与免疫应答的强度相关。研究还发现，体液免疫过程中 GC 浓度变化与活化淋巴细胞分泌的活性物质有关，该物质被称为糖皮质激素诱导因子(glucocorticoid inducing factor,GIF)。除哺乳动物外,鸟类动物受抗原刺激后也有 GIF 生成,提示 GIF 在种系遗传上的保守性。GIF 激活后主要通过下丘脑促进 CRH 的释放从而激动 HPA 轴,HPA 轴中的 ACTH 及 GC 均有强大的免疫抑制效应,激活的 HPA 轴可以抑制机体免疫系统对后继抗原刺激的反应,这一现象可能与"抗原竞争"有关,因此可以反馈性地调节体液免疫应答的强度及时程。

因此,免疫系统可作为中枢神经系统的感受器官,感知机体内环境的化学性和生物性动态变化,神经内分泌系统对此作出精确的调控,保障机体的内环境的稳定和生理活动的正常进行。

三、细胞因子对神经-内分泌的影响

细胞因子作为免疫系统重要的生物活性物质,是免疫系统参与调节神经内分泌系统的重要媒介(表 8-6)。

(一) 细胞因子影响神经内分泌系统的生物学基础

(1) 神经细胞及神经内分泌细胞可稳定或受诱导而合成 IL-1、IL-2、IL-6、LIF、INF、转化生长因子、干扰素(IFN)等细胞因子。

(2) 无论是在基础状态下还是诱导后,在脑组织中存在下列细胞因子的受体和相应的 mRNA,这些细胞因子包括 IL-2、IL-4、IL-6、TNF、IFN 等,这些受体分布于神经细胞及神经内分泌细胞膜上。

(3) 脑内一些区域,如终纹血管器、最后区、脉络丛及正中隆起等处缺乏血脑屏障,为循环血中的细胞因子影响中枢神经系统提供了直接途径。同时在出生后的早期或某些病理条件下,血脑屏障发育未完善或通透性增加时细胞因子也可到达中枢部位。

(4) 由于淋巴器官具有神经支配,故由免疫细胞生成的细胞因子也可能作用于支配淋巴器官的内脏感觉神经末梢,从而发挥其调节神经内分泌功能的效应,如 IL-1、IL-2 等可不同程度地影响神经元的放电活动。

(二) 免疫细胞产生的细胞因子作用于神经系统的途径

免疫应答过程中产生的细胞因子具有广泛的生物学作用,目前认为细胞因子对神经系统的作用可能通过以下几条途径。

(1) 通过传入神经。由于在外周感觉神经上存在细胞因子的受体,因此来源于免疫细胞的细胞因子可通过与外周感觉神经上的受体结合,影响外周神经的传入活动,继而调节中枢神经的活动。

(2) 通过脑内转运系统。来源于外周血的 IL-1D、IL-1、IL-6 等可通过该途径越过血脑屏障,进入脑脊液和脑中,直接作用于神经组织,从而影响中枢神经系统的功能。不同细胞因子的转运途径不同,不同脑区转运细胞因子也具有选择性和特异性。

(3) 免疫细胞直接进入中枢。一般情况下,由于血脑屏障的存在,巨噬细胞很难进入中枢神经系统。炎症或创伤引起的病理过程中,巨噬细胞可进入中枢神经系统,除了清除衰老的组织,巨噬细胞还能释放多种细胞因子,调节中枢神经系统的功能。

表 8-6　部分细胞因子对神经系统的作用

细胞因子	作用部位	作用效果
IL -1	大脑皮质	提高 CABA 能神经元的活动
	海马	抑制长时程增强(LW),抑制钙流,改变单胺转化,引发癫痫
	下丘脑	CRF 释放和 HPA 轴激活,抑制 LHRH 释放和排卵,促进催乳素合成,发热,抑制食欲,增加心率、血压,改变胃功能
TNF	海马	抑制 LTP
	下丘脑	CRH 释放,HPA 轴激活,抑制 LHRH 释放和排卵,发热,抑制食欲
	蓝斑	抑制慢波睡眠
IFN	海马	抑制 LTP
	下丘脑	发热

将信息从免疫系统传递到大脑的通路可能包括下面几条:①细胞因子如 IL-1 影响脑室周围的器官如 SFO、OVLT、AP;②IL-1 与受体结合后激活迷走神经,将信息传递到孤束核(NTS);③β-END 可能结合到躯体传入末梢产生止痛效应;④交感神经传入是否受到释放于免疫细胞的某些化合物的影响尚不清楚(图 8-3)。

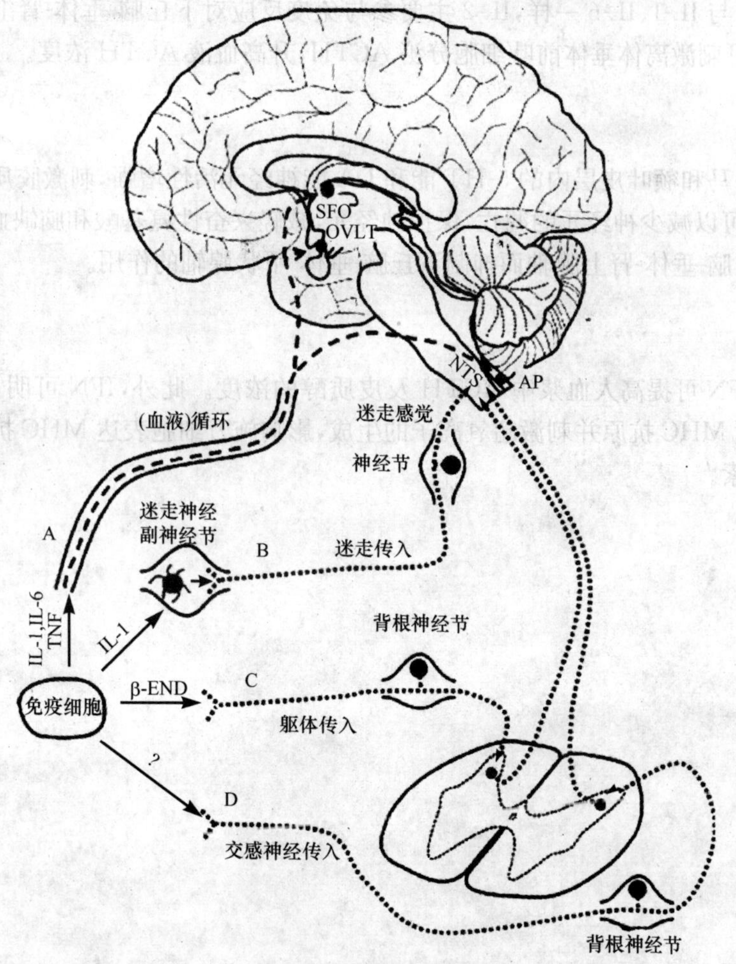

图 8-3　将信息从免疫系统传递到神经系统的可能通路

SFO:穹窿 F 器;OVLT:终板血管器;AP:最后区;NTS 孤核

（三）几种重要的细胞因子的神经调节作用

1. IL-1

IL-1 被认为是神经内分泌系统与免疫系统之间传递信息的桥梁，起着重要的调节作用。IL-1对各种中枢神经递质的合成及代谢有明显的影响，如影响下丘脑-垂体-靶腺的活动以及交感神经的功能。在外周神经系统，IL-1 增加交感神经节 SP 的合成，促进施万细胞的增殖。IL-1 还能提高胆碱乙酰化酶的活性而促进 ACh 的合成、诱导神经生长因子的合成。

IL-1 对垂体前叶、肾上腺皮质和髓质、性腺、甲状腺以及胰岛等内分泌系统有广泛的影响。IL-1 可直接作用于垂体，促进垂体细胞 ACTH 等的增加。这种免疫抑制功能可能与某些急性感染早期，机体的免疫力降低密切相关。IL-l 还可使甲状腺生长缓慢，抑制甲状腺激素的分泌和 FSH 诱导的甲状腺细胞对碘的摄取。

2. IL-2

IL-2 对免疫系统的主要功能是促进细胞毒性 T 细胞的增殖和增强细胞免疫，具有较强的神经内分泌效应。与 IL-1、IL-6 一样，IL-2 主要参与免疫反应对下丘脑-垂体-肾上腺轴系的激活。临床应用 IL-2 可刺激离体垂体前叶细胞分泌 ACTH，升高血液 ACTH 浓度。

3. IL-6

可使小鼠海马和额叶皮层内的 5-HT 能和 DA 能神经元活性增强，刺激胶质细胞增生，具有神经保护作用，可以减少神经元的凋亡，保护神经元，减轻兴奋性氨基酸和脑缺血导致的脑损伤，还具有兴奋下丘脑-垂体-肾上腺轴而抑制下丘脑-垂体-甲状腺轴的作用。

4. IFN

临床应用 IFN 可提高人血浆中 ACTH 及皮质醇的浓度。此外，IFN 可明显促进成年大鼠小胶质细胞表达 MHC 抗原并刺激超氧离子的生成，影响施万细胞表达 MHC 抗原，促进黑色素合成，对抗胰岛素。

（张吉强）

第九章　神经系统的高级功能

第一节　学习与记忆

学习与记忆(learning and memory)是人和动物生存不可缺少的高级脑功能。学习是指获得外界知识的神经活动过程,而记忆则是将获得的知识(经验)储存和读出的神经活动过程。学习与记忆相互关联,学习是记忆的前提,而且新的学习又是在已获得的记忆基础上进行的。

学习如何发生、记忆如何储存和再现一直是神经科学研究的热点问题。过往 100 多年,不同学科的研究者对学习记忆的神经机制进行了广泛的研究和探讨,尤其是近 30 年,随着神经生理学、分子生物学、神经生物学和功能成像等学科的快速发展,科学家进一步在基因、分子、细胞和行为等不同水平对学习记忆这一复杂脑功能的神经机制进行了深入的阐明。本节从分类、解剖基础和神经机制等方面对学习记忆进行全面的阐述。

一、学习与记忆的类型

(一) 学习的分类

1. 非联合学习

非联合学习(nonassociative learning)指刺激和反应之间不形成明确联系的学习形式,主要指单一刺激长期重复作用后,个体对该刺激的反射性反应增大或减弱的神经过程。它包括以下两类。

(1) 习惯化(habituation):是指在反复刺激的过程中,因刺激而引起的行为反应减弱或消失。习惯化虽然是最简单的学习形式,但对所有动物来说都具有广泛的适应意义。

(2) 敏感化(sensitization):一种反射性反应因为一个强刺激或伤害性刺激而加强。

2. 联合型学习

联合型学习(associative learning)指两个或两个以上事件在时间上很靠近地重复发生,最后在脑内逐渐形成联系。它包括以下几方面。

1) 经典性条件反射(classical conditioning)

也称巴甫洛夫条件反射(Pavlovian conditioning),是指条件刺激和非条件刺激反复结合强化,一段时间后动物对条件刺激也产生了与非条件刺激相同的反应。

2) 操作式条件反射(operated conditioning)

条件刺激出现后,动物必须经过自己的某种运动或操作才能获得非条件刺激(食物、电击)的强化,经过一段时间训练后,条件刺激可引起某种行为或操作反应。

(1) 回避性条件反射(avoidance conditioning):分为主动回避反应(active avoidance response)和被动回避反应(passive avoidance response),动物对伤害性条件刺激事先作出适当反应以避开这种刺激称主动回避,如穿梭箱(shuttle-box)和爬杆(pole-jumping)试验。动物受到伤害性刺激后被动地采取某种行为避开刺激称被动回避,如避暗和跳台试验。

(2) 压杆条件反射(lever press conditioning):动物学会踩动杠杆而得到食物奖励,类似的还有开箱行为的条件反射(problem box conditioning)。

(3) 辨别性学习(discrimination learning):动物学习辨别空间、颜色、图形等的能力。迷宫学习(maze learning)是一种空间的辨别学习,较常用的有T迷宫、Y迷宫、Morris水迷宫和复杂的多臂迷宫。

(4) 延迟反应(delayed response):动物必须延搁一定时间后进行操作才能获得奖励或逃脱惩罚。这是一种有一定难度的学习,常以猴为实验对象。

3) 厌恶学习(aversion learning)

用强X线照射大鼠损伤其胃肠道的同时,给其饮用甜水,康复后,大鼠便拒绝喝此种甜水,这即是厌恶学习,它的形成也需要非条件刺激(疾病)和条件刺激(味道)相结合,但只需一次训练,所以又称为"一次尝试学习"(one-trial learning)。在无脊椎动物和人也存在这种形式。

4) 复合学习(complex learning)

(1) 印刻(imprinting):是幼年动物对父母产生依恋行为的过程。

(2) 潜在学习(latent learning):动物放在迷宫中自由活动,但不给训练,在随后的学习过程中比没有进过迷宫的动物快得多,称为潜在学习,说明学习效果的好坏与环境条件有密切关系。

(3) 观察学习(observational learning):也称替代学习(vicarious learning),是一种看了别的动物完成一种作业以后,自己再学习这种工作时能够很快就学会的形式。目前在低等脊椎动物或无脊椎动物尚未发现替代学习的证据。

(二) 记忆的过程和分类

1. 记忆的形成过程

记忆的形成过程大致分为三个阶段。①识记或获得(registration or acquisition),通过学习在大脑留下记忆痕迹的过程。②储存和巩固(storage and consolidation),记忆痕迹由短时不稳定状态逐渐转化为长期牢固并储存下来的过程。③再现(retrial),储存在脑内的记忆痕迹回忆出来的过程。

2. 记忆的分类

(1) 根据时程可分为瞬时记忆(immediate memory)、短时记忆(short-term memory)、长时记忆(long-term memory)。

瞬时记忆:当外界刺激出现后,一定量的信息从感官进入相应系统内储存起来,又称感觉记忆(sensory memory)。

短时记忆:一般指持续几秒或几分钟的记忆,其信息储存容量有限。

长时记忆:指保持几天、几周,甚至终身的记忆,信息量极大。

(2) 根据信息储存和回忆方式分为陈述性记忆(declarative memory)和非陈述性记忆(non-declarative memory)。

陈述性记忆:又称外显记忆(explicit memory),指与特定时间、地点有关的事实、情节和资料的记忆。它可以用语言陈述或作为一种非语言的映象形式保持在记忆中,这种记忆上升到意识能被清楚地回忆,并进行推理。陈述记忆可分为情节记忆和语义记忆(episodic and semantic memory)，前者指与时间、地点相联系的个人经验的记忆，后者指对各种有组织的知识的记忆，如单词、公式、语法规则等。

非陈述性记忆：又称内隐记忆(implicit memory)，是关于感知觉和运动技巧等的记忆，需要经过多次重复才能逐步形成，没有意识成分参与，不能用语言描述。非陈述性记忆又可进一步分为 4 种类型。第一类称为程序性记忆(procedural memory)，它储存各事件间相关联的信息，只能通过操作才能体现出来。第二类为启动效应或初始化效应(priming)，在某一场合经历过某一刺激，这一刺激以后再次出现时辨认出的速度会显著增快。第三类非陈述性记忆是通过联合型学习所形成的简单的经典条件反射。第四类是由非联合型学习所形成的记忆(图 9-1)。

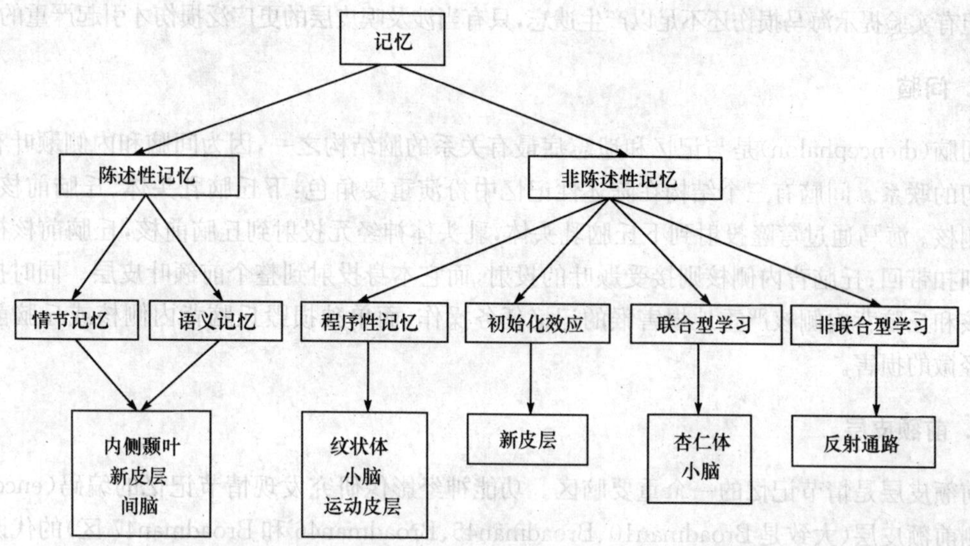

图 9-1 记忆的分类及其相关脑结构

二、学习记忆的解剖基础

(一) 记忆的脑功能定位

在过去很长一段时间内，以 Lashley 为代表的研究者认为脑内并不存在与记忆特殊相关的结构，记忆痕迹只是弥漫地储存于整个脑内，皮层损伤的范围大小对于记忆的损害作用远大于具体的损伤部位，这一学说在生理心理学界占据很久的支配地位，直到 20 世纪 50 年代临床报道一例癫痫患者 H. M. 因两侧额叶内侧部切除而出现严重记忆障碍，才逐渐明确中枢存在与记忆有关的某些神经结构，而且不同类型的学习记忆有不同的脑区参加。以后随着功能成像技术的发展，科学家可以无创伤性地研究正常人和患者学习记忆时的脑活动，这些方法包括区域性脑血流测定、正电子发射断层扫描术、功能性磁共振成像和事件相关电位的测定。

目前认为与陈述性记忆关系密切的有以下核团或脑区。

1. 内侧颞叶

内侧颞叶(medial temporal cortex)包括海马、内嗅皮层、嗅周皮层和旁海马皮层。内嗅皮层和嗅周皮层总称为嗅皮层(rhinal cortex)。临床资料报道，患者双侧切除内侧颞叶造成陈述记忆的短时储存发生困难，而长时记忆保持完好，非陈述记忆或程序性记忆也不受损，智商也正常。

因此认为海马主要参与信息的获得，而不是记忆痕迹长时储存的场所。除了猴外，海马的短时记忆功能在其他动物上尚未证实。

在低等动物，海马是很重要的与嗅功能有关的结构，动物通过嗅觉决定哪种食物可食，哪种食物不可食。如果海马受损，动物可能因误食毒物而死。动物的嗅行为也包含了学习记忆的意义。利用条件反射的学习记忆模型观察到如果用闪光结合电击使家兔建立防御性条件反射，在条件反射逐渐形成并巩固的过程中，中枢神经系统的电活动主要集中在视皮层和海马。损毁海马后，操作式条件反射的建立十分困难，需要 100～200 次或更多的训练。双侧海马损毁后，除了反射难以建立外，动物对新异刺激不能习惯化。

但有实验提示海马损伤还不足以产生遗忘，只有当涉及嗅皮层的更广泛损伤才引起严重的遗忘。

2. 间脑

间脑(diencephalon)是与记忆和遗忘症最有关系的脑结构之一，因为间脑和内侧颞叶有着非常密切的联系。间脑有三个结构在陈述性记忆中扮演重要角色：下丘脑乳头体、丘脑前核、丘脑背内侧核。海马通过穹隆投射到下丘脑乳头体，乳头体神经元投射到丘脑前核，丘脑前核神经元投射到扣带回；丘脑背内侧核则接受颞叶的投射，而它本身投射到整个前额叶皮层。同时损毁丘脑前核和丘脑背内侧核严重地损害猴的记忆任务操作，而单独损毁丘脑背内侧核或丘脑前核只造成轻微的损害。

3. 前额皮层

前额皮层是情节记忆的一个重要脑区。功能神经影像研究发现情节记忆的编码(encoding)与左侧前额皮层(大致是 Broadman10、Broadman45、Broadman46 和 Broadman47 区)的代谢活动增加有关，而记忆的再现却以右侧前额皮层(9 区、10 区、46 区)的活动增加占优势。前额叶背外侧区是短时工作记忆的重要脑区。后扣带皮层是前额皮层与海马纤维联系的驿站，在学习记忆过程中代谢活动也增加。

4. 杏仁核

杏仁核主要指基底外侧核，是恐惧条件反射形成和储存的部位，也是建立以自主神经反应为主的经典条件反射的重要结构，但它不参与陈述记忆的形成。杏仁核可以通过两种方式影响长时陈述记忆的储存：一是调制海马及有关环路的记忆过程。二是与应激激素(肾上腺素、肾上腺皮质激素)一起增加与情绪有关的长时陈述记忆，这个过程也是通过海马等其他脑区完成的。选择性损毁杏仁核的患者，受情绪影响的长时记忆随之损伤，而非情绪有关内容的记忆仍是正常的，但是杏仁核的这些调制作用是有时间限制的，不可能长时维持。

参与非陈述记忆的脑结构与陈述记忆的不同，基底节、小脑、皮层运动区起了重要的作用(表 9-1)。

表 9-1　两类记忆形成的有关结构

记忆类型	陈述性记忆	非陈述性记忆
短时记忆	海马及有关结构	部位不清楚，可能涉及广泛的结构
长时记忆	各皮层区，如语义记忆-Wernicke区、脸面记忆-额叶皮层	小脑，基底节，运动前区以及与运动行为有关的其他脑区

(二) 记忆的神经回路

1. 陈述记忆的神经回路

短期和中期的陈述记忆需要皮层和边缘结构,特别是海马的参与。陈述记忆的神经回路大致是:视、听、触觉刺激进入大脑初级感觉皮层(味觉和嗅觉主要进入颞叶和额叶的边缘旁皮层)→联合皮层→内侧颞叶边缘系统、丘脑内侧核团、额叶腹内侧部分⟵基底前脑胆碱能系统→大脑联合皮层。不同的记忆可能较弥散地分布在皮层各区,但它们之间仍有相互联系。

2. 非陈述记忆的神经回路

非陈述记忆的神经回路由皮层-纹状体系统负责。在哺乳动物,初级运动皮层、运动前区和前额皮层在三个层次对运动功能进行调控,而前额皮层居最高的支配地位。脊髓、脑干和小脑储存相对比较简单的运动记忆,支配反射性活动,调节许多种系先天的、固定形式的防御性反应,它们在皮层的调控下也可以完成条件性运动反应,小脑还具有认知功能,参与空间记忆。经过训练,皮层的运动记忆移位至较低级的运动中枢,如基底节。猴的皮层损毁可以破坏新的技巧学习,而不影响已学会的动作。

非陈述记忆的神经回路大致是:感觉刺激→皮层感觉区和联合皮层→颞叶→尾壳核→苍白球和黑质→脑干运动系统。苍白球和黑质也可以通过丘脑腹侧核投射至大脑皮层运动区,此回路的形成协助锥体系完成已学会的运动反应。此外,大脑皮层→边缘系统→伏隔核→苍白球通路在运动学习的动机形成中起重要的作用。

三、学习记忆的神经机制

(一) 学习的神经机制

1. 习惯化

海兔(aplysia)是一种海洋软体动物,海兔的缩鳃反射是一个较为理想的研究学习记忆的模型。刺激覆盖在鳃外面的外套膜或其延伸部分水管(siphon)后,引起鳃收缩的防御反射,这个反射回路由 6 个运动神经元和 24 个感觉神经元以及若干中间神经元组成。这种缩鳃反射可因连续多次轻触外套膜或水管皮肤而渐渐减弱呈现习惯化。这种习惯化可以持续几小时,如果刺激重复 40 次或更多,即可产生长达 3 周的长期习惯化。

在习惯化机制中,Ca^{2+} 内流量起着重要的调节作用。在正常传导的情况下,动作电位到达神经末梢,突触前膜上的钙通道开放,Ca^{2+} 内流,使囊泡靠近突触前膜而释放递质。在突触习惯化时,依次而来的动作电位到达感觉神经末梢,膜上的 N 型钙通道通透性下降,甚至关闭,以致 Ca^{2+} 内流减少,囊泡向活化区移动减少,后者可能是更重要的原因,从而使囊泡释放递质减少。

2. 敏感化

海兔缩鳃反射敏感化是在海兔的头部或尾部给予伤害性刺激(如电击)时,再给予重复刺激水管,将会引起缩鳃反射明显增强。敏感化可持续数分钟、数天到数周,依据训练次数多少而异。

在敏感化机制中,Ca^{2+} 内流量也起着重要的调节作用。敏感化时,伤害性刺激通过 5-HT 能中间神经元传入，中间神经元与感觉神经元之间以轴-轴突触联系。中间神经元的末梢释放 5-HT，作用于感觉神经元末梢上的 5-HT 受体，由 Gs 蛋白介导激活腺苷酸环化酶，后者使 cAMP 生成增加，cAMP 作用于 PKA，激活的 PKA 使膜上钾通道磷酸化，通道构型发生变化而关闭，K^+ 电导降低，减少感觉神经元兴奋时复极化的 K^+ 外流，延长动作电位时程，因而也延长了钙通道的开放时间，Ca^{2+} 内流增加，神经末梢释放递质增加。5-HT 还可以通过受体-Go 蛋白介导，激活 PLC，分解膜脂类生成 DAG，再激活 PKC，PKC 与 PKA 协同作用，使囊泡从递质库移向活化区的递质释放库，也增加感觉神经元兴奋时的递质释放，使运动神经元活动加强，行为上表现为缩鳃反射增强。

3. 条件反射

巴甫洛夫认为条件反射是两个刺激在大脑皮层发生了新的联系，目前发现大脑皮层摘除对一些简单的条件反射没有损害，但是一个复杂的感觉刺激作为条件刺激时，大脑皮层的感觉区必须健全，如摘除视感觉区则损害动物的视觉性辨别学习。然而，条件反射时的条件联系不仅发生在大脑皮层，也发生在皮层下结构。对兔条件性瞬目反射的反射弧的研究证明该反射的建立需要小脑的参加。损毁小脑间位核可以完全阻断小鼠的瞬目条件反射，因此小脑皮层（主要是浦肯野细胞）和小脑深部核（如间位核）都是瞬目条件反射记忆痕迹的储存部位。

利用海兔的缩鳃反射研究条件反射建立的机制，可以在分子水平上对两种刺激是如何建立联系的做进一步的分析。用轻触海兔的水管作为条件刺激（conditioning stimulation，CS），它引起较弱的缩鳃反射，用中等强度的尾部电击作为非条件刺激（non-conditioning stimulation，US），后者引起防御性的反射，鳃强烈地收缩。如果 CS 先于 US 约 1s，反复配对给予，将使 CS 引起的缩鳃反射大大地增强。

海兔缩鳃条件反射的神经回路与敏感化的神经回路相似，CS 与 US 分别由两条途径传入，信息在感觉神经元上会聚，一方面 CS 通过水管感觉神经元，使突触后神经元 cAMP 产生增加，最后使鳃轻度收缩。另一方面 US 激活中间神经元，使其释放 5-HT，作用于感觉神经元末梢上的 5-HT 受体，通过 Gs 蛋白介导激活腺苷酸环化酶，使 cAMP 适度增加，引起鳃的收缩。所以，腺苷酸环化酶的活性受 CS 和 US 双重调节，是两种刺激产生联系的分子基础。当 CS 和 US 配对地传入时，腺苷酸环化酶更大程度地被激活，cAMP 生成更多，以致感觉神经末梢钾通道关闭，动作电位时程延长，Ca^{2+} 内流增加，递质释放明显增加，引起缩鳃反射的加强。

（二）记忆的神经机制

1. 短时记忆的机制

神经活动可以在有关的神经回路中以一种循回活动的形式维持短暂的时间，这种活动形式可能是短时记忆的神经基础。因此，当神经回路发生疲劳时，或者新的信号干扰这种循回过程时，短时记忆便消失。支持此学说的证据是一些理化因素，如麻醉、缺氧、电击等暂时中断神经冲动的传导，一些干扰因素，如闹声、注意力分散等都可抹去短时记忆。如果反复实践，即增加神经冲动的循回活动可延长短时记忆的时间，回路中神经元之间的突触产生可塑性变化，如递质的合成、释放增加，受体的数量增多，受体与递质的亲和力改变，以及突触结构发生变化，这些改变都使突触传递易化，有利于短时记忆向长时记忆转化。

2. 长时记忆的机制

记忆是突触修饰的结果,是突触蛋白上的磷酸基团数目改变的结果。蛋白质的磷酸化导致突触传递效能发生改变,并形成记忆。正如前文所述,对海马 LTP 的诱导来说,磷酸基团数目的增减发生在谷氨酸 AMPA 受体上。但是,蛋白质的磷酸化作为长时记忆的机制显然是不可能的,这是因为:①蛋白质的磷酸化不是永久性的,经过一定的时间,蛋白质分子上的磷酸基团会被除去;②蛋白质分子本身也不是永久存在的,脑内大多数蛋白质的寿命不到两个星期,它们不断地被更新。因此,如果记忆只是依赖于蛋白质分子的磷酸化,那么随着蛋白质分子的去磷酸化或更新,记忆也会无法维持。可是,我们能够形成长时程的陈述性记忆,许多记忆可以终生得以保持。那么,短时程的记忆(或者说,突触蛋白质分子的磷酸化)是通过什么样的机制转变成长时程记忆的呢?

1) 神经元胞质中蛋白激酶 C 的持续活化

蛋白激酶 C 在 LTP 的诱导中起重要作用,当 Ca^{2+} 通过 NMDA 受体通道进入神经元后,激活蛋白激酶 C,从而使 AMPA 受体磷酸化,导致突触传递效率升高。如果蛋白激酶 C 能够持续地处在活化状态,从而不断地维持 AMPA 受体的磷酸化,则可使记忆保持一段时间。研究表明,Ca^{2+} 内流进入神经元后,其浓度会很快地回落,但蛋白激酶 C 却依然处于活化状态,并可维持相当长的时间。

蛋白激酶 C 的分子造型犹如一把折刀,由一个铰链连着两部分。铰链一端是它的催化区域,进行磷酸化反应;另一端是它的调节区域。正常情况下,在没有适当的第二信使(如 Ca^{2+})存在时,蛋白激酶 C 这把"折刀"是折拢的,催化区域被调节区域覆盖,蛋白激酶 C 处于失活状态。当有适当的第二信使存在时,蛋白激酶 C 这把"折刀"就会打开,进入活化状态。第二信使消失后,"折刀"通常又会折拢起来,蛋白激酶 C 又进入失活状态。

然而,在 LTP 的诱导过程中,或者说在学习过程中,蛋白激酶 C 的铰链被切断,它的催化区域游离出来,漂流在神经元的胞质中,持续地处于活化状态,因而可以维持 AMPA 受体的持续磷酸化。

2) 神经元核内基因转录的启动

蛋白激酶 C 持续活化使 LTP 和记忆能保持的时间终究是有限的(几分钟至几小时)。陈述性记忆要长时间甚至终生保持,必须要有更可靠的、更稳固的储存形式。

研究表明,多串的强直刺激,或者重复的学习或训练,使 Ca^{2+} 在短时间内大量地流入突触后神经元。Ca^{2+} 与钙调素结合,激活腺苷酸环化酶,从而生成大量的 cAMP。cAMP 与蛋白激酶 A 的调节亚基结合,使蛋白激酶 A 的催化亚基游离出来并进入细胞核。进入细胞核内的催化亚基使 cAMP 反应因子结合蛋白(CREB)磷酸化,生成 CREB-1。CREB-1 与 DNA 分子上的 CRE 结合,激活即刻反应基因(IEG),从而启动新的突触蛋白(调节因子、受体、离子通道等)的合成,使神经元原有的突触有更多的受体和离子通道,或使神经元装配新的突触。因此,通过 cAMP-PKA-CREB 信号通路的活动,神经通路发生结构上的精细修饰,使神经元之间的信息传递效率显著增强。

研究表明,施加蛋白激酶 A 的抑制剂,或通过转基因技术使小鼠带有能抑制蛋白激酶 A 活性的基因,或通过基因敲除技术把编码 CREB 的基因部分敲除,小鼠海马 CAl 区只能诱导出早期 LTP,诱导不出晚期 LTP;对应地,小鼠的短时程场景恐惧记忆正常,而长时程的场景恐惧记忆不能形成(场景恐惧记忆也是依赖于海马的一种陈述性记忆)。因此,CREB 被认为是短时记忆向长时记忆转化的“分子开关”。

3）新蛋白质的合成和新突触的形成

长时记忆的形成需要启动基因转录和蛋白质合成。事实上，自从 20 世纪 60 年代发现抑制蛋白质合成的药物以来，科学家们对蛋白质合成在记忆中的作用进行了广泛的研究。1963 年，斯奎尔等就发现，长时记忆的形成依赖于新蛋白质的合成，而短时记忆则不需要新蛋白质的合成。他们训练小鼠学习在“T”形迷宫里选择位置向左或向右行进。训练前，一组小鼠注射可阻断蛋白质合成的药物，另一组小鼠则注射生理盐水。这两组小鼠对“T”形迷宫任务都学习得非常好。在训练结束后的 15min 进行测试，两组小鼠均表现出良好的短时记忆。但是，在训练结束后的 3h 或更长时间进行测试，注射蛋白质合成抑制剂的那组小鼠对“T”形迷宫完全没有长时记忆，而注射生理盐水的对照组小鼠则表现出很好的长时记忆。而且，只有在训练期间或训练结束后 1～2h 时内给药，蛋白质合成抑制剂才能有效地干扰长时记忆的形成；如果在训练结束后数小时给药，蛋白质合成抑制剂对长时记忆的形成没有任何影响。行为训练和药物注射之间的时间间隔越长，长时记忆就越不受影响。这一实验结果表明，长时记忆的巩固需要新的蛋白质合成，而且有一个关键的机会窗口，即训练或学习后的 1～2h 是长时记忆巩固的关键时期。

因此，陈述性记忆的形成发生在突触部位。学习的内容首先表现为脑的电活动，然后通过第二信使分子，引起突触蛋白的修饰，从而产生短时记忆；通过启动基因转录和新的蛋白质合成，使现有的突触连接得到加强，并构建全新的突触，以装配新的微神经回路，使突触传递的暂时性变化转化为突触结构的持久性变化，形成长时记忆。NMDA 受体、Ca^{2+}、蛋白激酶 C、钙调素、cAMP、蛋白激酶 A，以及 CREB 在这一过程中起了关键的作用，特别是 Ca^{2+} 和 CREB。Ca^{2+} 是二价带电离子，同时又是强效的第二信使物质，它具有将电活动与长时程结构变化直接偶联起来的特殊能力；而 CREB 的激活则是短时记忆向长时记忆转化的最初几步生物化学反应中最关键的一步。

（三）参与学习记忆的神经递质和神经肽

学习记忆是脑内多种神经递质和神经肽共同协调作用和相互制约的结果，其中中枢胆碱能系统与记忆之间的密切关系已是众所周知的事实。

1. 乙酰胆碱

学习过程中，胆碱能突触的传递功能增强，主要表现在突触后膜对乙酰胆碱的敏感性增加，这种增加到一定程度后随即下降，此时，遗忘也开始了。胆碱能突触的功能与短期或近期记忆有关。学习训练后注射拟胆碱药物可增强记忆的保持，而将抗胆碱药物东莨菪碱注入侧脑室或海马则使学习减慢，记忆保持减弱。先天性胆碱乙酰化酶活力较低的小鼠，其记忆保持能力较差。健康青年试服东莨菪碱引起的记忆障碍与老年人的健忘症非常相似，主要表现为近期记忆障碍。最近实验表明老年人基底前脑胆碱能神经元对神经营养因子呈现年龄及部位相关性反应性下降，这种反应性下降与老年人记忆障碍有一定关系，且该部位胆碱能系统的退行性变化与空间学习能力下降呈平行关系。海马锥体细胞接受内侧隔核胆碱能神经的传入，随着年龄的增大，锥体细胞上的胆碱受体的数量也减少。因而设想老年性健忘机制之一是由于脑内胆碱能系统功能衰退。

ACh 增强记忆的机制未完全阐明。实验表明，胆碱能 M、N 受体激动均可增强记忆，ACh

可加强海马 Schaffer 侧支与 CAl 区锥体细胞处突触的 LTP 活动。在中枢，ACh 可引起选择性突触抑制，从而抑制无关刺激的干扰，提高注意力，有利于信息的记录和保持。

2. 儿茶酚胺

应用药理分析方法证明，去甲肾上腺素(NE)能系统活动有利于信息的巩固和再现。在试验前抑制 NE 的合成可以阻碍动物的回避学习，应用 NE 或其受体激动剂可以减轻各种因素导致的遗忘症，并且发现脑内 NE 的水平与记忆保存的程度相关。NE 的作用机制可能是调节广泛脑区的突触传入活动，增大环境中有意义的信息传入，抑制其他刺激传入的干扰，通过 NE 对信息的“过筛”功能，提高注意力，与电子仪器中增加“信噪比”相似。

3. γ-氨基丁酸(GABA)

GABA 是中枢神经系统内重要的抑制性递质，它对学习记忆也有重要的调节作用。GABA 局部注射于相关的大脑皮层运动区可暂时地抑制条件反射的出现。在训练后注射 GABA 的拮抗剂对记忆保持有增强作用，而注射 GABA 的激动剂则使记忆保持遭到损坏。

其他神经递质如 5-HT、多巴胺和谷氨酸均显示有一定的增强记忆的作用。

4. 促肾上腺皮质激素(ACTH)

ACTH 主要是促进短期记忆，有助于记忆保持及再现。将微量 ACTH 分别注射到中脑、丘脑，特别是束旁核内，可以防止回避性条件反射的消退。ACTH 促进记忆的作用并非继发于皮质激素的作用，而是直接作用于脑。主要以 β 肾上腺素受体为中介，激活突触后膜上的腺苷酸环化酶，使细胞生成 cAMP，继而激活蛋白激酶，使蛋白磷酸化，形成新的蛋白质。

5. 垂体后叶加压素

垂体后叶加压素(vasopressin，VP)是由 9 个氨基酸组成的多肽，对学习记忆的作用比 ACTH 类肽强，时间可持续 3 周以上。1964 年 DeWied 报道，切除垂体后叶的大鼠，其条件性回避反应的消退加速，如注射垂体后叶的抽提物则可以减慢消退的速度，随后实验显示垂体后叶加压素有同样作用，说明 VP 有易化记忆巩固的作用。此外，电生理实验表明，VP 对海马 Schaffer 侧支与 CA1 锥体细胞突触处的 LTP 诱导有促进作用。目前 VP 已在临床的一些患者中试用，证明对轻度记忆障碍有一定疗效。

6. 内阿片肽

阿片肽对学习记忆的调节作用也引起了人们的重视。在大鼠主动回避实验中亮脑啡肽和甲硫脑啡肽均能破坏学习过程，其有效作用剂量的范围很小。多数报道 β-内啡肽损害记忆巩固过程，这种作用可被阿片受体拮抗剂纳洛酮或纳屈酮对抗。因为纳洛酮的易化记忆巩固作用能被 M 胆碱受体拮抗剂阿托品所阻断，亦可被 β 肾上腺素受体拮抗剂普萘洛尔或用 6-OHDA 损毁 NE 能背束所抵消，β-内啡肽还能抑制中枢胆碱能末梢释放乙酰胆碱。所以 β-内啡肽损害记忆的作用机制可能是抑制了中枢神经系统的胆碱能及去甲肾上腺素能系统的活动。

其他神经肽如 CCK-8、P 物质、生长抑素及神经肽 Y 等都显示有增强记忆的作用。

四、学习记忆与突触可塑性

学习和记忆过程的神经基础是神经元之间的联结，即突触在形态和功能上的改变，这种改变称为突触的可塑性(synaptic plasticity)。因此，突触可塑性是指突触在一定条件下改变形态、增减数目及调整功能的能力，包括形态结构和传递效能的变化。前者指突触形态的改变，以及新的突触联系的形成和传递功能的建立，是一种持续时间较长的可塑性，在长期记忆中发挥作用。后者指突触的反复活动引致突触传递效率的增加(易化)或降低(抑制)。

遗传和后天环境因素共同决定了中枢神经系统的结构复杂性。人们很早就注意到，生活环境的改变的确可以引发起神经系统结构和功能的不同变化。在丰富环境中生活 30～160 天的大鼠，其大脑皮层的质量及厚度较之枯燥环境和一般标准饲养组有明显增加，幼鼠从断乳开始在丰富环境中生活仅 4 天，脑和皮层重量即明显增加。在不断变化的环境下生长的动物，由于接受较多的环境信息的刺激，神经系统发育程度、突触数量、树突的长度和分支以及胶质细胞数量等远远胜过生活在贫乏环境下生长的动物。

突触可塑性最直接的证据是在 20 世纪 70 年代初发现的。英国神经生物学家 Bliss 和他的同事发现，在麻醉家兔的海马的传入纤维-穿通纤维通路上，如先施予短暂的高频条件刺激(频率为 10～20Hz，串长为 10～15s 及频率为 100Hz，串长为 3～4s 的电刺激)，单个测试刺激所诱发场兴奋性突触后电位(field excited post synaptic potential，fEPSP)的幅度立刻增大，潜伏期也明显缩短。表明，高频条件刺激能改变海马结构的突触传递效能即产生增强效应。更有意义的是，这一增强现象可以持续数小时至数周，因此，就把这种现象称为突触传递长时程增强(long term potentiation，LTP)(图 9-2)。LTP 的发现使突触可塑性和学习记忆实验性研究进入崭新阶段。1982 年，日本著名神经生物学家 Ito 在小脑平行纤维——浦肯野细胞突触上，首次明确证实突触传递亦存在长时程抑制现象，LTD 已被认为是中枢神经系统突触可塑性的另一重要模式。

(一) 长时程突触传递增强

LTP 是指突触前纤维短暂的高频刺激后，突触传递效率和强度增加几倍且能持续数小时至几天保持这种增强的现象。LTP 最早发现于海马，后来又发现 LTP 现象普遍存在于神经系统，如皮层运动区、视皮层、内嗅皮层、外侧杏仁核、小脑，以及脊髓等部位。由于海马内 LTP 现象研究得比较清楚，所以下面主要介绍海马的 LTP。

1. 海马的 LTP 现象

海马由两部分神经元组成：一部分在齿状回，由颗粒细胞组成；另一部分在 Ammon 氏角，由锥体细胞组成。Ammon 氏角又分为 4 个区：CA1、CA2、CA3、CA4。海马的传入纤维及海马的内部环路主要形成三个兴奋性单突触通路(图 9-2)：①来自嗅皮层细胞的穿通纤维与齿状回颗粒细胞之间的突触连接；②颗粒细胞的轴突(即苔状纤维)与 CA3 区锥体细胞之间的突触连接；③CA3 区锥体细胞的 Schaffer 侧支与 CA1 区锥体细胞之间的突触连接。这三类突触都以谷氨酸为递质，都可以发生 LTP。但多数的研究工作集中在海马的 Schaffer 侧支-CA1 区锥体细胞的突触部位，一是因为此处能引导出稳定的 LTP，另一方面是临床上发现 CA1 区损伤的患者可以有严重的记忆缺陷，所以该区可能与人的记忆关系密切。

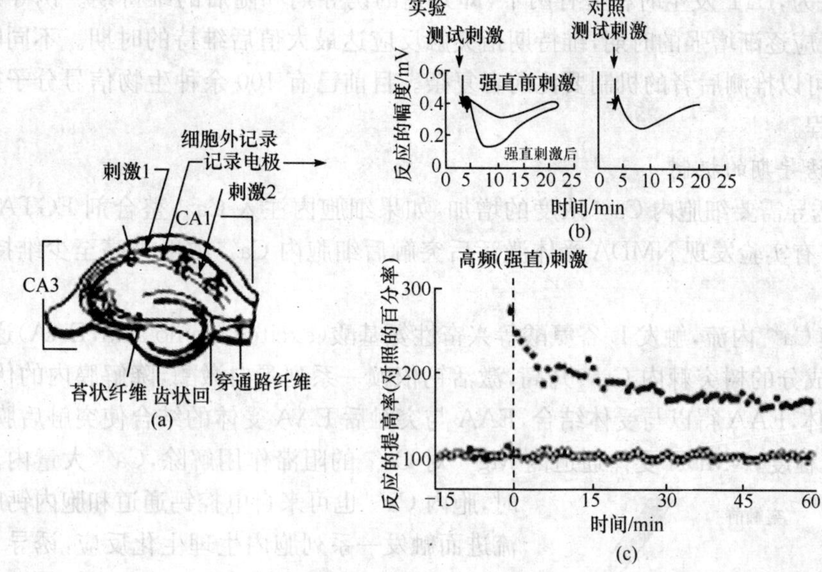

图 9-2 海马 CA1 区 LTP

低频刺激(2～3 次/min)Schaffer 侧支,在 CA1 区神经元诱发的 EPSP 大小是恒定的,这种 EPSP 主要由非 NMDA 受体调节的,因为用 AMPA 受体的选择性拮抗剂 CNQX 可以完全消除这种 EPSP 的产生。如果用一定强度的高频刺激(或称强直刺激,如 15Hz,10s 或 100Hz,1s)重复刺激 Schaffer 侧支后,继而用单个刺激测试,可以发现突触后神经元 EPSP 明显增强,表现为潜伏期缩短,振幅增大,斜率增加。这种突触传递的增强现象即 LTP。

LTP 持续的时间长短与高频刺激的数量有关,给予串长 1s 的 100Hz 刺激,1 次/s ,1～3 次能诱导出早时相的 LTP(early phase of LTP,E-LTP),维持 1～3h,同样的刺激参数给予 10 次则可诱导出持续 8～10h 的晚时相 LTP(late phase of LTP,L-LTP)。

LTP 不同于其他形式的突触后易化现象,具有 4 种特性。一是协同性(cooperativity):诱导 LTP 需要很多传入纤维同时被激活,兴奋的纤维数量与 EPSP 的大小有关。二是联合性(associativity):弱刺激或低频刺激原先不引起 LTP,但是如果弱刺激传入通路与邻近强刺激传入通路同时传入,将导致两条传入通路的突触部位均产生 LTP。三是特异性(specificity):假设两条通路上都能引起 LTP,在施加了强直刺激的通路上能产生 LTP,而没有施加强直刺激的通路则不能产生 LTP。简言之,LTP 仅出现在强直刺激的突触部位。这一特性称为 LTP 的输入特异性,也称为“同突触强化”。输入特异性表明 LTP 是一种活动依赖的突触局部改变,并非一般性的神经元兴奋性的增高。LTP 有时也可发生在未接受强化刺激但汇聚在同一细胞群的通路上,这一现象被称为“异突触 LTP”。四是持久性(permanence)。

2. 海马 LTP 产生的机制

实际上,突触传递增强有很多表现形式,LTP 只是众多突触传递增强现象中的一种。根据是否依赖 NMDA 受体,一般将突触传递增强效应分为两类,即 NMDA 受体依赖性和 NMDA 受体非依赖性。NMDA 受体依赖性 LTP 见于海马齿状回的穿通路纤维——颗粒细胞突触和 Schaffer 侧支-CA1 突触部位。NMDA 受体非依赖性 LTP 见于苔状纤维-CA3 突触。其他类型 LTP 的产生机制还有待研究。下面讨论的主要是海马 CAl 区 LTP 的产生机制。

现普遍认为，LTP 发生时相上有两个，即开始的诱导期和随后的维持期。诱导期指高频刺激引致突触反应逐渐增强的时期，维持期指突触反应达最大值后维持的时期。不同时相有不同的生理机制，可以推测后者的机制要比前者复杂。目前已有 100 余种生物信号分子被报道参与了 LTP 的过程。

1) LTP 诱导期的机制

LTP 的诱导需要细胞内 Ca^{2+} 浓度的增加，如果细胞内注入 Ca^{2+} 螯合剂 EGTA，LTP 就不能诱导成功。有实验发现 NMDA 受体激活后突触后细胞内 Ca^{2+} 浓度升高至少维持 2.5s 才能出现 LTP。

突触前膜 Ca^{2+} 内流，触发 L-谷氨酸等兴奋性氨基酸(excited amino acid，EAA)递质的释放，同时，突触后成分的树突棘内 Ca^{2+} 升高，激活钙依赖一系列蛋白激酶，降解膜内的伏衬蛋白网，暴露 EAA 受体，EAA 得以与受体结合，EAA 与突触后 EAA 受体的结合使突触后膜去极化，当去极化到一定程度，NMDA 受体通道内 Mg^{2+} 对 Ca^{2+} 的阻滞作用解除，Ca^{2+} 大量内流入胞。同时，胞内 Ca^{2+} 也可来自电控钙通道和胞内钙库。Ca^{2+} 内流进而触发一系列胞内生理生化反应，诱导 LTP 产生。以上描述的是 NMDA 依赖 LTP 诱导过程，而非 NMDA 依赖 LTP 诱导的关键机制可能是电控钙通道的开放(图 9-3)。

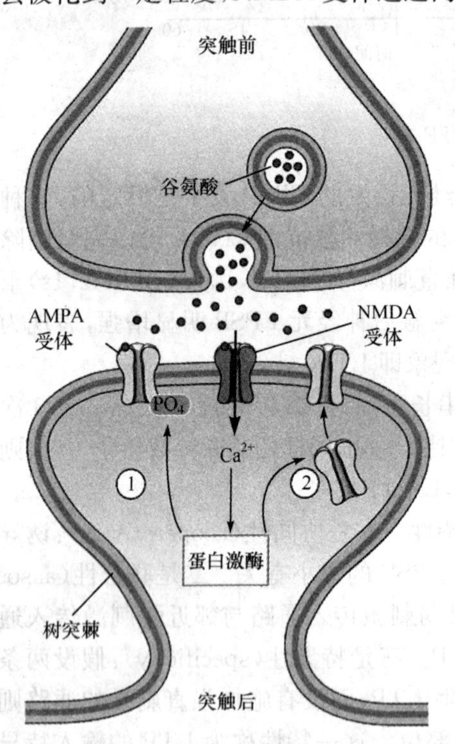

图 9-3　诱导期 LTP 产生机制

2) LTP 维持期的机制

与 LTP 诱导过程不同，LTP 的维持过程既有突触前、突触后单独作用机制，也有二者相互作用机制。下面详细介绍海马 NMDA 依赖 LTP 维持期的细胞分子机制。

A. LTP 维持期的突触前机制

LTP 是突触后功能的改变，但是某些部位的 LTP 的表达还涉及突触前机制，如海马 CA1 区的 LTP 需要突触后和突触前机制的参与。突触前机制的最终结果是递质释放增加。

(1) 蛋白激酶的激活。蛋白激酶 C 为一复杂酶系。它的激活主要依赖 Ca^{2+} 和磷脂，整个脑区分布广泛，海马内非常丰富。同工酶有 α、βⅠ、βⅡ、γ、δ、ε、ζ、η，突触前主要为 α、β 两种。LTP 产生 15min 后，用抗 α 的抗体能检测到 PKCα 水平升高。在海马 CAl 区，用免疫组织化学方法，发现在 LTP 产生 15s 后，所有 PKC 同工酶都升高，但 30min 后只有一种同工酶 ζ 的分子质量由 70Da 变成 51Da，并继续升高，其余同工酶不再增高。PKC 的生理作用主要表现为：激活后增加 L 型和 N 型 Ca^{2+} 通道电流，并使底物 B-50(一种神经相关蛋白 GAP-43)磷酸化，增加 LTP 诱导后的递质释放。

另一方面，$[Ca^{2+}]$i 的增加激活 Ca^{2+} 依赖的 CaM 及 CaMKⅡ，后者又使突触囊泡相关蛋白突触素(synapsin)和突触小泡蛋白(synaptophysin)磷酸化，使囊泡从骨架蛋白网络中释放出来进入突触前活化区。

(2) 逆行信使。实验证明 LTP 的突触前一系列变化继发于突触后的活动，用 NMDA 受体阻断剂 AP-5 作用于突触后受体，或在突触后细胞内注射 Ca^{2+} 螯合剂都能抑制突触前 B_{50} 蛋白的磷酸化和递质释放增加。因此,突触后与突触前的相继活动需要逆行信使进行联系。目前拟议中的逆行信使还需要更多的实验资料给予支持,严格地说只能称之为候补者,主要有一氧化氮、花生四烯酸、一氧化碳、血小板激活因子和神经营养因子等。

(3) 一氧化氮(NO)。突触后神经元树突中有 NOS 存在,谷氨酸诱导的细胞内 Ca^{2+} 增加可通过 CaM 激活内皮型和神经元型 NOS。NO 释放后作用于突触前靶酶鸟苷酸环化酶和 ADP 核苷酸转移酶,增加突触前递质释放。

(4) 花生四烯酸(arachidonicacid,AA)。由 Ca^{2+} 激活的磷脂酶 A_2(PLA_2)作用于膜磷脂生成,或由 DAG 经脂酶分解生成。在海马脑片,NMDA 受体激动可引起神经元释放 AA。在海马齿状回,高浓度 AA 增加穿通纤维末梢释放谷氨酸,而低浓度(小于 5μmol/L)是无效的。

(5) 一氧化碳(CO)。CO 是一种可弥散的膜通透性气体,由血红素加氧酶(HO)催化血红素生成。抑制 HO 可以减少谷氨酸的释放,提示 CO 的作用部位在突触前。HO 拮抗剂可以阻止 LTP 的诱导,而且可以翻转已建立的 LTP。CO 作用的靶酶是突触前的可溶性鸟苷酸环化酶,此酶催化 cGTP 生成 cGMP,如果用可溶性鸟苷酸环化酶抑制剂可以阻止 CAl 区 LTP 的诱导,用 cGMP 拟似物则产生活动依赖性的 EPSP 长时程增加。CO 与 NO 的作用不同在于 CO 可使弱或强的刺激都产生快速和长时的突触传递增强,而 NO 增强或压抑突触传递,取决于突触前刺激的频率。

(6) 血小板激活因子(platelet activating factor,PAF)。目前已证明中枢神经系统细胞表面有 PAF 结合位点,它的激活可以增加海马神经元胞内 Ca^{2+} 。

(7) 神经营养因子。神经营养因子是一组参与神经细胞发育分化,有助于细胞存活的物质。它从突触后神经元释放后可以作用于突触前 Trk 受体使递质释放增加。在海马脑片,外源性给予神经营养因子可引致 CA3-CA1 通路的突触传递效率增加。局部使用脑源性神经营养因子(brain derived neurotrophic factor,BDNF)也可使刺激 Schaffer 侧支所引起的 CA1 区场电位增加。BDNF 基因敲除小鼠 LTP 的诱导成功率明显降低,将 BDNF 基因转移至该小鼠海马脑片的 CA1 区神经元可以恢复该区的 LTP。

B. LTP 维持期的突触后机制

LTP 诱导后,突触后可以见到多种蛋白激酶被激活,它们作为信息传递的第二信使,在突触后使受体增敏,基因转录增加,以致当高频刺激去除后 LTP 仍然可以维持较长的时期。

(1) AMPA 受体功能增强。在 LTP 维持期,突触反应的增强主要依靠 AMPA 受体的功能上调。CaMKⅡ的激活使突触后膜 AMPA 受体偶联通道的 $GluR_1$ 亚基丝氨酸[627]磷酸化,活性也因而上调。AMPA 受体功能的增强可能由于:突触后受体密度增加,受体亲和力增加,树突棘颈直径改变以致突触电流从树突棘扩散到树突的效率增加。

(2) 钙通道及钙离子的变化。精细的胞内钙显影技术得到证实,LTP 产生时突触后游离钙的升高。如果用钙的螯合剂阻止钙升高,LTP 不能产生,增加钙则直接能诱出 LTP。

各种酶活性的变化及作用:LTP 中涉及突触后膜的酶似乎比突触前膜的要复杂,除 PKC 外,伴随着 Ca^{2+} 的内流及受体-G 蛋白复合物的形成,还能见到 CaM/CaMKⅡ,磷脂酶 C,磷酸二酯酶,磷脂酶 A2、依赖 cAMP 的激酶的活性提高,它们的作用或是参与蛋白的磷酸化,或是参与膜磷脂的降解。

(3) 蛋白的磷酸化、合成及基因转录增加。伴随钙的入胞,一系列蛋白激酶如 PKC、PKA 及钙/钙调素依赖激酶(Ca^{2+}/CaMPK)被激活,该类激酶的一个重要作用就是能使底物蛋白磷酸化,这类底物包括了通道蛋白、受体蛋白、膜上 G 蛋白突触小体蛋白等重要的结构蛋白。

CaMKⅡ、PKC、PKA 的长期作用都可以影响基因转录活动和蛋白质的合成。最早观察蛋白质合成情况是在整体学习记忆行为上进行的。在海马 LTP 研究中，用蛋白质翻译抑制剂 anisomycin 后，LTP 维持不超过 3～6h。由此可以看出，LTP 的晚期阶段出现蛋白质合成，并且可能对这一阶段 LTP 维持有积极意义。

基因的活动可能始于 LTP 早期阶段，PKA 的调节亚基与 cAMP 结合后，催化亚基与调节亚基解离，游离的 PKA 催化亚基进入细胞核导致细胞核 CREB 磷酸化，CREB 活性增加，与基因转录调控区 cAMP 反应元件(cAMP—responsive element)结合，从而调控基因的转录。LTP 维持期各种激活的蛋白激酶也可诱导即早基因的表达，如 *c-fos*、*c-jun* 及 *zif/268* 的表达显著增加。其中，*zif*/268 对 LTP 的形成最有特异性，在各种诱导的 LTP 类型中 *zif/268* 的表达普遍增加，且其表达与 LTP 的维持呈高度相关性。基因转录和蛋白质合成不仅是 LTP 维持所必需的，也是短时记忆转入长时记忆的重要步骤。

(4) 突触形态的改变。LTP 形成过程中可以见到突触形态的可塑性改变，这种变化既是 LTP 的结果，又对 LTP 的维持发挥了作用。突触的形态改变有以下几方面：

突触数目的增加和突触界面曲率的增大。在 LTP 产生之后的不同时间内，突触数量出现动态变化，干突触数目明显增加，且集中于较大树突干和较小树突干，无柄棘突触数目也增加。这种增加在时间上与 LTP 的维持有一定联系。最近，利用红外显微摄像和计算机技术，人们直观地观察到了上述动态变化。不仅如此，突触界面也发生了改变，在激活区域，突触前膜嵌入后膜，凹型棘突触密度增大，结果使活性区域增加，递质释放的机会增多，利于突触传递效应的增强。

树突棘形态和数量的变化。实验表明，树突棘形态和数量易于受到外界环境刺激的影响。强直刺激小鼠海马穿通纤维后，齿状回分子层外侧 1/3 部位树突棘体积增大，棘头膨大，与颈部(或棘茎)的距离缩短，结果使输入阻抗降低，利于突触电流传导。

突触后致密物增厚。突触后致密物是突触另一个活跃的亚结构部位，内含数十种功能蛋白分子，包括微管蛋白、肌动蛋白、受体与酶分子(如 CaMKⅡ)。LTP 形成后，突触后致密物厚度增加，并形成裂隙，在裂隙处的突触后膜向突触间隙膨出，突触前膜内陷，将突触前囊泡分隔成更多的活动区，实现由非穿孔型向有孔的马蹄形的转变。伴随 LTP 的还有其他一些形态变化，如突触前突触小泡向活性区聚集等。

3. LTP 与学习记忆的关系

LTP 与学习记忆的关系主要表现在以下三个方面：①本质基础相同。按 Hebb 提出学习记忆的突触修饰理论，学习记忆与各种可塑性一样，本质都是突触结构和功能的变化。②神经过程相关。LTP 中发现的信号分子可以影响学习记忆过程，与学习记忆有关的信号分子也能影响 LTP 的过程。如使用 NMDA 受体拮抗剂 AP-5 可以阻滞大鼠海马某些突触传递通路上 LTP 的诱导，同样，它也可损害行为实验中动物的空间辨别学习能力。③特征相似。LTP 持续时间较长，在慢性动物实验中可以观察到长达几周的增强效应，这一特征与记忆的特征最为相似，也最诱人。LTP 联合特征与学习记忆特征也是相似的。另外，区域特征同样诱人。LTP 首先在海马部位被发现，而海马是目前公认的哺乳动物学习记忆的重要脑区。为此，人们称 LTP 就是“学习记忆的突触模型”。

(二) 长时程突触传递抑制

突触传递效率的长时程降低称长时程突触抑制(long-term depression,LTD),它包括不同的突触修饰引起的效应降低,广泛存在于神经系统,如海马、小脑皮层、新皮层等部位,但各部位产生的 LTD 引导方法和生化机制不同。目前的研究主要集中于小脑和海马。

1. 小脑的 LTD 和诱导机制

小脑浦肯野细胞有两种兴奋型突触,一是与平行纤维(即小脑颗粒细胞的轴突)形成突触,二是爬行纤维(下橄榄神经元的轴突)形成的突触。如果同时或间隔 20ms 用低频(1~4Hz,25s)先后刺激平行纤维和爬行纤维,在平行纤维与浦肯野细胞之间形成的突触上,则可观察到传递的长时程抑制现象,即 LTD。其抑制时程可长达 1h 以上,表现为浦肯野细胞诱发单位放电脉冲数的减少及 EPSP 的减小。如用谷氨酸刺激代替爬行纤维的电刺激,亦可使平行纤维兴奋所致的 EPSP 降低。

爬行纤维、平行纤维与浦肯野细胞之间的突触都以兴奋性氨基酸作为递质。浦肯野细胞上不存在 NMDA 受体,所以平行纤维与浦肯野细胞之间的快速兴奋性突触传递通过非 NMDA 受体调节。平行纤维兴奋激活 AMPA 受体,导致 Na^+ 内流和膜去极化,而 mGluR1 兴奋后通过 G 蛋白介导,激活 PLC,生成 DAG 和 IP_3,DAG 以及通过电压门控型 Ca^{2+} 通道进入的 Ca^{2+} 激活 PKC。另外,爬行纤维兴奋激活相应受体(类型未定)使突触后膜达到一定程度的去极化,开放电压门控性 Ca^{2+} 通道,Ca^{2+} 进入细胞。另外,由于 Na^+-Ca^{2+} 交换体的激活,通过 AMPA 受体或电压门控性 Na^+ 通道进入细胞内的 Na^+ 将细胞外 Ca^{2+} 交换入细胞内。三条途径都使细胞内 Ca^{2+} 剧增,Ca^{2+} 激活 PKC 和 PLA_2,PLA_2 又通过激活 AA 再激活 PKC,因此 PKC 可以同时被平行纤维和爬行纤维的兴奋所激活,PKC 是诱导 LTD 的重要信使。

诱导 LTD 产生的另一信使是一氧化氮(NO),浦肯野细胞不含有 NO 的酶,却含有 NO 的靶酶——鸟苷酸环化酶。NO 弥散到浦肯野细胞,以旁分泌方式作用于鸟苷酸环化酶产生 cGMP,cGMP 激活 cGMP 依赖的蛋白激酶(cGMP-dependent protein kinase,PKG),PKG 使底物 G(G-substate)磷酸化,活化的底物 G 是一种强而有力的磷酸酶抑制剂,以致浦肯野细胞膜上 AMPA 受体被 PKC 磷酸化后无法被磷酸酶脱磷酸而恢复正常的敏感性,造成平行纤维-浦肯野细胞突触传递的抑制。NO 生成后还可以作用于突触前腺苷 A_1 受体,抑制平行纤维兴奋后产生的突触后电流。

2. 海马的 LTD 和诱导机制

海马 LTD 既存在于兴奋性突触传递中又存在于抑制性突触传递,既有同突触 LTD,又有异突触 LTD。相关的突触前活动伴有中等程度的突触后活动时,会产生长时程抑制,这种突触效应的降低被称为同突触抑制。异突触的长时程抑制的产生是相邻突触的突触前终末接受了强直刺激的结果,而不是由于突触前终末接受强直刺激的缘故。

海马 CA1 区产生的同突触 LTD,与 LTP 一样,也需要激活 NMDA 受体,这种 LTD 被称为 NMDA 受体依赖 LTD。大致过程如下,突触后膜先去极化,使 NMDA 受体激活,Ca^{2+} 进入突触后细胞。与 LTP 不同的是,LTD 过程中进入细胞的 Ca^{2+} 数量较少,胞内 Ca^{2+} 增加持续时间较短。胞内中等水平的 Ca^{2+} 进而使磷酸酶活性增加,使其底物磷酸酶抑制剂脱磷酸而活性下降,原来处在抑制状态的磷酸酶-1 脱抑制而活性增加,CaMKⅡ也因脱磷酸而致活性下降,结果使

AMPA 受体(受 CaMKⅡ调制)磷酸化程度减少,功能随之下调,造成突触传递效率降低。磷酸酶活性持续增高对于 LTD 是必需的,如使用磷酸酶抑制剂,LTP 可被明显阻滞。海马异突触 LTD 是非 NMDA 受体依赖性的,其中起关键作用的可能是 L 型 Ca^{2+} 通道的激活。

第二节 语言和思维

语言是人类特有的通信手段。人类借助语言交流思想,进行思维和推理。将语言和思维作为科学研究的对象,已历时百年。心理学、语言学、教育学、逻辑学、神经科学以及其他一些技术学科,如计算机科学和通信科学等,都从不同侧面涉及语言与思维问题。

心理学始终从现象学角度寻求语言、思维的规律性和个体差异,甚至对语言活动的定义也是附和着语言学给出的。"语言是思维的物质外壳",是"交流思想、传递信息的工具"。心理学中的这类定义,由于过分强调了语言和思维的区别,只注意到语言活动的外在性质,所以不利于启发人们去考察它的内在发生机制。随着认知心理学(cognitive psychology)的兴起,人们不再把语言活动当作单纯的信息交流工具,而是把它当作一种具有积极作用的认知功能,因为语言的功能单元——词汇本身,已是对客观事物的抽象和概括,具有概念性质,它已经是抽象思维和认识事物本质的开端。从认知心理学角度来看,语言和思维的统一性就变得十分明显了。

认知心理学的快速发展促使人们对语言和思维的内在机制产生了浓厚兴趣,于是,神经科学,特别是脑科学与心理学的交叉结合便产生了以实验为基础的另一新兴学科,即神经心理学(neuropsychology)和神经语言学(neurolinguistics)。

一、语言和思维脑功能一侧化概念的形成与发展

语言活动的脑功能一侧化,即大脑的一侧半球主管语言活动的见解,最早是由 Dax 一份未能发表的手稿中提出的。从 19 世纪 60 年代,关于语言脑功能一侧化的概念经历了百余年的形成和发展过程,在这一漫长的过程中,人们对语言优势脑的看法经历了由绝对性到相对性的变化。而"功能一侧化"的所谓"功能",并不是指语言功能的全部,只是指语言的某些部分功能:"一侧化"并不是固定地专指左半球,右半球也同样侧化了语言的某些部分功能。1974 年,Levy 总结了人类裂脑研究的大量文献之后说:"右半球对空间进行综合,左半球对时间进行分析;右半球着重视觉的相似性,左半球着重概念的相似性;右半球对知觉形象的轮廓进行加工,左半球则对精细部分进行加工;右半球把感觉信息纳入印象,左半球则把感觉信息纳入语言描述;右半球善于做完形性综合(gestalt synthesiser),左半球则善于对语音进行分析"。从 Levy 的总结中我们可以看到,作为语言和思维活动,必须有两半球的功能分工,也必须有两半球的合作与协调,否则便不能真正实现这类高级心理过程,因为语言和思维不单需要抽象和分析,而且需要形象和综合;不单需要语音的辨认,还要有语调的区分等。

广泛采用神经心理学测查方法,对局部脑损伤(local brain damage)患者进行临床观察和心理学测查,是获取心理功能脑定位的重要途径之一。这类研究是探讨脑功能一侧化的主要资料来源。额叶被看作大脑高级整合功能的关键脑区,其两半球功能不对称性的证据也多半来自额叶损伤的病例。Milner 曾使用词汇流畅测验对左额叶、右额叶和左额叶切除的患者进行检查,发现左额叶切除后,词汇流畅水平极度降低。Benton 对左额叶、右额叶和双侧额叶肿瘤患者进行词汇流畅测验,结果也发现左额叶病变导致词汇流畅性丧失。这类患者表面上没有失语,但较

高水平的语言能力却蒙受影响。Lhermitte 等从语言的语义学和词态学水平上研究左额叶损伤患者,发现患者在给词下定义时出现障碍。Luria 的研究结果证明,左额叶肿瘤患者不能很好地抽出物品的主要特征,对不适当的和无关的联想不能抑制,所以在命名物品时往往做许多过分的和无关的描写。Luria 认定这是抑制功能下降的结果。Luria 是把语言和思维联系起来考察问题的。他认为语言的表述是思维的过程和结果,所以左侧额叶损伤时的语言障碍恰恰是思维紊乱的证据。

上述案例表现出的语言思维障碍是否能说明额叶本身具有上述功能呢?这一问题不应过早定论,因为额叶本身更重要的是控制和监督功能。所以,症状的出现可能是控制丧失所致。

意向和观念是一种内部语言形式,它们的障碍往往因左脑后部损伤引起,这时,患者便不能执行指令性的系列动作。临床资料提示,左脑损伤后的失用症患者,同侧和对侧的上肢动作便失去应有的准确性和速度,而右脑损伤后的患者只表现为对侧行为障碍。

二、语言、思维脑功能一侧化的电生理学研究

研究者采用电生理技术观察脑功能一侧化的现象。Schaffer 对右利手进行的研究提示,在语言活动即将产生之前,两半球的电活动出现了显著的不对称性。在说各种字母时,左脑额叶区生物电的波形发生了特征性的变化,而与此同时,右颞区则没有这种特异性变化。这种皮层诱发电位的改变使 Schaffer 认为,左额叶负责语音的选择过程。McAdam 等发现当刺激词出现之前,被试者左脑的负电位总含高于右脑。Grabow 认为这是舌部运动的干扰所致,为此,他设计一项实验证实,当测试者思考问题时,由于伴随舌部的微小动作而产生了左、右脑不对称的诱发电位。Cohn 的实验表明,对非语音刺激,右脑听觉诱发电位出现高幅波,对语音刺激,左脑出现高幅波。Wood 进一步证实,需要进行语言分析的音节才有高幅波在左脑出现。Matsumiya 等用音的"意义性"来解释上述现象,并以实验证实,当需要语义理解的刺激给出时,两半球诱发电位的不对称性最大,反之则较小。Teyler 等用既有动词意义又有名词意义的单词为刺激物进行实验时发现,左半球和右半球的诱发电位都有显著差异,只是左半球反应程度更大一些而已。这说明语言的脑功能的确是不对称的,但并非只有一侧半球与语言有关。

三、右脑和语言思维活动

右脑并不是绝对"沉默"的。一向被认定为"沉默寡言"的右半球,随着临床资料的增多、裂脑手术的采用以及实验手段的不断精确化,人们在渐渐改变着对它的看法。

自从 20 世纪 Jackson 提出右半球有"自动化的语言功能"之后,有若干临床观察证实,左脑损伤导致失语症的患者还可以唱歌;失用症患者虽不能自觉地完成指令性书写任务,但却能不随意地写出人名或地址;日本人在认假名(拼音的符号)时左脑占优势,而认日语中的汉字时,右脑反应要更快一些。这些资料都说明右脑并不是绝对的"沉默寡言"。

由脑肿瘤和外伤导致一侧半球切除的患者,为研究语言脑功能一侧化提供了很好的机会。即便是保留了丘脑、基底节和海马皮层,只行皮层切除的患者,也给这类研究提供了方便。1935 年 Zollinge 报道过最早的一例女性患者,右利手,切除左脑皮层,术后立刻能回答"是"、"否",能说"再见"、"请"等简单的语句,术后 3 周死亡,但在这一过程中语言活动是逐渐改善的。1951 年 Crochett 报道了第二个病例,患者切除左皮层后存活了 4 个月。术后能说明简单的"是"、"否",2

周后可以说“不,我什么也不要”、“送我回床去”等,后来能用更多的词表达思想。但最后出现了语言障碍,只能发“aw-caw”等音节,很快死去。1955 年 French 等发表了第三个病例,情况与第二例类似。

右脑虽然具有一定语言能力,但是,右利手者在右脑损伤时出现失语症的情况却很少见。据 1982 年检索到的全部有关文献来看,单纯右脑损伤而伴随失语的病例只有 4 例。近 10 年来从散在的杂志上也未见到这类病例。然而,如果对右利者右脑损伤患者进行仔细的神经心理学检查,却能发现非失语症性的语言障碍。

Eisenson 报道说,右脑损伤后,患者更多地使用描述性语言而且多半是限定性词汇。Marcie 注意到,右半球损伤患者在语句生成、词汇选择和句法转换的测验中,成绩明显下降。Gardner 指出,右半球损伤患者判断反义词的能力下降,理解语言中的隐喻词受到影响等。近期有文献提示说,右脑损伤时概念形成、语调传递能力,语调的理解都会蒙受较深的影响。如此看来,右半球的确具有语言活动和思维活动中的一部分特殊职能。另外,也有研究报告指出,右脑在失语症康复过程中有很强的代偿作用。

四、语言脑功能一侧化和第二语言的获得

有学者认为,讲双语的人,其两种语言的功能代表区分别位于两侧半球,但这种想法被裂脑研究结果推翻。对一位讲双语的裂脑人进行测查时发现,他的语言功能区并不是分别位于不同半球。Albert 等总结这方面的文献时说,无论是临床资料或实验室研究结果,都证实在双语情况下,两半球的参与是很不同的。Obler 等对双语正常被试者进行三视野速示研究,企图了解两种不同语言的优势视野,结果表明,不同的语言其优势视野效应的确不同。另外,与非双语被试者比较,双语的视野优势效应要低得多。

由于除母语外,第二语言的学习总是在后来某个年龄阶段开始的,所以,上述结果可以做如下解释:在不同年龄阶段,人在学习语言时是采取了不同策略(就半球参与方面),或至少说,即使使用同样策略,其使用的程度也不同。上述推论是 Albert 于 1977 年提出的。

Silverberg 等实验证实,以希伯来语为母语的儿童,对希伯来语的刺激词表现为右视野优势。当他们学习英语进入第二年时,对英语的刺激词却表现为左视野优势,学习英语第四年时,这种优势下降,学习英语第六年时,完全转化为右视野优势。1980 年,他们用同样的英语词测试二年级和三年级的学生,结果表明,对这些词的辨认,二年级是左侧视野优势,三年级时便转化为右侧优势。这类研究表明,对陌生的语言材料,一开始是右脑为基础辨认,一旦熟悉了之后,认知策略就变为左脑为基础了。1981 年 Bentin 等把左侧视野优先认知的词预示给被试者,结果,立刻变为右侧视野认知优势。这说明被认知的材料是否熟悉对认知策略是有影响的。

6 岁,可能是第二语言学习策略的分界年龄。1973 年 Krashen 确认,人在 6 岁以后,语言学习的可塑性便基本结束,在这以后再学第二语言就必须借助右半球机制。一组是 6 岁前学习第二语言的被试者,另一组是 6 岁以后学习第二语言的被试者,将两组进行双重操作实验(讲话的同时进行双手操作)发现,第一组无论讲母语还是讲第二种语言,都是右手操作受影响;第二组在讲母语时,右手操作受影响,但讲第二语言时,双手的操作均受影响。这表明,6 岁前和 6 岁后所获得的语言,其半球参与机制是不同的。

第三节 生物节律与睡眠

一、生物节律

几乎一切生物,从单细胞生物到人类,其生命活动都呈现节律性变化,即生物节律。

(一) 生物节律的种类

根据时间长短,可将生物节律分为多种类型。有些节律活动的周期与地球自转周期近似,即与24h自然昼夜交替大致同步,称为昼夜节律(circadian rhythm)或"24h昼夜节律"。"半24h昼夜节律"(circasemedian rhythm,L∶D=6h∶6 h)和地球的纬度有关,而"时差"(jet lag)则和地球的经度或子午线有关。上述是生活在地球上的现代人所体验的生物节律,除此之外,尚存在其他节律,其中包括超长节律(infradian,>28h)和超短节律(ultradian,<20h等)(表9-2)。这些节律的特点是昼夜节律中心频率(1440min)的倍数或约数,并被认为受制于尚未被搞清的宇宙其他球体旋转的影响。现在已知若人类生活在空间或其他星球,则昼夜节律将发生很大的变动,因为不再受制于地球上的"24h昼夜节律"了。例如,处于400~500km高空"空间站"的"空间节律"是1.5h(L∶D=0.75 h∶0.75h)。若生活在月球表面,则月球节律约为28天(28d),但是从地球至月球或任何其他星球的飞行期间都是"永恒光照"。从"生物钟"的角度看来,人类生活在火星最驾轻就熟,因为火星表面和地球相似,接近于24h(24.5h)的昼夜节律。

表9-2 常见的生物节律举例

生物节律的种类	平均周期	举 例
昼夜节律		
24h昼夜节律(circadian rhythm)	$24h<\tau<28h$	睡眠一觉醒节律,体温节律
半24h昼夜节律(circasemidian rhythm)		12h节律
48h昼夜节律(bicircadian rhythm)		自由运转节律
超长节律(infradian)		
年节律(circannual rhythm)	τ=1年±2月	北极癔病(arctic hysteria)
月节律(circatrigintan)	τ=30±5d	月经(29.5d)神经再生
周节律(circaseptan rhythm)	τ=(7±3)d	感冒病毒
双周节律(circadiseptan rhythm)	τ=(14±3)d	器官移植
超短节律(ultradian)		
240min节律(240min rhythm)	τ=(4±1)h	嗜眠症患者睡眠觉醒节律
90min节律(90min rhythm	τ=(1.5±0.5)h	成人基本休息活动周期(BRAC)
45min节律(45min rhythm)	τ=(0.75±0.25)h	婴孩基本休息活动周期(BRAC)

1. 24h昼夜节律

虽然地球上生活的一切生物受制于地球自转的昼夜节律,但是动植物的内源性昼夜节律并非绝对地遵守24h昼夜节律,而接近于24h。一般夜行动物(如啮齿类)的昼夜节律倾向于稍低于24h,而昼夜动物(如人类)则倾向于稍长于24h。人类在"非拖拽"(disentrained)环境下的内源性"24h昼夜节律"约为25h,但是女较男短,而老年后男女均可见有所缩短(如24.3h),同时振幅也可见有所降低,因此人的睡眠-觉醒周期有随年龄的增高而缩短的倾向。此外,人类在"非拖拽"环境的内源性体温自由运转节律约为24.55h。人类在"非拖拽"环境下的另一个特点便是每晚平均将拖后 1.3h 入睡,因此人类对"相位延迟"(phase delay)适应性强,而对"相位提前"(phase forward)的适应性差。"时差"事实上是"体内时钟"和外源性"时间发生器"间相位失调而引起的。已知跨越 1/3 地球的飞行便可导致失眠、白昼嗜眠和疲倦等"时差"反应。但是人对自东向西的飞行(如自上海西飞至巴黎)较自西向东的飞行(如自巴黎东飞至上海)的适应可快约50%,因为前者是"相位延迟",而后者是"相位提前"。

2. 半 24h 昼夜节律

最近 10 年间,"半 24h 昼夜节律"日益引起人们的重视,并认为不仅和地球的纬度有关,"非拖拽"环境下的研究表明,人的内源性体温节律和睡眠觉醒节律均呈现双相位,而不是原来认为的单相位,即一个主要睡眠峰期位于 02:00 左右,而另一个次要睡眠峰期位于 14:00 左右。主要和次要睡眠峰期恰巧和人体体温节律的主要和次要低谷相符。在我国南方、南欧和南美生活的居民有午睡习惯,北美和日本已逐渐改变对午睡的反对态度。

3. 超长和超短节律

常见的超长节律包括周节律、双周节律、月节律和年节律等。例如,感冒病毒为周节律,器官移植需双周节律,除月经(平均为 29.5 天)外,神经再生至少需月节律。北极癔病和北欧常见的"冬季抑郁"(winter blue)为年节律。

周期数(periodicity)为 24h 的约数的超短节律包括 12h、4h、1.5h、0.75h 节律。12h 节律便是已在上节中叙述的"半 24h 昼夜节律"。4h 节律即"240min 节律",早期儿童的睡眠和觉醒常呈此节律,嗜睡症患者的睡眠和觉醒也颇多呈现此节律。1.5h 节律便是"90min 节律",它是成年人的"基本休息活动周期"(basic rest activity cycle,BRAC),而 0.75h 节律("45min 节律")则是婴孩的"基本休息活动周期"。超短节律特别和脑内激素的自分泌,内分泌及旁分泌的关系密切,也解释了异相睡眠 45min 或 90min 周期出现的原因。

脑内激素的分泌多数呈超短节律。明显受睡眠觉醒节律影响的脉动性分泌激素有:催乳素和促甲状腺素。很少受睡眠觉醒节律影响的激素包括皮质激素、促肾上腺皮质激素和褪黑激素。褪黑激素是松果体分泌的主要激素。无论昼行动物和夜行动物,它的分泌低谷均位于白昼,而峰值均位于夜晚,因此未见和睡眠觉醒节律有关。外源性给予大剂量(毫克水平)褪黑激素,也仅有微弱促眠效应,因此将褪黑激素美化为有效内源性促眠物质是一种误解。但是它的确具有调整昼夜节律的内源性"拖拽"效应,如"时差"。对原来晚间褪黑激素分泌显著减少的人也有一定助眠效应。

(二) 生物节律神经机制

1."生物钟"理论

在损毁前脑的实验中,损毁下丘脑的影响是令人印象深刻的:准确定时的周期消失了,出现了一系列短暂的无规则的休息和活动。然而,当视束被切断,或视交叉的尾侧被损毁,光照却仍能继续导致动物的睡眠-觉醒周期。这一未曾预料的结果提示,存在某种视网膜-下丘脑通路,将光信息传递至下丘脑的内源性昼夜节律起搏点(circadiam pacemaker)。昼夜节律起搏点也被形象地称为"生物钟"(biological clock)或是内源性的"时间发生器"(zeitgeber)。现在已知位于哺乳类动物下丘脑的视交叉上核(suprachiasmatic nucleus,SCN)便是其中之一。它调控睡眠觉醒节律和"自由运转节律"(free-running rhythm)等。

在哺乳动物,SCN 属于下丘脑前部的一对小核团,位于视交叉(optic chiasm)上方及第三脑室腹部两侧。在大鼠,每个核团仅含 800 个神经元。视交叉上核在体内有节律性放电和代谢活动,其水平白昼高、夜间低。视交叉上核毁损可导致动物昼夜节律的丧失。将该核在体内分离或在体外培养,这种节律性活动仍被保留下来,说明视交叉上核具有自主产生日节律的能力。这种自主节律活动甚至可以在视交叉上核的离体细胞中记录到。在很大范围内,昼夜节律几乎不受温度的影响,对化学物质也不敏感。然而,光强度的作用却是显而易见的。在 12h∶12h 的光-暗交替条件下,可使一些接近 24h 的昼夜节律变成真正的 24h 节律。这强烈暗示:光起了一种计时器(time giver)的作用,即起了将内源性节律纳入生物钟的刺激作用。

在哺乳动物,除占主导地位的视交叉上核外,双眼视网膜也被证实含有昼夜节律起律器。视交叉上核切除或毁损后,眼睛的视敏度以及视杆细胞外节段的脱落,仍保留日节律性波动。在飞行类动物,昼夜节律定时系统较哺乳动物复杂。除眼睛外,鸟类还有视网膜外的光感受器。占主导地位的昼夜起律器,在小鸡与哺乳动物一致,是视交叉上核,但在有的鸟类为松果体(如家雀)或松果体和眼睛(如家鸽)。

2. 细胞分子机制

一般认为,哺乳动物视交叉上核内的单个神经元就具备独立产生昼夜节律的能力,这些自主神经元联络整合后,形成协调的昼夜节律起搏器。支持这一看法的证据,包括以下几个方面:①应用钠离子通道及动作电位阻断剂 tetrodotoxin 后,视交叉上核的定时功能不变,说明昼夜节律的原始产生,不需要神经元的电兴奋传导和细胞间的相互作用;②在神经元突触联络尚未形成,电生理活动水平极低的条件下,胚胎体内的视交叉上核在代谢方面,已有昼夜节律存在;③在体外,不同的视交叉上核神经元,具有不同的节律性放电频率(firing rate)。

在细胞内,有些分子成分的表达可能会有昼夜波动性,或受反馈机制的调节,但这些分子不一定是生物钟固有的构成成分。根据机能特点,细胞内生物钟基因调节分子可归纳为正性基因调节成分和负性基因调节成分两类。果蝇、霉菌孢子和哺乳动物正性基因调节成分分别为 dCLK-CYC(代表 dCLOCK-CYCLE),WC1-WC2(也称为 WCC,white collar complex)和 BMAL1-CLK(BMAL1-CloCK),其中仅 dCLK,WC1 和 BMAL1 具有节律性表达。负性基因调节成分为正性转录因子激活的基因的蛋白产物。其作用是阻遏正性转录因子的激活,负反馈抑制自身基因的转录。该蛋白产物在果蝇为 PER-TIM,在霉菌孢子为 FRQ。对于哺乳动物视交叉上核及视网膜,则为 CRY(CRYPTOCHROME)族和 PER(PERIOD)族蛋白,前者有 CRY1 和 CRY2,后者包括 PER1,PEB2 和 PBR3。

二、睡眠与觉醒

睡眠和觉醒是人类和哺乳动物最为显见的生物节律。人体的睡眠-觉醒交替从人体出生时就已开始。在新生儿,交替周期为 60~90min,以后逐渐形成成年人的节律性。

人们曾经推测,睡眠-觉醒作为一种昼夜节律,可能是受环境昼夜交替调节的一种被动反应。然而,在完全隔绝光、声等外界环境因子的实验条件下,人体受试者的睡眠觉醒周期依然存在,只是趋于延长，并可与其他生理节律的周期发生分离。这种自由运转周期（free running period）的存在，表明睡眠-觉醒节律是独立于自然界的昼夜交替而自我维持的，和其他生理节律之间也是相互独立的，它们各自受机体内部不同振荡机制的调控。

长时间剥夺睡眠的人不能完成需要高度集中注意力或需要高度逻辑思维能力的作业，甚至引起感知觉障碍以至人格的改变。在疾病发病机制中，这种节律性的周期发生变化。在人和其他哺乳类动物，这种节律是先天遗传的，迄今任何企图缩短或延长人的睡眠周期的尝试均未获得成功。

（一）慢波睡眠和异相睡眠

用脑电图（electroencephalogram，EEG）记录可以发现睡眠主要由慢波睡眠（slow wave sleep，SWS）或非快速动眼睡眠（non-rapid-eye-movement sleep，NREM）和异相睡眠（paradoxical sleep，PS）或快速动眼睡眠（rapid-eye-movement sleep，REM）两种状态交替构成的周期所组成。

1. 慢波睡眠

正常人由觉醒经过 10～30min 的睡眠潜伏期后开始入睡，先进入慢波睡眠。慢波睡眠由浅入深，分为 4 期，即 B-E 期（图 9-4）。B 期是介于睡眠与觉醒之间的过渡期，持续约数分钟。清醒时 EEG 呈低电压（13～30μV，16～25Hz）活动，机体放松后变为 20～40μV，10Hz。转到 B 期慢波睡眠后 EEG 表现为低电压，混合频率模式。整个慢波期间有骨骼肌活动，无快眼运动，但有低速的转动眼球运动，EEG 则以低电压混合频率波为特征。C 期属中度睡眠，以爆发称为纺锤的正弦波（12～14Hz）及称为 κ 综合波的高电压双相波为特征，它们阵发性地出现于持续低电压 EEG 活动的背景下。D 期以高幅慢（0.5～2Hz）delta 波为特征，E 期时这种慢波活动增加为 EEG 中的主要活动。

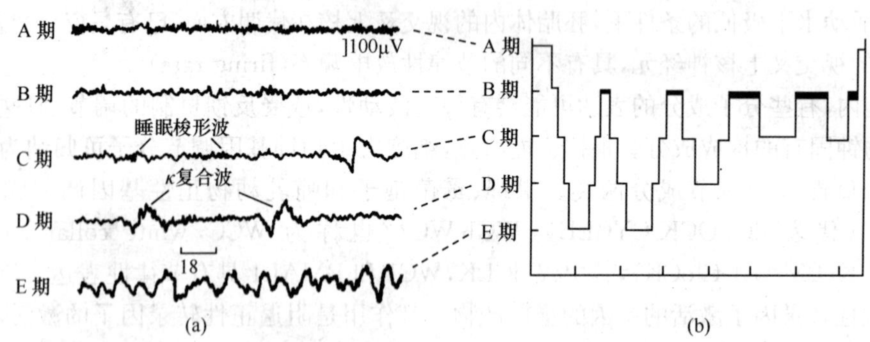

图 9-4　根据 EEG 划分的睡眠期及睡眠各期的顺序循环

多数神经元从清醒转到慢波睡眠时表现为放电频率降低（包括脑干的间脑的上行激活系统、丘脑中继核和新皮层），在每一次去极化后接着是一个长期的后超极化反应。NREM 睡眠中还有一种慢波振荡（slow oscillation，0～1Hz），是神经元的 delta 波和纺锤波达到同步化后形成的。这种波起源于皮层，是皮层神经元长时间持续超极化的结果。在 EEG 表现为高幅度的负相场电位；接着是去极化阶段，皮层神经元产生很强的自发放电。在 NREM 期间新皮层神经元这种自发放电的平均频率可以因此暂时升至高于清醒时的频率。这种强烈的放电可能对神经元的可塑性过程很重要，包括新皮层对学习和记忆的巩固。

慢波睡眠过程中的同步化神经元活动也见于海马，产生不规律的尖波（sharp wave，0.02～

3Hz)，这时大部分海马锥体神经元在40～120ms爆发大量的动作电位。在海马场电位记录中海马中间神经元的固相振荡产生200Hz的微波。在啮齿类安静觉醒期也可见到尖波和微波。

2. 异相睡眠

异相睡眠是另一种形式的睡眠状态。人进入异相睡眠时，EEG转为低电压混合频率波，与慢波睡眠的B期相似。在某些动物异相睡眠时EEG与清醒相似。实际上异相睡眠期间大多神经元放电模式与觉醒相似。某些神经元如桥脑、外侧膝状体核及视皮层在异相睡眠期间比清醒时放电还强得多。这些强的放电在EEG产生高电压峰电位称为脑桥-膝-枕棘波(ponto-geniculo occipital spike，PGO spike)，PGO波起源于脑桥网状结构，通过外侧膝状体核传向视皮层。

异相睡眠时新皮层锥体细胞不间断地发生较强的去极化，产生单个动作电位；EEG中有低幅快波，表明神经元存在去同步化活动。在海马，神经元也有较强的去极化，但其结果是产生theta(4～8Hz)同步节律活动。

关于异相睡眠的功能目前仍有争议。大量的研究表明异相睡眠促进学习和记忆的巩固。但也有人持不同意见，因为目前在动物实验中异相睡眠与学习记忆关系的众多证据之间存在不一致，在人类药理或病理损伤致异相睡眠减少后患者也没有记忆缺失的现象，人的学习能力也并不与异相睡眠的量呈正相关。

3. 两种睡眠状态的周期性交替

成年人通常从慢波睡眠的B期依次发展至第E期，这时可由于身体的移动很快被打断而变为半觉醒状态。70～80min后通常返回D期或C期然后进入第一个异相睡眠，持续5～10min。在人从慢波睡眠到第一个异相睡眠为90～110min。这种慢波睡眠/异相睡眠周期在一夜中循环4～6次，在后面的循环中慢波睡眠的D、E期减少，异相睡眠增加。在成年人最长的是慢波睡眠的C期(50%～60%)，异相睡眠占20%～25%，D和E期占15%～20%，B期占5%。而异相睡眠的发生与大脑的容量有关，从小鼠不到10min到人类约为90min。

(二) 睡眠的功能

由于睡眠在鸟类和哺乳类动物甚至更低等的动物的进化中始终存在，它一定是十分重要的。其重要性还表现在剥夺总睡眠会导致睡眠反弹，选择性地剥夺慢波或异相睡眠可导致相应睡眠的反弹，以及睡眠缺乏导致许多功能障碍。慢性剥夺睡眠2～3周，大鼠就会死去。即使单独剥夺异相睡眠，大鼠能经受的时间也只有上述的两倍。尽管有上述这些依据，人们关于睡眠如何重要仍没有一致的看法。尽管目前已有了几种比较重要的理论，但他们要么受到相反现象的挑战，要么缺乏一般性意义。

1. 代谢能量保持学说

睡眠可以节约能量的说法有一个有力的事实支持，即不论人或实验动物，剥夺睡眠后均会增加食量。然而，睡眠期间的代谢率仅比清醒而安静的状态低15%；一个不眠之夜的能量消耗只需少量食物即可补偿。另一个观点是睡眠可使动物得到休息，其根据是小的哺乳动物睡得更多些，这些动物由于体温调节和运动需求，其能量消耗较高而能量储备相对较少。

2. 认知学说

持续数日的睡眠剥夺对人类没有多少生理性影响,但确实可引起智力操作成绩降低。因而,有人认为睡眠有助于脑的高级功能。不过,这一结果也可能是要求进入睡眠的自我调节压力所致,而非智力本身下降所造成。如果有足够强的动机,或使用兴奋剂,上述的成绩降低大部分可以恢复。

3. 体温调节学说

有迹象表明,睡眠具有体温调节的功能。睡眠期间,体温和脑温通常下降。加热动物的下丘脑可导致睡眠,而人类若在入睡前加热身体,可增加其后的慢波睡眠时间。慢性剥夺睡眠的大鼠,其所偏爱的最适环境温度升高 10℃以上。这些事实提示,睡眠可能具有冷却功能。另一方面,剥夺睡眠两周的大鼠体温会显著降低,尽管这时的代谢率增加了一倍,这又提示睡眠可能具有保持体温的作用。

4. 神经发育与精神健康学说

异相睡眠有助于神经发育的观点有一个有力的佐证,即不论在种属内部或不同种属间,异相睡眠量均与神经发育程度相关。然而,它不能解释这样的现象,即为何成年期异相睡眠仍然持续存在,而且在选择性剥夺之后仍然会反弹?早期关于异相睡眠剥夺导致行为异常的传闻性报道提示,异相睡眠对精神健康有重要意义;但几项严格的对照研究均未能证实异相睡眠剥夺后可导致精神异常。事实上,有些抑郁症患者在长期剥夺异相睡眠后反而得到缓解。有报道说异相睡眠促进学习记忆功能,但异相睡眠剥夺对学习记忆的影响并不是很强,各家的研究结果也很不一致。实际上即使剥夺睡眠,仍可有学习现象发生。由于异相睡眠总是跟随在慢波睡眠之后,有人认为它可以补偿后者造成的脑活动减少或温度下降。但尽管清醒状态有很强的脑活动和升高的脑温,它却不能替代异相睡眠剥夺后的补偿性异相睡眠增加反应。

(三) 睡眠觉醒的神经机制

现代睡眠研究始于 1953 年,那年,Kleitman 首次发现了异相睡眠,并证实其与梦密切相关。这一发现意义非凡。它说明了睡眠并非一个静息、不活动的过程。异相睡眠与梦、肌肉迟缓和 EEG 去同步电活动相关,慢波睡眠则代表深睡、肌肉一定程度的放松和 EEG 同步电活动。二者都具有重要生理功能,完全剥夺可导致哺乳动物死亡。无论慢波睡眠还是异相睡眠都是相对另一种状态即觉醒而言的。因此,当我们谈起睡眠时,实际上包含了觉醒与睡眠,慢波睡眠与异相睡眠两对范畴。近几年,觉醒睡眠机制的研究取得了显著性进展。

1. 启动觉醒的中枢部位

Moruzzi 和 Magoun 的经典研究表明,电刺激中脑网状结构可导致觉醒,而损毁这一区域则导致昏睡。他们还发现在正常情况下,中脑网状结构受到延髓内某个系统的抑制。在桥脑水平紧靠中脑之后切断脑干以断开这种来自延髓的抑制,可使动物的前脑始终保持"清醒"。刺激中脑吻侧的下丘脑后部,可产生与刺激中脑类似的觉醒。下行连接脑干及上行连接前脑的组织胺能神经通路部分参与介导这种下丘脑觉醒。破坏下丘脑后部的组织胺能神经元可增加睡眠。抗组胺药物也有类似的作用。

2. 慢波睡眠的发生机制

慢波睡眠的控制中枢比较复杂，调控慢波睡眠的神经元位于基底前脑、下丘脑、中脑和延髓等部位。低频电刺激下列区域可以诱发慢波睡眠：①间脑 Hess 睡眠区，位于丘脑下部的后部，邻近丘脑的板内核和前核；②延髓同步区域，位于延髓网状结构的孤束核；③下丘脑的视前区。

慢波睡眠以脑电梭形波及慢波为特征，这些脑电系由皮层神经元的同步化突触电位所致。皮层神经元的同步化突触电位则由投射到皮层的丘脑联络神经元的节律性放电产生，而该种节律性放电则是网状核(围绕丘脑形成壳状结构)GABA 能抑制性神经元的活动所致。网状核的 GABA 能神经元生成一种新型的动作电位，它是产生脑电梭形波的膜电流序列中的关键事件。仅当出现超极化时，网状细胞才允许钙离子经过电压敏感的膜通道进入细胞。在这一钙峰期间，细胞产生一簇动作电位；钙峰之后，膜电流回到超极化状态，重新开始整个过程。这一钙内流-超极化循环导致了节律性放电。网状神经元释放的 GABA，导致丘脑-皮层神经元超极化，进而导致丘脑-皮层细胞的反跳性低阈值钙峰。这些神经元的节律性放电进而在皮层神经元中产生突触后电位的同步化，从而形成睡眠脑电的校形波。丘脑及皮层神经元的节律性放电进而可以阻塞经由丘脑和皮层传来的感觉信息。

3. 异相睡眠的发生机制

异相睡眠的控制部位主要位于中脑和桥脑结合处的核团。如前所述，在异相睡眠和觉醒期间，脑电梭形波和慢波均被阻断。在异相睡眠期间还出现 PGO 波，肌张力丧失及位相性肌肉活动。这些现象是怎样产生的呢？首先来看导致脑电梭形波和慢波阻断的脑电低限现象。中脑唤醒系统的一个重要组分来自中脑及毗邻的背侧桥脑的胆碱能神经元。许多胆碱能细胞及其相邻细胞在清醒及 REM 睡眠期间有最大活动，它们的活动有助于阻断脑电慢波。这些细胞释放的 ACh 及其他递质促使网状核内的 GABA 能抑制性神经元去极化。这一去极化防止低阈 Ca^{2+} 通道激活，从而阻止网状神经元产生节律性放电。此时丘脑-皮层联络细胞只能作非同步性放电，从而导致成为觉醒及异相睡眠。桥脑网状核头端是异相睡眠的另一重要中枢，双侧损毁该区域可造成异相睡眠长期缺失。该区许多异相睡眠相关神经元均接受来自背侧和外侧的胆碱能投射；向该区注射胆碱激动剂可延长异相睡眠期。

4. 影响睡眠与觉醒的内源性物质

人们花了近一个世纪时间寻找睡眠相关物质，但迄今尚无满意的答案。在所发现的具有催眠作用的内源性物质中。最重要的是胞壁酰肽(细菌胞壁中发现物质的类似物)、白介素 1、腺苷、δ 促眠肽、褪黑激素和前列腺素 D_2 等。其中褪黑激素在大鼠具有很强的催眠效应。但在人的实验中结果并不一致。最近的研究发现褪黑素可帮助失眠的老人入睡，以及治疗时差反应。

orexin 是 1998 年发现的一种来自外侧下丘脑区的神经肽。orexin 系统包括同一前体编码的两个肽(orexin A 和 orexinB)和两个 G 蛋白偶联受体(orexin 受体 1 和 orexin 受体 2)。orexin神经元其胞体位于下丘脑侧下及穹窿周围区核团，数量仅约数千个，其纤维末梢及受体广泛分布于包括大脑皮层在内的众多脑区。起初对 orexin 生理活性的研究集中于对摄食行为和能量平衡方面，因为已知外侧下丘脑是重要的摄食调节区。然而，随后的神经解剖和分子生物学证据表明外侧下丘脑 orexin 系统还参与了睡眠觉醒的调控。形态学研究首先证实了 orexin 能神经元在觉醒和 REM 睡眠调节系统有密集的投射。神经生理研究进一步发现，orexin 神经元本身具有维持持续兴奋的特性。orexin 能神经元激活可先使觉醒调节系统相关神经元兴奋，增加觉醒相关递质释放，兴奋大脑皮层，减少睡眠，增加与维持清醒。Orexin 能纤维不仅直接分布于皮层广泛区域，而且具备直接调节皮层兴奋过程的生理基础。Saper 等以双稳态下丘脑睡眠-觉醒控制模型为基础推测，orexin 在正常睡眠-觉醒周期中起着特殊的调控作用，即 orexin 能神经元控制睡眠发动区内的关键核团，进而引起单胺能系统发挥稳定觉醒状态的作用，并阻止机体过早地从觉醒状态过渡到睡眠状态。发作性睡眠患者体内 orexin 能系统的缺失可引起觉醒-睡眠的转换异常。很显然，orexin 对睡眠-觉醒和 REM-NREM 周期的调控机制正成为近年来研究的热点。

（阮怀珍，胡志安，熊鹰）

第十章 中枢神经系统的发育

第一节 中枢神经系统的发生与分化

神经系统是机体最重要和最复杂的系统，不仅因其主宰着机体的一切功能，还因其谜一样的发生过程吸引着科学家为之探索。从种系发生来看，随着机体由简单到复杂进化，神经系统亦相应由分散的简单形式向集中的复杂形式发展。可概括为网状、链状、管状三个阶段。

网状神经系统如水螅，它的传入和传出神经细胞的树突和轴突分布于整个动物体，内外相联系成网状。任何一个传入神经细胞受到刺激都可把冲动传到整个个体并引起整体收缩。

随着机体进一步演化，到扁形动物已具有内、中、外三个胚层，此时神经细胞开始集中于头部两侧称为头神经节，两侧由联合纤维联系。每侧头神经节向后延伸出一条腹神经索，两侧腹神经索尚有横向纤维联系而成梯形，腹神经索发出纤维分别到达皮肤（外胚层）及肌肉（中胚层）。

环节动物整体结构较扁形动物复杂，全身分为许多体节，其神经系统进一步集中在头部，出现左、右对称的脑神经节、咽下神经节及由此延伸向尾侧的一对腹神经索。腹神经索在每一体节内均具有一对神经节，因而形成一对贯穿体内的神经链。此时脑神经节已具有控制全身感觉和运动的功能，它发出神经到头部感受器及咽、食管、胃肠等内脏器官。各体节内的神经节又分出若干对神经，分布于体壁控制本节的感觉运动和反射动作，至此，环节动物神经系统已可明确区分为中枢神经、周围神经及内脏神经三个系统，在中枢神经系统的控制下进行复杂的、完善的本能反射活动。

当动物演化至脊索动物如文昌鱼时，神经系统的中枢部进一步集中于脊索背侧。形成管状的神经管，并在头端膨大成为脑泡。

脊椎动物的神经系统发育起源于胚盘背侧中轴的外胚层细胞增殖形成神经板，经历神经沟、神经褶，最终发育成为神经管。神经管的前端膨大，衍化为脑，后端变细，衍化为脊髓。

一、神经管的形成和早期分化

神经管发生是一个重要的涉及建立中枢神经系统原基的胚胎学事件，是指从神经板出现到神经管关闭的胚胎发育过程。在此过程中，神经板必须准时准确地关闭形成神经管，神经系统才能得以正常发育，否则将出现神经管关闭缺陷（neural tube closure defect，NTCD）和随之而来的脊柱裂（spina bifida）及无脑（anencephaly）等常见畸形。

追溯人神经系统的发生始于胚胎第 18 天，此时胚盘中轴部的外胚层（ectoderm）细胞增殖，呈现为一个细长的、拖鞋形的、增厚的外胚层板，称神经板（neural plate）。随后神经板沿其长轴凹陷形成神经沟（neural groove），沟两侧的隆起称神经褶（neural fold），随着进一步发育，两侧神经褶开始在神经沟的多个部位发生闭合，最后神经沟完全关闭形成神经管，神经管是中枢神经系统的原基。在神经管关闭过程中，一些细胞迁移至神经管的背外侧，形成两条纵行的细胞索，称神经嵴（neural crest）。神经嵴主要分化为周围神经系统的结构。

(一) 神经管的形成

1. 神经管的形成

神经管的形成经历了 4 个有序而重叠的阶段，即神经板形成（formation of the neural plate）、神经板塑形（shaping of the neural plate）、神经板卷褶（bending of the neural plate）和神经褶融合（fusion of the neural folds）（图 10-1）。

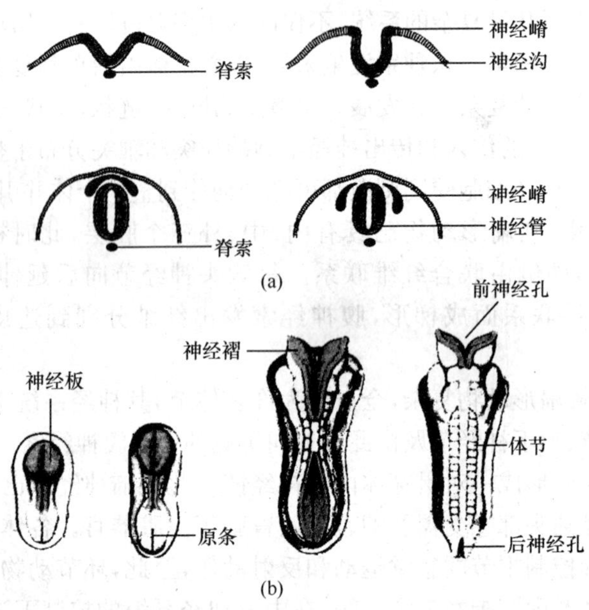

图 10-1　神经管的发生模式图

(a) 横切面图；(b) 背面观

(1) 神经板形成。在小鼠胚胎 8 天，人胚约 18 天，由外胚层细胞增厚形成神经板。在此过程中，神经板细胞增高成为假复层状，开始表达特有的标志分子如神经细胞黏附分子（neural cell adhesion molecule，NCAM）等。提示脊索和底板的前体细胞均存在于发育的很早阶段，由它们同时发育为脊索和神经管的底板。

(2) 神经板塑形。此阶段神经板从头尾方向增长，从内外方向变窄，从顶底方向增厚，但中线上的细胞则呈楔状被锚在脊索上。

(3) 神经板卷褶。此阶段开始于神经板成形过程中，故与之重叠，有两个重要的形态学事件发生于此阶段，第一是结合点（hinge point，HP）的形成，即神经板在正中线和背外侧分别与相邻组织形成一个正中结合点（median hinge point，MHP）和两个背外侧结合点（dorsolateral hinge point，DLHP）。第二是神经褶的出现（formation of the neural fold），此过程是在内、外力作用下，由于 MHP 处被固定，神经板背外侧和与之相连的表皮外胚层升高。在逐渐升高过程中，神经板外侧的基膜与各自相连的表皮外胚层内侧的基膜相贴，形成成对的具有双层结构的神经褶。

(4) 神经褶融合。在外力（extrinsic force）的作用下，神经褶开始升高并向对侧靠拢，随后双侧的神经褶与各自相连的表皮外胚层脱离，并相互融合形成神经管的顶板（roof plate）。与此同时，双侧的表皮外胚层也与各自相连的神经褶脱离后相互融合形成胚体背部的皮肤。此时，神经嵴细胞从正在关闭的神经褶或从刚形成的神经管顶板中迁出到神经管的背侧。

2. 神经管的分化

神经管关闭后，其前后两端暂时保留两个孔道，分别称前神经孔(anterior neuropore)和后神经孔(posterior neuropore)，暂时形成神经管腔与羊膜腔之间的通道。前神经孔的关闭发生在18～20体节期(第23天)，后神经孔的关闭发生在25体节期(第25天)。这时中枢神经系统就成为一个封闭的管状结构，与外胚层完全脱离而位于深部的间充质中，开始脑的分化发育。

(二) 神经管的组织发生

最初神经管管壁是由一层较厚的假复层上皮组成，称神经上皮(neuroepithelium)。神经上皮的内、外表面均有一层薄膜，分别称内界膜和外界膜。神经上皮细胞呈柱状、锥形或梭形，细胞核位于不同平面。在腔面，细胞间彼此以闭锁堤连接。神经管的神经上皮细胞均处于细胞周期的不同时期，而且核的位置随细胞周期的不同而在内、外界膜之间往返移动。应用同位素示踪试验，可见处于S期的神经上皮细胞，细胞缩短变圆，向内界膜移动，胞核也随之移向内界膜；细胞进入G_2期，与邻近细胞的连接消失，胞核变圆进入M期。分裂完成后，细胞间重建连接结构，核再度变长移向外界膜进入S期，并居于外界膜深层。靠近内界膜处M期细胞聚集成M带，而S期细胞核在近外界膜处形成S带，在M带和S带之间的是中间带(intermediate zone，I带)。

处于细胞周期中的神经上皮不断增生，其中部分细胞分化为成神经细胞(neuroblast)，并向神经上皮的外周迁移，形成套层(mantle layer)。来自神经上皮的成神经细胞形成后，其近腔端的突起消失，整个细胞移入套层并失去分裂能力。移入套层的成神经细胞开始为圆形，后来才分化为具有树突和轴突的神经细胞，其轴突伸出套层外，形成边缘层(marginal layer)。此时神经管管壁由内向外由三层组成，依次为神经上皮层、套层和边缘层。套层内的成神经细胞起初为圆形无突起，称无极成神经细胞(apolar neuroblast)；以后细胞两端出现突起，成为双极成神经细胞(bipolar neuroblast)。双极成神经细胞朝向神经管腔一侧的突起退化，变为单极成神经细胞(unipolar neuroblast)，其突起分化为轴突，向外界膜方向生长，在套层与外界膜之间形成边缘层。单极成神经细胞的内侧端又发生原始树突，成为多极成神经细胞(multipolar neuroblast)，多极成神经细胞进一步生长分化为多极神经元。

与此同时，另一部分来自神经上皮的细胞也移入套层，但这些细胞仍保持分裂能力，并保留其两端的胞突，成为梭形的成胶质细胞(glioblast)。其后，成胶质细胞的胞突脱离内、外界膜，分化成星形胶质细胞，另有一部分神经上皮细胞从外周缩回胞突，成为柱状上皮形态，其近腔端长出纤毛，成为室管膜细胞(ependymal cell)(图10-2)。

关于神经元和神经胶质细胞的起源，长期以来存在着不同意见，是神经系统发育中一个有争议的问题，目前，大多数神经生物学家认为神经元和神经胶质细胞来自于共同的干细胞。这种干细胞由胚胎早期的室管膜上皮产生且具有多向分化潜能，称为多潜能干细胞(multipotent stem cell，MSC)。将MSC体外培养表明，它可以发生神经元、放射状胶质细胞和星型胶质细胞。新

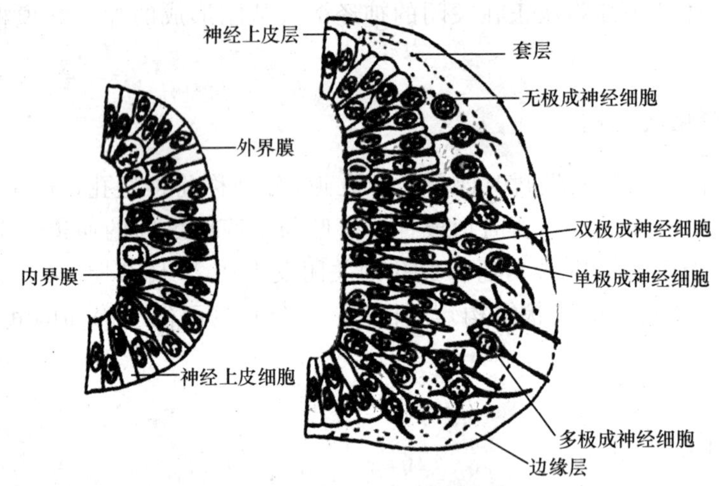

图 10-2　神经管的组织发生

近研究表明，干细胞不仅存在胚胎早期，而且出生后在室管膜下层可长期存在。应用巢素(nestin)可特异性显示干细胞。干细胞在生后存在的功能可能是补充皮质中死亡或损伤的神经细胞。

（三）神经嵴的发育

神经嵴是脊椎动物胚胎神经系统发育过程中一个暂时性结构。在神经褶形成过程中，神经板的外侧各出现一群细胞，这两群细胞随着神经褶的合拢，也逐渐移向中间相互融合，并与表皮脱离为单条的纵嵴。以后神经嵴分成左右两半，分别渐渐向神经管的背外侧方向迁移，位于神经管与体节之间，分成节段性细胞群。在脑泡部分形成第 5、第 7、第 9、第 10 脑神经节，在脊髓部分形成全部脊神经节。向腹侧迁移并分化形成交感神经节与副交感神经节。除此以外，还形成肾上腺髓质细胞、黑素细胞、内分泌细胞与中外胚层(mesectoderm)，后者分化为头部的软骨细胞、骨细胞、肌细胞、成牙质细胞等。

二、脊髓的发育

脊髓由神经管的下段发育而来。管腔演化为脊髓中央管，套层分化为脊髓的灰质，边缘层分化为脊髓的白质。神经管的两侧壁由于套层中成神经细胞和成神经胶质细胞的增生而迅速增厚，腹侧部增厚形成左右两个基板，背侧部增厚形成左右两个翼板。神经管的顶壁和底壁则相对薄而窄，分别形成顶板和底板。由于基板和翼板的增厚，两者在神经管的内表面出现了左右相对的两条纵沟，称界沟(图 10-3)。

由于成神经细胞和成神经胶质细胞的增多，左右两基板向腹侧突出，致使在两者之间形成一条纵行的深沟，位居脊髓的腹侧正中部，称前正中裂。同样，左右两翼板也增大，但主要是向内侧推移并在中线愈合，致使神经管管腔的背侧部分消失。左右两翼板在中线的融合处形成一隔膜，称后正中隔。基板形成脊髓灰质的前角(或前柱)，其中的成神经细胞主要分化为躯体运动神经元。翼板形成脊髓灰质后角(或后柱)，其中的成神经细胞分化为中间神经元。若干成神经细胞聚集于基板和翼板之间，形成脊髓侧角(或侧柱)，其内的成神经细胞分化为内脏传出神经元。边

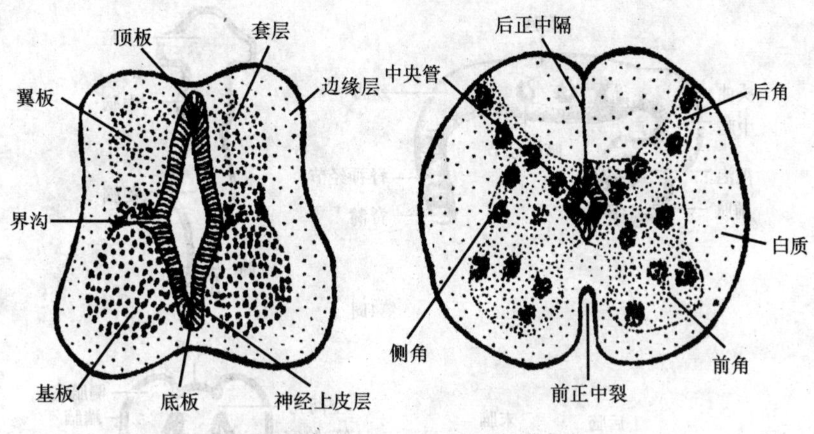

图 10-3　脊髓的发育

缘层由于灰质内神经细胞突起的长入和神经胶质细胞的产生而增厚，其中还含有脊神经节细胞长入脊髓的中枢突和脊髓内部的联络纤维，于是，边缘层内胞突数量不断增加，发育为白质。至此，神经管的尾段分化成脊髓，神经管周围的间充质则分化成脊膜。

胚胎第 3 个月之前，脊髓与脊柱等长，其下端可达脊柱的尾骨。此时，所有脊神经的发出处与它们相对应的椎间孔处于同一平面。第 3 个月后，由于脊柱和硬脊膜的增长比脊髓快，脊柱逐渐超越脊髓向尾端延伸，脊髓的位置相对上移。至出生前，脊髓下端与第 3 腰椎平齐，仅以终丝与尾骨相连。由于呈节段分布的脊神经均在胚胎早期形成，并从相应节段的椎间孔穿出，当脊髓位置相对上移后，脊髓颈段以下的脊神经根便越来越向尾侧斜行，再穿过其相应的椎间孔离开椎管。腰、骶和尾段的脊神经根则在椎管内垂直下行，与终丝共同组成马尾。

三、脑的发生

(一) 脑外形和内部结构的发育

神经管的头段分化为脑。第 4 周末，神经管头段形成三个膨大的脑泡(brainvesicle)，从前向后依次为前脑泡、中脑泡和菱脑泡。至第 5 周时，前脑泡的头段向两侧膨大，形成左右两个端脑，以后演变为大脑两半球；而前脑泡的尾段则形成间脑。中脑泡演变为中脑。菱脑泡的头段演变为后脑，尾段演变为末脑；后脑又演变为脑桥和小脑，末脑演变为延髓(图 10-4)。

在脑泡演变的同时，神经管的管腔也演变为各部位的脑室。前脑泡的腔演变为左右两个侧脑室和间脑中的第三脑室；中脑泡的腔形成狭窄的中脑导水管；菱脑泡的腔演变为宽大的第四脑室。

在脑泡形成和演变的同时，出现了几个不同方向的弯曲。首先出现的是凸向背侧的头曲和颈曲。前者位于中脑部，故又称中脑曲，后者位于脑与脊髓之间。之后，在端脑和脑桥处又出现了两个凸向腹侧的弯曲，分别称端脑曲和脑桥曲(图 10-4)。

神经管头段管壁的演变与尾段的相似，但更为复杂。其神经上皮细胞增殖并向外侧迁移，分化为成神经细胞和成神经胶质细胞，形成套层。套层在增厚的同时，也分成翼板和基板。端脑和间脑的套层大部分形成翼板，基板甚小。端脑套层中的大部分细胞都迁至外表面，形成大脑皮质；少部分聚集成团，形成神经核。中脑、后脑和末脑中的套层细胞多聚集成细胞团或柱，形成各种神经核。翼板中的神经核多为感觉中继核，基板中的神经核多为运动核。

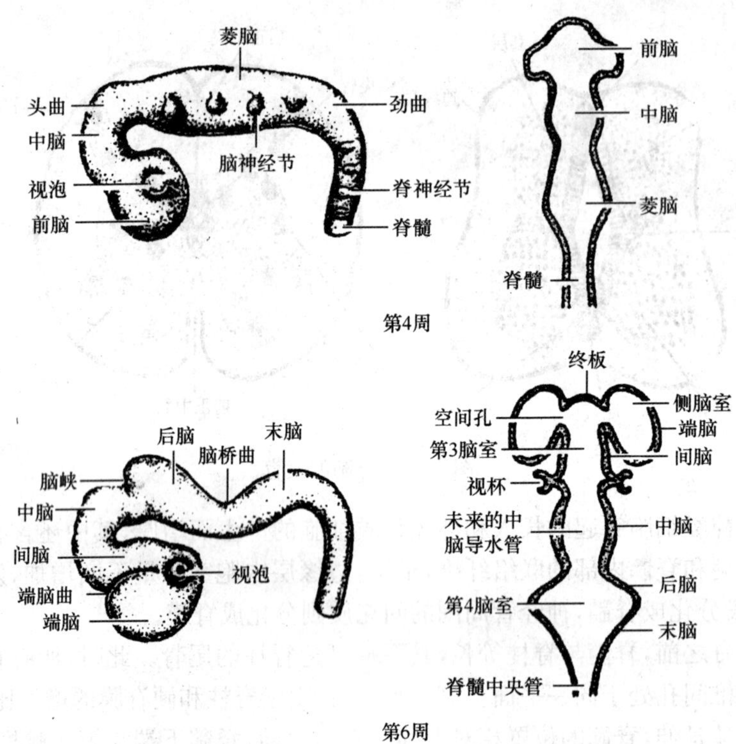

图 10-4　脑泡的发生及演变(侧面观及冠状切面观)

(二) 大脑皮质的组织发生

大脑皮质的发生分三个阶段,最早出现古皮质,继之出现旧皮质,最晚出现新皮质。人类大脑皮质的发生过程重演了脑皮质的种系发生过程。海马和齿状回是最早出现的皮质结构,相当于古皮质(archicortex)。胚胎第 7 周时,在纹状体的外侧,大量成神经细胞聚集并分化,形成梨状皮质,相当于旧皮质(paleocortex)。旧皮质出现不久,神经上皮细胞增殖,分期分批地迁至表层并分化为神经细胞,形成新皮质(neocortex),这是大脑皮质中出现最晚、面积最大的部分(图 10-5)。由于端脑套层产生的成神经细胞,是分期分批地进行迁移的,因而皮质中的神经细胞呈层状分布。越早产生和迁移的细胞,其位置越深;越晚产生和迁移的细胞,其位置越表浅,即越靠近皮质表层。胎儿出生时,新皮质已形成 6 层结构。古皮质和旧皮质的分层无一定规律性,有的分层不明显,有的分为三层。

在大脑皮质内,随着神经细胞的不断形成,突触也随之形成。早在第 8 周,皮质内即已出现突触。突触的形成过程包括:轴突生长的终止、树突和树突棘的发育、突触部位的选择和最后的突触形成。

(三) 小脑皮质的组织发生

小脑起源于后脑翼板背侧部的菱唇。左右两菱唇在中线融合,形成小脑板(cerebellar plate),为小脑的原基。第 12 周时,小脑板的两外侧部膨大,形成小脑半球;板的中部变细,形成小脑蚓(图 10-6)。

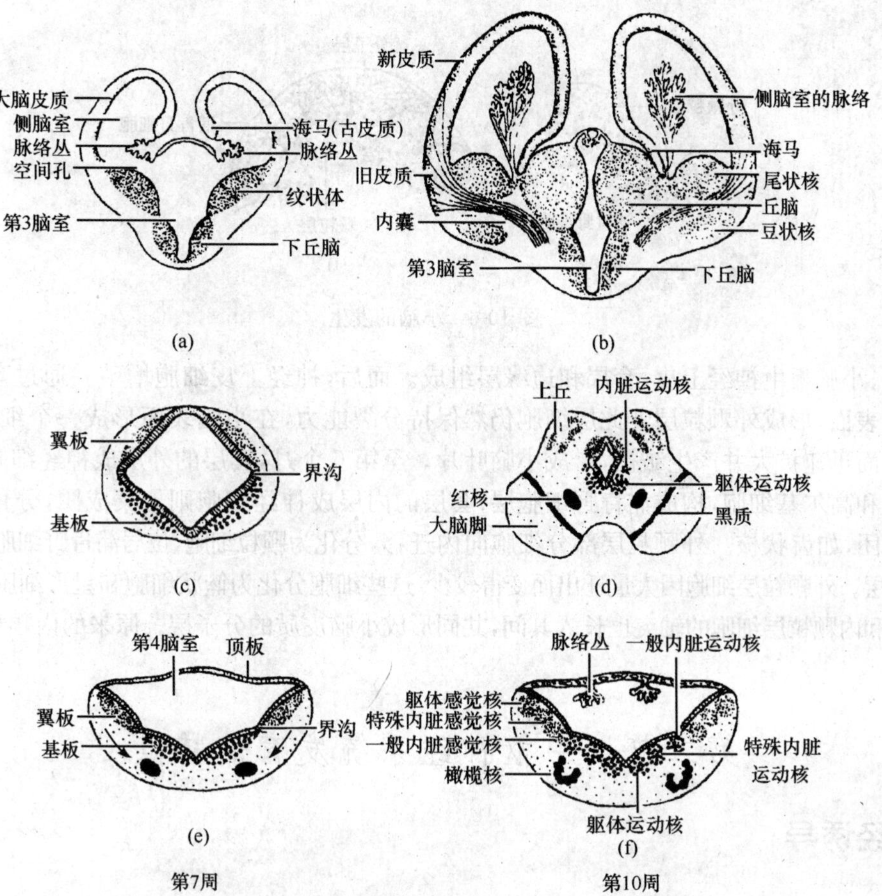

图 10-5 脑的各部分化

(a)、(b)间脑和端脑的分化；(c)、(d)中脑的分化；(e)、(f)末脑的分化

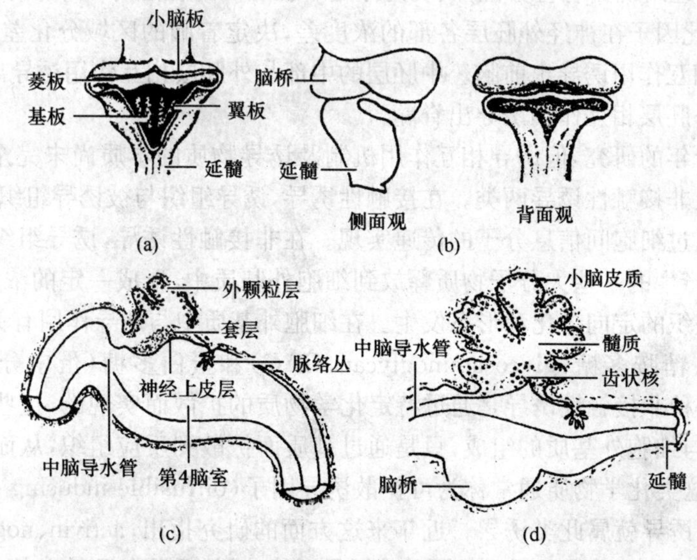

图 10-6 小脑的发生

(a)第 8 周胚胎的中脑和菱脑背面观(第 4 脑室顶已切除)；(b)第 4 个月的中脑和菱脑侧面观和背面观；(c)图(a)的矢状切面；d) 图(b)的矢状切面；(e)胚胎期的小脑皮质；(f)出生后的小脑皮质

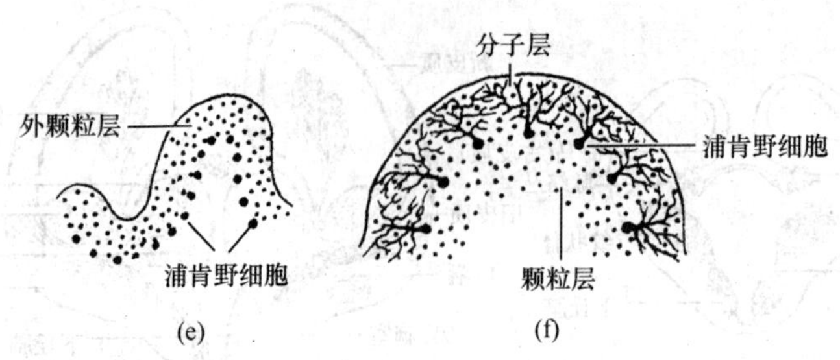

图 10-6　小脑的发生

起初，小脑板由神经上皮、套层和边缘层组成。而后，神经上皮细胞增殖并通过套层迁至小脑板的外表面，形成外颗粒层。此层细胞仍然保持分裂能力，在小脑表面形成一个细胞增殖区，使小脑表面迅速扩大并产生皱褶，形成小脑叶片。至第 6 个月，套层的外层成神经细胞分化为浦肯野细胞和高尔基细胞，构成浦肯野细胞层；套层的内层成神经细胞则聚集成团，分化为小脑白质中的核团，如齿状核。外颗粒层部分细胞向内迁移，分化为颗粒细胞，位居浦肯野细胞层深面，构成内颗粒层。外颗粒层细胞因大量迁出而变得较少，这些细胞分化为篮状细胞和星形细胞，浦肯野细胞的树突和内颗粒层细胞的轴突也长入其间，共同形成小脑皮质的分子层。原来的内颗粒层则改称颗粒层。

第二节　中枢神经系统发育的特点

一、神经诱导

神经诱导(neural induction)是神经发育过程中一个重要的过程，它包括形成神经板的原发诱导和早期脑与脊髓的次发诱导。原发诱导的关键是中胚层向外胚层释放神经化因子(neurolizing factor)，使神经组织具有特异性；次发诱导是中胚层向外胚层释放中胚层化因子(mesodermalizing factor)，此因子在神经外胚层各部的浓度差，决定着脑的区域分化差别。结果，中胚层的前部与外胚层相互作用诱导出前脑。中胚层的中部与外胚层相互作用诱导出中脑和后脑。中胚层的最后部与外胚层相互作用诱导出脊髓。

虽然经过数十年的研究，但诱导相互作用机制及诱导物质的本质尚未完全清楚。诱导通常包括接触性诱导及非接触性诱导两类。在接触性诱导，诱导组织与被诱导组织的细胞相互接触，其诱导作用可能通过细胞间信息分子的传递实现。在非接触性诱导，诱导组织与被诱导组织并不接触，诱导组织产生的一些大分子物质释放到细胞外基质中，形成一定的浓度梯度，这种浓度梯度影响着反应组织的定向分化和形态发生。在细胞外基质中与诱导作用有关的大分子物质主要有三种，即胶原、糖胺多糖(glycosaminoglycan，GAG)和蛋白多糖(蛋白分子上结合着大量 GAG 分子)。另一种非接触性诱导是通过特定化学物质的扩散而实现的，这些化学物质由诱导组织产生，但不参与细胞外基质的组成，只是通过基质而扩散到反应组织，从而诱导反应组织的分化和形态发生，这类化学物质通常称为可扩散诱导因子(diffusible inducing factor)，脊索中胚层对神经外胚层的诱导就属此类诱导。近年来这方面的研究指出，activin、noggin、follistatin 和 HGF/SF 等可能属这类可弥散物质。如同其他诱导系统一样，诱导者及反应者(被诱导)组织应在正确的时间和正确的位置上，如果不存在其深面的脊索，背侧外胚层不会形成神经组织而只发育为普通皮肤外胚层。诱导者的诱导作用即产生传递诱导信息的作用及反应者对诱导能起反应的作用只能发生在胚胎发育的一定时间，但诱导所激起的发育分化过程一经开始便自动进行下去。

两个主要原发性诱导部位称为头部诱导及脊尾诱导。头部诱导(cephalic induction)为神经化影响导致头部结构的形成，脊尾部诱导(spinocaudal induction)为中胚层化影响导致躯干及尾部的形成。

二、神经细胞的分化

由一个前体细胞转变成终末细胞的多步骤过程，称为神经细胞分化(neuronal differentiation)。在神经管的组织发生一节中描述了神经细胞的分化过程。神经细胞的分化与其他过程是重叠的，如在神经上皮不断增殖的过程中细胞也开始进行迁移和分化。虽然依照两栖类胚胎的实验研究，神经谱系早在卵裂球时便已确定，但神经细胞分化过程中环境的因素可在发育的不同阶段起作用。这在脊椎动物尤为明显，发育中的神经细胞处于一个复杂的环境，包括机械性的张力、生化的多样性以及电流等。对于每个细胞来说，这些不断变化着的时空信息构型，既由神经细胞本身的化学性质所决定，又是驱动分化过程的主要环境力量。

神经胶质细胞的发生晚于神经元。在大鼠视神经中对神经胶质细胞分化的研究表明，一部分成胶质细胞分化为成星形胶质细胞，进而分化为Ⅰ型星形胶质细胞(同血管形成连接，有助于保证血脑屏障的完整性)和Ⅱ型星形胶质细胞 (同郎飞结连接)。另一部分成胶质细胞分化为成少突胶质细胞(oligodendroblast)，进而分化为少突胶质细胞。少突胶质细胞体形较小，结构也较简单，在发育较晚期才出现，它们参与中枢神经系统内神经纤维的髓鞘化，即髓鞘形成过程。小胶质细胞的发生较晚，它们的起源尚存在争论，有部分学者认为小胶质细胞和其他内源性脑巨噬细胞或巨噬细胞前体都来源于血源性单核细胞，但也有部分学者认为它们与其他胶质细胞一样起源于外胚层。Ⅱ型星形胶质细胞和少突胶质细胞的分化来自同一个普系的祖代细胞即O-2A细胞，开始于胚胎17天。Ⅰ型星形胶质细胞却来自另一谱系的祖代细胞。O-2A细胞于出生后第一周进行有丝分裂而生成一定数量的少突胶质细胞，然后生成Ⅱ型星形胶质细胞。

三、神经细胞的迁移

神经系统发育过程中一个很独特的现象就是神经细胞的迁移(migration)，发生细胞迁移的原因主要有两个。一是由于神经细胞的发生区与最终的定居区不同，多数神经元发生于神经管的室层，而最终定居部位却离开室层一定距离，这就必须从发生区向最终定居区迁移。二是神经元的纤维联系均有其特定的靶细胞，为了到达靶部位，神经细胞需要在发育过程中“翻山越岭”和“长途跋涉”才能准确到达目的地，神经轴突生长锥在到达靶细胞之前需要沿特定的路线走一段路，到达靶细胞，与靶细胞形成接触，这个过程又叫“神经纤维寻径”(pathfinding)，在这么复杂的过程中如何保证远距离神经元与神经元之间的准确联系不能出现差错？这个问题是神经发育中的重要事件，因此发育过程中神经细胞的迁移就成为神经系统发生中最独特的生命现象。

发育中的神经细胞以什么机制才能沿着正确的通路迁移？指导这种迁移的信号有哪些？近年来对这些问题的研究已经有了初步的答案。研究发现发育过程中细胞的迁移主要借助三种因素：一是细胞及突起的积极地移动；二是沿着星形胶质细胞形成的“脚手架”(scaffold)爬行；三是受多种化学因子局部浓度梯度的指引。

(一) 生长锥和神经细胞迁移

Cajal 在研究单个神经纤维生长过程中,观察到在神经纤维的末端出现膨大,称之为"生长锥",他设想生长锥的阿米巴样运动能使它在迁移过程中跨越障碍而到达终点。生长锥是发育神经元引导突前端的结构,包括丝状伪足(filopodia)和板状伪足(lamellipodia)。生长锥内有微管相关蛋白,这些微管蛋白负责运输小泡到生长锥。由肌动蛋白和肌球蛋白负责提供生长锥移动的收缩力(图 10-7)。

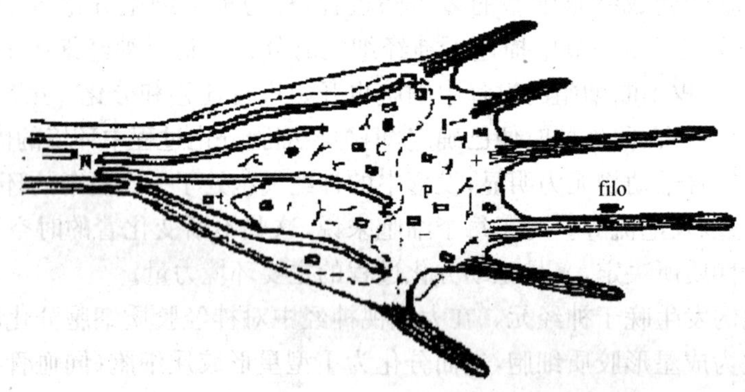

图 10-7 生长锥内微管微丝等细胞骨架示意图

"+"代表微管蛋白的添加端;N:神经突起;filo:丝足

(二) 星形胶质细胞与神经细胞迁移

细胞迁移多呈阿米巴样运动,迁移细胞先伸出一个引导突,细胞本身附着于适宜底物上,细胞核注入引导突,最后细胞核后方的尾突随即撤回。放射状胶质细胞在引导神经细胞迁移过程中起着决定作用。应用电镜三维重建技术表明,单个迁移细胞能同时和几条胶质纤维接触,并在不同的放射状胶质纤维束之间交换,当大部分神经细胞完成迁移任务后,放射状胶质细胞即转变为星形胶质细胞。所以实际上神经细胞迁移是由星形胶质细胞形成的"脚手架"引导的(图 10-8)。神经嵴细胞的迁移没有星形胶质细胞形成的"脚手架"引导,而是靠多种化学因子浓度梯度的指引进行的。

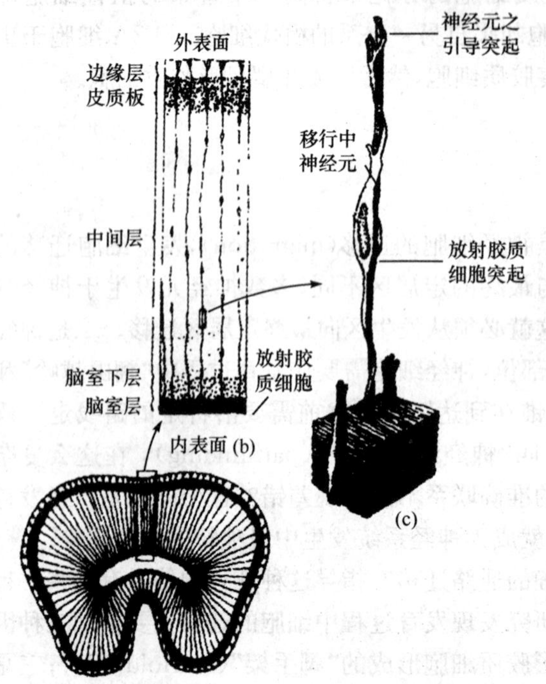

图 10-8 脑发育过程中放射胶质细胞的位置及移行中神经元示意图

(三) 局部化学因子与细胞迁移

研究表明,神经纤维寻径主要是依靠识别局部环境中的化学信息来实现的。科学家研究了果蝇、蠕虫和脊椎动物之后,发现细胞黏附分子(cell adhesion molecule,CAM)是首先发现的位于神经元表面、与神经纤维寻径相关的导向蛋白。此外生长锥的生长还可受细胞外基质(extracellular matrix,ECM)以及其周围的可溶性分子,如神经生长因子和靶细胞释放的可溶性分子的影响。这些物质可增强和吸引或抑制和排斥生长锥的生长。根据这些物质对生长锥的作用,把引导生长锥生长的机制至少分为下列4 种。①接触介导的吸引(contact mediated attraction)作用,如生长锥表面 CAM 与其周围组织的 ECM 的吸引作用。②化学吸引作用(chemoattraction),靶组织和神经胶质细胞释放的某些可溶性物质对生长锥吸引的作用,如神经生长因子(NGF)对感觉神经元生长锥的吸引作用。③接触介导的排斥(contact mediated repulsion)或抑制作用,如中枢神经系统和外周神经系统的轴突之间的排斥作用、鼻侧视网膜节细胞和颞侧视网膜节细胞的轴突之间的排斥作用等。④化学排斥作用(chemorepulsion)或抑制作用,如在体外培养中胶原蛋白有抑制或排斥轴突生长作用等。

另外,随着发育阶段的不同神经细胞黏附分子(NCAM)也在发生化学变化。NCAM 可能在唾液酸含量和多肽结构上发生变化,唾液酸少的 NCAM-L 黏着力强,能促进细胞间的黏着,因此起稳定细胞聚集和限制细胞迁移的作用。这种情况出现在细胞迁移前的胚胎早期和细胞分化即定居后的晚期阶段。唾液酸含量多的 NCAM-H 黏着力弱,为细胞迁移提供自由,它们恰好出现在细胞迁移和突起生长时期。

综上所述,细胞迁移的控制机制可能依靠多种因子的协调性相互作用。

四、突触的发育

突触是实现神经元之间或神经元与效应器之间信息传递的机能性接触的一种特殊结构。在神经系统发育的早期形成,突触的发育大致可分为发生、分化、重排与消退 4 种形式。

(1) 突触发生(synaptogenesis)。轴突到达靶点后,它们按照竞争排斥的法则相互间竞争与靶细胞形成突触,称为突触发生。

(2) 突触分化(synaptodifferentation)。神经轴突特异导向其靶细胞,生长锥碰到靶细胞后停止生长,分化而形成突触前膜,靶细胞与突触前膜相对应的细胞膜发生分化形成突触后膜。分泌性信号分子及其受体、细胞外基质成分、细胞间黏附分子以及神经活动等参与了这个过程。突触形成的启动是按照一个明确不变的程序发生的。同一种属的不同个体的哺乳动物,在它们的神经系统内第一个突触出现的时间差只有一天左右。

(3) 突触重排(synaptorearrangement)。突触形成后,已形成的突触即开始重排,这一过程很长。突触重排是由突触前神经元的电活动决定。一个突触后神经元起初可被许多不同的突触前轴突支配。只有那些突触前电活动与特定突触后细胞的电活动相关或二者的发放同步时,突触形成才得以稳定,而电活动发放不同步的突触前轴突则回缩甚至消失,因此,在发育后期由多神经元支配的突触后单位经重排后变化为单个神经元支配。

(4) 突触消退(synaptoregressive)。在神经系统的发育期间,消退现象(regressive event)被认为是清除错误结构的一种机制。越来越多的证据表明,突触过量现象存在于中枢和周围神经系统的许多部位。突触是突然出现,随后迅速地增多,并形成过量的突触,最后多余无用的突触逐渐消失。在生后发育的早期,动物大脑皮质的突触连接大量增加。大鼠大脑皮质的突触连接在生后第 12 天至第 30 天增加了 10 倍。恒河猴大脑皮质在出生前的 2 个月内,突触数目密度开始逐渐增高,并在生后第 2 个月达到高峰。随后在大约 3 周岁时,突触数目密度下降到成年时的水平。在人视皮质中,突触形成的高峰是在生后的第 2～4 个月内。随后在第 8 个月至 11 周岁期间,大约有 40%的突触被清除,为神经胶质细胞所吞噬。

有关成年期哺乳动物中枢神经系统的突触是否能不断更新,现还缺乏足够的证据,但是突触联系的重建是由分子调控的,在整个成长过程中都在继续,而且在学习、记忆的突触可塑性中,以及神经损伤后的修复中发挥重要作用。但由于实验技术条件的限制,具体的分子调控机制多在模式动物如线虫,果蝇或水螅上进行的,人的突触很小难以分离,实验模型多取自神经-骨骼肌接头。因此,对突触形成的具体的分子及其调控机制尚须进一步研究。

五、神经细胞的程序性细胞死亡

神经系统发育中有一个十分引人注目的现象就是伴随着细胞生长分化的同时也发生了大量的细胞死亡,发育中出现的这种由细胞内特定基因程序性表达介导的细胞死亡称为程序性细胞死亡,亦称为编程性细胞死亡。

早在 50 年前 Glicksmann 便已提出正常的细胞死亡是动物细胞的基本特性,它发生在大部分发育中的组织,许多组织整个生命过程中都存在正常的细胞死亡。但细胞死亡并非与机体死亡同步。正常的组织中,经常发生"正常"的细胞死亡,它是维持组织机能和形态所必需的。细胞死亡的方式通常有三种:①细胞坏死(necrosis),②细胞凋亡(apoptosis),③程序性细胞死亡。

细胞坏死通常是病理性的,是细胞受到化学因素(如强酸、强碱、有毒物质)、物理因素(如热、辐射)和生物因素(如病原体)等环境因素的伤害,从而引起细胞死亡的现象。坏死细胞的病理特点表现为消化和蛋白变性。形态改变主要表现为细胞破损、溶解,DNA 电泳图为涂抹状(smear)。细胞凋亡可为生理性的或病理性的,形态改变主要表现为染色质边聚、核固缩和凋亡小体等,DNA 电泳图为梯状。细胞程序性死亡,亦有译为细胞编程性死亡,是指发生在正常生理性的内环境,特别是在胚胎发生中的死亡,这对正常细胞更新及在发育过程中重整模式是必要的。因此,程序性细胞死亡代表的不是细胞对外来损伤的效应,而是由细胞内特定基因程序性表达介导的对激素、生长因子及离子内环境稳态改变的反应。细胞死亡 PCD 的形态变化与细胞凋亡类似,表现为染色质边聚、核固缩和出现凋亡小体等。

近年来 PCD 和细胞凋亡常被作为同义词使用,但两者实质上是有差异的。首先,PCD 是一个功能性概念,描述在一个多细胞生物体中,某些细胞的死亡是个体发育中一个预定的并受到严格控制的正常组成部分,而凋亡是一个形态学概念,指与细胞坏死不同的受到基因控制的细胞死亡形式;其次,PCD 的最终结果是细胞凋亡,但细胞凋亡并非都是程序化的。

神经系统发育中有大量的细胞死亡,有人估计胚胎时期产生的神经元在向成体发育过程中通过程序性细胞死亡几乎丢失了 50%～80%。越来越多的资料表明 PCD 存在于神经系统发育的多个环节,从未分化的神经上皮到迁移后的有丝分裂后细胞,从神经管的形成到神经元与靶区的匹配都有 PCD 发生。凡不能与靶区正确匹配和参与正常神经网络形成的神经元均通过 PCD 加以清除。

在神经系统发育过程中最早出现程序性死亡现象是当神经板转化为神经管时期。在神经管闭合之前,它与体节连接部位便出现程序性细胞死亡,Homma 认为这一现象可能和神经管与表面外胚层分离有关。发育中神经元的程序性死亡的一个作用是调控神经元的数目，从而使相关的两个神经元群落的联系精确适配。一般在两个群落建立联系前，供控群落的神经元数目往往比靶群落多，未能与靶细胞取得联系的神经元便通过程序性死亡淘汰。

中枢神经系统的神经元凋亡现象不仅存在于出生前发育阶段，亦出现在出生后发育阶段。如哺乳类动物出生后一定期间内在视网膜、外侧膝状体、及新皮质等处均可观察到神经元的程序性死亡。有报告表明，异常的神经元凋亡也可导致中枢神经系统的发育异常。

总之，在神经系统发育过程中的PCD具有重要的生物学意义，首先是适应发育进程的需要。从人类而言，从简单的神经板到复杂的神经系统，其外形的改变犹如作家在雕塑一件艺术精品。通过进化上高度保守的细胞自杀的主动细胞学事件，以维持发育中的自稳平衡(homeostasis)。因此，神经元的过度增殖是为了神经系统形态及功能发育的需要。可以说整个神经系统的发育都是在神经细胞的增殖与凋亡的动态平衡中进行的。其次，从进化意义而言，细胞程序性死亡是机体保护自身的健康生存的有效措施。最后PCD的意义在于使神经系统达到发育有序且高度精确。

对人脑奥秘的探索是目前宇宙中最富有挑战性的课题。结构上涉及人脑的发育和老化，机能上涉及人脑的学习、记忆和思维等高级功能。因此，神经细胞的程序性死亡成为当前生命科学的研究热点，其中以凋亡调控机制的研究尤为重要，它可以使人们深入了解凋亡的发生、发展过程，以及凋亡与维持机体正常生理功能之间的关系。所获得的研究成果可为人们探索细胞发育与死亡的奥秘，为延长细胞生命的努力带来新的曙光。已有的研究资料表明，神经细胞的程序性死亡是受基因调控的，Robert Horvtz等三位科学家因在器官发育的遗传调控和细胞程序性死亡方面的研究成果，获2002年诺贝尔生理医学奖。但现今已获资料多来自线虫等模式生物及离体实验，具体的哺乳动物神经细胞程序性死亡的分子调控机制尚有待进一步的研究。

六、神经系统发育过程中的性分化

胚胎发育过程中的性别差异包括两方面的因素：遗传因素(染色体性别)及性腺因素(性腺性别)。遗传性别是在受精时由性染色体决定的，性腺性别则是由发育过程中已由遗传因素决定发育而成的性腺所产生的激素决定的。人胚胎妊娠7周时开始进行性分化，到妊娠12周时基本完成。因此，神经系统在开始发育时不具备性差异(dimorphism)，在性分化过程中，经过许多基因和荷尔蒙复杂的作用，分化成定型的男性或者女性。在性腺分泌的性激素作用下，两性脑某些部位在大体及脑内神经细胞超微结构方面出现性别的差异，虽然脑的性分化机制至今尚未明确，但已有研究资料表明，性腺所产生的激素无疑具有重要的调控作用。脑的性别差异主要表现在以下几方面。

(1) 视前区性二态核(sexually dimorphic nucleus of preoptic area，SDN-POA)的性别差异。SDN-POA位于大鼠视前内侧区中央部，此核团在胚胎发育后期才出现。在成年雄性鼠，此核团的体积与细胞密度均明显大于雌性。在出生前、后的一定时期内其体积大小、细胞密度均受雄性激素的调节，新生雄鼠如果接受阉割，则SDN-POA的体积可减少50%。虽然SDN-POA有如此明显的性分化，但它的功能意义仍不清楚。

(2) 哺乳动物某些脑区存在性别差异，即二态性，一些神经元的超微结构及突触，甚至一些特定核团的体积都存在某些性别差异。如男女在视前区、下丘脑腹侧核的体积存在差异；在弓状核内的神经纤维及突触终末密度存在性别差异；在视前区的树突野的密度亦存在性别差异。大鼠中脑黑质的多巴胺能神经元在数量、结构和功能活动上存在性别差异。

人脑若干部位亦存在明显的性别差异。如人脑的胼胝体断面面积在脑重相同的标本上女性均较男性大。人脑性别差异不仅表现在形态学上，亦反映在性行为和脑功能方面，男、女的一些高级认知功能亦存在一定性别差异，如左半球外伤患者导致语言障碍，而右半球外伤导致非语言功能障碍男性比女性明显，提示女性脑左、右两半球的功能特化不如男性明显。

脑性分化的调控机制及生理意义，还有待进一步的研究。

第三节　神经干细胞

机体的发育是一个连续不断的过程，它开始于精子进入卵细胞后的受精卵，亦即合子，由单个的细胞合子经生长及分化等过程转变为一个多细胞的个体。在这个过程中，单细胞合子首先经桑葚胚形成多细胞囊胚（胚泡），囊胚由外周的滋养层和内面的内细胞群（inner cell mass，ICM）构成。ICM 进一步分化为内胚层、外胚层和中胚层，它们将形成胚胎的全部。由 ICM 细胞可分离克隆出胚胎干细胞（embryonic stem cell，ES 细胞），ES 细胞具有分化形成机体任何组织细胞的潜能。ES 细胞为研究哺乳动物早期胚胎发生、细胞组织分化、基因表达调控等发育生物学基础研究的一个非常理想的模型系统和非常有用的工具，也是进行动物胚胎工程研究及生产和临床医学研究的一个重要途径。因此，各国学者都竞相积极地投身于哺乳动物 ES 细胞的分离、克隆、建系和定向分化等研究。

一、干细胞概述

（一）干细胞的概念

干细胞（stem cell）是指来源于胚胎或成体的细胞，在一定条件下具有自我更新（self renewing）和增殖能力，具有分化形成至少一种特定细胞类型的特性。在个体发育的不同阶段和机体的不同组织中均存在干细胞，随着年龄的增长，干细胞的数量逐渐减少。

目前，根据干细胞分化潜能的差异将其分为多种类型。

(1) 全能干细胞（totipotent stem cell），指具有发育成为哺乳动物完整个体的多潜能干细胞。受精卵经过卵裂形成 8～16 个细胞的实心球体即桑葚胚，形成 16 细胞以前的每个卵裂球仍保持上述的全能性，将任一卵裂球分离开来置入合适的环境条件，它们都可以发育成为一个完整的个体。

(2) 多能干细胞（multipotent stem cell），该类干细胞只能分化成同一胚层来源的几种特定类型的细胞，如间充质干细胞通常只能分化形成肌肉、软骨、骨、脂肪等细胞。

(3) 单能干细胞（monopotent stem cell）和祖细胞（progenitor cell），为分化方向确定的中间类型的细胞，来源于胎儿期或成年组织，祖细胞具有有限的增殖和分化能力，但没有自我更新能力，也称定向干细胞，如造血祖细胞、淋巴系造血祖细胞可以分化形成 T 淋巴细胞、B 淋巴细胞和 NK 细胞等淋巴细胞亚型，而不具有分化发育为其他细胞系如红细胞系的能力。

(4) 前体细胞（precursor cell），指未完全成熟阶段的细胞，可能也有一定的分裂增殖能力，但没有自我更新能力，最终发育成熟为终末分化细胞（terminal differentiated cell）。

(二) 胚胎干细胞

1. 概述

胚胎干细胞(embryonic stem cell,ES 细胞)是从早期哺乳类动物胚胎 ICM 或原始生殖细胞(primordial germ cell,PGC)分离经体外培养(抑制其分化)获得的具有发育多能性的细胞,能广泛地分化为各种组织细胞并能参与包括生殖系的嵌合体形成。自 Evans 和 Kaufman 及 Martin首次建立小鼠 ES 细胞系以来,各种哺乳动物 ES 细胞的分离与克隆已成为国际生命科学领域的热点课题之一。至今已分离得到 ES 细胞系的物种包括:小鼠(1981)、金黄地鼠(1988)、仓鼠(1988)、绵羊(1990)、猪(1990)、山羊(1991)、牛(1992)、貂(1993)、兔(1993)、大鼠(1994)、恒河猴(1995)、鸡(1996)、绒猴(1996)及人(1998)等。但是,目前除小鼠外,其他物种建立的 ES 细胞系还未能产生包括生殖腺在内的嵌合体,因此按传统观念,这些 ES 细胞虽然经过一些方法检测具有 ES 细胞的特征,目前只能称作类 ES 细胞。

ES 细胞与培养的其他细胞一样,可扩增、进行遗传操作和冻存,且不失其多能性;又类似于胚胎细胞,含有正常的二倍体核型,具有发育的全能性或多能性。在适当条件下 ES 细胞可被诱导分化为多种细胞、组织,也可以与受体胚胎嵌合,形成嵌合体(包括生殖腺在内的各种组织和器官)。

2. 人胚胎干细胞(hES 细胞)的建立

长期以来,人们一直把小鼠 ES 细胞研究作为人类胚胎发生、基因表达调控和组织器官移植及人类遗传病和癌症等的理想研究模型,但种属之间在生理、解剖结构、遗传和免疫标志物、碱性磷酸酶(AKP)和端粒酶的表达等方面都存在巨大差异,如表 10-1 所示。

表 10-1 几种不同种属不同细胞的标志物表达差异

	SSEA-1	SSEA-3	SSEA-4	TRA-1-60	TRA-1-81	AKP	端粒酶
小鼠内细胞群	+	−	−	?	?	?	?
小鼠 ES 细胞	+	−	−	?	?	?	?
小鼠胚胎肿瘤细胞	+	−	−	?	?	?	?
小鼠胚胎生殖细胞	+	?	?	?	?	?	?
人 ES 细胞	−	+	+++	+	+	+	+
人胚胎肿瘤细胞	−	+	+	+	+	+	?
人原始生殖细胞	+	−/+	+	+	+	?	?
恒河猴 ES 细胞	−	?	?	?	?	?	?

注:+ 阳性;− 阴性;+++ 强阳性;−/+ 可疑阳性;? 未见报道。

端粒长度对细胞增殖的寿命有很重要的作用,端粒酶是增加染色体末端端粒序列的一种核糖核蛋白,参与端粒长度的维持。一般地讲,细胞的生理年龄可以通过测定端粒序列的长度来判定。端粒酶的表达与人细胞的永生化高度相关,对人的一些二倍体体细胞引入端粒酶活性,会延长细胞增殖的寿命;人二倍体细胞缺乏端粒酶活性,随年龄增长,其端粒变短,在组织培养中经过有限的增殖期后,进入衰老状态;相反,在生殖系细胞和胚胎组织,端粒酶高水平表达。因此,hES 细胞端粒酶活性的高度表达表明其增殖的寿命长于体细胞增殖的寿命。Thomson 等证实了 hES 细胞高度表达端粒酶活性，这也揭示用 ES 细胞和 PGC 较体细胞核移植具有更现实的应用前景。近年来，人们试图将 ES 细胞作为组织工程的种子细胞以定向分化，进行临床克隆治疗，因此就很有必要研究人 ES 细胞(human embryonic stem cell，hES 细胞)，各国学者克服了重重困难和阻力对 hES 细胞进行了探索和研究。

Pera 等尝试性地从人畸胎瘤分离了 ES 细胞，初步表明了 hES 细胞建系的可能性，Bongso 等(1994)通过人输卵管上皮细胞饲养层培养原核期胚胎，发育至囊胚后添加人白血病抑制因子(human leukemia inhibitory factor，hLIF)，获得了人的类 ES 细胞克隆。Thomson 等从恒河猴的囊胚中分离建立了 ES 细胞系，具有稳定的核型，能分化形成滋养层和 3 个胚层的组织，是第一个建株的灵长类动物的胚胎干细胞的创始者。Thomson 等(1996)建立了狨(common marmoset)的 8 个多能 ES 细胞系，其中 2 个细胞系连续培养 1 年多，保持未分化状态，核型未变异，在缺乏成纤维细胞饲养层的条件下，可分化出包括滋养层细胞和内胚层细胞在内的多种细胞，高密度培养可获得与早期着床后胚胎非常相似的类胚体或拟胚体(embryoid body，EB)。我国徐令等自体外受精桑葚胚分离到人的类 ES 细胞。Thomson 等(1998)从体外受精胚胎发育至囊胚期的 14 个内细胞团分离克隆出 5 个 hES 细胞系，其饲养层为 γ 射线灭活的鼠胎儿成纤维细胞。这些 hES 细胞系具有正常的核型，高端粒酶活性，表现标志灵长类 ES 细胞而非其他细胞的细胞表面抗原的特性，在体外保持未分化状态，培养 4～5 个月，仍具有形成滋养层和来源于所有 3 个胚层组织的能力。

3. hES 细胞的应用前景

具有无限增殖、自我更新和多向分化潜能的 ES 细胞在基础研究和临床应用方面具有广阔的应用前景。

(1) ES 细胞体系已经成为基因功能研究的有效手段。目前的热点是根据同源重组的原理利用基因打靶技术实现基因组内指定基因的失活。因此借助 ES 细胞体系，可以破译人体中重要基因的功能。

(2) ES 细胞系建立后，可从最根本上揭示人及动物发育过程中的决定基因。ES 细胞系的体外可操作性，使胚胎发育及组织生长等一系列调节事件有了得以阐明的机会。这个方向主要倾向于分离鉴定新的前体细胞和有重要医学价值的基因。

(3) ES 细胞可作为评价新药及化学产品的毒性及效能的检测系统。ES 细胞系具有组织、细胞的广谱性，它发展为胚体后的生物系统，可模拟体内细胞与组织间复杂的相互作用，这在药物和农用化学品工业上有广泛的用途，可减少动物检测，降低成本，有重要的商业价值。

(4) ES 细胞最引人注目之处在于它有重要的临床意义，即 ES 细胞有可能成为今后细胞替代疗法和组织器官移植的最佳来源。从哺乳动物神经系统分离多潜能神经干细胞已成为现实，为体外分析早期神经系统发育和生产用于神经修复的供体细胞提供了令人兴奋的应用前景。现已证明，维甲酸可成功的诱导 ES 细胞分化为神经干细胞。神经干细胞参与了脑的发育而且分化为各部位特异性的神经元和胶质细胞。另外，从理论上讲，干细胞可以无限地提供可为移植所用的特异性的细胞类型，置换疾病组织和放化疗损伤后的造血系统，这为遗传病、肿瘤和衰老等疾病的解决提供了新的思路。

当然，ES 细胞来源的组织细胞用到人身上，还要克服一个最大的问题，即组织相容性及移植物的排斥反应。另外，ES 细胞为高度未分化状态，不能直接移植给人体，必须进行体外分化，产生适合移植用的特异性细胞前体，因此，如何控制 hES 细胞定向分化是 ES 细胞应用于临床医学的关键。虽然 hES 细胞可能形成各种细胞类型和简单的组织，但其是否具有形成复杂器官的能力还完全没有研究涉及；hES 也有可能像小鼠 ES 细胞一样形成胚胎组织瘤，为了避免 hES 细胞向肿瘤发展，人们必须设计自杀基因（当移植的 hES 细胞向肿瘤发展时，自杀基因能杀死它）。

由于 ES 细胞与人类健康直接相关的细胞移植和组织工程密切相关，ES 细胞工程正成为新兴的商业竞争热点，并将产生巨大的经济效益和社会影响。但 ES 细胞要真正在人类医学中得到应用，特别是要解决基因组改造、移植排斥、定向诱导分化、细胞纯化及体外组织构建等问题，尚需相当长时间。因此，ES 细胞工程学将是新世纪蓬勃发展、不断取得突破性成果的生命科学。

（三）成体干细胞

根据其发育阶段，干细胞分为胚胎性干细胞和组织（器官）干细胞。胚胎性干细胞具有全能性，能分化为体内所有的组织和器官。组织干细胞来源于胎儿晚期和出生后机体的组织器官，现在通常称为成体干细胞（adult stem cell），成体干细胞具有多能性，是成年动物体内组织和器官修复再生的基础。早期的研究认为成体干细胞的分化潜能较窄，仅能分化成一种或有限的几种组织细胞，但是最近几年的研究表明，成体干细胞的分化能力远超过传统观点局限的范围。例如，骨髓成体干细胞在合适的体内外环境中可长期生长，也可分化为成骨细胞、软骨细胞、脂肪细胞、平滑肌细胞、成纤维细胞、骨髓基质细胞及多种血管内皮细胞，还可形成肝脏前体细胞（肝卵圆细胞）、神经元、胶质细胞和心肌细胞，高度纯化的造血干细胞可分化形成肝细胞、内皮细胞和心肌细胞等。骨骼肌细胞能分化出造血细胞，中枢神经系统干细胞可形成血液细胞、肌肉和许多其他体细胞。成体干细胞这种跨系统分化特性称为“可塑性”（plasticity）。这为利用成体干细胞治疗各种慢性疾病提供了可能。可以设想，如果一种组织的成体干细胞能按照人们的需要转化为其他组织细胞，就可以利用患者非病变组织的干细胞来替代病变组织的细胞，治疗病变组织，避免了由于异体移植而导致的免疫排斥及医学伦理学等目前移植医学中的难题。

与胚胎性干细胞相比较而言，成体干细胞具有如下优势。①成体干细胞可从患者自身获得，而不存在组织相容性的问题，治疗时可避免长期应用免疫抑制剂对患者的伤害。②虽然胚胎性干细胞能分化成各种细胞类型，但这种分化是“非定位性”的，目前尚不能控制胚胎性干细胞在特定的部位分化成相应的细胞，容易形成畸胎瘤。在应用胚胎性干细胞治疗前，必须先进行初步的细胞诱导分化，以防止畸胎瘤的发生，还必须首先确认胚胎性干细胞供者没有诸如（肌）营养失调症等遗传性疾病。相对而言，成体干细胞不存在上述问题，如骨髓移植实验并不引发畸胎瘤。③成体干细胞也具有类似于胚胎性干细胞的高度分化能力。在人体发育的过程中，成体干细胞是存留在多种组织中、具有多向分化潜能的亚全能干细胞群体，这些细胞都具有相同或相似的细胞表型，在合适的微环境下可分化成多种组织细胞。成体干细胞移植是治疗血液系统疾病、先天性遗传疾病以及多发性和转移性恶性肿瘤疾病的最有效方法之一。

成体干细胞存在于机体的各种组织器官中，其生理意义就是更新正常衰老死亡的细胞，维持机体的正常结构与功能。目前已在骨髓、软骨、牙髓、血液、神经、肌肉、脂肪、皮肤、角膜缘、肝脏、胰岛等多种成体组织中发现了干细胞，证实许多组织中的干细胞具有多向分化潜能，并以干细胞为“种子”培育成功一些组织器官。

虽然成体干细胞的研究已经取得较大进展，特别是造血干细胞的应用已取得巨大的临床效益，但成体干细胞的应用也还存在诸多的问题：人们尚未从成体的全部组织中分离出成熟干细胞。成体干细胞含量极微，很难分离和纯化，且数量随年龄增长而降低，如果尝试使用患者自身的干细胞进行治疗，对于某些急性病症，恐怕没有足够的时间进行培养。特别在一些遗传缺陷疾病中，遗传错误很可能也会出现于患者的干细胞中等。因此，成体干细胞的应用研究才刚刚起步，要加快其在临床移植修复治疗中的应用进程还必须加速研究的步伐。

二、神经干细胞的生物学特性与应用前景

长期以来，中枢神经系统被认为无自我更新能力，成年哺乳动物中枢神经系统神经元在疾病或损伤后因为无神经干细胞而不能再生。然而，近年来的研究结果否定了传统的观念，大量研究证实在成年哺乳动物脑内存在神经干细胞，它们与存在于胚胎中的神经干细胞具有一样的特性，即能够在离体条件下大量增殖、能分化为神经元和胶质细胞。神经干细胞所具备的生物学特性使之不仅成为研究细胞发育分化非常有用的对象，而且由于神经干细胞具有多分化能力，将其植入组织后易于存活，因而使其成为细胞移植治疗神经疾病的理想细胞类型。如果能进一步发现直接指导神经干细胞生长和分化的分子，神经疾病和神经损伤的自我修复将成为现实，因而有着广阔的应用前景。

（一）概念与基本特性

神经干细胞（neural stem cell，NSC）的概念始于 20 世纪 90 年代，是人们从成年个体脑内分离培养了能不断分裂增殖且具有多种分化潜能的细胞群后提出的。1992 年，Reynolds 等首次提出成年哺乳动物的脑内存在 NSC。而后的许多免疫组化实验都证实，人脑内也同样存在神经干细胞。1997 年，McKay 正式提出 NSC 的定义为："具有分化为神经元、星形胶质细胞和少突胶质细胞的能力，能自我更新，并足以提供大量脑组织细胞的细胞群。"2000 年，Gage 进一步总结 NSC 的特性为三点：①可生成神经组织或来源于神经系统，具有多向分化潜能。NSC 不仅具有分化为中枢神经系统三种主要类型的细胞的能力，而且还能转分化为其他细胞，如骨骼肌细胞、血细胞等。NSC 的跨胚层转分化能力使人们对其多潜能性有了更深层的认识。②能进行自我复制与自我更新。③可通过不对称分裂产生除自身以外的其他细胞。NSC 通过不对称分裂产生一个新的干细胞和一个祖细胞，对称分裂则产生两个干细胞或两个祖细胞。

一般认为，在周围环境的控制下，多能神经干细胞先产生各种前体细胞，如神经元限制性前体细胞（neuron-restricted precursor，NRP）、胶质限制性前体细胞（glial-restricted precursor，GRP）和神经嵴干细胞（neural crest stem cell，NCSC）等，而后再形成相应的成熟细胞。神经干细胞一般并不局限于产生某些特定的前体细胞，而是在环境因素诱导下向某一方向分化。

目前对于 NSC 的研究主要有以下方法：①体外研究，即切取活体动物脑内确有细胞分裂的脑组织，在体外培养基中孵育，经过增殖，诱导细胞向不同的子细胞分化，然后进行生物学鉴定；②体内研究，将体外扩增后的 NSC 移植到脑内，然后对其生物学行为进行观察。

(二) 神经干细胞的分布与标志物

神经干细胞不仅存在于发育中的哺乳动物神经系统,而且也存在于包括人在内的所有成年哺乳动物神经系统中。神经干细胞在脑内终生存在,不断分裂并沿固定的通路进行脑内迁移,对特定区域内的细胞进行补充。在胚胎期的纹状体、海马、脑皮层、视网膜、脊髓、嗅球、侧脑室的脑室区、室下区存在神经干细胞。在成年个体,神经干细胞存在于嗅球、皮层、侧脑室和脊髓的室管膜、部分室管膜下区和海马齿状回等部位。用于研究的神经干细胞来源较多,可来源于神经组织,也可来源于其他组织细胞。①来源于神经组织,目前从哺乳动物胚胎期的大部分脑区、成年期的脑室下区、海马齿状回的颗粒下层、脊髓等部位均成功分离出神经干细胞。②来源于胚胎干细胞、胚胎生殖细胞(EGC)等细胞的定向诱导分化而来。但因伦理道德、潜在的致瘤性、组织相容性等问题使其应用受到一定的限制。③来源于血液系统的骨髓间质干细胞(MSC)、成年多能祖细胞(MAPC)及脐血细胞等。它们在无血清培养加上 bFGF 刺激下表达神经干细胞的标记巢蛋白 mRNA,在诱导分化时产生神经元、星型胶质细胞、少突胶质细胞表型。

1990 年 McMay 报道了以一种中间纤维细胞骨架蛋白——神经巢蛋白(neuroepithelial stem cell protein, nestin)作为胚胎期神经干细胞的特异性分子标志。神经巢蛋白是神经干细胞的标志性抗原,属于第Ⅵ类中间丝蛋白质。Nestin 阳性的神经干细胞能够分化为神经系统三种类型的细胞:神经元、星形胶质细胞和少突胶质细胞。虽然巢蛋白的分布并不局限于神经干细胞,但是目前巢蛋白作为神经干细胞的一种重要分子标志之一仍然被广泛接受。应用流式细胞技术对神经干细胞表面的分子标志进行系统的研究和筛选发现,神经干细胞选择性地表达 $CD133^{+}/CD34^{-}/CD45^{-}$ 以及 CD9、CD15、CD81 和 CD95 等表面标志。其中 CD133 是神经干细胞特异的表面抗原,被用来分离和鉴定神经干细胞。神经巢蛋白表达起始于神经板的形成,在神经元迁移和分化开始后逐渐消失。故可通过巢蛋白免疫组化染色阳性来证明神经干细胞的存在。通过对巢蛋白的检测,已证实 NSC 主要分布于室管膜下区、室下区、海马齿状回颗粒细胞层下层、纹状体、隔、脊髓及大脑皮层。室管膜睫状细胞可能是 NSC 的来源。另有学者认为 NSC 普遍存在于脑组织中,而不是几个分散的区域。但一般认为成人脑中的 NSC 主要分布于两个特定区域:室下区和海马。近年证实在成年小鼠脊髓内亦存在具有自我更新和繁殖能力的神经干细胞。为了明确神经干细胞在动物不同发育时期的脑内动态变化,应用免疫组织化学 ABC 法,对不同发育时期大鼠脑的嗅球、室管膜、室管膜下区、顶叶皮质、纹状体、海马齿状回进行巢蛋白免疫组织化学染色及光镜观察。结果表明巢蛋白从胚胎 18 天至出生后 7 天在脑内表达较强,阳性细胞在所观察的部位较多,出生后 1 月巢蛋白阳性细胞数急剧下降,成年鼠和老年鼠仅在嗅球、室管膜、部分室管膜下区及海马齿状回分布有巢蛋白阳性细胞。研究结果显示,大鼠 E18 天脑内嗅球、皮质、纹状体、隔区、室管膜及室管膜下区等部位具有较多的神经干细胞,直至大鼠出生后 1 周,脑内各脑区还分布有相当数量的神经干细胞。至成年和老年时,神经干细胞的分布受限,数量急剧下降,仅分布在嗅球、室管膜、海马齿状回、部分室管膜下区等部位。说明随动物年龄增长,神经干细胞数目逐渐减少。

神经干细胞的精确部位仍是待解之谜,详尽的形态学研究发现成年前脑脑室内表面存在一单层的室管膜细胞,此层下面有一层称之为室管膜下层的细胞,它们是具有快速增殖能力的干细胞的生发地。有人认为增殖迅速的室管膜下层的细胞并非神经干细胞。最近有文献指出成年中枢神经系统中纤毛化的室管膜上皮可能是神经干细胞的主要发源地,但是,一般认为室管膜上皮属高度分化的细胞从而形成脑-脑脊液屏障，故这一发现需要进一步地证实。可以相信，随着越来越多的神经干细胞标志物被发现，在活体状态下对神经干细胞的发源地进行精确地定位也越来越可能了。

（三）成年脑的神经干细胞

自 1913 年 Ramony Cajal 提出“成年中枢神经细胞是终末细胞，不能再生”的观点以来，由于技术的限制以及中枢神经系统损伤后恢复相对困难的特点，人们一直认为成年哺乳动物中无神经发生。直到 1965 年，Altman 等首次在成年大鼠脑内的海马、新皮质以及嗅球中发现 H^3 胸腺嘧啶标记的新生神经元，并得到 Kaplan 等的证实。随着神经生物学技术的发展，1992 年成体神经发生再次成为关注的焦点，Reynolds 从成年啮齿类动物的脑中分离出成体神经干细胞。随后，其他研究者又在成年兔、猴以及其他高等哺乳动物包括人脑某些区域观察到了相应的神经发生。

为了确定成年中枢神经系统神经干细胞的所在部位，不同区域的脑组织被仔细分离出来，经体外培养来确认其产生神经细胞的能力。大多数研究认为成年大脑的海马齿状回下分子层和前脑的室管膜下区是神经干细胞的主要生发区域，有学者称其为经典的成年神经发生区，在大脑皮层、小脑、中脑和纹状体等其他部位也分离出神经干细胞，称为非经典的成年神经发生区或非神经发生区。在成年动物前脑的脑室下区存在一些具有分化潜能的细胞，这些细胞可根据神经系统发育或损伤修复的需要分化并迁移至嗅球、海马等处。用细胞分裂增殖的标志物溴化脱氧尿嘧啶（bromodeoxyuridine，BrdU）标记成年啮齿类海马齿状回下分子层分裂增殖细胞的研究表明，这一区域每天有数百个细胞进行分裂，其中一半左右的细胞演变成分子层神经元，15%的细胞分化成胶质细胞，其余的细胞直至其分裂 4 周后仍不能确定属于神经元表型还是胶质细胞表型。新生神经元的数量会随着年龄的增加而减少。用相同的标记方法观察到成年人大脑海马齿状回也存在着新生的神经元。由此可以认为这些新生的神经元起源于海马齿状回下分子层的多潜能神经干细胞，同时也提示成年中枢神经系统可能有未分化的神经干细胞存在。

以往一直认为成年神经发生和结构的可塑性局限在低等动物和鸣禽类，神经发生大多在哺乳类动物出生前及出生后早期阶段。但在近年大量的研究揭示结构的可塑性在哺乳动物成年神经系统某些区域可以发生。而且近来越来越多的证据显示成体神经发生可能是中枢神经系统对各种神经病理损伤的内源性代偿反应，在脑缺血、癫痫、抑郁症以及慢性退行性疾病等中都可观察到病灶区内的神经干细胞动员、增殖，通过再生来提供新的神经元以及其他必需的细胞以取代坏死的神经元与胶质细胞，积极参与神经组织损伤的原位修复。研究表明病灶区内新生或成熟的细胞通过表达许多神经生长因子和营养因子调节干细胞的活动。目前，关于病理条件下成体神经发生的分子机制还不清楚。如果这些问题得到解决，将为中枢神经系统疾病的治疗开辟新的途径。

成年神经干细胞可从患者自身获得，具有不涉及抗原排斥反应及取材的伦理道德问题等应用的优越性，但和其他成体干细胞一样具有分离和纯化难，含量少，且数量和增殖能力随年龄增长而降低等问题等诸多问题限制了它的临床应用，还有待进一步解决。

(四) 神经干细胞的分化诱导

在上节中已提到神经干细胞具有自我复制和增殖分化的能力,那么诱导神经干细胞分化的机制是什么呢?只有了解诱导神经干细胞分化的机制才能掌握诱导神经干细胞分化的主动权使其为人类所用。因此,神经干细胞分化诱导的机制也成为当今神经科学研究的热点之一。目前,诱导神经干细胞分化的机制仍不清楚。综合已知的文献可得出下列一些简单的结论。

(1) NSC分化受多种基因调控,基因表达又受细胞本身的分子程序调控和周围环境影响。例如,*Notch* 基因是确定神经元数量的重要调控基因,当激活 Notch 途径时,NSC进行增殖;当 Notch 活性被抑制时,NSC进入分化过程。明确 Notch 信号途径调节方式,可通过改变 Notch 信号来调控 NSC 向神经功能细胞分化的过程和比例。目前已经从人类克隆了三个同源基因 1~*Notch*3,但其信号转导尚未完全阐明。

(2) 细胞与细胞间信号转导以及周围环境细胞等影响。微环境的改变对 NSC 分化具有诱导作用,将培养的海马神经干细胞移植到成年大鼠海马、嘴侧迁移流(rostral migratory stream, RMS)、小脑和视网膜后,只有在大鼠脑神经生发区如海马分子层和 RMS 处,这些培养的细胞才能分化成神经元,这说明局部信号对神经元分化有极为重要的作用。有趣的是,将这些细胞移植到 RMS 中,它们会沿着 RMS 到达嗅球并分化成酪氨酸羟化酶阳性的嗅球内神经元,然而,成年海马神经元并不表达 TH,此现象表明移植的神经干细胞适应局部生存环境,细胞表型能发生转化。在发育的视网膜中,被移植的神经干细胞也能分化成几种视网膜细胞的表型,但它们不能表达类似于视网膜神经元的终末阶段标志物,说明中枢神经干细胞有较大的发育潜能,能对成年中枢神经系统中存在的神经分化信号有应答行为,但也存在一定的局限性。以往认为 NSC 仅向神经元或胶质细胞等分化,随后实验发现 NSC 分化可因环境而显著不同,局部环境决定了移植后 NSC 最终的分化,甚至可向多个不同系统分化,即使成熟神经系统内的 NSC 也如此。NSC 移植至骨髓环境中可去分化而成为有造血潜能的前体细胞,并在合适的条件下能向肌细胞分化。Kondo 等发现少突胶质细胞前体细胞(oligodendrocyte precursor cell, OPC)经小牛血清、骨形成蛋白等孵育后在含碱性成纤维细胞生长因子(basic fibroblast factor, bFGF)条件培养液中培养,部分 OPC 回复到多潜能 NSC 状态,并能重新向神经元方向分化,这一发现提示外部信号可反转神经胶质细胞分化。

(3) 应用某些生长因子和营养因子对经干细胞的分化有一定的诱导作用,两种或以上的因子参与的协同因子作用日益受到重视,cystatin C 产物 CCg、β 连接素(β- catenin) 和 bFGF 联合作用能促进神经发生,activin A 联合 LIF 对星形前体细胞的分化诱导作用更明显。联合应用 5-羟色胺(5-hydroxytryptamine, 5-HT)和酸性成纤维细胞生长因子(acid fibroblast growth factor, aFGF)可诱导胎鼠皮层及纹状体细胞向多巴胺能神经元分化。而单独应用则不起作用。Sieber 等证实,早期神经嵴的发育除需一些神经干细胞因子外,还需一些神经营养因子如神经生长因子(nerve growth factor, NGF)、脑源性神经营养因子(brain-derived neurotrophic factor, BDNF)、神经营养因子-3 (neurotrophin-3, NT 3)的协同作用。现已证实,FGF 与其他某一神经营养因子,如 EGF 等联用可诱导神经干细胞分化。另有实验表明,BDNF 可促进新生小鼠海马、皮层、小脑、中脑及纹状体内的神经干细胞(对 FGF 反应)向不同类型的神经元分化。目前,除神经营养因子和某些神经肽对神经干细胞的分化有诱导作用外,一些文献还报道细胞因子如白血病抑制因子、白介素-6、血小板源性神经营养因子等均可调节神经细胞的增殖分化。丝裂原样生长因子信号在 NSC 的分化发育中起重要作用。

(4) 一些其他的理化因素对 NCS 的分化亦具诱导分化作用。但目前 NSC 定向分化仍缺乏可靠的方案，况且体内有上百种类型神经元，每一种神经元的分化过程均涉及多种影响因素和信号传递，如何诱导 NSC 高效分化为产生专门递质的功能神经元或特定类型的神经胶质细胞仍处于探索阶段。

(五) 神经干细胞的应用

(1) 神经干细胞在神经发育和修复受损神经组织中发挥重要作用。神经干细胞移植是修复和代替受损脑组织的有效方法,能重建部分环路和功能。脑内移植对脑外伤、脊髓横断伤等有不同程度的改善。

(2) 神经干细胞可作为基因载体,用于颅内肿瘤和其他神经疾病的基因治疗,利用神经干细胞作为基因治疗载体,弥补了病毒载体的一些不足。在帕金森病、亨廷顿病及多发性硬化病等的实验治疗中显示了明显的改善。脑胶质瘤是医学治疗的难点之一,手术切除肿瘤困难,且容易复发,放疗和化疗对肿瘤有一定的作用但也有较大的不良反应。由于神经干细胞具有迁移的功能,利用这种特性可以向脑部释放药物。对鼠神经干细胞进行转基因处理,使之分泌 IL-4,这种物质能够激活免疫系统,对肿瘤细胞发生抗瘤攻击,患有脑胶质瘤的实验鼠接受这种细胞注射之后,寿命比未治疗的实验鼠大大延长,核磁共振成像表明,实验鼠脑部的大块肿瘤有缩小的迹象,有趣的是,即使注射的神经干细胞不分泌 IL-4,实验鼠的寿命也会延长。

(3) 神经干细胞对于判断药效及药物毒性等也有一定实用价值,如可以利用神经干细胞培养技术观察某些天然化合物和合成化合物的神经活性,为发展小分子治疗药物提供理论基础,具有广阔的应用前景。

但至今为止,神经干细胞应用中还存在许多有待解决的问题,目前建立的神经干细胞系绝大多数来源于鼠,而鼠与人之间存在着明显的种属差异,神经干细胞的来源不足;部分移植的神经干细胞可发展成脑瘤;利用胚胎干细胞代替神经干细胞存在着社会学及伦理学方面的问题等。另外,神经干细胞的来源、分离、培养及鉴定还有许多工作要做 ,特别是神经干细胞的诱导、分化及迁移机制有待进一步研究,如在体外或体内对干细胞的定向诱导分化还没有得到很好解决,不能保证植入的神经干细胞按预想的途径分化,影响了移植的效果。例如,神经干细胞移植入不同脑区产生神经元的比例不同,室下区产生神经元的比例高而脊髓损伤神经干细胞移植胶质化比例高,胶质瘢痕严重阻碍了神经环路和功能的重建。神经干细胞与宿主的整合程度、在体内的存活时间及增殖能力也是影响移植效果的重要因素,永生化神经干细胞株的建立尚存在许多有待解决的问题,相信不远的将来会在这些方面逐步取得突破性的进展。

第四节　脑发育异常及发育中的脑损伤

神经系统的发育是人类精神心理健康成长的基础,自胚胎形成开始,脑就处于不断发育的过程中,直至出生后,脑的发育过程仍在继续。出生时脑重约 370g,6 个月达 600～700g,2 岁脑重 900～1000g,7 岁时接近成人脑重约 1500g,各种动物出生时脑发育的程度并不一致,如豚鼠、猪在出生时脑发育已接近成熟,而大鼠和灵长类动物,包括人出生时脑发育还不成熟。那时虽然神经细胞的分化,突触的发育及神经回路的建立已基本完成,但脑的情感、思维、学习与记忆等功能的发育仍处在不断地完善之中。因此、在整个脑发育的过程中,含在胎内与生后发育的时期,都应十分注意脑的保健,特别是生后的 2～3 年,称之为脑发育的临界期(critical period),在此时期,任何来自母体的遗传因素或来自外界环境的不利因素,都可以导致脑发育异常及脑发育中的脑损伤。

一、脑发育异常

人脑发育分几个主要时期,妊娠 3～4 周,原始神经胚形成,前脑发育;2～3 个月,神经元增殖;3～4 个月,神经元移行;3～5 个月,脑神经组织过程;5 月至出生后数年,成髓鞘。在各个时期由于先天或后天因素的作用,都会发生脑发育异常。

(一) 神经管形成及前脑发育中的异常

神经管形成及前脑发育中的异常,常发生在妊娠 3～4 周至 3 个月时期,可发生胚胎的神经管缺陷(neural tube defect,NTD),如颅脊柱畸形,无脑畸形,脑膨出,脊髓裂,脊膜膨出等。其他如脑积水、脊髓膜膨出伴大脑畸形、神经管尾端形成障碍和前脑的发育异常等。

(二) 神经元增殖、移行、组织及髓鞘形成中的异常

1. 神经元增殖过程中的异常

神经元增殖过程中的异常如脑小畸形,巨脑畸形等。

2. 神经元移行过程中的异常

神经元移行过程中的异常主要表现为脑回的形成过程受累,脑回形成主要在妊娠 26～28 周,形成无脑回、小而多脑回以及神经元异位等。这类小儿出生后即可发生惊厥,核磁共振(MRI)有助于该病的诊断。神经元异位症可分为室管膜下、大脑白质及浅层皮层、软脑膜三种类型的异位。除 MRI 的协助诊断,此类患儿多有惊厥和(或)癫痫发作,智力可正常。现确定的神经元异位症多与神经遗传性疾病有关,如代谢病、强直性肌营养不良及染色体综合征等。

3. 组织形成过程中的异常

脑正常发育的“组织”过程十分复杂。从妊娠 5 个月至出生后多年还在继续,包括板下神经元的建立及分化、板层结构的形成、神经突起的生长、突触形成、胶质细胞的分化、细胞的死亡和突起的消亡等。“组织”形成过程中的异常可造成多种发育性疾病,如智力低下,伴或不伴惊厥,唐氏综合征,脑瘫和婴儿孤独症等。

4. 成髓鞘形成过程中的异常

对成髓鞘形成过程借助于组织化学及 MRI 已有较清楚的了解,从妊娠 4 个月直到出生后并持续进行几十年,其发育过程主要在生后。不少遗传性疾病主要以大脑髓鞘缺陷为主,如氨基酸及有机酸代谢异常,先天性甲状腺功能低下,脑室周围白质营养不良及婴儿早期营养不良等。在先天性风疹综合征和唐氏综合征等均可见脑内髓鞘发育缺陷,但系原发或继发目前还不清楚。

二、发育脑的易损性

发育脑与成年脑相比，在结构与功能上均有一些不同之处，这些不同之处构成了发育中脑的易损性(vulnerability)。例如，发育脑中有些结构是成年脑所缺少的，如原生基质，是白质静脉汇合之处，也是神经细胞和神经胶质细胞的发源地。该结构在足月妊娠前已消失，但在早产儿，该处毛细血管脆性增加，是颅内出血的好发部位。又如发育脑中的突触数目，神经元数目和网络通路都处于不断地修整之中。如突触数目的增加，在两岁时峰值达到成人的两倍，这就伴随着脑糖代谢的升高。

脑中有60%～70%的突触利用兴奋性氨基酸谷氨酸和抑制性氨基酸GABA。未成熟的突触结构对上述介质敏感、具有易损性。缺血、缺氧，低血糖及外伤均可触发高浓度谷氨酸在细胞外液的积聚和GABA浓度的减低，从而导致重惊厥。在发育脑，特异性的谷氨酸受体如*N*-甲基-D-天冬氨酸受体(简称NMDA受体)也与成年脑不相同，可以传导更大量的Ca^{2+}，更容易被甘氨酸所激动。这些变化使发育脑比成年脑具有更高的兴奋性。又如存在于胎儿脑白质，未成熟的少突胶质细胞对缺血、缺氧，及其他损伤敏感而易产生脑白质周围营养不良。

总之，脑发育异常与发育中的脑损伤部分系神经遗传性疾病，但部分发病可能与环境、营养等因素有关，如叶酸缺乏导致神经管关闭缺陷(neural tube closure deficiency，NTCD)或神经管缺陷(neural tube deficiency，NTD)已得到公认。而更多的病因及发病机制尚不清楚，脑发育异常与发育中的脑损伤目前尚缺乏特异性的有效治疗方法，脑发育异常与发育中的脑损伤所致的各种疾患不仅损害了幼儿的身心健康，剥夺了他们享受生活与欢乐的权利，而且给家庭及社会带来沉重的精神及经济负担。因此应重防治、保护与康复，了解发育脑的特点和大力宣传脑发育期的保健工作，力求减少脑发育异常与发育中的脑损伤发生。因此，作为医学或神经科学工作者应对中枢神经系统的发育有所了解。有关这方面的研究已日益受到神经科学、小儿神经、遗传领域学者的关注。

(蔡文琴)

第十一章　神经损伤与再生

神经损伤与再生是神经科学的热点问题和难题。神经元(包括其轴突和胞体)损伤后的病理反应称为神经元变性(degeneration,也称溃变),是一种退行性变。周围神经系统(peripheral nervous system,PNS)和中枢神经系统(central nervous system, CNS)损伤后均可发生一系列损伤反应,两者既相似又不同。

19 世纪末人们就发现低等脊椎动物如鱼类和两栖类外周和中枢神经均可再生,但在哺乳动物中,只有外周神经损伤后可以再生,而中枢神经损伤后不能再生。1928 年 Cajal 关于神经退变与再生的专著问世后,受观念、技术及相关学科发展水平的限制,半个世纪内中枢神经再生研究未能取得突破性进展。20 世纪 70 年代以来随着相关学科理论与技术的进步,已经证明成年哺乳动物中枢神经仍有较大的可塑性(plasticity),损伤的中枢神经元在一定的环境条件下可以实现有限的再生。

第一节　神经系统损伤后的反应

一、周围神经损伤

神经纤维由神经元的轴突和长树突外包神经胶质细胞组成,周围神经系统中胶质细胞是施万细胞,由于施万细胞包在轴突的外面,故又称神经膜细胞(neurolemmal cell),施万细胞及其外面的一层基膜统称为神经膜(neurolemma)。周围神经系统中功能相关的神经纤维集合在一起,外包致密结缔组织(神经外膜,epineurium)构成神经,神经内的神经纤维又被结缔组织(神经束膜,perineurium)分隔成大小不等的神经纤维束(nerve fiber bundle),纤维束内神经纤维周围包裹着薄层结缔组织(神经内膜,endoneurium),内含毛细血管。神经纤维根据其外是否有神经胶质细胞形成的髓鞘结构,分为有髓神经纤维(myelinated nerve fiber)和无髓神经纤维(unmyelinated nerve fiber),周围神经纤维的髓鞘是由施万细胞形成的。

周围神经损伤是指周围神经干及其分支受到创伤,导致神经支配区域的运动、感觉及自主神经功能障碍的一种临床病症。周围神经损伤的原因比较复杂,包括切割伤、火器伤、捻挫伤、撕脱伤、缺血性损伤和医源性损伤等。

(一) 周围神经损伤的分类

周围神经损伤的类型通常决定着损伤后神经再生的进程与结果,经典的分类方法包括 Seddon 分类法和 Sunderland 分类法等,最简单的当属 Seddon 分类法。

1. Seddon 分类法

Seddon 于 1943 年提出,分为三类。

1) 神经失用

神经失用(neurapraxia)指神经轴突和神经膜完整,神经纤维局限性脱髓鞘或不出现明显形态改变,但功能丧失,表现为运动瘫痪和感觉减退而电生理反应正常,运动纤维功能更易受累。通常因神经受压、挫伤或短时间缺血引起,大多可以恢复。崩解的髓鞘可被施万细胞和局部浸润的巨噬细胞吞噬清除,邻近的施万细胞增殖并重新形成髓鞘,新形成的髓鞘结间体(internode)长度较短,神经传导速度较慢,以后逐渐恢复到损伤前长度,神经传导速度也逐渐恢复。

2) 轴突断裂

神经轴突断裂(axonotmesis),神经膜可有损伤,但神经束膜、神经外膜完整,表现为神经纤维完全性损伤,有变性改变,可自行恢复,多发生于挤压伤或较轻的牵拉伤以及较长时间缺血,如止血带损伤,多在数月内完全恢复。

3) 神经断裂(neurotmesis)

神经完全或不完全断裂,多见于穿通伤、骨折和手术意外,通常需手术修复。完全断裂者,临床表现为运动、感觉完全丧失并伴有营养性改变。不完全断裂多表现为不完全瘫痪,由于未断裂部位也受到震荡、挫伤或牵拉,故伤后数日至数周内可出现完全瘫痪,以后部分恢复。

2. Sunderland 分类法

1951 年 Sunderland 根据神经损伤的程度将其分为 5 度。

(1) Ⅰ度损伤。神经纤维的连续性保持完整,传导阻滞,可有局部 Wallerian 变性。

(2) Ⅱ度损伤。轴突断裂,损伤远端发生 Wallerian 变性,近端一个或多个结间体发生变性,神经膜管保持完整,为轴突再生提供了完好的解剖通道。可自行恢复,轴突以每日 1~2mm 速度向远端生长。

(3) Ⅲ度损伤。神经纤维(包括轴突和神经膜管)横断,而神经束膜完整。由于神经膜管的破坏,导致结构紊乱。有自行恢复的可能性,但由于神经内膜瘢痕化,恢复常不完全。

(4) Ⅳ度损伤。神经束遭到严重破坏或断裂,但神经干通过神经外膜组织保持连续。损伤处胶质瘢痕明显,很少能自行恢复,需手术修复。

(5) Ⅴ度损伤。整个神经干完全断裂。需手术修复才能恢复。

1988 年 Mackinnon 在 Sunderland 分类法基础上增加了"Ⅵ度损伤",即混合型损伤,神经中的神经束损伤情况不一,有些神经束可自行恢复,有些需手术处理。

(二) 周围神经损伤后的反应

1. 神经元胞体对损伤的反应

神经元胞体是神经元的代谢、营养中心,神经纤维损伤会导致神经元胞体结构和功能发生一系列改变,甚至死亡。损伤部位越靠近神经元胞体,死亡消失的神经元越多。

1) 形态变化

神经元的形态变化特征为胞体肿胀,细胞核从中央移向细胞的一边(细胞核偏位),尼氏体的分散、消失(染色质溶解,chromatolysis),神经元树突发生回缩,突触末梢减少,与周围其他神经元的突触联系丧失。1892 年,Nissl 切断家兔的面神经发现脑干内的面神经核神经元发生了上述变化,认为这些变化是神经元轴突受损后逆行性引起胞体变性的表现。

神经元胞体形态改变出现于伤后 6h,第 1 周末达到高峰,染色质溶解是神经元胞体反应最敏感的形态学标志，伤后第 4 天尼氏体全部消失。

2）功能变化

轴突损伤后，损伤信号可逆向传送回神经元胞体，引起神经元代谢和基因表达发生变化，递质合成功能受到抑制，一系列与损伤与再生相关的基因（如 *GAP*43、*NF-κB*、细胞骨架相关蛋白的基因等）表达增加。

2. 神经纤维对损伤的反应

虽然神经纤维变性最早是在周围神经描述的，但中枢神经也表现出相似的变化特点。

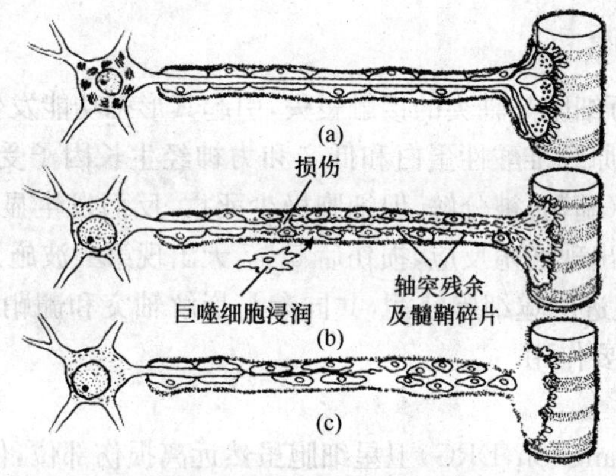

图 11-1　Wallerian 变性示意图

(a)正常运动神经元、骨骼肌细胞和施万细胞；(b)轴突损伤后，轴突远侧段和相应运动神经末梢变性，施万细胞分裂增殖，轴突和髓鞘碎片被增殖的施万细胞与浸润的巨噬细胞吞噬，神经元胞体可见染色质溶解与核偏位；(c)组织碎片清除后，增殖的施万细胞在神经内膜管排列形成 Büngner 带，引导轴突再生

1）损伤远端神经纤维的反应——Wallerian 变性（图 11-1）

1850 年 Waller 首次发现和记录了周围神经被切断后神经纤维的远侧段发生变性，从断端到神经终末全部崩溃瓦解最后消失的变化过程。后人为了纪念他的历史功绩，将离断神经纤维的顺行性变性称为 Wallerian 变性（Wallerian degeneration）。Wallerian 变性是一个快速过程，损伤后远端神经纤维脱离了胞体的营养和代谢支持，纤维发生溃变，髓鞘崩解、分离。神经纤维变性开始的时间因动物的种属、年龄、损伤程度、纤维的粗细等因素而有所不同，较细的神经纤维变性发生较早。

轴突的变化稍早于髓鞘。首先出现线粒体在损伤处和郎飞结（Ranvier node）局部堆积，数小时内线粒体、细胞骨架蛋白如微管、神经丝等均发生崩解，呈颗粒状堆积于轴浆，至第 2 天变性纤维出现交替肿胀和狭窄，呈念珠状。随后在狭窄处发生断裂，溃变成碎片，于损伤 48～96h 持续丧失。

髓鞘破坏的最早征象也见于伤后数小时内，首先出现施-兰切迹（Schmidt-Lantcrmann incisure）扩大，髓鞘退缩，并导致郎飞结扩大，继而结间体断裂成为分节状结构，数天内分节状结构进一步崩解，最后被分解成为 1μm 左右的椭球形的髓鞘最终分解产物，随后被吞噬细胞清除。无髓纤维不存在髓鞘变性，但纤维变性过程与有髓纤维相同，而且更早更快。

2）损伤近端神经纤维的反应——逆行性变性

神经纤维损伤后，损伤部位近侧段神经纤维发生逆行性变性（retrograde degeneration），一般局限于一个郎飞结，损伤严重时可有数个髓鞘郎飞结崩解，其形态改变与远侧段的神经纤维

Wallerian 变性相同。损伤区近端神经纤维的断端呈颗粒变性、坏死，神经纤维断端回缩，起初有轴浆漏出，数小时内断端封闭。微管先解聚，继而重组，集聚从胞体转运来的囊泡、线粒体、滑面内质网、细胞骨架成分、肽类（如 P 物质 SP、神经肽 NPY、降钙素基因相关肽 CGRP、促生长激素神经肽 galanin）和酶（如一氧化氮合成酶 NOS）等，24～48h 内逐渐形成球状膨大（axon end-bulb）。这些聚集的物质将参与生长锥的形成，1～2 天内膨大部发生多条细的新芽向远侧延伸。

轴突被切断后，其近侧段有时也可全部崩溃，性状上与远侧段 Wallerian 变性相似，但开始较晚，可能提示神经元存活机会小。

3. 胶质细胞对损伤的反应

1）*施万细胞*

周围神经损伤后，施万细胞与轴突的接触丧失，引起其形态功能发生改变，髓鞘崩解，髓鞘蛋白 mRNA 表达降低，胶质原纤维酸性蛋白和低亲和力神经生长因子受体 $p75^{NGFR}$ 表达增高。虽然施万细胞的大部分质膜（髓鞘）被分解，但细胞极少死亡，反而发生显著的分裂增殖，施万细胞在损伤后第 4 天左右开始出现增殖反应，损伤后 5～7 天出现第一波施万细胞增殖高峰。施万细胞释放细胞因子和 NO，促进巨噬细胞浸润，共同参与崩解轴突和髓鞘碎片的吞噬，在损伤局部微环境的形成中发挥了重要作用。

2）*背根节卫星细胞*

背根节（dorsal root ganglion，DRG）卫星细胞虽然远离损伤部位，但同样可以感受到神经元损伤状态而发生显著形态改变，胞体增大，呈指环样包绕背根节神经元，GFAP 表达增加，细胞增殖，分泌营养因子如 GDNF、CNTF 等，对神经元产生保护作用。

4. 炎症细胞在周围神经损伤中的作用

损伤后第 4 天开始，变性神经纤维内肥大细胞数量显著增加，释放血管活性物质组胺（histamine）和 5-羟色胺（5-HT），增加毛细血管通透性，使血液中的单核细胞更易透过毛细血管募集到损伤部位。周围神经损伤后 3～5 天，损伤部位巨噬细胞浸润。迅速而充分的炎症细胞浸润是神经再生的必要条件，炎症细胞的主要作用是加速 Wallerian 变性和髓鞘碎屑的清除。

伤后 1 个月左右，损伤远端的轴突与髓鞘成分完全消失。施万细胞填充损伤部位，并提供营养成分，建立轴突再生环境。

二、中枢神经系统损伤

中枢神经系统损伤是指由各种原因造成的中枢神经系统形态结构和（或）生理功能的损害，这些原因可以是物理性、化学性和生物性的，也可以是机体自身的。按照发生缓急与病程长短的不同，可将中枢神经系统损伤分为急性损伤和慢性损伤两大类，其中急性损伤一般骤然发生，进展迅速，致死/致残率高，危害较大。中枢神经系统急性损伤以创伤最常见，其次是脑血管意外。

（一）中枢神经系统损伤原因及机制

1. 创伤性中枢神经系统损伤

创伤性中枢神经系统损伤包括创伤性脑损伤（traumatic brain injury）和创伤性脊髓损伤简

称脊髓损伤(spinal cord injury,SCI),发生率较高,后期护理困难,医疗费用高。

1) 损伤原因

中枢神经系统创伤的原因主要有交通事故、工程事故、暴力击打、火器伤和运动损伤等。其中交通事故是全世界范围内造成中枢神经系统创伤的首要原因,在我国工程事故也是一个重要原因。

2) 损伤机制

创伤性中枢神经系统损伤包括原发性损伤(primary injury)和继发性损伤(secondary injury)。

A. 原发性损伤

原发性损伤是指损伤局部组织变形和创伤能量传递所致的初始机械性损伤,包括脑(脊髓)震荡、脑(脊髓)挫裂伤、脊髓压迫伤等。原发性损伤在外力作用时即刻发生,无法阻止或逆转。

脑(脊髓)震荡是创伤性中枢神经系统损伤中最轻的一种,伤后出现短暂的可逆性脑(脊髓)功能障碍,持续时间很短(数秒、数分或更久),一般不超过半个小时。神经系统电生理的研究认为,脑干网状结构受损影响上行性活化系统的功能可能是引起意识障碍的重要原因。显微镜观察灰质可存在出血点,可有少量神经元退变,神经元轴突肿胀并有间质水肿,电子显微镜下可见线粒体肿胀。调查显示职业拳师慢性脑萎缩损害甚至痴呆的发生率偏高,这些均提示脑(脊髓)震荡存在器质性损害,而非以往所认为的仅仅是一过性的功能障碍。

在外伤、骨折的情况下,脑和脊髓可被直接刺伤,挤压导致缺血,或撞击后发生挫裂伤。脑挫裂伤包括皮质挫裂伤和白质挫裂伤两种,前者主要损害局限于皮质,后者因撞击产生的剪应力作用造成白质大量神经纤维损伤、断裂,使皮质与皮质下中枢失去联系,通常较皮质挫裂伤更难恢复。

B. 继发性损伤

继发性损伤是指由原发性损伤引发的包括细胞和生化改变在内的一系列病理改变和病理生理进程,主要包括出血、缺血再灌注损伤、免疫炎症损伤、兴奋性氨基酸毒性、自由基损伤和继发性细胞死亡等。继发性损伤通过适当处理,可以加以阻断、减轻、甚至逆转。

中枢神经系统创伤后,在急性期除了损伤部位血流量减少导致局部缺血缺氧外,还可继发性引起周围组织发生缺血缺氧,神经元对缺氧的耐受差,完全缺氧 5min 即可造成不可逆的损伤。缺血的原因首先是损伤局部血管破裂、凝血导致血液供应障碍;其次出血后形成的血肿除局部压迫外,在颅脑相对封闭的空间会造成颅内压增加,影响静脉回流,增加血液循环阻力;此外中枢神经系统损伤后由于缺血缺氧和血管活性物质的释放,血管通透性增高,组织水肿发生很快,不但影响氧的弥散还可进一步增加了颅内压,加重缺血缺氧;严重创伤时伴随的血压下降也会影响中枢神经系统的血液供应。

创伤时伴随着血管的破裂大量免疫细胞(中性粒细胞、单核细胞等)进入中枢神经系统,一方面可以清除坏死组织碎片,另一方面又释放大量炎性因子和蛋白酶导致神经元坏死、神经纤维继发性脱髓鞘等病理变化。损伤后第 3 天开始 T 淋巴细胞进入神经组织并在损伤区大量聚集,可能会引发自身免疫反应。

缺血再灌注可诱发大量自由基产生,缺氧也可直接造成神经元线粒体电子传递链障碍,导致自由基产生,过量的自由基造成细胞脂质过氧化、蛋白质过氧化、DNA 氧化损伤,导致神经元凋亡。

2. 急性非创伤性脑损伤

急性非创伤性脑损伤在临床上十分常见，主要包括急性脑血管疾病和心、肺功能障碍引起的缺氧缺血性脑损伤两大类，其损伤发生与脑组织缺氧、缺血和再灌注损伤密切相关。

1）急性脑血管疾病

脑血管疾病（cerebral vascular disease）是指各种原因使脑血管发生病变所引起的脑部疾病的总称，属于常见病和多发病，具有较高的病死率和致残率。急性脑血管疾病俗称中风（stroke），包括缺血性中风（ischemic stroke）和出血性中风（hemorrhagic stroke），前者最常见。缺血性中风是由于各种原因造成脑局部血流阻塞，导致脑组织急性缺血缺氧。出血性中风是由于非创伤性原因如高血压等引起脑实质或脑膜的血管破裂出血。

2）缺氧缺血性脑损伤

缺氧缺血性脑损伤（hypoxic-ischemic brain damage，HIBD）是指各种原因产生的低氧血症、酸中毒及心脏泵血功能障碍所致的脑低灌注性损伤。心搏骤停是 HIBD 的最主要的原因。脑组织对缺血缺氧耐受性差，神经元完全缺氧 90s 就会丧失一切电活动，脑功能活动停止；缺氧持续 5min 则出现不可逆的损害。如果常温下血液循环骤停，一般 10～20s 脑氧储备耗尽，出现意识障碍，3～5min 糖及 ATP 耗尽，导致细胞膜泵功能丧失。因此，要实现脑完全可逆性恢复，必须在 4～5min 内恢复血液循环。

3）损伤机制

脑缺血缺氧引起能量代谢障碍，能量严重不足而代谢性产物增加，造成神经元损伤甚至死亡。而在经过溶栓、扩血管、心肺复苏等治疗后，脑血流恢复造成的再灌注损伤（reperfusion injury）会通过产生大量自由基使损伤进一步加重，出血后形成的血肿也会通过直接压迫和增高颅内压引起继发性脑损伤。

（二）中枢神经系统损伤后的反应

1. 神经元胞体对损伤的反应

神经元是一类较脆弱的细胞，直接损伤到胞体的神经元死亡不可避免，即使损伤仅限于其轴突或树突，也足以对整个神经元造成极大的影响。中枢神经系统损伤后神经元的胞体反应与周围神经类似，也出现细胞核偏位、染质溶解、突触末梢减少等变化。尼氏体的溶解由核周向胞体周边进行，恢复过程中尼氏体也先从核周出现继而向周边扩展。

2. 决定神经元存活与否的因素

神经元轴突被切断后，胞体都发生染色质溶解现象，但其最后归宿不同，有的神经元经过一定时间后又恢复了原来的状态，而有的神经元却趋于缩小、崩解以至于消失。神经元胞体反应的结果主要取决于以下几方面。

1）损伤的严重程度和损伤部位与胞体的距离

轴突或树突受损的位置距离胞体越近，胞体损伤越严重，死亡、消失的神经元数量也就越多。只有当损伤较轻或损伤部位远离胞体时，神经元才可能存活。

2）轴突侧支的多少

1928 年 Cajal 发现，脊髓损伤后损伤轴突的逆行变性止于轴突的第一个有效侧支，当该轴突无有效侧支时，变性继续到神经元胞体。因此，损伤轴突近端有分支的概率越大，轴突的损伤点离胞体越远，神经元存活的可能性也越大。

3）动物的年龄

新生动物神经元逆行性死亡程度较成年动物严重。在啮齿类动物的研究表明，出生后几天是运动神经元的易损期，此时发生的轴突损伤大多将导致神经元死亡，神经元逆行性死亡的原因可能与靶源性营养因子的丧失有关。成年神经元对靶源性营养因子的依赖性减弱，它们更多依赖自分泌（autocrine）或旁分泌（paracrine）方式从自身或邻近神经元和胶质细胞获取营养因子。此外，成年神经元较完善的凋亡保护机制可能也有助于其在损伤后的存活。

3. 跨突触变性

周围神经损伤时胞体反应仅限于受损神经元本身，但中枢神经某些特定部位损伤后可发生跨突触变性（transsynaptic degeneration），如果接受损伤神经元轴突传入的神经元发生变性，称为顺行性跨突触变性（anterograde transsynaptic degeneration），反之称逆行性跨突触变性（retrograde transsynaptic degeneration），以前者多见，可能是中枢神经系统功能性修饰的结果，提示与其他神经元失去纤维联系可能会导致神经元变性死亡。

4. 胶质细胞对损伤的反应

中枢神经系统与周围神经系统胶质细胞的类型不同，周围神经系统是施万细胞或背根节卫星细胞，中枢神经系统的主要细胞类型包括星形胶质细胞、少突胶质细胞和小胶质细胞。从功能上看，两者既存在类似之处又存在显著的不同。

1）星形胶质细胞

中枢神经系统损伤后，星形胶质细胞增殖、肥大，细胞出现更多的胶质丝和突起，细胞内GFAP表达增多，代谢增强，称为反应性星形胶质细胞（reactive astrocyte）。反应性星形胶质细胞增生始于创伤后数小时，2周达到高峰，并可持续4周以上，最终参与形成胶质瘢痕（glial scar）。

2）少突胶质细胞

少突胶质细胞是中枢神经系统的成髓鞘细胞，中枢神经损伤导致其广泛凋亡，是损伤后中枢神经脱髓鞘改变的重要原因。胶质细胞凋亡在损伤后24h达到高峰，而少突胶质细胞在损伤后7天还会伴随轴突变性出现第二次凋亡高峰，髓鞘碎片中含有多种抑制神经轴突再生的分子，可能也是中枢神经再生困难的原因之一。

3）小胶质细胞

小胶质细胞在损伤后从静息状态向活化状态转变，表现为突起回缩而变圆，成为阿米巴样吞噬细胞发挥吞噬作用，清除损伤区的血块和细胞碎屑。激活的小胶质细胞还释放TNF-α、IL-1、IL-6等致炎因子，促进炎症反应。

由于血脑屏障的阻挡，参与损伤部位组织碎片清除的巨噬细胞较少见。就组织碎片的清除能力而言，小胶质细胞的吞噬能力远小于巨噬细胞，同时周围神经施万细胞也可参与碎片的清除并促进血液单核巨噬细胞浸润。因此，周围神经损伤后轴突和髓鞘碎屑的清除迅速而有效，中枢神经损伤后组织碎片的清除则相当缓慢，有报道观察到损伤后90天仍有大量变性纤维和髓鞘残留。

总而言之，中枢神经系统和周围神经系统损伤后神经元胞体和轴突的反应较为相似，但胶质细胞的反应则不尽相同。此外，中枢神经系统和周围神经纤维损伤的原因的类型也有较大差异，周围神经系统损伤的是神经纤维，以外伤多见，而中枢神经系统损伤通常既包括神经纤维也涉及神经元，原因可以是创伤性的，也可以是非创伤性的。

第二节　神经损伤后的再生

一、周围神经的再生

（一）周围神经再生的基本过程

1. 轴突再生通道和再生微环境的建立

周围神经损伤后，神经纤维远侧段全长和近侧段纤维局部变性、崩解，随后被募集而来的巨噬细胞和增殖的施万细胞吞噬清除，不断增殖的施万细胞沿保留的神经内膜管平行地呈带状排列，称为 Büngner 带，构成诱导神经纤维再生的通道。同时，施万细胞分泌神经营养因子（NGF 等）、黏附分子（N-CAM 等）、细胞外基质分子（laminin 等）和其他多种营养、趋化因子，为轴突再生营造适宜的微环境。对断端之间距离较短的神经断裂伤，施万细胞会迁移到间隙中形成细胞桥，将两断端连接起来，引导和支持新生轴突枝芽跨越间隙进入远端 Büngner 带。

2. 轴突枝芽的形成与延伸

周围神经纤维损伤后，如果受损神经元经历轴突反应仍能够存活，则可从伤后 1 周左右开始进入恢复过程，在偏位的核周围重新出现 Nissl 物质，2～3 周充满整个胞体，到伤后 1 个月左右，胞体和核的肿胀达到最高峰，此时胞体内充满 RNA、蛋白质和脂质等。胞体合成新的细胞器和蛋白等物质，源源不断地向轴突远端运输，为轴突再生提供相应的物质基础。轴突断端随着胞体物质的到来不断膨大，表面逐渐长出许多新生轴突枝芽（或称丝足），轴突枝芽反复分支，向四周生长，但最后只有进入远端 Büngner 带的轴突枝芽得以保留，其他枝芽则被“修剪”去除。新生的轴突在 Büngner 带内延伸速度与损伤类型密切相关，挤压伤后再生轴突生长速度为 1～3mm/d，而轴突切断后的再生速度则慢得多，通常远小于 1mm/d，起初轴突紧贴神经内膜管施万细胞表面生长，以后逐渐移到管的中央。

溃变和再生时间上是彼此重叠的，当损伤远侧段的变性轴突及髓鞘碎屑尚未完全清除时，近侧段的新生轴突枝芽已经开始发出。新生轴突枝芽起初比较细，在延伸过程中逐渐增粗，生长速度则逐渐变慢。

周围神经损伤后，只要将损伤部位的神经近、远两端对齐，将外膜缝合，即可出现上述再生过程。但是如断口间隙大于 1cm 或对接不正确，再生纤维会进入邻近的胶原性的结缔组织，最后形成致密的缠结导致再生失败。

从现象上看，周围神经再生的重要变化特点是施万细胞增殖形成 Büngner 带，似乎是此带诱导和支持着再生枝芽的发生和生长并将之引向靶结构。

3. 靶细胞的神经重支配

再生轴突不断向靶细胞（即损伤前神经末梢支配的细胞）延伸，最终到达目的地与靶细胞形成突触联系，如运动神经纤维末梢与骨骼肌细胞形成运动终板，从而实现靶细胞的神经重支配（reinnervation）。对于混合神经，再生情况比单纯的感觉神经或运动神经复杂，如果手术中缝合错位，会影响轴突再生效果。

1898 年，Forssman 发现神经损伤后再生的轴突可以被远侧的神经断端吸引，并选择性长入其中。1928 年，Cajal 将这一现象解释为神经趋化性(neurotropism)，推测是远侧神经断端分泌可弥散物质吸引再生轴突的结果。随着神经营养因子的发现以及神经趋化性的研究不断深入，Forssman 和 Cajal 的观点得到了较一致的认同。

神经损伤后，远端神经和靶器官能对再生轴突产生营养及趋化作用，远端神经的直径、类型(运动神经/感觉神经)以及再生轴突与远端神经断端的距离等因素可能共同决定了神经再生的趋化性。

(1) 远端神经的直径大小影响其分泌营养因子/趋化因子的数量。

(2) 神经断端间距离过大，弥散的营养因子/趋化因子达不到有效浓度，距离过小，再生轴突无需通过趋化性选择即可长入远侧神经内膜管。

(3) 运动神经的移植修复效果一般优于感觉神经，可能是运动神经多为有髓神经纤维，且通常较感觉神经具有更大的神经内膜管，而感觉神经有髓纤维较细，还包含较多的无髓神经纤维的缘故。

(4) 局部给予神经营养因子可促进轴突再生与功能恢复，而且轴突生长方向可受神经营养因子浓度变化的调节，也提示了营养因子可能在神经趋化性中起重要作用。

(5) 不同表型施万细胞分泌的营养因子存在差别，可能对神经趋化性也有一定影响。根据神经趋化性的研究成果，目前临床研究采用小间隙桥接法(即桥接套管中神经断端之间留2～3mm间隙)修复断裂神经，已取得良好修复效果。

神经纤维损伤时不但受损纤维出现损伤和再生反应，其邻近正常神经纤维的轴突也会长出侧支进入受损纤维的神经内膜管内，这种现象称为侧支神经再生(collateral nerve regeneration)，也称侧支发芽(collateral sprouting)或终末前轴突发芽(pre-terminal axonal sprouting)。支配骨骼肌的神经受损后，其邻近纤维发出的侧支可生长到失去神经支配的肌纤维中，恢复其功能。

损伤后神经纤维对肌细胞的重支配需要施万细胞引导再生轴突到运动终板。与正常运动单位不同，神经重支配的运动单位通常较大，而且运动单位的肌纤维常聚集在一起。再生神经纤维对皮肤的重支配一般是不完全的，伴随着长期的感觉异常。

4. 再生轴突的髓鞘化和成熟

成功再生的轴突与靶细胞建立联系并逐渐形成髓鞘，起初轴突比较细，髓鞘也较薄，但随着时间的推移，轴突逐渐增粗，髓鞘逐渐增厚，从而使有髓神经纤维不断趋于成熟，功能逐渐恢复。

一般来说，再生神经具有如下特点。

(1) 轴突较细，髓鞘较薄，因而有髓纤维直径较小。

(2) 早期再生轴突数量往往较多，到达正常的数倍，随着时间的推移，未与靶细胞建立正确联系的轴突逐渐变性消失，轴突数量逐渐减少。

(3) 神经传导速度较慢，可能与有髓神经纤维较细、髓鞘较薄、结间体较短等因素有关。

(二) 周围神经再生的影响因素

影响周围神经再生的因素众多，包括神经元自身因素、再生微环境、损伤类型(切割、挤压、牵拉)、损伤部位、患者年龄、手术时间、手术方法等。

1. 神经元自身因素

胞体是神经元的营养中心,成功的神经再生首先需要神经元存活且代谢恢复正常。多数情况下,周围神经损伤后神经元可以存活。如果神经元在损伤反应中没有死亡,那么其胞体结构可能在损伤后 1 周开始恢复,胞体结构完全恢复历时较长,一般需要 3～6 个月,此时间取决于轴突重建的情况,因为重支配成功的轴突会将神经营养因子从靶细胞逆向运输到胞体,对胞体起到营养和保护作用。

2. 再生微环境

轴突的再生情况与其所处的微环境密切相关,适宜的再生微环境是神经成功再生的重要条件。神经纤维损伤后,崩解的髓鞘和神经纤维碎片需要及时清除,再生轴突的趋化性生长需要神经营养因子等的诱导,轴突的延伸需要神经内膜管和 Büngner 带的存在,再生神经纤维传导功能的恢复需要髓鞘的重新形成,施万细胞在其中发挥了关键的作用。

(1) 周围神经损伤后施万细胞迅速增殖,同时分泌巨噬细胞游走抑制因子(macrophage migration inhibitory factor,MIF),促使巨噬细胞在损伤处大量聚集并激活,共同吞噬清除髓鞘和神经纤维崩解物,为再生提供空间。

(2) 施万细胞分泌细胞外基质和细胞黏附分子,施万细胞表面和细胞外基质内的层粘连蛋白、神经细胞黏附分子(nerve cell adhesion molecule,N-CAM)、L1 分子(也称 L1CAM)和生腱蛋白(tenascin)等在神经损伤后都升高。

L1 和 N-CAM 表达于轴突和施万细胞膜表面,与轴突成束化有关,L1 在髓鞘形成起始阶段有重要作用;tenascin 参与阻止再生的轴突离开神经;laminin 是三聚体蛋白,由 α、β 和 γ 三条多肽链构成,位于施万细胞基底膜,具有显著促进轴突再生的作用;施万细胞基底膜成分(如 RGD 三肽序列)也可以直接在局部影响生长锥功能状态。这些细胞黏附分子和基质蛋白可能均在周围神经损伤后的再生中发挥了重要作用。

(3) 施万细胞分泌神经营养因子如神经生长因子、脑源性神经营养因子、睫状神经营养因子、成纤维细胞生长因子等,这些神经营养因子可起到维持神经元胞体存活,促进神经轴突再生和诱导再生轴突趋化性生长等作用。

(4) 施万细胞还在远侧段神经内膜管内形成 Büngner 带,引导再生轴突的延伸,并逐渐在再生轴突周围形成髓鞘,促进神经纤维的功能恢复。

3. 其他影响因素

(1) 神经再生的效果受神经损伤的类型和严重程度的影响。

神经内膜管保持完整的轴索断裂损伤一般能够完全再生,而神经束乃至神经干的断裂损伤通常会导致不同程度的瘢痕形成,神经内膜管也难以保证按原有结构一一对应,因此再生往往不完全。

(2) 损伤部位与靶器官的距离以及靶器官自身的特点会影响神经再生的效果。

骨骼肌在失神经支配后会发生萎缩,成纤维细胞增生,但短期内肌纤维一般不会被结缔组织替代,肌纤维内部构造基本保留,如果失神经支配时间过长(6～12 个月),部分肌纤维可发生死亡,被结缔组织替代。失神经支配时间越长,靶器官变性程度就越重,神经再生效果就越差。损伤部位距离靶器官越近，恢复神经支配的时间越短，再生效果就越好。运动神经纤维尤其是支配较大肌肉的神经纤维再生效果较好，感觉神经纤维和支配较小肌肉(如手内肌)的神经纤维再生效果较差。

(3) 患者年龄越小，神经再生能力越强，神经功能恢复越好。

(4) 治疗时机、手段等因素也影响神经再生的效果。

神经损伤后手术修复时间、手术方法与操作技术、神经营养因子的应用等都对再生结果有影响。张力下吻合会在断端处增加大量瘢痕，瘢痕组织能在轴索到达远端之前形成不规则的结缔组织带，干扰和阻挡再生轴突通过。

二、中枢神经系统再生

目前观点认为，中枢神经系统难以自发再生，而众多实验研究给予各种促进神经再生的因素也只取得了非常有限的轴突再生结果。因此，阐明中枢神经再生困难的原因是当前研究的焦点。目前认为中枢神经系统不能成功再生的原因可归结为两个方面：一方面与神经元的内在属性(intrinsic neuronal property)有关，另一方面还和中枢神经系统存在众多轴突再生抑制分子密不可分。

(一) 中枢神经系统神经元的内在属性可能决定了再生轴突难以持续生长

与周围神经相似，中枢轴突再生的启动似乎与损伤处的“轴突离断信号”逆向转运至胞体有关。损伤信号通过轴突逆向传递到达胞体后触发与再生相关的基因表达上调，由它们进一步介导神经元启动轴突再生。中枢神经损伤的轴突可以短暂出芽及短距离(通常数微米)生长，但再生很快就被阻止，不能与靶细胞形成有效的连接和支配。

1. 中枢神经系统与周围神经系统神经元损伤后的转归存在差异

周围神经系统损伤后神经元大多可以存活并伴随轴突再生，但中枢神经损伤后神经元的反应有所不同，如浦肯野细胞损伤后可存活但不伴轴突再生；视网膜节细胞轴突损伤后多死亡；运动神经元轴突损伤后神经元多存活并可再生。

总的来说，具有共同的形态、功能、投射或发育特征的神经元轴突损伤后有相似的胞体反应和转归，特定的神经元轴突损伤后产生类似反应的原因可能与它们相似的内部因素及相同的外部环境有关。

2. 中枢神经系统与周围神经系统神经元表达再生相关分子的模式存在差异

中枢神经损伤后，神经元中再生相关分子如生长相关蛋白43(growth associated protein 43, GAP-43)、细胞骨架蛋白等表达短暂升高，但不能像周围神经元一样持续表达，因此中枢神经轴突难以持续生长。

脊髓背根神经节神经元是假单极神经元，它的一个突起向外周生长，称周围突；另一个突起向脊髓背角投射，称中枢突，当切断其中枢突时神经元不能持续表达再生相关基因，但如果在切断中枢突之前先切断其周围突则可观察到再生相关基因的表达明显升高而持久，中枢突可以顺利长入脊髓。由此可见，周围神经与中枢神经损伤后神经元的反应是不同的，这可能是中枢神经难以再生的原因之一。

3. cAMP 可能是中枢神经再生中的一个关键环节

中枢神经系统神经元的再生能力随年龄增长不断降低，发育期动物中枢神经损伤后可以再生，幼年动物中枢神经损伤后也可观察到有效再生及功能恢复，但成年动物中枢神经元再生能力逐渐丧失。与此同时，随着年龄的增长，神经元对抑制分子的敏感性也持续升高，更加不利于有效再生。神经元再生能力随年龄下降的原因可能来自于胞内 cAMP 水平的差异，神经元 cAMP 在胚胎期保持较高的水平，随着动物的成熟 cAMP 水平逐渐下降，在成年维持于较低的水平，应用技术手段人为提高成年神经元 cAMP 水平可有效促进其轴突再生，因此 cAMP 可能是中枢神经再生中的一个关键环节。

4. 神经元保持适当的电活动也是再生的必要条件

研究表明保持适当的电活动是神经元对神经营养素（如 BDNF）起反应的前提，适当的电活动可提高神经元内 cAMP 水平，增加 TrkB 受体的表达，促进轴突的再生。轴突分支较丰富的神经元损伤后存留的轴突分支可以接受刺激，使神经元保持适当的电活动，这可能是其损伤后能较好存活与再生的原因之一。

5. 神经营养因子可能参与中枢神经再生

CNS 神经元保持轴突再生能力需要再生相关基因（regeneration-associated gene，RAG）的持续表达，数种神经营养因子（如 NGF、BDNF、NT-3、FGF、GDNF 等）都可促进神经元存活和 RAG 的表达，因此神经营养因子很早就用于 CNS 神经元再生的研究。但随后发现不同神经营养因子对不同类型神经元的作用差异较大，而且在应用中发现 BDNF 等几种神经营养因子有致痛效应，所以神经营养因子的合理有效应用还有待于今后研究的深入，确定神经营养因子的特异性及应用时机。

（二）中枢神经系统胶质细胞构成的微环境可能限制了轴突的再生

成年动物脑内移植周围神经的研究观察到宿主 CNS 神经纤维可以进入周围神经组织并延伸，但这些纤维难以重新进入 CNS 并长距离延伸，提示 CNS（尤其白质）的环境不利于再生。与周围神经再生环境相比，中枢神经系统再生环境存在几方面差异。

1. 中枢神经纤维无基膜包裹

中枢神经纤维周围无施万细胞，亦无基膜包裹，没有周围神经纤维那样的基膜管和 Büngner 带那样有序的再生通道引导再生轴突到达目的地。

2. 小胶质细胞的反应

当中枢神经纤维受损伤时，小胶质细胞反应的延迟不能快速有效地清除受损的轴突及其髓鞘的碎片以营造有利于再生的环境。

小胶质细胞在 CNS 损伤后数小时内即可激活，向损伤区域迁移，分泌多种细胞因子如 IL-1、IL-6、TNF-α 等，在 CNS 损伤中具有多方面的作用。

1）小胶质细胞的吞噬作用

小胶质细胞是CNS内最主要的吞噬细胞，但其吞噬能力较外周巨噬细胞弱。PNS轴突损伤后存在着迅速有效的机制用于清除远端的轴突及髓鞘成分，为神经再生提供了有利的微环境。但在CNS内，轴突损伤后清理轴突和髓鞘崩解碎片的过程显得较为缓慢，如视神经切断后的Wallerian变性过程至少要比外周神经慢两周。外周感觉神经损伤远端的轴突及髓鞘残留成分在伤后30天已被完全清除，而中枢神经系统内类似轴突及髓鞘成分在伤后90天仍然存在。

造成两者差异的原因，首先是由于PNS的施万细胞具有一定的吞噬能力，并对伤害性刺激有一定抵抗力，数量也较多，具有继续分裂增殖的能力，而CNS的少突胶质细胞则缺乏施万细胞那样的吞噬特性。

其次，巨噬细胞在外周神经可迅速到达损伤区域并激活，将受损崩解的轴突及髓鞘残余物快速清除。而在CNS，损伤后募集巨噬细胞的速度和量远不如外周，外源性巨噬细胞难以迅速进入损伤区，而小胶质细胞的吞噬能力又难以与血源性巨噬细胞相比，因此单靠小胶质细胞激活难以迅速、彻底地清除受损的轴突和髓鞘残余物。

此外，PNS损伤后有静息的巨噬细胞活化，而在CNS损伤后小胶质细胞在数小时内激活并在3天时活化反应达到高峰，虽然也伴随主要组织相容性抗原MHCⅡ、补体受体蛋白CR3表达增加以提高抗原呈递和异物吞噬能力，但MHCⅡ及CR3表达在3天后迅速下降。小胶质细胞吞噬能力的不足不利于清理轴突和髓鞘崩解碎片，髓鞘清除障碍一方面导致持续的炎症反应，增加CNS损伤，同时髓鞘组分含有多种轴突再生抑制分子如Nogo等，可强烈抑制CNS的再生，最终将影响CNS再生。由此可见，虽然CNS与PNS损伤后轴突和髓鞘的反应是相似的，但损伤后细胞环境存在着巨大差异。

2）小胶质细胞在继发性损伤中的作用

CNS损伤后的早期炎症反应有两种细胞组分，小胶质细胞和来源于外周血液的巨噬细胞。通常脑的化学损伤主要由小胶质细胞介导炎症反应，而较严重的机械损伤后通常由外周的巨噬细胞介导炎症。当然根据不同的损伤部位、损伤强度，情况会有所差异。

CNS损伤中心区域的破坏通常是不可逆，其周缘部分也会因局部的高浓度的钾、谷氨酸、自由基、细胞因子及炎症反应造成继发性神经元和神经纤维损伤。CNS损伤后的炎症反应被认为是CNS继发性损伤的主要原因之一，小胶质细胞分泌的炎症因子可能是早期启动因素。

小胶质细胞激活后分泌IL-1、IL-6和TNF-α等炎性细胞因子，促进局部炎症的发生；分泌活性自由基以及一氧化氮（NO），过量NO导致ONO自由基产生，引起神经元过氧化损伤死亡；小胶质细胞、巨噬细胞还能介导触发星形胶质细胞合成蛋白多糖，其本身可能也能产生蛋白多糖，参与CNS轴突再生抑制环境的形成。

3. 星形胶质细胞与胶质瘢痕的阻碍作用

星形胶质细胞在中枢损伤后1～2天开始发生增殖、肥大以及胶质纤维酸性蛋白（GFAP）合成增加等星形胶质细胞反应，星形胶质细胞化（gliosis或astrogliosis）常被用来描述CNS损伤后的星形胶质细胞反应，有这种变化的星形胶质细胞被称为反应性星形胶质细胞。

根据不同的研究，中枢神经系统损伤后胶质细胞的增殖在1%～6%，并且仅限于损伤部位。星形胶质细胞增生，GFAP染色呈强阳性，突起相互交织，分泌细胞外基质分子，参与形成胶质瘢痕，胶质瘢痕具有明显的轴突再生抑制作用。炎症细胞和成纤维细胞在胶质瘢痕的形成中也起了很重要的作用。

星形胶质细胞反应可以影响随后的神经再生，可能原因有几个方面：①不能提供适当的神经再生的基质；②不能产生足够的分子诱导支持轴突再生；③合成抑制轴突延伸的因子；④胶质瘢痕的机械阻挡作用。

在 CNS 发育中，星形胶质细胞可以为神经元的迁移和神经纤维的靶向性延伸充当基质，并且能产生多种神经营养因子和基质分子促进轴突生长。然而成熟动物的反应性星形胶质细胞却是一种不适合轴突生长的环境，不能为再生轴突的延伸提供进一步支持。不仅如此，反应性星形胶质细胞还分泌轴突再生抑制性分子如生腱蛋白和硫酸软骨素蛋白多糖(CSPG)等参与胶质瘢痕的构成。

CSPG 由蛋白核心和丰富的硫酸化的 GAG 侧链构成，GAG 侧链在抑制再生中发挥了重要的作用。软骨素酶 ABC(chondroitinase ABC)可以去除 CSPG 上的 GAG 侧链，有效促进 CNS 轴突的再生。

正常 CNS 胶质细胞产生的抑制性分子主要作用可能是抑制 CNS 内轴突的无序生长和异常通路形成。CNS 损伤后的抑制分子的产生增加，或许只是像外周其他组织一样为了创伤的愈合，但不幸的是它们的增加却引起了抑制神经再生的副作用。

CNS 的直接损伤以及顺行、逆行的轴突反应均可引起星形胶质细胞反应。损伤一侧大脑皮层不仅有同侧大脑的胶质细胞反应，而且在对侧也会有一定的胶质细胞反应，两侧大脑皮层的纤维联系是胶质细胞反应向对侧扩散的原因之一。胶质细胞反应也可以由细胞因子等分子激活，这些分子包括 IL-1(interleukin-1)、IL-6、CNTF、TNF(tumor necrosis factor)等。它们主要由星形胶质细胞本身、小胶质细胞以及侵入的炎症细胞产生，有些为血浆渗入。这些因子在损伤部位含量较高并可在 CNS 扩散，引发胶质细胞反应。损伤部位血脑屏障破坏、巨噬细胞侵入还可导致胶质细胞 CSPG 的合成增加。

4. 少突胶质细胞及其髓鞘崩解成分对中枢神经再生的重要抑制作用

研究发现少突胶质细胞及其髓鞘是 CNS 不易再生的重要原因之一。例如，鸡脊髓在髓鞘形成以前，脊髓切断损伤后能完全恢复，一旦髓鞘发育完全，这种再生能力即消失。一些神经组织培养的研究也发现类似的现象。用视网膜神经节细胞或交感神经节细胞与视神经及坐骨神经共培养，结果都观察到轴突倾向于长入外周神经并延伸，而大多数轴突在接近或接触中枢神经后避开中枢神经，向其他方向生长。

目前在中枢发现的三种主要抑制再生的蛋白质均和少突胶质细胞髓鞘有关，这三种再生抑制分子包括：髓鞘相关糖蛋白，Nogo 和少突胶质细胞髓鞘糖蛋白(Oligodendrocyte-Myelin glycoprotein，OMgp)。

Nogo 分子有三个异构体，分别命名为 Nogo-A、Nogo-B 和 Nogo-C，它们是同一 *Nogo* 基因通过不同的启动子或 RNA 剪接方式形成的。研究观察到 Nogo-A 的抗体 IN-1 可明显诱导神经纤维在 CNS 白质生长。抗体 IN-1 的作用机制一方面是封闭了相关的抗原位点，另一方面可能通过炎症反应破坏髓鞘的抑制性分子。有人用其他髓鞘蛋白的抗体并结合补体联合作用，引起白质髓鞘炎症破坏髓鞘，结果发现也可促进中枢神经纤维在白质生长。Nogo-A 主要分布于少突胶质细胞的内质网、高尔基体和胞膜表面。CNS 髓鞘表面存在的和 CNS 损伤后释放的 Nogo-A 可以抑制神经再生。

（三）中枢神经系统胶质细胞微环境也存在神经保护作用

1. 少突胶质前体细胞

少突胶质前体细胞(oligodendrocyte precursor cell,OPC)在发育期和成年动物均存在,可定向分化为少突胶质细胞,在CNS髓鞘形成中起重要作用,CNS损伤后24h OPC开始活化、增殖,有利于CNS神经纤维重新形成髓鞘。

2. 小胶质细胞的神经保护作用

小胶质细胞分泌的炎症因子不但可以促进炎症反应,还具有神经保护、促轴突再生以及促进OPC增殖等多方面作用。

小胶质细胞能够分泌BDNF,促进神经元存活及轴突生长;适当水平的IL-6可保护神经元避免死亡,而且还可协助轴突克服再生抑制分子的影响,可能也是通过增加BDNF表达实现的。

IL-1 β和TNF-α除了介导炎症,某些条件下还可诱导小胶质细胞分泌胰岛素样生长因子1(insulin-like growth factor 1,IGF-1),不但可以保护神经元避免兴奋性氨基酸(谷氨酸)的神经毒性作用,而且能够促进OPC分化为成熟的少突胶质细胞,加速神经纤维髓鞘形成。TNF-α还可以激活神经元NF-κB,而NF-κB在损 伤后神经元的存活中有重要作用。

可以看出,炎症反应对于CNS再生的作用是双向的,不但可以造成继发性神经元损伤,也可以通过降解髓鞘组分促进神经再生,还可以发挥神经保护和促进髓鞘形成等多方面作用。MHCⅡ敲除小鼠少突胶质细胞再生和髓鞘形成均明显延迟。

此外,激活的巨噬细胞能够促进视神经再生,巨噬细胞分泌的小分子蛋白oncomodulin(一种12kDa的钙结合蛋白)可能在其中发挥了主要作用;巨噬细胞还具有降解蛋白多糖的功能,并且还能诱导其他细胞降解蛋白多糖。因此,适时、适当强度的炎症反应对CNS再生修复是有利的。

综上所述,神经系统再生是一个十分复杂而有序的过程,多种细胞和分子在其中发挥作用。CNS损伤后神经元和胶质细胞反应的特点,CNS的结构特点和蛋白表达等特点决定了CNS较PNS再生困难。如何减少CNS损伤后神经元的死亡,激发神经元再生相关蛋白的表达,调节胶质细胞反应和炎症反应以改善CNS再生环境等,都是神经再生研究领域亟待解决的问题。

第三节　神经干细胞与脊髓损伤的修复

脊髓损伤(spinal cord injury, SCI)在发展中国家发病率为10～50/百万人,且50%以上患者年龄在16～30岁,给人类生活带来了巨大的影响,越来越引起医学界的重视。导致脊髓损伤的原因通常为车祸、高空坠落、暴力伤害、运动意外损伤等,完全横断损伤(损伤部位以下脊髓功能完全丧失)约占50%,并有逐渐下降趋势,可能与近年来在伤员搬运、处理和护理水平等方面的进步有关。

一、脊髓损伤的病理生理学改变

1. 急性期改变

除实时发生的直接损伤外，脊髓损伤后伴随着严重的继发性损伤，损伤后数分钟即可开始并持续数天，造成损伤周围更多组织的破坏。损伤的机制包括血供改变、能量代谢改变、过氧化损伤、水肿、炎症、细胞凋亡等。

损伤急性期损伤后脊髓血管自调节功能在60～90min内丧失，若此后系统血压未恢复则造成脊髓低灌注缺血缺氧；缺血缺氧引起过氧化离子产生增加，导致脂质过氧化损伤，细胞膜性成分破坏；能量不足使钠钾泵障碍，钠离子在细胞内堆积，细胞去极化，兴奋性增加，继而钙离子内流激活一系列蛋白酶造成细胞损伤；兴奋性氨基酸如谷氨酸在损伤后15min内即增加，进一步促进钙离子内流；损伤后阿片肽(opioids)增加，可减少脊髓血流；白三烯、前列腺素E、花生四烯酸等的产生可增加毛细血管通透性，造成组织水肿，减少血流；继发性炎症反应一方面有助于组织细胞碎片的清除，同时又可对正常组织造成损伤，目前对炎症因子的作用尚未完全阐明，但越来越多的证据表明炎症因子还具有一定的神经保护作用，对炎症反应的合理调控将有助于脊髓损伤的修复。

目前脊髓损伤急性期治疗的目的主要就是尽可能减少继发性损伤，最大限度保存脊髓功能。

2. 慢性期改变

损伤数周之后，胶质瘢痕逐渐形成，可对再生轴突起到机械阻碍作用，胶质瘢痕中的CSPG等又可起到化学性排斥作用，因此一旦进入慢性期轴突再生会更加困难，此时的再生策略是采用生物性(如周围神经、胚胎组织等)或生物合成物质(如几丁质管)在损伤近端和远端之间架起再生之“桥”以提供越过胶质瘢痕的再生通道，然而需要注意的是再生轴突通常穿越移植物后即停止生长，很少能进入远侧中枢组织。

二、神经干细胞与脊髓损伤的修复

脊髓损伤的治疗主要针对早期、中期和晚期三个阶段分别采取不同的措施。①早期减轻继发性损伤造成的损害：急性脊髓损伤发生后，由于损伤局部缺血、炎症反应、离子平衡紊乱、氧自由基过量产生等一系列因素造成原发损伤发展、恶化，通过采用离子通道阻滞剂、氧自由基清除剂等治疗措施可以减轻神经元和胶质细胞的继发性损伤。②中期采取多种手段诱导损伤轴突再生，替代损失的神经元，促进髓鞘再生。③晚期通过康复训练，恢复损伤节段以下脊髓的功能。

前两个阶段是目前研究的重点，治疗的思路主要集中在：①脱髓鞘轴突的重新髓鞘化；②去除抑制轴突再生的分子；③给予神经营养因子增加神经元的存活，促进轴突再生；④提供再生轴突延伸的支架；⑤促进导向分子表达，帮助再生轴突寻找正确路径；⑥补充损失的神经细胞，同时移植细胞还可以产生促再生分子；⑦最终实现对靶器官的支配。

近20年来，神经生物学飞速发展，在细胞和分子水平上对脊髓损伤后继发性损伤的病理机制和神经干细胞的研究不断深入，各种新的治疗方法不断取得进展。一系列的组织和细胞移植实验研究陆续开展，积累了丰富的经验。组织和细胞移植使用的移植物主要有胚胎中枢神经组织、外周神经、神经干细胞、施万细胞、嗅鞘细胞等。许多实验者观察到移植物与宿主脊髓组织整合良好，无明显排异反应，并可诱导再生轴突长入移植物内。但长入的神经纤维主要是细的无髓神经纤维，一般不能穿过移植物与宿主远端交界面而进入宿主脊髓组织内，更难以建立新的功能性突触联系。这些问题亟待进一步深入研究解决。

1. 神经组织细胞移植

最初的研究试图用移植施万细胞或周围神经填补脊髓损伤区的组织缺失，为再生轴突提供一个支持表面，营造类似于周围神经的再生环境。实验观察到了轴突的再生，但再生轴突只局限于周围神经移植物中，不能越过移植物进入损伤区远侧。不过实验也观察到施万细胞可以在脱髓鞘轴突周围重新形成髓鞘，部分改善了脱髓鞘轴突的传导功能。

嗅鞘细胞（olfactory ensheathing cell，OEC）是近年来受到关注的一类神经胶质细胞。嗅鞘细胞存在于嗅上皮、嗅神经和嗅球，可以在嗅神经纤维周围形成髓鞘。它是体内唯一的既存在于CNS又存在于PNS的神经胶质细胞，嗅神经纤维可以终生不断地由PNS穿过筛板进入嗅球，目前认为这很大程度上是依靠嗅鞘细胞的辅助作用。但经过数年研究其再生效果仍存在质疑，再生机理尚未明了。

除了提供有利再生的环境，中枢神经细胞移植策略的主要目的是补充损失的神经细胞，最早是提供分化的神经元和胶质细胞，疗效有限。胚胎神经组织移植一度也用于治疗中枢神经损伤，但来源问题始终是其难以逾越的障碍。随着干细胞研究的蓬勃发展，最近研究表明神经干细胞或神经祖细胞移植更有优越性，神经干细胞也越来越多地用于移植治疗中枢神经损伤。

2. 神经干细胞移植

尽管科学家一个世纪前就尝试着进行神经组织移植，但直到近年才开始利用神经干细胞和祖细胞进行研究。干细胞移植目的很明确，就是补充损失的神经元（或提供中继神经元），但实际上它可能发挥了很多其他的作用，包括分泌促再生分子，调节免疫反应，酶解胶质瘢痕，清除细胞碎片，充当轴突再生支架，限制继发性神经元损伤，取代非神经成分（如血管）等。

最近，自胚胎干细胞衍生而来的神经祖细胞或自成年神经系统衍生而来的干细胞已经被用作移植。胚胎干细胞能分化成体内任何类型的细胞，具有空前的潜能用于基因修饰，能够无限复制，因此作为移植细胞来源取之不竭。最重要的是，移植的胚胎干细胞还可以具有宿主的DNA，这可以通过体细胞克隆或单性生殖技术来实现。由此产生的胚胎干细胞和宿主基因完全相同，避免了以往异体移植发生免疫排斥的可能性。

神经干细胞移植后可以分化成神经系细胞，然而最终是分化成星形胶质细胞、少突胶质细胞还是神经元尚未能有效控制。实验观察发现移植的神经干细胞多分化成星形胶质细胞和神经元，小部分分化为少突胶质细胞从而在轴突周围重新形成髓鞘。这些移植的神经干细胞似乎可以从周围环境中获得信息指导它们分化成适宜的细胞类型。而且，移植细胞还可以提供神经营养因子等分子。

研究结果表明，其他组织如血液、骨髓和脂肪的细胞也可转分化成为神经干细胞。此结果令人兴奋，然而，最新研究显示这些转分化的细胞多来自细胞融合，因此目前仍不是现实可行的。所以从成人取材进行移植治疗的最大障碍还在于移植物必须取自中枢神经系统，通常取自活检。另外，细胞在体外的富集增殖过程也相当繁琐、费时。胚胎干细胞理论上可以向任何方向分化，研究发现分化过程中给予视黄酸可以刺激细胞走向神经系统。一些实验室的研究表明，移植的干细胞拥有相当的潜力,展示了良好的应用前景。不过毕竟胚胎干细胞移植尚处在它的发展初期,它的缺陷和不足最终被攻克还需假以时日。

3. 中枢神经系统内源性干细胞

近年来观察到成年中枢神经系统存在内源性干细胞和祖细胞,这个发现令人瞩目。以前认为中枢神经系统不存在更新,现在认为中枢神经系统神经元至少在两个区域持续产生:侧脑室室下区(subventricular zone, SVZ)和海马齿状回的粒下区(subgranular zone, SGZ)。SVZ 的神经干细胞可通过嘴侧迁移流(RMS)向嗅球迁移,是成年嗅球新生神经元的主要来源。因此,如果可以人工诱导内源性神经干细胞到损伤区域,也许能够补充损失的神经元,但初步的实验研究却发现迁移到损伤部位的神经干细胞形态异常,可能参与了创伤后癫痫等疾病的发病过程。

另外,脊髓中央管周围也集中了脊髓实质的干细胞,实验观察到成年大鼠脊髓损伤后一个月,体内每天有 500 000～2 000 000 新生神经元发生。尽管脊髓来源的干细胞可以分化为神经元、星形胶质细胞和少突胶质细胞,但它们在脊髓通常只分化为胶质细胞。有趣的是,如果脊髓干细胞被培养和移植到脑的神经元发生区,则可以分化成新的神经元。因此,脊髓中一定有某种物质在正常情况下限制或阻止干细胞分化成为新的神经元。克服这个障碍以允许内源性干细胞取代缺失的神经细胞之意义尤显重大,有待进一步研究予以发现和解决。

(袁碧波,蔡文琴)

第十二章　常见神经系统疾病的神经生物学基础

第一节　老化相关的神经退行性疾病

一、概述

（一）脑老化及其结构和生化改变

随着年龄的增加，人体将不可避免地经历广泛进行性的组织器官功能减退，即老化过程。虽然由于生活方式、环境因素及遗传背景的不同，个体间会呈现较大差异，但 60 岁后人群大多将出现较显著的衰老性变化。

老化对脑功能的影响极为明显，老龄个体常表现记忆、认知能力的下降和处理反应能力等的减退，言辞信息、工作与短时记忆、空间记忆等在老化过程中均呈现逐渐下降趋势，有关生活等的长时记忆和内隐记忆等则相对影响较小；嗅觉、听力及视觉等也出现不同程度减退。脑功能成像等技术显示在同一任务操作中相比于青年，老年个体前额皮质特别是海马区活动明显减弱。

脑老化的过程有其对应的形态结构和生化代谢等变化作基础。解剖形态上老年大脑体积和质量均逐步减少，研究发现正常人从约 40 岁开始出现脑质量降低，70 岁时脑的质量平均降低 5%～10%，80 岁时平均降低 16%～18%，90 岁后可达 20%以上；此过程中多出现皮层萎缩及脑室扩大。组织水平常可观察到一些神经元胞体内由高脂成分聚集而成的脂褐素颗粒，它们主要来自线粒体代谢，随着年龄的增加而增多。早期认为脑老化伴随有神经元数量减少，但近几年研究提示神经元减少似乎并不显著，胶质细胞数量则相对增多；来自动物和人的研究表明在正常脑老化过程中，主要的变化在于大量神经元将经历树突分支的进行性减少和突起重塑，最终老龄性改变体现为树突棘和突触数量的减少，神经可塑性明显下降。此外，在许多正常老年脑组织中，也可观察到少量的神经原纤维缠结、老年斑、Lewy 小体、颗粒空泡变性等。

生化代谢方面脑老化过程常伴随有线粒体功能的损害，该损害可导致氧化应激和自由基生成增加，进一步可影响基因组稳定或致突变。老化还常伴有蛋白酶体功能的减退，蛋白酶体负责脑内受损和泛素化蛋白的降解，其功能减退将引起脑内多种蛋白如 α 突触核蛋白（α-synuclein）等的异常沉积。脑老化中还常出现脑内伴侣分子和细胞自噬作用改变，它们与补体活化、小胶质细胞活动等的改变将共同影响脑组织稳态及损伤后修复。

（二）脑老化发生机制研究

有关脑老化的发生机制，迄今有多种学说和理论，如遗传程序学说（基因决定），自由基学说，免疫学说等，都获得了一些相关实验证据的支持，但均不能全面解释脑老化现象。目前较为公认的是，脑老化作为正常的生命过程，在生物学上是不可避免的发展阶段，它一方面由遗传规律所决定，另一方面又明显地受到环境因素的影响。

虽然所有个体均会经历老化包括脑老化过程，但仅有少数人群会发生神经退行性疾病，如阿尔茨海默病、帕金森病等，这些疾病的发生通常被认为是老年性细胞及分子变化与基因、各种环境因素相互作用的结果；目前在此领域代表性的争论是：AD、PD 等疾病是脑老化损害过程逐步的累积恶化，因而年龄越长，发病率越高？抑或老化过程增加了人类对此类疾病的易感性？或者它们根本就是独立于脑老化过程？

长期以来脑老化和神经退行性疾病被认为是两个不同的概念，近十余年来众多的实验证据显示二者具有一些相互重叠的临床和神经病理表型，在病因与分子病理机制中也存在许多相同环节，因此有学者提出脑老化是神经退行性疾病的初级阶段，但正常脑老化过程如何转化为病理性即神经退行性疾病，不同疾病何以出现特定神经元群体的损害及相应症状，目前尚无满意解释。

二、阿尔茨海默病

阿尔茨海默病是最常见的中枢神经系统退行性疾病，其主要临床特征是进行性的记忆和认知功能减退直至痴呆。该病于 1906 年由德国医生 Alois Alzheimer 最早描述报道。据统计 AD 在 65 岁以上人群中的发病率为 5%，80 岁以上约 20%，伴随人口老龄化趋势的发展，AD 目前已成为继肿瘤、心血管疾病和中风后导致人类死亡的第四大病因。根据临床发生特点，AD 可分为常见散发性(SAD)和少数有家族遗传史的家族性 AD(familial Alzheimer's disease，FAD)。近几年来，尽管在探索 AD 的发病机制和临床诊治方面取得了很大的进展，但迄今为止，人类尚不能有效地预防 AD 的发生，临床也无有效的治疗方法。

迄今研究较多的 AD 病理过程涉及了脑细胞间隙内的 β 淀粉样蛋白沉积(β-amyloid deposition)、神经元内 tau 蛋白异常磷酸化与聚集等，典型的脑组织病理学特征表现为大量老年斑(senile plaque，SP)形成，神经原纤维缠结(neurofibrillary tangle，NFT)以及进行性神经元丢失。

(一) 阿尔茨海默病的病理学

大体病理检查可见大脑萎缩，脑重量减轻；大脑皮层变薄，脑沟变宽变深，脑室扩大。典型的组织病理学改变包括细胞外弥散性老年斑形成，神经元胞体内神经原纤维缠结，神经元丢失及胶质细胞增生。

虽然一度将老年斑形成和神经原纤维缠结作为 AD 的特征性病理改变，但对其形成及其在痴呆病理发生中的作用一直存在争议。早期有研究认为老年斑形成与认知功能的下降相关，其后发现神经原纤维缠结数量与突触减少与 AD 患者认知能力关系更为密切；神经元减少以海马 CA1 区和内嗅皮质 2 层最为显著而有别于正常脑老化过程，同时研究提示海马区等突触数量的减少可能是继发于内嗅皮质等神经元的死亡(图 12-1)。

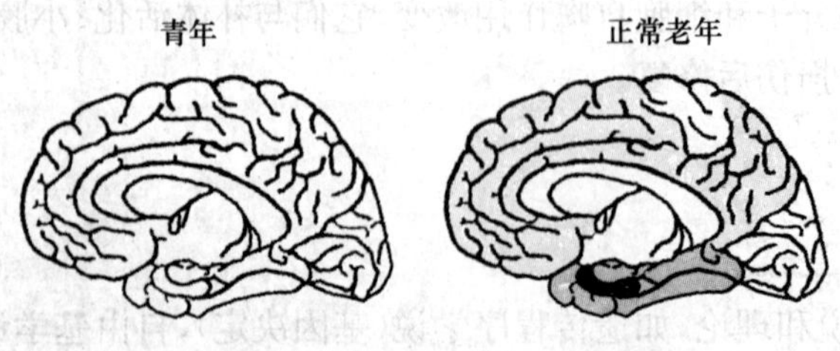

图 12-1　脑老化和阿尔茨海默病的神经病理学进程(仿自 Yankner，2008)

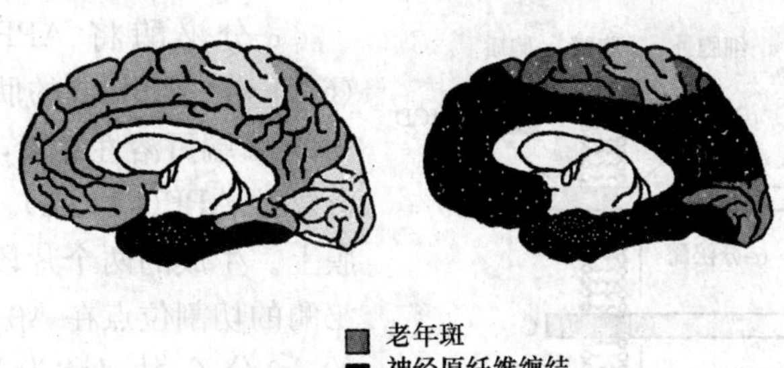

图 12-1　脑老化和阿尔茨海默病的神经病理学进程(续)

1. 老年斑

1) 老年斑的病理组织学

老年斑也称神经炎性斑,是 AD 患者脑内主要的病变之一。在正常老年人和其他类型痴呆患者的脑内也可见到,但数量不多,而在 AD 患者脑内则广泛存在,常被作为诊断本病的一个重要依据。

AD 老年斑主要分布区之一是边缘系统,尤其是海马和内嗅皮层,另外在大脑新皮层、间脑、脑干和脊髓中也弥散性存在,其中皮层以颞叶或额叶皮层较为多见。老年斑存在于神经细胞间隙内,可以孤立存在,也可成群分布或相互合并在一起,直径 50～200μm 不等。

老年斑的形态特征,镀银染色下老年斑可分为三个类型。①原始斑:由少量变性轴索围绕少许淀粉样蛋白组成。②成熟斑:由大量变性轴索,星形胶质细胞及其突起围绕淀粉样蛋白核心组成。③燃尽型或致密斑:由致密的淀粉样蛋白组成。超微结构显示老年斑的核心部分为淀粉样蛋白,由长度 6nm 的细丝成束排列组成。老年斑外围为反应性星形胶质细胞、小胶质细胞和变性神经末梢,后者主要是突触前结构,其直径是正常神经末梢的 5～10 倍,内有大量圆形、致密的小体为变性的线粒体。

2) 淀粉样蛋白与老年斑

老年斑的主要成分是淀粉样物质。它由一种被称为 β 淀粉样蛋白(β-amyloid protein, Aβ)的多肽构成,该多肽由 39～43 个氨基酸组成。Aβ 可形成折叠构象,具有折光性。其中 $A\beta_{42}$(或 $A\beta_{40}$)的异常产生和沉积是 AD 早期共同的病理性特征之一。Aβ 相关的分子生物学研究是近年来 AD 研究的焦点之一。

A. β 淀粉样前体蛋白

Aβ 由其前体 β 淀粉样前体蛋白(β-amyloid precursor protein, APP)裂解产生。APP 为一跨膜糖蛋白,有胞外区、跨膜区和胞内区三部分。APP 在各种组织中广泛表达,APP 的正常生理功能可能是参与调节细胞生长、黏附,建立和保持神经元之间的连接,与神经元的可塑性等有关。

按 APP 基因转录后的不同剪接方式,可产生至少 10 种不同的 mRNA 和含 365～770 个氨基酸残基的蛋白异构体,其中含 695 个、714 个、751 个、770 个氨基酸的 4 种异构体具有 Aβ 序列;人脑主要表达 APP695 和 APP770。其中,APP770 含一段由 57 个氨基酸残基组成的插入区——kunitz 型蛋白酶抑制剂(KPI)的结构域,大量研究结果显示,这一区域的存在与 Aβ 的过量产生和沉积有关。

B. APP 的代谢途径

通过 α-分泌酶、β-分泌酶、γ-分泌酶水解,如图 12-2 所示。

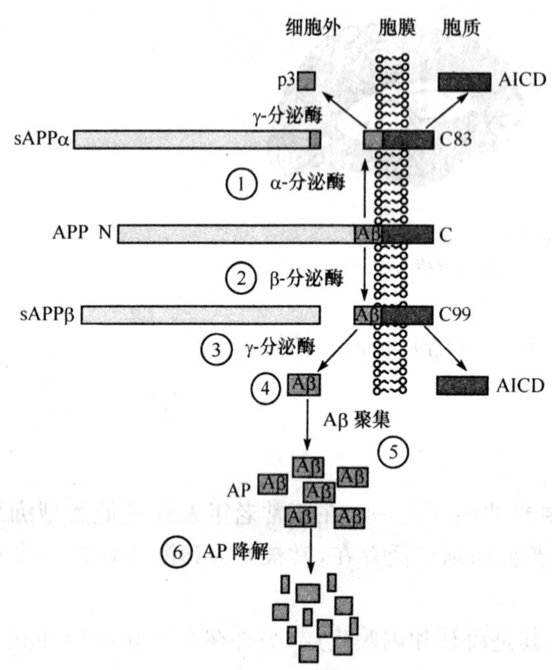

图 12-2 APP 的代谢途径及老年斑的形成

sAPPα 为分泌性 APP，AICD 代表 APP 细胞内结构域（仿自 Biran，2009）

α-分泌酶将 APP 从 Aβ 序列的中间（687Lys～688Leu 的肽键）切开，产生一个较大的 N 端可溶性片段，分泌到细胞间质，称为分泌性 APP(sAPPα)。而 C 端小片段仍留在膜上。生成的两个片段均不沉积。由于 α-分泌酶的切割位点在 Aβ 分子中间，不产生完整的 Aβ 分子，故又称为非 Aβ 源性途径或非淀粉样肽源途径。通常认为 sAPPα 释放到脑脊液和细胞间基质，对神经元的可塑性和存活起重要作用，且能对抗 Aβ 聚集后产生的毒性及谷氨酸诱导的兴奋性毒性，这种不产生 Aβ 的裂解途径是正常人体内 APP 的主要代谢方式。最近的研究提示金属蛋白酶家族中的 ADAM 9、ADAM10 和 ADAM17 可能属于 α-分泌酶。

β 分泌酶水解 670Met～671Asp 的肽键，将 APP 一分为二，产生一个 670 个氨基酸的可溶性片段 sAPPβ 和带完整 Aβ 的跨膜 C 段。后者经 γ 分泌酶水解镶嵌于脂质双分子层内的 Aβ C 端 710～712 位氨基酸之间的肽键，形成长度不等的 Aβ 片段，产生的 Aβ 分泌到细胞外。由于 Aβ 的 C 端最后几个氨基酸残基具有很强的疏水性，所以，C 端越长越易沉积。目前，已经克隆并表达出一种主要的 β 分泌酶 BACE(β-site APP cleaving enzyme，BACE)，BACE mRNA 在脑组织中高表达，分子杂交结果显示，海马、皮层及脑组织中 BACE 的信号特别强，且 BACE 在神经元中的表达远高于胶质细胞。

γ-分泌酶是决定 Aβ 产生及其毒性作用的关键分子。γ-分泌酶是一种膜结合蛋白，由 7 个跨膜区组成。生化研究显示，γ-分泌酶作为一种大分子复合物包含 4 种核心组分：Presenilin 蛋白、Nicastrin、Aph-1 和 Pen-2，每一组分均是酶催化活性所必需的（图 12-3）。γ-分泌酶主要负责催化 APP 跨膜段，决定可溶性和易沉积 Aβ 的产生比例。

细胞膜上的 APP 也可被溶酶体内吞，再由蛋白酶作用于 Aβ 两侧的肽键，导致完整 Aβ 的生成，此即所谓 APP 的溶酶体降解途径。此外，caspase 家族成员也参与体内 APP 的酶切降解，多种金属蛋白酶参与 Aβ 的降解过程。

C. Aβ 引起细胞毒性作用的途径

Aβ 是多种细胞 APP 代谢的正常产物，神经系统所有细胞均表达 APP 和产生 Aβ，但在正常情况下 Aβ 的产生和降解保持平衡，且体内有多种机制保持 Aβ 的可溶性。研究发现家族性 AD 患者 APP 和 Presenilin 基因多个位点的突变均可导致 Aβ 的过量产生与沉积，从而导致神经毒性产生。Aβ 的神经毒性作用与其 β 折叠结构有关，Aβ 在短时间内超量产生是其毒性

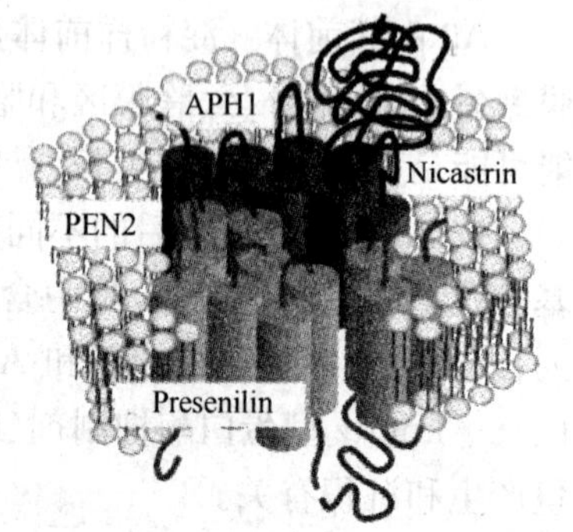

图 12-3 γ-分泌酶的分子构成

作用的基础。关于 Aβ 神经毒性作用的途径有两种观点：一种认为 Aβ 能直接杀死神经细胞，另一种则认为 Aβ 神经毒性作用由受体或小胶质细胞中介。

Aβ 引起的神经毒性作用主要包括以下几方面。

(1) 诱导活性氧(ROS)产生。Aβ 可以通过多条途径诱导 ROS 的产生，产生的活性氧能够引起细胞生物大分子的过氧化，包括氧化 DNA，氧化细胞内很多重要的蛋白，如各种酶、结构蛋白等，氧化膜脂质，最终导致膜功能障碍及细胞溶解。最近的观点认为，Aβ 诱导产生的 H_2O_2 是细胞凋亡的第二信使，它的产生可以激活细胞凋亡相关的基因，从分子水平解释了 Aβ 的毒性作用。许多抗氧化剂能保护原代培养的神经细胞及相关的细胞系免受 Aβ 的毒性。

(2) 神经细胞凋亡。Aβ 引起的细胞凋亡可能在 AD 神经元丢失中起重要作用。将 Aβ 和胎鼠海马或皮层神经元一起培养，发现培养的神经元出现 DNA 断裂、核染色质固缩、细胞皱缩和梯形 DNA 电泳条带等典型细胞凋亡的形态和生物化学改变。

(3) 炎症反应。头部损伤、感染等是 AD 发病潜在的危险因素；在 AD 患者的老年斑内发现多种补体成分、急性期蛋白、激活的小胶质细胞等炎性标记物，这些现象提示 AD 病变涉及炎性反应过程；炎性产物可能由 Aβ 诱导小胶质细胞、星形胶质细胞等产生。近年的研究显示，在 AD 发病早期的炎症反应可能有利于 Aβ 的清除，对神经元有保护作用；如激活的小胶质细胞过度表达转化生长因子(TGF)，可引起 APP 转基因小鼠 Aβ 的聚集减少 50%，小鼠脑内补体 C3 水平明显上升。而当拮抗 C3 作用时，Aβ 沉积会上升 2～3 倍，说明补体激活产生可拮抗 Aβ 诱导的神经毒作用，减少 Aβ 的聚集。

在发病的后期，炎症反应可使病变进行性加重。Aβ 抗体可以和小胶质细胞表达的免疫球蛋白 Fc 受体结合，一方面清除 Aβ 沉积，另一方面激活 Fc 受体介导的巨噬细胞，引发炎症反应。激活的小胶质细胞可以分泌多种细胞因子，如 IL-1β、IL-6、TNF-α，还可以分泌多种蛋白如 α2 巨球蛋白，导致神经细胞损伤。用非甾体类抗炎药可延缓 AD 进程，它们可以明显刺激 α 分泌酶作用，使 sAPPα 的形成增加。这种 APP 的释放可以被 PKC 和 MAPK 抑制剂调节，提示非甾体类抗炎药的作用机制之一是通过 MAPK 信号系统传导的。

(4) 引起突触功能障碍。病史为 2～4 年的 AD 患者颞叶和前脑皮层的形态学定量研究显示，脑组织突触密度降低 25%～35%，突触绝对数目减少 15%～35%。很多证据表明，早期 AD 的记忆障碍起始于海马突触的细微结构等改变。

(5) 钙超载。钙是脑内重要的胞内信息物质，对神经的发育、突触信息的传递及可塑性、调节各种脑内代谢均十分重要。AD 患者脑内常有钙稳态的紊乱，引起胞内 Ca^{2+} 超载，导致细胞的能量不足甚至耗竭，细胞结构和功能破坏，影响长时程突触增强效应，突触可塑性下降。同时胞内 Ca^{2+} 超载还促进脂质过氧化和自由基生成，增加细胞对氧化应激和兴奋性毒性的敏感性，加剧细胞损伤。

(6) 加速 tau 蛋白磷酸化。研究发现，AD 患者脑内 Aβ 沉积量和种类的增加与 tau 蛋白的病理改变呈正比关系。将 $Aβ_{42}$ 注射到 tau 蛋白转基因小鼠脑内，发现在注射部位神经元纤维缠结(NFT)数量增加了 5 倍，提示 $Aβ_{42}$ 在体内可以促进 NFT 的形成。

3) ApoE 与老年斑

ApoE 是迄今所知的唯一与神经系统关系密切的载脂蛋白。ApoE 除了参与神经系统的脂质代谢，还直接影响神经元的突起生长。尽管 ApoE 在老年斑形成过程中的具体作用尚不清楚，但 ApoE 在老年斑病灶区大量存在，AD 患者星形胶质细胞 ApoE 表达明显升高，同时 ApoEε4 表型在迟发型家族性 AD 和散发性 AD 患者中呈现高频率，携带 ε4 等位基因的 AD 患者脑内常有较高的Aβ负荷等现象均表明ApoE与老年斑之间关系密切。

研究显示ApoEε4可与Aβ结合形成一种新的抗水解、抗变性的稳定复合物,进而促进老年斑的形成。无论是ApoEε4与Aβ结合异常或是ApoE总储备下降,均可影响Aβ的有效清除。

2. 神经原纤维缠结

1) 神经原纤维缠结的病理组织学

阿尔茨海默病痴呆的严重程度和神经原纤维缠结的数目和分布有关,神经原纤维缠结可以说是死亡和濒临死亡神经元的"墓碑"。

神经原纤维缠结(NFT)是神经原纤维变性的最主要表现。1907年Alois Alzheimer详细描述了神经原纤维缠结的病理改变,他用银染色法将NFT分为三期:第一期为早期阶段,第二期为成熟阶段,第三期为末期阶段。光镜和电镜检查显示第一期和第二期的差别只在于后者细胞质内神经原纤维聚合体数量的增多。神经原纤维缠结的一般特征是胞体内原纤维变粗、扭曲、不规则排列,甚至成一团绒球状,有些占据了胞质的大部分,将细胞器及细胞核挤在一隅,甚至将之完全取代。末期NFT又称NFT的"残壳",是神经细胞解体后,由于神经原纤维缠结能抗拒蛋白酶水解作用而遗留下来,被增生的星形胶质细胞孤立于细胞间隙的神经原纤维丝。

电镜下,神经原纤维缠结由变性双股螺旋纤维(paired helical filament,PHF)所组成,它们是成束密集排列的纤维结构,长而不分叉;PHF是以右手螺旋盘绕形成的双螺旋丝结构,螺旋丝的直径为22~24nm,每80nm处有一狭窄区,其直径约为10nm;另外还见少量非螺旋的直纤维,是PHF的一种变异体。

2) tau蛋白与神经原纤维缠结

(1) tau蛋白的一般特性。tau蛋白是正常人脑中存在的一种含磷蛋白质,是神经细胞主要的微管相关蛋白(microtubule associated protein,MAP)。正常的tau蛋白位于轴索和神经元胞体内,多与微管蛋白结合,促进微管的聚合及其稳定性。从正常成人脑中分离的tau蛋白主要有6种异构体,含352~441个氨基酸,分子质量为48~60kDa。这些异构体是由位于17号染色体的单一基因转录物mRNA产生的不同剪接产物。

(2) AD脑内的tau蛋白。神经原纤维缠结由PHF组成,PHF的主要成分是异常磷酸化的tau蛋白。用特异生化分离技术可将AD脑中的tau蛋白分成三种组分:胞质非异常修饰的tau蛋白(C-tau),异常修饰易溶型tau蛋白(AD P-tau),异常修饰并聚积为双螺旋丝的tau蛋白(PHF-tau)。根据PHF-tau在2%SDS中的溶解性差异,可将其分为PHFⅠ-tau和PHFⅡ-tau。PHFⅠ-tau在电镜下多为单体存在的短双螺旋丝,可溶于2%SDS,而PHFⅡ-tau在电镜下常以缠结形式存在,难溶于2%SDS。AD脑中分离的tau蛋白在电泳中显3条带,分子质量为62~72kDa。目前已发现的tau蛋白异常修饰有:异常磷酸化、异常糖基化、异常泛素化及异常截断作用等。

(3) AD脑中tau蛋白异常磷酸化。AD脑中C-tau水平明显低于正常人,而总tau蛋白量却显著高于正常,其增高部分为过度磷酸化修饰的tau蛋白;生化分析结果表明,AD患者tau蛋白的磷酸含量比正常对照组增高2~5倍。异常磷酸化使tau蛋白与微管蛋白结合及维持微管稳定性的生物学活性丧失,而且异常磷酸化的tau蛋白(AD P-tau)还可与正常tau蛋白竞争和微管蛋白的结合、或从已经形成的微管上竞争tau蛋白;异常磷酸化tau蛋白还可结合高分子质量的微管相关蛋白(high molecular weight-MAP,HMW-MAP)-1和微管相关蛋白-2;使微管解聚并最终崩溃。有研究发现,胚胎时期脑中tau蛋白含量丰富,虽以过磷酸化形式存在(与PHF-

tau 非常相似)，但能保持其良好的生物学活性和功能；这与 AD 脑中 tau 蛋白异常磷酸化的特性完全不同，其机制尚不清楚。

(4) 蛋白磷酸酶在 AD tau 蛋白异常磷酸化中的作用。据 Cohen 分类法，哺乳动物体内蛋白磷酸酶(protein phosphatases，PP)分为 4 类：PP-1、PP-2A、PP-2B 和 PP-2C；它们均存在于人脑神经元中。用从 AD 脑组织分离的异常磷酸化 tau 作底物，PP-2A，PP-2B 和 PP-1 均可使 AD P-tau多个位点脱磷酸化并不同程度地恢复其促微管组装活性，而 PP-2C 则无上述功能。PP-1、PP-2A 和 PP-2B 在体外可使激酶催化的磷酸化 tau 和 AD P-tau 脱磷酸化。PP-2A 可能是体内参与 tau 磷酸化调节的关键酶。

(5) 蛋白激酶在 AD tau 蛋白异常磷酸化中的作用。已有研究表明，AD 患者脑内数种蛋白激酶表达增强。环磷酸腺苷依赖性蛋白激酶(PKA)可能直接参与 tau 的过度磷酸化、PHF 和 NFT 的形成。PKA 可能通过磷酸化 tau 的某些位点，改变其空间构象，释放或隐蔽其他可被磷酸化的位点，从而增强或抑制其他激酶对 tau 的后续磷酸化作用。

(6) AD 脑内 tau 蛋白异常糖基化。tau 蛋白的糖基化作用则主要与 PHF 结构的稳定性，尤其是 PHF 结构中螺旋的周期性维持有关。糖基化作用可引起分子间的广泛交联，还可能引起“氧应激”，并产生细胞毒性。tau 蛋白的异常磷酸化可能促进其异常糖基化，而这两种异常修饰的相互作用可能促进了 PHF/NFT 的形成。

此外，AD 患者脑中泛素含量明显增高，并主要存在于 PHF Ⅱ-tau/NFT 中；研究提示 PHF Ⅱ-tau 的泛素化修饰可能是机体试图对其进行水解清除的一种代偿反应。

总之，AD 患者 tau 蛋白异常磷酸化的机制与蛋白磷酸酶和蛋白激酶系统调节失衡有关。tau 蛋白以多种异常生化修饰过程参与 AD 患者的神经原纤维变性。

3) ApoE 与神经原纤维缠结

在体外，ApoEε3 和 ApoEε4 皆不能与磷酸化的 tau 蛋白结合。但 ApoEε3 能与非磷酸化的 tau 蛋白结合，结合后可阻止 tau 蛋白继续发生磷酸化；ApoEε4 不能与非磷酸化的 tau 蛋白结合，故裸露的 tau 蛋白易被过度磷酸化，最终聚集形成 PHF。其作用的分子机制尚不完全明了，可能是由于 tau 蛋白第 322 位半胱氨酸的—SH 被氧化，引起自身分子间的交叉连接，形成类似双螺旋样反向平行的双体结构。而 ApoEε3 可能是借助自身半胱氨酸的—SH 与 tau 蛋白结合，从而阻碍了 tau 蛋白聚集形成 NFT。因此有人认为促进神经原纤维缠结形成的因素是 ApoEε3 或 ApoEε2 的缺失而不是 ApoEε4 的存在。

有关中枢神经系统中 ApoE 的作用研究得益于 ApoE 基因敲除动物的应用。研究显示，纯合子 ApoE 敲除小鼠呈现出年龄相关的突触丧失，即突触的减少于生后并不明显，超过 12 个月龄则呈进行性加剧。小鼠 4～8 个月龄时，电镜下便可见树突膜结构损坏和微管成分的崩解，树突空泡样变，说明被敲除基因所指导合成的蛋白质是保持微管结构完整和稳定的必要因素。进一步的研究发现，ApoE 敲除小鼠的 tau 蛋白与磷酸化依赖性抗体 AT8、Alz50 的反应性明显强于对照小鼠，而与非磷酸化依赖性抗体的反应结果则相反。ApoE 与 tau 的异常磷酸化有关，而后者是 PHF 形成的关键环节。一般认为星形胶质细胞和小胶质细胞为中枢神经系统 ApoE 的主要来源。

(二) 阿尔茨海默病的分子遗传学研究

目前认为 AD 是一种多因异质性疾病，其发生与遗传、环境因素及两者的相互作用有关。脑老化是重要的高危伴随因素，代谢失调、病毒感染、颅脑外伤和重金属接触史等人群中 AD 发生率也明显升高。迄今已明确的与家族性 AD 相关的基因突变包括了 β 淀粉样前体蛋白、载脂蛋白 ApoE、早老素 1(presenilin-1,PS-1)和早老素 2(presenilin-2,PS-2)等几种。

1. APP 基因突变与 21 号染色体遗传

人类对 AD 及一些老化相关神经退行性疾病研究的重要进展之一是逐步发现了一些遗传性致病基因,对 AD 病因的第一个遗传线索来自于对唐氏综合征(21 三体综合征)的观察,研究发现唐氏综合征患者具有很高的早发性 AD 发生率,因而推测 21 号染色体上存在致病基因。APP 基因位于 21 号染色体长臂,至少有 18 个外显子。由于少数早发型家族性 AD(FAD)与 21 号染色体连锁,其遗传性标记位于长臂近端,而 APP 基因恰巧位于 21 号染色体,靠近该遗传标记。

1992 年 Goate 等在两个家族中发现了 APP 的点突变,并证明这一点突变与该家族 AD 的发生密切相关;该点突变发生在 APP 第 17 外显子的 717 位密码子上,靠近 APP 的羧基端,结果导致具有较长氨基酸序列的 $A\beta_{42}$ 生成增多。此后在两个早发 AD 家族中发现 APP770 的 Lys 670 Asn 和 Met 671 Leu 基因双突变,此串联双突变靠近 APP 的 N 端;该突变能显著增强 β 分泌酶的活性从而使细胞产生更多 $A\beta_{42}$,更易形成不溶性 Aβ 沉积。含有 670-671 双突变 APP 基因的肾 293 细胞和人神经组织细胞 Aβ 片段表达比正常同类细胞高 6 倍。

迄今在约 1/4 的家族性 AD 患者中发现 APP 基因突变。在不同人种和家族的 AD 患者中发现的上述点突变,在正常人群均未发现。这些突变引起典型的 AD 临床症状与脑病理改变,足以证明其致病性,也说明 Aβ 的堆积在很多 AD 患者是早期且关键的致病原因。

2. 载脂蛋白 ApoE 基因多态性与 AD

1) *ApoE* 基因及其多态性

ApoE 基因定位于 19q13.2,存在三种基因型即 ε2、ε3 和 ε4,以 ε3 最为常见,分别编码 3 种 ApoE 蛋白,即 E2、E3、E4。其中 ApoE3 占约 78%,与乳糜微粒和低密度脂蛋白的代谢有关;ApoE2(占 8%)与高密度脂蛋白代谢有关;而 ApoE4(占 14%)则与 AD 发生有关。

ApoE 三个等位基因可组合成三种纯合型(ε4/4、ε3/3 和 ε2/2,分别占 2%、60%和 1%)和三种杂合型(ε3/4、ε2/3 和 ε2/4,分别占 22%、13%和 2%)表型。

2) ApoE 在神经系统中的作用

研究发现 ApoE mRNA 在脑组织中的含量极高,脑脊液中含量也很丰富。机体 ApoE 主要在肝脏合成,在中枢神经系统由星形胶质细胞、巨噬细胞或小胶质细胞合成,在周围神经系统由施万细胞产生。它主要与脂蛋白受体结合,具有运输和调节脂质代谢的功能,神经细胞受损伤后,ApoE 合成量增多,聚集在损伤区周围的巨噬细胞可分泌大量 ApoE。

不同 ApoE 亚型具有不同作用,研究显示 ApoE3 能促使神经突起延伸,同时分支减少,ApoE4 则使突起长度和分支均减少,ApoE 的这种作用类似神经营养因子。ApoE 对于中枢神经元结构的维持和重建起着重要的作用。

3) *ApoE* 基因多态性与 AD

许多研究提示 *ApoE*ε4 等位基因(尤其是 ε4/4 纯合子)与家族性及散发性 AD 均存在相关性。1997 年对近 6000 例 AD 患者及 8000 余例匹配对照者的分析发现,白人中具有 *ApoE*ε3/4 及 ε4/4 基因型者患 AD 的 OR(odds ratios,OR,差额比)分别为 3.2 和 14.9(与 ε3/3 比较);在迟发型 FAD 和散发性 AD 群体中,与 ε3/3 基因型比较,具有 ε3/4 和 ε4/4 表型者患 AD 的风险性要多数倍或 10 余倍。且这种效应随 ε4 等位基因的增加而致发病年龄降低;有报道散发性 AD

中 ε4/4、ε3/4 和 ε3/3 表型患者平均发病年龄为 70.4 岁、74.5 岁和 77.6 岁；在伴有 APP 基因突变的早发型 FAD 中，基因型为 ε4 杂合子和纯合子患者常在 50 岁以前(非 ε4 基因型为 51～60 岁)发病。

而含 ε2 表型的人群患 AD 的 OR 要降低 50%多，提示 ε2 等位基因具有保护性效应。统计显示 ε4/4 表型只占人群的 2%，却占 AD 患者的 12%～15%，ε2/2 表型占人群的 1%，却仅占 AD 患者的 0.2%；说明 ε2 表型的群体 AD 发病率低。在欧美长寿老人中 ApoEε2 的比例很高，几乎是成年人的两倍。结合 AD 患者 ε2 频率极低，提示 ε2 可能有抗 AD 作用，甚至有人称它为长寿基因。

ApoEε4 等位基因不仅与 AD 的发病密切相关，也影响 AD 的进展和病理过程。与非 ε4 携带者比较，携带 ε4 的 AD 患者具有老年斑数目增多，Aβ 水平升高及变性神经元数量更多等现象。对死亡年龄在 50～93 岁的非痴呆者的分析发现，ε4 基因表型也与老年斑及 NFT 增加的频率有关。通过对 201 例初诊为 AD 患者的研究，发现 ε4/4 型 AD 患者最早发生认知障碍，而 ε2 携带者发生认知障碍则最慢。此外有研究提示 ε4 等位基因还可影响 AD 患者的生存期。

ApoEε4 频率的升高对 AD 相对特异。迄今，在亨廷顿病、帕金森病等中枢神经退行性疾病均未见 ε4 高频率。

ApoE 是散发性 AD 迄今明确的第一个遗传易感因子。虽然现有研究结果从不同侧面提示 ApoE 在 AD 发病中的重要作用，但 ApoEε4 本身并不是 AD 发病的必要因素，不是所有具有 ε4 等位基因的人都发病，同时 AD 患者并非均为 ε4 携带者，因此还有其他尚未明确的遗传和(或)环境因素对 ApoE 与 AD 之间的关系起调控作用，这些未知因素的逐一发现，将有助于完整地揭示 ApoE 对中枢神经系统的正常作用及其在 AD 病理过程中的参与机制。

3. *PS* 基因突变与 AD

50%～80%早发、家族性 AD(FAD)与 PS-1 和 PS-2 基因突变有关。

1) *PS* 基因

PS-1 基因(又称 *S182* 基因，*PS-1*/*S182*)定位于 14 号染色体长臂(14q24.2～24.3)，至少有 12 个外显子和 12 个内含子。早发型家族性 AD 病例中大部分由 *PS-1* 突变引起的，迄今在不同人种的家族性 AD 中已检出 50 余种 *PS-1* 基因突变，多为错义突变。已发现的 *PS-1* 突变位点多位于外显子 5 和外显子 8 区域。

对 *PS-1* 基因突变的转基因动物模型及早发性 AD 患者脑标本的研究显示 Aβ 含量明显增多，主要是选择性引起 $Aβ_{42}$ 的产生增加 2～3 倍，对 $Aβ_{40}$ 的产生则没有明显影响，推测可能是 *PS-1* 基因突变细胞在一定条件下可改变 APP 的酶解，选择性地导致纤维原性较强、易聚集的 $Aβ_{42}$ 的产生增多，而导致 Aβ 沉积。*PS-1* 基因变异引起的 FAD 的发病年龄多在 40～50 岁，也有早至 30 岁左右。

PS-2 基因(又称 *STM2* 基因)定位于 1 号染色体的长臂上(1q31～32)。*PS-2* 突变率低，已发现 FAD 中 *PS-2* 基因主要有 2 种错义突变，141 位 Asn→Ile，239 位 Met→Val。*PS-2* 基因突变引起的 FAD 发病年龄较晚，有报道为 44～88 岁。

2) PS 蛋白的功能及致病机制

目前认为 PS-1 和 PS-2 均为跨膜蛋白，N 端和 C 端以及第 6 个大的亲水环都朝向细胞质。PS-2 N 端氨基酸残基序列差别较大，PS-2 的第 6 亲水环比 PS-1 短 24 个氨基酸残基。PS-1 与 PS-2 蛋白有 67%的序列相似性，在跨膜区的序列相似性高达 84%左右。

在哺乳动物的胚胎发育时期PS蛋白即在脑内高表达,敲除PS基因的胚胎不能正常发育成活,出现死胎;提示PS是脑发育中不可缺少的分子。与PS蛋白有同源序列的蛋白质目前知道有SEL-12和spe-4,都是线虫(*C. elegans*)体内发现的膜蛋白。目前认为线虫的SEL-12相当于人的PS蛋白,SEL-12在线虫发育过程中参与LIN-12介导的细胞信号转导,后者属跨膜的Notch受体家族,与许多细胞包括神经元的分化有关。spe-4是线虫体内一种参与精子生成过程的膜蛋白,参与细胞内蛋白质的运输和正确定位。因此推测PS蛋白可能也参与细胞内蛋白质转运。

PS-1蛋白含467个氨基酸,包括7~10个疏水性的跨膜区(TM)和6个亲水环(HL)。突变分布在PS-1的5个疏水跨膜区和3个亲水环上,属于PS-1分子进化上的高度保守部位。PS-1蛋白定位于内质网和高尔基体,主要分布于海马、皮质等部位,可能具有离子通道的作用,参与信息传递和细胞内稳态维持,为神经元发生和存活所必需。应用基因转染技术,发现在皮层神经细胞过表达PS-1可保护细胞免受凋亡剂的诱导作用,应用抗氧化剂及钙离子内流、内质网内钙离子释放阻断剂等均可对抗PS-1突变引起的细胞凋亡,从而证实PS-1突变产物可通过破坏亚细胞内钙离子稳态,而使神经细胞易于发生凋亡。

PS-2蛋白含448个氨基酸,研究表明PS-2的C端肽(ALG-3)的表达可保护神经细胞免于凋亡。突变的PS-2基因表达产物可由于C端肽水解酶作用的改变而影响APP的水解过程,使聚集性Aβ产生增多而发生沉淀,并能协助Aβ升高细胞内钙、加重氧自由基产生和促进线粒体膜电位下降,从而引发细胞凋亡。

PS蛋白在脑内的分布模式与APP极为相似,同时PS蛋白主要在神经元内表达。从超微结构来看,PS蛋白主要定位于内质网和高尔基体。有关PS蛋白在AD发生中的作用机制,目前认为PS蛋白直接参与调节γ-分泌酶的功能,PS突变可使γ-分泌酶活性改变而致跨膜Aβ水解不全,$A\beta_{42}/A\beta_{40}$比例增加,即具有高毒性作用的$A\beta_{42}$产生增多。同时PS参与凋亡调节并已发现PS在凋亡过程中可作为Caspase-3的死亡底物,在第6个亲水环上被酶解。还有报道PS-1与APP在树突的内质网上以非共价形式相互作用,PS-2则参与Aβ的转运和剪切。

(三)影响阿尔茨海默病的其他因素

1. 炎症反应

在AD的老年斑病变内,除了Aβ蛋白以外,还可以找到40多种非AD特异的蛋白,其中大部分是与炎症有关的蛋白质。例如,激活的补体蛋白、补体抑制物、炎症细胞因子等,这些蛋白质几乎都是在脑内产生,最可能的来源是激活的小胶质细胞与反应性星形胶质细胞。在AD病变中发现众多与炎症有关的蛋白质,这促使人思考炎症过程在AD发生形成中的作用。有学者提出假设,针对AD病变老年斑与神经原纤维缠结所引起的炎症性反应,调控其反应的范围及程度,终止其形成自身毒性的恶性循环,将有助于减少或缓解对神经细胞的毒性损害。

2. 氧化应激、线粒体自由基与钙离子

氧化应激(oxidative stress)是机体(包括大脑)老化进程主要的生物学机制之一,已经有不少学者提出AD的发生与其脑内氧化应激有关。AD患者皮层超氧化物歧化酶(SOD)、谷胱甘肽过氧化物酶(GSH)活性明显下降、脂质过氧化物丙二醛(MDA)等增多,表明自由基和过氧化损伤与AD关系密切。

细胞内自由基最重要的来源是线粒体；经分离的线粒体（毫克蛋白质）每分钟可产生 0.6～1.0nmol H_2O_2，有 2%～4%的氧耗是被转化为自由基。而线粒体 DNA(mtDNA)对自由基的损害极为敏感，mtDNA 的突变率为细胞核 DNA 的 17 倍。AD 各脑区的 mtDNA 损害均明显高出对照组。线粒体的损害会降低能量的产生，从而导致各种严重后续反应。在神经元中，能量产生的减少还会引起部分神经元去极化，伴之以兴奋性氨基酸受体的激活。

除了线粒体，在 AD 自由基的来源还有 Aβ 蛋白、小胶质细胞及氧化还原反应等（APP 可将 Cu^{2+} 还原为 Cu^{+}）。蛋白质的糖基化与自由基之间的协同作用在 AD 的发病原因中也不容忽视。

3. 神经递（调）质

20 世纪 60～80 年代，AD 的胆碱能学说一直占据着相当重要的地位，特别是 Meynert 基底核等一些前脑底部细胞群向大脑皮质与海马投射的胆碱能系统的改变。在 AD 病例中，前脑底部胆碱能神经元萎缩，胆碱乙酰转移酶活性降低，同时脑内的胆碱能受体数目也有减少。去甲肾上腺素、5-HT、兴奋性氨基酸、GABA 等神经递质功能在 AD 脑内均有不同程度下降。多种神经肽在 AD 脑内发生不同程度的改变，其中生长抑素减少，其受体也是平行下降，这一改变在 AD 具有一定的特征性。精氨酸加压素（AVP）和促肾上腺皮质激素释放激素（CRH）含量也有不同程度的下降；催产素及其受体在 AD 脑内却有增加。其他神经肽类如神经肽 Y、P 物质等也有不同程度的改变。

综合对 AD 危险因素（高龄、遗传素质、头部外伤、脑血管疾病等），分子遗传学（染色体 21、染色体 19、染色体 14 及染色体 1 等），病理学特征（老年斑、神经原纤维缠结、炎症、神经细胞与其突触的丧失、线粒体病变）等的研究，提示 AD 是多种因素造成的一种异质性疾病综合征，有人称之为会聚综合征（convergence syndrome），并提出 Alzheimer diseases（复数）的称谓，认为阿尔茨海默病的脑内变化是由多种因素在长时间内以各种不同的组合方式和先后顺序产生的综合作用所促成。

三、帕金森病

1817 年，英国医生 James Parkinson 撰写了一本名为《震颤麻痹论》（*An Essay on the Shaking Palsy*）的小册子，详细地描述了一种他称之为“震颤麻痹”的疾病；很长一段时间人们也一直沿用“震颤麻痹”这一名称。现代神经病学的奠基人 Jean M Charcot 在 Parkinson 之后对上述“震颤麻痹”做了更细致的观察，给这种疾病加进了肌僵直（muscular rigidity）、小写症（micrographia）等其他症状；并提议应以“帕金森病”（parkinson’s disease，PD）命名，原因不仅是帕金森首先描述了它，更重要的是“震颤麻痹”的提法并不确切，因为这类患者既无麻痹，也无瘫痪，其后人们逐步改称此类疾病为“帕金森病”。

现代 PD 的概念是指一种多发生于中老年期、缓慢进展的神经系统退行性疾病。其主要病理改变为中脑黑质多巴胺能神经元变性坏死，造成纹状体 DA 含量下降，从而引起静止性震颤、肌肉僵直、运动迟缓（bradykinesia）与体位不稳等一系列症状。

PD 多发于男性，随年龄增长而发病率渐高，在 50 岁以上人群中的发病率约为 1%。我国 1997 年调查统计，55 岁以上人群发病率为 10.2‰，60 岁以上人群为 11‰～12‰。如果按 60 岁以上老年人口约 1.2 亿计算，全国至少有 130 万患者。除上述以慢性进行性神经变性为特征的原发性 PD 外，还有继发性者又称帕金森综合征或震颤麻痹综合征，可因脑血管病（如脑梗死）、药源性(如服用酚塞嗪类或丁酰苯类抗精神病药等)、中毒(一氧化碳、锰、汞等)、脑炎、脑外伤、脑肿瘤和基底节钙化等引起。

(一) 帕金森病的病理学

帕金森病的病理学过程包含了一系列最终导致中脑黑质多巴胺能神经元进行性死亡的串联性事件,其中很多变化与正常脑老化进程相伴随,本小节重点讨论被认为是帕金森病特征性病理改变的 Lewy 小体形成和选择性神经细胞死亡。

1. Lewy 小体

Lewy 小体长期以来一直被认为是帕金森病的特征性病理改变和重要发病基础,它是存在于神经元内主要由神经丝和泛素化 α 突触核蛋白(α-synuclein)组成的包含体结构。通常呈球形,直径 5~25μm,电镜下可见其周围有放射状排列的疏松的 7~25nm 直径纤维丝。用免疫组化等手段分析 Lewy 小体的构成,发现了三种主要成分,即 α 突触核蛋白、神经丝蛋白和泛素蛋白。

基于其通常由脑干基底出现再逐步向上延伸的特点,Braak 等将 PD 病理过程分为 6 期。1 期Lewy 小体仅见于嗅球和迷走神经背核等处,患者除嗅觉的逐渐丧失无其他任何临床症状;2 期在脑桥等处可见有 Lewy 小体的形成;3~4 期更多的 Lewy 小体进一步向上发展,患者出现较明显的临床症状和体征,如静止性震颤等;5~6 期大脑皮层出现越来越多 Lewy 小体,同时伴随有认知障碍和痴呆症状的出现。

α 突触核蛋白富含于突触前膜结构,被认为与突触可塑性相关,但其累积将导致突触连接受损,因此有人推测 α 突触核蛋白由轴突逆转运至神经元胞体形成 Lewy 小体是一种保护性反应。有尸检研究结果显示,即使在大脑皮层出现弥散性 Lewy 小体的患者,约 50%其生前并无痴呆以及典型的 PD 运动障碍症状,事实上在部分老年人群和特别是老年痴呆患者,大脑皮质神经元常也检出 Lewy 小体。

2. 选择性多巴胺能神经元死亡

中脑黑质致密带多巴胺能神经元的选择性死亡是帕金森病的另一特征性病理改变。脑干内其他一些非多巴胺能神经元也有减少,包括蓝斑的去甲肾上腺素能、脑干中缝 5-羟色胺能、基底前脑 Meynert 核胆碱能神经元以及一些自主神经系细胞。

研究发现在 Lewy 小体仅存在于脑干的 PD 早期,中脑内多巴胺能神经元已经大量减少,并且死亡神经元主要发生在黑质腹侧致密部,背侧网织部则影响很小。来自 PD 患者死后尸检结果显示,与同年龄人群比较 PD 患者黑质仅有不足 1/5 多巴胺能神经元残留;有报道正常成年 40 岁以后多巴胺能神经元以每年约 5%的速度丢失。

PD 是被证实由单一神经递质即多巴胺缺乏而导致脑变性疾患的第一个例子。正常脑内 80%的 DA 存在于基底节,PD 患者出现临床症状时,黑质致密部多巴胺能神经元一般已经丧失大部分,尤以尾状核、壳核和黑质中 DA 含量明显减少,常仅有同龄正常人脑含量的 1/10 ~1/5。DA 的代谢产物二羟苯乙酸(DOPAC)和高香草酸(HVA)含量也明显降低。由于 PD 在很大程度上是由 DA 能神经元变性引起的,口服 DA 的前体左旋多巴使人类首次可有效地改善 PD 症状,但在服用此药后的 2~5 年将出现严重不良反应。

帕金森病的神经解剖基础是黑质纹状体传入通路的退变受损。此通路以DA为递质，正常情况下，黑质到纹状体的输入通过激活壳核细胞增强直接运动环路的活动，将丘脑外侧核嘴侧部从苍白球的抑制中解脱出来。随着DA的减少消失，纹状体活动降低，对苍白球的抑制减小；苍白球活动的提高将降低丘脑神经元的发放，后者转而减小向运动皮层的兴奋性输入。在本质上，DA耗竭减少或关闭了通过基底神经节和丘脑到运动皮层的神经传入；其结果是造成一系列机体运动障碍，即PD的主要症状包括运动启动减慢，随意运动的速度变慢（运动徐缓），肌僵直，每秒出现4～5次静止性震颤和姿势反射的障碍等。

（二）帕金森病的病因与病理机制

帕金森病（PD）的病因至今尚不完全清楚，大部分病患为散发，仅小部分呈现家族性，与遗传和基因突变有关。老化是唯一得到公认的与PD相关的独立危险因素，目前认为遗传的易感性在老化进程中受环境因素的触发是导致PD发生的关键环节，近十余年来对此病病因、发病机制的研究有了较大的进展（图12-4）。

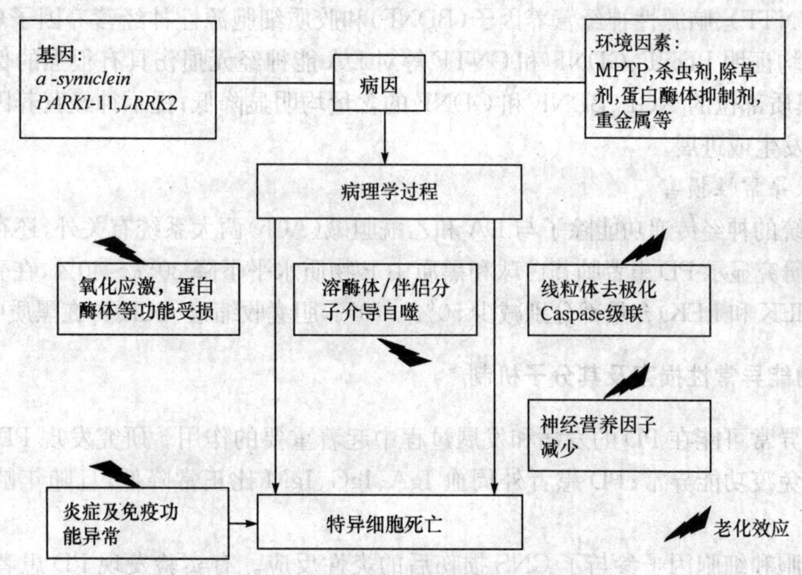

图12-4　帕金森病的病因和病理机制，注意老化效应作用于病理过程多个环节（仿自Hindle，2010）

在由不同因素引起最终导致多巴胺神经元死亡的过程中，研究发现多条代谢性途径包括氧化应激、线粒体功能损害、谷氨酸介导的兴奋性毒性以及泛素蛋白酶体功能受损等均参与其中，炎症与体液性免疫应答通过调节细胞凋亡也影响该进程，而多种环境有害因子则被证实可直接损害线粒体和蛋白酶体的功能。

1. 代谢性损害的分子机制

1）氧化应激性损害

氧化应激被认为是引起PD患者黑质神经元死亡的主要因素之一。DA在氧和水的存在下，受单胺氧化酶作用生成过氧化氢、醛和氨；过氧化氢可导致毒性自由基增加，于是诱发氧化应激反应。

2）兴奋性氨基酸的神经毒性

谷氨酸在线粒体内参与重要的能量代谢过程，对神经细胞的生长和发育都有着重要影响。

但在一些病理条件下对神经细胞可产生兴奋性毒性作用。谷氨酸主要通过其离子型的 NMDA 和 AMPA 受体对 DA 能神经元产生影响。兴奋性神经毒性的发生是由于 NMDA 受体被活化后,引起了广泛的 Ca^{2+} 内流以及 Ca^{2+} 在线粒体内快速的堆积,导致线粒体功能丧失。

3) 线粒体的损伤

毒性物质可以通过抑制线粒体复合物Ⅰ来影响线粒体呼吸链,导致 ATP 产生减少,最终导致细胞因能量耗竭而死亡。有研究表明 PD 患者黑质区域细胞中线粒体复合物Ⅰ活性降低30%~38%。

4) 多巴胺转运体和囊泡转运体

对于多巴胺转运体(DAT)和囊泡转运体($VMAT_2$)在 PD 发病中作用的认识始于近十年;研究发现 DA 在代谢过程中可以产生自由基等系列毒性物质,通过 DAT 的介导造成对 DA 能神经元的损伤;DAT 主要位于神经元的胞膜上,可以将胞外毒性物质转运到胞质中,而 VMAT2 可以将胞质内的这些毒性物质转运入囊泡,进而减少这些物质的毒性作用。

5) 神经营养因子缺乏性损害

神经元和胶质细胞能够合成、分泌大量的神经营养因子,诸如神经生长因子(NGF)、睫状神经营养因子(CNTF)、脑源性神经营养因子(BDNF)和胶质细胞源性神经营养因子(GDNF)。离体和在体实验均证明 BDNF、GDNF 和 CNTF 等对 DA 能神经元损伤具有很强的保护作用。而在 PD 患者,黑质部位的 NGF、BDNF 和 GDNF 的含量均明显降低;提示神经营养因子的减少可能促进 PD 的发生或进展。

6) 神经肽异常性损害

锥体外系统的神经传递功能除了与 DA 和乙酰胆碱(ACh)两大系统有关外,还存在多种肽能递质的参与。研究显示 PD 患者脑苍白球和黑质中 P 物质水平下降 30%~40%,在壳核和黑质中两种脑啡肽(MEK 和 LEK)含量都分别减少 50%~70%,胆囊收缩素(CCK-8)在黑质中下降 30%。

2. 免疫功能异常性损害及其分子机制

免疫反应异常可能在 PD 的发病和发展过程中起着重要的作用。研究发现 PD 患者常有细胞免疫和体液免疫功能异常;PD 患者外周血 IgA、IgG、IgM 比正常降低,且随年龄增大而愈加明显。

小胶质细胞和细胞因子参与了 CNS 损伤后的炎性反应。有实验发现 PD 患者的黑质致密部存在大量主要组织相容性抗原(MHC)阳性小胶质细胞,特别是在 DA 神经元退变死亡最为严重的区域。PD 患者脑内最为明显的生化变化是多种细胞因子的大幅增多,有报道 PD 患者纹状体和脑脊液中 IL-1β、IL-2、IL-6 和 TNF-α 的含量较正常组增加数倍以上,同时 TGF-α、TGF-β1、TGF-β 和 bcl-2 等的表达上调。过量的细胞因子可能参与了 DA 神经元的变性坏死过程。

在 PD 患者的脑脊液中还发现了针对 DA 能神经元的抗体,PD 患者的脑脊液能抑制培养 DA 能神经元的生长;来自 PD 患者的血清对大鼠中脑 DA 能神经元具有补体依赖的细胞毒作用。将 DA 能神经元杂交株产生的抗体注入大鼠脑内,可建立 PD 的免疫模型。

3. 环境毒素性损害及其机制

长期以来有关 PD 的病因,存在三种学说:即遗传基因突变所致、外界环境毒素暴露所致,或遗传易感性与环境危险因素相互作用而引起。有对近 2 万名双胞胎的调查显示,在 50 岁以后发病的 PD 患者中,同卵双胞胎和异卵双胞胎 PD 发病率基本相同,这结果提示对绝大多数 50 岁以后发病的典型散发性 PD 而言,环境因素可能起主要作用。

多年来,环境毒素与 PD 的关系一直是人们感兴趣的课题。流行病学研究发现,多种环境因素参与了 PD 的发生与发展,这些风险因素包括经常暴露于杀虫剂、除草剂、化工产品、造纸制浆等;其他与 PD 有关的环境因素还有神经毒素、锰尘和一氧化碳等。

1976 年和 1982 年,在美国马里兰州和加利福尼亚州发现了多例因药物滥用而出现严重帕金森病症状的年轻患者,经分析后确定这种药物中含有一种名为 1-甲基-4-苯基-1,2,3,6-四羟吡啶(MPTP) 的化学物质,可以选择性损害多巴胺能神经元,是导致本病发生的"元凶"。现在知道,MPTP 易通过血脑屏障,在脑内受单胺氧化酶催化转换成 1-甲基-4-苯基吡啶(MPP^+),而多巴胺能神经元胞膜上的多巴胺转运体能将 MPP^+ 当作多巴胺摄取积累,MPP^+ 在细胞内的累积将破坏线粒体的能量代谢,进而导致多巴胺能神经元的选择性损害。目前在 PD 研究中常用 MPTP 建立实验动物模型。

一些研究者认为 PD 可能正是由于自然界中存在的类似于 MPTP 的物质引起,近几年有研究提示体内代谢过程中也可产生结构类似于 MPTP 的内源性毒性物质。MPTP 的作用支持这样一种观点:帕金森病可能是由于神经元长期接触其环境中一种缓慢发挥作用的有毒物质而引起;但遗憾的是迄今尚无人鉴定出这种毒素。近年的研究显示,MPTP 能诱发黑质中神经元的程序性死亡;帕金森病患者的多巴胺能神经元可能由于相似的原因而退变死亡。

(三) 帕金森病的分子遗传学研究

大约 10%帕金森病患者有家族史;近 10 余年来,随着分子遗传学研究的深入,已经确定了 10 余个与 PD 有关的致病基因,它们的突变常直接导致了一些稀有早发的家族性 PD,临床常呈现有别于散发性 PD 的症状体征,其中包括突变引起常染色体显性遗传 PD 的 α 突触核蛋白,LRRK2(leucine-rich repeat kinase 2)和 UCHL1(ubiquitin carboxy-terminal hydrolase L1)等,以及突变引起常染色体隐性遗传 PD 的 parkin 和 PINK1 等。

1. α 突触核蛋白

1988 年 Maroteaux 等从电鳐鱼(Torpedo)的带电器官中首先分离出 α 突触核蛋白,最初是作为一种突触前末梢蛋白而被认识。该蛋白在神经组织中表达广泛,以新皮质、海马、嗅球、纹状体和丘脑含量较高。随后证实突触核蛋白可分为 α、β 和 γ 三种类型,其中 α 突触核蛋白由 140 个氨基酸组成,可能与神经可塑性有关。

1996 年有研究报道了一个常染色体显性遗传的 PD 大家系,通过连锁分析和基因重组确定 α 突触核蛋白为该家族的致病基因,该基因的染色体定位为 4q21～q23。该家系患者 α 突触核蛋白基因的第 4 号外显子由于一个错义突变导致第 53 位的丙氨酸被苏氨酸取代,从而产生一个限制性内切酶位点。这个家系患者的临床表现符合典型的帕金森病,病理检查发现 Lewy 小体,发病年龄相对较早(46 岁±13 岁),基因外显率达 85%,属于单基因缺陷产生的 PD 临床表型。其后这一基因突变又在多个家族性 PD 得到证实。

目前认为 α 突触核蛋白基因突变可能只与那些以发病年龄早、高外显率、常染色体显性遗传为特征的家族性 PD 有关,而与大多数散发性 PD 无关。

通过对 α 突触核蛋白分布和功能等的研究也得到了一致的结论。研究发现该蛋白存在于多种神经系统变性疾病的突触末梢或胞质包涵体中,是老化或变性神经元 Lewy 小体的主要成分,

体外实验中 α 突触核蛋白可形成类似 Lewy 小体的细丝聚集。

由于细胞内 Lewy 小体是 PD 的特征性病理改变,因而推测 α 突触核蛋白参与 Lewy 小体形成和 PD 神经元变性过程。但目前对 Lewy 小体如何形成以及 α 突触核蛋白在 Lewy 小体形成过程中的作用尚不清楚,推测由于在 α 突触核蛋白基因外显子碱基上发生错义突变,如上述 α 突触核蛋白 53 位丙氨酸突变为苏氨酸,丙氨酸通常存在于 α 螺旋中,在 α 螺旋的周围为 β 折叠;而这种替换则干扰了 α 螺旋的形成,使 β 折叠延长,引起蛋白自身积聚,蛋白堆积形成 Lewy 小体的核心,导致形成淀粉样纤维结构。此外神经元突触蛋白如 ubiquitin,synaptophysin 等的异常转运,氧化和硝化作用,以及金属离子的毒性作用等也被认为参与了 Lewy 小体的形成。

有研究采用转基因方法在果蝇表达野生型和突变型 α 突触核蛋白基因,待发育至成年后,表达突变型 α 突触核蛋白的果蝇出现明显的运动功能障碍,中脑多巴胺能神经元选择性死亡,残留神经元内出现含 α 突触核蛋白的包含体,而野生型则无功能和结构的改变。

2. Parkin 蛋白

1) *parkin* 基因

常染色体隐性遗传的青少年型帕金森综合征(autosomal recessive juvenile parkinsonism, AR-JP) 是一种独特的 PD 类型,其特点为患者发病年龄通常小于 40 岁,起病隐匿,进展缓慢,最终具有典型特发性帕金森病的临床表现。主要病理改变是黑质致密部 DA 能神经元变性缺失,但 AR-JP 脑组织多缺乏 Lewy 小体。

1998 年在对日本一个家族性 AR-JP 的研究中证明其致病基因为 *parkin* 基因,该基因定位于人染色体 6q25.2-q27。已发现有 30 多种不同的 *parkin* 基因缺失突变和点突变与 AR-JP 有关。在散发性 PD 中虽然发现 *parkin* 基因存在多态性位点,但并不是散发性 PD 的危险或致病因素。

parkin 基因广泛分布于人体许多组织,在黑质、新皮层、海马等部位高度表达,在大脑其他各区也均有表达。

2)Parkin 蛋白

parkin 基因的产物 Parkin 蛋白高度保守,分子质量 52kDα,由 465 个氨基酸组成,其氨基端有 76 个氨基酸与泛素同源,称为泛素样结构域(ubiquitin-like domain, UBL);羧基端称为环指结构域(ring-IBR-ring,RIR),包括 212 个氨基酸,由两个环指结构以及它们之间的环指间区组成;泛素样结构域和环指结构域之间的区域称为连接区。

生化研究显示 Parkin 蛋白是一种 E3 泛素-蛋白连接酶,在泛素蛋白酶体通路(ubiquitin proteasome pathway,UPP)中发挥重要作用。UPP 在进化上高度保守,是胞质和胞核内 ATP 依赖性的蛋白质非溶酶体降解机制,它能高效、高选择性地降解细胞内蛋白质;在真核细胞的内质网和细胞质内,UPP 具有重要的蛋白生成和降解调控作用,如去除突变和错误折叠的蛋白等。泛素的主要功能是作为细胞内多种蛋白质的降解信号,在 UPP 中底物蛋白的泛素化和降解需要一系列酶促反应,泛素-蛋白连接的选择性主要取决于特异性的 E3 酶,一种 E3 通常选择性识别对应的底物蛋白,从而在 UPP 中扮演了关键的角色。

3) Parkin 蛋白的底物

parkin 基因在包括黑质在内的大脑各区均有表达,但为何 Parkin 蛋白功能障碍仅选择性损害黑质 DA 能神经元呢? 由于 Parkin 蛋白是一个 E3 泛素-蛋白连接酶,因此推测黑质 DA 能神经元内可能具有较多 Parkin 蛋白的底物。正常情况下,多种底物在 Parkin 蛋白作用下经 UPP

途径降解；*parkin* 基因突变导致 Parkin 蛋白功能障碍，其底物不能被泛素化降解而在细胞内聚集，最终导致神经元变性死亡。因此，明确 Parkin 蛋白底物对阐明 *parkin* 在 PD 尤其是 AR-JP 发生中的作用至关重要。

目前，已初步鉴定出几种 Parkin 蛋白的底物：如 CDCrel-1（cell division control related protein1）、Pael 受体（parkin associated endothelin receptor，Pael-R）及 Synphilin 1 等。这几类蛋白底物均存在于黑质 DA 能神经元，但蛋白水解酶复合体功能或泛素羟基末端水解酶活性改变引起 PD 中脑 DA 能神经元变性的细胞分子过程，目前尚不清楚。

总之，流行病学调查显示遗传因素参与 PD 发病机制，阳性家族史是 PD 发病危险因素。家族性 PD 被认为是基因缺陷所致，单个基因异常就足以引起 PD，家族性 PD 致病基因的成功定位发现是 PD 分子遗传学研究的重要进展；散发性 PD 发病原因可能是遗传易感性与环境触发因素共同作用致病，但易感基因研究迄今未获一致结论。相信随着流行病学调查的深入，分子遗传学等技术的提高，遗传因素与 PD 发病机制的关系将逐渐得到阐明。

第二节　神经系统其他常见疾病

一、亨廷顿病

亨廷顿病（Huntington disease，HD），又称舞蹈病，是一种进行性的神经退行性变的常染色体显性遗传病。平均发病年龄为 40 岁。从发病到死亡整个病程一般为 10～15 年。主要特征为运动障碍（常为舞蹈样不自主运动）、进行性认知障碍和痴呆。1842 年 Waters 首先报道了此病，1872 年 George Huntington 对其进行了较为详尽地描述，并确定为遗传性疾病，从而被称为亨廷顿病。

（一）病理学特征

脑质量一般减轻，脑回可能变窄。大脑皮层有不同程度的萎缩，额叶和顶叶显著。纹状体萎缩并变为棕色，苍白球亦有轻度萎缩；内囊正常。

显微镜下观察，尾状核和壳核的小细胞大量减少，大细胞轻度减少。星形细胞增生明显。苍白球的细胞轻度减少，星形细胞轻度增生。大脑皮层有不同程度的细胞减少，尤其第Ⅲ层及Ⅳ～Ⅴ层，也伴有轻度星形胶质细胞增生。一般额叶受损最重，小脑和脑干一般不受影响。少数可见中脑黑质的网状带出现改变。

（二）发病机制

HD 的致病基因 IT15（interesting transcript 15）编码约含 3144 个氨基酸的多肽，即 huntingtin。在其开放阅读框架的 5′端有一个多态性的$(CAG)_n$三核苷酸重复序列。重复拷贝数 n 的正常值一般认为在 11～34，而在 HD 患者一般认为在 37～86。此基因突变后的拷贝数多于野生型，导致在翻译的突变 huntingtin 中带有一段扩展的多聚谷氨酰胺（polyglutamine）片段，故 HD 又属多聚谷氨酰胺病。现在认为可能有以下机制参与该病的发病。

1. 突变的多聚谷氨酰胺蛋白的自我聚集

突变的 huntingtin 或带有突变的多聚谷氨酰胺的多肽片段有着自我聚集的特性。正常状态下，huntingtin 分布于胞质，而在病理状态下，huntingtin 沉积于胞核，形成核内包涵体，其中不仅有其自身突变的 huntingtin，同时也黏附有多种其他蛋白，如转录因子、热休克蛋白、蛋白酶体的一些亚单位和泛素等。突变的 huntingtin 对这些蛋白的吸附和影响很可能与其发病有着密切关系。

2. Huntingtin 的蛋白水解

huntingtin 在体内有一个被蛋白酶水解的过程，该过程可能是突变的多聚谷氨酰胺片段转运到核内的一个前提条件。尽管多聚谷氨酰胺病的编码蛋白有多个 caspase 的可能酶切位点，但这些编码蛋白在体内是否由 caspase 酶切尚缺乏可靠的实验证据，并且这些编码蛋白水解后产生的片段依然大于可以自由进入细胞核的分子质量。另外，也有实验证明全长的 huntingtin 可进入胞核。因此，huntingtin 进入胞核的机制仍待研究。

3. Huntingtin 的异常积聚及毒性作用

突变 huntingtin 是一个异常折叠蛋白并有聚集性，会形成细胞核内包涵体。尽管核内包涵体的形成与毒性作用是否直接相关一直存在争议，但已有研究结果提示，抑制突变的 huntingtin 异常折叠、聚集、核内转运以及核内包涵体的形成能够对细胞或神经元的退变起到保护作用。

4. 诱导细胞凋亡

突变 huntingtin 可诱导神经细胞凋亡，该凋亡可能涉及 JNK 和凋亡相关分子。实验表明使用 caspasel 抑制剂，可推迟多聚谷氨酰胺转基因小鼠的发病年龄，减轻症状。

5. 转录功能的抑制

患者脑中多聚谷氨酰胺形成的核内包涵体与一些转录因子有共定位现象，主要有 p53、CBP、Spl 和 TAF130 等，多聚谷氨酰胺（pQ）可能通过 TAFⅡ130 或 CREB 结合蛋白[cAMP-response-element-binding protein（CREB）binding protein，CBP]影响转录因子的活性。

6. 泛素-蛋白酶体系统功能的减弱

突变 huntingtin 的最终降解需要经过泛素-蛋白酶体系统（ubiquitin-proteasomal system）。实验表明，蛋白酶体抑制剂会促进细胞内包涵体的形成，从而增强细胞毒性；突变多聚谷氨酰胺蛋白的过度表达也可抑制细胞内蛋白酶体的活性。因此蛋白酶体系统的功能异常与突变的多聚谷氨酰胺蛋白的毒性密切相关。

二、肌萎缩侧索硬化症

肌萎缩侧索硬化症是运动神经元病的典型代表，是一种致命性的进行性神经元变性疾病，选择性侵犯大脑皮质、脑干、脊髓运动神经元及锥体束，导致神经元变性死亡。发病年龄多为 40～50 岁，平均生存期为 3～5 年，最终多因呼吸衰竭、吸入性肺炎以及长期卧床不动引起的肺栓塞等导致死亡。ALS 最早由 Charcot 于 1868 年报道，在欧洲该病以他的名字命名。在美国一位著名棒球运动员患该病后，一般称其为 Lou Gehrig 病。该病没有种族差异，目前尚无有效的治疗方法。

(一) 病理学特征

大脑半球的蛛网膜变厚，中央沟增宽，两侧脑回变窄，特别是中央前回。脊髓变扁平，脊髓前角灰质明显变小，前根变细。

显微镜下观察，大脑皮层中央前回明显改变，第Ⅲ、第Ⅴ层锥体细胞严重退变，胞质内有脂褐素沉积。脊髓前角细胞严重退变，数目减少，并伴有胶质细胞增生。经特殊染色可见前角细胞体内染色质溶解，脂褐素沉积，偶见胞质内嗜伊红性包含体。脑干运动神经核神经细胞的改变与前角细胞相似。肌肉呈典型的神经源性肌萎缩改变。

(二) 发病机制

ALS 在流行病学上可分为家族性、散发性和地方性三种。散发性和家族性 ALS 中选择性运动神经元死亡的机制尚不清楚，一般认为是由多种因素参与的一种共同病理过程。可能的发病机制包括氧化应激、谷氨酸兴奋毒性、神经丝磷酸化和蛋白聚合、线粒体功能障碍、神经元凋亡、神经胶质细胞作用和神经炎症等。每条作用途径均可能促进甚至启动运动神经元损害，但其在疾病起始和进展中的时间顺序和致病程度的大小仍不清楚。

1. 遗传因素

1) *SOD1* 基因突变

10%～20%的家族性 ALS 的致病原因是 *SOD1* 基因发生错义突变。突变的 SOD1 蛋白通过两种机制产生毒性作用，即寡聚作用(oligomerization)和氧化损害(oxidative damage)作用。

寡聚假说认为突变的 SOD1 蛋白发生错误折叠，逐步聚合，形成相对分子质量逐渐增高的寡聚体，最终聚集形成蛋白包含体。在此过程中，寡聚体对神经元产生选择性毒性作用，特别是相对分子质量较小的可溶性寡聚 SOD1 蛋白最具毒性。另一种解释是突变的 SOD1 蛋白聚合并与其他蛋白质结合，如热休克蛋白或线粒体电子转运蛋白(mitochondrial electron transport proteins)，使后者不能行使在线粒体中的正常功能。

氧化损害假说认为突变的 SOD1 蛋白的酶活性发生异常，从抗氧化酶转变成氧化酶，通过催化对细胞存活至关重要的物质与过氧化氢或过氧化亚硝酸盐(peroxynitrite)的反应来损害这些物质的功能，进而对神经元产生毒性作用。另一种解释是突变的 SOD1 蛋白通过类似的机制导致其自身的氧化损害，而发生氧化损害的突变 SOD1 蛋白分子则会引起细胞死亡。

2) 散发性 ALS 中的遗传背景

一些散发性病例直接与 *SOD1* 基因、轴索运输必须蛋白编码基因、线粒体呼吸或 DNA 修复编码基因的突变相关，但这些病例很罕见。目前认为，导致散发性 ALS 发病和进展的机制很可能是遗传因素、环境因素和年龄相互作用的结果。

2. 氧化应激作用

ALS 患者的皮质和脊髓中有氧化损害的标记物被发现，一些脂质氧化和 DNA 损伤的标记物在 ALS 患者的 CSF 和(或)血浆中显著升高且贯穿整个病程,并与疾病进展相关,说明 ALS 患者存在全面增高的氧化应激反应。

3. 谷氨酸的兴奋毒性作用

谷氨酸与其受体结合后,钙离子内流导致胞质钙离子水平升高,从而触发了线粒体改变,造成自由基产生增加,最终启动细胞凋亡。

4. 神经丝磷酸化和蛋白质聚合

变性运动神经元内出现的包含体分布在细胞体和神经突内,其中多数对磷酸化神经丝(phosphorylated neurofilament)有免疫反应。这些神经丝聚集物可同时有泛素、外周神经丝蛋白(peripherin)或 α-中间粘连蛋白(α-internexin)免疫着色。最近又在神经丝聚集物中发现 SOD1 蛋白和 NO 的免疫反应,提示氧化修饰的神经丝具有诱导蛋白质聚集的潜能。有研究认为,存在于 ALS 的富含神经丝、泛素和(或)突变 SOD1 的蛋白质包涵体本身可能无害,但它的出现却提示细胞出现了严重的问题。

5. 神经胶质细胞的作用

研究发现,只有当运动神经元表达野生型 SOD1 而邻近的非神经元细胞表达突变 SOD1 时才会致病,说明神经胶质细胞是 SOD1 介导的运动神经元死亡的关键因素。

6. 其他

线粒体功能异常,如大量线粒体聚集在肌细胞膜下、线粒体中存在类结晶状包含体(paracrystalline inclusion)、线粒体电子传递链异常和线粒体 DNA 减少或损害等,神经元凋亡,神经炎症也是 ALS 发病机制的关键因素。

三、抑郁症

抑郁症是一种高患病、高负担、高自杀、易复发、易致残的常见精神疾病,以明显而持久的心境低落为主要表现,可伴有相应的思维和行为改变。抑郁症的终生患病率为 10%~20%。据保守估算,全世界有 1.2 亿~2.0 亿患者,我国至少有 2500 万现患患者。抑郁症是一种多因素疾病,病因复杂,症状多变,发病机制涉及生物、心理、社会等多个方面,确切的发病机制还不明确。随着精神病学、精神药理学、脑影像学、心理学等神经科学的发展,对抑郁症病因和发病机制研究已有了更进一步的认识。

(一) 病理学特征

额叶背侧区前扣带回膝下部皮质厚度减低,神经细胞体积减小,神经胶质细胞丢失。海马体积明显减小,重症抑郁症患者海马和杏仁核齿状回神经胶质细胞减少。基底节脑器质性病变。腺垂体体积增大,肾上腺体积增大。

(二) 发病机制

1. 遗传

目前认为抑郁症属于多基因遗传，遗传因素是抑郁症发病的主要内因，而遗传因素和社会心理因素的交互作用导致抑郁症的发病。除遗传基因外，环境因素对抑郁症的发病具有重要作用，有证据显示抑郁症的易患性与复杂的遗传作用机制有关。一般来说，环境因素对抑郁症的不同亚型起病的影响程度不同，其中单相抑郁症患者受遗传因素影响尤为明显。

2. 神经递质

1) 5-HT 递质系统

研究发现使用 5-HT 耗竭剂可以诱发抑郁，严重抑郁伴有自杀的患者脑脊液中的 5-HT 代谢产物 5-羟吲哚乙酸(5-HIAA)含量下降、突触后 5-HT_2 受体密度增加。5-HT 再摄取抑制剂如氟西汀等 5-羟色胺能活性药物对抑郁症患者的疗效也印证了抑郁症的 5-羟色胺能假说。

2) NE 递质系统

高选择性的 NE 再摄取抑制剂麦普替林、瑞波西汀等药物对抑郁症具有良好疗效，提示抑郁症患者可能有中枢 NE 的功能不足，NE 的缺乏可能与抑郁症的乏力、疼痛等症状有关。除 NE 递质浓度的改变以外，其受体功能和受体后功能的改变也与抑郁症的临床表现有关。

3) DA 递质系统

DA 系统功能低下的疾病如帕金森病常伴发抑郁，抑郁症患者脑脊液中 DA 的代谢产物高芳香草酸(HVA)降低，DA 受体的拮抗剂如传统抗精神病药物常会诱发抑郁，而提高 DA 功能的药物如 L-Dopa、苯丙胺、安非他酮(bupropine)可缓解抑郁症状。

4) GABA 递质系统

GABA 与情感障碍的发病有关，临床上发现一些抗癫痫药物如丙戊酸、卡马西平对双相情感障碍有治疗作用，常用于躁狂症和难治性抑郁症的治疗。这类作用于 GABA 系统的药物有效，提示情感障碍患者存在 GABA 系统的异常。

5) 神经肽类

与抑郁症等情绪障碍关系比较密切的神经肽包括：神经肽、P 物质、精氨酸血管加压素(AVP)和 CRH 等。

各递质系统间有复杂的交互作用，联合使用不同作用机制的药物常比单用疗效更好。需要指出的是，抑郁症发病机制除神经递质和受体的功能改变以外，可能还包括细胞内信号转导等多方面的功能异常。但单胺类假说目前仍是抑郁症发病机制和精神药理学的基石，几乎所有的抗抑郁药物均通过单胺类递质系统而起作用。

3. 神经内分泌

下丘脑是神经内分泌调节中枢，下丘脑也受到单胺类神经递质的调节，抑郁症患者出现神经内分泌的异常可能主要是单胺类递质系统的功能异常所致。

1) 下丘脑-垂体-肾上腺(HPA)轴

近 50%的抑郁症患者存在 HPA 轴过度激活，且可经抗抑郁治疗逆转。HPA 轴功能紊乱糖皮质激素水平增高会损伤神经元，其机制可能包括以下方面：谷氨酸兴奋性神经毒性；钙稳态失调；氧自由基增加；糖转运体抑制（引起能量生成降低、对高糖血症敏感增加）；谷氨酸损害神经胶质细胞（引起神经胶质细胞对神经元的支持营养作用下降）；脑源性神经营养因子（BDNF）表达降低等。除直接导致神经元萎缩以外，应激和糖皮质激素也使神经元易受到如缺血、高血糖和兴奋性氨基酸毒性等其他损害。

2）下丘脑-垂体-甲状腺（HPT）轴

HPT 轴的调节特点与 HPA 轴类似。抑郁症患者 HPT 轴异常表现为甲状腺素分泌的昼夜节律消失或平坦，其中促甲状腺素（TSH）和 T3 的血浓度可下降，促甲状腺素释放激素（TRH）对 TSH 的激动作用消失或减弱。对抑郁症患者，尤其是老年患者应检查甲状腺功能，而对难治性抑郁症患者在抗抑郁药物治疗的基础上可加用甲状腺素。

3）其他激素分泌的改变

其他激素分泌的改变包括雌激素、生长激素（GH）和褪黑激素的分泌节律的改变。流行病学资料显示女性抑郁症的患病率约为男性的 2 倍，尤其是经前期、产后和围绝经期抑郁的发病率更高，因此雌激素水平影响抑郁发作的假说也受到广泛关注。

四、癫痫

癫痫（epilepsy）是一组由已知或未知病因引起的，脑部神经元高度同步化，且常具有自限性的异常放电所导致的，以反复发作性、短暂性、通常为刻板性的中枢神经系统功能失常为特征的综合征。由于异常放电神经元的位置不同，放电扩布的范围不等，患者的发作可表现为感觉、运动、意识、精神、行为、自主神经功能障碍或兼有之。每次发作成为痫样发作，反复多次发作所引起的慢性神经系统病症则称为癫痫。在癫痫中，具有特殊病因，由特定症状和体征组成的特定癫痫现象称为癫痫综合征。癫痫严格讲不是一种独立的疾病，而是有人类已知或未知病因所引起的一种综合征。

癫痫多起病于儿童时期，儿童癫痫发病率比成人高，出生后 1 岁内发病率最高，随着年龄的增加发病率有所降低。进入老年期后（60～70 岁以后）由于脑血管病、阿尔茨海默病和神经系统退行性病变发病率增加，癫痫的发病率开始上升。多数癫痫流行病学调查男性癫痫发病率高于女性。

（一）病理学特征

1. 原发性癫痫

海马角硬化最为常见。起于血管的病变或缺氧。严重时向前延伸到海马沟部和杏仁核基底部。病变处神经细胞脱失，胶质纤维增生。

大脑皮质病变，如出现异常细胞，大脑皮质边缘的胶质纤维增生，皮质重度病变（可为局灶性的或影响皮质第三层甚至第二层，脑沟深部尤易受损，可呈层状坏死和胶质瘢痕），大脑皮质外病变（如小脑皮质萎缩，丘脑缺氧性坏死和萎缩，齿状核、橄榄核和豆状核的胶质瘢痕），以及其他病变，如创伤（在癫痫发作时的脑挫伤）、脉络丛纤维化和蛛网膜的纤维化，可影响脑脊液的产生和吸收。

2. 继发性癫痫

几乎所有的脑病都可引起癫痫，出现脑内不同病理变化，如颅内压增高、脑内肿瘤、脑内的炎症、创伤、先天性畸形和血管疾病。

（二）发病机制

癫痫的发病机制目前仍不清楚，但癫痫是神经元异常放电所致的理论已得到广泛认同。由于神经元电生理活动是由神经元内外离子分布的差异和跨膜运动所产生，因而癫痫脑中神经元的异常放电应该是由离子的异常跨膜运动所致，伴随着脑电生理中阵发性去极化漂移（depolarizing shift，DS）的是钾离子大量外流和钙离子内流，并有钠、氯离子的异常转运，增加细胞外钾离子浓度和减少钙离子浓度都可触发癫痫。

神经元膜的选择性通透性使膜内外离子分布存在差别，离子进出细胞受到电压门控和配体门控离子通道的调节，GABA、兴奋性氨基酸等神经递质、调质及受体可通过多个环节直接或间接调控这些离子通道，因此任何一个环节出现异常都有可能触发癫痫。

离子分布异常和跨膜运动与通道功能有关，通道及调节通道的递质多数是蛋白质，其新陈代谢往往是以 DNA 为模板来进行的，因而，通道功能及调控的异常也可能是基因异常表达的结果。已有研究表明不仅原发性，即使继发性癫痫也有基因表达的异常。目前已成功克隆了数十个癫痫基因或候选基因，寻找到与癫痫相关的千余种基因突变，其中相当部分与离子的转运有关，因而认为癫痫至少部分是离子通道病。随着癫痫研究从表型转向基因水平，将有越来越多的癫痫基因被发现。

总之，基因表达异常、神经递质或调质功能障碍、离子通道功能异常都能诱导神经元异常放电，触发癫痫。

（杨忠，郭强）

专业名词中英文对照表

5,6-双羟色胺　5,6-dihydroxytryptamine,5,6-HT
5,7-双羟色胺　5,7-dihydroxytryptamine,5,7-DHT
5-HTP 脱羧酶　5-HTP-decarboxylase,5-HTPDC
5-甲氧基吲哚乙酸　5-methoxyindole acetic acid,5-MIAA
5-羟色氨酸　5-hydroxy tryptophan,5-HTP
5-羟色胺　5-hydroxy tryptamine,5-HT
5-羟吲哚乙酸　5-hydroxyindole acetic acid,5-HIAA
6-羟多巴胺　6-hydroxydopamine,6-OHDA
BBB 评分　Basso,Beattie and Bresnhan score
cAMP 反应元件结合蛋白　cAMP response element binding protein,CREB
G 蛋白偶联受体　G-protein coupled receptors
IGF 结合蛋白　IGF binding protein,IGFBP
Jun-N 端激酶的活性　Jun N-terminal kinase,JNK
P 物质　substance P,SP
α-突触核蛋白　α-synuclein
α-酰胺化酶　α-amidating enzyme
α-新内啡肽　α-neoendorphin,α-neoEP
α-中间粘连蛋白　α-internexin
β 淀粉样蛋白　β-amyloid protein,Aβ
β 淀粉样蛋白沉积　β-amyloid deposition
β 淀粉样前体蛋白　β-amyloid precursor protein,APP
β 内啡肽　β endorphin,β-EP
γ-氨基丁酸　γ-aminobutyric acid,GABA
γ-氨基丁酸转氨酶　GABA transaminase,GABA-T
阿尔茨海默病　Alzheimer's disease,AD
阿片肽　opioid peptides
安非他酮　bupropion
氨肽酶　aminopeptidases
胺能纤维　aminergic fibers
巴甫洛夫条件反射　Pavlovian conditioning
靶源性学说　the target field theory
白三烯　leukotrienes
白血病抑制因子　leukemia inhibitory factor,LIF
百日咳毒素　pertussistoxin,PTX
斑点　blobs
斑块间　interblobs
斑马鱼　zebrafish
板状伪足　lamellipodia
胞体　soma
背根节　dorsal root ganglion,DRG
背外侧结合点　dorsolateral hinge points,DLHPs
被动回避反应　passive avoidance response
苯乙醇胺氮位甲基转移酶　phenylethanolamine *N*-methyl transferase,PNMT
比较神经生物学　comparative neurobiology
边缘层　marginal layer
边缘系统　Limbic system
编码　encoding
变性双股螺旋纤维　paired helical filament,PHF
辨别性学习　discrimination learning
部位编码　place coding
菜豆凝集素　phaseolus vulgaris leucoagglufinin, PHA-L
操作式条件反射　operant conditioning
侧脑室室下区　subventricular zone, SVZ
侧支发芽　collateral sprouting
侧支神经再生　collateral nerve regeneration
层粘连蛋白　laminin
长时程抑制　long term depression,LTD
长时记忆　long-term memory
场兴奋性突触后电位　field excited post synaptic potential,fEPSP
超极化　hyperpolarization
超柱　hypercolumn
巢素　nestin
朝向柱　oriental column
撤光反应　off response
撤光-中心细胞　off-centre cell
陈述性记忆　declarative memory
成胶质细胞　glioblast
成少突胶质细胞　oligodendroblast
成神经细胞　neuroblast
成体干细胞　adult stem cell

程序性记忆 procedural memory
程序性细胞死亡 programmed cell death
持久性 permanence
齿状核 dentate nucleus
齿状回 dentate gyrus
出血性中风 hemorrhagic stroke
初级传入神经末梢去极化 primary afferent depolarization,PAD
初级视皮质 primary visual cortex
初始化效应 priming
穿梭箱 shuttle-box
穿梭箱实验 shuttle box test
创伤性脑损伤 traumatic brain injury
雌激素膜性受体 G-protein coupled estrogen receptor,GPER
促肾上腺皮质激素 corticotropin
催乳素 prolactin
大胶质细胞 macroglia
大细胞 magnocellular cell
大细胞通路 magnocellular pathway
代谢爆发反应 metabolic burst
单极成神经细胞 unipolar neuroblast
单能干细胞 monopotent stem cells
胆碱 choline
胆碱乙酰化酶 choline acetylase,ChAc
胆囊收缩素 cholecystokinin,CCK
蛋白激酶 A protein kinase A,PKA
蛋白磷酸酶 protein phosphatases,PP
低亲和力受体 low-affinity receptor
递质 transmitter
第二信使活化 Ca^{2+} 通道 second messenger operated Ca^{2+} channel,SMOC
癫痫 epilepsy
电压门控离子通道 voltage-gated channel
电压依赖性 Ca^{2+} 通道 voltage-dependent Ca^{2+} channel,VOC
调质 modulator
顶板 roof plate
顶背侧通路 dorsal parietal pathway
顶核 fastigial nucleus
动力蛋白 dynein
动纤毛 kinocilium
动作电位 action potential,AP
端点终止 end stopping
短时记忆 short-term memory
对氯苯丙氨酸 para-chlorophenylalanine,pCPA
多巴 dopa
多巴胺 dopamine,DA
多巴胺-β-羟化酶 dopamine β-hydroxylase,DβH
多巴胺转运体 dopamine transporter,DAT
多巴脱羧酶 dopa decarboxylase,DDC
多极成神经细胞 multipolar neuroblast
多聚谷氨酰胺 polyglutamine
多潜能干细胞 multipotent stem cell,MSC
多形层 polymorphic layer
鹅膏蕈氨酸 ibotenic acid
恶性循环 autotoxic loop
儿茶酚胺 catecholamine,CA
耳声发射 oacoustic emission,OAE
耳蜗内电位 endocochlear potential,EP
发育神经生物学 developmental neurobiology
反射运动 reflex
反式激活结构域 transactivation domian,TD
反应性星形胶质细胞 reactive astrocyte
泛素-蛋白酶体通路 ubiquitin-proteasome pathway, UPP
泛素-蛋白酶体系统 ubiquitin-proteasomal system
泛素样结构域 ubiquitin-like domain, UBL
芳香化酶 aromatase, AROM
芳香烃胺氮位甲基转移酶 aromatic alkylamine *N*-methyl transferase,AANMT
放射自显影神经追踪法 autoradiographic nerve tracing method, ARNT
放射自显影术 autoradiography, ARG
非陈述性记忆 nondeclarative memory
非快速动眼睡眠 non-rapid-eye-movement sleep, NREM
非联合学习 nonassociative learning
非肾上腺素能非胆碱能 non-adrenergic non-cholinergic,NANC
非条件刺激 non-conditioning stimulation, US
分子层 molecular layer
分子神经生物学 molecular neurobiology
缝隙连接 gap junction
复合的突触排列 complex synapse arrangement
复合学习 complex learning
复活 reactivation
腹侧通路 ventral temporal pathway

腹内顶区　ventral intrapadeatal, VIP
钙调素　calmodulin, CaM
钙结合蛋白　calcium binding protein, CaBP
钙通道　calcium channel
干细胞　stem cell
甘油二酯　diacylglycerol, DAG
感觉记忆　sensory memory
高亲和力受体　high-affinity receptor
高声区　high voice center
高阻封接　giga-seal
给光反应　on response
给光-中心细胞　on-centre cell
弓状核　arcuate nucleus
共同递质　cotransmitter
古皮质　archicortex
古小脑　archaeocerebellum
谷氨酸脱羧酶　glutamic acid decarboxylase, GAD
寡聚作用　oligomerization
观察学习　observational learning
光滑细胞　smooth cell
过氧化亚硝酸盐　peroxynitrite
海马　hippocampus
海马结构　hippocampal formation
海兔　aplysia
核糖体 S6 激酶　ribosomal S6 kinase, RSK
亨廷顿病　Huntington disease, HD
红藻酸　kianic acid
后神经孔　posterior neuropore
呼吸暴发　respiratory burst
琥珀酸半醛　succinyl semialdehyde, SSA
花生四烯酸　arachidonic acid, AA
化学门控通道　chemical-gated channel
化学排斥作用　chemorepulsion
化学吸引作用　chemoattraction
还原型辅酶Ⅱ-黄递酶　reduced form of nicotinamide adenine dinucleotide phosphate-diaphorase
环指结构域　ring-IBR-ring, RIR
回避性条件反射　avoidance conditioning
会聚综合征　convergence syndrome
霍乱毒素　cholera toxin, CTX
机械活化 Ca^{2+} 通道　mechanically operated Ca^{2+} channel, MOC
肌醇磷脂　inositol phospholipid 或 phosphoionositide
肌僵直　muscular rigidity
肌萎缩侧索硬化症　amyotrophic lateral sclerosis, ALS
基树突　basal dendrite
激蛋白　kinesin
激活蛋白-1　activator protein-1, AP-1
激活转录因子　activating transcription factor, ATF
激素　hormone
即早基因类　immediate-early genes
脊髓损伤　spinal cord injury, SCI
脊髓网状束　spinoreticular tract
脊尾部诱导　spinocaudal induction
脊柱裂　spina bifida
嵴突触　crest synapse
计算神经科学　computational neuroscience
继发性损伤　secondary injury
加压素　vasopressin, VP
甲硫脑啡肽　methionine[5]-enkephalin, M-ENK
钾通道　potassium channel
间脑　diencephalon
剪切运动　shearing motion
交感素　sympathin
交互性突触　reciprocal synapse
胶质瘢痕　glial scar
胶质细胞源性神经营养因子　glial cell derived neurotrophic factor, GDNF
胶质限制性前体细胞　glial-restricted precursor, GRP
胶质原纤维酸性蛋白　glial fibrillary acidic protein, GFAP
接触介导的排斥　contact mediated repulsion
接触介导的吸引　contact mediated attraction
节律性运动　rhythmic, or patterned movement
结合点　hinge point, HP
结间体　internode
结节区　tuberal region
结节乳头体核　tuberomammillary nucleus
睫状神经营养因子　ciliary neurotrophic factor, CNTF
金属蛋白水解酶　metalloproteases
经典性条件反射　classical conditioning
静息关闭状态　closed resting state, R
静息膜电位　resting membrane potential, RMP
静纤毛　stereoeilia
旧皮质　paleocortex
旧小脑　paleocerebellum

局部回路神经元 local circuit neuron
局部脑损伤 local brain damage
巨噬细胞游走抑制因子 macrophage migration inhibitoryfactor,MIF
开放状态 open state,O
开箱行为的条件反射 problem box conditioning
抗原呈递细胞 antigen-presenting cell
颗粒层 stratum granulosum
颗粒细胞 granular cell
颗粒细胞层 granule cell layer
可扩散诱导因子 diffusible inducing factor
可兴奋膜 excitable membrane
空间构型 spatial pattern
孔道区 pore region
扣带回 cingulum
跨突触变性 transsynaptic degeneration
快速动眼睡眠 rapid-eye-movement sleep,REM
快速收缩抗疲劳型 fast fatigue-resistant,FR 型
快速收缩易疲劳型 fast fatigable,FF 型
快速运输 fast transport
辣根过氧化物酶 horseradish peroxidase, HRP
篮状细胞 basket cell
老年斑 senile plaques,SPs
酪氨酸 tyrosine
酪氨酸蛋白激酶 tyrosine protein kinase, TPK
酪氨酸激酶 tyrosine kinase
酪氨酸羟化酶 tyrosine hydroxylase,TH
离子通道偶联型受体 channel-linked receptor
粒下区 subgranular zone, SGZ
连接蛋白 connexon
连续性突触 serial synapse
联合型学习 associative learning
联合性 associativity
亮氨酸富集结构 leucine rich motif, LRM
亮脑啡肽 leucine[5]-enkephalin,L-ENK
临界期 critical period
磷酸化神经丝 phosphorylated neurofilament
磷脂结合蛋白 annexin
磷脂酶 phospholipase
磷脂酶 C phospholipase C,PLC
硫酸乙酰肝素蛋白多糖 heparin sulfate proteoglycan,HSPG
漏斗核 infundibular nucleus
漏流 Ca^{2+} 通道 leak calcium channel
氯苯氨丁酸 baclofen
氯化硝基四氮唑蓝 nitroblue tetrazoline chloride, NBT
麦芽凝集素 wheat germ agglutinin, WGA
慢波睡眠 slow wave sleep,SWS
慢睡眠振荡波 slow oscillation
慢速运输 slow transport
慢型 slow,S 型
酶偶联型受体 enzyme-linked receptor
弥散神经内分泌系统 diffuse neuroendocrine system,DNES
迷宫学习 maze learning
免疫反应性激素 immunoreactive hormone
免疫-神经-内分泌网络 immune-neuroendocrine network
面容失认症 prosopagnosia
敏感化 sensitization
膜片钳 patch clamp
内侧颞叶 medial temporal cortex
内啡肽 endorphine
内感受器 interoceptor
内面向外式 inside-out
内皮细胞源性血管舒张因子 endothelium derived relaxing factor,EDRF
内切酶 endoproteases
内上颞区 medial superior temporal,MST
内细胞群 inner cell mass,ICM
内隐记忆 implicit memory
内在神经元 intrinsic neuron
内脏感受器 visceroceptor
内脏痛 visceral pain
钠通道 sodium channel
囊泡单胺转运体 vesicular monoamine transporter, VMAT
脑电图 electroencephalogram,EEG
脑啡肽 enkephalin
脑科学 brain science
脑泡 brainvesicle
脑血管疾病 cerebral vascular disease
脑血影蛋白 fodrin
脑源性神经营养因子 brain derived neurotrophic factor,BDNF
尼氏体 Nissl body
逆行性跨突触变性 retrograde transsynaptic degeneration

鸟苷酸环化酶 guanylate cyclase, GC
鸟苷酸结合蛋白 guanylate binding protein
爬杆 pole-jumping
帕金森病 Parkinson's disease, PD
攀缘纤维 climbing fibers
旁分泌 paracrine
旁突触途径传递 parasynaptic transmission
胚胎干细胞 embryonic stem cell, ES 细胞
配体激活 ligand-activated
嘌呤能受体 purinoceptor
频率编码 frequency coding
平行性突触 parallel synapse
浦肯野细胞 Purkinje cell, PC
浦肯野细胞层 stratum Purkinje
迁移 migration
牵涉痛 referred pain
前阿黑皮素 pro-opiomelanocortin, POMC
前脑啡肽 pro-enkephalin
前脑内侧束 medial forebrain bundle, MFB
前神经孔 anterior neuropore
前体细胞 precursor cell
前庭复合核 vestibular nuclear complex, VNC
前新内啡肽-强啡肽 pro-neoendorphin-dynorphin
前肢放置检测 measurement of forelimb placing
潜在学习 latent learning
强啡肽 dynorphin, Dyn
羟基吲哚氧位甲基转移酶 hydroxyindole-o-methyl transferase, HIOMT
情节记忆和语义记忆 episodic and semantic memory
球状核 globose nucleus
屈肌反射 flexion reflex
屈肌反射传入纤维 flexion reflex afferent, FRA
躯体痛 somatalgia
去极化 depolarization
去极化漂移 depolarizing shift, DS
去甲肾上腺素 noradrenaline, NA 或 norepinephrine, NE
全或无 all or none
全能干细胞 totipotent stem cells
全细胞记录式 whole cell recording
缺血性中风 ischemic stroke
缺氧缺血性脑损伤 hypoxic-ischemic brain damage, HIBD
染质溶解 chromatolysis
认知心理学 cognitive Psychology
绒毛膜促性腺激素 choriogonadotrophin, CG
乳头区 mammillary region
乳头体 mammillary body
软骨素酶 ABC chondroitinase ABC
三磷酸肌醇 inositol-1,4,5-triphosphate, IP_3
色氨酸 tryptophan, TP
色氨酸羟化酶 tryptophan hydroxylase, TPH
伤害性感受 nociception
少突胶质前体细胞 oligodendrocyte precursor cell, OPC
少突胶质细胞 oligodendrocyte
少突胶质细胞髓鞘糖蛋白 oligodendrocyte-myelin glycoprotein, OMgp
蛇形受体 serpentine receptor
伸展细胞 tanycyte
神经板 neural plate
神经板卷褶 bending of the neural plate
神经板塑形 shaping of the neural plate
神经板形成 formation of the neural plate
神经巢蛋白 neuroepithelial stem cell protein, nestin
神经递质 neurotransmitters
神经递质共存 neurotransmitter coexistance
神经调质 neuromodulator
神经断裂 neurotmesis
神经干细胞 neural stem cell, NSC
神经沟 neural groove
神经管关闭缺陷 neural tube closure defect, NTCD
神经管缺陷 neural tube defect, NTD
神经化因子 neurolizing factor
神经活性类固醇 neuroactive steroid
神经激素 neurohormone
神经激肽 A neurokinin A, NKA
神经激肽 B neurokinin B, NKB
神经嵴 neural crest
神经嵴干细胞 neural crest stem cell, NCSC
神经降压肽 neurotensin, NT
神经科学 neuroscience
神经类固醇 neurosteroid
神经免疫调节学 neuroimmunomodulation
神经免疫内分泌学 neuroimmunoendocrinology
神经免疫学 neuroimmunology
神经膜 neurolemma
神经膜细胞 neurolemmal cell

神经内膜 endoneurium
神经趋化性 neurotropism
神经上皮 neuroepithelium
神经生长因子 nerve growth factor,NGF
神经生物学 neurobiology
神经失用 neurapraxia
神经束膜 perineurium
神经肽 neuropeptides
神经肽 Y neuropeptide Y,NPY
神经退行性疾病 neurodegenerative diseases
神经外膜 epineurium
神经细胞分化 neuronal differentiation
神经细胞黏附分子 neural cell adhision molecule, NCAM
神经纤维束 nerve fiber bundle
神经心理学 neuropsychology
神经营养素 neurotrophin,NT
神经营养素家族 neurotrophin family
神经营养因子 neurotrophins
神经营养因子假说 neurotrophic hypothesis
神经营养因子受体 neurotrophin receptors
神经诱导 neural induction
神经语言学 neurolinguistics
神经元 neuron
神经元变性 degeneration
神经元的内在属性 intrinsic neuronal property
神经元限制性前体细胞 neuron- restricted precursor, NRP
神经原纤维 neurofibril
神经原纤维缠结 neurofibrillary tangle,NFT
神经褶 neural fold
神经褶融合 fusion of the neural folds
神经重支配 reinnervation
肾上腺素 adrenaline,A 或 epinephrine,E
生长抑素 somatostatin,SOM
生长锥 growth cone
生电性钾泵 elctrogenic potassium pump
生物钟 biological clock
失活关闭状态 closed inactive state,I
时间构型 temporal pattern
识记或获得 registration or acquisition
视杆细胞 rods
视交叉 optic chiasm
视交叉后区 retrochiasmatic area
视交叉上核 suprachiasmatic nucleus,SCN
联合区 association region
视前内侧核 medial preoptic nucleus
视前区 preoptic area
视前区性二态核 sexually dimorphic nucleus of preoptic area,SDN-POA
视上核 supraoptic nucleus
视野 visual field
视锥细胞 cones
室管膜细胞 ependymal cells
室周核 periventricular nucleus
受体活化钙通道 receptor-operated Ca^{2+} channels, ROCs
受体酪氨酸蛋白激酶 receptor tyrosine protein kinase,RTPK
巯基蛋白酶 sulfhydryl protease
树突 dendrite
树突棘 dendritic spine
栓状核 emboliform nucleus
双侧前爪抓握试验 bilateral forepaws grasp
双极成神经细胞 bipolar neuroblast
双眼感受野 binocular receptive field
水平细胞 horizontal cell
顺行性跨突触变性 anterograde transsynaptic degeneration
瞬时记忆 immediate memory
丝氨酸蛋白酶 serine protease
丝分裂原激活蛋白激酶 mitogen-activated protein kinase,MAPK
丝束蛋白 fimbrin
丝状伪足 filopodia
速激肽 tachykinin
酸蛋白酶 acid protease
随意运动 voluntary movement
髓鞘相关糖蛋白 myelin-associated glycoprotein, MAG
梭形细胞 fusiform cell
羧肽酶 H carboxypeptidase H,CPH
苔藓样细胞 mossy cell,mc
苔藓样纤维 mossy fiber,mf
糖胺多糖 glycosaminoglycan,GAG
套层 mantle layer
特异的 5-HT 结合蛋白 specific 5-HT binding protein, SBP

特异性　specificity
特异性载体　transcobalamin
替代学习　vicarious learning
条件刺激　conditioning stimulation，CS
同聚体　homomuhimeric 或 homomeric receptor
痛觉　pain
痛觉超敏　allodynia
痛觉过敏　hyperalgesia
痛阈测定　pain threshold measured
头部方向细胞　head direction cells
头部诱导　cephalic induction
投射神经元　projection neuron
突触　synapse
突触传递　synaptic transmission
长时程增强　long term potentiation，LTP
突触的可塑性　synaptic plasticity
突触发生　synaptogenesis
突触分化　synaptodifferentation
突触后成分　postsynaptic element
突触后膜　postsynaptic membrane
突触后膜致密区　postsynaptic membrane density，PSD
突触活性区　synaptic active zone
突触间隙　synaptic cleft
突触膨体　synaptic expansion
突触前成分　presynaptic element
突触前膜　presynaptic membrane
突触前囊泡网格　presynaptic grid
突触前致密突起　presynaptic dense projection
突触素　synapsin
突触素Ⅰ　synapsin Ⅰ
突触外受体　extrasynaptic receptor
突触消退　synaptoregressive
突触小泡　synaptic vesicle
突触小泡蛋白　synaptophysin
突触小球　synaptic glomerulus
突触重排　synaptorearrangement
突起　neurite
途中突触　synapse en passant
2-脱氧葡萄糖　2-deoxy-D-glucose，2DG
外段　outer segment
外感受器　exteroceptor
外力　extrinsic force
外面向外式　outside-out
外胚层　ectoderm
外膝核　lateral geniculate nucleus，LGN
外显记忆　explicit memory
晚时相 LTP　late phase of LTP，L-LTP
网格细胞　grid cells
网状脊髓内侧束　medial reticulospinal tract
网状脊髓外侧束　lateral reticulospinal tract
网状结构　reticular formation，RF
微管　microtubule
微管相关蛋白　microtubule associated protein，MAP
微音器电位　microphonic potential，CM
尾状核　caudate nucleus
位置细胞　place cell
胃肠壁内神经系统　enteric nervous system
纹状体　corpus striatum
无极成神经细胞　apolar neuroblast
无脑　anencephaly
无髓神经纤维　unmyelinated nerve fiber
勿动蛋白　Nogo
习惯化　habituation
系统神经生物学　systematic neurobiology
细胞凋亡　apoptosis
细胞坏死　necrosis
细胞黏附分子　cell adhesion molecules，CAM
细胞黏合素　tenascin
细胞神经生物学　neurocytology
细胞贴附式　cell-attached
细胞外基质　extracellular matrix，ECM
细胞外信号调节激酶　extracellularly regulated kinase，ERK
细胞因子　cytokine
细胞自然死亡　naturally occurring cell death
下颞区　inferior-temporal，简称 IT 区
下丘脑　hypothalamus
下丘脑促垂体区　hypophysiotrophic area，HPA
下丘脑前区　nuclei of anterior hypothalamic area，AH
下托　subiculum
线虫　C. elegans
线粒体电子转运蛋白　mitochondrial electron transport protein
腺苷受体　adenosine receptors
腺苷酸环化酶　adenyl cyclase，AC
小胶质细胞　microglia

小胶质细胞活化 microglia activation
小脑 cerebellum
小脑板 cerebellar plate
小清亮突触囊泡 small clear synaptic vesicles, SSV
小细胞 parvocellular cell
小细胞通路 parvocellular pathway
小写症 micrographia
协同性 cooperativity
新皮质 neocortex
新小脑 neocerebellum
信号肽序列 signal peptide sequence
信息传递与转录活化因子 signal transducer and activator of transcription, STAT
兴奋性氨基酸 excited amino acid, EAA
兴奋性突触后电位 excitatory postsynaptic potential, EPSP
星形胶质细胞 astrocyte
星形细胞 stellate cell
行为神经生物学 behavioural neurobiology
杏仁核 amygdaloid nucleus
性差异 sex difference 或 dimorphism
性二态核 sexually dimorphic nucleus
嗅板 olfactory placode
嗅觉障碍 olfactory disorder
嗅皮层 rhinal cortex
嗅神经被膜胶质细胞 olfactory ensheathing glia cell, OEC
选择性滤孔 selectivity filter
学习与记忆 learning and memory
血管活性肠肽 vasoactive intestinal peptide, VIP
血清紧张素 serotonin
血小板激活因子 platelet activating factor, PAF
压杆条件反射 lever press conditioning
延迟反应 delayed response
延髓固有系统 propriobulbar system
眼优势 ocular dominance
眼优势柱 ocular dominance column
厌恶学习 aversion learning
氧化损害 oxidative damage
氧化应激 oxidative stress
一次尝试学习 one-trial learning
一氧化氮 nitricoxide, NO
一氧化氮合酶 nitricoxidesynthase, NOS
胰岛素样生长因子 insulin-1ike growth factor, IGF
乙酰胆碱 acetylcholine, ACh
乙酰胆碱酯酶 acetylcholinesterase, AChE
异聚体 heteromuhimeric 或 heteromericreceptor
异相睡眠 paradoxical sleep, PS
异源受体 heteroceptors
抑制性突触后电位 inhibitory postsynaptic potential, IPSP
易损性 vulnerability
印刻 imprinting
有髓神经纤维 myelinated nerve fiber
原发性损伤 primary injury
原肌球蛋白受体激酶 Tropomyosin receptor kinase, Trk
原始生殖细胞 primordial germ cell, PGC
运动迟缓 bradykinesia
运动单位 motor unit
运动神经元病 motor neuron disease
运动神经元池或运动核 motor neuron pool
再灌注损伤 reperfusion injury
再现 retrial
早老素 1 presenilin-1
早时相 LTP early phase of LTP, E-LTP
闸门电流或门电流 gating current
整合素 integrin
正中结合点 median HP, MHP
正中隆起 median eminence
中风 stroke
中间带 intermediate zone, Ⅰ带
中间神经元 interneuron
中胚层化因子 mesodermalizing factor
中枢构型发生器 central pattern generator, CPG
中枢神经系统 central nervous system, CNS
中外胚层 mesectoderm
终端抑制 end inhibition
终末分化细胞 terminal differentiated cells
终末前轴突发芽 pre-terminal axonal sprouting
终足连接 endfcet junction
肿瘤坏死因子 tumor necrosis factor, TNF
周围神经系统 peripheral nervous system, PNS
轴浆运输 axoplasmic transport
轴丘 axon hillock
轴突 axon
轴突断裂 axonotmesis
轴突运输 axonal transport

轴质流　axoplasmic flow
昼夜节律　circadianrhythm
昼夜节律起搏点　circadiam pacemaker
主顶树突　principal apical dendrite
主动回避反应　active avoidance response
主神经元　principal neuron
主要组织相容性复合体　major histocompatibility complex, MHC
储存和巩固　storage and consolidation
转化生长因子　transforming growth factor, TGF
转化生长因子-β　transforming growth factor-β, TGF-β
锥体层　pyramidal layer
锥体细胞　pyramidal cell
自发痛　spontaneous pain
自分泌　autocrine
自身受体　autoreceptor
自稳平衡　homeostasis
自由运转节律　free-running rhythm
自由运转周期　free running period
总和电位　summating potential, SP
足迹试验　walking track analysis
组胺　histamine
组蛋白乙酰转移酶　histone acetytransferase, HAT
祖细胞　progenitor cells
最后公路　final common pathway

2-deoxy-D-glucose, 2DG　脱氧葡萄糖
5,6-dihydroxytryptamine, 5,6-HT　5,6-双羟色胺
5,7-dihydroxytryptamine, 5,7-DHT　5,7-双羟色胺
5-HTP-decarboxylase, 5-HTPDC　5-HTP 脱羧酶
5-hydroxy tryptamine, 5-HT　5-羟色胺
5-hydroxy tryptophan, 5-HTP　5-羟色氨酸
5-hydroxyindole acetic acid, 5-HIAA　5-羟吲哚乙酸
5-methoxyindole acetic acid, 5-MIAA　5-甲氧基吲哚乙酸
6-hydroxydopamine, 6-OHDA　6-羟多巴胺

A

acetylcholine, ACh 乙酰胆碱
acetylcholinesterase, AChE　乙酰胆碱酯酶
acid protease　酸蛋白水解酶
action potential　动作电位
action potential, AP 动作电位
activating transcription factor, ATF　激活转录因子
activator protein-1, AP-1　激活蛋白-1
active avoidance response　主动回避反应
adenosine receptor　腺苷受体
adenyl cyclase, AC　腺苷酸环化酶
adrenaline, A　肾上腺素
adult stem cell　成体干细胞
all or none　全或无
allodynia　痛觉超敏
alzheimer's disease, AD　阿尔茨海默病
aminergic fibers　胺能纤维
aminopeptidases　氨肽酶
amygdaloid nucleus　杏仁核
amyotrophic lateral sclerosis, ALS　肌萎缩侧索硬化症
anencephaly　无脑
annexin　磷脂结合蛋白
anterior neuropore　前神经孔
anterograde transsynaptic degeneration　顺行性跨突触变性
antigen-presenting cell　抗原呈递细胞
aplysia　海兔
apolar neuroblast　无极成神经细胞
apoptosis　细胞凋亡
arachidonic acid, AA　花生四烯酸
archaeocerebellum　古小脑
archicortex　古皮质
arcuate nucleus　弓状核
aromatase, AROM　芳香化酶
aromatic alkylamine *N*-methyl transferase, AANMT　芳香烃胺氮位甲基转移酶
association region　联合区
associative learning　联合型学习
associativity　联合性
astrocyte　星形胶质细胞
autocrine　自分泌
autoradiographic nerve tracing method, ARNT　放射自显影神经追踪法
autoradiography, ARG　放射自显影术
autoreceptor　自身受体
autotoxic loop　恶性循环
aversion learning　厌恶学习
avoidance conditioning　回避性条件反射
axon　轴突

axon hillock 轴丘
axonal transport 轴突运输
axonotmesis 轴突断裂
axoplasmic flow 轴质流
axoplasmic transport 轴浆运输

B

baclofen 氯苯氨丁酸
basal dendrite 基树突
basket cell 篮状细胞
Basso, Beattie and Breschan score BBB 评分
behavioural neurobiology 行为神经生物学
bending of the neural plate 神经板卷褶
bilateral forepaws grasp 双侧前爪抓握试验
binocular receptive field 双眼感受野
biological clock 生物钟
bipolar neuroblast 双极成神经细胞
blob 斑点
bradykinesia 运动迟缓
brain derived neurotrophic factor, BDNF 脑源性神经营养因子
brain science 脑科学
brainvesicle 脑泡
bupropion 安非他酮

C

caenorhab-ditis elegans 线虫
calcium binding protein, CaBP 钙结合蛋白
calcium channel 钙通道
calmodulin, CaM 钙调素
camp response element binding protem, CREB camp 反应元件结合蛋白
carboxypeptidase H, CPH 羧肽酶 H
catecholamine, CA 儿茶酚胺
caudate nucleus 尾状核
cell adhesion molecules, CAM 细胞黏附分子
cell-attached 细胞贴附式
central nervous system, CNS 中枢神经系统
central pattern generator, CPG 中枢构型发生器
cephalic induction 头部诱导
cerebellar plate 小脑板
cerebellum 小脑
cerebral vascular disease 脑血管疾病
channel-linked receptor 离子通道偶联型受体
chemical-gated channel 化学门控通道
chemoattraction 化学吸引作用
chemorepulsion 化学排斥作用
cbholecystokinin, CCK 胆囊收缩素
cholera toxin, CTX 霍乱毒素
choline 胆碱
choline acetylase, ChAc 胆碱乙酰化酶
chondroitinase ABC 软骨素酶 ABC
choriogonadotrophin, CG 绒毛膜促性腺激素
chromatolysis 染质溶解
ciliary neurotrophic factor, CNTF 睫状神经营养因子
cingulum 扣带回
circadiam pacemaker 昼夜节律起搏点
circadianrhythm 昼夜节律
classical conditioning 经典性条件反射
climbing fiber 攀缘纤维
closed inactive state, I 失活关闭状态
closed resting state, R 静息关闭状态
cognitive Psychology 认知心理学
collateral nerve regeneration 侧支神经再生
collateral sprouting 侧支发芽
comparative neurobiology 比较神经生物学
complex learning 复合学习
complex synapse arrangement 复合的突触排列
computational neuroscience 计算神经科学
conditioning stimulation, CS 条件刺激
cones 视锥细胞
connexon 连接蛋白
contact mediated attraction 接触介导的吸引
contact mediated repulsion 接触介导的排斥
convergence syndrome 会聚综合征
cooperativity 协同性
corpus striatum 纹状体
corticotropin 促肾上腺皮质激素
cotransmitter 共同递质
crest synapse 嵴突触
critical period 临界期
cytokine 细胞因子

D

declarative memory 陈述性记忆
degeneration 神经元变性
delayed response 延迟反应
dendrite 树突
dendritic spine 树突棘
dentate gyrus 齿状回
dentate nucleus 齿状核

depolarization 去极化
depolarizing shift, DS 去极化漂移
developmental neurobiology 发育神经生物学
diacylglycerol, DAG 甘油二酯
diencephalon 间脑
diffuse neuroendocrine system, DNES 弥散神经内分泌系统
diffusible inducing factor 可扩散诱导因子
dimorphism 性差异
discrimination learning 辨别性学习
dorsal parietal pathway 顶背侧通路
dopa 多巴
dopa decarboxylase, DDC 多巴脱羧酶
dopamine transporter, DAT 多巴胺转运体
dopamine, DA 多巴胺
dopamine β-hydroxylase, DβH 多巴胺-β-羟化酶
dorsal root ganglion, DRG 背根节
dorsolateral hinge point, DLHP 背外侧结合点
dynein 动力蛋白
dynorphin 强啡肽
dynorphin, Dyn 强啡肽

E

early phase of LTP, E-LTP 早时相 LTP
ectoderm 外胚层
elctrogenic potassium pump 生电性钾泵
electroencephalogram, EEG 脑电图
emboliform nucleus 栓状核
embryonic stem cell, ES 细胞 胚胎干细胞
encoding 编码
end inhibition 终端抑制
end stopping 端点终止
endfeet junction 终足连接
endocochlear potential, EP 耳蜗内电位
endoneurium 神经内膜
endoproteases 内切酶
endorphine 内啡肽
endothelium derived relaxing factor, EDRF 内皮细胞源性血管舒张因子
enkephalin 脑啡肽
enteric nervous system 胃肠壁内神经系统
enzyme-linked receptor 酶偶联型受体
ependymal cell 室管膜细胞
epilepsy 癫痫
epinephrine, E 肾上腺素
epineurium 神经外膜
episodic and semantic memory 情节记忆和语义记忆
excitable membrane 可兴奋膜
excitatory postsynaptic potential, EPSP 兴奋性突触后电位
excited amino acid, EAA 兴奋性氨基酸
explicit memory 外显记忆
exteroceptor 外感受器
extracellular matrix, ECM 细胞外基质
extracellularly regulated kinase, ERK 细胞外信号调节激酶
extrasynaptic receptor 突触外受体
extrinsic force 外力

F

fast fatigable, FF 型 快速收缩易疲劳型
fast fatigue-resistant, FR 型 快速收缩抗疲劳型
fast transport 快速运输
fastigial nucleus 顶核
field excited post synaptic potential, fEPSP 场兴奋性突触后电位
filopodia 丝状伪足
fimbrin 丝束蛋白
final common pathway 最后公路
flexion reflex 屈肌反射
flexion reflex afferent, FRA 屈肌反射传入纤维
fodrin 脑血影蛋白
formation of the neural plate 神经板形成
free running period 自由运转周期
free-running rhythm 自由运转节律
frequency coding 频率编码
fusiform cell 梭形细胞
fusion of the neural folds 神经褶融合

G

GABA transaminase, GABA-T γ-氨基丁酸转氨酶
gap junction 缝隙连接
gating current 闸门电流或门电流
giga-seal 高阻封接
glial cell derived neurotrophic factor, GDNF 胶质细胞源性神经营养因子
glial fibrillary acidic protein, GFAP 胶质原纤维酸性蛋白
glial scar 胶质瘢痕
glial-restricted precursor, GRP 胶质限制性前体细胞
glioblast 成胶质细胞

globose nucleus 球状核
glutamic acid decarboxylase,GAD 谷氨酸脱羧酶
glycosaminoglycan,GAG 糖胺多糖
g-protein coupled estrogen receptor,GPER 雌激素膜性受体
g-protein coupled receptors G蛋白偶联受体
granular cell 颗粒细胞
granule cell layer 颗粒细胞层
grid cells 网格细胞
growth cone 生长锥
guanylate binding protein 鸟苷酸结合蛋白
guanylate cyclase, GC 鸟苷酸环化酶

H

habituation 习惯化
head direction cell 头部方向细胞
hemorrhagic stroke 出血性中风
heparin sulfate proteoglycan,HSPG 硫酸乙酰肝素蛋白多糖
heteroceptors 异源受体
heteromeric receptor 异聚体
heteromuhimeric 异聚体
high voice center 高声区
high-affinity receptor 高亲和力受体
hinge point,HP 结合点
hippocampal formation 海马结构
hippocampus 海马
histamine 组胺
histone acetytransferase,HAT 组蛋白乙酰转移酶
homeostasis 自稳平衡
homomeric receptor 同聚体
homomuhimeric 同聚体
horizontal cell 水平细胞
hormone 激素
horseradish peroxidase,HRP 辣根过氧化物酶
huntington disease, HD 亨廷顿病
hydroxyindole-o-methyl transferase,HIOMT 羟基吲哚氧位甲基转移酶
hyperalgesia 痛觉过敏
hypercolumn 超柱
hyperpolarization 超极化
hypophysiotrophic area,HPA 下丘脑促垂体区
hypothalamus 下丘脑
hypoxic-ischemic brain damage,HIBD 缺氧缺血性脑损伤

I

ibotenic acid 鹅膏蕈氨酸
IGF binding protein,IGFBP IGF结合蛋白
immediate memory 瞬时记忆
immediate-early genes 即早基因类
immune-neuroendocrine network 免疫-神经-内分泌网络
immunoreactive hormone 免疫反应性激素
implicit memory 内隐记忆
imprinting 印刻
inferior-temporal,IT 区 下颞区
infundibular nucleus 漏斗核
inhibitory postsynaptic potential,IPSP 抑制性突触后电位
inner cell mass,ICM 内细胞群
inositol phospholipid 肌醇磷脂
inositol-1,4,5-triphosphate, IP_3 三磷酸肌醇
inside-out 内面向外式
insulin-1ike growth factor,IGF 胰岛素样生长因子
integrin 整合素
interblobs 斑块间
intermediate zone,Ⅰ带 中间带
interneuron 中间神经元
internode 结间体
interoceptor 内感受器
intrinsic neuron 内在神经元
intrinsic neuronal property 神经元的内在属性
ischemic stroke 缺血性中风

J

Jun N-terminal kinase,JNK jun-N 端激酶的活性

K

kianic acid 红藻酸
kinesin 激蛋白
kinocilium 动纤毛

L

lamellipodia 板状伪足
laminin 层粘连蛋白
late phase of LTP,L-LTP 晚时相LTP
latent learning 潜在学习
lateral geniculate nucleus, LGN 外膝核
lateral reticulospinal tract 网状脊髓外侧束
leak calcium channel 漏流 Ca^{2+} 通道
learning and memory 学习与记忆
leucine rich motif,LRM 亮氨酸富集结构

leucine^5-enkephalin,L-ENK 亮脑啡肽
leukemia inhibitory factor, LIF 白血病抑制因子
leukotrienes 白三烯
lever press conditioning 压杆条件反射
ligand-activated 配体激活
limbic system 边缘系统
local brain damage 局部脑损伤
local circuit neuron 局部回路神经元
long term depression,LTD 长时程抑制
long term potentiation,LTP 突触传递长时程增强
long-term memory 长时记忆
low-affinity receptor 低亲和力受体

M

macroglia 大胶质细胞
macrophage migration inhibitory factor,MIF 巨噬细胞游走抑制因子
magnocellular cell 大细胞
magnocellular pathway 大细胞通路
major histocompatibility complex,MHC 主要组织相容性复合体
mammillary body 乳头体
mammillary region 乳头区
mantle layer 套层
marginal layer 边缘层
maze learning 迷宫学习
measurement of forelimb placing 前肢放置检测
mechanically operated Ca^{2+} channel,MOC 机械活化 Ca^{2+} 通道
medial forebrain bundle,MFB 前脑内侧束
medial preoptic nucleus 视前内侧核
medial reticulospinal tract 网状脊髓内侧束
medial superior temporal, MST 内上颞区
medial temporal cortex 内侧颞叶
median eminence 正中隆起
median HP,MHP 正中结合点
mesectoderm 中外胚层
mesodermalizing factor 中胚层化因子
metabolic burst 代谢爆发反应
metalloprotease 金属蛋白水解酶
methionine^5-enkephalin,M-ENK 甲硫脑啡肽
microglia 小胶质细胞
microglia activation 小胶质细胞活化
micrographia 小写症
microphonic potential,CM 微音器电位
microtubule 微管
microtubule associated protein,MAP 微管相关蛋白
migration 迁移
mitochondrial electron transport protein 线粒体电子转运蛋白
mitogen-activated protein kinase,MAPK 丝分裂原激活蛋白激酶
modulator 调质
molecular layer 分子层
molecular neurobiology 分子神经生物学
monopotent stem cell 单能干细胞
mossy cell,MC 苔藓样细胞
mossy fiber,MF 苔藓样纤维
motor neuron disease 运动神经元病
motor neuron pool 运动神经元池或运动核
motor unit 运动单位
multipolar neuroblast 多极成神经细胞
multipotent stem cell,MSC 多潜能干细胞
multipotent stem cell 多能干细胞
muscular rigidity 肌僵直
myelin-associated glycoprotein, MAG 髓鞘相关蛋白
myelinated nerve fiber 有髓神经纤维

N

naturally occurring cell death 细胞自然死亡
necrosis 细胞坏死
neocerebellum 新小脑
neocortex 新皮质
nerve cell adhesion molecule,N-CAM 神经细胞黏附分子
nerve fiber bundle 神经纤维束
nerve growth factor,NGF 神经生长因子
nestin 巢素
neural cell adhision molecule,NCAM 神经细胞黏附分子
neural crest 神经嵴
neural crest stem cell,NCSC 神经嵴干细胞
neural fold 神经褶
neural groove 神经沟
neural induction 神经诱导
neural plate 神经板
neural stem cell,NSC 神经干细胞
neural tube closure defect,NTCD 神经管关闭缺陷
neural tube defect,NTD 神经管缺陷
neurapraxia 神经失用

neurite 突起
neuroactive steroid 神经活性类固醇
neurobiology 神经生物学
neuroblast 成神经细胞
neurocytology 细胞神经生物学
neurodegenerative disease 神经退行性疾病
neuroepithelial stem cell protein, nestin 神经巢蛋白
neuroepithelium 神经上皮
neurofibril 神经原纤维
neurofibrillary tangle, NFT 神经原纤维缠结
neurohormone 神经激素
neuroimmunoendocrinology 神经免疫内分泌学
neuroimmunology 神经免疫学
neuroimmunomodulation 神经免疫调节学
neurokinin A, NKA 神经激肽 A
neurokinin B, NKB 神经激肽 B
neurolemma 神经膜
neurolemmal cell 神经膜细胞
neurolinguistics 神经语言学
neurolizing factor 神经化因子
neuromodulator 神经调质
neuron 神经元
neuron- restricted precursor, NRP 神经元限制性前体细胞
neuronal differentiation 神经细胞分化
neuropeptide Y, NPY 神经肽 Y
neuropeptides 神经肽
neuropsychology 神经心理学
neuroscience 神经科学
neurosteroid 神经类固醇
neurotensin, NT 神经降压肽
neurotmesis 神经断裂
neurotransmitter coexistance 神经递质共存
neurotransmitters 神经递质
neurotrophic factor, NTF 神经营养因子
neurotrophic hypothesis 神经营养因子假说
neurotrophin family 神经营养素家族
neurotrophin receptor 神经营养因子受体
neurotrophin, NT 神经营养素
neurotrophins 神经营养因子
neurotropism 神经趋化性
Nissl body 尼氏体
nitric oxidase synthase 一氧化氮合酶
nitricoxide, NO 一氧化氮
nitricoxidesynthase, NOS 一氧化氮合酶
nitroblue tetrazoline chloride, NBT 氯化硝基四氮唑蓝
nociception 伤害性感受
Nogo 勿动蛋白
non-adrenergic non-cholinergic, NANC 非肾上腺素能非胆碱能
nonassociative learning 非联合学习
non-conditioning stimulation, US 非条件刺激
nondeclarative memory 非陈述性记忆
non-rapid-eye-movement sleep, NREM 非快速动眼睡眠
noradrenaline, NA 去甲肾上腺素
norepinephrine, NE 去甲肾上腺素
nuclei of anterior hypothalamic area, AH 下丘脑前区

O

oacoustic emission, OAE 耳声发射
observational learning 观察学习
ocular dominance 眼优势
ocular dominance column 眼优势柱
off response 撤光反应
off-centre cell 撤光-中心细胞
olfactory disorder 嗅觉障碍
olfactory ensheathing cell, OEC 嗅鞘细胞
olfactory ensheathing glia cell, OEC 嗅神经被膜胶质细胞
olfactory placode 嗅板
oligodendroblast 成少突胶质细胞
oligodendrocyte 少突胶质细胞
oligodendrocyte precursor cell, OPC 少突胶质前体细胞
oligodendrocyte-myelin glycoprotein, OMGP 少突胶质细胞髓鞘糖蛋白
oligomerization 寡聚作用
on response 给光反应
on-centre cell 给光-中心细胞
one trial learning 一次尝试学习
open state, O 开放状态
operant conditioning 操作式条件反射
opioid peptides 阿片肽
optic chiasm 视交叉
oriental column 朝向柱
outer segment 外段
outside-out 外面向外式
oxidative damage 氧化损害
oxidative stress 氧化应激

P

pain 痛觉
pain threshold measured 痛阈测定
paired helical filament,PHF 变性双股螺旋纤维
paleocerebellum 旧小脑
paleocortex 旧皮质
para-chlorophenylalanine,PCPA 对氯苯丙氨酸
paracrine 旁分泌
paradoxical sleep,PS 异相睡眠
parallel synapse 平行性突触
parasynaptic transmission 旁突触途径传递
paraventricular nucleus 室旁核
Parkinson's disease,PD 帕金森病
parvocellular 小细胞
parvocellular pathway 小细胞通路
passive avoidance response 被动回避反应
patch clamp 膜片钳
patterned movement 节律性运动
Pavlovian conditioning 巴甫洛夫条件反射
perineurium 神经束膜
peripheral nervous system,PNS 周围神经系统
periventricular nucleus 室周核
permanence 持久性
peroxynitrite 过氧化亚硝酸盐
pertussis toxin,PTX 百日咳毒素
phaseolus vulgaris leucoagglufinin,PHA-L 菜豆凝集素
phenylethanolamine *N*-methyl transferase,PNMT 苯乙醇胺氮位甲基转移酶
phospholipase C,PLC 磷脂酶 C
phosphoionositides 肌醇磷脂
phospholipase 磷脂酶
phosphorylated neurofilament 磷酸化神经丝
place cell 位置细胞
place coding 部位编码
platelet activating factor,PAF 血小板激活因子
pole-jumping 爬杆
polyglutamine 多聚谷氨酰胺
polymorphic layer 多形层
pore region 孔道区
posterior neuropore 后神经孔
postsynaptic element 突触后成分
postsynaptic membrane 突触后膜
postsynaptic membrane density,PSD 突触后膜致密区
potassium channel 钾通道
precursor cell 前体细胞
preoptic area 视前区
presenilin-1 早老素 1
pre-synaptic dense projection 突触前致密突起
presynaptic element 突触前成分
presynaptic grid 突触前囊泡网格
presynaptic membrane 突触前膜
preterminal axonal sprouting 终末前轴突发芽
primary afferent depolarization,PAD 初级传入神经末梢去极化
primary injury 原发性损伤
primary visual cortex 初级视皮质
priming 初始化效应
primordial germ cell,PGC 原始生殖细胞
principal apical dendrite 主顶树突
principal neuron 主神经元
problem box conditioning 开箱行为的条件反射
procedural memory 程序性记忆
pro-enkephalin 前脑啡肽
progenitor cell 祖细胞
programmed cell death,PCD 程序性细胞死亡
projection neuron 投射神经元
prolactin 催乳素
pro-neoendorphin-dynorphin 前新内啡肽-强啡肽
pro-opiomelanocortin,POMC 前阿黑皮素
propriobulbar system 延髓固有系统
prosopagnosia 面容失认症
protein kinase A,PKA 蛋白激酶 A
protein phosphatase,PP 蛋白磷酸酶
purinoceptor 嘌呤能受体
purkinje cell,PC 浦肯野细胞
pyramidal cell 锥体细胞
pyramidal layer 锥体层

R

rapid eye movement sleep,REM 快速动眼睡眠
reactivation 复活
reactive astrocyte 反应性星形胶质细胞
receptor tyrosine protein kinase,RTPK 受体酪氨酸蛋白激酶
receptor-operated Ca^{2+} channel,ROC 受体活化钙通道
reciprocal synapse 交互性突触
reduced form of nicotinamide adenine dinucleotide phosphate-diaphorase 还原型辅酶Ⅱ-黄递酶
referred pain 牵涉痛

reflex 反射运动
registration or acquisition 识记或获得
reinnervation 神经重支配
reperfusion injury 再灌注损伤
respiratory burst 呼吸爆发
resting membrane potential,RMP 静息膜电位
reticular formation,RF 网状结构
retrial 再现
retrochiasmatic area 视交叉后区
retrograde transsynaptic degeneration 逆行性跨突触变性
rhinal cortex 嗅皮层
rhythmic 节律性运动
ribosomal S6 kinase,RSK 核糖体 S6 激酶
ring-IBR-ring,RIR 环指结构域
rods 视杆细胞
roof plate 顶板

S

second messenger operated Ca^{2+} channel,SMOC 第二信使活化 Ca^{2+} 通道
secondary injury 继发性损伤
selectivity filter 选择性滤孔
senile plaque,SP 老年斑
sensitization 敏感化
sensory memory 感觉记忆
serial synapse 连续性突触
serine protease 丝氨酸蛋白水解酶
serotonin 血清紧张素
serpentine receptor 蛇形受体
sex difference 性差异
sexually dimorphic nucleus 性二态核
sexually dimorphic nucleus of preoptic area,SDN-POA 视前区性二态核
shaping of the neural plate 神经板塑形
shearing motion 剪切运动
short-term memory 短时记忆
shuttle box test 穿梭箱实验
shuttle-box 穿梭箱
signal peptide sequence 信号肽序列
signal transducer and activator of transcription,STAT 信息传递与转录活化因子
slow oscillation 慢睡眠振荡波
slow transport 慢速运输
slow wave sleep,SWS 慢波睡眠
slow,S 型 慢型
small clear synaptic vesicle,SSV 小清亮突触囊泡
smooth cell 光滑细胞
sodium channel 钠通道
soma 胞体
somatalgia 躯体痛
somatostatin 生长抑素
somatostatin,SOM 生长抑素
spatial pattern 空间构型
specific 5-HT binding protein,SBP 特异的 5-HT 结合蛋白
specificity 特异性
spina bifida 脊柱裂
spinal cord injury,SCI 脊髓损伤
spinocaudal induction 脊尾部诱导
spinoreticular tract 脊髓网状束
spontaneous pain 自发痛
stellate cell 星形细胞
stem cell 干细胞
stereoeilia 静纤毛
storage and consolidation 储存和巩固
stratum granulosum 颗粒层
stratum Purkinje 浦肯野细胞层
stroke 中风
subgranular zone, SGZ 粒下区
subiculum 下托
substance P,SP P 物质
subventricular zone, SVZ 侧脑室室下区
succinyl semialdehyde,SSA 琥珀酸半醛
sulfhydryl proteases 巯基蛋白酶
summating potential,SP 总和电位
suprachiasmatic nucleus 视交叉上核
suprachiasmatic nucleus,SCN 视交叉上核
supraoptic nucleus 视上核
sympathin 交感素
synapse 突触
synapse en passant 途中突触
synapsin 突触素
synapsin Ⅰ 突触素Ⅰ
synaptic active zone 突触活性区
synaptic cleft 突触间隙
synaptic expansion 突触膨体
synaptic glomerulus 突触小球
synaptic plasticity 突触的可塑性

synaptic transmission 突触传递
synaptic vesicle 突触小泡
synaptodifferentation 突触分化
synaptogenesis 突触发生
synaptophysin 突触小泡蛋白
synaptorearrangement 突触重排
synaptoregressive 突触消退
systematic neurobiology 系统神经生物学

T

tachykinin 速激肽
tanycyte 伸展细胞
temporal pattern 时间构型
tenascin 细胞黏合素
terminal differentiated cell 终末分化细胞
the target field theory 靶源性学说
totipotent stem cell 全能干细胞
transactivation domian, TD 反式激活结构域
transcobalamin 特异性载体
transforming growth factor, TGF 转化生长因子
transforming growth factor-β, TGF-β 转化生长因子-β
transmitter 递质
transsynaptic degeneration 跨突触变性
traumatic brain injury 创伤性脑损伤
tropomyosin receptor kinase, Trk 原肌球蛋白受体激酶
tryptophan hydroxylase, TPH 色氨酸羟化酶
tryptophan, TP 色氨酸
tuberal region 结节区
tuberomammillary nucleus 结节乳头体核
tumor necrosis factor, TNF 肿瘤坏死因子
tyrosine 酪氨酸
tyrosine hydroxylase, TH 酪氨酸羟化酶
tyrosine kinase 酪氨酸激酶
tyrosine protein kinase, TPK 酪氨酸蛋白激酶

U

ubiquitin-proteasome pathway, UPP 泛素蛋白酶体通路
ubiquitin-like domain, UBL 泛素样结构域
ubiquitin-proteasomal system 泛素-蛋白酶体系统
unipolar neuroblast 单极成神经细胞
unmyelinated nerve fiber 无髓神经纤维

V

vasoactive intestinal peptide, VIP 血管活性肠肽
vasopressin, VP 加压素
ventral intrapadetal, VIP 腹内顶区
ventral temporal pathway 腹侧通路
vesicular monoamine transporter, VMAT 囊泡单胺转运体
vestibular nuclear complex, VNC 前庭复合核
vicarious learning 替代学习
visceral pain 内脏痛
visceroceptor 内脏感受器
visual field 视野
voltage-gated channel 电压门控离子通道
voltage-operated Ca^{2+} channel, VOC 电压依赖性 Ca^{2+} 通道
voluntary movement 随意运动
vulnerability 易损性

W

walking track analysis 足迹试验
wheat germ agglutinin, WGA 麦芽凝集素
whole cell recording 全细胞记录式

Z

zebrafish 斑马鱼
α-amidating enzyme α-酰胺化酶
α-nternexin α-中间粘连蛋白
α-neoendorphin, α-neoEP α-新内啡肽
α-synuclein α突触核蛋白
β-amyloid deposition β淀粉样蛋白沉积
β-amyloid precursor protein, APP β淀粉样前体蛋白
β-amyloid protein, Aβ β淀粉样蛋白
β-endorphin, β-EP β-内啡肽
γ-aminobutyric acid, GABA γ-氨基丁酸

主要参考文献

蔡文琴. 2007. 发育神经生物学. 北京：科学技术出版社.

丁斐. 2007. 神经生物学. 北京：科学技术出版社.

关新民. 2003. 医学神经生物学纲要. 北京：科学技术出版社.

韩济生. 1993. 神经科学纲要. 北京：北京医科大学-中国协和医科大学联合出版社.

鞠躬. 2004. 神经生物学. 北京：人民卫生出版社.

孙凤艳. 2008. 医学神经生物学. 上海：上海科学技术出版社.

朱长庚. 2009. 神经解剖学. 北京：人民卫生出版社.

Alder R, et al. 1979. Cholinergic neuronotrophic factors: intraocular distribution of soluble trophic activity for ciliary neurons. Science, 204: 1434-1436.

Eccles C U, et al. 1994. Tityustoxin-K alpha, from scorpion venom, blocks voltage-gated, non-inactivating potassium current in cultured central neurons. Neuropharmacology, 33(12): 1523-1528.

Gospodarowicz D. 1974. Localisation of a fibroblast growth factor and its effect alone and with hydrocortisone on 3T3 cell growth. Nature, 249: 123-127.

Gray E G. 1959. Electron microscopy of synaptic contacts on dendrite spines of the cerebral cortex. Nature, 183 (4675)1592-1593.

Kandel E R, et al. 2000. Principles of Neural Science. 4th ed. New York: McGraw-Hill.

Kirmo Wartiovaara. 1999. Helsingin yliopiston verkkojulkaisut, Helsinki.

Levi-Montalcinir. 1952. Effects of mouse tumor transplantation on the nervous system. Ann N Y Acad Sci, 55 (2): 330-344.

Lin L F H, et al. 1993. GDNF: a glial cell line-derived neurotrophic factor for midbrain dopaminergic neurons. Science, 260: 1130 -1132.

Nicholls J G, et al. 2003. From Neuron to Brain. 4th ed. Sinauer Associates Inc. Publishers.

Nicholls J G, et al. 2003. From Neuron to Brain. 4th ed. Sinauer associates Inc. Publishers.

Oliver Hobert. 2009. Current Topics in Development Biology, Development of Neural Circuitry. 1st ed. Elservier.

Oliver Hobert. 2009. Current Topics in Development Biology, Development of Neural Circuitry. lst ed. Elservier.

Rexed B. 1952. The cytoarchitectonic organization of the spinal cord in the cat. J Comp Neurol, 96(3): 414-495.

Thomas K A, et al. 1984. Purification and characterization of acidic fibroblast growth factor from bovine brain. PNAS, 81: 357-361.